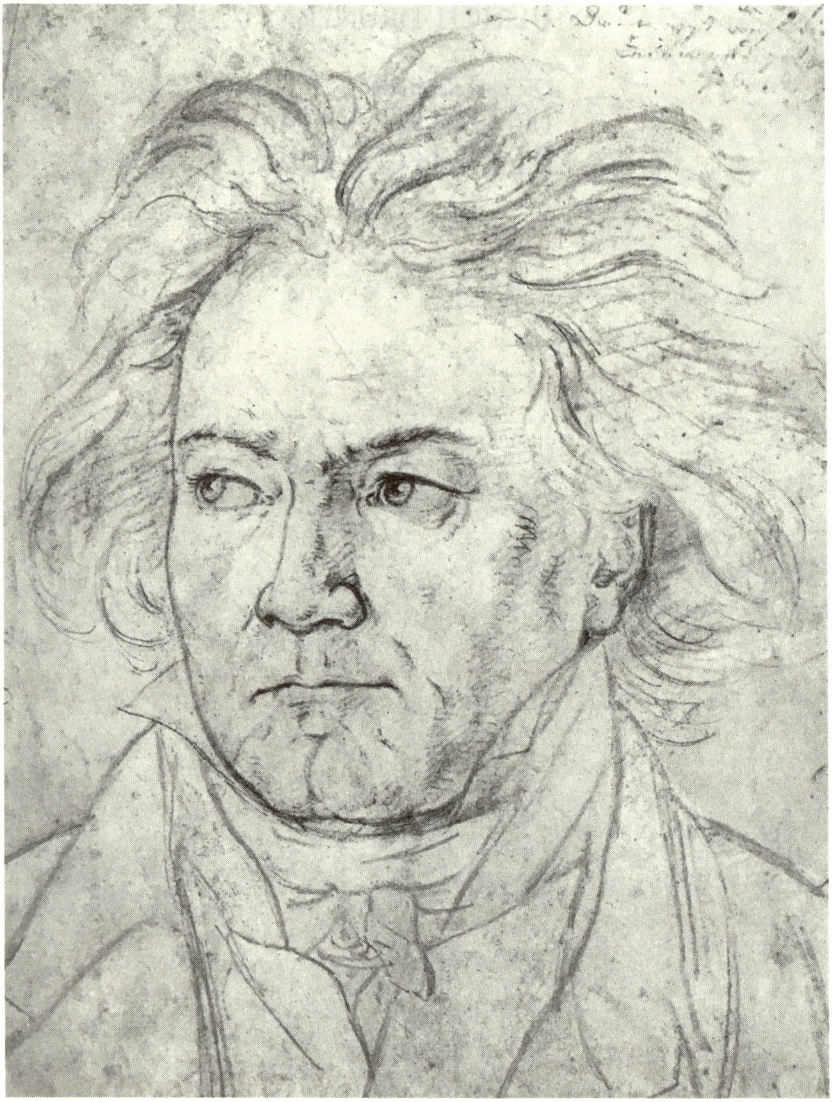

Abb. 1 August von Klöber, Beethoven. Bleistiftzeichnung, 1818. Der Musiker wirkt hier etwas erdverbundener als auf der wohl etwas später entstandenen weiß gehöhten Kohlezeichnung, die auf dem Buchumschlag rechts zu sehen ist; sie zielt auf die geistige Dimension des Künstlers.

ULRICH DRÜNER

Die zwei Leben des LUDWIG VAN BEETHOVEN

EINE BIOGRAFIE

Mit 71 Abbildungen

Unter Mitarbeit von Annie-Laure Drüner

BLESSING

FSC www.fsc.org
MIX
Papier aus verantwortungsvollen Quellen
FSC® C014496

Verlagsgruppe Random House FSC® N001967

1. Auflage 2020

in der Verlagsgruppe Random House GmbH,
Neumarkter Straße 28, 81673 München
Umschlaggestaltung: geviert.com, Andrea Hollerieth
Umschlagabbildung: © akg-images/Fototeca Gilardi; © Getty Images/Popperfoto
Bildredaktion: Annette Baur
Satz: Leingärtner, Nabburg
Druck und Einband: GGP Media GmbH, Pößneck
Printed in Germany
ISBN: 978-3-89667-633-7

www.blessing-verlag.de

Inhaltsverzeichnis

Teil zwei

Das zweite Leben. Verhängnis Hörverlust (1802–1813)
Musik der Naturerinnerung und der geistigen Erhöhung

Teil drei

Riss im zweiten Leben und das Los der Taubheit (1813–1827)

Die Familiendramen und die Allmacht des Geistes

Angesichts der breiten Verfügbarkeit von Werkanalysen im Internet können diese in einer Beethoven-Biografie heute auf Fälle begrenzt werden, in denen es sich um künstlerische Fragen von biografischer Relevanz handelt.

Siglen der im Text verwendeten bibliografischen Angaben und Abkürzungen

BKh: *Ludwig van Beethovens* Konversationshefte, hrsg. im Auftrag der Deutschen Staatsbibliothek Berlin v. Karl-Heinz Köhler und Grita Herre (Bd. 10: Dagmar Beck, Bd. 11: Grita Herre), 11 Bde. Leipzig 1970–2001

BGA: *Ludwig van Beethoven. Briefwechsel Gesamtausgabe.* Im Auftrag des Beethoven-Hauses Bonn hrsg. v. Sieghard Brandenburg. 7 Bde. München 1996–1998

BSZ: *Beethoven aus der Sicht seiner Zeitgenossen in Tagebüchern, Briefen, Gedichten und Erinnerungen.* Hrsg. v. Klaus Martin Kopitz und Rainer Cadenbach. München 2009

BTb: Solomon, Maynard, *Beethovens Tagebuch.* Hrsg. v. Sieghard Brandenburg. Bonn 1990

Fischer: *Familie Beethoven im kurfürstlichen Bonn. Neuauflage nach den Aufzeichnungen des Bonner Bäckermeisters Gottfried Fischer*, hrsg. von Margot Wetzstein. Bonn 2006

Frimmel: Theodor Frimmel, *Beethoven-Handbuch. 2 Bde.* Leipzig 1926

Kagan 1988: Susan Kagan, *Archduke Rudolph, Beethoven's Patron, Pupil, and Friend. His Life and Music.* Stuyvesant 1988

La Mara: La Mara (= Marie Lipsius), *Beethovens Unsterbliche Geliebte. Das Geheimnis der Gräfin Brunsvik und ihre Memoiren.* Leipzig 1909

MGG/2: *Die Musik in Geschichte und Gegenwart.* 26 Bände in zwei Teilen. 2., neubearbeitete Auflage, hrsg. von Ludwig Finscher. Kassel und Stuttgart 1994–2007

Schindler 3/1860: Anton Schindler, *Biographie von Ludwig van Beethoven. Dritte, neu bearbeitete und vermehrte Auflage*, Münster 1860. Siehe auch: Leipzig 1977 (Nachdruck der dritten Auflage, Münster 1860)

Solomon: Maynard Solomon, *Beethoven. Biographie.* Frankfurt am Main 1987 (Erstausgabe 1977)

TbW: *Ludwig van Beethoven, Thematisch-bibliographisches Werkverzeichnis*, bearbeitet von Kurt Dorfmüller, Norbert Gertsch und Julia Ronge. Revidierte und wesentlich erweiterte Neuausgabe des Verzeichnisses von Georg Kinsky und Hans Halm. München 2014

Tellenbach 1983: Marie-Elisabeth Tellenbach, *Beethoven und seine »Unsterbliche Geliebte« Josephine Brunswick. Ihr Schicksal und der Einfluß auf Beethovens Werk.* Zürich 1983

TDR: Alexander Wheelock Thayer, *Ludwig van Beethovens Leben.* Bearbeitet von Hermann Deiters und Hugo Riemann. 5 Bde. Leipzig 1917–1922

Wegeler-Ries: Franz Gerhard Wegeler und Ferdinand Ries, *Biographische Notizen über Ludwig van Beethoven.* Koblenz 1838

WoO: Werk ohne Opuszahl (= ›kleinere‹ Werke im Gegensatz zu den ›Hauptwerken‹ mit Opuszahl, betrifft Band 2 von TbW, s. oben)

Einleitung:
Eine Statue geht in die Brüche

Im Oktober 1806 weilt Beethoven in Böhmen als Gast des Fürsten Carl von Lichnowsky, der seit 1793 nach und nach sein Freund und wichtigster Mäzen geworden ist. Fürst Lichnowsky hat Beethoven in Wien nicht nur Wohnstätten zur Verfügung gestellt – er bringt Beethoven von 1793 bis 1796 in seinem Hause in der Alsergasse Nr. 45 unter –, sondern arrangiert 1796 auch eine Konzertreise für ihn, verhilft ihm zu Kompositionsaufträgen und schenkt ihm wertvolle Instrumente für ein Streichquartett. Bei Lichnowsky haben wichtige Probeaufführungen stattgefunden, und er hat Beethovens erste Kompositionen in Wien, die drei Trios op. 1, drucken lassen und in Umlauf gebracht. Das Verhältnis zu Fürst Lichnowsky, der Freimaurer (Loge der Illuminaten) ist und Voltaire bewundert und als Mäzen zuvor schon Mozart und Haydn förderte, ist gelegentlich angespannt, weil Beethoven sich von ihm vereinnahmt fühlt. Immer wieder versucht er, sich dessen Ansprüchen zu entziehen, etwa dem, jeden Tag um halb vier zum Mittagessen im Palais Lichnowsky zu erscheinen. Auch die Frau des Fürsten, Christiane, die von zarter Konstitution ist und als sehr leidend beschrieben wird, war dem Komponisten sehr zugetan, geradezu mütterlich mild, was Beethoven ebenso preist, wie es ihm leichtes Unbehagen verursacht: Um ihn zu schützen, habe sie »eine Glasglocke über ihn gesetzt, damit kein Unwürdiger ihn berühre«, soll der Komponist später scherzend berichtet haben (Schindler 3/1860, S. 22).

Anfang November 1806 geht es in Lichnowskys Schloss zu Grätz bei Troppau hoch her. Wie so viele Wiener Aristokraten ist Lichnowsky slawischer Herkunft, verfügt auch in Prag über ein Palais und residiert einen Teil des Jahres in Böhmen. Die Franzosen halten seit der Schlacht bei Austerlitz am 2. Dezember 1805 die Gegend besetzt. In Wien herrscht, so heißt es in der Zeitschrift *Der Freimüthige* vom 26. Dezember 1805, eine gespenstische Stille:

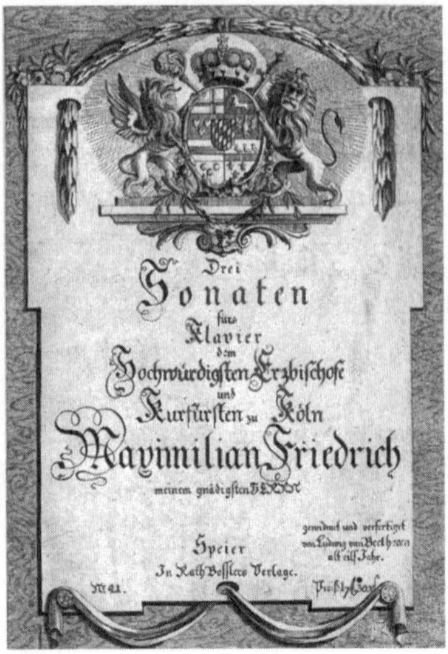

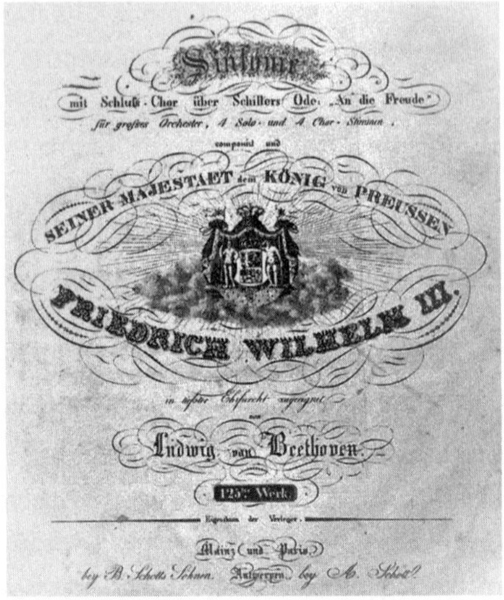

Abb. 2 und 3 »Anfang und Ende« in zwei Titelblättern. Die sogenannten »Kurfürsten-Sonaten« WoO 47, komponiert 1783 und seinem Landesherrn gewidmet, sind die ersten repräsentativen Werke des dreizehnjährigen Beethoven; die *Neunte Symphonie* (rechts) folgte 40 Jahre später und ist dessen letztes großes Orchester- und Vokalwerk.

»Der Hof, die Hofstellen, die meisten großen Güterbesitzer hatten sich wegbegeben; statt dass sonst das unaufhörliche Gerassel der Kutschen betäubend sich durch die Straßen wälzt, hört man jetzt selten einen Wagen schleichen. Die Gassen waren größtenteils von französischen Soldaten bevölkert, welche im ganzen gute Manneszucht hielten.« Auch die Uraufführung von Beethovens Oper *Fidelio* in Wien ist durch den Einmarsch von Napoleons Truppen beeinträchtigt worden. »Das ganze Theater war von den Franzosen besetzt«, notiert der Tenor Joseph August Röckel, »und nur wenige Freunde Beethoven's wagten, die Oper zu hören« (TDR Bd. II, S. 492). Die Kritiker haben diese erste Fassung der Oper sehr distanziert besprochen; nach nur drei Aufführungen ist das Stück abgesetzt worden, und Fürst Lichnowsky und seine Frau Christiane haben den Komponisten bedrängt, Änderungen vorzunehmen, was auch geschah. Im März 1806 wurde die neue Fassung aufgeführt und beifälliger aufgenommen.

In Lichnowskys böhmischem Schloss fährt man im November 1806 für die französischen Offiziere Wild, Gebäck und Champagner auf – lieber sollen sie Küche und Keller ruinieren als die ganze Region. Einer der Generäle äußert die

Bitte, der im Schloss anwesende Musensohn Louis van Beethoven, seit Jahren schon Liebling der Wiener Salons, möge doch bitte nach dem Diner aufspielen. Fürst Lichnowsky sendet sogleich nach ihm. Beethoven verabscheut es zu diesem Zeitpunkt bereits, wie ein Äffchen rasante Skalen und gebrochene Terzen für blasierte Gesellschaften auf dem Pianoforte zu exekutieren. Einem Zeitzeugen fiel auf, dass die Weigerung, vor Gästen vorzuspielen, »oft die Quelle der größten Zerwürfnisse Beethovens mit dem Ersten seiner Gönner und Freunde« war (Wegeler-Ries, S. 19). Und nun soll er sogar für französische Militärs aufspielen, deren Chef, Napoleon, in den Augen des Musikers durch seine Selbstkrönung zum Kaiser die Ideale der Republik verraten hat. Lichnowskys Diener kehrt unverrichteter Dinge zurück, Seine Durchlaucht bemüht sich selbst zum Zimmer des schwierigen Künstlers und versucht, ihn gefügig zu machen, zunächst im Guten, dann aber fallen böse Worte. Der Chronist, Lichnowskys Hausarzt Dr. Weiser, spricht von »einer Scene der gemeinsten Art, in welcher aristokratischer Hochmuth, secundiert von Geldstolz, und künstlerisches, tief gekränktes Selbstbewußtsein auf Dienstboten-Manier sich gegenseitig den Stuhl vor die Thüre stellten« (BSZ, S. 1075). Der Fürst soll eine Tür eingetreten, Beethoven ihn mit zum Schlag erhobenem Stuhl in den Armen erwartet haben. Jean, Beethovens Diener, der seinen Herrn kannte, hat bereits den Ranzen gepackt, denn der Fürst drohte, sie festzusetzen. Dem entzieht sich der Musiker; er verlässt das Schloss bei Nacht und Nebel und findet im wenige Stunden entfernten Troppau dürftiges Mahl und Quartier. Dr. Weiser besorgte ihm einen Pass bis Wien, doch bevor Beethoven die Kutsche besteigt, gibt er dem Arzt für den Fürsten einen Brief mit, der es in sich hat:

> »Fürst, was Sie sind, sind Sie durch Zufall und Geburt, was ich bin, bin ich durch mich; Fürsten hat es und wird es noch Tausende geben; Beethoven gibt's nur einen.«[1]

Kaum in Wien angekommen, zertrümmert er die in seinem Arbeitszimmer thronende Büste Lichnowskys, der freilich dem renitenten Musikus zürnt und ihm die bereits seit sechs Jahren fließende Rente von 600 Gulden mit sofortiger Wirkung streicht. Lichnowsky und Beethoven schließen zwar bald eine Art Burgfrieden, 1811 verbringt der Komponist einige Tage auf dem Schloss des Fürsten, aber das Verhältnis wird nie wieder so freundschaftlich wie früher. In Scherben geht nicht nur ein Fürsten-Abbild. Quasi als Symbol einer neuen, bürgerlich geprägten Zeit zerschellt das Feudal-Modell des althergebrachten Mäzenatentums, in dem der Herr bestimmt, was musiziert und was komponiert wird, und in dem der Musikus sich sputet, die Wünsche des Herrn zu erfüllen. Für einen Beethoven ist das 1806 unerträglich geworden.

* * *

Beim erstmaligen Lesen fiel es mir etwas schwer, das obige Briefzitat zu glauben: *»Fürsten hat es und wird es noch Tausende geben; Beethoven gibt's nur einen«* – man mag versucht sein, das unter dem Stichwort »Legende« abzulegen. Erst wenn man in den Tausenden Briefen und Dokumenten von und über Beethoven sehr viel weiter vorgedrungen ist, versteht man zur Gänze, von welch merkwürdiger Verachtung und geradezu abgrundtiefem Hass nicht gegen die Allgemeinheit, aber doch gegen einen Großteil des Wiener Adels Beethoven erfüllt war. Das hängt nur zum Teil damit zusammen, dass diese adeligen Förderer oft neurotische Persönlichkeiten waren, mit inkompatiblen Sozialansichten und oft zweifelhaftem Lebenswandel. Es steckt einfach zu viel Emotion in dieser Abneigung; ein ausschließlich politisch denkender Künstler wäre mit der furchtbaren Spaltung der Wiener Gesellschaft in ›ganz oben‹ und ›sehr weit unten‹ entweder konsequenter oder zumindest geschickter umgegangen. Beethoven dagegen verhält sich in manchen gesellschaftlichen Dingen sehr widersprüchlich. Jan Caeyers und schon etliche vor ihm zeigen nicht nur, wie lange es diesem Komponisten gelang, das »van« in seinem Namen als Adelsprädikat durchgehen zu lassen, sondern auch, wie wenig Beethoven unternahm, um der Legende entgegenzutreten, er sei ein illegitimer Sohn des Königs von Preußen. Eitelkeit spielt hier keine Rolle; doch die Gleichzeitigkeit von aufklärerischem Anspruch und bis zur Arroganz reichendem Pochen auf einem Sonderstatus ist nicht verwunderlich bei einer so komplexen Persönlichkeit wie der Beethovens.

Wandel im Wesen des Umgangs

Beethoven hätte Lichnowskys besondere Persönlichkeit und sein tiefes künstlerisches Verständnis jedoch etwas früher würdigen können, wie auch dessen gesellschaftliche ›Lernfähigkeit‹, die im Wiener Adel ungewöhnlich war. Denn nach 1807 versuchte der Fürst nicht nur rasch, das Verhältnis zu Beethoven zu reparieren, sondern es auch zumindest langfristig auf eine neue Basis zu stellen, wobei er sich von Adelsprärogativen des 18. Jahrhunderts weitgehend verabschiedete. Dies ergibt sich aus einer Begebenheit, die der frühe Biograf Anton Schindler überliefert.[2] Selbst der äußerst sachkundige Großbiograf Alexander Wheelock Thayer, der viele Darstellungen Schindlers zu Recht scharf kritisiert, findet die nachfolgende »völlig glaubwürdig«, weshalb hier die stets nötige Reserve gegenüber Schindler zurückgestellt werden darf.[3] Letzterer verweist auf die »Merkmale von Liebe und Verehrung seitens des Fürsten Lichnowsky«, die noch 1813/14 spürbar waren.

> »Der Fürst war es gewohnt, seinen Liebling recht oft in seiner Werkstätte zu besuchen. Nach beiderseitiger Uebereinkunft sollte von seiner Anwesenheit keine Notiz genommen werden, damit der Meister nicht gestört werde. Der Fürst pflegte nach einem Morgengruß irgend ein Musikwerk durchzublättern, den arbeitenden Meister eine Weile zu beobachten und dann wieder mit einem freundlichen ›Adieu‹ die Stube zu verlassen. Dennoch fühlte sich Beethoven durch diesen Besuch gestört und verschloß zuweilen die Thür. Unverdrossen stieg der Fürst wieder 3 Stockwerke hinab. Als aber der schneidernde Bediente im Vorzimmer saß, gesellte sich die fürstliche Durchlaucht zu ihm und harrte so lange, bis sich die Thür öffnete und sie den Fürsten der Tonkunst freundlich begrüßen konnte. Das Bedürfniß war somit gestillt. – – Es war jedoch dem allverehrten Kunst-Mäcen beschieden, nicht lange mehr seines Lieblings und dessen Schöpfungen sich freuen zu können.« (zitiert nach TDR Bd. III, S. 387f.).

Die zwei hier wiedergegebenen Episoden, zwischen denen nur etwa sieben Jahre Abstand liegen dürften, dokumentieren den Wandel im Wesen nicht nur des Fürsten Lichnowsky, sondern auch Beethovens. Der Fürst ist inzwischen sanft und weise geworden und hat die mögliche Gleichwertigkeit des Bürgerlichen verinnerlicht, zumindest soweit man diesen als Ausnahmeerscheinung – hier im Künstlerischen – betrachten durfte. Der Hauptgrund seines Wandels ist aber die unzertrennliche Anhänglichkeit an den Komponisten, den er seit dessen Ankunft in Wien im Dezember 1792 als seine Entdeckung, fast als sein ›Geschöpf‹ betrachten durfte, das sich inzwischen allerdings vollständig emanzipiert hatte. Nach 1807 beginnt Lichnowsky, das zu akzeptieren und sich vorbildlicher Rücksichtnahme gegenüber der kreativen Arbeit des Künstlers zu befleißigen. – Beethoven hat seinerseits ebenfalls dazugelernt. Seine frühere stürmische Ruppigkeit hat zumindest gegenüber seinem alternden Gönner einer gewissen Duldsamkeit Platz gemacht, indem er dem echten Freund und Helfer einen Spaltbreit Einblick in sein Allerinnerstes, den Kunstprozess, eröffnet. Das Wesentliche an der Beziehung ist: Beide Beteiligte haben sich auch in Krisensituationen weiterentwickelt und an Reife gewonnen.

Wenn man Beethovens Beziehungen zu seiner Umgebung betrachtet, merkt man schnell, dass es sich im Fall Lichnowsky um eine Ausnahmesituation handelt. Zwar vertraut Beethoven noch um 1813 seinem Tagebuch eine Notiz an, in der er sein ganzes Überlegenheitsgefühl und die häufige Verachtung der ihn umgebenden Menschen ausdrückt: »Gegen alle Menschen äußerlich nie die Verachtung merken lassen, die sie verdienen, denn man kann nicht wissen, wo man sie braucht« (BTb, S. 53). Doch von solch unschönen Überlegungen ist eine Personengruppe ausgenommen: diejenigen Ansprechpartner, die *ihn verändern* und die *er verändert* – die mit ihm eine wechselseitige Entwicklung durchlaufen, die möglichst nach ›oben‹ weist, in die Richtung des Geistes. Dieser Gruppe, zu der ich nur sieben Personen zu zählen vermag, soll in diesem Buch besondere Aufmerksamkeit gewidmet werden.

Um die fundamentale Verschiedenheit von Beethovens sonstigen Positiv-Beziehungen zum Wiener Adel zu demonstrieren, ist es nützlich, dem Fürsten Lichnowsky das Beispiel des Barons Johann von Pasqualati gegenüberzustellen. Dieser spielte eine nicht unbedeutende Rolle in Beethovens mittlerem Lebensabschnitt. Pasqualati hatte auf dem Kohlmarkt in Wien eine Wechselstube, war vermögend und logierte auf der Mölkerbastei. 1804 suchte Beethoven wieder einmal eine neue Bleibe in Wien, und sein Freund Ferdinand Ries wies ihn auf Pasqualati hin. Tatsächlich bezog Beethoven dort im vierten Stock des Hauses an der Ecke zur Schreyvogelgasse Quartier. Der Musiker schien dort ganz zufrieden zu sein, doch drängte es den Unruhegeist immer wieder in andere Bleiben. Er zog aus – um dann kurz danach wieder zurückzukehren. Der Baron, sieben Jahre älter als Beethoven, kunstsinnig und als gebildeter Dilettant der Musik zugetan, nahm das gelassen hin, er hielt Beethoven diese Wohnung stets frei, vermietete sie bei dessen Auszug nie neu, sodass der Komponist jederzeit wieder zurückkehren konnte, wovon er bis zu seinem endgültigen Auszug 1815 auch weidlich Gebrauch machte.[4] Dabei aber blieb es, weiter reichte die Beziehung weder zeitlich noch inhaltlich.

Gegenüber seinen Mäzenen zu katzbuckeln, lag Beethoven ohnehin fern. Man hat das zu manchen Zeiten gern als Ausdruck seiner politischen Haltung gewertet, doch eben daran sind erhebliche Zweifel angebracht. Sicher dagegen ist, dass ihm sein Wert als Künstler zutiefst bewusst war, weshalb er die Hochschätzung seiner Gönner gelegentlich genüsslich auskostete und nicht die geringsten Probleme hatte, gegenüber dem Adel von Gleich zu Gleich aufzutreten. Dies zeigt ein Brief vom 9. Juli 1810 an seinen langjährigen Freund, den das Cello bestens beherrschenden Nikolaus Zmeskall, Baron von Domanovecz und Lestine (1759–1833). Er stammte aus einem verarmten ungarischen Adelshaus, hatte sich aber mit eiserner Energie zum Hofkonzipisten und 1797 zum »k. k. Rath und Hof Secretarius« hochgearbeitet. Er war sich aber nicht zu schade, für den von ihm zutiefst verehrten Komponisten jede Menge Hilfsdienste zu erledigen und ihn mit jenen besonderen Schreibfedern zu versorgen, deren penibles Zuschneiden nur er so beherrschte, dass Beethoven damit seine Schöpfungen genauestens aufs Papier bringen konnte. An Zmeskall wendet sich Beethoven zwar seltener mit dem Titel »Graf« oder »Baron«, dafür aber meist nur mit »Lieber Z.« und behandelt ihn so, wie eng befreundete Berufsmusiker dies zu tun pflegen, im Frotzelton und gelegentlich auch mit herzlich grobem Musikantenhumor. Beethoven gibt ihm die unmöglichsten Spitznamen (wie beispielsweise »liebster Baron Dreckfahrer« in einem Brief von 1798, BGA Nr. 35) und widmet ihm bereits 1802 den musikalischen Scherz »Graf, Graf, liebster Graf, bestes Schaf« (WoO 101). Um das »Schaf« zu kompensieren, schickt Beethoven auf demselben Blatt eine Salve Komplimente vorweg: »liebster, scharmantester graf! – o theuerster, einzigster Graf? – allerliebster, außerordentlichster Graf!« (BGA Nr. 115). Und ein paar Tage zuvor versüßt er ihm ganz dick aufgetragen die Absage eines Quartettspiels: »addio vortrefflicher plenipotentiarius Regnis Beethovensis«, was nicht mehr und nicht weniger heißt als ›Tschüss, vortrefflicher Generalbevollmächtigter des Beethovenschen Königreichs‹ (BGA Nr. 111).

In dem uns hier beschäftigenden Sommer 1810 ist Beethoven immer noch etwas aufgekratzt und berichtet dem Freund Zmeskall vom Trubel in Schloss Schönbrunn, wohin er sich damals alle zwei Tage zu verfügen hatte, um seinem prominentesten Schüler, Erzherzog Rudolph, achter und jüngster Bruder von Kaiser Franz I., Klavier- und Kompositionsunterricht zu erteilen. Beethoven schreibt:

»Lieber Z! sie reisen, ich soll auch reisen und das wegen meiner Gesundheit, Unterdessen geht noch sonst alles bey mir drunter und drüber, der Herr [Erzherzog Rudolph] will mich bey sich haben, die Kunst nicht weniger, ich bin halb in schönbrunn halb hier, jeden Tag kommen neue nachfragen von fremden, neue

> Bekanntschaften, neue Verhältniße, se[l]bst auch in Rücksicht der Kunst, manchmal mögte ich bald Toll werden über meinen unverdienten Ruhm, das Glück sucht mich, und ich fürchte mich fast deswegen vor einem neuen Unglück« (BGA Nr. 454).

Man sehe und staune: Plötzlich scheint sich Beethoven in der höfischen Adelswelt, die sich in der Sommerresidenz des Kaisertums ein glitzerndes Stelldichein gibt, recht wohlzufühlen; der Ausdruck »Toll werden« ist hier ja gewiss nicht als Ärger, sondern als freudige Wahrnehmung der gesellschaftlichen Aufmerksamkeit, des Ruhmes, zu betrachten. Warum tobte er dann ein paar Jahre zuvor derart gegen Fürst Lichnowsky, dem er seine Etablierung in Wien überhaupt verdankte?

Gehör und Kreativität

Noch eine andere Auffälligkeit ist in jenem Brief aus dem Sommer 1810 zu notieren. Eigentlich klagt Beethoven bereits 1802, in dem berühmten »Heiligenstädter Testament«, über Ohrensausen, Hörsturz, zunehmende Schwerhörigkeit und daraus folgende Kontaktscheu. In dem Brief aus Schönbrunn ist davon jedoch nichts zu spüren. Ist Beethoven so launenhaft, dass er bei mangelnder Spiellust auch einem hochnoblen Freund, Lichnowsky, auf die Füße tritt, und plagen ihn Hörprobleme auch nur dann, wenn er mit seiner depressiven Veranlagung, die auch bei ihm die Kehrseite des Galgenhumors ist, nicht zurechtkommt? Wohl kaum, denn im »Heiligenstädter Testament«, das er in einer ersten, wahrlich furchterregenden Krise niederschreibt, geht es um Existenzielles: Sogar Selbstmordgedanken bringt er zu Papier. Trotzdem bleibt manches rätselhaft und widersprüchlich: 1810 kann er sehr wohl noch mit der Welt kommunizieren, Hörrohre lässt er sich erst ab 1813 bauen. Die letzte Phase, die schriftliche Konversation, setzt 1818 ein.[5] Seine Hörfähigkeit war einem teils heftigen Auf und Ab unterworfen, was sehr oft auch Ursachen hatte, die man heute als »psychosomatisch« bezeichnen würde – das legen auch viel später bezeugte Situationen nahe.[6] Doch bereits 1802 gibt es Laute und Geräusche, die er zumindest zeitweise *nicht mehr hört,* die aber für ihn bis dahin so wichtig waren, dass er über ihren Verlust in die größte Verzweiflung und die tiefste Lebensangst gerät. Schauen wir zunächst in das ominöse »Heiligenstädter Testament«. Dort gibt es einen hilfreichen Hinweis:

»– so war es denn auch dieses halbe Jahr, was ich auf dem Lande zubrachte, [...] kamm [dies] fast meiner jezigen natürlichen Disposizion entgegen, obschon, Vom Triebe zur Gesellschaft manchmal hingerissen, ich mich dazu verleiten ließ, aber welche Demüthigung wenn jemand neben mir stund und von weitem eine Flöte hörte und ich nichts hörte, oder jemand den Hirten Singen hörte, und ich auch nichts hörte« (BGA Nr. 106).

Die letzte Passage bezieht sich auf einen Vorfall, den Beethovens Schüler Ferdinand Ries von einer gemeinsamen Wanderung berichtet: »Ich machte ihn nämlich auf einen Hirten aufmerksam, der auf einer Flöte, aus Fliederholz geschnitten, im Walde recht artig blies. Beethoven konnte eine halbe Stunde hindurch gar nichts hören, und wurde, obschon ich ihm wiederholt versicherte, auch ich höre nichts mehr, (was indeß nicht der Fall war,) außerordentlich still und finster« (Wegeler-Ries, S. 98f.). Erst nach dem Hinweis auf diese Situation folgt im »Testament« die Erwähnung der Selbstmordgedanken: »Solche Ereignisse brachten mich nahe an Verzweiflung, es fehlte wenig, und ich endigte selbst mein Leben – nur sie, die Kunst, sie hielt mich zurück« (BGA Nr. 106).

Dass der Grund zur Verzweiflung nicht im zwischenmenschlichen Umgang liegt, zeigt der zitierte Brief von 1810; selbst acht Jahre nach Heiligenstadt beeinträchtigt Beethovens Gehörschaden die Verständigung noch nicht wesentlich. Warum dann die Verzweiflung? Wenn die Kunst ihn von der Verzweiflungstat abhält, könnte es dann sein, dass nicht nur die *Lösung* des Problems in der Kunst liegt, sondern auch die *Ursache?* Ist der Grund der Krise in der *Entstehung der Kunst* verborgen, in kreativen Zusammenhängen?

Es gibt an die hundert Dokumente zu Beethovens Kunstproduktion und zu schöpferischen Fragen, davon zwar nur wenige von seiner eigenen Hand, viele aber stammen von Zeitgenossen, unter denen es romantische Schwätzer gibt, aber eben auch eine ganze Reihe sensibler und genauer Beobachter. Doch diese ›Sekundärquellen‹ werden oft abwertend als »anekdotisch gefärbte nachrangige Quellen« verstanden.[7] »Anekdotisch« sind sie in der Tat häufig, aber in Ermangelung hinreichender Primärquellen muss der Historiker auf Sekundärquellen zurückgreifen und sie durch Parallel- und Querbeziehungen hart auf ihre Zuverlässigkeit prüfen, sonst ist Wissenszuwachs nicht möglich. In der Archäologie sind es manchmal nur Scherben, aus denen man eine ganze Geschichte rekonstruieren muss; in der Mediävistik stehen oft nichts als Anekdoten zur Verfügung, die dazu meistens von jeweils einseitigen Parteiinteressen geleitet sind, demnach im Einzelnen unbrauchbar, im Gesamten aber aussagekräftig erscheinen. Ebenso muss man mit den Berichten von Beethovens Zeitgenossen verfahren.

Vom Wert der Anekdoten

Viele dieser Erzählungen belegen Beethovens außerordentliche Naturverbundenheit, die man allgemein als einen wichtigen Quell seiner Inspiration betrachtet. Darauf weisen bereits die frühesten Biografen hin, und auch er selbst betont oft, welch untrennbare Einheit Natur und Kunst für ihn darstellen. Noch in einem sehr späten Schreiben an Fürst Nikolaus Galitzin ringt er, der alles andere denn ein geborener Philosoph ist, in drei Anläufen um die rechte Formulierung, damit man verstehe, »wie denn in der Kunst die Natur, und wiederum die Natur in der Kunst gegründet ist« (BGA Nr. 2003, 6. Juli 1825).[8] In nahezu fünfzig Briefen huldigt er der Natur; aus vielen spricht eine schier religiöse Verehrung, und oft setzt er Natur und Göttliches in direkten Bezug. Man könnte nun meinen, aus der Natur, in der er fast täglich wandelt, flögen ihm die Ideen einfach zu; insbesondere kann dieser Eindruck spontan auftauchender kompositorischer Elemente entstehen, weil man aus obigen fünfzig Briefen und den hundert Sekundärquellen stets nur dieselben wenigen Belegstellen zu lesen bekommt. Vorgesetzt wird einem zumeist die von Friedrich Treitschke überlieferte, als er Beethoven 1814 einen überarbeiteten Arientext zur dritten Fassung des *Fidelio* übergab: »Kaum hatte Beethoven den Textanfang gelesen«,[9] als er sich auch ans Klavier setzte und stundenlang herumfantasierte, ohne Essen nach Hause eilte, und am nächsten Tag das »treffliche Musikstück fertig« mitbrachte (BSZ, S. 1000). Für einen Librettisten musste diese Darstellung die beste Selbstreklame sein, aber ich sehe keinen Grund, sie zu glauben. Die Dinge sind sehr viel komplizierter, und vor allem ändern sie sich ab etwa 1800 gründlich. Im 16. Kapitel (»Wie kommt Beethovens Kunst zustande?«) wird versucht, das Material aus erster Hand (Beethovens Briefe und Aufzeichnungen) mit den zeitgenössischen Berichten in Bezug zu setzen und zu klassifizieren. Dabei muss man die Zeugnisse über Beethovens legendäres Improvisieren hinzuziehen, es wird zu Recht als eine Vorstufe des Komponierens betrachtet. Nun ergibt es sich, dass ein fertiges Klangmaterial, ein vorgegebenes Thema etwa, seine Fantasie keineswegs zwangsläufig in Aufruhr versetzt; in glaubhafter Überlieferung kann das ebenso zu Blockadesituationen führen, in denen ihm eben nichts einfällt und die er wie das Schwert des Damokles fürchtet. Beethovens oben geschildeter Streit mit Lichnowsky erklärt sich auch aus dieser Sorge, und dieselben Situationen sollten ihn sogar im öffentlichen Rahmen noch in die größte Verlegenheit bringen, weshalb er sich immer öfter und hartnäckiger gegen das »Vorspielen« verwahrte.

Gerade das Bedrohte und Nicht-Selbstverständliche des Einfalls zeugt von der Wichtigkeit und dem Wert der allerfrühesten Anfangsvorgänge der Kunst, und so kann man Beethovens Angst vor dem Unglück des Nicht-Einfalls verstehen. Zusammen zeigen diese Kehrseiten des schöpferischen Motors, das Ja und das Nein der Eingebung, die ganze Gefährdung der Kunstentstehung mit ihrem gewaltigen geistigen und körperlichen Kraftaufwand. Keine einzige der *glaubhaften* Quellen berichtet von großartigen Ideen, die sich flugs in Klänge und Töne verwandeln – sie erzählen vielmehr von Brocken und Krümeln, die sich manchmal schneller, manchmal eher mühsam zu einem Motiv und dann zu einem Thema entwickeln und erst dann auch in gewagteste Kombinationen und Variationen voranschreiten. In der frühen Zeit fiel dies Beethoven leichter, Vorspielverweigerung ist aus seinen Anfangsjahren kaum verzeichnet.

Den überlieferten Quellen zufolge scheinen es in Beethovens frühen Schaffensjahren eher die leisen Klänge und Töne der Natur, das Säuseln des Windes, das Plätschern eines Bächleins, das Zwitschern eines Vogels gewesen zu sein, die ihm den Anstoß zu Anfangsideen gaben. Wie oft man sein Frühwerk als naturhaft verstanden hat, ergibt sich aus der Literatur; inwieweit und warum andere ›Geräusche‹ an der Musikentstehung beteiligt sind, wird in Kapitel 16 als wichtiger Teil des ›Systems‹ Beethoven dargelegt. Was damit gemeint ist, erhellt sich aus zwei Themenbeispielen, die schon hier benannt werden sollen. Das Finalrondo des *Klavierkonzerts Nr. 2 op. 19,* das bereits 1794/95 skizziert (doch erst 1801 vollendet) wurde, beginnt mit einem vierfachen, um einen Halbton aufsteigenden Kuckucksruf, der in keck volksliedhafter Weise das achttaktige Thema eröffnet und der fast zu einer Textierung verleitet: *Kuckuck, Kuckuck, ruft's aus dem Wald, Kuckuck, Kuckuck, ruft's aus dem Wald …*[10] Das Thema stürmt weiter und weiter, es motiviert Beethoven zu virtuosen Rondo-Zwischenspielen, aber viel weniger zu motivischer Kleinarbeit, das ist 1795 für ihn noch nicht vordringlich. Beethoven bietet das Werk 1801 einem Verleger an, obwohl er es da, bereits sechs Jahre danach, als »noch nicht unter meine besten Arbeiten« gehörig bezeichnet (BGA Nr. 59). Wo finden sich »die besten«, und wann fangen sie an?

Spätestens 1804 ist es so weit. Die ersten Skizzen zur *Fünften Symphonie* op. 67 stammen aus der ersten Jahreshälfte 1804, die Hauptarbeit folgt 1806 bis 1808. Die Symphonie wird mit dem weltberühmten »Klopf-« oder »Schicksalsmotiv« eröffnet, »ta-ta-ta-taaaa«, wenn man es verschriftlichen will.[11] Im Grunde aber ist es die gänzlich umgedeutete Wiederverwendung des Kuckucksmotivs aus dem Klavierkonzert von 1795, das auch jetzt als Paar auftritt; allerdings ist ihm nun die jeweils dreitönige, wirklich »klopfende« Tonwiederholung »ta-ta-ta« vorangestellt, deren Insistenz die Bedeutung des Motivs vollkommen verwandelt und über die Natur hinaus auf die Dramatik des Menschseins zu verweisen scheint.[12] Beethoven verwendet dieses Motiv bis zum Exzess, verliert trotzdem niemals die Spannung und erreicht ungeahnte Steigerungen. Ob es sich um ein »Schicksalsmotiv« handelt oder nicht, braucht hier nicht entschieden zu werden, aber es ist darauf hinzuweisen, wie sehr sein geistiges Format im Vergleich zu 1795 emporgeschnellt ist.[13] Das Naturmotiv, der Vogelruf von 1795, wird weiterentwickelt und vor allem *verdinglicht,* man hört den Klang eines Gegenstandes (einer Türe oder was auch immer), Carl Czerny spricht von Beethovens »Streben, selbst das Materielle musikalisch zu schildern«. Dies bewirkt, dass man sich Fragen stellt über die Beharrlichkeit des dreimal gleichen Tons, was musikalisch meist einem Crescendo gleichkommt: Klopft bloß der Nachbar, klopft das Schicksal? Das Motiv kann ›harmlos‹ wirken, es kann aber auch dramatisiert werden und dadurch metaphorischen Charakter annehmen – darüber entscheidet der Kontext. Ohne Tempoveränderung und im Piano kann Beethoven alles Mögliche damit bewerkstelligen, doch im Fortissimo mit Fermate auf der vierten Note wird das exakt gleiche Motiv zum Symbol für etwas ganz Großes und überragend Wichtiges! 1804 arbeitet Beethoven kompositorisch derart anders als 1795, dass man kaum glauben kann, dass es sich um denselben Musiker handelt – oder man muss sich fragen, was den in der Zwischenzeit erfolgten Bruch hervorgerufen haben mag.

Dazwischen liegt Heiligenstadt, 1802. Bis gegen 1800 scheint die Naturinspiration völlig reibungslos funktioniert zu haben, wie sie einem im zitierten *Klavierkonzert Nr. 2 op. 19* und in vielen anderen Frühwerken in mitreißender ›Springinsfeld‹-Manier begegnet. Doch bereits 1800 kriselt es, und im Sommer 1801 zieht in einem Brief an Franz Gerhard Wegeler Gewitterleuchten auf (29. Juni). Im Sommer und Herbst 1802 bricht die erste schwere Lebenskatastrophe über den Komponisten herein, reißt ihn aus den gewohnten Bahnen und führt zur Niederschrift des »Heiligenstädter Testaments«. Klaus Kropfinger ist einer der wenigen Beethoven-Forscher, die bemerken, *dass etwas damit nicht zu stimmen scheint,* dass Beethoven für den bis dahin nur leichten Gehörverlust anscheinend etwas übertreibt und »hypochondrisch forciert«.[14] Diese Kritik erscheint zunächst berechtigt, weil Beethoven bis 1810–1812, also bis zu seinem 32. Lebensjahr, sprachlich ja noch befriedigend zu kommunizieren vermag. Darum aber geht es in Heiligenstadt letztlich nicht,[15] dort handelt es sich darum, dass das Piano-Pianissimo-Gehör, vielleicht auch nur einige entscheidende Frequenzen des Hörspektrums, dabei sind verloren zu gehen, sodass er den Hirten in der Ferne nicht mehr hört, möglicherweise auch nicht mehr die leisen Geräusche der Natur. Denn diese braucht er. »Bei ihm wurde«, wie Czerny bemerkte, »jeder Schall, jede Bewegung Musik«, besonders in der Natur, in der oft ganze Tage und Nächte zubrachte, um mit reicher Ernte an neuen Skizzen heimzukehren. Deshalb wird bereits ein leichtes Nachlassen des Gehörs zu einem schöpferischen Großproblem, *damit droht der Zusammenbruch des bis dahin funktionierenden Kreativitätsmodells.*[16] Es hatte immerhin zu den frühen, noch ganz einem innigen Naturempfinden folgenden Meisterwerken wie den Klaviersonaten op. 13, 24, 26 bis 28, dem Septett op. 20 sowie zu den höchst beachtlichen Symphonien Nr. 1 und 2 und den Klavierkonzerten op. 15 und 19 geführt, aber diese werden (wie im Zitat zu op. 19 ersichtlich) von Beethoven kritisiert und degradiert gegenüber dem, was er danach schreibt.[17]

In dieser Situation ist das »Heiligenstädter Testament« keineswegs als »hypochondrisch forciert« zu sehen, es dokumentiert vielmehr die tatsächliche Katastrophe, die Beethoven um die Grundfesten seiner Existenz bangen lässt und die ihn in Versuchung bringt, sein Leben zu beenden – *sein ›erstes‹ Leben,* das Leben des wie ein Naturbursche Komponierenden. Doch alle Hoffnung ist nicht verloren, denn fast gleichzeitig, während Beethoven buchstäblich über dem »Testament« brütet (6. bis 10. Oktober 1802), wird es ihm klar, dass er – bis dahin offensichtlich unbewusst – seit mindestens zwei Jahren, seit den Quartetten op. 18, an einer Lösung arbeitet: Er erschafft ein alternatives Kreativ-Modell, das viel Größeres als das Bisherige erlaubt. Und so beschließt er – *am Leben zu bleiben!*

Das erste Leben ist mit den Heiligenstädter Suizid-Albträumen zu Ende gegangen, das ›zweite Leben‹ hebt nun an mit der Gewissheit, dass er weiterhin, und zwar auf viel höherem Niveau, komponieren kann. Das erste Leben war das des Hochbegabten – diesem folgt nun ein zweites, das des Genies. Damit verändert sich seine Kunst von Grund auf – die Kreativprozesse werden nun *zweischichtig,* wobei das Gehör eigentlich nur für die erste Schicht verantwortlich ist: für die Anregung durch akustische Reize, für die der Einfluss der Natur in Zukunft eingeschränkt sein wird; als Erinnerungs- und Reflexionsraum bleibt sie jedoch lebenslang erhalten, und als solche erhält sie in der *Pastorale,* seiner Sechsten Symphonie, ein einzigartiges Denkmal – Natur als *Erinnerung:* Mehr »Ausdruck der Empfindung als Mahlerey«, wie in einer Notiz in der Erstausgabe zu lesen ist und womit der Komponist selbst auf die Zweischichtigkeit seiner neuen Kunst verweist: Sie *ist* auch »Mahlerey«, also dinglich, aber jetzt lagert sich darüber als Wichtigstes das Gedachte (»Erinnerung an das Landleben«), das sich sinnlich als »Empfindung« auszudrücken hat.

Musik und Philosophie

In schöpferischer Hinsicht wird die erinnerte Natur zukünftig jedoch, wie die Dokumente zeigen, erst einmal durch rein physikalisch-akustische Vorgänge ergänzt, die auch aus dem häuslichen und städtischen Umfeld stammen können.[18] Diese teils alten, teils neu hinzukommenden Klangpartikel sind zwar einzelne Töne und Tonfolgen, aber noch keine Musik. Für zukünftiges Schaffen sind dies nur Bausteine, »Anker«, wie Friedhelm Krummacher sie nennt, die darauf warten, auf einen *Gedanken* zu stoßen, den sie emotional in den dadurch zu Musik werdenden Tonfolgen *zu ›verankern‹,* zu verlebendigen vermögen. Beethoven wird von der »Vorstellung« sprechen, auf die er beim Komponieren »hinarbeitet« (s. Kapitel 16), von der »psychischen Idee«, die jedem seiner Werke zugrunde liege.[19] Dies ist es, was in Beethovens »laboratorium artificiosum« geschieht – davon spricht er erstmalig im Oktober 1800 (BGA Nr. 48), und er begründet damit die »ganz neue Manier«, deren erste Früchte er im Oktober 1802 seinem Verleger Breitkopf & Härtel anbietet (BGA Nr. 108). Carl Czerny, langjähriger Freund Beethovens und einer seiner wenigen Klavierschüler, überliefert, dass der Meister 1801, als er die Klaviersonate op. 28 komponierte, zu einem Freunde gesagt habe: »Von heute an will ich einen neuen Weg einschlagen« (BSZ, S. 228). Zu dieser »ganz neuen Manier«, die sich freilich nicht schlagartig, sondern allmählich etabliert, zählt man allgemein die Klaviersonate op. 31/2, die Variationen op. 34 und 35, die *Eroica*-Symphonie op. 55 und das Streichquartett op. 59/3 – aber es gehört viel mehr dazu: im Grunde alle Werke der Jahre 1800 bis etwa 1814.

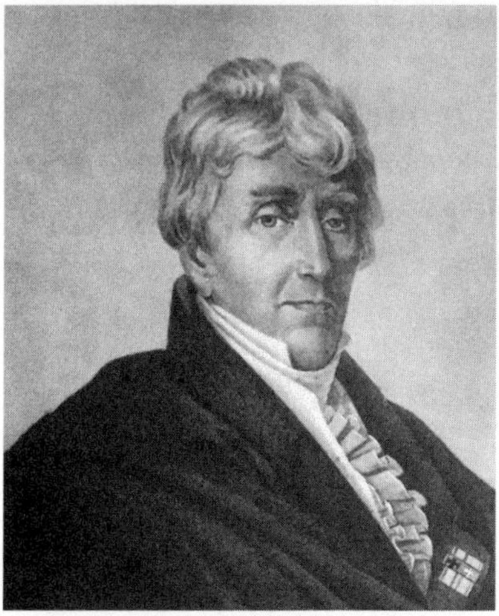

Abb. 4 Franz Gerhard Wegeler, bedeutender Mediziner und Jugendfreund Beethovens. Unbezeichnete Lithografie um 1820.

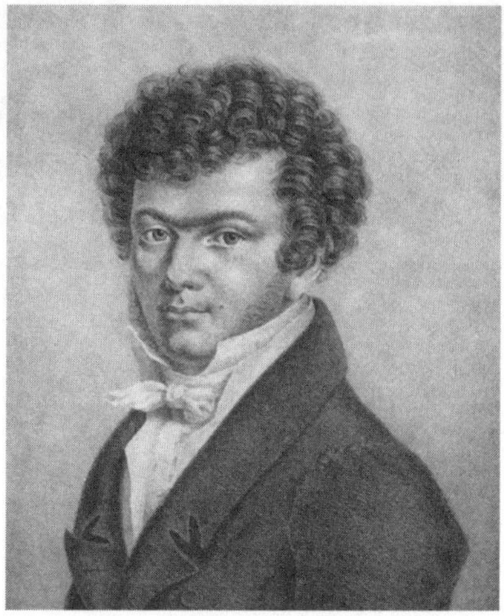

Abb. 5 Ferdinand Ries, Pianist, Komponist, Orchesterleiter und Freund Beethovens. Unbezeichneter Stich um 1810

Wer aber vermittelt Beethoven die Ideen? Schöpft er sie aus Büchern? Der klangliche Einfall und dessen psychologisch-geistige Besetzung, die »psychische Idee«, von der Beethoven spricht, müssen ja irgendwann zusammenkommen, was bei ihm, wie das Skizzenmaterial zeigt, Monate, gar Jahre währen kann. Vielleicht dauert dies so lange, weil Beethoven kein Philosoph ist – oder ein nur allzu rudimentärer. Er verfügt lediglich über einen »Horizont aus Leitsätzen« (Klaus Kropfinger), was keineswegs zur Umwandlung vom Naturbegabungsburschen des Septetts op. 20 zum ›Durchdenker‹ seines Werkes ab op. 31 ausreicht. Dazu genügt auch nicht die intensive Lektüre, deren er sich befleißigt; deren Texte bleiben zu abstrakt und *erreichen nicht die emotionale Ebene, in der Musik entsteht.* Dementsprechend sind philosophische Textstellen, die Beethoven einen wirklichen ›Kick‹ zu Musikalischem gegeben hätten, nicht glaubwürdig überliefert.[20] Kreative Hochstimmung kommt in Beethoven erst auf, wenn er Philosophie *erlebt,* und zwar im Austausch mit emotional hoch besetzten ganz besonderen Bezugspersonen. Deren hatte er ja einige, aber der bereits erwähnte Fürst Lichnowsky hat damit nichts zu tun, Philosophie war seine Sache nicht. Die wirklich wichtigen Personen, die Beethoven Philosophisches verlebendigten, waren vor allem Gräfin Josephine Brunsvik-Deym und Erzherzog Rudolph von Österreich. Sie werden in diesem Buch ganz genau dargestellt und ihr jeweiliger Einfluss auf den Komponisten neu bewertet.

Ist es ein Mangel, dass Beethoven allein nicht so ganz mit der Philosophie zurande zu kommen vermochte? Diese Frage wird uns begleiten, eine Antwort ist jedoch erst gegen Ende dieser Arbeit möglich, aber so viel vorneweg: Für uns ist es ein Glück, dass Beethoven so war, wie er war.

Epochenfragen

Der Leser wird bemerkt haben, dass in dieser Darstellung die drei Stufen akustischer Wahrnehmung – perfektes Hören bis kurz vor 1800, Erkenntnis des Verlustes des Feinhörbereichs seit 1802, schwerste Beeinträchtigungen des Hörvermögens ab 1813/14 – zur zeitlichen Gliederung meiner Arbeit herangezogen werden. Andere Biografen versuchten eine Fünfteilung von Beethovens Leben wie Jan Caeyers, mit teils ideologisch bezeichneten Epochenabschnitten (»Der Herrscher«, »Masse und Macht«), oder wie Maynard Solomon, der die Jahre 1802 bis 1814 die »heroische Epoche« nennt. In dieser Zeit, der Napoleonischen, gibt es Heroisches zuhauf, bei allen Komponisten, es ist die Mode, mit Aberdutzenden von Schlachtenmusiken von allerhand Musikern eifrig gezimmert. Für einen Beethoven aber ist das kein Alleinstellungsmerkmal, er ist kein Modekomponist, und nur ausnahmsweise schreibt er 1813/14 wenige Male derlei, eher Mittelmäßiges, gezielt für den Staat. Was er davor und danach komponiert, mit Herz und Blut, ist nur 1802–1804 *genuin heroisch* zu nennen – als Widerstand gegen seinen Gehörverlust und zur Überwindung desselben. Danach aber überwiegen andere Motivationen, die wir so genau wie möglich verfolgen werden.

Somit kehre ich zu der Dreiteilung zurück, wie sie Carl Czerny 1853 für Beethovens Schaffen in konsequenter Anlehnung an die drei Stadien progressiver Ertaubung dargestellt hat. Damit nahm er Beethovens zentrale Lebenskatastrophe, die seine Kunst vorrangig bestimmte, ernst und ließ sich nicht durch die ›heroischen‹ Ideologisierungen beirren, für die Anton Schindler ab 1840 trommelte und für die er zahlreiche Gefolgsleute fand. Indem ich bewusst einen großen Schritt zurückgehe und der Physis den Vorrang gegenüber allem Ideologischen einräume, hoffe ich, im Studium von Beethovens Schöpfertum um so weiter voranzukommen, indem ich dieses aus der körperlichen Mitte heraus begreife, wie mir es als Musiker selbstverständlich erscheint. Für einen Komponisten ist das Desaster der Ertaubung ja letztendlich ebenso furchtbar, *wie wenn ein Michelangelo von seinem Medico erführe, dass er erblinden wird!* Daher die Überreaktion in Heiligenstadt.

Wie langsam und allmählich die Krankheit fortschreiten würde, nämlich über einen Zeitraum von fast 20 Jahren hinweg, konnte Beethoven 1802 in Heiligenstadt ja nicht ahnen. Wenn er in der Situation unseres fiktiven Michelangelo gewesen wäre, hätte er versucht, mithilfe seines Tastsinnes eine Technik zu erfinden, um weiterhin Künstler zu bleiben. Als Musiker tat er etwas Analoges, er entwickelte eine andere Kompositionsmethode, in der *Natur-Klangreize* mit Anregungen *durch den Geist* ergänzt oder teilweise gar ersetzt werden. Dieser Vorgang durchläuft drei Stadien unterscheidbarer physiologischer Befindlichkeiten, die Beethovens Möglichkeiten, sich als Künstler zu äußern, steuern und zu drei identifizierbaren Stilarten führen. In einer ersten Phase des Nacheiferns – seine Vorbilder sind Haydn und Mozart – kombiniert Beethoven naturnahe Empfindung höchsten Grades mit perfektem Handwerk, erreicht die geistige Durchdringung seiner Vorbilder oft aber nur in den langsamen Sätzen (wie beispielsweise in der *Klaviersonate c-Moll op. 10/1).*

In der zweiten Periode entwickelt er ab dem Zeitpunkt, da er den Hörkontakt zur Natur bedroht fühlt, die besagte Alternativtechnik, in der sich geistige Bezüge über den musikalischen Text lagern und diesem einen ungeahnten Tiefgang verleihen.

In der dritten Periode, der der Vereinsamung des Künstlers, nehmen die konkreten Bezüge zur Außenwelt ab, die Kunst wird immer ideenhafter – den Hörern aber auch schwerer zugänglich. Auf dem Gebiet der Musik hat sich vor Beethoven noch selten derart Komplexes ereignet. Doch darf in meiner Darstellung Beethovens Entwicklung nicht als das Ergebnis rational geplanter Entscheidungen erscheinen, ich sehe sie als Schickung des Lebens, manchmal gar als Ersatzreaktionen in einem durch Krankheit und Entbehrung aufgezwungenen Lebensmodell. Aus diesem aber erarbeitet sich Beethoven mit einer beispiellosen Energie das Wunderbarste, sein Werk, doch geschieht das ganz überwiegend in der Haltung des zutiefst Unglücklichen und des schwer Leidenden, und nur selten aus der des Siegenden, des Heros.

In dieser Form sehe ich die hauptsächlichen Koordinaten, die in teils ungewohnter Weise zu verschieben, neu zu ordnen und zu begründen sind. Die Neuordnung wird notwendig, weil dieses Buch als überhaupt erste Biografie

Beethovens Kreativität, bisher weitgehend ein Buch mit sieben Siegeln, mit der größtmöglichen Intensität erforscht. In diesem Feld wurden bisher Beethovens Skizzen ausgiebig analysiert, jedoch ausschließlich unter musikanalytisch-werkbezogenen Gesichtspunkten, um auf jedem Blatt bestimmen zu können, welche Zeile zu welchem Opus gehört[21] und welche stilistischen und kompositionstechnischen Aspekte sich aus jenem Material ergeben. Das war wichtig und verdienstvoll, aber darüber hinausgehend ist Beethovens Arbeitsweise, insbesondere aus der psychologischen Sicht von Entstehung und Motivation, noch nicht grundlegend analysiert worden, obwohl es, wie erwähnt, sehr viele dies berührende Dokumente gibt. Für die Werkphilologie sind sie weniger ergiebig, für die Biografie jedoch umso mehr, denn wie zu ersehen, hängen für unseren Meister ab etwa 1800–1802 die wesentlichsten schöpferischen Bezüge vom Zustand seines Gehörs und vom daraus sich bestimmenden Wohl- oder Unwohlbefinden ab, von Missmut und häufigen Krankheiten, die oft von seiner psychischen Kondition beeinflusst werden.

Die Stichwortgeber

Es gibt für Beethoven zwar viele bekannte Geisteseinflüsse, über die antiken Autoren hinaus sind es Goethe und Schiller, Shakespeare, Rousseau, Jean Paul, Hölderlin in der Literatur, Bach, Mozart, Cherubini in der Musik, doch lässt sich die *Intensität* der Wirkung dieser Personen aus den Quellen nur selten ermessen. Diesen zumeist ›toten‹ Stichwortgebern möchte ich die viel ›lebendigeren‹ aus seiner genau verifizierbaren Umgebung gegenüberstellen und anhand der Dokumente aus ihr heraustreten lassen. Ich finde diese *menschlichen Beziehungen* außerordentlich reich, instruktiv und ergreifend. Man lernt den Menschen Beethoven, vielleicht auch den Künstler, auf diese Weise besser kennen.

Im Brennpunkt dieses Buches stehen demnach sehr unterschiedliche Personengruppen: Beethoven in der Mitte gleich einem Zentralgestirn, ihn planetengleich umkreisend die Bezugspersonen, die auf seine Entwicklung tatsächlichen Einfluss nehmen – was nur äußerst wenigen vergönnt ist. Mich interessiert als Biograf besonders diese Intensivform menschlicher Beziehungen, die den Lebenslauf mitbestimmen können. Es sind adlige Mäzene, Maximilian Franz, Kurfürst von Köln (Beethovens Bonner Vorgesetzter), und die Fürsten Lichnowsky,

Lobkowitz und Kinsky. Die wichtigsten aber sind sein Neffe Karl, Erzherzog Rudolph sowie die Gräfin Josephine Brunsvik-Deym. Sie steht im ›Verdacht‹, die eineinhalb Jahrhunderte lang anonym gebliebene »unsterbliche Geliebte« zu sein, an die Beethoven 1812 einen der berühmtesten Liebesbriefe aller Zeiten schreibt – allerdings ohne Adressblatt. Die Frage, ob Josephine die »Unsterbliche« ist oder nicht, wird uns noch mehrfach beschäftigen. Mit Sicherheit jedoch ist sie die Empfängerin der erst 1956 aufgetauchten, namentlich an sie gerichteten 14 Briefe Beethovens, die alleine für sich vollkommen ausreichen, um Josephines einzigartige Stellung im Herzen Beethovens und ihre außerordentliche Bedeutung für seine Kunst darzustellen.

Doch ab 1816 verblasst das Weibliche in Beethovens Vorstellungswelt, die sich allmählich dem wachsenden Antifeminismus des Bürgertums zuneigt, was in den späten Jahren des Komponisten dramatische Formen annimmt. So erlosch Josephines inspirierende Funktion, die allmählich auf eine andere Bezugsperson überging, Beethovens Schüler und Freund Rudolph, Erzherzog von Österreich. Die meisten Biografen reduzieren Rudolph auf den bloßen Brötchengeber, blenden dessen Persönlichkeit aber nahezu aus.[22] Das haben weder er noch Beethoven verdient; die beiden eint eine Geschichte von tiefer Menschlichkeit, gegenseitigem Emporheben aus schweren Krankheiten sowie einer gemeinsamen Wahrheitssuche durch die Musik.

Um diese acht Hauptpersonen bewegen sich in entfernteren Sphären, gleich Asteroiden, Kometen und Sternschnuppen, Dutzende anderer Akteure; sie nähern sich und entschwinden wieder, die einen für längere, die anderen für kürzere Zeit. Aber diese Trabanten bewirken wenig in Beethoven – umgekehrt ist sein Einfluss auf sie oft deutlich stärker. Sie helfen oder stören ihn, die meisten sind ihm nützlich, denn er hat einen beträchtlichen Verschleiß an Hilfspersonal. Sie sind von dem Charisma seiner Persönlichkeit magisch angezogen und helfen ihm meist unentgeltlich, manchmal gar sich aufopfernd, sein schier unermesslich schwieriges Leben zu meistern. Oft sinken sie mit Dank, manchmal mit Undank in den Halbschatten oder gar ins Vergessen zurück, denn Beethoven ist zwar kein kalter Egoist, der nur an sich selbst denkt, aber er lebt stets für sein Werk, das er über alles und wirklich alle stellt.

Die Quellen

»Ich schreibe lieber 10 000 Noten als einen Buchstaben«, bekennt Beethoven im November 1820 (BGA Nr. 1418). Welche Äußerungen kann man unter solch relativ widrigen Umständen heranziehen? In erster Linie natürlich seine erhaltenen Briefe sowie die an ihn gerichteten, knapp 2300 an der Zahl, das ist sehr wenig im Vergleich zu Brahms, Mendelssohn, Mozart oder Wagner. Innerhalb der verschiedenen Briefausgaben wurden stets auch zwei Dokumente publiziert, die eine Sonderstellung einnehmen: das »Heiligenstädter Testament« und der »Brief an die unsterbliche Geliebte«, welche beide vielmehr Geständnisse denn Briefe sind. Ferner existiert ein Tagebuch, das Beethoven zwischen 1812 und 1818 führte.

Als Besonderheit kommen die Konversationshefte hinzu. Sie setzen 1818 ein und sind eine problematische Quelle, da sie in der Regel nur die Gesprächsteile von Beethovens Besuchern aus jenen Jahren enthalten, als er wegen seines fortgeschrittenen Gehörleidens Gesprochenes praktisch nicht mehr verstehen konnte. Außerdem gibt es zahlreiche Dokumente der Zeitgenossen, die im Falle eines selbst nicht gern Schreibenden besonders wichtig werden. Sie müssen mit Vorsicht gewertet werden; da viele sich thematisch überschneiden, ist es jedoch durchaus möglich, Verlässliches herauszufiltern.

In einer zweiten Stufe ist auf die Frühbiografik einzugehen, soweit deren Autoren noch Umgang mit Beethoven bzw. mit seinen Zeitgenossen hatten. Beethoven selbst beauftragte seinen Freund der letzten Jahre, Karl Holz, mit der Abfassung seiner Biografie; »ich schenke ihm das volle Vertrauen«, äußerte er in diesem Zusammenhang.[23] Beethovens handschriftlicher Nachlass war sehr umfangreich, doch geriet er außer Kontrolle durch den Tod eines der Nachlassverwalter, Stephan von Breuning (Beethovens Jugendfreund, 1774–1827); zu vieles gelangte unter fragwürdigen Umständen an den ebenfalls späten Helfer Anton Schindler, dem Beethoven nicht über den Weg traute.[24]

Karl Holz schaffte es nicht, die ihm gestellte Aufgabe zu erfüllen, und so war ein 1828 erschienenes Machwerk von Johann Aloys Schlosser die erste Biografie, gespickt mit Fehlern. Die Erstfassung von Schindlers Beethoven-Biografie erschien 1840, gefolgt von zwei erweiterten Ausgaben 1845 und 1860. Er hat viele in seinem Besitz befindliche Dokumente vernichtet bzw. manipuliert und so ein heroisch verzerrtes Beethoven-Bild geschaffen, das in vielen Ausgaben und Übersetzungen das 19. und 20. Jahrhundert prägte, dem heutigen Wissensstand jedoch längst nicht mehr entspricht. Die erste historisch zuverlässige Biografie wurde von Alexander Wheelock Thayer (1817–1897) begonnen; die Bände 1 bis 3 erschienen 1866–1879, die folgenden wurden von Hermann Deiters und Hugo Riemann vollendet (1901–1917), doch sind Schindlers Verfälschungen, Unterschlagungen und Vernichtungsaktionen (nicht in seine Sicht passender Dokumente) bis heute nicht vollständig identifiziert und ersetzt. Dies betrifft in geradezu dramatischer Weise die Konversationshefte; die Korrektur von Schindlers Untaten wird noch andauern.

Die weiteren Biografien sind schwer zu zählen; die drei verbreitetsten unter den neueren sind zweifellos die von Maynard Solomon (1977), Lewis Lockwood (2003) und Jan Caeyers (2009); sie sind hilfreich zur Vergegenwärtigung des Beethoven-Bildes während der zwei zurückliegenden Generationen – derjenigen Periode, die uns am vertrautesten ist.

Teil eins

Das erste Leben: In der Gunst des Schicksals (1770–1802)

Jung, hochbegabt und wohlauf: Musik aus dem Geist der Natur

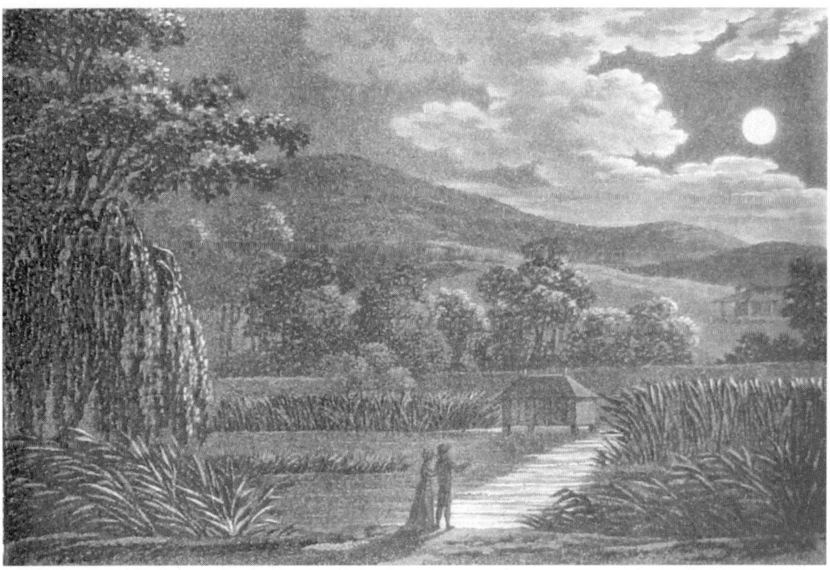

Abb. 6 Beethoven und die Natur – durch den Komponisten zu einem Dauerthema stilisiert. Nächtliche Szene im Helenental, Beethovens Lieblingsort bei Baden im Wienerwald. Stich von Haldenwang, Wien 1803

I

Die ersten siebzehn Jahre

Bonn und die erste Reise nach Wien

Die ersten Jahre (1770–1784) – Die Eltern

Im Gegensatz zu Bach und Mozart gehört Beethoven nicht zu den Komponisten, für deren Gesamtleben das familiäre Umfeld allesentscheidend gewesen wäre. Sein emotionales Band zu den Eltern ist wenig dokumentiert; das zu tun lag nicht in seinem Wesen. Vielleicht wäre Beethoven in einer anderen Umgebung auch Beethoven geworden, mit denselben Genen, die in diesem speziellen Fall wohl doch entscheidender sind. Beethovens Jugend war alles andere als leicht, umfasste aber trotzdem auch Spaß und Ulk mit den Brüdern und Nachbarskindern. Es gab Perioden der Zufriedenheit und relativen Glücks, die, im Verhältnis zu den späteren Klüften und Abgründen seines Wesens, eine anfänglich relativ ausgewogene Persönlichkeit heranwachsen ließen – soweit ein Wort wie »ausgewogen« für einen Hochkreativen und allzu oft Kranken wie Beethoven überhaupt angebracht ist.

Beethovens Vater Jean (Johann, 1740–1792) wurde früher, wie beispielsweise von dem amerikanischen Biografen Maynard Solomon, lediglich als Versager und Trunkenbold dargestellt. Dieses Bild hat sich in der letzten Zeit deutlich aufgehellt, seine ersten Jahrzehnte sieht man heute positiver, wie dies bei Jan Caeyers zu spüren ist. Bereits mit zwölf Jahren wurde Jean als Sopranist in die kurfürstliche Kapelle aufgenommen, war aber von seinem Vater Louis van Beethoven (1712–1773, selber Name wie der Enkel!) außer im Gesang auch im Violin- und Klavierspiel ausgebildet worden. Im Jahr 1756 avancierte er zum Hofmusikus mit einem Gehalt von hundert Gulden, das nach und nach erhöht wurde, da er »sein Ammt pünklich« erfüllte, wie sein Bonner Hausherr, der

Bäcker Gottfried Fischer, später erzählte. Außerdem gab er »den hießige Engelische und Franzößische und Kaiserliche Gesandter ihre Söhne oder Töchter und im Aedelsstannt den Herrn und Töchter, auch schöne Bürger lehrstund auf dem Klavier und im Singen«.[25] Er hatte »oft mehr zu thuen, alls er thuen konnte, er erhielt auch oft noch neben Presännter [Geschenke], die ihm vielle gewogen ware. Dadurch seine Haußhaltung gut bestehen konnte.« 1767 hatte er Maria Magdalena Leym (1746–1787) geheiratet, und sie bekamen sieben Kinder, von denen Ludwig (nach einem 1769 im Alter von wenigen Tagen verstorbenen Bruder) das älteste war. Es folgten Kaspar Anton Karl (1774–1815), Nikolaus Johann (1776–1848) sowie drei weitere Geschwister, die im frühen Kindesalter verstarben.

Die Mutter Maria Magdalena war eine arbeitsame Frau. Eigentlich dirigierte sie den Hausstand und genoss einen guten Ruf: »Madam v: Beethoven war eine geschickte Frau« – so wieder der Bäcker Fischer –, »sie konnte für Hohe und Niedrige sehr fein, geschickt, bescheiten red und antwort geben, deßwegen wurte sie auch sehr geliebt und geacht [...]« (Fischer, S. 41) Den Kindern konnte sie angesichts ihrer zahlreichen Aufgaben keine allzu intensive Fürsorge zukommen lassen; vielleicht ist dies auch der Grund dafür, dass Ludwig später des Öfteren Phasen durchlebte, in denen er sein Äußeres vernachlässigte. Sie soll »eine rechtschaffene friedliche Ehe« geführt haben, scheint darin aber mehr Last als Erfüllung gefunden zu haben. Sie habe kaum gelacht und ihre Pflichten eher pragmatisch, doch mit bemerkenswertem Geschick erfüllt. Bildung war für beide Eltern kein Selbstzweck, und in diesem Sinne war die Kindererziehung so angelegt, dass Ludwig über die Grundlagen des Lesens und Schreibens, des Rechnens sowie der lateinischen Sprache und der Religion nie hinausgelangte; erst 1780 lernte er durch Privatunterricht etwas Französisch und Italienisch.

Beethovens Geburtstag ist nicht genau bekannt, man weiß nur, dass er am 17. Dezember 1770 getauft wurde. Die Familie wohnte damals noch in der Bonngasse 20, in dem Gartenhaus, das dem repräsentativen Wohnhaus angebaut worden war. Drei Jahre später verschlechterte sich die familiäre Situtation durch den frühen Tod von Ludwigs Großvater Louis, der dem Sohn Disziplin abgerungen hatte und für Ludwig eine Art Vorbild darstellen sollte. Das Kind erkrankte zudem an Blattern, die auf seiner braun getönten Gesichtshaut kleine Narben hinterließen.

Die Musikalität des Knaben fiel früh auf; der Vater hat sie mit Unterricht in Generalbass und Klavierspiel gefördert, allerdings mit übertriebener Strenge

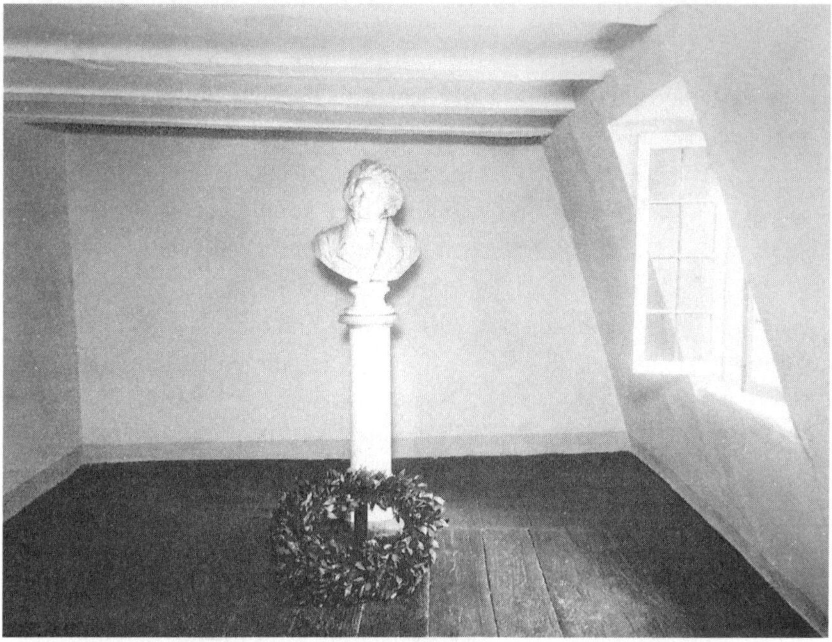

Abb. 7 Beethovens Geburtszimmer im Bonner Beethoven-Haus, mit der Marmorbürste des Komponisten von Wollf-Voß.

bis zu Stockschlägen, wenn ihn die Fortschritte des Sohnes nicht befriedigten. Solche rabiate Erziehungsmethoden waren damals nichts Besonderes. Dennoch gelang es ihm, Ludwig am 26. März 1778 zum ersten Mal beim Hofkonzert in Köln auftreten zu lassen. Bald zog Vater Beethoven andere Musiker für den Unterricht seines Sohnes heran, so auch den Kapellkollegen Franz Rovantini, der dem jungen Ludwig das Violin- und Bratschenspiel beibrachte – er »erhielt Täglich Lehrstunde auf der Fiolin [...] auch nachher Täglich Lehrstund auf der Praciste« – wie man damals ›Bratsche‹ schrieb, war dem diese Erinnerungen aufzeichnenden Bäckermeister Fischer offensichtlich nicht bekannt (Fischer, S. 47).

Als Beethoven sechs Jahre alt war, zog seine Familie in das stattliche Giebelhaus des Bäckermeisters Gottfried Fischer in der Rheingasse um, wo man mit Unterbrechungen bis 1785 blieb. Als Sechsjähriger erlebte er den großen Schlossbrand in Bonn mit, dieser brach am 15. Januar 1777 aus und währte fünf Tage: Sturmglocken heulten, Fensterscheiben klirrten, eine Pulverkammer flog in die Luft, und der ganze Dachstuhl des riesigen Schlosses stand in Flammen. Selbst der Glockenturm in der Bischofsgasse, vor dem er oft mit dem Großvater

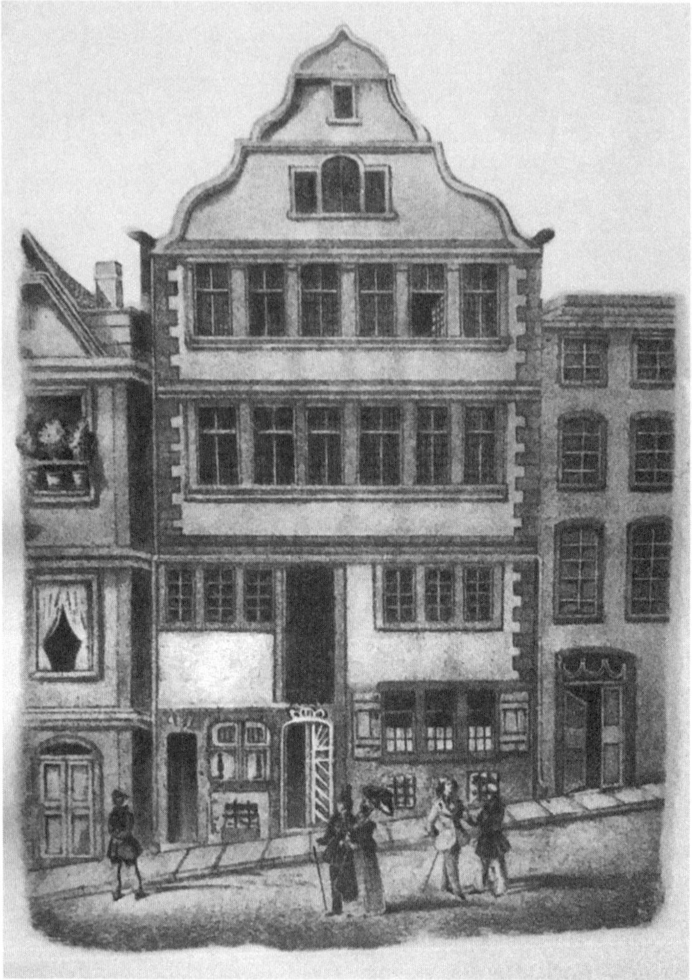

Abb. 8 Das Wohnhaus der Familie Beethoven in der Rheingasse in Bonn

gestanden hatte und von dem die Melodie der Ouvertüre von Monsignys *Deserteur* als Glockenspiel erklang, fing Feuer. Sieben Jahre später erlebte er die große Überschwemmung mit, als der Rhein, nachdem er vier Wochen zugefroren gewesen war, über die Ufer trat und ganz Bonn unter Wasser setzte, sodass im Münster die Kirchenbänke schwammen.

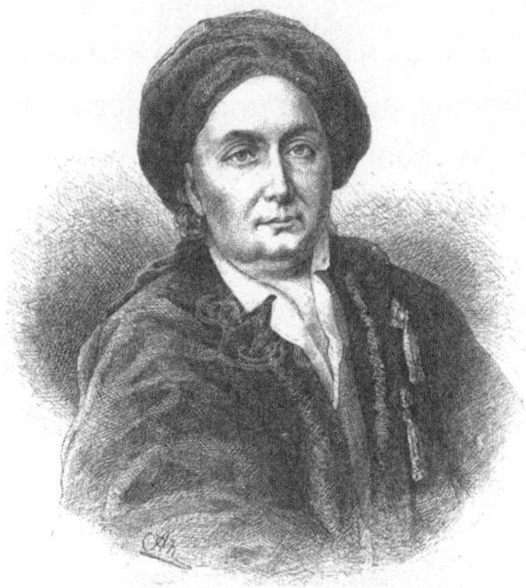

Abb. 9 Authentische Abbildungen von Beethovens Eltern sind nicht überliefert. Deshalb muss der Großvater, der Kurfürstlicher Hofkapellmeister in Bonn war und ebenfalls Ludwig van Beethoven hieß, als ikonografischer Garant der Familie gelten. Holzstich des 19. Jahrhunderts nach einem Porträt von Leopold Radoux.

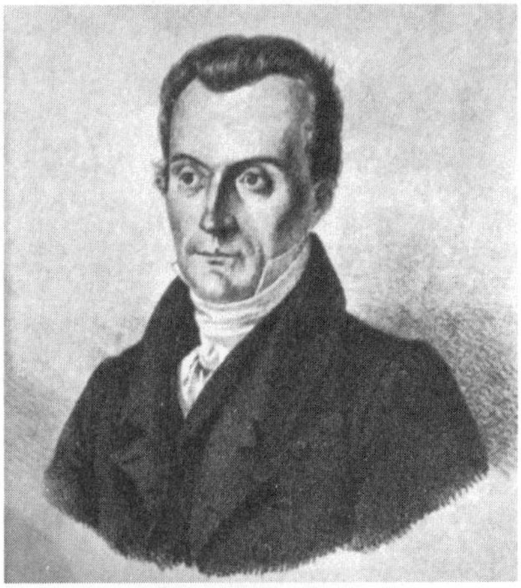

Abb. 10 Ludwig van Beethovens Jugendfreund Stephan von Breuning aus Bonn. Anonyme Lithografie.

Christian Gottlob Neefe als Lehrer

Ein wichtiger Wandel trat ein, als der elfjährige Beethoven 1782 als zusätzlichen Lehrer Christian Gottlob Neefe (1748–1798) erhielt. Neefe war 1779 als Musikdirektor des Großmannschen Theaterensembles nach Bonn gekommen, das seit 1778 das dortige Hoftheater bespielte. 1781 wurde Neefe zum Hoforganisten berufen, vertretungsweise auch zum Hofkapellmeister. Zu den Aufgaben des Organisten gehörte das Unterrichten des Nachwuchses innerhalb des Bonner Hof- und Musiklebens, sodass es ganz selbstverständlich war, dass man ihm 1782 den jungen Beethoven, seinen künftig berühmtesten Schüler, anvertraute. Neefe hatte sich in Leipzig als erfolgreicher Singspielkomponist einen Namen gemacht und sich dort das Gedankengut der Aufklärung und die Ästhetik des deutschen Klassizismus angeeignet; es ist deshalb naheliegend, dass er Beethoven in eben dieselbe Geistesrichtung lenkte. Der Unterricht orientierte sich an dem damaligen Standardlehrwerk *Versuch über die wahre Art das Clavier zu spielen* (1753/1762) von Carl Philipp Emanuel Bach, dessen Werke, Klaviertechnik und musikalische Syntax eine prägende Wirkung auf Beethoven ausüben sollten. All das, was seine Zeitgenossen bei ihm als irrational, bizarr und ungewohnt kritisieren werden, kann man auf den Einfluss des Hamburger Bach zurückführen, der vornehmlich über die Vermittlung Neefes bis nach Bonn ausstrahlte. Den *Versuch* schätzte Beethoven noch Jahrzehnte später wie eine kanonische Offenbarung und erwartete von seinen Schülern, sich danach zu richten.

Neefe behauptete bereits in einem 1783 erschienenen Artikel, in dem ein gewisser *Louis van Betthoven* als »vielversprechendes Talent« vorgestellt wird, dass dieser »Knabe von 11 Jahren« [!] »größtentheils das wohltemperirte Clavier von Sebastian Bach« spiele und dass derselbe »gewiß ein zweyter Wolfgang Amadeus Mozart werden« könne, »wenn er so fortschritte, wie er angefangen«. Der Artikel, der erste über Beethoven überhaupt, kündigt auch dessen allererstes publiziertes Werk an, die *Neun Variationen für Klavier über einen Marsch von Ernst Christoph Dressler,* die durch Neefes Vermittlung 1782 (oder Anfang 1783) bei dem Verleger Michael Götz in Mannheim erschienen waren.[26] Nur wenige Monate später erschien im Verlag Philipp Heinrich Bossler in Speyer eine wesentlich ambitioniertere Werksammlung, die *Drei Sonaten fürs Klavier,* die Beethoven seinem Arbeitgeber, »dem Hochwürdigsten Erzbischofe und Kurfürsten zu Köln Maximilian Friedrich meinem gnädigsten Herrn« zu Füßen legte, »gewidmet und verfertiget von Ludwig van Beethoven alt eilf Jahr«. Wie in Mozarts Wunderkindzeit erschien auch hier die ansonsten unübliche Altersangabe – immer noch von dem falschen Geburtsjahr 1772 ausgehend. Es sind Beethovens früheste Klaviersonaten – ob und wie viel Neefe daran korrigiert hat, wissen wir nicht, denn das Autograf ist verschollen. Sicher ist hingegen: Der Widmungstext ist nicht von Beethoven, sondern von Neefe![27] Die eigentlich unübliche ›Masche‹, die Altersangabe auf das Titelblatt zu setzen – womit die Beethovens bzw. Neefe möglicherweise absichtlich auf diese Besonderheit der allerersten Mozart-Drucke der 1760er-Jahre und deren Geschäftscharakter Bezug nehmen –, wird noch bei der Publikation einiger Lieder fortgesetzt.[28]

Neefe ließ seinen jungen Schüler auch weitere Werke des »alten« Bach – damit meinte man damals Johann Sebastian – spielen, was bis in Beethovens Spätwerk eine tiefe Wirkung entfaltete. Neefe selbst war nicht nur Freimaurer, sondern gehörte auch der Bonner Illuminaten-Vereinigung »Minervalkirche Stagira« an und folgte insofern einem intensiven Berufsethos, mit dem er höchstwahrscheinlich auch das seines Schülers zu begründen vermochte; bei Letzterem sollte die daraus abzuleitende ›Mission‹ zu einem grundlegenden Motivationsmotor werden. Allerdings bestand hinsichtlich der Gewissensprüfungen bei den Illuminaten ein zu starker Bekehrungseifer, der zu weit ins Ideologische reichte und einer modernen Gehirnwäsche ähnelte. Gegen derlei stellte sich Beethovens Freiheitsinstinkt, was ab 1785 zu einer Abkühlung seines Verhältnisses zu Neefe führte.

Dass Neefe so viel zu tun hatte, war allerdings eine große Chance für Beethoven, seinem bei Weitem besten Schüler. Schon als Elfjähriger durfte er den Meister an der Orgel vertreten, und im Juni 1784 wurde er offiziell zum Zweiten Hoforganisten bestellt mit einem Jahressalär von 150 Gulden. Als Prüfungsarbeit hatte Beethoven eine zweistimmige Fuge über das Thema von Händels sogenannten Grobschmied- Variationen vorgelegt. Seine vorigen Beschäftigungen liefen weiter, sodass er als Continuo-Spieler in Konzert, Oper und Kirche eine gründliche musikpraktische Allroundausbildung erhielt. Die Position bei Hofe erfüllte ihn mit Stolz: »Grüne Frackrock, grüne, kurze Hoß mit Schnalle, weiße Seide oder schwarze Seide Strümpf, Schuhe mit schwarze Schlöpp, weiße Seide

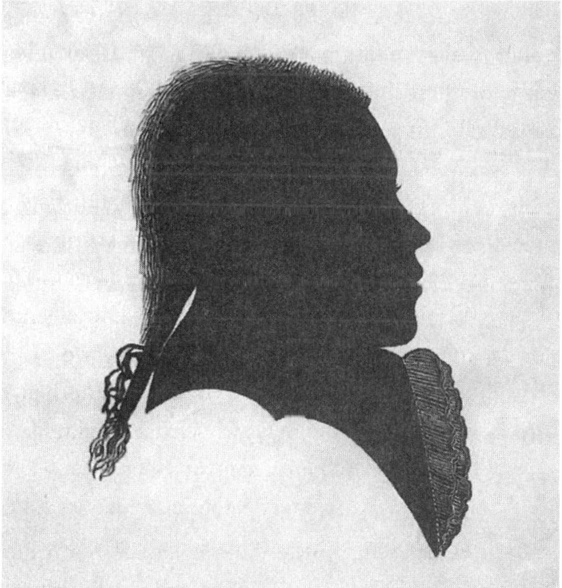

Abb. 11 Erstes Porträt Beethovens, 1786. Lithografie der Gebr. Becker nach einem Scherenschnitt von Joseph Neesen.

geblümbde West mit Klapptaschen [...], das West mit ächte Goldene Kort umsetz, Frisirt mit Locken und Haarzopp, Klackhud, unterem linken Arm sein 1Dägen an der linken seite mit einer silbernen Koppel« – da war der Bäckermeister Fischer tief beeindruckt und beschreibt die Erscheinung des jungen Musikers sehr genau![29] Dieser sei »kurz getrungen« gewesen, »breit in die Schulter, kurz von Halz, dicker Kopf, runde Naß, schwarzbraune Gesichts Farb, er ging immer etwas übergebückt« (Fischer, S. 77).

Interpretationsprobleme

Hinsichtlich Beethovens Jugend herrscht beträchtliche Verwirrung, weil manche Biografen aus der Perspektive des 20. Jahrhunderts allzu harte Urteile abgaben, ohne zu berücksichtigen, was zwei Jahrhunderte zuvor üblich war. So auch Maynard Solomon, der intensiv im Fahrwasser der Psychoanalyse arbeitet, die auch ich als fundamentales Kulturphänomen des späten 19. und des 20. Jahrhunderts wahrnehme. Doch bin ich der Überzeugung, dass ihre Anwendbarkeit abnimmt, je weiter man sich kulturell und zeitlich von ihrer Entstehungssituation entfernt. Dies ist den in fast jeder Generation stattfindenden Umbrüchen und geografisch bedingten Kulturunterschieden geschuldet. Meines Erachtens treffen beide Einschränkungen für Beethovens Bonner Zeit zu. Solomon jedoch übernimmt die Psychoanalyse ohne solche historisch nötigen Abstriche, geradezu eins zu eins, und gerät auf eine gelegentlich falsche Spur. Er beschreibt Beethovens Elternhaus wie eine Strafanstalt, was sie nicht war, sonst hätte der berühmte Sohn seine Eltern nicht zeit seines Lebens in Schutz genommen.[30] Der Vater war, obwohl von Beruf Sänger, nicht sehr sensibel und ging gewiss willkürlich in seiner allgemeinen wie auch in der musikalischen Erziehungsmethode vor, ein Monster aber war er keinesfalls. Viele der diesbezüglich kritischen Zeugnisse stammen aus Nichtmusikerkreisen, vor allem aus dem Umfeld des Bonner Bäckermeisters Gottfried Fischer, in dessen Haus die Beethovens wohnten und wo man unmöglich wissen konnte, wie hart die Ausbildung eines Berufsmusikers schon damals sein musste. Sobald jedoch Sohn Ludwig den Berufskanon verinnerlicht hatte, war der Vater des Lobes voll: »Mein Sohn Lutwig, da habe ich getz meine einzige Freüde, er nimmt so in der Musick und Componiren zu, er wird von alle Bewunderungswürtig angesehen. Mein Lutwig, mein

Lutwig, ich sehe es ein. Er wird mit der Zeit ein großer Mann in der Weld werde« (Fischer, S. 42).

Solomon führt in die »Phantasie, die Freud und Otto Rank als ›Familienroman‹ bezeichnet haben«; darin »ersetzt das Kind einen oder beide Elternteile durch erhabene Stellvertreter – Helden, Berühmtheiten, Könige oder Personen von Stand« (Solomon, S. 38). Darauf gründe Beethovens »Vorstellung von adliger Geburt« als »der wahnhaften Ablehnung seiner schlichten Eltern«, was Beethovens »eingebildete Illegitimität« rechtfertige (Solomon, S. 42). Das bezieht sich auf die Legende, der wahre Vater des Komponisten sei der König von Preußen – doch was Solomon in diesem Zusammenhang verschweigt, ist die Tatsache, dass diese Legende erst 1810 aufkam[31] – Beethoven war 39 Jahre alt und bereits ein hochberühmter Mann, der keines »Familienromans« bedurfte. Um seine Theorie dennoch plausibel zu machen, braucht Solomon einen »Lutwig«, der seinen Vater verachtet und hasst. Doch krankt diese Theorie daran, dass sie auf zu vielen »vielleicht«, »mag«, »scheint«, »möglicherweise«, »vermutlich«, »könnte«, »sollte« und »anscheinend« fußt, von denen nichts durch »Lutwigs« eigene Äußerungen gestützt wird.[32] Somit hat Solomons Argumentation zwar keine dokumentarische Basis, er schreibt aber sehr geschmeidig und war deshalb so außerordentlich erfolgreich – und so wird seine Beethoven-Biografie auch heute noch von einem Teil des Lesepublikums als »die beste« betrachtet, was sie stilistisch in meinen Augen auch noch ist. Doch gehen seine Bemühungen, das »Leiden« Beethovens in seiner Jugend in grellen Farben zu schildern, einfach zu weit, insbesondere die Schlussfolgerung, die »eingebildete Illegitimität« sei der »aus tiefem Herzen kommende – und unbeantwortete – Schrei eines Kindes nach der Liebe seiner Eltern«. Die Konsequenz: »Von Traurigkeit umgeben, zog sich Ludwig van Beethoven in Einsamkeit und Tagträumereien zurück« (Solomon, S. 41f.).

Einsamkeit und Tagträumereien sind Beethovens Lebensbegleiter, wohl war – aber mit Traurigkeit haben sie nicht immer zu tun. Ergo: Eine Depression ist beim jungen Beethoven nicht auszumachen. Die »Einsamkeit« ist zwar belegt, aber der junge Beethoven beklagt sie nicht, sondern erst der alternde Ertaubte. Die »Tagträumereien« kommen nicht in diesem, aber ähnlichen Termini vor, sie haben aber nichts mit ›Träumen‹ zu tun, wie die späteren Dokumente zeigen werden.

Unter den Berichten über Beethovens Jugendzeit wird der des Cellisten Bernhard Joseph Mäurer (1757–1841) oft zitiert: »[Beethoven] war schon als Kind in sich gekehrt und ernsthaft, die gewöhnlichen Kinderspiele waren nie seine

Unterhaltung [...] er ziehe sich zurück, dass man ihn für einen Misanthropen halte« (BSZ, S. 569f.). Der Schriftsteller und Bremer Domkantor Wilhelm Christian Müller (1752–1831), Vater der später berühmten Pianistin Elise Müller (1782–1849), hatte offensichtlich ein besseres Gespür für musikalische Begabung und beschrieb den jungen Beethoven wesentlich präziser: »Das einsame Leben des Knaben und das strenge Gebot des Vaters, sich auf seiner Stube stets mit Musikübungen zu beschäftigen, liess ihn den Verlust des Umgangs nicht spüren. Er blieb scheu und einsylbig, weil er mit Menschen wenig Gedanken wechselte, beobachtete und dachte mehr, als er sprach, und überließ sich dem durch Töne und später durch Dichter geweckten Gefühle und der brütenden Phantasie« (BSZ, S. 605).

Die Beispiele lassen sich fortsetzen, aber bereits hier sind zwei Dinge hervorzuheben: Die Musik faszinierte den Knaben so sehr, dass er den »Verlust des Umgangs« mit anderen Kindern gar nicht *als Mangel* wahrnahm. Was andere, auf die Solomon sich beruft, als Quälerei empfanden, berührte den jungen Beethoven kaum oder *gar nicht,* weshalb er sich einen positiven Zugang zum Vater und erst recht zur Mutter bewahren konnte. Noch wichtiger ist der Ausdruck »brütende Phantasie«, der in W. C. Müllers Bericht ersetzt, was die meisten anderen Chronisten schon beim Kind Beethoven als Verdrießlichkeit oder gar als Misanthropie deuteten. »Brütende Phantasie« ist im künstlerischen Kontext keineswegs als Negativum zu sehen, sondern muss, wie beim erwachsenen Beethoven dutzendfach bezeugt, bereits beim Kind Beethoven als ein Zustand besonders starker Introversion in seine Innenwelt, d. h. in die Welt der Musik, gedeutet werden. Erst die Fähigkeit zu extremer Konzentration macht die kreative Begabung fruchtbar und lässt aus zunächst vagen Ideen und Einfällen immer konkretere Gebilde und letztendlich *Kunst* entstehen, wie sich das aus Beethovens sehr zahlreich erhaltenen Skizzen ablesen lässt. Diese Versunkenheit muss man aushalten, nicht jedermann bringt eine derartige Anspannung zustande und kann solche Entäußerungen ertragen, weshalb in der Kunstgeschichte viele Hochbegabungen letztlich nicht weit führten. Beethoven war nicht Mozart, der den an einen Komponisten gestellten Anforderungen relativ leicht und vor allem sehr früh gerecht werden konnte. Beethoven war nicht fünf Jahre alt, sondern bereits elf, als er seine erste ernst zu nehmende Jugendkomposition, die *Dressler-Variationen* WoO 63, zu Papier brachte.

Aus dieser Perspektive verliert Beethovens Jugend weitgehend die von Solomon aufgebaute Schreckensdramatik, auf der sein Buch baut und die im nachfolgenden Schrifttum erhebliche, bis heute immer noch stark wahrnehmbare Spuren hinterlassen hat. Das möge auch weiterhin so bleiben, sie ist spannend und bietet viele Denkansätze. Doch sie bedarf dringend alternativer, ergänzender und korrigierender Ansätze: Denn die relative Einsamkeit, die sich um den ganz jungen Beethoven etabliert, hinterlässt, entgegen Solomons Theorie, keine dokumentierbaren sozialen Schäden, und solche dürfen folglich auch nicht zur Interpretation seelischer Vorgänge im Erwachsenenalter Beethovens herangezogen werden, wie Solomon dies tut.[33] Dafür müssen andere Erklärungen gefunden werden.

Die Einsamkeit des jungen Beethoven ist vor allem die Folge des Umstandes, dass er in seiner früh entwickelten Extremfixierung auf musikalische Zusammenhänge kaum eine Chance haben konnte, für ihn selbst ergiebige und interessante Ansprechpartner zu finden: Er hatte weder einen Leopold Mozart als Vater noch einen Carl Philipp Emanuel Bach als Bruder. Intellektuell sticht unser jugendlicher »Lutwig« noch kaum unter seinen Angehörigen hervor – hinsichtlich seiner kreativen Emotionalität aber reicht ihm niemand auch nur annähernd das Wasser. *Dies ist der Grund seiner Einsamkeit,* und dies wird durch die unmittelbaren Folgejahre bewiesen.

Dazu ist ein zeitlicher Vorgriff von wenigen Jahren vonnöten, bis Beethoven als Bonner Kapellmitglied voll berufstätig wurde. Und siehe da, die Einsamkeit ist kein Thema mehr, er integriert sich gesellschaftlich sehr schnell, ist hochbeliebt und -geschätzt und hinterlässt tiefes Bedauern, als er gen Wien aufbricht. Die zwei überlieferten Hauptberichte dürfen hier nicht fehlen; sie betreffen eine Reise der Bonner Hofkapelle nach Mergentheim im Jahre 1791, wo der damalige Bonner Kurfürst auch Hochmeister des Deutschen Ordens war. Alexander Wheelock Thayer erzählt die Begebenheit zunächst nach der Beschreibung von Beethovens Jugendfreund Franz Gerhard Wegeler (1765–1848), variiert dann den Bericht nach einem Brief eines Orchesterkollegen Beethovens, des späteren Verlegers Nikolaus Simrock (1751–1832):

> »Diese Truppe begab sich für eine Zeitlang nach Mergentheim und nahm dort den Titel ›Kurfürstliches Hoftheater‹ an; [...] Simonetti und ein vorzüglicher Konzert-Tenorist, nebst ungefähr 25 Mitgliedern des kurfürstlichen Orchesters, an ihrer Spitze Franz Ries, [...] unter ihnen Beethoven, die beiden Romberg und das vorzügliche Oktett von Blasinstrumenten, gewährten reichliche Gelegenheit zu den besten musikalischen Unterhaltungen. Schauspieler, Sänger und Musiker [...] machten

die Reise in zwei großen Schiffen auf dem Rhein und Main. Ehe sie Bonn verließen, versammelte sich die Gesellschaft und erwählte Lux zum Könige der Expedition, welcher bei der Verteilung der hohen Würden am Hofe Bernhard Romberg und Ludwig van Beethoven zu ›Küchenjungen‹ in seinem Dienste ernannte. Es war die angenehmste Zeit des Jahres für eine solche Reise; die Hitze des Sommers gemäßigt durch die Kühle des Rheins und die Luftzüge, welche auf- und abwärts durch den tiefen Einschnitt des Flusses wehten. Die Vegetation stand noch in ihrem vollen Glanze [...] Die Zeit war für sie eine herrliche und fröhliche [...], und in Beethovens Erinnerung lebte die kleine Reise hell und schön und war für ihn ›eine fruchtbare Quelle der schönsten Bilder‹. Die Fahrt schloß die ganze berühmte Gegend der Rheinufer vom Drachenfels bis Bingen in sich [...] und zuletzt die liebliche Partie des Mains, welcher die Hügel des Spessarts von denen des Odenwaldes trennt. [...] Die Reisegesellschaft [...] bestieg den Niederwald, und daselbst erhob König Lux Beethoven zu einer höheren Würde an seinem Hofe [...] und bestätigte seine Ernennung durch ein Diplom oder einen Patentbrief, datiert von den Höhen über Rüdesheim. [...] Dieses Diplom von der Hand seiner komischen Majestät befand sich unter den Gegenständen, welche ihr Besitzer mit nach Wien nahm, wo es Wegeler noch sorgfältig aufbewahrt im Jahre 1796 sah.

Zu Aschaffenburg am Main war der große Sommerpalast des Kurfürsten von Mainz: und hier wohnte Abbé Sterkel [...], einer der ersten Klavierspieler von ganz Deutschland« [... Ab hier zitiert Thayer Simrock:] »Ich erinnere mich, daß mehrere der Kurfürstlichen Hofmusik bei unserer Durchreise in Aschaffenburg schicklich fanden, den Herrn Capellmeister Sterkel zu besuchen und Beethoven mit ihm bekannt zu machen. Wir wurden sehr freundschaftlich aufgenommen, und nach einigen Höflichkeiten war der Herr Capellmeister so gefällig, uns eine seiner Sonaten mit Violinbegleitung, welche Andreas Romberg übernahm, vorzutragen, in seinem eignen, zierlichen, sehr gefälligen Spiel. Darauf ersuchte er Beethoven zu spielen, und wünschte besonders seine unlängst in Maynz gestochenen Variationen über das Thema von Righini, *Vieni Amore*, von ihm selbst spielen zu hören: daß er gestehe, sie seyen ihm zu schwer, er könne sie nicht spielen – darauf suchte Herr Sterkel in einem Pack Musik, konnte aber das Exemplar nicht finden; wir hatten nun etwas Mühe Beethoven zu bewegen, daß er solche auswendig spielen möge. Es schien uns allen, Herr Capellmeister glaubte, Beethoven habe sie zwar geschrieben, könne sie aber vielleicht selbst nicht spielen. Dies bemerkte Beethoven selbst. Nun setzte er sich und spielte sie zum Erstaunen der gegenwärtigen Bönnischen, die ihn noch nie so gehört, ganz in der Manier des H. Capellmeister mit der größten

Zier und brillanten Leichtigkeit, als seyen diese schweren Variat. wirklich ebenso leicht wie eine Sterkelsche Sonate, und hängte hieran noch ein paar ganz neue! Herr Capellmeister war in seinem Lobe unerschöpflich und verlangte durchaus, daß wir bei der Rückkehr ihn wiederbesuchen möchten – was aber der Eile wegen nicht geschah!« (s. auch BSZ, S. 906f.)

Diese zwei Berichte tragen dazu bei, ein pragmatischer ausgerichtetes Bild von Beethovens Bonner Zeit zu skizzieren. Um darauf aufbauend im Wissen über Beethoven voranzukommen, kann man versuchen, sich dem absolut ›Anormalen‹ schöpferischer Höchstbegabung anzunähern. Versuchen wir in aller Bescheidenheit, wenigstens die Dinge in Erfahrung zu bringen, die aus den Beethoven betreffenden Dokumenten ersichtlich sind (was in Kapitel 16 geschehen soll).[34]

Ein neuer Dienstherr: Die Aufklärung zieht in Bonn ein

1784 trat in Bonn ein tief greifender Wandel ein. Kurfürst Maximilian Friedrich Graf von Königsegg-Rothenfels starb in jenem Jahr am 15. April. Nachfolger wurde der jüngste Bruder Kaiser Josephs II., Erzherzog Maximilian Franz von Österreich (1756–1801), der am 5. August 1784 als Erzbischof und Kurfürst von Köln eingesetzt und somit neuer Dienstherr des jungen Beethoven wurde. Damit änderte sich die Orientierung des Kurfürstentums vom französischen Westen hin zu dem habsburgischen Südosten, und es begann »ein wahrhaft liberales, aufgeklärtes Regiment«,[35] in dem zuerst Verschwendung und Korruption großen Stiles zu beseitigen waren. Nach dem Vorbild Josephs II. führte der jüngste Bruder im Rheinland scharfe Sparmaßnahmen durch: Er strich unzeitgemäße Privilegien, vereinfachte Repräsentation und Verwaltung und reformierte das Bildungswesen grundlegend. Maximilian Franz war an Glitzer und Tand nicht interessiert, kleidete sich bürgerlich und ohne Perücke; seine Kleidung zeigte eine »beinahe schäbige Einfachheit«.[36] Er bewohnte nicht das Bonner Residenzschloss, sondern ein Bürgerhaus am Rhein und nahm sich vor, all seine Untertanen gleich zu behandeln: »Ich werde suchen, die Verfassung unseres deutschen Reiches, von der das Wohl so vieler Individuen abhängt, aufrecht zu erhalten und zu neuem Leben bringen, ungeachtet irgendwelcher Aussichten oder

Vorteile, die man mir anbieten könnte, und ich werde mein ganzes Leben lang die Sprache der Wahrheit, des Gesetzes führen, indem ich den andern die Sprache der Politik überlasse.«[37] Constantin von Wurzbach ergänzt das Bild wie folgt:

> »Körperschönheit und Geistesstärke machten ihn bald bei seinen Unterthanen beliebt; Witz, schnelles Urtheil, auch wohl eine leichte, nur zuweilen bittere Satyre empfahlen ihn als angenehmen Gesellschafter. Viele Menschenkenntniß hatte ihn mißtrauisch gemacht, doch wußte sein scharfer Verstand meistens das Richtige in den Geschäften schnell aufzufinden und zu würdigen. Als Staatsmann urtheilte er hell und scharf, mehrere Zeitbegebenheiten sah er in einem Zeitpuncte vorher, wo noch die allgemeine Meinung das Gegentheil zuversichtlich behauptete. Sonst einer förmlichen Etiquette abgeneigt, beobachtete er diese genau, wo es Würde und Anstand zu fordern schienen; auch die Priesterverrichtungen versah er in solchen Fällen mit Salbung, Würde und Andacht. Seine höhere umfassende Bildung ließ ihn in geistigen Genüssen dauernde Erquickung und Erholung finden. Er unterstützte Talente und belohnte Verdienste. Bonn insbesondere verdankt seiner Munificenz die Erweiterung der Universität, die er überdieß zur Landes-Universität erhob, und die Begründung der reichen Bibliothek. Der Erzherzog sprach mehrere Sprachen, war in verschiedenen Gebieten der Literatur bewandert, war mit den ausgezeichnetsten literarischen Producten vertraut.«[38]

Was Wurzbach vollkommen übersieht, ist das tiefe musikalische Interesse des neuen Kurfürsten, auf das wir noch eingehen. Jedenfalls musste eine solche Persönlichkeit den jungen Beethoven ganz besonders beeindrucken, und es ist kein Wunder, dass das spätere politische Denken des Künstlers demjenigen seines frühen Dienstherrn ähnelt. Das erklärt auch, warum sich die beiden nach 1794, da Kurköln im Zuge der Koalitionskriege in nicht aus den Augen verloren; besonders nach 1800, als Maximilian Franz sich nach Wien zurückgezogen hatte, lebte der Kontakt zwischen dem Fürsten und seinem ehemaligen Bratschisten und Organisten wieder auf:[39] Beethoven nahm sich vor, seine *Erste Symphonie* seinem ehemaligen Fürsten zu widmen, aber dieser Plan wurde von Maximilian Franz' Tod durchkreuzt. Schon 1787 hatte Maximilian Franz einen wichtigen Schritt in die Richtung von Beethovens Geisteswelt unternommen und begünstigte die Etablierung der »Lesegesellschaft«, eines Auffangbeckens der Bonner Intelligenzija, in der sich viele ehemalige

Freimaurer und Illuminaten wiederfanden und sich über die aktuellsten politischen, philosophischen, literarischen und künstlerischen Vorgänge austauschten.

Eine Reise, von der man fast nichts weiss: Wien 1787

Um diese Zeit verfolgte der musikliebende Kurfürst, der selbst mehrere Instrumente spielte, noch ein ganz anderes Projekt. Ihm scheint nicht entgangen zu sein, dass es zwischen den zwei Hoforganisten Neefe und Beethoven zu Spannungen gekommen war. Angesichts des Umstandes, dass Ersterer eine Gehaltskürzung zugunsten des Zweiten zu verschmerzen hatte, war das nicht überraschend, und ›einfach‹ im Umgang war der Jüngere offensichtlich schon damals nicht. Da Beethoven in einer Orchesterbewertung zu Händen des neuen Kurfürsten als »von guter Fähigkeit«, »von guter stiller Aufführung«, aber »von mageren Ressourcen« dargestellt worden war,[40] entstand der Plan, ihn zur Vervollkommnung seines Klavierspiels zu Mozart nach Wien zu schicken. Maximilian Franz, der gleichaltrig mit Mozart war und ihn seit dessen ersten Besuchen und Vorspielen in der Hofburg kannte, hatte dessen Laufbahn verfolgt und dessen Oper *Il re pastore* [KV 208] noch in guter Erinnerung, die eigens für seinen Besuch als Erzherzog in Salzburg komponiert und aufgeführt worden war.

Über diese erste Reise Beethovens nach Wien weiß man fast nichts, was die Legendenbildung begünstigte. Nach jüngeren Forschungen soll sie im ersten Quartal 1787 stattgefunden haben; er sei bereits kurz vor Neujahr 1787 aufgebrochen, etwa am 14. Januar in Wien eingetroffen und habe diese Stadt um den 28. März verlassen. Die Rückreise sei über Regensburg, München und Augsburg erfolgt, wo er für den 26. April nachgewiesen ist.[41] Aber diese erst jüngeren Präzisierungen ändern nichts an den vielen Fragezeichen dieser allzu dürftig dokumentierten Unternehmung. Schindlers Behauptung, Mozart habe geweissagt, der junge Bonner Musiker werde in der Welt noch von sich reden machen, wird dadurch nicht wahrscheinlicher; überliefert ist lediglich, dass Beethoven »bei seiner ersten Anwesenheit in Wien […] einigen Unterricht von Mozart erhalten« habe, »doch hat dieser, wie Beethoven klagte, ihm nie gespielt« (Wegeler-Ries, S. 86). Das wollen andere jedoch nicht gelten lassen und meinen, die zwei Großen hätten sich nie getroffen.[42] Diese vollkommene Unsicherheit in der

Forschung hat allerdings einen besonderen Reiz: So kann man sich auch heute noch in großartigsten oder auch kitschigsten Farben ausmalen, wie sich das Treffen zweier derartiger Musikheroen abgespielt haben mag – Beethoven und Mozart, Mozart und Beethoven! Doch nur eines ist sicher: Wissen werden wir dies wohl nie.

Auf der Rückreise ging Beethoven in Augsburg das Geld aus; er lieh sich eine größere Summe von Joseph Freiherr von Schaden, einem Staatsbeamten, der über seine freimaurerischen Verbindungen anscheinend Kontakt mit Neefe gehabt hatte und genügend über Beethoven wusste, um ihm seine Reise zu erleichtern. Dank dafür erhielt er erst am 15. September dieses dramatischen Jahres 1787, und endlich erfährt man etwas aus Beethovens Feder über seine Mutter, die inzwischen, im Alter von nur vierzig Jahren, gestorben war:

> »Ich traf meine mutter noch an, aber in den elendesten gesun[d]heitsumständen; sie hatte die schwindsucht und starb endlich ungefähr vor sieben wochen, nach vielen überstandenen schmerzen und leiden. sie war mir eine so gute liebenswürdige mutter, meine beste freundin; o! wer war glüklicher als ich, da ich noch den süßen namen mutter aussprechen konnte, und er wurde gehört, und wem kann ich ihn jezt sagen? den stummen ihr ähnlichen bildern, die mir meine einbildungskraft zusammensezt? so lange ich hier bin, habe ich noch wenige vergnügte stunden genoßen; die ganze Zeit hindurch bin ich mit der engbrüstigkeit behaftet gewesen, und ich muß fürchten, daß gar eine schwindsucht daraus entstehet; dazu kömmt noch melankolie, welche für mich ein fast eben so großes übel, als meine krankheit selbst ist« (BGA Nr. 3).

Es handelt sich hier um den ältesten erhaltenen eigenhändigen Brief Beethovens. Der Verlust der Mutter war für den jungen Beethoven schmerzlich und stürzte ihn in tiefe Melancholie, zumal auch noch sein Freund Wegeler Bonn verließ, um sein Medizinstudium in Wien abzuschließen. So taucht hier erstmals ein Begriff auf, der von nun an zu den besonders häufig gebrauchten im Kosmos dieses Musikers gehören wird: *»melankolie«*, »ein so großes übel«.

2

Zurück in Bonn – und wieder nach Wien

Die Jahre 1788 bis 1792

Zurück nach Bonn! Wann Beethoven dort eintraf, ist ebenfalls unbekannt, jedenfalls noch rechtzeitig, um seine Mutter zu sehen, sie starb am 17. Juli 1787. Durch wiederholte Briefe soll der Vater den Sohn gedrängt haben, die Heimreise zu beschleunigen – so steht es zumindest in dem zitierten Brief an den Freiherrn von Schaden. Im November, nur vier Monate nach seiner Mutter, starb auch Beethovens kleine eineinhalbjährige Schwester Maria Margaretha.

Der Vater verlor allmählich den Halt und geriet in finanzielle Schwierigkeiten: Wegen seiner hohen Ausgaben für Spirituosen vermochte er nicht mehr, die Familie angemessen zu versorgen. Auch machte er Schulden, der Hausstand verwahrloste zunehmend, weshalb der inzwischen siebzehnjährige Ludwig als ältester Sohn per Dekret vom 20. November 1789 die Hälfte des väterlichen Gehalts direkt ausgezahlt bekommen sollte (was der Vater jedoch teilweise zu umgehen wusste). Die Last des Familienunterhalts ging immer mehr auf Ludwig über. Ihm wurde sehr viel abverlangt, dennoch hat er sich nie negativ über den Vater geäußert, sondern hielt dessen Hinterlassenschaften in Ehren.

Die Musikerfamilie Ries, die bereits seit Jahrzehnten mit der Familie Beethoven befreundet war, wohnte nicht weit entfernt und nahm lebhaften Anteil an dem hereinbrechenden Unglück. Franz Anton Ries (1755–1846), der Vater, war ein hervorragender Geiger und einer der solidesten Kollegen von Johann und Ludwig van Beethoven. Über die Vereinigung der Illuminaten und die Lesegesellschaft war die Familie Ries in das städtische Geistesleben eingebunden, wovon die Beethovens indirekt sicher auch profitierten.

Ebenso hilfreich war die Familie Breuning. Hofrat Emanuel Joseph von Breuning war 1777 gestorben: Damals hatte die Familie dicht am Schloss gewohnt.

Als dieses in Brand geriet, hatte Breuning in dem brennenden Gebäude die Akten für die Pensionsansprüche der Witwen und Waisen retten wollen und war dabei ums Leben gekommen. Seine Frau Helene wohnte jetzt in einem Patrizierhaus am Münsterplatz. Nachdem Beethoven seine Mutter verloren hatte, nahm Helene von Breuning den Jungen unter ihre Fittiche, richtete ihm eine Stube ein, in der er übernachten konnte, wenn er nach dem Unterrichten und dem Abendessen länger blieb. Denn Helene von Breuning führte mit ihren Kindern ein kulturell anspruchsvolles Leben und hatte Beethoven als Klavierlehrer für sich und die Kinder engagiert; abends saß die Familie oft mit Freunden zusammen oder mit gebildeten Vewandten wie dem Kanonikus Lorenz von Breuning, und sprach über Lessing, Goethe, Klopstock und auch über die *Odyssee* von Homer. Später nannte Helene von Breuning den jungen Beethoven manchmal *Raptus,* weil er aufbrausend sein und rasch aus der Haut fahren konnte – offensichtlich hatte sie gelernt, mit den Sonnen- wie auch den Nachtseiten ihres zusätzlichen Zöglings umzugehen: Seine aus späteren Zeiten dokumentierten oft sehr irrationalen Verhaltensweisen scheinen schon damals in Bonn an der Tagesordnung gewesen zu sein. Die Freundschaft mit Familie Breuning gehört zu den dauerhaftesten in Beethovens Leben; bis zu seinem Tode währte der Kontakt mit Helenes Sohn Stephan.

Mit den Breunings zusammen schwärmte er in die Umgebung Bonns hinaus, nicht nur zu den Blumenparterres und Springbrunnen des Hofgartens, sondern auch in die kurfürstlichen Weingärten, auf den Kreuzberg, zum Sommerschloss nach Poppelsdorf oder über den Rhein ins Siebengebirge. Mit der Tochter Eleonore, einer anmutigen, schlanken Gestalt, verband ihn eine tiefe Freundschaft, aber es gab auch einen handfesten Krach zwischen ihnen, wie aus einem entschuldigenden Brief hervorgeht, den Beethoven später, am 2. November 1793, aus Wien an sie richtete.

Bis Ende 1789 hatte sich der Haushalt der Familie Beethoven wieder einigermaßen konsolidiert. Der Vater war inzwischen pensioniert worden; Ludwig verdiente sich durch Klavierunterricht und bald auch durch solistische Auftritte ein Zubrot.[43] Ebenso wichtig war, dass sich Beethovens geistiger Horizont jetzt weitete. Dazu trugen die vielen intellektuellen Kontakte bei, die er im berühmten Literatentreff Zehrgarten der Anne Marie Koch aufbauen konnte. Sie war die Witwe eines mit den Breunings befreundeten Hofhoteliers. Ihre Tochter Barbara, auch Babette genannt, galt als die schönste Frau von Bonn, und der junge Beethoven soll auch in sie verliebt gewesen sein. In Wien musste er später erfahren, dass sie einen steinreichen Opportunisten geheiratet hatte.

Angeregt durch die Diskussionen, die er im Zehrgarten miterlebt, immatrikuliert Beethoven sich bereits im Mai 1789 an der Universität für Vorlesungen in Philosophie, vielleicht auch in Literatur. Seine Beschäftigung mit der Antike, die schon zuvor im Hause Breuning durch Kanonikus Lorenz von Breuning angeregt worden war, wird nun auf ein wesentlich höheres Niveau gebracht. Er begeistert sich für Plutarchs Biografien, lernt den kategorischen Imperativ Kants kennen, den er in Briefen zitieren wird, und er besucht Vorlesungen des politisch sehr fortschrittlichen Professors Eulogius Schneider – ein echter Freigeist, früher Schauspieler, dann Mönch und schließlich Gelehrter. Als die Nachricht von der Erstürmung der Bastille (14. Juli 1789) nach Bonn gelangt, bringt Eulogius Schneider seine Begeisterung für die Französische Revolution zum Ausdruck, indem er den Studenten vom Katheder herab Zeilen wie »Die Ketten des Despotismus sind zerbrochen ... Der Franzose ist ein freier Mensch« rezitiert. Im Jahr darauf veröffentlicht der Professor eine Sammlung von Revolutionsgedichten. Neben der Familie Breuning trägt sich auf der Subskriptionsliste auch der »Hofmusikus Beethoven« ein.

Ferner nehmen in jener Zeit zwei weitere lebenslange literarische Leidenschaften ihren Anfang, die für Schiller und vor allem die für Shakespeare.

Auch seine musikalisch-berufliche Situation festigt sich, er bringt das seit 1785 fast zum Erliegen gekommene Komponieren allmählich wieder in Gang; ab 1789 entstehen einige Lieder, Klaviervariationen und andere kleinere Klavierstücke, von denen eines, die *Variationen über Venni Amore von Righini* (WoO 65) 1791 als erste Publikation des erwachsenen Beethoven in Mannheim gedruckt wird. Spätestens 1791 wird er zusätzlich zu seiner Organistenstelle auch als Pianist in den Hoflisten geführt: »Klavierconzerte spielt Hr. Ludwig van Bethoven«, schreibt Boßlers *Musicalische Korrespondenz* vom 13. Juli 1791, während er sich seit Neuestem nicht nur in der Hofkapelle als Bratschist betätigt, sondern auch im Streichquartett des Konzertmeisters Franz Anton Ries zusammen mit den beiden Rombergs mitspielt.[44]

Dazu muss ein wichtiges, bisher völlig unbeachtetes Detail erwähnt werden. Gemeinhin liest man, dass der musikbegeisterte Kurfürst Maximilian Franz selbst Flöte und Violoncello beherrschte. Viel wichtiger aber ist, dass er auch Bratsche spielte; der frühe Biograf Thayer weist darauf hin, dass er »eine ziemliche Fertigkeit sowohl im Singen als in der Behandlung seines Lieblingsinstruments, der Bratsche« erlangte (TDR Bd. I, S. 184). Dazu bringt Thayer in einer Fußnote (aus *Leopolds Historischem Taschenbuch*) einen französischen Text, der für die Vorlieben und Gewohnheiten des Kurfürsten sehr aufschlussreich ist: Er ziehe es vor, zusammen mit gewöhnlichen Musikern zu spielen, mit denen er sich wohler fühlt, und nicht mit berühmten Leuten, die ihn eher stören.[45] Das scheint sich auf die höfischen Zwänge zu beziehen, da der Kurfürst freilich auch mit Mitgliedern des Adels zu musizieren hatte, unter denen er sich offensichtlich als weniger frei betrachtete.[46] So könnte es vorgekommen sein, dass Maximilian Franz gelegentlich eben in Beethovens Nähe musizierte, z. B. bei

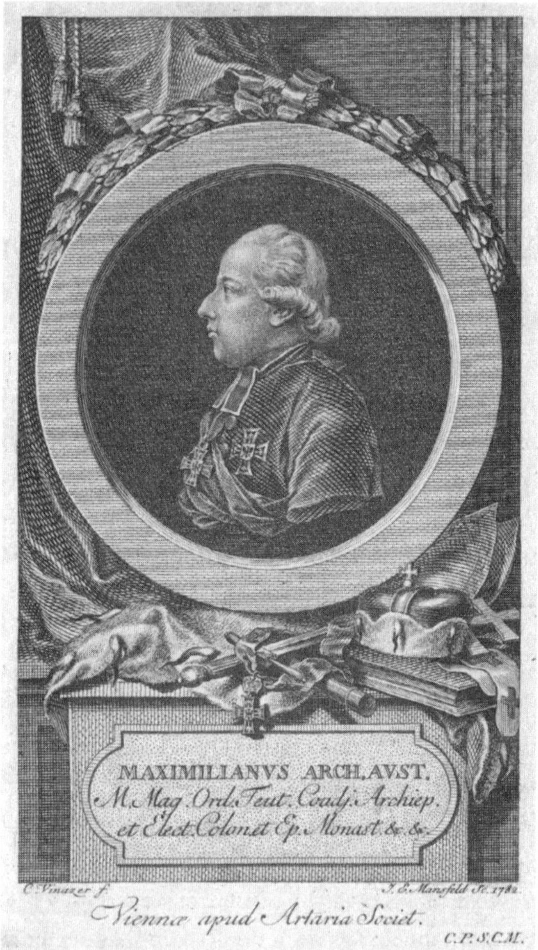

Abb. 12 Maximilian Franz, Erzherzog von Österreich, seit 1784 Kurfürst und Erzbischof von Köln. Er war Beethovens Arbeitgeber, erkannte seine Begabung und förderte ihn. Stich von J. E. Mansfeld.

Kammermusik oder auch in der Hofkapelle.[47] Das würde erklären, dass Maximilian Franz als Arbeitgeber ein spezielles Verhältnis zu Beethoven entwickelte, wodurch er seinen Musiker nicht nur als außergewöhnliche Begabung, sondern auch als eine vielversprechende Persönlichkeit kennenlernte. Und das dürfte wesentlich dazu beigetragen haben, dass er sich vornahm, diesen Musiker im Blick zu behalten und zu fördern.[48]

Obwohl Beethoven, wie oben erwähnt, seit 1785 lange nichts und dann eher kleinere Werke zu Papier brachte, gingen 1790 ganz unvorbereitet zwei bedeutende Kompositionsaufträge an ihn: zwischen März und Juni die *Kantate auf den Tod Kaiser Josephs II.* (WoO 87) und im September/Oktober desselben Jahres die *Kantate auf die Erhebung Leopolds II. zur Kaiserwürde* (WoO 88), beide für Soli, Chor und Orchester, beide von beträchtlichem Umfang. Kaiser Joseph II. war am 20. Februar 1790 an den Folgen der Tuberkuloseerkrankung gestorben, die er sich im Türkenkrieg zugezogen hatte. Durch seine Politik der Toleranz gegenüber verschiedenen Religionen und sein Engagement für Arme und Waisen war er auch in Bonn in den Kreisen, in denen die Lesegesellschaft den Ton angab, sehr beliebt. Auf Anregung des Philosophielehrers Eulogius Schneider sollte die Kantate schon am 19. März, dem Namenstag des Kaisers, aufgeführt werden, ein Ding der schieren Unmöglichkeit, da Beethoven den endgültigen, ungelenken und vor Pathos triefenden Text von Anton Averdonk erst am 28. Februar erhalten hatte. Immerhin, für solche Werke mochte man eher an ›erste Kräfte‹ am Platze, beispielsweise die Hofkapellmeister oder den Hoforganisten Neefe, denken. Dieser war jedoch in Ungnade gefallen, und die Bestellung des gerade zwanzigjährigen Beethoven konnte als zusätzliche Maßregelung verstanden werden. Doch Beethoven konnte den Termin nicht halten. Die Kantate wurde zu seinen Lebzeiten ebenso wenig aufgeführt wie die Leopolds-Kantate. Einen Auftrag des Kurfürsten für die Josephs-Kantate darf man wohl annehmen, zumindest aber, dass er das Projekt im Prinzip mittrug.[49] Solche Bestellungen sind kaum denkbar ohne einen vorangehenden sehr engen Kontakt zwischen dem noch nicht sehr erfahrenen jugendlichen Beethoven und seinem Landesherrn, der blindes Vertrauen in seinen Organisten und Musiker setzt und es zulässt, dass diesem ohne einschlägige Referenzen vorangehender Leistungen solch große Aufträge zukommen.[50] Die beiden Kantaten wurden erst 1884 wiederentdeckt.

Zur Festigung von Beethovens Ansehen beim Kurfürsten bot sich 1791 eine weitere, ganz besonders günstige Gelegenheit. Als Hochmeister des Deutschen

Ordens, eines Amtes, das Maximilian Franz bereits seit 1780 bekleidete (und auch als Kurfürst beibehielt), begab er sich, wie bereits erwähnt, mit seinem Hofstaat inklusive Musikern im Herbst 1791 für drei Monate nach Mergentheim zur Tagung des Generalkapitels des Deutschen Ordens. Es ging hoch her, die Konzerte fanden großen Anklang, und es erschien extra ein Berichterstatter, der damals recht einflussreiche Schriftsteller Carl Ludwig Junker, der am 23. November 1791 in Boßlers *Musicalischer Correspondenz* die früheste größere und unabhängige Beschreibung von Beethovens Wirken überliefert:[51]

»Noch hörte ich einen der größten Spieler auf dem Klavier, den lieben guten Bethofen [...] hörte ich ihn phantasiren, ja ich wurde sogar selbst aufgefordert, ihm ein Thema zu Veränderungen aufzugeben. Man kann die Virtuosengröße dieses lieben, leisegestimmten Mannes, wie ich glaube, sicher berechnen, nach dem beinahe unerschöpflichen Reichthum seiner Ideen, nach der ganz eigenen Manier des Ausdrucks seines Spiels, und nach der Fertigkeit, mit welcher er spielt. Ich wüßte also nicht, was ihm zur Größe des Künstlers noch fehlen sollte. Ich habe Vogler[52] auf dem Fortepiano [...] gehört, oft gehört, und Stundenlang gehört, und immer seine außerordentliche Fertigkeit bewundert, aber Bethofen ist ausser der Fertigkeit sprechender, bedeutender, ausdrucksvoller, kurz, mehr für das Herz: also ein so guter Adagio- als Allegrospieler. Selbst die sämmtlichen vortrefflichen Spieler dieser Kapelle sind seine Bewunderer, und ganz Ohr, wenn er spielt. Nur er ist der Bescheidene, ohne alle Ansprüche. Indes gestand er doch, daß er auf seinen Reisen, die ihn sein Kurfürst machen ließ, bei den bekanntesten guten Klavierspielern selten das gefunden habe, was er zu erwarten sich berechtigt geglaubt hätte: Sein Spiel unterscheidet sich auch so sehr von der gewöhnlichen Art das Klavier zu behandeln, daß es scheint, als habe er sich einen ganz eigenen Weg bahnen wollen, um zu dem Ziel der Vollendung zu kommen, an welchem er jetzt steht. Hätte ich dem dringenden Wunsche meines Freundes Bethofen [...] gefolgt, [...] ich glaube, Herr Bethofen hätte mir Stundenlang vorgespielt, und [...] hätte sich der Tag für mich in einen Tag der süssesten Wonne verwandelt.«

Kurfürst Maximilian Franz wird nicht entgangen sein, dass die nun schon mehrfach ausformulierten Lobeshymnen in den führenden Musikzeitschriften eigentlich nur den Pianisten Beethoven betrafen, während die zwei Kantaten-Kompositionen zwar interessant, aber nicht realisierbar gewesen waren. Bereits die erste Reisevergünstigung nach Wien hatte gezeigt, dass er weitreichende Pläne mit dem jungen Mann hatte; offensichtlich sollte er, wie sein Großvater, der schon Ludwig geheißen und dem Bonner Hof von 1733 bis zu seinem Tod 1773 vierzig Jahre lang gedient hatte, eines Tages dort ebenfalls Hofkapellmeister werden. Von einem solchen aber erwartete man auch die perfekte Beherrschung des Komponisten-›Handwerks‹, welches der jüngere Ludwig weder in Bonn noch in Köln erlernen konnte. Da traf es sich vortrefflich, dass Joseph Haydn 1790 auf dem Weg nach London in Bonn Halt gemacht hatte, bei dem ihm aus Wien bekannten Kurfürsten zum Diner geladen war und tags darauf Beethoven kennen lernte. Als Haydn im Juli 1792 auf dem Rückweg von London wiederum in Bonn Station machte, durfte Beethoven ihm eine seiner Kantaten zeigen, und so fiel bald die Entscheidung, dass der alte Meister ab Herbst Lehrer des jungen Musikers sein würde.

Wegen der politischen Instabilität zu Beginn der Koalitionskriege musste die Abreise nach Wien aufgeschoben werden. Bis dahin hatte Beethoven noch viel zu tun, weil der Kurfürst bei ihm einige Werke für Bläseroktett bestellt hatte. So entstand noch 1792 das Oktett Es-Dur für zwei Oboen, zwei Klarinetten, Hörner und Fagotte op. 103 sowie das Rondo WoO 25, die der Kurfürst zu seiner Tafelmusik bestimmte. Er scheint die Werke sehr geschätzt zu haben; jedenfalls erinnerte er sich ein Jahr später an sie, wie ein Brief an Joseph Haydn zeigt. Das Oktett hat eine hohe Qualität und ist für den frühen Beethoven sehr charakteristisch, wird jedoch relativ selten aufgeführt. Deshalb soll hier eine Werkbeschreibung des erwähnten Alexander Wheelock Thayer folgen, die zeigt, wo Beethoven zu jener Zeit musikalisch stand, in einem Moment, da seine Laufbahn zwar entschieden war, er aber immer noch in Wartehaltung verharrte.

»Das Oktett für Blasinstrumente, erst nach Beethovens Tode herausgegeben (später mit *Op.* 103 bezeichnet), trägt auf dem Autograph die Überschrift: *Parthia in Es* (darüber: *dans un Concert*), *Due Oboe, Due Clarinetti, Due Corni, Due Fagotti di L. v. Beethoven.* [...] In dem Berichte des Kaplans Junker ist von der vorzüglichen Tafelmusik des Kurfürsten die Rede, welche aus 2 Oboen, 2 Klarinetten, 2 Hörnern und 2 Fagotts bestand [...].

Eine ausführliche Analyse dieses schönen Werkes wird man uns [...] erlassen; den leichten Fluß der Erfindung, die Klarheit, die Sicherheit der Formgebung, die Feinheit und Selbständigkeit der Modulation, die genaue Kenntnis der Instrumente würden wir dabei überall hervorzuheben haben. Besonders glauben wir darauf hinweisen zu sollen, wie er die ganze Wärme seines Empfindens, verbunden mit sonniger Heiterkeit der Stimmung, dem besonderen Zwecke leichter Unterhaltung dienstbar macht. Die Motive sind einfach, ansprechend und ganz aus der Natur der Instrumente heraus erfunden; die Sätze alle in knapper Form gehalten, aber in voller Freiheit behandelt. Edel und wohlklingend entwickelt sich der erste Satz, in dessen Durchführungspartie der selbständig gewordene junge Meister ein ganz neues Thema einführt; ein wunderbarer Liebreiz ruht auf dem Andante; kecken Humor entwickeln die beiden letzten Sätze, und alles ist in eine Fülle von Wohllaut getaucht, der kaum beschrieben werden kann. Das führende Instrument ist meist die erste Oboe, mehrfach mit dem ersten Fagott hübsch konzertierend; aber auch die Klarinette kommt zu ihrem Recht, und die Hörner machen ihre Wirkung ihrer Natur entsprechend geltend. Außer den Motiven und Figuren breiten namentlich die lang gehaltenen Töne der verschiedenen Instrumente einen leuchtenden Glanz über das Ganze. Sollte das Tafelmusik sein, so ist gewiß selten eine ähnliche geschrieben worden.«

Für die zweite Reise nach Wien wurde noch eine weitere Person zum eifrigen Mittler: Graf Ferdinand Ernst von Waldstein (1762–1823), seit 1788 Ritter des Deutschen Ordens und kurkölnischer Geheimrat. Er war 1785 im Gefolge von Maximilian Franz aus Wien nach Bonn gekommen. Graf Waldstein war musikalisch und literarisch hochgebildet, weswegen er als kurfürstlicher Ratgeber herangezogen wurde, sobald es etwas zu feiern gab. Diese Aufgaben wollte er mit eigenen Texten, Theateraufführungen, gelegentlich auch mit eigener Musik erfüllen, und dampfte dabei durch alle Gassen des gesellschaftlichen Lebens. Wann er Beethoven kennen gelernt hat, ist nicht genau bekannt, doch ist es denkbar, dass er dessen Begabung und Anlagen als Erster »richtig würdigte« und ihn dem Kurfürsten zur Förderung besonders ans Herz legte.[53] Er soll Beethoven auch finanziell immer wieder unterstützt und die entsprechenden Zuwendungen als Gratifikation des Kurfürsten ausgegeben haben, um den Stolz des jungen Musikers zu schonen. Beethoven revanchierte sich bereits um 1791 mit einem vierhändigen Variationszyklus über ein Thema des Grafen, den er gewiss mit ihm zusammen am Klavier spielte, und der später, 1794, publiziert wurde. Ferner stand Beethoven ihm mit der festlich-heiteren Musik *zu einem Ritterballett* (WoO 1, Winter 1790/91) zu Diensten, die man am 6. März 1791 aufführte und deren Autorschaft frisch-frech dem Grafen zugeschrieben wurde![54] Solche künstlerischen Leihgeschäfte gab es damals anscheinend öfter.[55]

Das bedeutendste Geschenk Beethovens erhielt Graf Waldstein aber erst 1805 mit der Widmung der Klaviersonate C-Dur op. 53, der *sogenannten Waldstein-*

Sonate, die seinen Namen bis heute im Gedächtnis der Musikwelt erhält. Die ganze Bewunderung aber, die Graf Waldstein seinem Schützling zollte, verdichtet sich in dem viel zitierten Eintrag in Beethovens Stammbuch, das er von seinen engsten Freunden, lauter Professoren, Beamte und andere Honoratioren, vor der Reise nach Wien zum Geschenk erhielt:

> »Lieber Beethoven!
>
> Sie reisen itzt nach Wien zur Erfüllung ihrer so lange bestrittenen Wünsche. Mozart's Genius trauert noch und beweinet den Tod seines Zöglinges. Bei dem unerschöpflichen Hayden fand er Zuflucht, aber keine Beschäftigung; durch ihn wünscht er noch einmal mit jemand vereinigt zu werden. Durch ununterbrochenen Fleiß erhalten Sie: Mozart's Geist aus Haydens Händen.
>
> Bonn d. 29ten Oct. 1792. Ihr wahrer Freund Waldstein«

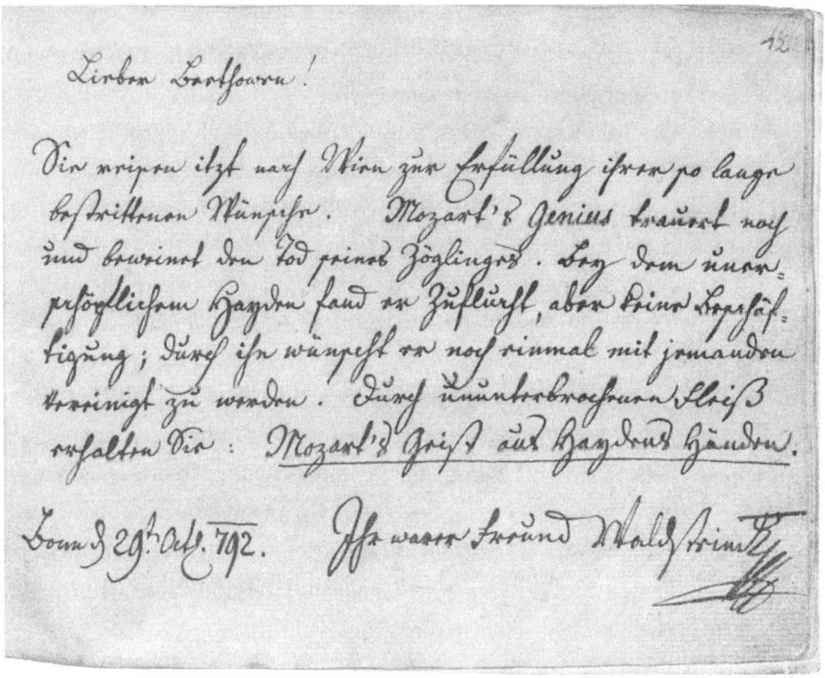

Lieber Beethoven!

Sie reisen itzt nach Wien zur Erfüllung ihrer so lange bestrittenen Wünsche. Mozart's Genius trauert noch und beweinet den Tod seines Zöglinges. Bey dem unerschöpflichen Hayden fand er Zuflucht, aber keine Beschäftigung; durch ihn wünscht er noch einmal mit jemanden vereinigt zu werden. Durch ununterbrochenen Fleiß erhalten Sie: Mozart's Geist aus Haydens Händen.

Bonn d 29t Oct. 792. Ihr wahrer Freund Waldstein

Abb. 13 Der prophetische Eintrag des Grafen von Waldstein im Stammbuch Beethovens mit dem berühmten Wunsch, er möge in Wien »Mozarts Geist aus Haydns Händen« empfangen (1792).

In das Stammbuch, das ihm seine Freunde zum Andenken überreichten, hat sich auch Eleonore von Breuning als »wahre Freundin« mit einem Dreizeiler von Herder eingetragen.[56] – Beethoven verließ Bonn am 2. November 1792 in der Frühe, mit kaum mehr als Noten und Aufzeichnungen im Gepäck. Es waren unruhige Zeiten, seit 1791 führten Preußen und Österreich Krieg gegen das revolutionäre Frankreich. Die Sympathien für die Französische Revolution waren in Bonn deutlich abgekühlt, seit Flüchtlinge aus Paris von dem Terror der Tugend berichteten. Französische Armeekorps marschierten rheinabwärts durch die Gebiete, die Beethoven durchquerte, und hätten die Kutsche des Musikers und seines Reisegefährten fast zur Umkehr gezwungen. Beethoven hat es dennoch bis Wien geschafft; über Nürnberg, Passau und Linz erreichte er Wien am 10. November 1792. Seine Heimatstadt Bonn sollte er nie wiedersehen.

* * *

Das Wirken von Kurfürst Maximilian Franz und Graf Ferdinand von Waldstein war für Beethoven geradezu segensreich, und er ist sich bewusst, dass er in ihrer Schuld steht. Er wird dies, wie erwähnt, in Dedikationen abtragen, einer wirklichen und einer leider nur geplanten. Schriftlich aber tut Beethoven sich schwer, er schreibt nur, wenn es nicht anders geht. Es gibt jedoch Anzeichen für spätere Kontakte zwischen Beethoven und dem Kurfürsten. 1793 kam es zu einem brieflichen Austausch zwischen ihm, Beethoven und Haydn wegen einer Aufstockung der finanziellen Unterstützung, die der sparsame Fürst jedoch ablehnte. Beethoven hat ihm das nicht nachgetragen; vielmehr hat er im Mai 1796 den kurkölnischen Hofrat und Diplomaten August von Schall anlässlich eines Treffens in Dresden gebeten, seine Grüße an den Kurfürsten auszurichten (damaliges Amtsdeutsch: dem Fürsten *unterthänigste Empfehlungen zu Füßen zu legen*), welche dieser drei Wochen später (in seiner etwas ironischen Art) erwidert (BSZ, S. 761f.). Maximilian Franz musste am 3. Oktober 1794 nach Wien fliehen, das kurkölnische Fürstentum und den glanzvollen Bonner Hof gab es nicht mehr, 1800 kehrte er dann endgültig nach Wien zurück.

Überraschenderweise machte Beethoven 14 Jahre später noch einmal eine Reverenz gegenüber dem Kölner Kurfürsten, obwohl dieser zu jenem Zeitpunkt, 1810, bereits seit neun Jahren nicht mehr unter den Lebenden weilte – er war nach langer Krankheit verbittert in seinem Exil in Wien gestorben. Es handelt sich um einen Brief an den Verleger Breitkopf & Härtel in Leipzig, in dem es um die Widmungen des 5. Klavierkonzertes op. 73 und der *Egmont*-Ouvertüre ging, die beide Erzherzog Rudolph von Österreich dediziert werden sollten. Hinsichtlich der Musik zu *Egmont* op. 84, kommt er auf Graf Pálffy zu sprechen, der das Werk für das von ihm gepachtete Kärtnertortheater bestellt, den Komponisten aber sehr schlecht behandelt hatte. Beethoven schreibt mit Bezug auf Pálffy, verallgemeinert dabei aber auf den gesamten Adel, den er schon damals sehr oft kritisierte: »Etwas kleineres als unsere Großen gibt's nicht, doch nehme ich die Erzherzoge davon aus« (BGA Nr. 465). Damit meint er zunächst freilich Erzherzog Rudolph, der damals schon seit Längerem sein Klavier- und dann auch Kompositionsschüler war, und zu dem er ein enges Vertrauensverhältnis hatte. In der Briefstelle benützt er aber den Plural »die Erzherzoge«, was 1810 verwundert: Außer Rudolph hatte er zu keinem der damals lebenden Erzherzöge persönlichen Kontakt. Deshalb kann sich der Plural »Erzherzoge« nur auf Maximilian Franz beziehen, der ja als jüngster Sohn von Kaiserin Maria Theresia bis zu seiner Erhebung in den Kurfürstenstand 1784 ebenfalls als Erzherzog zu titulieren war.

Dieses posthume Lob ist wichtig. Beethovens kritische und sehr oft abschätzige Haltung gegenüber Mitgliedern des Adels wird allgemein als Teil seiner politischen Einstellung gesehen, was differenzierter betrachtet werden sollte – keineswegs, um den damaligen Adel zu schonen, sondern um Beethoven Gerechtigkeit widerfahren zu lassen. Großenteils hing er sein ganzes Leben lang finanziell vom Adel ab, und man müsste ihm Undank und Inkonsequenz vorwerfen wegen der Art, wie er auch diejenigen Mitglieder des Adels behandelt, die sich oft intensiv, gar hingebungsvoll für ihn eingesetzt haben. Das kann man Graf Pálffy nun zwar nicht nachsagen, aber dass Beethoven ihn im zitierten Brief einige Zeilen später als »OhneHodenMann« bezeichnet, unter dessen Theaterdirektion »die Kunst nichts gewinnt, aber der Gaumen unserer ohnedem appetitlosen reizlosen sogenannten Großen gekizelt wird«, ist ein Rundumschlag gegen den Adel, den man Beethoven in dieser Pauschalität nicht als politische Äußerung abnehmen kann. Derselbe Brief nennt zwar, wie viele andere, Ausnahmen. Wichtig ist auch, dass es zeitliche Differenzierungen gibt: Bis 1792, der zweiten Abreise nach Wien, spürt man von Beethovens Seite nicht die leiseste Kritik am Adel, und das wird bis 1806 auch noch so bleiben, obwohl seine politische Einstellung relativ konstant und gemäßigt bleibt. Den Idealen der Französischen Revolution (nicht aber ihren Auswüchsen) und vor allem der Aufklärung war er lebenslang verbunden, in Bonn wie in Wien: Tugend, Vernunft, Freiheit und Brüderlichkeit waren seine beständigen Werte. Aber er sah das im Rahmen des Konstitutionellen, auf revolutionäre Menschheitsbeglücker zählte er nicht. Die Monarchie akzeptierte er in der josephinischen Form durchaus; die nachnapoleonische Metternich-Variante lehnte er nicht aus Prinzip ab, sondern wegen ihrer extrem autoritären Form.

3
Leben in Wien

In Wien, Zentrum des Habsburgerreiches und Residenz des Kaisers des Heiligen Römischen Reiches Deutscher Nation, lebten damals etwa 250 000 Menschen. Paris und London hatten die doppelte bzw. vierfache Bevölkerungszahl, waren zwar ›nur‹ Hauptstädte von Königreichen, dafür aber großzügiger und prächtiger gebaut. Wien hatte enge Gassen mit hohen Häusern, in denen es zur Sommerszeit stickig war und übel roch; deshalb bereitete sich jeder, der es sich leisten konnte – bei Beethoven war das recht früh der Fall –, ab Mai für die Umsiedlung aufs Land vor. Zwei Umzüge pro Jahr waren deshalb wegen der eigenartigen Stadtstruktur prinzipiell vorprogrammiert – aber es wurden viel mehr, denn Beethoven war ein unsteter Mensch und musste sich beim geringsten Unwohlsein verändern: Er zog 76 Mal während der Wiener Jahre um und benützte dabei etwa 60 Adressen – in einigen Gebäuden (wie dem Pasqualatihaus auf der Mölkerbastei) wohnte er mehrere Male. Sein erstes Quartier war eine dürftige Dachkammer bei dem Buchdrucker Strauß in der Alservorstadt gewesen, das er schnell gegen ein Zimmer zu ebener Erde tauschte, für das er, wie er in seinem Notizbuch vermerkt, nicht mehr als sieben Gulden zahlen muste.[57]

Fünfzehnmal wohnte er in der Innenstadt, die sehr laut, übervölkert, dicht bebaut und wegen des gefährlichen Kutschenverkehrs nur schwer begehbar war. Dort aber waren die Musikstätten, die Händler, die Administrationen und der Großteil der Adelspalais, die Beethoven so für seine Auftritte in unmittelbarer Nähe hatte – was ihm viel Zeit sparte. Die Vorstädte, in denen er die übrigen Jahre verbrachte, waren teils ärmlich gebaut und unkomfortabel, dafür aber ruhiger und im Alltag weniger stressig. Die berufliche Situation in der Gesellschaftspyramide, wobei Beethoven vor allem auf deren obere Hälfte fixiert war, spielte zwangsläufig eine Rolle bei der Wahl des Wohnortes. Jan Caeyers bietet eine interessante Statistik: zwanzig fürstliche, siebzig gräfliche und sechzig freiherrliche Familien,[58] die in kastenähnlicher Organisation das öffentliche Leben in Händen hielten und durch unzählige familiäre Querverbindungen zusammengeschweißt waren. Doch als Beethoven 1792 nach Wien kam, konnte man bereits ahnen, dass das alte Feudalleben nicht mehr ewig dauern würde, dass das französische »1789« eines Tages auch Wien erreichen würde. Beethoven sollte dies nicht mehr wirklich erleben, denn der herrschenden Schicht, die sich zunehmend in Konservatismus verschanzte, sollte es gelingen, den Status quo noch fast ein halbes Jahrhundert aufrechtzuerhalten. Allerdings verstanden die Adelsfamilien sich nicht auf die moderne Geldwirtschaft, sodass viele auf Verarmung oder gar Konkurs zusteuerten, während das gehobene Bürgertum, das Geschäftliches besser beherrschte, die Adelspyramide von unten her aufzubrechen begann. Die Ausgeburt dieses reaktionären Geistes war der 1792 inthronisierte Kaiser Franz II., der den Tod seiner Tante Marie-Antoinette unter der Guillotine nie verwinden konnte und eine krankhafte Furcht vor allem entwickelte, was nur irgendwie nach ›Revolution‹ roch; sogar der Musik unterstellte er, verdächtig zu sein, und wollte in späteren Jahren vorsichtshalber »von Beethovens Kunst nichts wissen. *›Es steckt etwas Revolutionäres in der Musik!‹*«, soll er gesagt haben; ferner wollte er, dass Beethoven mit seinem Freund Ferdinand Ries »ausgewiesen werde« (das aber verhinderte Erzherzog Rudolph, s. BSZ, S. 258).

So zu urteilen vermochte freilich nur ein Kaiser, der nie den künstlerischen und musikalischen Instinkt seines Onkels Joseph II. besessen hatte und es zuließ, dass Oper und Konzert von der kaiserlichen Familie kaum noch beeinflusst und unterstützt wurden und sich zunehmend in die Obhut der obersten Schicht des Adels begaben.

»Die in Privatkonzerten aufgeführte Musik umfaßte alle Gattungen vom Oratorium, der Oper, der Sinfonie bis zur Klaviervariation und dem einfachen Liede. Solche Konzerte wurden [...] veranstaltet von den Fürsten Lobkowitz, Lichnowsky, Liechtenstein, Esterhazy, Schwarzenberg, Auersperg, Kinsky, Trauttmannsdorff und Sinsendorf, von den Grafen Appony, Browne, Ballassa, Franz und Johann Esterhazy, Czernin, Hoyos, Erdödy, Fries, Strassaldo und Zichy; von den Gräfinnen Hatzfeld und Thun; den Baronen Lang, Partenstein, van Swieten und v. Kees; den Hofräten Meyer, Greiner, Paradies; dem Fräulein Martinez, dem Bankier Henikstein und anderen. Diejenigen unter den besten Musikern und Komponisten, deren Verhältnisse es erlaubten, gaben auch Privatkonzerte, in welchen sie sich und ihre Werke bekannt machten, und zu welchen ihre Kollegen eingeladen wurden« (TDR Bd. I, S. 377f.).

Dort Fuß zu fassen war alles andere als einfach und auf direktem Weg kaum möglich. Außer den für Privatveranstalter nicht verfügbaren kaiserlichen Palastsälen und -bühnen gab es so gut wie keine öffentlichen Gebäude, in denen sich durchreisende oder neu ankommende Künstler profilieren konnten. Dazu bedurfte es eines Empfehlungsschreibens eines hohen Herrn an einen ihm persönlich bekannten Wiener Fürsten; ohne den Einsatz des Bonner Grafen Waldstein bei dem mit ihm verwandten Fürsten Lichnowsky wäre Beethoven der Aufstieg in Wien nicht so schnell gelungen. Er hätte den üblichen, viel mühsameren Weg des Klavierlehrers gehen müssen, deren es in Wien an die dreihundert für etwa sechstausend Amateurpianisten gab – ein fruchtbares Feld, aber sich von dort an die Spitze der zwar zahlenmäßig sehr geringen Konzertpianisten zu katapultieren hätte eines gesellschaftlichen Geschicks bedurft, über das Beethoven kaum verfügte.

Finanzielles und Soziales

Wien war eine teure Stadt, für ein bescheidenes Leben benötigte man etwa 800 Gulden pro Jahr. Beethoven aber verfügte anfangs nur über 300 Gulden. Als Maximilian Franz am 3. Oktober 1794 vor den französischen Truppen aus Bonn fliehen musste und das kurkölnische Fürstentum und der Bonner Hof nicht mehr existierten, sah Beethoven sich gezwungen, nach eigenen Verdienstmöglichkeiten zu suchen. Schon seit März 1794 bezog er keine finanzielle Unterstützung mehr aus seiner Heimat.

Beethovens jüngerer Bruder Kaspar Karl war seinem Bruder Ludwig bereits 1794 nach Wien gefolgt und zehrte die ersten Jahre von Beethovens finanzieller Unterstützung. Per Dekret vom 24. März 1800 wurde Kaspar Karl »Kassa-Officier« bei der k. k. Universal-Staatsschuldenkasse: Sein Jahressold betrug 250 Gulden, also deutlich weniger als die 800 Gulden, die man damals eigentlich brauchte. Doppelbeschäftigungen waren weit verbreitet und sozusagen bei den niedrigen Gehältern schon eingeplant. Karl van Beethoven konnte nebenher privaten Musikunterricht geben, sodass er ein ordentliches Auskommen hatte, solange er gesund war. Viele seiner Kollegen im Staatsdienst waren jedoch zu noch größerer Sparsamkeit gezwungen und konnten kaum anständig leben. Allerdings waren landwirtschaftliche Produkte sehr billig; Thayer führt dazu das Zeugnis des

Dichters und Dramatikers Ignaz Franz Castelli an, der in seinen Memoiren schreibt: »Ich habe bereits gesagt, daß ich mit monatlichen 9 Fl. [= Gulden[59]], welche ich durch Unterricht bei kleinen Kindern verdiente, leben mußte. Wie wenig man aber auch damals brauchte, um leben zu können, mag folgendes Nachtmahl beweisen, welches ich aus einem im Jahre 1801 von mir geführten Ein- und Ausgabeverzeichnisse wörtlich abschreibe: 5 Seidel Bier 8 Kreuzer; Brod 1 Kreuzer; Backfisch 5 Kreuzer; zusammen 14 Kreuzer« (TDR Bd. II, S. 168f.). Solange man Bier als Grundnahrungsmittel zu Hilfe nahm, konnte man sich folglich von knapp einem Gulden pro Tag ernähren, das heißt, von etwa 300 Gulden pro Jahr.

Die Lebensdokumente Beethovens geben zu Lebenshaltungskosten sehr viele Vergleichszahlen an. Gulden, die damalige österreichische Hauptwährung, mit unserem heutigen Euro in eine Relation zu setzen, verbietet sich eigentlich, weil Lebensmittel und Mieten im Verhältnis viel billiger als heute waren, während Transportkosten, Verbrauchs- und Luxusgüter ein Vielfaches des heutigen Preises kosteten. Gehälter nicht nur in Handwerksberufen, sondern auch bei Angestellten und mittleren Beamten orientierten sich ausschließlich am Überlebensbedarf für Nahrung und Wohnen, alles andere war Privatsache. Für Vergleiche kann man sich am ehesten an den Preisen berufsnotwendiger und alltäglicher Verbrauchsgüter orientieren, wobei damalige Luxus- oder Spitzentechnikartikel ungeeignet sind und das Bild verzerren. In unserem Fall passen beispielsweise die Preise für Bücher oder Noten, doch nicht mit goldgeprägten Wappen-Ledereinbänden, sondern nur als Broschur mit einfacher Heftung. Klaviersonaten und Kammermusik kosteten zu Beethovens Zeit zwischen 40 Kreutzer und 5 Gulden, das reicht in der Relation von einer knappen täglichen bis zu einer wöchentlichen Ernährungsration. Heute kostet das circa 20 bis 100 Euro, was Umrechnungswerte ergibt, die zwischen 1:20 bis 1:30 variieren. Mit einem flexibel angewandten Mittelwert von 1:25 fährt man ganz gut beim Vergleich von Gulden und Euro.

Kostenstrukturen

Um 1820 kostet ein Mittagessen mit Bier und Brot nur 33 Kreuzer, in einer Wirtschaft 1 Gulden. Beethovens Wohnungsmieten betrugen um die 1000 Gulden, wenn die Wohnungen zentrumsnah lagen, sonst um die 500; die Preise für seine späteren Wohnungen für die Sommermonate Mai bis Oktober auf dem Lande variierten zwischen 200 und 400 Gulden. Zeitweilig bewohnte er allerdings bis zu drei Lokalitäten gleichzeitig mit entsprechend dreifachen Kosten. Seine Haushälterinnen erhielten 200 bis 300 Gulden, wenn sie 400 verlangten, lehnte er ab. Die Köchin seines Bruders Johann erhielt nur 120 Gulden, und sie klagte, anderswo seien es 180 bis 240 Gulden; die arme Magd musste sich mit nur 108 Gulden im Jahr (plus Kost und Logis) bescheiden.

Das Preisgefälle zwischen Stadt und Land war damals sehr hoch. In Oberdöbling, einem Vorort nordwestlich von Wien, der von Feldern, Gärten und Weinbergen umgeben war und wo Beethoven zwischen Mai und November 1803 an der *Eroica* arbeitete, kostete ein Haus mit mehreren Wohnungen und Gärten nur 7000 Gulden, während beim Verkauf des Hauses der Verleger Steiner-Haslinger in der Paternostergasse am Graben gleich 115 000 Gulden fällig waren. Außerhalb Wiens, auf dem Land, waren auch die Lebenshaltungskosten viel niedriger, dort konnte man mit 500 Gulden auskommen, so in Gneixendorf bei Krems, wo Beethoven Teile der *Neunten Symphonie* komponierte und wo er seinen letzten Landaufenthalt vor seinem Tod erlebte. Sein Bruder Johann residierte hier in dem recht feudalen sogenannten Wasserschloss (BKh Bd. X, S. 270).

Die Armenversorgung beinhaltete um 1825 ein Dach über dem Kopf und 108 Gulden pro Jahr, eventuell auch einen ärmlichen Freitisch, weil sonst niemand ohne Betteln hätte leben können. Um 1820 dürften 600 Gulden als offizielle Armutsgrenze gegolten haben, was man aus einer Bemerkung des späten Beethoven-Sekretärs Anton Schindler entnehmen kann: »Es müßen tausende mit weniger als 600 fl. leben« (BKh Bd. II, S. 363). Wenn man aus beruflichen Gründen Kleidung, Instrumente, Bücher, Noten oder derlei brauchte, galten 775 Gulden als Grenzwert, um ganz knapp über die Runden zu kommen; Haydn erbat für seinen Schüler Beethoven vom rheinländischen Kurfürsten etwas komfortablere 1000 Gulden pro Jahr, was dem Bonner Landesherrn aber zu viel war (BGA Nr. 13).[60]

Für ein einfaches, bescheidenes Leben brauchte man damals nicht viel Geld. Doch wehe, man wollte täglich Briefe schreiben, das war reiner Luxus, ein jeder kostete 28 Kreuzer, in der Regel pro Blatt – so viel wie ein Mittagessen. Und wehe, man war kein Dauerläufer, denn für eine Fiakerfahrt bei schlechtem Wetter wurden 4 Gulden 30 Kreuzer verlangt, bei Sonnenschein ›nur‹ 2 Gulden 30 Kreuzer; Konzertkarten waren für zwei bis fünf Gulden zu haben, eine

Klavierstunde kostete etwa vier Gulden. All diese Zahlen stammen aus Beethovens Briefen und Konversationsheften.

Was sich aber nur die wenigsten leisten konnten, waren schwere Erkrankungen, denn für ein Arzthonorar konnte man – auch bei völlig ungewissen Gesundungschancen – leicht um 370 fl. ärmer werden. Über die Kosten der Kuren, die Beethovens Ärzte ihm wegen seines Hörleidens, der ständigen Katarrhe und der nervösen Leibschmerzen verschrieben, habe ich keine Zahlen gefunden; hier muss der musikalische Unsicherheitsfaktor *ad libitum* zum Einsatz kommen.

Auch Bildung war ein Luxus; im Metternich-Staat blieb sie der Oberschicht vorbehalten. Außerhalb der Konvikte und Kadettenanstalten gab es nur wenige Bildungsinstitutionen, für die so gut wie keine Unterstützungen bereitstanden. Die Kosten für Beethovens Neffen Karl, der von 1819 bis 1823 im Blöchlingerschen Institut lernte und einen sehr guten Schulabschluss erlangte, schwankten zwischen 600 und 900 Gulden jährlich, in Examenszeiten lagen sie viel höher: Karls allgemeiner Nachhilfelehrer (Korrepetitor) erhielt 1500 Gulden, der Griechischlehrer 600.

Die obere Besitztumsklasse im Kaiserreich scheint bei 200 000 Gulden anzufangen: »Wer 200 000 fl. hat, ist wohl reich«, sagt Neffe Karl (BKh Bd. III, S. 305), dies sei der Preis der Grundherrschaft Hadersdorf, und er fügt die unkommentierte Zahl »10 000« hinzu, die man vielleicht als Jahresrendite, immerhin 5 Prozent im Fall des Besitztums Hadersdorf, verstehen darf. Eine Vorstellung davon, wie damalige Einnahmen zu interpretieren sind, vermitteln auch diese Zahlen in Beethovens Konversationsheften: Ein Oberleutnant verdiente im Jahr 5000, ein Hofrat 7000 Gulden plus freie standesgemäße Wohnung. Noch interessanter wird es bei den Diäten des Hofpersonals, sie betrugen 8 Gulden *pro Tag* (BKh Bd. VIII, S. 152). Die gab's wohl nur an 170 Arbeitstagen pro Jahr, denn die meisten waren ja öfter, wie Karl Holz, zweiter Geiger in Schuppanzighs Quartett, erzählt, nur montags bis mittwochs in der Hofburg zu erreichen. Das ergibt immerhin knappe 1500 Gulden »Gefahrenzulage« in der Gewitterzone der Staatsintrigen und des Hofklatsches.

Die Einkommensverhältnisse Beethovens und seiner Musiker

Fürst Carl Lichnowsky bezahlte Beethoven von 1800 bis 1806 jährlich einen Unterhaltsbeitrag von 600 Gulden; von 1809 bis 1826 erhielt er von Erzherzog Rudolph und den Fürsten Kinsky und Lobkowitz eine Jahresrente von nominal 4000 Gulden, die aber aus wirtschaftspolitischen Gründen variablen, oft herben Kürzungen unterlag.

Von den Musikverlegern erhielt er 1795 bis 1810 im Jahresdurchschnitt etwa sechs Honorarzahlungen für die zu den Hauptwerken zählenden Kompositionen.[61] Die Honorare lagen anfangs mit etwa 200, später mit bis zu 500 Gulden pro Werk zunächst im Schnitt der Einkommen seiner Berufskollegen, mit wachsendem Ruhm aber bald erheblich darüber, sodass man, außer in den Kriegsjahren, mit stetig steigenden Jahresverdiensten von grob 3000 bis 6000 Gulden rechnen kann. Dieser Verdienst könnte in den Jahren öffentlicher Konzerteinnahmen deutlich höher gelegen haben: Die Einnahmen aus Joseph Haydns Oratorienaufführungen von 1801 beliefen sich auf 9464 Gulden (BSZ, S. 641); Beethovens Gewinne aus den Veranstaltungen von 1814 zu Zeiten des Wiener Kongresses dürften in ähnlicher Größenordnung gelegen haben. Anders ist kaum erklärbar, dass er nach seinem Tod ein Gesamtvermögen von 10 232 Gulden hinterließ (BSZ, S. 889 und 903).

Obwohl sich nach 1812 der Rhythmus verlangsamte, in dem Beethoven seine Werke vollenden und herausbringen konnte, dürften seine Jahreseinkünfte relativ stabil um die 6000 bis 7000 Gulden geblieben sein, weil er die Honorare vorsichtig weiter anhob, bis zum Schluss immer mehr Verleger passen mussten, und der letzte, der damals bereits über fünfzig Jahre alte und zahlungskräftigste deutsche Musikverlag, B. Schott's Söhne in Mainz, um Ratenzahlungen angelegt auf 24 Monaten bitten musste, um die von Beethoven für die *Missa solemnis* und die *Neunte Simphonie* zusammen geforderten 1600 Gulden leisten zu können.

Zum Vergleich von Beethovens relativ erfolgreicher Wirtschaftsweise lohnt sich der Blick auf sein Umfeld. Anton Schindlers Einkommen wird mit jährlich circa 1000 Gulden beziffert, das Beamtengehalt von Karl Holz betrug 700 Gulden, das des erfolgreichen Theaterschriftstellers Franz Grillparzer zwischen 1200 (1818) und 2000 Gulden (1822, allerdings mit zusätzlichen Verlagseinnahmen). Joseph Böhm, Stargeiger, zeitweiliger Rivale von Schuppanzigh und Leiter der Violinklasse am Konservatorium der Gesellschaft der Musikfreunde, bezog 800 Gulden. Sänger konnten viel mehr verdienen, solange sie in Form waren: Adrian Siebert verlangte 4000 Gulden Gehalt plus Nebenkosten, der Tenor Lembert bekam 25 Gulden *pro Woche,* doch bei Indisposition gar nichts. Der Sängerin Caroline Unger, die als noch sehr junge Altistin an der Uraufführung der *Neunten Symphonie* mitwirkte und den Komponisten auch durch ihre Trinkfestigkeit beeindruckte, zahlte man später am Hoftheater 5000 Gulden Gehalt, während ein Geiger dort sich mit 300 bis 400 Gulden begnügen musste;[62] von der Hofkapelle, so hieß es, konnte sowieso keiner von seinem Gehalt allein leben, weshalb auch hier Doppelbeschäftigungen an der Tagesordnung waren. Einer der verbreitetsten Nebenjobs war der des Kopisten; da Verleihanstalten für Musikalien[63] erst ab 1850 zu kommerzieller Blüte gelangten, musste jedes Opernhaus eine kleine Armada von Kopisten unterhalten, damit auch der Posaunist seine herausgestellten Noten rechtzeitig auf dem Pult hatte.[64]

In den Direktions- und Instrumentalberufen herrschte ebenfalls ein beträchtliches Gehaltsgefälle. Der vom Klavier aus dirigierende Hofkapellmeister in Darmstadt bekam 4000 Gulden, weswegen einer, der »nur 800 fl. als Capellmeister« bezog, auch nicht als erfolgreich angesehen wurde (BKh Bd. IV, S. 62). Hofmusiker hatten in Darmstadt ebenfalls 800 Gulden zur Verfügung, in der Relation mehr als in Wien. Das Spitzenhonorar für Musiker in Wien gab es sowieso nicht am Hoftheater, sondern am Stephansdom: Sage und schreibe 10 000 Gulden erhielt dort der Erste Kapellmeister. Das ist ein guter Gradmesser der Machtverhältnisse im Habsburgerreich: Ganz oben vermutet das Volk die Pfaffen, wie dies Neffe Karl und Adlatus Karl Holz in den Konversationsheften einstimmig kritisieren (BKh Bd. VIII, S. 32, und XI, S. 189).

Das Kompositionshonorar für eine einfache Messe lag bei 300 Gulden, eine Opernkomposition brachte je nach Arbeitsumfang und Bedeutung des Autors zwischen 250 und 1200 Gulden, eine Schauspielmusik war schon für 150 zu haben, ein Libretto kostete 500.[65]

Richtig schlecht ging es neben dem niederen Dienstpersonal auch Rentnern, sofern sie nicht hatten vorsorgen können: Pensionen betrugen oft nur 300 Gulden; die Rente, die Graf (ab 1815 Fürst) Rasumowsky seinem Quartett-Primarius Ignaz Schuppanzigh gewährte, betrug 400 Gulden, das war allerdings nur eine Art Vorruhestandsgeld.

4
Fürst Carl Lichnowsky und Joseph Haydn

Mäzen und Lehrer der Extraklasse

Dank eines Empfehlungsschreibens Graf Waldsteins an seinen Verwandten, den Fürsten Carl von Lichnowsky, konnte Beethoven aus dem zu kleinen Dachstübchen in der Alservorstadt in ein geräumigeres im Hause des Fürsten umziehen, das ebenfalls in der Alserstraße lag. Lichnowsky, von ›Beruf‹ kaiserlich-königlicher Kämmerer und damit eine Leitfigur im »Tout-Vienne«, verbrachte den jungen Musikus aber bald ins Erdgeschoss, wo dieser eineinhalb Jahre blieb, bis er sogar ein schönes Zimmer im ersten Stock erhielt, wo der Fürst selbst wohnte. Kost und Logis waren frei, er bot Beethoven auch ein Taschengeld an, und in dieser Form blieben die Dinge bis Mai 1795. Im Jahr 1788 hatte der Fürst begonnen, zukunftsträchtige Wirtschaftsmethoden einzuführen. In vielen Bereichen war er erfolgreich,[66] doch gab es auch Rückschläge und schwere Unglücke, wie den Brand im Westflügel seines Schlosses, der im Februar 1796 Teile der Renaissancesäle, der Schlossbibliothek und der Gemäldegalerie vernichtete.[67]

Fürst Carl von Lichnowsky (1761–1814), der mit Wolfgang Amadeus Mozart befreundet gewesen war und bei jenem Unterricht genossen hatte, stammte aus einem alten, in Schlesien, Preußen und Österreich begüterten Geschlecht polnischer Herkunft. Er war seit 1788 mit Maria Christiane Josepha von Thun und Hohenstein (1765–1841) verheiratet, die er als junger Mann in dem berühmten, sehr musikalisch geprägten Salon seiner späteren Schwiegermutter Gräfin Maria Wilhelmine von Thun-Uhlfeld kennengelernt hatte. Die Musik blieb lebenslang das wichtigste Bindeglied des etwas ungleichen Fürstenpaares, in dem sie durch anhaltende Depressionen, Distanz und Überheblichkeit, er aber durch Untreue und etwas zu stark herausgestellten Zynismus nicht unbedingt Harmonie verbreiteten. Zeitgenossen schildern die Lichnowskys folgendermaßen: »Er

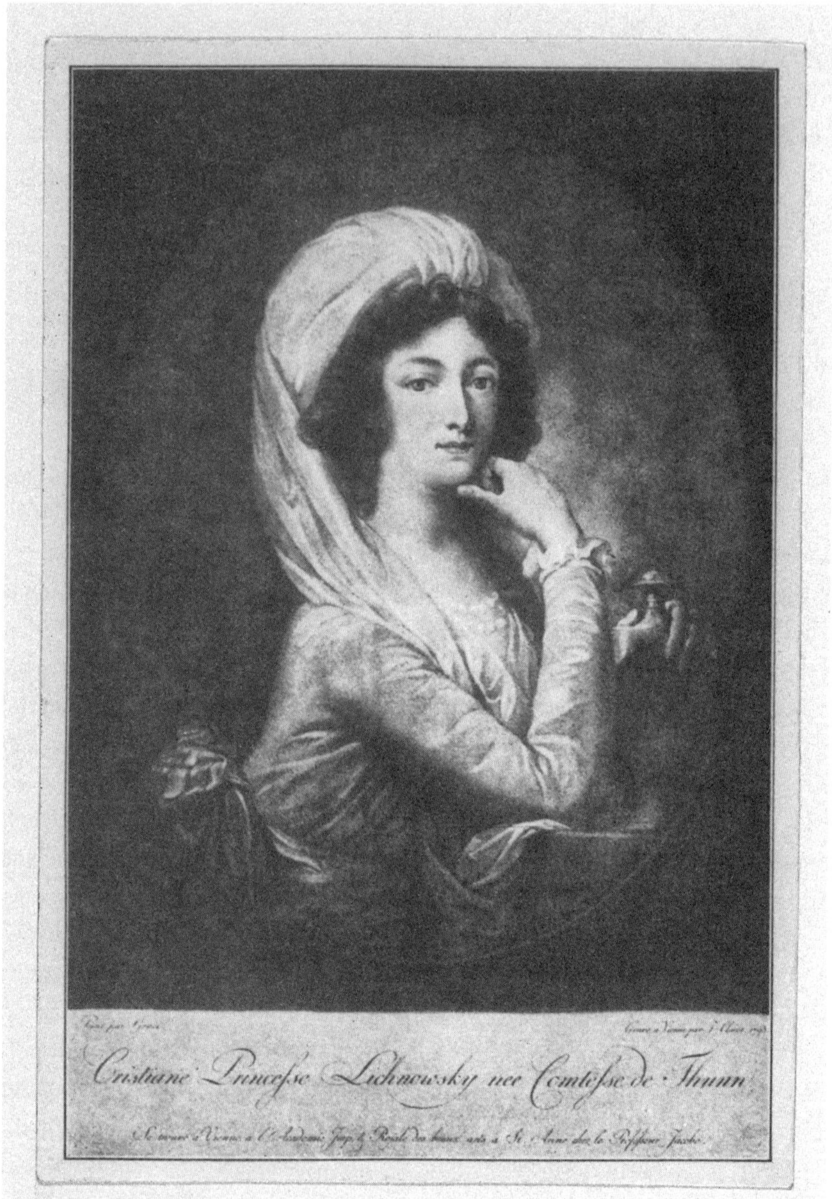

Abb. 14 Maria Christiane Fürstin von Lichnowsky, geb. Gräfin Thun-Hohenstein, war für Beethoven fast eine Ersatzmutter. Stich nach einem Gemälde von Joseph von Grassi, um 1790

war ein freundlicher, feiner Herr, und sie eine sehr schöne Frau. Doch schienen sie nicht gut miteinander zu leben; sie hatte stets einen so melancholischen Ausdruck im Gesicht [...] er mache große Ausgaben, mehr als seine Einkünfte vertrügen« (BSZ, S. 60). Hier ist jedoch entscheidend: Er war ein guter Musiker mit einem bemerkenswert ausgeprägten Gedächtnis, Grundlage für jegliche Urteilsfähigkeit, die er in hohem Maße besaß. Und das Wichtigste: Er liebte die Musik auf eine ganz elementare Weise, sie war ihm kein Dekorum, sondern eine Lebensnotwendigkeit: Er liebte sie fast abgöttisch, bedurfte ihrer fast wie der Luft zum Atmen – so sehr, dass er den jungen Beethoven-Schüler Carl Czerny ab 1804 engagierte, um »fast täglich jeden Morgen einige Stunden bey ihm zu[zu]bringen« und um »alles, was er eben wünschte, [...] vor[zu]spielen«.[68] Lichnowsky komponierte ein wenig[69] und spielte Klavier auf hohem Niveau; Czerny nennt ihn »wirklich ein wahrer Kenner und ein großes musikalisches Talent«.[70] Aufgrund seiner Erfahrungen mit Mozart erkannte der Fürst sehr schnell Beethovens außerordentliche Begabung und machte sich seine Förderung zu einem vorrangigen Ziel – er wurde sein Hauptmäzen, bis es, wie erwähnt, 1806 zum Zerwürfnis kam. Daran trugen beide Teile Verantwortung, bei Beethoven ging es jedoch um die dringend fällige Emanzipation aus einer gesellschaftlichen Situation, die seinem inzwischen weit fortgeschrittenen künstlerischen Entwicklungsstand nicht mehr angemessen war. Doch sind die dreizehn Jahre gegenseitiger Nähe sowohl für Beethoven als auch für Lichnowsky prägend gewesen. Deshalb platziere ich diesen Fürsten schon aus Gründen der zeitlichen Priorität, aber auch wegen der Beschaffenheit der persönlichen Kontakte zwischen dem Gönner und seinem Musiker in der kleinen Galerie der ›Hauptpersonen‹ in Beethovens Leben.

Lichnowsky war Mitglied der Illuminaten und der Freimaurer und gehörte derselben Loge wie Mozart an. Da er für die Wiener Logen quasi als Verbindungsmann zu Logen nördlich der Donau tätig war, nahm er den ihm befreundeten Mozart mit auf eine Reise nach Dresden und Berlin, wo die zwei in Potsdam am 25. April 1789 von König Friedrich Wilhelm II. empfangen wurden. Dieser war selbst ein begeisterter Cellist. Mozart hatte mit ihm musiziert. Er kam zu jener Zeit – wie andere freie Künstler – wegen des Türkenkriegs in finanzielle Schwierigkeiten und lieh sich von Lichnowsky Geld, das er nicht mehr zurückzahlen konnte, weshalb der Fürst ihn verklagte; wenige Wochen vor Mozarts Tod im Dezember 1791 wurde Lichnowsky gerichtlich die Summe von 1435 Gulden und 32 Kreuzer zugesprochen, doch nach dem Tod soll er auf die

Rückzahlung verzichtet haben, was aber nicht eindeutig aus den Akten hervorgeht.[71] Lichnowsky könnten 1793, als er Beethoven so großzügig in seinem Hause und auch quasi in seinem ›Haushalt‹ aufnahm, noch weitere Motive angetrieben haben: erstens, sein Gewissen zu erleichtern, das belastet war, weil er einen großen Musiker wie Mozart, der bald nach seinem Tod zum Objekt einer blühenden Legendenbildung werden sollte, gerichtlich verfolgt hatte. Und zweitens, den ›neuen Mozart‹, Beethoven, großzügiger zu behandeln und möglichst fest an sich zu binden. Dabei ging er zu weit und verkannte Beethovens exzentrische Veranlagung und auch dessen absoluten Freiheitsdrang, sodass Probleme mit dem Fürsten, der auf andere Weise nicht weniger exzentrisch war, eigentlich vorprogrammiert waren. Allerdings teile ich nicht die weitverbreitete Meinung, Lichnowsky habe eine kalkulierte Inszenierung seiner selbst als Wiens Kulturträger Nummer eins bezweckt. Im Vergleich zu damaligen und früheren Künstlern war Beethovens Persönlichkeit von einer noch nie da gewesenen Komplexität – Haydn war dagegen ein Biedermann und Mozart lediglich ein Original mit mittelschwerem Sonderlingsstatus, also fast noch ›pflegeleicht‹ zu nennen im Verhältnis zu dem, was Beethoven sich an ›schlechten‹ Tagen herauszunehmen pflegte. Insofern ist es ungerecht, Lichnowsky wie so oft die Hauptschuld an ihren Streitigkeiten zu geben. Eine ›Gebrauchsanleitung‹ für den Umgang mit Beethoven gab es nun einmal nicht; er war unberechenbar, konnte in einem Augenblick höchst charmant sein, um kurz darauf wieder aggressiv aufzutreten.

In der Beurteilung des Fürsten fasst Beethovens viel gescholtenes spätes Faktotum Anton Schindler ziemlich korrekt zusammen, was er von Älteren gehört hatte. Er lobt das Haus Lichnowsky als »Stätte von Humanität und feiner Sitte«, wo Beethoven ein Asyl fand und »von adeligen Vorurtheilen kaum beirrt wurde. Der Fürst war dem jungen Manne ein väterlicher Freund, die Fürstin eine zweite Mutter […] Insbesondere war es die Fürstin, die alles Thun und Lassen an dem meist in sich gekehrten und nach conventionellen Begriffen auch verkehrten Künstler für originell und liebenswürdig erklärt hatte, ihn daher bei dem strengeren und anderen Ansichten huldigenden Fürsten in allem zu entschuldigen wußte.« Eine gewisse Rolle spielt Lichnowsky für Beethovens Kompositionsstil, an dem man früh die »Schwierigkeit« kritisierte. »Dadurch, daß er Beethoven's Stücke studierte und bald mehr, bald weniger geschickt ausführte«, habe er versucht, dem Gast »zu beweisen, daß er es nicht nötig habe, in seiner Schreibart etwas zu ändern« (Schindler 3/1860, S. 22f.).

Dass Lichnowsky nicht nur sehr kulturfreundlich, sondern gleichzeitig auch sehr standesbewusst dachte, ist nicht verwunderlich, anders konnte man sich in der extrem dünnen Luft des Wiener Hochadels kaum behaupten. Daher wollte er sein Mäzenatentum möglichst öffentlich und in eher traditionellen Formen ausleben, was mit dem ersten Grollen der neuen Zeiten, die sich mit der Französischen Revolution angebahnt hatten, immer weniger selbstverständlich geworden war.

Am wichtigsten war für Beethoven damals, dass er dank Fürst Lichnowskys Einsatz auf einen Schlag im musikalischen Zentrum des Wiener Adelsmilieus angelangt war, wo sich Kultur, Kunst und Musik maßgebend abspielten. Auf diese Weise fand er innerhalb von nur zwei Jahren im Altwiener Musikbetrieb einen festen Platz. Bereits um 1796 galt er als »eigentlicher Glanzpunkt« nicht nur in den »vertrauten Musikunterhaltungen sowohl Lichnowskys wie Rasumowsky's« (BSZ, S. 59), sondern bald auch beim Grafen Fries. Ein glänzendes Entree fand er auch in den berühmten Hauskonzerten des Freiherrn Gottfried van Swieten, bei denen bereits Mozart mitgewirkt hatte (indem er Werke Händels in ›klassischer‹ Instrumentierung wiederauferstehen ließ).

Und wehe, wenn einer Beethoven zu kritisieren wagte! Lichnowsky ließ nichts auf seinen Bonner Hausgast kommen: Beethovens Jugendfreund Stephan von Breuning erzählt in einem Brief vom 23. November 1796, wie dreckig es den Orchesterkollegen aus Bonn, Andreas und Bernhard Romberg, in Wien erging und wie sie sich die Unterstützung Lichnowskys verscherzten, »als der Bernhard etwas nicht spielen konnte, und nun über die *Composition,* sie war vom Beethoven, zu schimpfen anfing«.[72] Denn auch bei den *public relations* nahm der Fürst nun eine Art Manager-Rolle ein und sorgte dafür, dass sein Schützling in allen einschlägigen Salons herumkam. Erst ab 1795 war das Bürgertum an der Reihe, das man vorzugsweise über die Privat-»Akademien« – Konzertveranstaltungen in gemieteten Sälen auf Rechnung der ausführenden Künstler – und über die renommierten Oratorienaufführungen der Tonkünstler-Societät erreichte. In Letzteren spielte Beethoven am 29. und 30. März 1795 wiederum eines seiner frühen Klavierkonzerte[73] sowie eine Klavierimprovisation, womit er den »ungetheilten Beyfall des Publikums geärndet« hatte (TDR Bd. I, S. 399). Mozarts Klavierkonzert in d-Moll (KV 466) spielte er kurz darauf in der Pause einer Aufführung von Mozarts *Clemenza di Tito* zugunsten von dessen Witwe Constanze, womit Beethoven wiederum Furore machte.

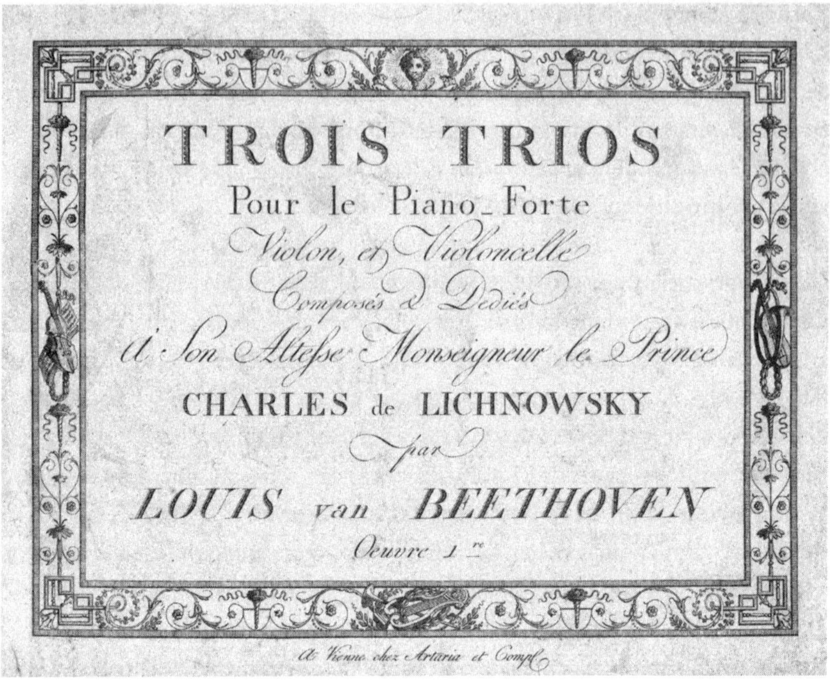

Abb. 15 Die Fürst Lichnowsky gewidmeten Klaviertrios op. 1: Beethoven wandelt sich vom Klaviervirtuosen zum Komponisten.

Unterricht bei Haydn und Albrechtsberger

Gleich zu Beginn seines neuerlichen Aufenthalts in Wien hatte Beethoven Kontakt mit Joseph Haydn aufgenommen, der ihn von nun an mehrmals wöchentlich unterrichtete, zunächst allerdings in der sehr abstrakten und in der damaligen Kunstpraxis überhaupt nicht mehr anwendbaren Kontrapunktlehre des Wiener Lehrmeisters Nummer eins, Johann Joseph Fux (1660–1741), dessen Hauptwerk *Gradus ad Parnassum* von 1727 zwar noch heute zu den berühmtesten Lehrwerken der Musikgeschichte gezählt wird, aber für eine Originalbegabung wie Beethoven nicht das Richtige war. Wichtiger war, dass Haydn seine eigenen jüngsten Werke und auch die Bachs und Mozarts vorlegte, um an den Hauptquellen den Umgang mit dem Material darzulegen. Im Sommer 1793 nahm er seinen neuen Schüler mit nach Eisenstadt, wo er ihn wohl auch Fürst

Anton Esterházy, dem Nachfolger seines früheren Mäzens, Fürst Nikolaus, vorstellte. Das Verhältnis zwischen Lehrer und Schüler wird von früheren Biografen als schwierig beschrieben, es soll Animositäten gegeben haben. Heute wird das anders gesehen. Welchen Nutzen Beethoven aus dem Unterricht gezogen hat, ist angesichts der sparsamen Äußerungen des Jüngeren zwar schwer zu beurteilen – dass Beethoven, wie er behauptet, bei Haydn gar nichts gelernt hätte, stimmt auf gar keinen Fall. Bei allem, was seine Selbstdarstellung betrifft, ist Vorsicht geboten, und aus dem, was Beethoven tatsächlich gelernt hat, konnte man inzwischen umfangreiche Rückschlüsse auf Haydns Unterricht ziehen.[74]

Ries überliefert allerdings, dass Beethoven sich weigerte, unter seine ersten Werke, wie vom Lehrer erbeten, den Zusatz »Schüler von Haydn« zu platzieren.[75] Doch zu einem gelingenden Lehrer-Schüler-Verhältnis gehören immer zwei. Vermutlich erfüllte Beethoven auch nicht immer das, was ein Lehrer von seinen Schülern erwartete; Haydn wird sich vielleicht an seinen früheren Schüler, den später außerordentlich erfolgreichen Komponisten und Klavierbauer Ignaz Pleyel erinnert haben, der gewiss einfacher zu führen war als Beethoven.[76]

Wie dem auch sei, Haydn verließ Wien am 19. Januar 1794 zu seiner zweiten triumphalen Reise nach England; der ursprüngliche Plan, Beethoven dorthin mitzunehmen, wurde allerdings nicht realisiert. Nach der Rückkehr lud Haydn Beethoven ein, bei seiner ersten Konzertveranstaltung am 15. Dezember 1795 mit einer Auswahl der allerneuesten *Londoner Symphonien* als Solist aufzutreten, was Beethovens Argwohn eigentlich ad absurdum führt. Der etwas schwierige Schüler wählte eines seiner frühen Klavierkonzerte aus (op. 15 oder op. 19). Als Dank für Haydns doch beträchtliche Unterstützung widmete er ihm sodann sein op. 2, die drei Klaviersonaten in f-Moll, A-Dur und C-Dur, die in Bonn begonnen und 1795 in Wien vollendet worden waren. – Das Verhältnis zwischen beiden war weiterhin gespannt; Haydn erkundigte sich oft nach dem ehemaligen Schüler, den er »Großmogul« nannte, doch dieser verweigerte sich oft, wohl wissend, dass der Ältere seine neuesten Werke nicht gutheißen konnte. Erst 1808 machte Beethoven eine äußerst theatralische, wohlgeplante Geste: Es handelt sich um das berühmte Konzert vom 27. März, worin zu Ehren von Haydns 76. Geburtstag dessen *Schöpfung* aufgeführt wurde.

»Es ist erfreulich zu erfahren«, resümiert Thayer das Geschehen nach alten Chroniken, »daß Beethoven einer von jenen war, welche mit hohen Personen des Adels an der Tür des Universitätssaales standen, um den ehrwürdigen Gast bei seiner

> Ankunft in dem Wagen des Fürsten Esterhazy in Empfang zu nehmen, und welche ihn begleiteten, als er auf einem Armstuhle sitzend hoch empor gehoben, getragen und bei dem Eintritt in den Saal unter dem Schalle der Trompeten und Pauken, von der zahlreichen Versammlung empfangen und mit dem freudigen Rufe: ›Es lebe Haydn!‹ begrüßt wurde. [...] Aber nun zu schildern, wie der enthusiastische Kunstfreund Fürst Lobkowitz, wie Salieri, wie Beethoven ihrem Meister weinend die Hand küßten [...] wie er endlich am Schlusse [...] still und weinend Abschied nahm von den Umgebenden, vermochte nur die Poesie [zu beschreiben]« (TDR Bd. III, S. 59f.).

Doch zurück ins Jahr 1794. Die London-Reise mit Haydn hatte Beethoven gar nicht nötig gehabt, da er als Pianist in Wien sehr schnell Erfolge erzielte. Schon bald konnte er sich ein Sommerquartier auf dem Lande leisten (TDR Bd. I, S. 392), und besser konnte es dem jungen Bonner Musiker vorerst nicht gehen: Er hatte Unterricht beim berühmtesten Komponisten Europas genossen und ging vom Januar 1794 bis ins Frühjahr 1795 dreimal wöchentlich zum zweitbekanntesten Wiener Meister, dem Kapellmeister am Dom St. Stephan, Johann Georg Albrechtsberger (1736–1809). Auch der hatte mit dem eigenwilligen Schüler seine liebe Not und bezeichnete ihn später gar als einen »exaltirten musikalischen Freigeist« – Freigeist: in Wien ein wahres Schimpfwort! Albrechtsberger soll sogar noch gesagt haben: »Gehen Sie mit dem nicht um, der hat nichts gelernt und wird nie etwas ordentliches machen« (TDR Bd. I, S. 365). Umgekehrt beurteilte Beethoven Albrechtsberger ähnlich abschätzig und nannte ihn einen »Musikpedanten« (TDR Bd. I, S. 366). Später jedoch hat er sich viel positiver über den Dom-Kappellmeister geäußert und zum Dank dessen Enkel unterrichtet.

Frühe Feinde

Der Wiener Pianistenmarkt war eine wahre Schlangengrube, in der es nicht immer mit rechten Dingen zuging. In einem langen Brief an die Bonner Freundin Eleonore von Breuning kündigte Beethoven ihr am 2. November 1793 die Widmung eines kleineren Kammermusikwerks an, damit sie ihm einen Zwist verzeihe, den er kurz vor seiner Abreise nach Wien im Jahr zuvor vom Zaun gebrochen hatte. Es handelt sich um *Zwölf Variationen für Klavier und Violine über die Arie »Se vuol ballare« aus Mozarts Oper »Le nozze di Figaro«* WoO 40, erschienen

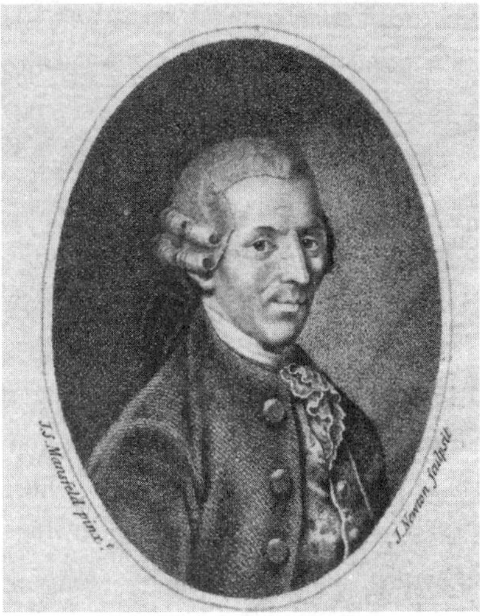

Abb. 16 Joseph Haydn hatte es nicht leicht mit dem eigenwilligen Schüler Beethoven. Stich nach J. E. Mansfeld 1784.

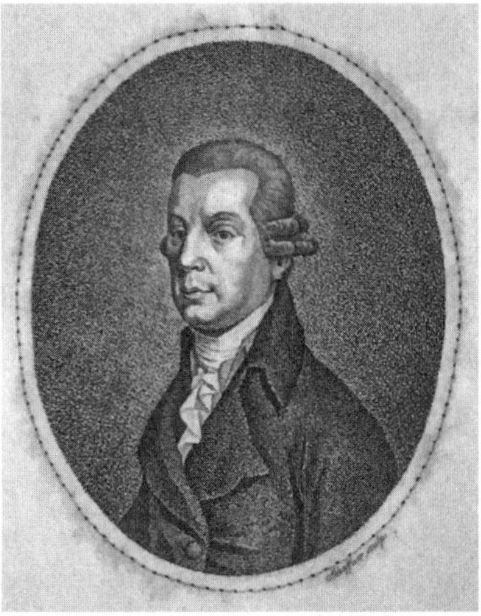

Abb. 17 Johann Georg Albrechtsberger, Komponist, Kontrapunktexperte und zeitweiliger Lehrer Beethovens. Stich von J. G. Scheffner 1819

im Juli 1793 bei Artaria in Wien. Beethoven gedachte anlässlich dieses Schreibens der Schwierigkeiten der letzten Bonner Jahre und der erhaltenen Hilfe im Breuningschen Hause:

»[...] nehmen sie diese Kleinigkeit hin, und denken sie dabey, sie kömmt von einem sie sehr verehrenden Freunde, o wenn sie ihnen nur vergnügen macht, so sind meine Wünsche ganz befriedigt. es sey eine kleine wieder Erweckung an die Zeit, wo ich so viele und so seelige Stunden in ihrem Hause zubrachte, vieleicht erhält es mich im Andenken bey ihnen, bis ich einst wiederkomme, was nun freylich sobald nicht seyn wird, o wie wollen wir unß dann meine v.[erehrte] Freundin Freuen, sie werden dann einen Fröhlichern Menschen an ihrem Freunde finden, dem die Zeit und sein Besseres schicksaal die Furchen seines vorhergegangenen widerwärtigen ausgeglichen hat« (BGA Nr. 11).

Das Postskriptum des Briefes erklärt die (eigentlich unnötige) Schwierigkeit der Klavierstimme, was ein bezeichnendes Licht auf den damaligen Kunstbetrieb wirft und zeigt, mit welchem Geschick Beethoven sich nicht nur die

Nachahmer, die ihn wie lästige Stechmücken umschwirrten, sondern auch alle anderen Arten von »Todtfeinden« unter den Wiener »Klawiermeistern« vom Hals zu halten wusste:

> »P.S. die V.[ariationen] werden etwas schwer zum spielen seyn, besonders die Triller in der Coda, das darf sie aber nicht abschrecken, es ist so veranstaltet, das sie nichts als den Triller zu machen brauchen, die übrige[n] Noten lassen sie aus, weil sie in der ViolinStimme auch vorkommen. nie würde ich so etwas gesezt haben, aber ich hatte schon öfter bemerkt, daß hier und da einer in v.[ien] war, welcher meistens, wenn ich des Abends fantasirt hatte, des andern Tages viele von meinen Eigenheiten aufschrieb, und sich damit Brüstete; weil ich nun voraus sahe, daß bald solche Sachen erscheinen würden, so nahm ich mir vor ihnen zu vor zu kommen. eine andere Ursache war noch dabey, nemlich: die hiesigen Klawiermeister in verlegenheit zu sezen, ma[n]che davon sind meine Todtfeinde, und so wollte ich mich auf diese Art an ihnen rächen, weil ich voraus wußte, daß man ihnen die V.[ariationen] hier und da vorlegen würde, wo die Herren sich den[n] übel dabey produciren würden« (BGA Nr. 11).

Dieser Text erklärt auch die ihm anfangs oft vorgeworfene Tendenz (übertriebener) ›Originalität‹ Beethovens: den Zwang, sich von der Masse der Meister, Klein- und Kleinstmeister abzusetzen. Beethoven war sicherlich kaum darauf erpicht, sich seine Kompositionsweise von solchen völlig außerkünstlerischen Beweggründen diktieren zu lassen, und so wird er Strategien entwickelt haben, die Störenfriede in ihre Schranken zu weisen. Dies mag erklären, dass er sich – trotz seines oft äußerst charmanten Auftretens in Gesellschaft – insgesamt ein ruppiges, manchmal auch aggressives Benehmen bewahrt hat.

Neue Kammermusik – neue Freunde

Nachdem der wichtige Schritt zum größeren – bürgerlichen – Publikum getan war, durfte das Erfolgsduo Beethoven-Lichnowsky an die nächste Etappe denken: den Auftritt als Komponist. Ein gewichtiges Problem stellte sich allerdings: Seit seiner Abreise aus Bonn hatte Beethoven fast nichts komponiert. Umständehalber verleitet er Haydn dazu, als Probestücke ›neuer‹ Erfolge späte Bonner

Werke, allerdings intensiv überarbeitet, an den Kurfürsten Maximilian Franz zu schicken, die dieser dennoch wiedererkennt und etwas brüsk als Vorwand benützt, seine finanzielle Unterstützung aufzukündigen. Beethovens Ideenfluss kommt ins Stocken. Aber wie alle großen Komponisten lernt Beethoven beizeiten, wie er seiner Inspiration auf die Sprünge helfen kann. Noch in späten Jahren gesteht er, »er habe oft lange Zeit nichts komponieren können; dann komme es auf einmal wieder« (TDR Bd. I, S. 465).

Lichnowsky gehört noch zu jenen, die sich »ihre eigenen Streichquartetts« in ihrem Palais halten (TDR Bd. I, S. 375). So veranstaltet er jeden Freitagmorgen Quartettaufführungen in seinem Hause, wobei sich Fürstin Christiane, wie seinerzeit ihre Mutter, als geschickte Salonnière hervortut. Das Zentrum bildet neben Beethoven der junge Ignaz Anton Schuppanzigh (1776–1830), Sohn eines Italienischlehrers, der einer der bedeutendsten Geiger Wiens werden sollte:

> »Ignaz Schuppanzigh, damals ein junger Mensch von 16 Jahren, spielte erste Violine, Louis Sina, ein Schüler E. A. Försters und ebenfalls noch ein sehr junger Mann, zweite, Franz Weiß (der am 18. Jan. 1793 sein 15. Jahr vollendete) Viola, und Anton Kraft, oder sein Sohn Nikolaus, ein Knabe von 14 Jahren (geb. den 18. Dez. 1778), Violoncell. Es war in der Tat ein Quartett von Knabenvirtuosen, aus welchem Beethoven, der einige Jahre älter war, machen konnte, was er wollte« (TDR Bd. I, S. 379).

Beethoven spielte des Öfteren mit – meistens wohl am Klavier, anfangs vielleicht aber auch mit der Bratsche, wenn es um Quintette wie das 1801 vollendete op. 29 ging, das vielleicht auch zuerst im Hause Lichnowsky aufgeführt wurde. Wichtig aber war, dass der junge Komponist durch seine Mitwirkung am Quartett viel von der Erfahrung der professionellen Streicher profitierte. »Die Bemerkungen dieser Herren nahm Beethoven jedesmal mit Vergnügen an«, wie Anton Schindler schreibt. Dieser vermerkt aber auch den kulinarisch-geselligen Kontext: »Nach dem Concert blieben die Musiker gewöhnlich zur Tafel. Hier fanden sich überdies Künstler und Gelehrte ohne Unterschied des Standes ein« (S. 28ff.).

Das Lichnowsky-Quartett, wie man es heute nennt, bildete die um 1799 aufgelöste Urform der diversen Schuppanzigh-Quartette, die bis 1829 bestanden. Der Primarius besorgte ab etwa 1795 die berühmten Augarten-Konzerte, aus denen 1804 wiederum seine eigene Quartettformation als erstes selbst verantwortetes

Berufsstreichquartett der Musikgeschichte hervorging. Ab 1808 übernahm Fürst Andreas Rasumowsky die Gruppe als fest besoldete Angestellte, was bis 1816 andauerte; oft spielte der Fürst die zweite Geige selbst. Bald genoss diese Formation europaweites Ansehen und wurde ab 1808 in vielen Musikzentren nachgeahmt; es beeinflusste nachhaltig die Entwicklung und die Kompositionsweise für diese anspruchsvolle Form der Kammermusik.

Am 31. Dezember 1814 fiel das Palais des Fürsten einem Brand zum Opfer. Dieses Unglück war noch größer als der Schlossbrand, den Beethoven als Junge in Bonn miterlebt hatte. In wenigen Stunden war der ganze barocke Fürstensitz, inklusive der kostbaren Bibliothek und des Canovasaals, ein Raub der Flammen geworden. Hier hatte Beethoven einige musikalische Triumphe gefeiert, und es passte zur Stimmung, dass Napoleon aus Elba an die Macht zurückkehrte und kurze Zeit später der Krieg neu aufflammte. Nach dem Brand des Palais Rasumowsky 1814 löste sich das Quartett allmählich auf, wurde vom Fürsten aber weiter besoldet. Schuppanzigh unternahm nun ausgedehnte Reisen durch Polen und Russland, nahm bei seiner Rückkehr 1823 die Quartettarbeit wieder auf und verlieh so Beethovens späten Quartetten unnachahmlichen Glanz. Beethoven nannte ihn wegen seiner beträchtlichen Beleibtheit oft »Falstaff«, manchmal aber auch, je nach seiner Gestimmtheit, »Lump«, »Eselskopf« oder »Saumagen« (Frimmel Bd. II, S. 163), meistens jedoch redeten sich beide nur mit »Er« an, und wahrscheinlich genierte der Geiger sich nicht, mit jenen vulgären Späßen zu antworten, für die er berühmt war.

Zu den weiteren frühen Kontakten, die Beethoven in dem gastlichen Fürstenhause (laut Wegeler) wohl schon Ende 1792 schloss, gehörte bis zu seinem Tod auch der mit Nikolaus Zmeskall, genauer: Baron von Domanovecz und Lestine (1759–1833), der uns schon im Einleitungskapitel begegnet ist. Für Beethoven wichtig war dessen musikalische Begabung, sein tiefes Verständnis musikalischer Dinge und seine bedingungslose Ergebenheit; mit Beethovens geistigem Format konnte er zwar nicht mithalten, dessen künstlerische Einzigartigkeit erspürte er aber. Zmeskall war Kompositionsschüler Mozarts gewesen[77] und galt als ein »vorzüglicher Cellospieler, Musiker von strengen Grundsätzen« (Frimmel Bd. II, S. 475), der seinerseits jeweils sonntags Quartettaufführungen veranstaltete. Trotz seiner relativ gehobenen Stellung ließ er sich klaglos für zahllose Dienstleistungen und Gefälligkeiten gebrauchen, darunter viele, die sich Beethoven auch von einem x-beliebigen Faktotum hätte erweisen lassen können.

Auf diese Weise kam es zu der erstaunlichen Menge von an die 150 Billets und Briefen, die die zahlenmäßig (aber nicht inhaltlich) umfangreichste Korrespondenz Beethovens bilden.

Für Zmeskalls besondere Hilfsbereitschaft gegenüber Beethoven gibt es möglicherweise einen Grund, der bisher in keiner Biografie aufgetaucht ist. Als Beethoven 1792 nach Wien kam, war er knapp 22 Jahre alt und als solcher noch ›unmündig‹, brauchte demnach, juristisch gesehen, bis zur Vollendung seines 25. Lebensjahres einen Vormund.[78] Über einen solchen war bisher aber nichts bekannt; die Wiener Musikforscherin Anna Schirlbauer fand jedoch in Briefen des Schriftstellers Johann Daniel Ribini (1760–1820) Neuigkeiten, unter denen am 8. März 1796 über Zmeskall, Beethoven und dessen Reise im Jahre 1795 Folgendes zu lesen ist: »Beethoven spielt mit vielem Beyfall in Prag, hat auch in den Herzen einiger dortigen Damen süsse Accorde getroffen, und denkt mit seiner Kunst u. seinem Rufe nach Berlin zu ziehen. *Zmeskall ist in Wien sein Vormund,* denn dieser junge Künstler ist wirklich in sehr vielen Dingen noch unmündig.«[79]

Die nicht nur musikalische, sondern auch persönliche Nähe zu Zmeskall ergab zwangsläufig auch einen engen Kontakt mit Ignaz Schuppanzigh, der in jenen frühen Jahren Beethoven nicht nur dreimal wöchentlich auf der Violine unterwies (TDR Bd. I, S. 358), sondern ihn auch zur intensiven Auseinandersetzung mit dem Komponieren für Streicherensemble vom Duo bis zum Quintett animierte. Das persönlichste Stück darunter ist ein Duett für Bratsche und Cello (WoO 32), dessen Titel »mit zwei obligaten Augengläsern« allem Anschein nach auf die beiden Brillenträger Beethoven und Zmeskall verweist und kurz nach 1795 entstand.[80] Es ist das einzige Stück, das belegt, dass Beethoven selbst ein brillanter Violaspieler gewesen sein muss und das Niveau eines damaligen professionellen Kammermusikers hatte. Das Stück verweist auch darauf, dass Zmeskall als Cellist eine vergleichbare Befähigung besaß. Leider sind nur zwei Sätze vollendet, was eben auch zeigt, dass das »liebe alte Musikgräferl« (wie er Zmeskall an guten Tagen nannte, s. BGA Nr. 376) eben doch nicht ganz so wichtig wie zum Beispiel Lichnowsky war.

Es ist nicht verwunderlich, dass der Umgang mit Zmeskall und Schuppanzigh vor allem zur Komposition einer Reihe von Streichtrios führte (opp. 3, 8 [Serenade] und 9), und als früher Höhepunkt zu den 1798 bis 1800 entstandenen Streichquartetten op. 18, die gewiss auch in Lichnowskys und Zmeskalls Salons erklangen – stets mit Schuppanzigh als Primarius. Die Fokussierung auf diese eher schwierige Musikgattung, auch die frühe Begeisterung für Johann Sebastian Bach (der doch eigentlich erst nach 1800 wieder populär wurde), spricht stark für den Klavierspieler Lichnowsky; er muss wirklich leidenschaftlich an der Musik gehangen haben. Einer, dem es nur um gesellschaftlichen Glanz ging, hätte sich damit begnügt, Pianisten und Sänger mit leichterer musikalischer Kost herumzureichen. – Ein Schlaglicht auf Lichnowsky und seine eigene Situation wirft Beethoven etwas später in seinem Brief vom 29. Juni 1801 an seinen Jugendfreund Franz Gerhard Wegeler in Bonn:

»Von meiner Lage willst du was wissen, nun sie wäre eben so schlecht nicht, seit vorigem Jahr hat mir Lichnowski, der, so unglaublich es dir auch ist, wenn ich dir sage, immer mein wärmster Freund war und geblieben, (kleine Mißhelligkeiten gab's ja auch unter unß), (und haben nicht eben diese unsere Freundschaft mehr befestigt?) eine sichere Summe von 600 fl. ausgeworfen, die ich, so lang ich keine für mich passende Anstellung finde, ziehen kann, meine Komposizionen tragen mir viel ein, und ich kann sagen, daß ich mehr Bestellungen habe, als es fast möglich ist, daß ich machen kann. auch habe ich auf jede Sache 6, 7 Verleger und noch mehr, wenn ich mir's angelegen sein lassen will, man accordirt nicht mehr mit mir, ich fordere und man zahlt, du siehst, daß es eine hübsche Lage ist, z. B. ich sehe einen Freund in Noth und mein Beutel leidet eben nicht, ihm gleich zu helfen, so darf ich mich nur hinsezen und in kurzer Zeit ist ihm geholfen« (BGA Nr. 65).

Ähnliches schreibt er am 1. Juli 1801 an seinen Freund Carl Amenda in Kurland, indem er sich über damalige Freunde auslässt: Er lebe »unter so elenden Egoistischen Menschen wie die Zmeskal, Schuppanzig etc, ich kann sagen unter allen ist mir der Lichnowski der erprobteste«. Hierbei wird das Lob, das er Lichnowsky spendet, gesteigert durch die Kritik und den Egoismusvorwurf an die eigentlich wirklich ergebenen Freunde Zmeskall und Schuppanzigh, unter denen besonders Ersterer »nicht gefallen« könne:

»[...] er ist und bleibt zu schwach zur Freundschaft, ich betrachte ihn und S.[chuppanzigh] als bloße Instrumente, worauf ich, wenn's mir gefällt, spiele, aber nie können sie edle Werkzeuge meiner innern und aüßern Thätigkeit, eben so wenig als wahre theilnehmer Von mir werden, ich taxire sie nur nach dem, was sie mir leisten« (BGA Nr. 67).

Dies ist eine der frühesten Stellen, die zeigen, wie pragmatisch Beethoven Freunde und ›Freunde‹ voneinander trennt: Mit den einen, den »wahren Theilnehmern von mir«, teilt er Denken und Fühlen – dazu gehören Lichnowsky, trotz einiger Spannungen, und Carl Amenda bis zu seinem Wegzug nach Kurland (danach wird er durch andere ersetzt). Diese zwei innerhalb von nur drei Tagen entstandenen Briefe dokumentieren auch die erstaunliche Widersprüchlichkeit in Beethovens Wesen: einerseits die lebenslang spürbare Hilfsbereitschaft für irgendeinen »Freund in Noth«, andererseits der arrogant berechnende Umgang mit Freunden, die er oft gnadenlos ausnützt. Baron Zmeskall wird sich 22 Jahre lang abmühen müssen, bis er 1816 mit der Widmung des f-Moll-Quartetts op. 95 ein öffentliches Zeichen des Dankes erhält.[81] Schuppanzigh aber erhielt statt einer solchen Widmung nur den halbminütigen musikalischen Scherz »Lob auf den Dicken: Schuppanzigh ist ein Lump.« (WoO 100)

Da hatte Fürst Lichnowsky mehr Glück. Beethoven stattete ihm bereits 1795 seinen Dank coram publico mit großem Aufwand ab: mit dem op. 1, drei herausragenden Klaviertrios! Sie hatten jeweils vier statt der bis dahin üblichen drei Sätze, und im letzten Satz verwandte Beethoven jeweils statt der konventionellen Rondo-Form den Sonatensatz. Dass es nicht Beethovens erste Werke waren, musste jeder Wiener Musikliebhaber wissen, denn aus der ›zweiten Liga‹ seiner Werke, denen »ohne Opuszahl«, waren bereits kurz zuvor die drei Variationszyklen WoO 40, 60 und 67 auf den Markt gekommen. Indem Beethoven erst danach sein op. 1 erscheinen lässt, verkündet er unüberhörbar: Achtung, jetzt geht es erst richtig los, und zwar in der ›ersten Liga‹ der offiziellen Opuszahlen! Dies mit der altmodisch und etwas devot verschnörkelten Namensgebung »Dédiés À Son Altesse Monseigneur le Prince Charles de Lichnowsky« zu verbinden war nicht nur ein adäquates Freundschaftszeichen, sondern schon auch eine meisterliche Strategie, womit man in der Öffentlichkeit Pluspunkte erwerben konnte.

In diese Freundschaft hat Lichnowsky allerdings auch, wie bereits dargestellt, viel investiert. Für die Widmung des op. 1 erhielt Beethoven von Carl von Lichnowsky zusätzlich ein stattliches Präsent, und dies wohl auch für die folgenden Dedikationen der Lichnowsky zugedachten Werke (opp. 13, 26, 36 und WoO 69). Als Adliger auf den reich verzierten Titelseiten weit zirkulierender Musikwerke zu stehen war eines der effizientesten und beliebtesten Renommierzeichen kulturellen Bewusstseins und mäzenatischen Erfolges; dafür waren allgemein wertvolle Geschenke oder Fördersummen üblich, die durchaus den Gegenwert des Jahresgehalts eines gut situierten Beamten erreichen konnten.

Das größte Geschenk für Beethoven war jedoch ein kompletter Satz ausgezeichneter Streichinstrumente italienischer Meister, zwei Violinen, eine Bratsche und ein Violoncello, was vielleicht auf Veranlassung des berühmten Quartettspielers Schuppanzigh zustande kam – doch gerade über ihn pflegte Beethoven, wie oben gezeigt, ganz schön herzuziehen. Der Komponist hütete diesen Instrumentenschatz bis zu seinem Tod; später gelangte die Sammlung in den Besitz des preußischen Königs, der sie dem Beethoven-Haus Bonn als eines der erstaunlichsten historischen Quartette überhaupt in Dauerleihgabe zur Verfügung stellte.[82]

Das op. 1 – Publikations- und Widmungsstrategien

Fürst Lichnowsky tat alles, um den Verkauf der Werke anzukurbeln, die Beethoven nun zu schreiben begann. Alleine von der Ausgabe der Klaviertrios op. 1, die im Sommer 1795 erschien, bestellte Lichnowsky 27 und die Verwandten seiner Frau weitere 25 Exemplare, das sind über zehn Prozent der ersten Auflage; zusätzlich übernahm er die eigentlich von Beethoven zu leistende Vorauszahlung für die Herstellungskosten. Das Subskribentenverzeichnis liest sich wie ein Who's who des Wiener Hochadels, aus dem 123 Familien insgesamt 244 Exemplare bestellt haben. Damit verschafften sie dem Komponisten ein weiteres reichliches Jahresgehalt. Sein Schüler Ferdinand Ries berichtete, was Beethoven ihm über die erste Aufführung mitgeteilt hatte:

»Die drei Trio's [...] sollten zum erstenmal der Kunst-Welt in einer Soirée beim Fürsten Lichnowsky vorgetragen werden. Die meisten Künstler und Liebhaber waren eingeladen, besonders Haydn, auf dessen Urtheil Alles gespannt war. Die Trio's wurden gespielt und machten gleich außerordentliches Aufsehen. Auch Haydn sagte viel Schönes darüber, rieth aber Beethoven, das dritte in *C-Moll* nicht herauszugeben. Dieses fiel Beethoven sehr auf, indem er es für das Beste hielt, so wie es denn auch noch heute immer am meisten gefällt und die größte Wirkung hervorbringt. Daher machte diese Aeußerung Haydn's auf Beethoven einen bösen Eindruck und ließ bei ihm die Idee zurück: Haydn sei neidisch, eifersüchtig und meine es mit ihm nicht gut. Ich muß gestehen, daß, als Beethoven mir dieses erzählte, ich ihm wenig Glauben schenkte. Ich nahm daher Veranlassung, Haydn selbst darüber zu fragen. Seine Antwort bestätigte aber Beethoven's Aeußerung, indem er sagte, er habe nicht geglaubt, daß dieses Trio so schnell und leicht verstanden und vom Publikum so günstig aufgenommen werden würde« (TDR Bd. I, S. 385).

Dieser Bericht zeigt, wie intensiv Haydn über Beethoven nachdachte; Beethoven und Ries haben ihm gewiss zu Unrecht Neid unterstellt. Jedenfalls muss die Aufführung vor dem 19. Januar 1794 stattgefunden haben, weil Haydn an diesem Tag wieder nach London reiste. Thayer klärt die Situation wie folgt: »Nun zeigen aber Beethovens Skizzen, daß Beethoven wenigstens am zweiten und dritten der Trios noch 1794 arbeitete, und daß sie vor Ende des letzteren Jahres nicht fertig für die Veröffentlichung waren. Die Sache scheint hiernach so zu liegen. Haydn hat die Trios bei Lichnowsky in ihrer ersten Fassung gehört; Beethoven hat sie sich dann nochmals vorgenommen und sie im Laufe des Jahres 1794 und Anfang 1795 in die Gestalt gebracht, in welcher wir sie kennen« (TDR Bd. I, S. 400). Das heißt nicht mehr und nicht weniger, als dass Beethoven sich zwar über Haydns Kritik geärgert haben könnte, sie sich aber dennoch zu Herzen nahm und das Stück vor dem Druck nochmals überarbeitete. Die drei Klaviersonaten, die er damals, 1795, vollendete, sind jedenfalls seinem einstigen Lehrer und freundschaftlichen Kritiker gewidmet und erschienen im März als op. 2.

* * *

Am 29. März 1795 trat Beethoven im Hofburgtheater in einer Akademie zugunsten der Waisen und Witwen auf, ein zweiter und dritter Auftritt folgten. Im November desselben Jahres kam ein ehrenvoller Auftrag auf Beethoven zu: Die Pensionsgesellschaft bildender Künstler pflegte alljährlich für den Gala-Maskenball bei einem bekannten Komponisten zwei Serien von Tänzen zu bestellen. Dass Beethoven schon bei der dritten Auflage dieser noch neuen Institution berücksichtigt wurde, durfte er als weiteres Zeichen seines Aufstiegs werten.

5
Zeit der Reisen und früher Wandel

Mozart, Clementi und Beethoven

Das nächste Projekt greift noch deutlicher nach den Sternen. Sicher war es eine Idee Lichnowskys, für 1796 eine Reise gen Norden zu planen, nach Prag, Dresden, Leipzig und Berlin. Das glich doch sehr der Reise, die der Fürst sieben Jahre zuvor mit Mozart unternommen hatte.

Zwei Auftritte in Prag sind überliefert, und zwar am 11. Februar und am 11. März 1796, beide mit gutem Erfolg, denn Beethoven schreibt an seinen Bruder Johann: »meine Kunst erwirbt mir Freunde und Achtung. was will ich mehr. au[c]h Geld werde ich dies mal ziemlich bekommen. ich werde noch einige Wochen verweilen hier, und dann nach Dresden Leipzig und Berlin reisen. da werden wohl wenigstens 6 Wochen dran gehen bis ich zurückkomme.« Zum Schluss versäumt er nicht, seinen jüngeren Bruder moralisch aufzurüsten: »nim dich nur in Acht vor der ganzen Zunft der schlechten Weiber« ist da doch tatsächlich zu lesen! (BGA Nr. 20)

Lichnowsky war längst weitergereist, da weilte Beethoven immer noch in Prag, vielleicht wegen einer Sängerin und Mandolinen-Spielerin – in der Tat hat er für jene Comtesse Josephine de Clary zwei Sonatinen für Mandoline und Cembalo geschrieben (WoO 43 und 44) und später auch eine Konzertarie (op. 65), denn »La Belle Josephine«, wie Beethoven die 18-jährige Schönheit nannte, war auch Sängerin. Allerdings war sie einem gewissen Grafen Christian Clam-Gallas versprochen, was Beethoven vielleicht nicht wusste. Adlige Damen übten jetzt schon eine gewisse Anziehungskraft auf ihn aus. Jedenfalls saß er nach drei Monaten in Prag wieder in der Kutsche und reiste nach Dresden weiter. Mit Lichnowskys Empfehlungsschreiben bewaffnet, erhielt Beethoven schnell Zutritt bei Hofe und konzertierte vor Kurfürst Friedrich August III., der ihm eine goldene Tabaksdose schenkte und viele Jahre später Subskribent der *Missa solemnis* werden sollte.

Über die Reise weiß man relativ wenig, insbesondere gibt es außer dem oben zitierten Brief aus Prag keine weiteren Berichte von Beethoven selbst. Nach einer Woche Dresden fuhr er nach Leipzig, aber es ist unbekannt, was er dort trieb. Ob er vielleicht auf der Bach-Orgel der Thomaskirche gespielt hat?

Viel besser steht es mit der Endstation der Reise, Berlin. Er trat in der Singakademie auf, improvisierte und fantasierte ausgiebig und meldete sich bald am Hofe an. Davon berichtete er später Ferdinand Ries, der es der Nachwelt überliefert: »Er spielte einigemal bei Hofe (beim Könige Friedrich Wilhelm II.), wo er auch die zwei Sonaten mit obligatem Violoncello, *op. 5* für [Pierre] Duport (ersten Violoncellisten des Königs) und für sich componierte und spielte. Beim Abschiede erhielt er eine goldene Dose mit Louisdor gefüllt. Beethoven erzählte voller Stolz daß es keine gewöhnliche Dose gewesen sei, sondern eine der Art, wie sie den Gesandten wohl gegeben werde« (Wegeler-Ries, S. 109). In Berlin traf er auch mit Prinz Louis Ferdinand von Preußen (1772–1806) zusammen, der, obwohl in einer militärischen Karriere begriffen, ein ausgezeichneter Pianist und begabter Komponist war. Oft zitiert wird Beethovens Urteil, er »spiele gar nicht königlich oder prinzlich, sondern wie ein tüchtiger Clavierspieler«. Die beiden verstanden sich ausgezeichnet.

Brüder und Freunde: Die Bonner Kolonie in Wien

Anfang Juni 1796 kehrte Beethoven nach Wien zurück, wurde aber bald schwer krank, weil er sich wohl schon in Berlin mit Fleckfieber infiziert hatte. Dies ist insofern wichtig, als diese Krankheit Folgeschäden des Nervensystems und insbesondere auch des Gehörs nach sich ziehen kann. Ein Zusammenhang mit Beethovens wenige Jahre danach beginnender Schwerhörigkeit ist möglich, wenn auch nicht gesichert.

Im Fall einer Krankheit hatte Beethoven nun aber familiäre Hilfe. Denn Ende 1794, als die Franzosen Bonn besetzten, hatte er seine Brüder zu sich nach Wien geholt, da diese in Bonn nach Auflösung des Hofes keine Existenzgrundlage mehr hatten. Bereits seit Mitte 1794 lebte sein jüngerer Bruder Kaspar Karl (1774–1815) in Wien. Da er in der Musikszene nicht Fuß fassen konnte, schlug er die Beamtenlaufbahn ein und erhielt eine Stelle im Finanzministerium. Quasi im Schlepptau kam kurz darauf auch sein enger Bonner Freund Lorenz von Breuning, im Dezember 1795 folgten dessen Brüder, die Juristen Christoph und Stephan von Breuning, zu denen sich auch der jüngste der Beethoven-Brüder, Nikolaus Johann, gesellte. Da sein Lieblingsfreund Franz Gerhard Wegeler schon Ende 1794 aus Bonn nach Wien geflohen war, hatte Beethoven nun seine Bonner Kolonie nahezu vollständig um sich, zumindest was deren männlichen Teil anbelangt. Allerdings war Wegeler nicht mehr in Wien, als Beethoven von seiner Reise zurückkehrte. Seine medizinischen Fachkenntnisse hätte er gerade jetzt gut gebrauchen können.

Nikolaus Johann van Beethoven (1776–1848) war Apotheker, nahm eine entsprechende Stelle in der Nähe des Kärntnertors an und agierte so erfolgreich, dass er 1808 eine eigene Apotheke in Linz eröffnen konnte. Johann erlangte später durch Chininlieferungen an die Armee ein beträchtliches Vermögen. Alle Freunde und die drei Brüder hielten zusammen wie Pech und Schwefel, die Letzteren waren aber so verschieden, dass Reibereien nicht ausbleiben konnten, schon alleine, weil der älteste, Ludwig, das Hineinreden, das er sich in Bonn zwangsläufig hatte angewöhnen müssen, in Wien nicht so leicht ablegen konnte. Wegeler kehrte 1796 nach Bonn zurück, nachdem sich dort die politische Lage entspannt hatte, Christoph von Breuning folgte ihm auf dem Fuß, und dessen Bruder Lorenz etwas später 1797. Bis dahin genoss Beethoven eine gesellige Zeit – er war sozial bestens integriert. Auch beruflich ging es steil aufwärts. Von 1796 bis 1801 war Stephan von Breuning Sekretär des Generalkapitels des Deutschen Ordens in Mergentheim, zog dann aber dauerhaft nach Wien und teilte mit Freund Beethoven eine Wohnung, was, wie fast zu erwarten, zu gelegentlich heftigen, aber nur vorübergehenden Streitereien führte. Doch dauerte die Freundschaft bis 1827, als die beiden innerhalb von gut zwei Monaten starben. Alleine dieser Umstand kann als Beleg für einen Sonderstatus dieser Freundschaft gelten.

Auf Beethovens Brüder und Stephan von Breuning ist zurückzukommen. Nur von Franz Gerhard Wegeler, den Beethoven nach seiner Abreise 1796 nicht mehr sehen sollte, sind schon hier einige Hauptlinien zu skizzieren, denn er hatte eine Ausnahmestellung, auch wenn die Briefe zwischen ihm und Beethoven nicht sehr zahlreich sind. Man merkt diesen wenigen erhaltenen Briefen aber an, wie wichtig beiden die Kommunikation miteinander war. Ihre Freundschaft blieb stets frisch und völlig ungebrochen. Wegeler war Mediziner, wurde bereits 1789, als Vierundzwanzigjähriger, Professor an der Universität Bonn und 1793 gar deren Rektor. 1802 heirateten Franz Gerhard Wegeler und Eleonore von Breuning, eine ehemalige Klavierschülerin und Freundin Beethovens, wodurch die Freundschaft nach Wien erheblich zugewann – für ihn schrieb Beethoven die Sonatine WoO 50, sie erhielt die Variationen WoO 40 und die Klaviersonate WoO 51. 1804 übernahm Wegeler die Leitung der Hebammenschule in Bonn, engagierte sich wieder bei den Freimaurern und wurde Direktor der Bonner Loge. 1808 bis 1814 war er in Koblenz Leiter der Medizinalpolizei des dort angesiedelten französischen Rhein-Mosel-Départements und 1816 bis 1842 hoch dekorierter Regierungs- und Medizinalrat daselbst sowie Mitglied des Rheinischen Medizinalkollegiums. Zu unterstreichen ist auch seine Leistung für die Beethoven-Biografik.Nach Beethovens Tod hatte Wegeler viel mit Anton Schindler zusammengearbeitet; als er jedoch bemerkte, welche Eigenmächtigkeiten Schindler sich herausnahm, beschloss er, mit dem Beethoven-Schüler Ferdinand Ries gemeinsam die *Biographische Notizen über Ludwig van Beethoven* zu verfassen (Koblenz 1838), denen er 1845 einen *Nachtrag* folgen ließ.

1795 soll Beethoven sich in die ein Jahr jüngere Maria Magdalena Willmann verliebt haben; er hatte sie schon in Bonn kennengelernt, wo sie ihre Laufbahn als Sängerin begonnen hatte. Über Venedig, wo sie ein Jahr lang an der Oper gesungen hatte, kam sie an die Wiener Hofoper. 1797 führte sie Beethovens sehr beliebtes Lied *Adelaide* (op. 46) auf. Er hat ihr, vermutlich Anfang 1795, einen Heiratsantrag gemacht, aber sie fand ihn, laut eines Zeugnisses von Marias Schwester, »hässlich und halbverrückt« und heiratete im selben Jahr den Sänger Galvani. Sie starb schon früh, 1801, im Alter von dreißig Jahren.

Pressburg, Budapest, Prag

Gemäß einer Nachricht von Ferdinand Ries reiste Beethoven im November 1796 nach Pressburg und (Buda-)Pest: Am 11. November habe er in Pressburg sein 1. Klavierkonzert gespielt und einige Tage später auch in Pest, wovon »aber keine weiteren Nachrichten bekannt geworden sind« (TDR, Bd. II, S. 18). Im selben Jahr reiste Beethoven auch noch nach Prag, wo er in drei öffentlichen Konzerten auftrat. Darüber gibt es einen Bericht des böhmischen Komponisten Wenzel Johann Tomaschek (1774–1850): »Im Jahre 1798 [recte: 1796] […] kam

Beethoven, der Riese unter den Klavierspielern, nach Prag. Er gab im Konviktssaal ein sehr besuchtes Konzert, in welchem er sein C-Dur-Konzert *Op.* 15, dann das *Adagio* und das graziöse Rondo aus A-Dur *Op.* 2 vortrug, dann mit einer freien Phantasie [über das] aus Mozarts Titus gegebene Thema »*Ah tu fosti il primo oggetto*« (Duett Nr. 7) schloß. Durch Beethovens großartiges Spiel und vorzüglich durch die kühne Durchführung seiner Phantasie wurde mein Gemüt auf eine ganz fremdartige Weise erschüttert; ja ich fühlte mich in meinem Innersten so tief gebeugt, daß ich mehrere Tage mein Klavier nicht berührte, und nur die unvertilgbare Liebe zur Kunst, dann ein vernunftgemäßes Überlegen es allein über mich vermochten, meine Wallfahrten zum Klavier wie früher, und zwar mit gesteigertem Fleiße fortzusetzen« (TDR Bd. II, S. 72).

Tomascheck erholte sich schnell von der Überwältigung und besuchte Beethovens zweites Prager Konzert. Die Fortsetzung seiner Schilderung ist interessant, weil sie in der Sprache eines Kenners Vorbehalte gegen den Hang zum »Sonderbaren« und »Originellen« ausdrückt, die bei den Zeitgenossen des frühen Beethoven immer wieder laut werden und erst Jahre später verstummen. Wenzel Tomaschek schreibt:

»Ich hörte Beethoven in seinem zweiten Konzert, dessen Spiel und auch dessen Komposition nicht mehr den gewaltigen Eindruck auf mich machten. Er spielte diesmal das Konzert in B-Dur, das er in Prag erst komponiert. Dann hörte ich ihn zum drittenmal beim Grafen C ... [Clary?], wo er nebst dem graziösen Rondo der A-Dur-Sonate über das Thema: ›*Ah vous dirai je Maman*‹ phantasierte. Ich verfolgte diesmal mit ruhigerem Geiste Beethovens Kunstleistung, ich bewunderte zwar sein kräftiges und glänzendes Spiel, doch entgingen mir nicht seine öfteren kühnen Absprünge von einem Motiv zum andern, wodurch dann die organische Verbindung, eine allmähliche Ideenentwicklung aufgehoben wird. Solche Übelstände schwächen oft seine großartigsten Tonwerke, die er in seiner überglücklichen Konzeption schuf. Nicht selten wird der unbefangene Zuhörer durch sie gewaltsam aus seiner überseligen Stimmung herausgehoben. Das Sonderbare und Originelle schien ihm bei der Komposition die Hauptsache zu sein [...]« (zitiert nach TDR Bd. II, S. 72).

Weitere Reisen Beethovens fanden nur noch im privaten Rahmen statt, jedoch nicht mit öffentlichen Auftritten. Ob an diesen zwei letzten Konzertreisen Beethovens Fürst Carl Lichnowsky in irgendeiner Form beteiligt war, ist nicht bekannt, auch gibt es in den Jahren danach keine Hinweise auf dergleichen. Der

Faden in der Darstellung des Verhältnisses Lichnowsky – Beethoven wird später wieder aufgenommen – zu einer Zeit, da dunkle Gewitterwolken über beiden auftauchen. Biografisch gibt es von 1798 ohnehin nur wenig und von 1799 fast gar nichts zu berichten; der Perfektionist unter allen Biografen, Alexander Wheelock Thayer, schrieb etwas frustriert darüber: »Das Jahr 1799 bietet im ganzen, gleich dem vorhergehenden, nur spärliches Material für den Biographen Beethovens und steht hierdurch in völligem Gegensatze zu dem folgenden und jedenfalls allen späteren Jahren, in welchen die Menge und Mannigfaltigkeit der Nachrichten nicht geringe Verwirrung verursacht« (TDR Bd. II, S. 74).

Die *Pathétique*. Mozart, Clementi und Beethoven

Sie ist eines der wunderbarsten Produkte jener doch künstlerisch eher ereignisarmen Jahre, und sie überhöht die Beziehung zwischen Beethoven und dem Fürsten in einzigartiger Weise: die Carl Lichnowsky gewidmete *Sonate pathétique* op. 13, entstanden 1798 und 1799. Mit dieser Sonate – nicht umsonst nannte er selbst sie sogar »Grande Sonate pathétique« – vollzog Beethoven einen gewaltigen Sprung in seiner Kunst. So sah es bereits der Musikwissenschaftler Hugo Riemann, der in Thayers Biografie zitiert wird:[83]

»Die Sonate unterscheidet sich von den bisherigen dadurch, daß ihr Beethoven eine unterscheidende Bezeichnung gegeben hat; pathetische Sonate, d. h. leidenschaftlich, aber beherrscht von Würde und Feierlichkeit. Dadurch hat er sie auch äußerlich als etwas Einheitliches, die Sätze als innerlich zusammengehörig bezeichnet [...] die Einheitlichkeit der inneren Idee verfolgt er überall; er braucht es aber nicht zu sagen. Wohl aber mag er damit angedeutet haben, daß sie ihm besonders wert war, daß sie besondere Beziehungen zu inneren Erlebnissen hatte, die ihn zum Ausdruck drängten [...]. Diese Erlebnisse brauchen wir nicht zu kennen, und sie würden, wenn wir sie kennten, zum musikalisch-künstlerischen Genuß nichts beitragen; die Töne, diese unmittelbare Sprache, sagen genug. Jeder fühlt das würdige, tragische Element in der Einleitung; eine strenge, unerbittliche Mahnung, einem Ziele zuzustreben, welches zu erlangen man kaum den Mut hat; das hastige, eilige Drängen des ersten Satzes, aufwärts und unmutig wieder abwärts, ruhelos, das zweite Thema in Moll, welches sich nach vielem Abquälen zu beruhigen und zu einem siegreichen Abschlusse zu führen scheint; die ernsteren Mahnungen des *Grave* ertönen wieder und bringen neue Zweifel und Ungewißheit [...], das zweite Thema in F-Moll, die siegreichen Fanfaren, diesmal in Moll, unsicher; vor dem Schluß erklingt noch einmal zagend wie eine matte Erinnerung das Thema des *Grave;* die Seele sinkt klagend zurück, erholt sich dann wieder und schließt hastig, wie um zu sagen: es war ja alles vergeblich« (TDR Bd. II, S. 93f.).

Die *Pathétique*-Sonate ist allerdings, wie schon Carl Czerny schrieb, »leichter einzustudieren als alle früheren« und war auch deswegen immer »vorzüglich beliebt«. Neu ist das ergreifend Großartige und Erschütternde im Tonfall dieses Werkes – womit es vielleicht den Höhepunkt im Schaffen des jungen Künstlers darstellt – ausdrucksmäßig wohl das Maximum, das in der klassischen Sprachlichkeit eines Haydn oder Mozart denkbar war. Insofern ist op. 13 nicht die formale, sondern die ästhetische Wegmarke, die wetterleuchtend das Genie Beethovens vorausahnen lässt. Rein kompositorisch gehört sie noch zur frühen Schaffenszeit, in der Beethoven oft in thematischen Perioden zu vier, acht oder sechzehn Takten denkt. Lediglich in der linken Hand findet man Ansätze eine Detailarbeit, die es allerdings auch schon bei Mozart gab, und die nun bei Beethoven in der Folge, ab op. 18, konstitutiv ins Zentrum tritt. Erst mit der *Sturmsonate* wird der wirkliche Schritt vom periodischen hin zum motivischen, d. h. freien Denken vollzogen.

Durch diesen neuen Kompositionsstil, der sich in der *Pathétique* ankündigte, konnte der vom Gehörverlust bedrohte Beethoven die bisherigen akustischen Klangreize aus der Natur durch geistige Vorstellungen ersetzen.

Mit der *Pathétique* lässt Beethoven Haydn und Mozart hinter sich, doch neben diesen gab es bereits seit zwei Jahrzehnten einen großen Italiener, Muzio Clementi, der direkt von Bach, Händel und vor allem von Domenico Scarlatti herkam. Dessen Minidramen für das Klavier inspirierten Clementi zu einem eigenen Sonatenstil, der seinesgleichen zur Entstehungszeit noch nicht hatte und der auch Beethoven inspirieren wird.

Muzio Clementi kam am 23. Januar 1752 in Rom zur Welt, er starb am 10. März 1832 steinreich auf seinem Landgut in Evesham nordwestlich von London. Er erhielt so früh Musikunterricht, dass er bereits mit dreizehn Jahren Organist seiner Pfarrkirche in Rom wurde. Sein Spiel zog viele Bewunderer an, unter anderen auch den Engländer Peter Beckford, der laut eigenen Angaben den jungen Clementi von dessen Vater für die Zeitspanne von sieben Jahren »abkaufte« und auf sein Landgut in England mitnahm. Dort verbrachte Clementi seine Zeit hauptsächlich mit Studieren, Üben und Cembalospiel, bis er 1774 wieder über sich selbst verfügen konnte. Er ging nach London, wo er ab 1775 immer öfter als Virtuose auftrat und Konzerte und Opernaufführungen leitete. Den Durchbruch als Komponist erreichte er jedoch erst im Frühjahr 1779 mit der Veröffentlichung seines op. 2. Seine Frühwerke sind mit Oktav-, Terz- und Sextläufen gespickt und erregten großes Aufsehen. 1780 begab er sich auf eine Europa-Reise; im Gepäck hatte er handschriftlich Werke, die mindestens bis in sein erst 1788/89 gedrucktes op. 24 reichten. Erste Station war Paris, wo Clementi vor Königin Marie-Antoinette spielte und immensen Erfolg hatte, was offensichtlich dem Bruder in Wien, Kaiser Joseph II., zu Ohren gekommen sein muss: Wien war Clementis nächste Station.

Mozart traf Clementi, als Kaiser Joseph II. die beiden am Weihnachtstag 1781 einlud, vor ihm und seinen Ehrengästen, dem späteren russischen Zaren Paul I. und der Großfürstin Maria Fjodorowna, in einem pianistischem Wettstreit aufzutreten. Es wurde der spektakulärste des späten 18. Jahrhunderts. Solche Wettbewerbe waren damals sehr beliebt unter kulturbeflissenen Eliten, auch noch zu Beethovens Zeit. In einem Brief an einen späteren Schüler berichtete Muzio Clementi von seinem pianistischen Duell mit Wolfgang Amadeus Mozart:

»Kaum einige Tage in Wien anwesend, erhielt ich von Seiten des Kaisers eine Einladung, mich vor ihm auf dem Fortepiano hören zu lassen. In dessen Musiksaal eintretend, fand ich daselbst Jemand, den ich seines eleganten Äußeren wegen für einen kaiserlichen Kammerherrn hielt; allein kaum hatten wir eine Unterhaltung angeknupft, als diese sofort auf musikalische Gegenstände überging und wir uns bald als Kunstgenossen – als Mozart und Clementi – erkannten und freundlichst begrüßten.«[84]

Nachdem Joseph II. die beiden Komponisten einander vorgestellt hatte, wandte er sich an jenem Abend des 24. Dezember 1781 an seine Gäste und erklärte ihnen die Regeln des Duells. Clementi spielte auf dem Steinschen Flügel die Sonate in B-Dur, die er gerade erst vollendet hatte. Wolfgang Amadeus Mozart konterte auf einem leicht verstimmten Flügel, wie er später behauptete, mit einem Andante aus dem Stegreif und zwölf Variationen des Liedes *Ah, vous dirai-je,*

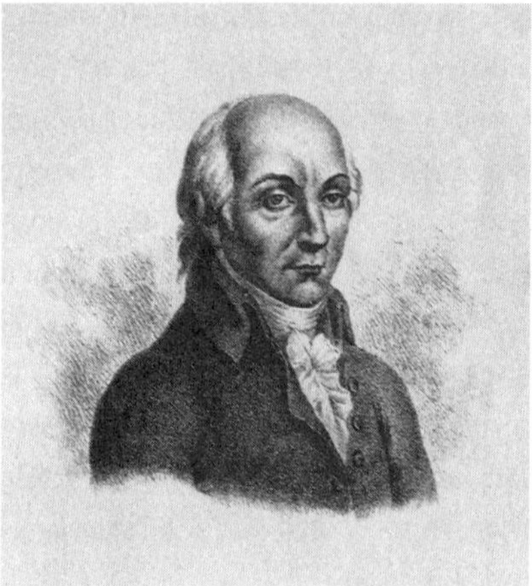

Abb. 18 Der Klaviervirtuose und Komponist Muzio Clementi ist einer der Stichwortgeber für die Beethovensche Klaviersonate. Anonyme Lithographie um 1820.

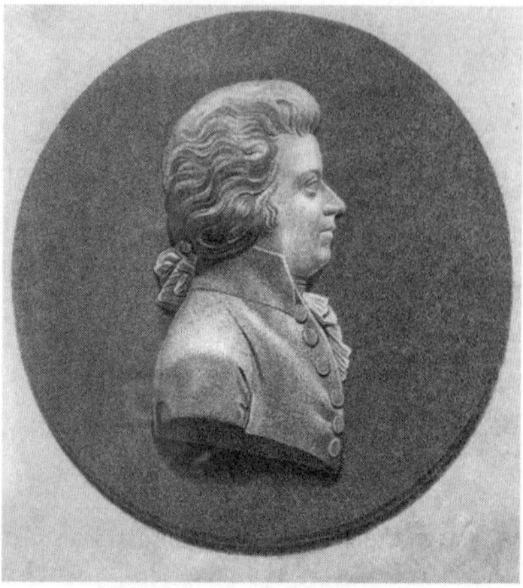

Abb. 19 Wolfgang Amadeus Mozart – ebenfalls ein Vorbild Beethovens, doch eher für Dramatisches. Ob er 1786/87 in Wien den jungen Beethoven unterrichtete, ist unsicher. Lithographie um 1800 nach einem Wachsrelief von Leonard Posch.

Maman in C-Dur. »Drei Tasten blieben stecken«, schrieb er später entrüstet seinem Vater. Dennoch zeigte sich der 29-jährige Clementi von Mozarts Kunst begeistert. Zwischen den beiden Klaviervirtuosen entwickelte sich ein spannungsreicher Dialog. Auf eigene Kompositionen folgte – als eine Geste der Gastfreundschaft gegenüber den russischen Regenten – das Vom-Blatt-Spielen einiger Klavierstücke des italienischen Komponisten Giovanni Paisiello, der am Hof des russischen Zaren Paul I. Kapellmeister war. Während Mozart das Allegro spielte, übernahm Clementi Andante und Rondo, um schließlich ein Sonatenthema weiterzuführen, dann improvisierten sie gemeinsam. Beide, sowohl Clementi als auch Mozart, ließen sich nun von ihrem Temperament zu schnelleren Tempi hinreißen. Die Zuhörer waren begeistert. Am Ende dieses außergewöhnlichen Abends erklärte Joseph II. im Sinne eines diplomatischen Abschlusses des Besuchs Pauls I. und Maria Fjodorownas, die im Gegensatz zum österreichischen Kaiser auf Clementi gesetzt hatte, das Duell am Klavier für unentschieden. Doch Clementi erhob sich und gratulierte dem jungen Mozart, der für ihn als Sieger aus diesem Zusammentreffen hervorgegangen war. Die beiden Virtuosen sollten sich zeitlebens nicht mehr begegnen.[85]

Die Sonate op. 24 Nr. 2, die Clementi spielte, ist aus mehreren Gründen überraschend: Das markante Hauptthema des Eingangs-Allegros hat Mozart elf Jahre später für seine rasante Ouvertüre der *Zauberflöte* adaptiert – fast könnte man sagen: gestohlen.[86] Der Kopfsatz und das Finale von Clementis B-Dur-Sonate enthalten viel Virtuoses, aber aus dem Schwung der Läufe quellen auch sehr schöne und melodiöse Themen hervor – oder er spielt mit dem »Zauberflöten-Thema«, bis es vielstimmig geschichtet in einer Kanon-Stretta zu einem kunstvollen Kehraus kommt. Am erstaunlichsten aber ist der langsame Satz, ein inniges Andante. Das von fragendem Gestus geprägte Hauptthema mündet nach kunstvoller Überleitung in eine beschwörende wechselnotengesättigte Oktavpassage und wird später im Durchführungsteil auf einem Ostinato-Bass kühn modulierend fortgesponnen. Das ist große Musik, die sich weder vor Haydn noch vor Mozart zu verstecken braucht![87]

Wie aber gingen die zwei Musiker miteinander um? Clementi schrieb über Mozart: *»Ich hatte bis dahin niemand so geist- und anmuthvoll vortragen gehört. Vorzugsweise überraschten mich ein Adagio und mehrere seiner extemporirten Variationen, wozu der Kaiser das Thema wählte, das wir, wechselseitig einander akkompagnirend, variiren mußten.«*[88] Mozart ist weniger höflich, der Konkurrenzdruck spricht aus seinen Worten, denn er schreibt seinem Vater Leopold am 12. Januar 1782: *»Er* [Clementi] *hat sehr viele fertigkeit in der rechten hand; seine haupt Passagen sind die Terzen* [...] *Übrigens hat er um keinen kreutzer geschmack noch empfindung. Ein blosser Mechanikus.* [...] *Clementi ist ein Ciarlattano wie alle Wälsche.«* Mozart hat sich so in Rage geschrieben, dass er auf den Scharlatanerievorwurf auch noch das nationale Ressentiment draufpackt! Vater Leopold aber kennt den Hang seines Sohnes zu gelegentlichem Schwadronieren und lässt sich davon überhaupt nicht beeindrucken. Denn einige Zeit später benützt er Clementis Musik im Unterricht und schreibt dem Sohn, sie sei derart, *»daß mir das Herz lacht«*.[89]

Dies dürfte auch bei Beethoven der Fall gewesen sein, denn er hatte das meiste von Clementis Œuvre in seiner unaufgeräumten Stube liegen und soll es als wichtiger denn Mozarts und Haydns Sonaten erachtet haben. Doch auch Beethoven ist im persönlichen Verkehr vorsichtig, wie viele, wenn jemand, wie Clementi, nicht nur als Klaviervirtuose, sondern auch als Komponist *gefährlich gut* ist. Thayer schildert, wie leicht Clementi und Beethoven sich kurz nach 1800 in Wien hätten treffen können, einander aber aus dem Wege gingen.

»Unter den namhaften Fremden, welche in diesem Frühjahr Wien besuchten, befand sich *Clementi.* Er ließ, wie Czerny erzählt, Beethoven sagen, er würde ihn gerne sehen. ›Da kann Clementi lange warten, bis Beethoven zu ihm kommt‹, war die Antwort. [Ferdinand] Ries erzählt [...]: ›Als *Clementi* nach Wien kam, wollte Beethoven gleich zu ihm gehen; allein sein Bruder setzte ihm in den Kopf, Clementi müsse ihm den ersten Besuch machen. Clementi, obschon viel älter, würde dieses wahrscheinlich auch gethan haben, wären darüber keine Schwätzereien entstanden. So kam es, daß Clementi lange in Wien war, ohne Beethoven anders als von Ansehen zu kennen. Oefters haben wir im Schwanen an *einem* Tische zu Mittag gegessen, Clementi mit seinem Schüler Klengel und Beethoven mit mir; alle kannten sich, aber keiner sprach mit dem andern oder grüßte nur. Die beiden Schüler mußten den Meistern nachahmen, weil wahrscheinlich jedem der Verlust der Lectionen drohte, den ich wenigstens bestimmt erlitten haben würde, indem bei Beethoven nie ein Mittelweg möglich war‹« (TDR Bd. II, S. 417).

In solch einer vertrackten Situation kann manchmal nur der *Zufall* den privaten Eitelkeiten der Künstler Einhalt gebieten. Das muss spätestens im Frühjahr 1807 geschehen sein, wie es in einem Brief Clementis vom 22. April 1807 an seinen Geschäftspartner Collard in London dargestellt ist:

»Durch ein wenig Vorsicht im Umgang, und ohne mich festzulegen, habe ich letztlich die vollständige Eroberung jener stolzen Schönheit Beethoven gemacht. Er begann, in der Öffentlichkeit mit mir zuzuschmunzeln und mit mir zu kokettieren, wobei ich natürlich darauf achtete, dies nicht zu entmutigen. Bald aber trafen wir uns eines Tages zufällig auf der Straße und gerieten in vertrautes Gespräch: – ›Wo wohnen Sie?‹ sagt er; ›ich habe Sie so lange nicht gesehen!‹ – worauf ich ihm meine Adresse gab. Zwei Tage später fand ich auf meinem Tisch die Karte, die er selbst vorbeigebracht hatte, und nach der Beschreibung des Dienstmädchens war er in bester Laune. Das ist viel versprechend, dachte ich. Drei Tage später kommt er wieder vorbei und trifft mich zu Hause an. Stellen Sie sich dann die gegenseitige Wonne dieses Treffens vor! Ich habe mich sehr bemüht, es zum Vorteil unserer Firma [des Musikverlags, Anm. d. Verfassers] zu wenden: Ich begann, am Lob einiger seiner Kompositionen auch an nichts zu sparen, und sobald es der Anstand erlaubte, fragte ich: ›Sind Sie bereits mit einem Verlag in London in Verbindung?‹ – ›Nein‹, sagt er. ›Nehmen wir einmal an, Sie würden mir das anvertrauen?‹ – ›Von ganzem Herzen gerne!‹ – ›Schließen wir doch gleich ab. Was haben Sie an Kompositionen parat?‹ – ›Ich werde Ihnen eine Liste mitbringen‹.«[90]

Was auf der Liste stand, soll hier noch nicht detailliert aufgezählt werden, weil das sich nun entwickelnde Geschäft zwar von grundlegender Bedeutung für Beethovens künstlerische Verbreitung werden sollte, sich aber wegen der Napoleonischen Kriege als sehr schwierig und langwierig erwies (es zog sich bis 1810 hin). Hier geht es ja noch um die Jahre um 1800 und das Jahrzehnt davor.

Clementi kommt ja von den italienischen Cembalisten seiner Vätergeneration her und startet deshalb an Haydn vorbei durch – nicht aber an Mozart. Er rezipierte Mozarts »Sturm und Drang« – der sich besonders in Sonaten wie KV 304, 310 und anderen jener Zeit äußert –, um sodann in eine Richtung zu gelangen, aus der auch ein Beethoven schöpfen konnte. Clementi hat später zugegeben, dass er wegen der Unsanglichkeit der frühen (später von ihm revolutionierten) englischen Pianofortes dem Technischen zu viel Raum gegeben habe.[91] Insbesondere nachdem er Mozart gehört hatte, dürfte er sicher dem Melodischen mehr Aufmerksamkeit geschenkt haben, wie man das deutlich in den bald nach dem Wien-Besuch entstandenen Sonaten op. 25 erkennt. Zumindest in der 5. Sonate fis-Moll, die bald nach der 1781 bereits existierenden, vor Kaiser Joseph II. gespielten Sonate op. 24 Nr. 2 entstanden sein dürfte, vermeint man, eine Vereinigung des auftrumpfend vorromantischen Gestus des op. 13 sowie des teils selbstzweckhaft virtuosen op. 24 mit Mozarts empfindsam-klassischerem Stil wahrzunehmen. Und umgekehrt hat auch Mozart sich trotz seiner heftigen verbalen Attacken gegen Clementi von diesem beeinflussen lassen. Spuren findet man in KV 332 und 500, vor allem aber in den mittleren Klavierkonzerten, die bereits jene Virtuosenfiguren enthalten, die Hermann Abert dem Einfluss Clementis zuschreibt.[92]

Somit wirkte Clementi auch auf Beethoven, der Mozarts d-Moll-Konzert KV 466 zwei eigene neue Kadenzen hinzufügt (WoO 58). Beethoven wusste, woher Mozart diesen Konzertstil hatte. Generell schätzte er Clementis expansive Klanglichkeit, die oft ganz plötzlich in zarteste Töne umschlägt, sehr.[93] In der Tat gelingen Clementi in der erwähnten fis-Moll-Sonate aus op. 25 modulatorische Wendungen, wie man sie eigentlich vor Beethoven kaum kannte – und doch entstanden sie zehn bis fünfzehn Jahre vor Beethovens ersten wichtigen Sonaten, sodass die stilistische Innovation eindeutig Clementi zuzurechnen ist. So

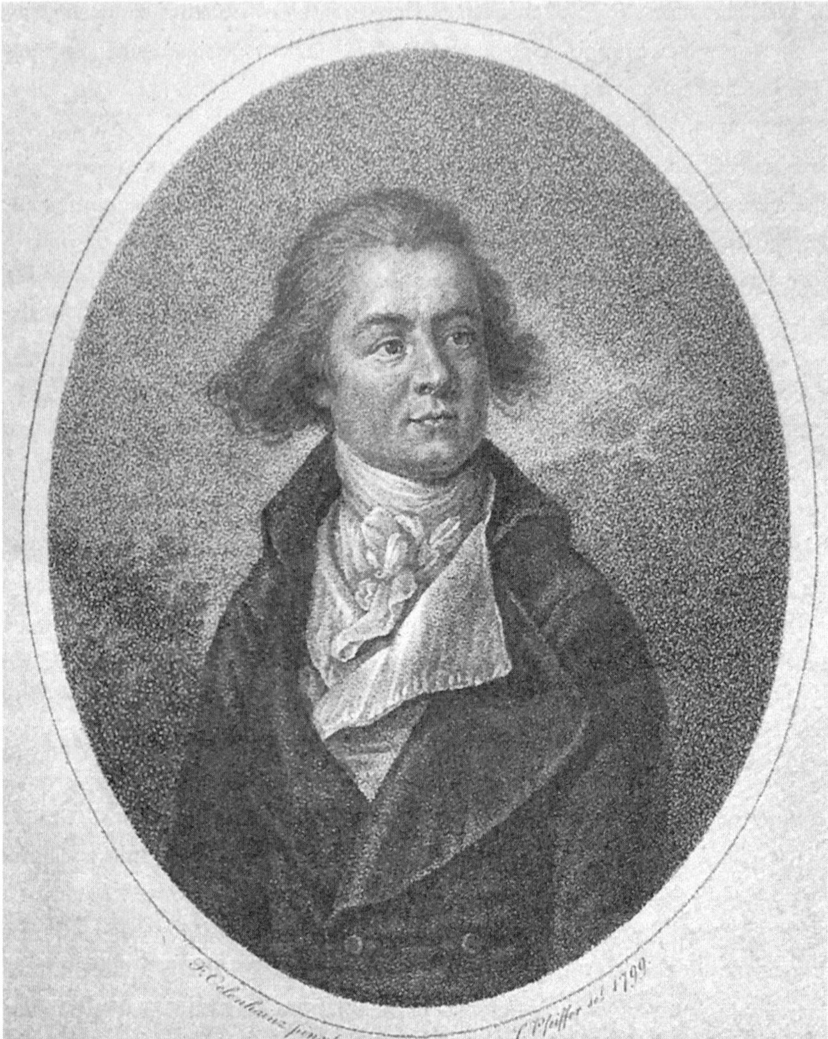

Abb. 20 Franz Joseph Max Fürst Lobkowitz, hingebungsvoller Mäzen, vor allem in Beethovens mittlerer Schaffensphase. Stich nach Oelenhainz.

gelangt das elegische Hauptthema des ersten Satzes der fis-Moll-Sonate in der Reprise durch eine verblüffende Modulation in die Subdominantparallele D-Dur und eröffnet gleichsam den Blick in eine arkadische Landschaft, welche die zuvor herrschende Trauer wundersam in Gelassenheit und Zuversicht wendet.

Freilich haben Komplimente unter Klaviergiganten wie unter anderen Virtuosen oft etwas Schnippisches oder Doppeldeutiges an sich – Clementi verbirgt sein Geschäftsinteresse ja auch nicht als Motiv seiner Annäherung an Beethoven. Doch noch in sehr späten Jahren wird unser Beethoven seinen Freunden Gerhard von Breuning und Karl Holz Clementis *Gradus ad Parnassum* op. 44, bis heute eines der wichtigsten Werke der Klavierpädagogik, wärmstens ans Herz legen.[94] In ebenjenem Werk aber verneigt sich der alternde Clementi 1817 nochmals vor Beethoven und setzt die Übung Nr. 65 im 3. Teil in direkten Bezug mit Beethovens F-Dur-Sonate op. 54 (1806).

6
Fürst Lobkowitz, der Dritte im Bunde

Nach Kurfürst Maximilian Franz und Fürst Carl Lichnowsky ist die dritte der erwähnten ›Hauptpersonen‹ in Beethovens Leben der Fürst Franz Joseph Maximilian von Lobkowitz (1772–1816). Er stammte aus einer alten böhmischen Familie, deren Hauptsitze die zum Fürstentum erhobene Herrschaft Raudnitz an der böhmischen Elbe und Schloss Eisenberg am Südhang des Erzgebirges waren. Daneben besaßen sie auch etliche andere Güter (zum Teil in Bayern) mit riesigen Ländereien, weiteren Schlössern in und bei Prag sowie drei Paläste in Wien, was schier unübersehbare Kosten verursachte. Dem stand aber auch ein gewaltiges Einkommen gegenüber, das zu beziffern in heutigen Verhältnissen kaum möglich ist; vielleicht könnte man einen heutigen mittelständischen Betrieb im Umsatzsegment von hundert Millionen Euro zum Vergleich heranziehen. Familien- und statusbedingt war allerdings, dass Oberhäupter solcher Adelssippen selten das betriebswirtschaftliche Know-how besaßen, um derartige ›Unternehmen‹ zu führen; bereits der Vater des Fürsten, Ferdinand Philipp Joseph von Lobkowitz (1724–1784), Mitglied der Königlich-Preußischen Akademie der Wissenschaften, war eher für seine Extravaganzen und seinen löblichen Bildungshunger bekannt als für geschickte Verwaltung und Geldvermehrung; statt sich um seine unermesslichen Güter zu kümmern, reiste er lieber quer durch Europa.

Wie bei seinem Vater, der ein Freund und Gönner Christoph Willibald Glucks gewesen war, schlug auch beim Filius Franz Joseph Maximilian von Lobkowitz bereits in frühen Jahren eine leidenschaftliche Liebe zur Musik durch. Diese konnte er aber erst ab dem 19. Januar 1797 voll und ganz ausleben, als er volljährig wurde und über seine Mittel verfügen durfte. Lebenslang verehrte er vor allen anderen Haydn und Beethoven, er spielte solide (aber keineswegs perfekt) Violine,[95] war ein guter Sänger und Schauspieler und konnte sich lange Jahre ein eigenes privates Orchester leisten. Damit durfte Beethoven nach Lust und Laune experimentieren, was für sein Fortkommen in einem frühen Stadium seiner Karriere von größter Bedeutung war.[96] Für sein Verhältnis zu Beethoven ist das Persönlichkeitsbild wissenswert, das Constantin von Wurzbach 1866 auf der Basis diverser Quellen äußerst unterhaltsam zusammengestellt hat:

> »In seinem Wesen wird der Fürst als Sonderling eigener Art geschildert. Er sah weder auf Rang noch Geburt, aber nur die er seines Zutrauens würdigte, durften sich melden lassen und wurden angenommen. Nie ging er in eine Versammlung und besuchte deßhalb auch die Hoffeste nicht. Besonders gern empfing er die Besuche bei Nachtzeit. Gegen zehn Uhr wurden die Fremden gemeldet. Nach zehn Uhr ließ er zwei Violinspieler seiner Capelle kommen, mit denen er bis zum Tagesanbruch Musik machte. Zuweilen ging er des Morgens um zwei Uhr aus und ließ sich dann von den Kapuzinern eine heilige Messe in ihrer Klosterkirche lesen. In seinem Zimmer, dem Fenster gegenüber, befand sich ein großer Spiegel so gestellt, daß er in demselben Alles sehen konnte, was auf der Straße vorging, ohne selbst gesehen zu werden. Aber nicht Neugierde war die Ursache, daß er oft Stundenlang vor demselben saß, sondern – Wohlthätigkeit. Er bemerkte so am besten die Armen, ohne daß sie ihn bemerkten. Dann ließ er ihnen nachgehen. Auf einen Wink von ihm wußte ein treuer Diener dann, was er zu thun hatte. Der Fürst bekam sehr viele Briefe, aber er las sie sehr selten und ließ sie auch nicht lesen. So lagen sie denn Jahre lang auf seinem Tische und Pulte, und es entstanden ganz befremdende Dinge, wenn nun nach Jahren die Antwort erfolgte. Er liebte die Jagd, aber niemals nahm er Gesellschaft mit, sondern jagte immer allein mit einem oder zwei Bedienten. Sein ausgesprochener Geschmack für die Einsamkeit machte, daß er oft mehrere Wochen keinen Menschen sah und annahm. Immer ließ er an seinem Palaste arbeiten und bauen, allein er bezahlte nicht gleich. Nach drei bis vier Jahren ließ er die Arbeiter kommen, zahlte ohne Abzug und erstattete noch die Zinsen bis auf den Tag der Zahlung. Der Fürst war (seit 2. August 1792) mit Karolina Fürstin von Schwarzenberg [...] vermält, aus welcher Ehe zwölf Kinder, sechs Knaben und sechs Mädchen, entstammen.«[97]

Während der Napoleonischen Kriege engagierte Lobkowitz sich sowohl finanziell als auch militärisch sehr stark und wurde General, k. k. Kämmerer und *Wirklicher Geheimer Rat*.[98] Nach Ende des Krieges beschenkte er seine tapfersten Militärs mit Grundstücken, die er ihnen aus seinem Eigenbesitz übertrug – Zeichen einer sozialen Einstellung, die er aber nicht in ein ökonomisch erfolgreiches Konzept zu integrieren vermochte. Wurzbach verschweigt, dass Lobkowitz durch einen Unfall stark gehbehindert war und wohl deshalb eine problematische Charakterstruktur entwickelte. Er konnte nur auf Krücken laufen – die Kinderfrau soll ihn als Kleinkind fallen gelassen und dies verheimlicht haben, sodass die Brüche an der Hüfte unbehandelt blieben und zu Muskelschwund an einem Bein führten. Dieses Leiden machte es ihm unmöglich, den einem Mitglied des Hochadels angemessenen ›sportlichen‹ Lebenswandel zu führen, was zu zwei Ausgleichsbedürfnissen geführt haben mag: einerseits zu eigener Kunstausübung insbesondere in Musik und Theater, was bei ihm geradezu eine Besessenheit wurde. Andererseits ist auf seine Milde und Großzügigkeit hinzuweisen, die sich in ganz allgemeinen Wohltaten (siehe die oben geschilderten Spiegel- und Grundstücksepisoden) und insbesondere in seinem kulturellen Mäzenatentum äußerten. Dabei überspannte Lobkowitz leider seine finanziellen Möglichkeiten; nach einer beispiellosen 16-jährigen Glanzzeit führte dies in tragischer Weise zu seinem Ruin, der aber auch durch die Napoleonischen Kriege beschleunigt wurde.

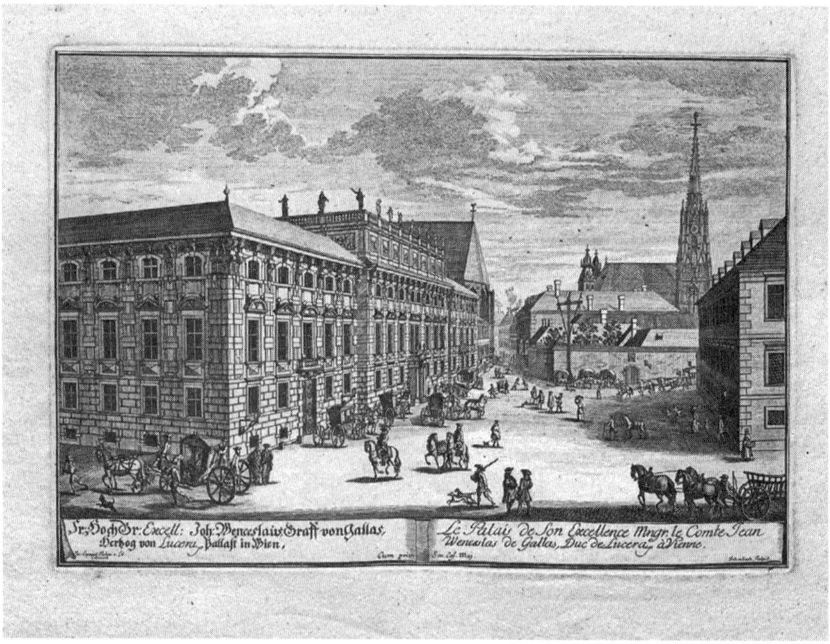

Abb. 21 Palais Lobkowitz in Wien, fürstlicher Adelssitz sowie privates Opern- und Konzerthaus, in dem Beethoven nach Lust und Laune schalten und walten konnte. Anonyme Zeichnung um 1800.

In musikalischer Hinsicht stand ursprünglich Joseph Haydn im Zentrum seines Interesses. Anscheinend erkannte er Beethovens außerordentliche Begabung frühzeitig, sodass er nach Haydns Ausscheiden aus dem Kunstleben ab 1802 dessen Schüler, eben Beethoven, protegierte. Angesichts seines eigenen Gebrechens hat er vielleicht von der Zeit an, da Beethovens Schwerhörigkeit deutlich wahrnehmbar wurde, zusätzliche Sympathien für ihn entwickelt. Jedenfalls verblieb Beethoven nach dem Zusammenbruch der Finanzen des Fürsten 1812/13 der Hauptempfänger finanzieller Wohltaten, während das übrige Programm musikalischer Förderung nahezu zum Erliegen kam.

Das Hofleben des jungen Fürsten hatte grandios angefangen. Einen Flügel seines Wiener Palais ließ er zu einem Konzertsaal umbauen und den beiden Schlössern zu Raudnitz und Eisenberg Theaterbauten anfügen. Bis 1804 wurde der Hofstaat auf 150 Mitglieder erweitert, 1811 war dieser mit 192 Personen einer der größten Fürstenhaushalte im Kaiserreich. Die eigene Hofkapelle sorgte für musikalischen Glanz, wobei der Fürst als Sänger wie Geiger gern selbst mitwirkte (beispielsweise sang er die Partie des Raphael in mehreren öffentlichen Aufführungen von Haydns *Schöpfung*). Neben Haydn (225 Gulden für 1798) und Beethoven (400 Gulden 1799/1800 als erste von vielen weiteren Zahlungen) kamen viele andere damals bekannte Musiker in den Genuss gut honorierter Aufträge: Luigi Cherubini, Johann Nepomuk Hummel, Jan Antonín Koželuh, Franz Krommer, Josef Mayseder, Ferdinando Paër, Giovanni Paisiello, Vincenzo Righini, Andreas Romberg, Antonio Salieri, Louis Spohr, Franz Xaver Süßmayer, Václav Jan Tomaschek, Georg Joseph (Abbé) Vogler, Joseph Weigl und Paul Wranitzky. Ab 1797 formierte der Fürst sein Orchester in der Weise, dass er einen Kern von zwölf fest angestellten höchst qualifizierten Musikern nach Bedarf erweitern konnte, um somit vielfältigste Werke der Kammermusik, Symphonik und Oper bis zu Oratorien aufzuführen, darunter natürlich auch viele von Beethoven. Der Fürst sorgte ferner für die Musikerziehung seiner musikalischsten Untertanen und legte großen Wert darauf, sie angemessen, ja großzügig zu entlohnen.

Ab etwa 1805 reichten selbst die beträchtlichen Einnahmen aus seinen böhmischen Gütern nicht mehr aus, um den verschwenderischen Lebensstil und das ausufernde Mäzenatentum des Fürsten zu finanzieren, doch statt sich einzuschränken, nahm er Kredite auf. So kam es, dass den jährlichen Einnahmen des Fürstentums von etwa 500 000 Gulden bis 1810 Ausgaben von bis zu 1 450 000 Gulden gegenüberstanden, worüber Lobkowitz jedoch erst viel zu spät einen wirklichen Überblick gewann, nachdem wegen des wachsenden Ungleichgewichts das ursprünglich gewaltige Barvermögen des Fürstentums aufgebraucht war.[99] An seinem definitiven Ruin trug – neben seiner Sorglosigkeit – aber auch das »Finanzpatent« von 1811 Schuld – die konsequente Folge der Ausblutung durch die Napoleonischen Kriege, potenziert durch traditionelle Misswirtschaft, Selbstüberschätzung und diplomatische Unfähigkeit. Letztere geht auf das Konto des kometenhaften Aufstiegs des Klemens von Metternich (1773–1859), seit 1806 österreichischer Botschafter in Paris. Er will im Bett von Napoleons Schwester Caroline, verheiratete Murat, in Erfahrung gebracht haben, dass die Franzosen kriegsmüde und des selbst gekrönten Kaisers überdrüssig seien, und rät seinen Vorgesetzten in Wien, Napoleons Joch abzuschütteln. Wien erklärt Paris am 9. April 1809 den Krieg; einen Monat später, am 11./12. Mai, beschießen die Franzosen das Zentrum der Hauptstadt und demonstrieren dem Volk die Vermessenheit ihrer gesamten Adels-Elite, die sich inzwischen komplett nach Budapest abgesetzt hatte. Um die gigantischen Reparationen leisten zu können, musste die österreichische Regierung das Geld nach und nach um 80 Prozent abwerten, was de facto einen Staatsbankrott des Kaisertums darstellte.

Lobkowitz war also für seinen Abstieg keineswegs allein verantwortlich; er unterschätzte wohl, in welchem Maße auch die bis dahin gigantischen Einnahmen seiner Güter dahinschmelzen würden. Außerdem glaubte er, für den zahlungsunfähigen Staat einspringen und den dem Krieg folgenden Kulturverfall aus eigener Kraft aufhalten oder wenigstens hinauszögern zu können: So übernahm er – neben all den weiterlaufenden Kulturverpflichtungen – nicht nur die Wiener Hoftheater in eigene Regie, sondern zusätzlich mit 90 000 Gulden auch noch die Bezahlung der wegen des Krieges ausgebliebenen Personallöhne. 1812 erhielt das Kärntnertortheater – das eigentliche kaiserliche Opernhaus – von Lobkowitz sogar an die 160 000 Gulden Subvention. Das war über die Maßen löblich und außerordentlich sozial, für ihn selbst aber verheerend: 1813 musste er die Gehälter all seiner Bediensteten um 30 Prozent kürzen, Louis Spohr war im Januar 1813 offensichtlich der letzte Gast der bis dahin so berühmten Lobkowitz-Konzerte, die im selben Jahr mit der beginnenden Auflösung des Orchesters ihr Ende fanden. Als Beethoven merkte, dass die Rente monatelang ausblieb, verunglimpfte er den Fürsten, der ihm unendlich viel Gutes getan hatte, mit Schimpfnamen wie »Fürst Fizly-Puzly« oder sogar mit »fürstlicher Lumpenkerl« (BGA Nr. 644 und 661) – was höchst ungerecht war, da seinem Patron die finanzielle Verfügungsgewalt bereits entzogen worden war.[100]

Lobkowitz hatte neben Lichnowsky viele Jahre lang ganz oben auf Beethovens Liste der Mäzene gestanden. Als Hauptnutznießer der ›Institution Lobkowitz‹ konnte er die Entwicklung seines symphonischen Personalstils überhaupt erst vorantreiben (während für das vorausgegangene hauptsächlich von der Kammermusik geprägte Jahrzehnt Lichnowsky zuständig gewesen war). Das Wiener Palais Lobkowitz glich zeitweise einem surrenden Bienenstock, einem sehr betriebsamen Opernhaus oder Konservatorium, in dem es gleichzeitig aus vielen Räumen schallte, wo auch Meister Beethoven vor den Musikern stand und ad libitum in zahllosen Versuchen und unbegrenzter Probenzeit jene Tonsprache erfand, welche die Musikgeschichte verändern sollte. Jan Caeyers findet dafür die Bezeichnung »centre of excellence«, in dem Betriebsamkeit durch Qualität ersetzt wird. Allerdings hatte bereits der umtriebige Kunstjournalist Johann Friedrich Reichardt, der Wien 1809 besuchte, den Ruhm des »überaus gutmüthige[n], delikate[n]« Fürsten (BSZ, S. 668) und seiner Institution bis nach Berlin getragen, wo es zwar ein besseres Waffenarsenal als in Wien gab und die modernsten Anti-Napoleon-Kanonen standen, während man jedoch vergeblich nach etwas annähernd Vergleichbarem auf musikalischem Gebiet gesucht hätte. Reichardt nannte das Gebäude am heutigen Lobkowitzplatz im Herzen Wiens »die wahre Residenz und Akademie der Musik [...] Auch der Fürst nimmt mit seiner starken, vollen Baßstimme, mit der er in die ganz italienische Vortragsweise eingeht, oft lebhaften Anteil an den Ensemblestücken [...] Zu jeder Stunde kann man da in den besten schicklichsten Lokalen Proben nach Gefallen veranstalten und oft werden mehrere Proben und Übungen in verschiedenen Sälen zu gleicher Zeit gehalten [...]«.[101]

Seinen ersten Auftritt bei Lobkowitz dürfte Beethoven am 2. März 1795 im Rahmen der »kleinen Konzerte« gehabt haben; der Fürst veranstaltete sie bereits seit Februar 1793 in seinem Palais. 1795 bestellte er sogleich eine größere Anzahl Exemplare von Beethovens Klaviertrios op. 1, auch von den Streichtrios op. 3 orderte er eilends 12 Exemplare – das bedeutet, dass er die meisten verschenkte, um für den verheißungsvollen Kompositeur Reklame zu machen. 1799/1800 hatte er mit einem kräftigen Widmungsgeschenk die Streichquartette op. 18 unterstützt, wofür auf deren Titelblatt erstmals die Namen Beethoven und Lobkowitz in trauter Vereinigung ans hellste Tageslicht des Wiener Musikbetriebs traten.

Viele Briefbelege über die Natur ihrer Beziehungen gibt es nicht, die meisten Kontakte liefen offensichtlich persönlich oder über Boten ab. Allein an der

Menge und Qualität der nachfolgenden Widmungen (opp. 55, 56, 67, 68, 74, 98, WoO 106 und 133) lässt sich ermessen, wie intensiv das Verhältnis und wie groß das Vertrauen des Künstlers in seinen Förderer war. Doch entwickelt und ändert sich Beethovens Haltung in dem Maße, wie er an künstlerischem Selbstvertrauen gewinnt. Das wird in den Quellen erst ab 1804/05 spürbar – wohl auch aufgrund der aufsehenerregenden ersten Aufführungen der *Eroica:* Seine bis dahin konziliante und oft von Ergebenheit geprägte Haltung gegenüber dem Hochadel ändert sich in der Weise, dass er gegenüber den ›ganz Großen‹ (Lichnowsky und Lobkowitz) größere Entschiedenheit an den Tag legt, während er gegenüber den ›kleineren‹ Adligen wie Zmeskall oder Gleichenstein die spaßige Vertrautheit beibehält (an Ersteren schreibt er bereits 1798: »liebes altes Musikgräferl«, »adieu Baron Ba.....ron r o n / ron / ron / ron«; an Gleichenstein: »liederlicher Baron«, »barbarischer Freund«).

Auf Meinungsverschiedenheiten mit Fürsten hinzuweisen erlaubt Beethoven sich bereits 1801 – wie erwähnt im Fall Lichnowsky gegenüber dem Bonner Freund Wegeler, doch fügt er noch im selben Satz Ausgleichendes hinzu: »und haben eben diese [kleinen Misshelligkeiten] unsere Freundschaft nicht befestigt?« (BGA Nr. 65.) 1805 erklingen ganz andere Töne. Als bei einer *Fidelio*-Probe das dritte Fagott fehlte und Lobkowitz dessen Wichtigkeit etwas herunterspielen wollte, soll Beethoven wutschnaubend zum Palais Lobkowitz am damaligen Spitalsplatz geeilt sein, um durch das Tor »Lobkowitzscher Esel« hineinzubrüllen (TDR Bd. II, S. 484; BSZ, S. 566). Das dürfte authentisch sein, denn noch 1819 zitiert der Lobkowitzsche Hofrat Karl Peters in einem Gespräch mit Beethoven dessen Antwortbrief an den Fürsten in der Fagott-Angelegenheit: »Wenn Eure Durchlaucht nur die Instrumente so besetzen, so scheiß ich drauf.«[102] Dass Lobkowitz seinen Pappenheimer zu gut kannte, um sich über so etwas aufzuregen, geht aus dem Kontext hervor, denn Karl Peters fügt im selben Gespräch hinzu: »Ich habs gelesen. – Fürst Lobkowitz hat Sie zu würdigen gewußt, selbst den Kindern ist dieß geblieben« (BKh Bd. I, S. 139). Auch von Beethovens Seite aus sind das kurze, manchmal extrem kurze Gewitter, denn oft entschuldigt er sich am Ende eines Gesprächs für das, was er anfangs gesagt hatte. Im Fall Lobkowitz dürfte es auch nicht allzu lange gedauert haben, dazu waren beide zu eng ›im Geschäft‹. Doch in den Quellen findet man erst unter November 1807 einen Brief an Graf Moritz von Dietrichstein, in dem Beethoven über Lobkowitz schreibt, mit dem er »wieder ganz ausgesöhnt« sei (BGA Nr. 301). Und in diesem Sinne unterstützt der Fürst denn auch Beethovens Gesuch an die

Hoftheaterdirektion um eine dauerhaftere künstlerisch-geschäftliche Bindung (BGA Nr. 302, FN 2).

Nach dem Finanzcrash von 1811, durch den Lobkowitz in Beethovens Augen bis mindestens 1813 zum »Lumpenkerl« wird, gelingt es dessen Freunden (auch dem Erzherzog Rudolph) nur nach großen Mühen, den Meister von den besten Absichten des Fürsten zu überzeugen: Erst Lobkowitz, der offiziell gegenüber seinen kaiserlich bestellten Administratoren nichts mehr zu sagen hat, kann das sparwütige Advokatenheer davon überzeugen, dass an Beethoven nicht gegeizt werden darf (eine Ansicht, der sich letztlich sogar der Kaiser anschloss, s. BGA Nr. 774). In einem Brief vom 4. Januar 1815 wird Beethoven – allerdings ohne sich zu entschuldigen – zugeben, dass »Ew. Durchlaucht stets hochgesinnt« sei »für das, was wahr ist, und erhaben über Einwürfe welche eine kleinliche Chicane« waren (BGA Nr. 774); ein Jahr später ist dann von »Unserm Lieben Verstorbenen Fürsten Lobkowiz« die Rede.

Details über die heikle Beziehung zwischen dem Künstler und seinem Wohltäter erfährt man von den Zeitgenossen. Oft sind es nur Kleinigkeiten, mit denen der Fürst Beethoven hilft, indem er beispielsweise eine *Fidelio*-Partitur an die Königin von Preußen schickt. Natürlich ist eine solche Geste viel effektiver, wenn sie von einem österreichischen Fürsten und gar preußischen Herzog ausgeführt wird (BSZ, S. 384).

Op. 18, der erste Grossauftrag

Für Beethoven war der Auftrag für die sechs Streichquartette op. 18 eine Herausforderung *sui generis,* denn bereits seit Jahren trug er sich mit dem Gedanken, etwas für diese Besetzung zu schreiben. Graf Apponyi hatte ihn bereits 1795 um ein Werk dieser Gattung gebeten. Beethoven machte sich an die Arbeit, aber heraus kamen die Streichtrios op. 9 – wunderschön serenadenhafte Gebilde, aber keine Quartette. Es waren die nötigen Vorstufen, denn landauf, landab waren die Meisterwerke Mozarts und Haydns zu hören, daneben gab es noch die Werke Boccherinis, Carl Ditters von Dittersdorfs, Michael Haydns, Ignaz Pleyels und vieler anderer, die noch heute wegen ihrer Gediegenheit Aufmerksamkeit verdienen. Andererseits hatte Lobkowitz auch bei Haydn Quartette in Auftrag gegeben, wovon aber nur noch zwei als op. 77 vollendet wurden; ein drittes kam unter op. 103 nach, allerdings ohne Finale.

Beethoven musste sich einiges einfallen lassen, um sich von dieser Konkurrenz abzusetzen. Gleich im ersten Satz des Quartetts op. 18/1 entwickelt er ein überraschendes thematisches Konzept, das der »Kernformel«, wie Friedhelm Krummacher die neueste Form von Themen bzw. Themenpartikeln nennt, die Beethoven ab op. 18 ausprobiert, und die für sein zukünftiges Werk sehr wichtig wird. Diese Themen geben sich a priori durch ihre »überaus karge Substanz« zu erkennen, erweisen ihren Reichtum jedoch darin, dass sie den »Zeitstrom« wie mit Rudern zu steuern vermögen und als sofort wiedererkennbare Elemente den Satz gliedern.[103] Haydn und Mozart haben mit ähnlichen Elementen experimentiert, Beethoven studierte sie sehr genau, indem er einige ihrer Quartette eigenhändig kopierte. Die »Kernformel« wird einer der thematischen Bausteine, denen man immer wieder begegnet; darin geht der Ausdruck der Musik nicht mehr von den thematischen Grundmotiven selbst aus, sondern von den melodischen, harmonischen und rhythmischen Fortentwicklungen, die sie anbieten. Das Prinzip der »Kernformel« wird nach mehrjährigem Experimentieren und Reifen zu dem führen, was Beethoven mit den vier Tönen des weltberühmten »ta-ta-ta-taaa« unternimmt, die den Einleitungssatz der *Fünften Symphonie* eröffnen und aus sich heraus fähig sein werden, ein ganzes Schicksalsdrama zu inszenieren. Dieses ›Sprachelement‹ ermöglicht die »knappe, energische Redeweise«, die bereits Romain Rolland hervorgehoben hat.[104]

In diese Richtung eines ›Lapidarstils‹ geht bereits der erste Satz des F-Dur-Quartetts op. 18/1, dessen Grundmotiv aus sechs Noten besteht: dreimal der Grundton f, der von den Nachbartönen g und e umspielt wird und sodann nach c kadenziert. Das war's, einfacher geht es eigentlich nicht. Diese Formel kommt in dem Satz weit über einhundert Mal vor, mal um eine Quart, mal um eine Terz fallend, mal um eine Sekunde oder eine Terz ansteigend, und das eigentliche Thema entsteht erst durch diese unterschiedlichen Fortspinnungen, gewinnt Ausdruck und Farben, die den musikalischen Inhalt des Satzes bestimmen.

Der angesprochene Eröffnungssatz des Quartettzyklus ist vielleicht der wegweisende, aber noch größere Aufmerksamkeit erfuhr der zweite Satz, das Adagio affettuoso ed appassionato in d-Moll in dem sich über dem Pianissimo-Triolenteppich von zweiter Violine, Viola und Cello in der Stimme der ersten Violine eine unsagbar melancholische Melodie entwickelt, immer wieder abbricht, um erneut anzuheben. An diesem Satz entzündete sich bereits im 19. Jahrhundert die Streitfrage, inwieweit

Tonmalerei und sprachliche Beschreibung in Einklang gebracht werden können. Dies geht aus der 1856 publizierten Überlieferung eines Gesprächs zwischen Beethoven und seinem sehr eng verbundenen Freund Carl Amenda (1771–1836) hervor. Dazu schrieb der 1805 geborene Sprachforscher Ferdinand Johann Wiedemann:

»Der Erzählung Amendas verdanken wir noch eine weitere Mitteilung über das F-Dur-Quartett, über welches er folgendes angibt: ›Die Erfahrung hat gelehrt, daß die Musik genau die Vorstellungen in dem Zuhörer hervorrief, welche der Komponist beabsichtigte. Ein Freund Beethovens, der jetzt verstorbene Probst Amenda in Kurland, erzählte mir eine hierher gehörige Anekdote. Als Beethoven sein bekanntes Streichquartett in F-Dur komponirt hatte, spielte er dem Freunde das herrliche *Adagio* [D-Moll 9/8-Tact] vor, und fragte ihn darauf, was er sich gedacht habe. Es hat mir, war die Antwort, den Abschied zweier Liebenden geschildert. Wohl, entgegnete Beethoven, ich habe mir dabei die Szene im Grabgewölbe aus Romeo und Julia gedacht‹.«[105]

Tatsächlich gibt es Skizzen zu diesem Quartett, welche die Anekdote bestätigen.[106] Die Anmerkungen zum zweiten Satz lauten: »il prend le tombeau«, »desespoir«, »il se tue« und »les derniers soupirs« (»Er bemächtigt sich des Grabes; Verzweiflung; er tötet sich; die letzten Seufzer«).[107] In der Literatur über Beethoven wird gerne auf diese Überlieferung hingewiesen, insbesondere weil es sich hier um den frühesten Fall eines Rückgriffs von Beethoven auf Shakespeare handelt. Aber in der Regel wird vermieden, die Frage zu stellen, ob sich über das Literarische hinausgehend tonmalerische Bezüge erkennen lassen.

Fest steht: Im Juni 1799, da Beethovens Erstfassung des F-Dur-Streichquartetts op. 18/1 noch fast tintenfrisch war, dachte Carl Amenda bereits daran, in seine kurländische Heimat, das heutige Lettland, zurückzukehren. Beethoven war untröstlich, er hatte in Wien noch kaum eine derart harmonische Freundschaft mit einem wirklich Seelenverwandten erlebt und wollte ihm deshalb ein Abschiedsgeschenk machen. Dazu wählte er ausgerechnet – eine Kopistenabschrift des F-Dur-Quartetts aus, auf der er eigenhändig die folgende Widmung verewigte:

»Lieber Amenda! nimm dieses Quartett als ein kleines Denckmal unserer Freundschaft, und so oft du dir es vorspielst, errinnere dich unserer durchlebten Tage und zugleich, wie innig gut dir war und immer seyn wird dein wahrer und warmer Freund Ludwig van Beethowen« (BGA Nr. 42).

Die Wahl gerade dieses Quartetts unter vielen möglichen Souvenirs, die Beethoven hätte verschenken können, musste einen Sinn haben. Die besondere Freundschaft Amenda – Beethoven soll uns noch im nächsten Kapitel beschäftigen; sie war wirklich sehr tief, denn im Sommer 1799 klagt Beethoven über Amendas bevorstehende Abreise und dann fantasiert er noch zeilenlang von einer Möglichkeit, dem Freund hinterherzureisen, um dann zu schließen: »reise glücklich, und vergesse nicht deinen bthwen« (BGA Nr. 43).

Im übernächsten Brief vom 1. Juli 1801 schrieb Beethoven an den Freund: »dein Quartett gieb ja nicht weiter, weil ich es sehr umgeändert habe, indem ich erst jezt recht quartetten zu schreiben weiß, was du schon sehen wirst, wenn du sie erhalten wirst« (BGA Nr. 67). – Warum sollte Amenda das geschenkte Quartettmanuskript geheim halten? Beethoven hatte die Quartette nach Beratungen mit dem Komponisten und Musikpädagogen Emanuel Aloys Förster (1748–1823) und nach Probeaufführungen mit dem Schuppanzigh-Quartett in den Sälen der Fürsten Lobkowitz und Lichnowsky überarbeitet und weiterentwickelt. Dabei spielt das Geschenk an Amenda eine gewisse Rolle: Dieses Manuskript ist die einzige erhaltene Niederschrift der Urfassung des F-Dur-Quartetts, und der Vergleich mit der publizierten Fassung ist äußerst lehrreich hinsichtlich der Arbeitsweise und Stilentwicklung Beethovens in jener Zeit. Es ist auch Zeugnis der Besessenheit, mit der Beethoven an seinen Kompositionen arbeitete und sie immer wieder überarbeitete, um das Beste aus sich herauszuholen. Etwas über zwei Jahre hatte das Feilen am F-Dur-Quartett gedauert, von April 1798 bis Sommer 1800.

Die sechs Quartette op. 18 erschienen gedruckt im Juni und Oktober 1801 in zwei Heften und bereicherten das Jahrzehnt um eine der bemerkenswertesten Kammermusiksammlungen. Das Echo war verhalten, nur die *Allgemeine musikalische Zeitung* brachte eine Rezension und schrieb:

> »Unter den neuen hier erscheinenden Werken zeichnen sich vortreffliche Arbeiten von Beethoven aus (bei Mollo). Drei Quartetten geben einen vollgültigen Beweis für seine Kunst: doch müssen sie öfters und sehr gut gespielt werden, da sie sehr schwer auszuführen und keineswegs populair sind.«

Die Zeit, da Beethoven als Komponist großen Ruhm errang, war noch nicht wirklich gekommen. Aber seine Weiterentwicklung resümiert Thayer wie folgt:

»Beethoven hat mit diesen Quartetten einen sehr energischen Schritt vorwärts getan; er hat sich ein neues Ausdrucksorgan geschaffen, mit dem er viele bisherige abschüttelte, und welches er jetzt als das wirksamste beibehielt und weiter ausgestaltete. Bisher hatte er, was ihn tiefer bewegte, fast ausschließlich seinem Instrumente, dem Klavier, allein oder mit Begleitung, anvertraut: alles andere war Spiel (die Serenaden, die Sextette), zum Teil Erinnerungen an frühere Zeiten (die Blasinstrumente), zum Teil Gelegentliches (die Lieder); das tut er jetzt ab, er findet sich selbst, er findet in dieser Zusammensetzung das Mittel, was ihn von da an begleitet« (TDR Bd. II, S. 190).

Fürst Lobkowitz wird ab dann versuchen, jedes neue Werk Beethovens so bald wie möglich in seinem Wiener Palais zur Aufführung zu bringen und dazu dem Komponisten sehr großzügige finanzielle Arrangements zu bieten. Bis dahin hatten die Hauptinteressen des Fürsten Joseph Haydn und vielen anderen gegolten. Doch erst in den Jahren 1803 und noch stärker 1804 tritt eine Fixierung auf Beethoven hervor. Als der dunkelhäutige Geiger G. P. Bridgetower nach Wien kommt, bietet sich Lobkowitz und Beethoven die Gelegenheit, diesen zur gleichen Zeit kennen zu lernen; die sogenannte Kreutzer-Sonate op. 47, die Beethoven für den Ausnahme-Geiger schreibt, könnte schon bei Lobkowitz probiert worden sein, bevor sie am 24. Mai 1803 im Augartensaal der Öffentlichkeit vorgestellt wird. Doch das erste Großereignis im Palais Lobkowitz wird erst im Folgejahr mit der *Eroica*-Uraufführung stattfinden – dazu später mehr. Erst soll hier das Bild des Fürsten abgerundet werden, wie er sich in dessen letzten Lebensjahren darstellte.

Ein Ende mit Schrecken

Das Schicksal ging grausam mit dem Fürsten um. Die Sparmaßnahmen, die Lobkowitz ab 1812 ergriff, erwiesen sich als ineffizient, und er musste eine sogenannte freundschaftliche Administration einberufen, welche die Verwaltung des Fürstentums übernahm. An der Spitze standen sein Schwager, Joseph Fürst von Schwarzenberg, und ein weiterer Verwandter, Anton Isidor Fürst von Lobkowitz. Zwischen ihnen gab es Dissens, sodass der Staat eingreifen musste und als Schlichter zusätzlich Graf Zichy benannte. Diese erweiterte Administration war nicht mehr »freundschaftlich«, sondern radikal, wendete jedoch durch schmerzhafteste Einschnitte im Lebensstil den drohenden Bankrott ab. Die Sparmaßnahmen, die dem Fürsten aufgezwungen wurden, waren so drastisch, dass seine Frau ihren Cousin, König von Sardinien, um finanzielle Zuwendungen bat. 1815 beliefen sich die Gesamtschulden des Fürsten auf 4146928 Gulden.[108] Viele Bedienstete mussten ihre Rückstände einklagen – auch Beethoven tat dies, aber die Auseinandersetzung richtete sich gegen die Verwalter und nicht gegen seinen inzwischen machtlosen und handlungsunfähigen einstigen Wohltäter.

Dieser tauchte zunächst ab, indem er sich zum Militär meldete – in den Napoleonischen Kriegen war Bedarf an Führungsfiguren. Nach dem Frieden von Paris 1814 kehrte Lobkowitz nicht nach Wien heim, sondern zog sich nach Böhmen zurück, im Sommer lebte er auf Schloss Eisenberg, im Winter in Prag. Die Schmerzen in seinem von Kindheit an verkrümmten Bein wurden schlimmer, und er verbitterte zunehmend. Er ließ sich aber von Freunden über das Wiener Musikleben und speziell über Beethovens wachsende Erfolge unterrichten, insbesondere durch seinen ehemaligen Kapellmeister Anton Wranitzky. Anfang 1816 starb seine Frau, die Fürstin Maria Karolina, gerade vierzigjährig – wohl an Erschöpfung: In 24 Ehejahren hatte sie zwölf Kinder zur Welt gebracht und etliche Fehlgeburten erlitten. Lobkowitz hatte seine Frau über alles geliebt. Vielleicht hat er selbst bei Beethoven den Liederkreis *An die ferne Geliebte,* op. 98, der 1816 entstand, in Auftrag gegeben, damit der Komponist für Maria Karolina eine Art Denkmal setzte – jedenfalls deuten das Bild auf dem Titelblatt und der Text eine Frau im Jenseits als Adressatin an. Über ihren frühen Tod kam er nicht hinweg und zog sich in die Einsamkeit zurück. Zehn Monate später verunglückte er und starb am 15. Dezember 1816, im Alter von nur 44 Jahren. So endete ein Leben, das nach außen hin nach Verschwendung aussieht, aber genau besehen ist darin auch viel *Caritas,* der Wille, den Menschen in seiner Umgebung zu schenken, was für ihn selbst das Schönste in der Welt war: Theater, und vor allem Musik.

7
Freundschaften und Liebesverhältnisse

Carl Amenda – Julie Guicciardi – Josephine von Brunsvik

Der Bonner Jugendfreund Franz Gerhard Wegeler behauptete, Beethoven sei »nie ohne eine Liebe und meistens von ihr im hohen Grade ergriffen« gewesen (Wegeler-Ries S. 42). Das ist richtig und falsch zugleich. Er war in erster Linie ungebunden, sehnte sich aber wie viele Menschen nach einer tiefen Bindung. Diese aber konnte er nicht eingehen, weil seine künstlerische Sendung den Zustand der absoluten Freiheit verlangte. Er suchte Freundschaft; im aristotelischen Sinne verstand man damals darunter Kontakte, die auf gemeinsamen Werten, gegenseitigem Nutzen und Lust – fast immer im platonischen Sinne – basierte. Oft hatte er Schwierigkeiten, die dabei entstehenden Gefühle einzuschätzen und angemessen zu erwidern. Er sehnte sich nach der Nähe nicht nur des Geistes, sondern auch der Seelen. Vermutlich sind seine Liebesbeziehungen zumeist platonisch geblieben.

In dieser Atmosphäre, die ich zunächst als ›Undeutlichkeit‹ oder zumindest als Mehrdeutigkeit wahrnehme, kann es gleitende Wechsel zwischen Freundschaft und Liebe geben. Bei Beethoven verkompliziert sich das: Freundschaft konnte sich zwischen Beethoven und ›Freunden‹ wie auch ›Freundinnen‹ in die Richtung der Liebe bzw. zurück zur Freundschaft bewegen, wobei manchmal Eros und doch noch kein Sexus im Spiel war, weil Letzteres, der Sexus, bei diesem Musiker das absolute Freiheits- und Unabhängigkeitsbedürfnis infrage gestellt und eventuell Angstgefühle heraufbeschworen hätte. Anscheinend aus diesem Grund schloss Beethoven öfter Freundschaften mit verheirateten oder liierten Frauen, bei denen er Liebesprojektionen aller Arten imaginieren durfte, ohne Freiheitsberaubungen der bürgerlichen Art befürchten zu müssen. Dies scheint zum Beispiel bei der Gräfin Anna Luise Barbara Keglevich von Buzin (ca. 1780–1813) der Fall gewesen zu sein, die spätestens um 1797 Beethovens Schülerin war und 1801 den Fürsten

Innozenz d'Erba Odescalchi heiratete. »Otto Jahn [der berühmte Mozart-Forscher] teilt nach einer Aussage Czernys mit […], daß Beethoven in die (nicht schöne) Gräfin verliebt gewesen sei und die Sonate op. 7 die ›verliebte‹ genannt habe« (TDR Bd. II, S. 135). Op. 7 ist die Klaviersonate in Es-Dur, die 1796/97 entstand und sogleich gedruckt wurde. Wenn man die Bedeutung dieses Werks sowie die der drei weiteren der Gräfin (bzw. Fürstin) gewidmeten Werke berücksichtigt (op. 15, op. 34, WoO 73), kann es durchaus sein, dass Czernys Aussage zutrifft. – Noch krasser ist der Fall der Gräfin Julie Guicciardi, der Widmungsträgerin der unübertrefflichen *Mondscheinsonate* op. 27/2 – jene »Giulietta«, die von manchen, vor allem von Anton Schindler, zur »unsterblichen Geliebten« hochstilisiert wurde.

Es lohnt sich nicht wirklich, sämtliche bekannt gewordenen amourösen Kontakte Beethovens durchzubuchstabieren, von denen häufig nur wenig Konkretes bekannt ist. Für die Sängerin Magdalena Willmann interessierte Beethoven sich ernstlich, wie erwähnt, aber sie zog ihm den Sänger Galvani vor. Es gibt auch eine Jeannette d'Honrath, eine Babette Koch, eine Maria von Westerholt und andere; es gibt auch die noch wichtig werdende Fanny Giannattasio, die unrettbar in Beethoven verliebt war, ohne dass das bei ihm auch nur im Geringsten angekommen zu sein scheint. Ferdinand Ries staunte darüber, wie viele Damen sich nach dem jungen Beethoven umdrehten, aber es ist völlig einerlei, ob man sie alphabetisch oder chronologisch aufzählt, zu viele bleiben unwichtig. Interessant sind diejenigen Frauen, denen wichtige Werke dediziert sind, auch wenn man über deren Privatleben zu wenig weiß, wie bei Dorothea Freifrau von Ertmann (op. 101) oder Anna Marie Gräfin Erdödy (op. 70 und 102).

Doch eine dieser Beziehungen wird nach 1799 immer wichtiger, die zu Gräfin Josephine von Brunsvik. Aber um deren Verhältnis zu Beethoven zu verstehen, muss man auf die Geschichte von Carl Amenda zurückkommen, weil sie besonders deutlich die seelischen Bewegungen spiegelt, die für Beethoven beim Thema *wirkliche Freundschaft* oder gar *Liebe* eine Rolle spielen.

Carl Amenda (1771–1836)

Er taucht im Frühjahr 1798 in Beethovens Leben auf und bleibt in Wien bis Herbst 1799, als er aus familiären Gründen nach Kurland zurückreisen musste. – Es sind also nur etwa 18 Monate, in denen er und Beethoven sich regelmäßig sehen, aber dieser Zeitraum reicht aus, um in der Seelenlandschaft Beethovens nachhaltige Spuren zu hinterlassen. Bis 1815 schreiben er und Amenda sich noch zum Teil sehr wichtige und aufschlussreiche Briefe.

Amenda wurde am 4. Oktober 1771 in Lippaiken in Kurland geboren, besuchte die höhere Schule in Mitau und wurde zunächst von seinem Vater, dann von dem Kapellmeister Veichtner in der Musik unterrichtet; als tüchtiger Violinspieler konnte er schon im Alter von 14 Jahren in Mitau zum Besten eines durch einen Unglücksfall erblindeten Bruders ein Konzert geben. 1792–1795 studierte er Theologie an der Universität Jena, sodann hielt er sich in Lausanne, Frankfurt und Konstanz auf und kam im Frühjahr 1798 nach Wien. Dort wurde er zuerst Vorleser beim Fürsten Lobkowitz und hierauf Musiklehrer in der Familie der Witwe Mozarts.

Um Amendas Freundschaft mit Beethoven zu verstehen, muss man auf die diesbezügliche Hauptquelle, ein Manuskript aus dem Besitz einer Enkelin Amendas, zurückgreifen, das viel zu selten herangezogen wird.[109] Es heißt dort zu Beginn:

»Nach Beendigung seiner theol. Studien geht C. F. Amenda nach Wien, woselbst er einige Male an der *Table d'hôte* mit Beethoven zusammentrifft, mit ihm ein Gespräch anzuknüpfen versucht, aber nicht reussiert, da Beeth. sehr *reservé* bleibt. Nach einiger Zeit wird Amenda, der unterdessen Musiklehrer bei Mozarts Witwe geworden war, zu einer befreundeten Familie eingeladen und spielt dort im Quartett die erste Violine. Während des Spiels wird ihm von Jemand das Blatt umgewendet, und als er sich zum Schluß umsieht, erblickt er erschreckt Beethoven, der sich diese Mühe genommen und sich nun mit einer Verbeugung zurückzieht. Am folgenden Tag erscheint der freundliche Wirth der Abendgesellschaft und ruft ganz erregt aus: ›Was haben Sie gemacht? Sie haben Beethovens Herz erobert! B. läßt sie ersuchen, ihn mit Ihrer Gegenwart zu erfreuen!‹ A. macht sich hocherfreut auf und eilt zu B., der ihn sogleich auffordert mit ihm zu musiciren. Das geschieht, und als A. nach einigen Stunden aufbricht, begleitet ihn B. bis zu seinem Quartier, woselbst wiederum gemeinschaftlich musicirt wird. Als B. sich endlich zum Weggehen anschickt, sagt er zu A.: ›Sie könnten mich wohl begleiten.‹ Das geschieht und B. behielt A. zum Abend bei sich und begleitet ihn dann spät des Nachts nach Hause. Von da ab werden die gegenseitigen Besuche immer häufiger, und Spaziergänge werden nun gemeinschaftlich unternommen, so daß das Publikum, wenn es einmal nur Einen von ihnen auf der Straße sah, gleich ausrief: ›Wo ist denn der Andere?‹« (zit. nach TDR Bd. II, S. 117.)

Die Schilderung gibt ein Muster zu erkennen, das bei einem nicht unerheblichen Teil von Beethovens Freundschaften eine Rolle spielt: Es handelt sich um eine Mischung aus visuellen, intellektuellen und auch musikalischen Signalen, auf die Beethoven nicht immer sofort, aber doch recht schnell reagiert, und zwar in dem Moment, wo die fragliche Person ihn ›bewegt‹ und in ihm einen stark positiven inneren Widerhall erzeugt. Bei den bisher angesprochenen Freunden Schuppanzigh und Zmeskall kann diese Reaktion nur sehr unvollständig gewesen sein, weil die Verhältnisse zu ihnen zwar als ›extrem nützlich‹, aber nicht durchweg als positiv einzustufen sind. Im Fall Amenda aber wird Beethoven selbst bezeugen, dass seine Freundschaft mit ihm die einzige war, auf die niemals auch nur der leiseste Schatten eines Missverständnisses fiel. In einem Brief an Ferdinand Ries schreibt er: »Ich habe nur zwei Freunde in der Welt gefunden, mit denen ich auch nie in ein Mißverhältniß gekommen [...] Der eine ist todt, der andere lebt noch.« Die Forschung ist sich einig, dass es sich um Lorenz von Breuning und Carl Amenda handelt. Und Beethoven nennt im selben Brief die Bedingungen einer solchen Beziehung: »Der Grund der Freundschaft [er]heischt die größte Ähnlichkeit der Seelen und Herzen der Menschen« (BGA Nr. 186). Ganz im Stil der Zeit haben derartige Freundesbriefe anno 1800 einen Duktus, in dem man heute eher einen Liebesbrief schreiben würde, der aber typisch für das Zeitalter der ›Empfindsamkeit‹ ist:

»[...] Du bist [e]s, der der zärtlichsten und treuesten Freundschaft werth ist, die ich mit aller Hingebung Dir nie genug werde zollen können; und nur in Deinem eignen biedern Herzen, liegt ohne mein Verdienst die Gegenliebe die mit ihm für mich fortdauern wird. Sieh, Geliebter! so denke ich mir mein Verhältniß mit Dir. Nur diese Ueberzeugung vermag mir das Entstehen und die Fortdauer unsres Bundes zu erklären. Mögen Dir diese Aeußerungen immer schwärmerisch scheinen; ich bin es nicht im Stande ihre Fülle und Stärke deutlicher auszudrücken. Nur irren muß Dich dies nicht: Du bist kein gewöhnlicher Mensch! Wer Dich kennt wie ich, und Dich nur gewöhnlich liebte, den halt ich des göttlichen Gefühls der Liebe unwerth. Wo findet Dich aber jezt meine Sehnsucht? [...] Hier im rohen Kurlande ists in dieser Rüksicht schon ganz anders; wo man mich nur kennt, da lebt auch Beethovens Nahme. Deine Klawiersachen spielen manche [...] mit Entzücken. [...] Das ist denn mein süßester musikal[ischer] Genuß [...] Dann vergeße ich mich oft, und glaube mit Deinen himmlischen Harmonien, meinen Beethoven selbst zu hören. Dann erwachen aufs lebhafteste in mir alle die feurigen Gefühle, mit denen dein Umgang selbst mich beseelte;

mir ists, als müßte ich dann fort von hier, hin zu Dir, an der Quelle meiner zärtlichsten und lebhaftesten Empfindung. Ach, warum verlangte mein Schicksaal so viel Aufopferung von mir!« (Amenda an Beethoven, ohne Datum [1800/01], BGA Nr. 51.)

Bis hier handelt der Brief nur von Beethoven, doch dann folgt die Nachricht, dass ihm Konkurrenz erwachsen ist:

»Eine hübsche, junge, talentvolle Genferin [...], hat deinen Amenda gefeßelt, liebt auch ihn mit aller Unschuld und Zärtlichkeit. [...] [Ich] Bin gewißenhafter in meinem Amte als ichs in Wien war, wäre es aber vieleicht eben so wenig wenn ich hier mein Mädchen so nahe hätte als dort meinen Beethoven. O! nun bereue ich alle Stunden die ich zu wenig in Deiner Gesellschaft zubrachte; und das Andenken der Verlebten, Deiner Freundschaft, Deiner Kunst – Mein Theurer, Dies soll mir in der Todesstunde noch das angenehmste seyn« (ebd.).

Und dann kommt die Schlussapotheose, in der sich Eros platonisch einmischt, Beethoven als der seelisch Angebetete, und die nicht mehr und nicht weniger verehrte Frau, Jeannette Benoit, wobei aber nicht bekannt ist, ob Amenda einen niveauvollen geistigen Austausch mit ihr hatte oder ob er sie im Stil der Zeit lediglich als potenzielle Mutter seiner Kinder betrachtete:

»Ich will es durchaus dahin bringen Deine Klawiersachen spielen zu können, denn niemand trägt sie mir hier so recht nach dem Sinne vor. Denn sitz ich einst bey meinem Mädchen oder Weibchen, spiele Deine Kompositionen und denk mir bey diesem doppelten Glücke das, was ich einst im Genuße deines Umganges war. – O mein Beethoven! vergiß doch nie eines Freundes der, obgleich vieleicht auf immer von Dir getrennt, alles thun wird um Deiner Gegenliebe würdiger zu werden. Du füllst noch immer sein ganzes Herz aus; für andere Freunde scheint er nicht mehr daselbe zu haben. Wo Du auch seyst, Geliebter! meine Sehnsucht folgt Dir nach. Mit dem Verluste des Meinigen, mögte ich Dein Wohlergehn erkaufen« (ebd.).

Beethoven antwortet nicht im gleichen Stil, lässt sich epistolarisch aber doch zu gewissen Nachahmungen verführen. Er schreibt am 1. Juli 1801, und so wie Amendas Brief – wie man musikalisch sagen könnte – in Rondoform verfasst ist, antwortet Beethoven in groß angelegter Sonatenform mit ›Exposition‹ und ›Reprise‹, in denen er Amendas überdrehten Romanzenstil übernimmt. Doch in der ›Durchführung‹ erbleicht alles Romantische: Der ›ferne Geliebte‹ soll die Tragödie mitbekommen, die sich gerade in Wien abspielt. Es ist, zusammen mit dem zwei Tage zuvor, am 29. Juni 1801, geschriebenen Brief an Franz Gerhard Wegeler, die früheste Mitteilung über den Beginn seiner Schwerhörigkeit. Die beiden Intimfreunde, der eine in Bonn, der andere im noch ferneren Kurland, sollten möglichst zeitgleich von dem Unglück erfahren.

Diese zwei Briefe sind über weite Strecken inhaltsgleich, was die zwei heterogenen Inhalte des Mittelteils anbelangt: die Schilderung von Beethovens Erfolgen

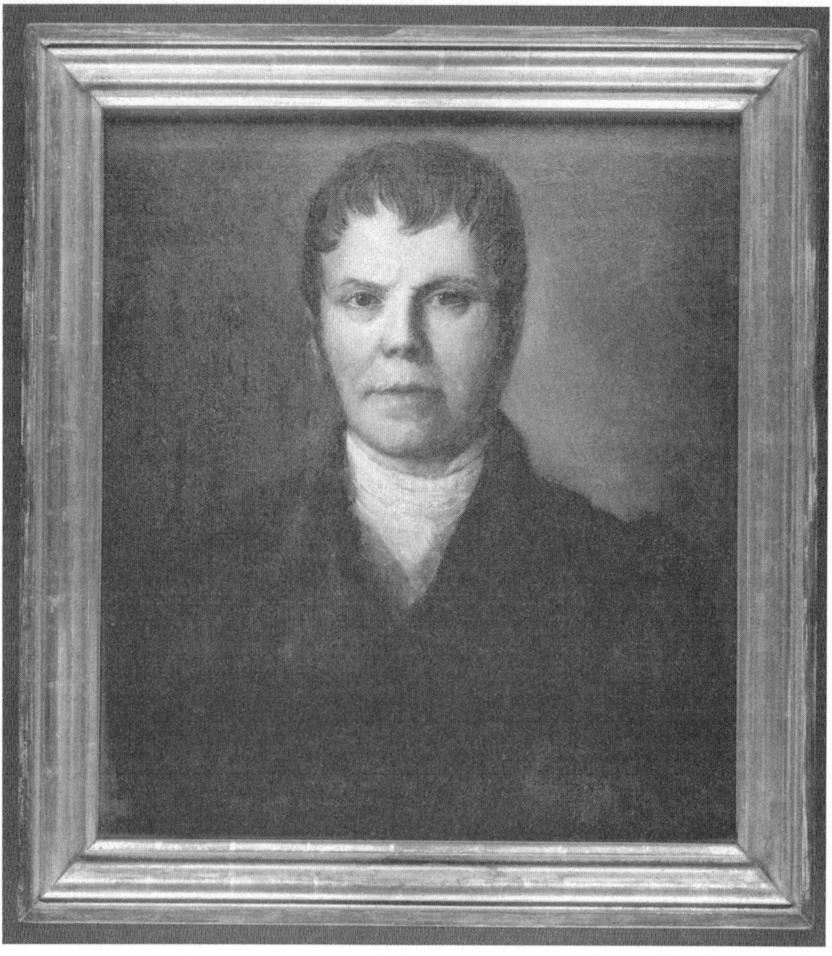

Abb. 22 Carl Friedrich Amenda, deutsch-baltischer Theologe, Violinist und zeitweilig enger Freund Beethovens. Ölgemälde von J.S.B. Grüne.

dank der Fürsorge Lichnowskys, und dann das Klagelied von der Schwerhörigkeit. Unterschiedlich sind die Einleitungs- und Schlussteile: an Wegeler äußerst herzlich, aber unendlich viel sachlicher formuliert als in der Antwort an Amenda. Man sieht, wie grundverschieden die zwei besten Freunde Beethovens sind, weshalb man ohne Weiteres das, was heute als leicht penetranter Eros empfunden werden kann, in der Amenda-Korrespondenz dem Konto des reichlich blumigen Jungtheologen aus dem Kurland gutschreiben darf. Es klingt sehr nach Schiller, ist folglich zeittypisch ›normal‹, und Beethoven darf als sehr begabter und anpassungsfähiger Nachahmer betrachtet werden:

> »Wie kann Amenda zweifeln, daß ich seiner je vergessen könnte – weil ich ihm nicht schreibe oder geschrieben – als wenn das Andenken der Menschen sich nur so gegeneinander erhalten könnte. -Tausendmal kömmt mir der beste der Menschen, den ich kennen lernte, im Sinn, ja gewiß unter den zwei Menschen, die meine ganze Liebe besaßen, und wovon der eine noch lebt, bist Du der Dritte – nie kann das Andenken an Dich mir verlöschen – nächstens erhältst Du einen langen Brief von mir über meine jetzigen Verhältnisse und alles was Dich von mir interessiren kann. – Leb wohl, lieber, guter, edler Freund, erhalte mir immer Deine Liebe, Deine Freundschaft, sowie ich ewig bleibe Dein treuer Beethoven« (BGA Nr. 66).

Nur kurz vor Schluss wird Beethoven etwas schwülstiger, da leistet er sich den Satz: »Mein Herz schlug so zärtlich wie immer für dich«. Ist das ›original‹ oder doch eher eine Nachahmung Amendas?

Ein letzter Briefwechsel findet im Jahre 1815 statt – dazwischen herrscht Funkstille (oder Briefe gingen verloren). Amendas langer Brief ist anfangs noch sehr pathetisch; ansonsten ist der Kopf des von fünf lieben kleinen Kinderlein umwuselten Landpfarrers deutlich kühler geworden. Denn nachdem er im Herbst 1799 in seine Heimat zurückgekehrt war, wurde er 1802 zum Pastor in Talsen bestellt und heiratete im selben Jahr Jeannette Benoit (1785–1844). Seit 1821 stand er der Kandauischen Diözese als Propst vor und wurde 1830 zum Konsistorialrat ernannt. Beethovens Antwort ist sehr herzlich, doch recht kurz: »Du lebtest glücklich, du habest Kinder, beydes trift wohl bey mir nicht ein, zu weitläufig wäre es darüber zu reden […]« – das heißt: 1815 ist Beethoven unglücklich und trauert, keine Familie zu haben; »zu meinem Besten oder zu andrer will mir das Schicksaal hierin meine Wünsche versagen, ich kann sagen ich lebe beynahe allein in dieser größten Stadt Deutschlands […]« (BGA Nr. 803).

Ähnlich tief wie die Freundschaft mit Carl Amenda sind nur die mit Lorenz von Breuning und mit Franz Gerhard Wegeler, zwei Weggefährten aus der Bonner Zeit. Lorenz von Breuning, der geliebte Klavierschüler, starb zu früh – bereits 1797, als gerade einundzwanzigjähriger Medizinstudent – und hinterließ wie sein Lehrer so gut wie nichts, was sie beide betraf. Wegeler war bereits mit dem zwölf- oder vierzehnjährigen Beethoven (außer einer Abwesenheit 1787–1789) bis 1792 in Bonn und anschließend noch 1794–1796 in Wien engstens befreundet, aber auch sie beide öffneten ihr Innerstes nicht gerne brieflich. Nur besonderen Umständen ist es zu verdanken, dass es über die Beziehung Amenda – Beethoven so viele Dokumente gibt. Sie sind wichtig für das Verständnis von Beethovens Gefühlswelt.

»Ein liebes zauberisches Mädchen«: Julie Guicciardi

Im Folgebrief zu dem gerade zitierten an Wegeler erwähnt Beethoven eine geringfügige Besserung seines Gehörleidens. Um den 16. November 1801, viereinhalb Monate nach den zwei Klagebriefen an Wegeler und Amenda, ist er in einer Remissionsphase, die vielleicht auch psychisch begründet ist: »ich kann es nicht laügnen, das sausen und brausen ist etwas schwächer als sonst, besonders am Linken Ohre, mit welchem eigentlich meine Gehörkrankheit angefangen hat« (BGA Nr. 70). Auf der nächsten Seite erfährt man, warum es ihm besser geht:

> »Etwas angenehmer lebe ich jezt wieder, indem ich mich mehr unter Menschen gemacht, du kannst es kaum glauben, wie öde, wie traurig ich mein Leben seit 2 Jahren zugebracht, wie ein Gespenst ist mir mein schwaches Gehör überall erschienen, und ich flohe – die Menschen, mußte Misantrop scheinen, und bins doch so wenig, diese Veränderung hat ein liebes zauberisches Mädchen hervorgebracht, die mich liebt, und die ich liebe, es sind seit 2 Jahren wieder einige seelige Augenblicke, und es ist das erstemal, daß ich fühle, daß – heirathen glücklich machen könnte, leider ist sie nicht von meinem stande – und jetzt – könnte ich nun freylich nicht heirathen [...]« (BGA Nr. 70).

Im Kommentar der Briefausgabe steht, hier sei Giulietta Guicciardi gemeint, aber diese soll ja, wie gerade dort und auch sonst fast überall zu lesen ist, erst im Sommer 1800 nach Wien gekommen sein. Doch spricht der Brief von »2 Jahren«, also von der zweiten Jahreshälfte 1799. Darüber hinaus ist bekannt, dass Giuliettas Enkelin über ihre Großmutter lakonisch versicherte: »Von seiner [Beethovens] Neigung hat sie nie etwas gemerkt« (BSZ, S. 412). Maynard Solomon und in dessen Kielwasser etliche andere behaupten deshalb, dass da »Halluzinationen«, »Wahnvorstellungen« oder eine »Liebes-Fata-Morgana« vorlägen.[110]

Ganz so einfach ist es allerdings nicht; die Forscherin Rita Steblin hat in einer jüngeren Studie Gegenteiliges gezeigt.[111] Offiziell hieß die Dame Julie Gräfin Guicciardi; der so unendlich viel romantischer klingende Vorname Giulietta hat sich durch die erst viel später so genannte *Mondscheinsonate* eingebürgert, die Beethoven der kurzzeitig Verehrten widmete: *Sonata quasi una Fantasia per il Clavicembalo o Piano=Forte composta, e dedicata alla Damigella Contessa Giulietta Guicciardi.*

Steblin fand heraus, dass Julie bereits seit 1797 immer wieder nach Wien kam; allerdings ist der Aufruhr, den sie in der gehobeneren Wiener Herrenriege verursachte, erst ab Januar 1801 belegt.[112] Auf Aufsehen scheint sie es allerdings angelegt zu haben, und so ist bereits Ende 1801 die Rede von einem ersten Heiratsprojekt, das ihre Eltern verfolgen. Daraus wird nichts, Julie hintertreibt es, sie hat nach etlichen Monaten des Klavierunterrichts bei Beethoven offensichtlich bemerkt, um wie viel ein Künstler interessanter sein könnte als der ihr zugedachte Langweiler, der gerade erst geadelte Kaufmann Johann Michael Edler von Grosser, und sie mag nun ihre Kunst des Bezirzens bei ihrem Klavierlehrer auf die Probe gestellt haben. Thayer vermutet gar, Mutter Guicciardi sei mit Beethoven einverstanden gewesen, nicht aber der Vater (TDR Bd. II, S. 310). Im November 1803 heiratete sie schließlich einen anderen, Graf Wenzel Robert von Gallenberg. Der schrieb zwar keine »Mondscheinsonaten«, war aber ein recht erfolgreicher Ballettkomponist. Aber auch das reichte immer noch nicht, um Papa Guicciardi zu überzeugen, die Gallenbergschen Besitztümer waren ihm gar zu unbedeutend, aber mit etwas Erpressung setzte Tochter Julie ihren Willen doch durch. So bekam sie ihren ›Ersatzkünstler‹, der außerdem den unschätzbaren Vorteil hatte, mehr als nur ein neureicher Bürger, nämlich ein leibhaftiger *Graf* zu sein. Dieser nahm seine bildschöne Gattin sogleich mit nach Neapel, wo er immerhin an der Komposition der Festmusik für die Krönung Joseph Bonapartes zum König beider Sizilien beteiligt war.

Die Erstausgabe der *Mondscheinsonate* erschien im März 1802; nach Juli 1803 jedoch herrscht in Beethovens Briefen hinsichtlich der gesamten Familie Guicciardi lange Jahre hindurch völliges Schweigen. – Wenn man Julie Guicciardis Leben so genau wie Rita Steblin unter die Lupe nimmt, hat Beethovens Annahme, seine Schülerin liebe ihn, vielleicht nichts wirklich ›Echtes‹ oder gar Nachhaltiges an sich, aber doch etwas durchaus Reales, wenn auch wohl etwas Spielerisch-Berechnendes dabei war. Auf jeden Fall verhält es sich keineswegs so, wie Solomon und Nachfolger vermuteten. Denn Beethoven kommt zwanzig Jahre später darauf zurück und erzählt eine Begebenheit, die etliche Jahre nach der Widmungsepisode passiert sein muss: Eines Tages sei Julie weinend zu ihm gekommen, er habe sie jedoch verächtlich behandelt.[113] Sie habe geklagt, ihr Mann sei im Unglück; er aber, Beethoven, habe ihr die zum »Glück« fehlenden 500 Gulden besorgt – nicht aus Immer-noch-Liebe, sondern um den einstigen Nebenbuhler zu beschämen. Denn Julie habe ihn *inniger geliebt als ihren Gatten* (»plus que jamais son époux«).[114] Entweder war sie eine richtig durchtriebene Schauspielerin – oder in Beethovens Geschichte von 1801 steckte doch ein wahrer Kern. Für Letzteres spricht auch, dass Beethoven Ende 1802 in eine schwere Depression verfiel – vielleicht wurden ihm damals gerade die Augen geöffnet über die Machenschaften seines »lieben zauberischen Mädchens«. Zur Verbesserung des Gehörs hat die Giulietta-Episode gewiss nicht beigetragen, eher zum Gegenteil, wie es sich in ebenjenem Unglücksherbst im »Heiligenstädter Testament« niederschlagen wird.

Josephine von Brunsvik, ein Drama in vier Akten
Erster Akt: Die Begegnung

Die Diskussion um Julie Guicciardi berührte bereits die Familie Brunsvik, die Beethoven im Mai 1799 kennengelernt hatte. Therese von Brunsvik (1775–1861), die ältere der beiden Töchter der verwitweten Gräfin Elisabeth Brunsvik, hatte sich bereits als Sechzehnjährige »sehr feierlich zur Priesterin der Wahrheit« geweiht und beschlossen, unverheiratet zu bleiben. Sie war nicht ganz gerade gewachsen und musste ein Stützkorsett tragen, ihre Schwester Josephine (1779–1821) hingegen war äußerst anziehend und charmant.

Therese von Brunsvik hat später ihre Memoiren aufgezeichnet, die äußerst hilfreich sind (La Mara, S. 58ff.). Darin erzählt sie, wie ihre Mutter im Mai 1799 mit ihren Töchtern aus dem heimatlichen Ungarn nach Wien reiste, um sie ›unter die Haube‹ zu bringen. Dazu aber musste zunächst deren gesellschaftliche

Attraktivität aufpoliert werden, und so kam es, dass sie eines Tages mit ihnen bei Beethoven vorstellig wurde und um Klavierunterricht für die Töchter nachsuchte. Therese schildert die Szene so:

> »Der Unsterbliche, liebe Louis van Beethoven war sehr freundlich und so höflich, als er es sein konnte. Nach einigen Phrasen [...] setzte er mich an sein verstimmtes Piano und ich begann gleich damit, Violine und Violoncellobegleitung mit zu singen und spielte dabei recht brav. Dies entzückte ihn so sehr, daß er versprach, täglich zu kommen [...] Er kam fleißig, blieb aber statt einer Stunde von 12, bis oft 4 bis 5 Uhr, und wurde nicht müde, meine Finger [...] nieder zu halten und zu biegen. Der Edle muß selber zufrieden gewesen sein; denn durch 16 Tage blieb er nicht ein einziges Mal aus. Wir spürten bis 5 Uhr keinen Hunger. Die gute Mutter hungerte mit [...] Damals ward mit Beethoven die innige, herzliche Freundschaft geschlossen, die bis an sein Lebensende dauerte« (La Mara, S. 64).

In die Freundschaft mit eingeschlossen war auch Graf Franz Brunsvik, der Bruder der zwei Damen, ein guter Cellist, der bald mit Beethoven auf Du stand. Beim ersten Besuch der zwei Töchter im Mai 1799 agiert die Mutter mit Umsicht, organisiert Spazierfahrten, Frühstücke, Theaterbesuche und Tanzveranstaltungen. Die Töchter kosten das alles aus, sind begeistert, aber den Männern den Kopf zu verdrehen, gelingt vor allem der jüngeren, Josephine. »Das war ein Leben, und doch mußte Beethoven, der auch bei den Festen war, befriedigt werden; das war eine Passion! Also die Nächte geübt. Die Nachbarn verzweifelten und zogen weg. Wir waren jung, frisch, schön, kindlich, naiv. Wer uns sah, liebte uns. Anbeter hatten wir auch, – darunter war der 50-jährige Graf Joseph Deym« (La Mara, S. 65). Die Rechnung der Mutter geht auf, und am 29. Juli 1799, nur gut zwei Monate später, sind er und Josephine ein Ehepaar.

Deym, der sich wegen eines für den Widersacher tödlich ausgegangenen Duells viele Jahre als bürgerlicher ›Joseph Müller‹ durchschlagen musste, war Eigentümer einer Kunstgalerie, hatte damit Erfolg und wurde zum Hofstatuarius ernannt. Und als der Kaiser von seiner Verbindung mit altehrwürdigen Familie Brunsvik erfuhr, erhielt der Kunsthändler eine zweite Chance – er durfte sich wieder wie früher Graf Deym von Stritetz und sogar k. k. Kammerherr nennen. In seinem Haus, in der Nähe des Roten Turms am Donaukanal, fand der Klavierunterricht statt, den Beethoven den Brunsvik-Töchtern gab.[115]

Auch nach Josephines Heirat unterrichtete Beethoven die Damen kostenlos weiter, komponierte für sie gar Variationen zu vier Händen über das Goethe-Gedicht »Ich denke Dein«, widmete es Josephine und Therese. Die Melodie dieses Liedes ist auch in den zweiten Satz *Adagio affettuoso ed appassionato* des Quartetts op. 18/1 kunstvoll eingeflochten.[116] Am 23. Mai 1799 verewigte Beethoven sich im Tagebuch der Brunsvik-Schwestern mit dem Goethe-Vers *»Ich bin bei dir, / Du seist auch noch so ferne, / Du bist mir nah«*. Das sagte alles: Nicht nur Graf Deym, auch Beethoven hatte sich Hals über Kopf in Josephine verliebt – aber er war kein Graf! Josephine »stürzte sich an meinen Hals und weinte einen Strom Thränen«, schreibt Therese, die ältere Schwester, in ihren Memoiren. »Nicht wahr, du lösest das Wort, du heurathest ihn; du machst uns glücklich, ich kann nicht!« (La Mara, S. 66.) Und warum das? Josephine lieferte Jahre später in einem Brief an Beethoven eine präzise Analyse ihres Seelenzustands im Jahr 1799:

> »Meine ohnedieß, für Sie enthousiastische Seele noch ehe als ich Sie persönlich kannte – erhielt durch Ihre Zuneigung Nahrung. Ein Gefühl das tief in meiner Seele liegt und keines Ausdrucks fähig ist, machte mich Sie lieben [...]«[117]

Doch 1799 konnte Beethoven das so nicht erkennen. Im Sommer jenes Jahres war er jedenfalls in einem furchtbaren Zustand. Seinem Freund Carl Amenda gegenüber schüttete er sein Herz aus – Josephine war gerade als Gräfin Deym nach Wien zurückgekehrt:

> »Heute bekam ich eine Einladung nach möthling [= Mödling] auf's Land, ich habe sie angenommen und gehe noch diesen Abend auf einige Täge dahin. sie war mir um so willkommener, *da mein ohnedem zerrissenes Herz noch mehr würde gelitten haben, obschon der Hauptsturm wider abgeschlagen ist,* so bin [ich] doch noch nicht ganz sicher, wie mein Plan dawider ausschlagen wird. [...]«[118]

8
Durchbruch in der Öffentlichkeit

Der Weg aus dem begrenzten adligen Kreis ins breite bürgerliche Publikum war trotz aller pianistischer Erfolge nicht ganz einfach und konnte normalerweise nur mit drei Mitteln bewältigt werden: über den Umweg eigener Werke für die Kirchen, die Opernhäuser oder die damals erst relativ neuen Konzertinstitutionen – das heißt, man musste Messen, Opern und jene erst durch Haydn populär gewordenen ›modernen‹ Symphonien schreiben. Zur Kirchenmusik fühlte Beethoven sich damals noch nicht recht berufen, die Opernhäuser aber blieben demjenigen verschlossen, der den damals obligatorischen Umweg über Italien nicht absolviert hatte, wo jeder Hochbegabte zumindest an einem der vielen kleinen, doch fest bespielten Opernhäuser (die es eben nur in Italien gab) eine *scrittura*, einen Opernauftrag, ergattern konnte. Beethoven wählte den dritten Weg, den für ihn nächstliegenden, den der groß besetzten Instrumentalmusik, auf dem er durch das Bläseroktett von 1792 schon Erfahrung gesammelt hatte: Von dort aus erschien der Schritt in Richtung Symphonie logisch. Mit den Bläsern umzugehen, hatte er bei dem Oktett gelernt; dass er den Korpus der Streicher beherrschte, zeigte er in den Streichquartetten op. 18. Beide Gruppen zu mischen, wird er erstmals mit dem später so außerordentlich berühmten und beliebten Septett op. 20 unternehmen. Doch »der spektakuläre Beginn« all dessen ist, formal gesehen, erst der in »aggressivem Forte mit einem dissonanten Septakkord« auftrumpfende Satzbeginn, der die *Erste Symphonie* eröffnet – er »schreckte die Zeitgenossen auf«, wie Eleonore Büning sicher zu Recht vermutet.[119]

Ganz für sich allein hatte er jedoch bereits 1795 begonnen, Einzelsätze zu skizzieren, die sich zu einer Symphonie zusammenbauen ließen. Doch im Finalsatz kam er ins Stocken, und die Arbeit blieb erst einmal liegen. Es bestand ohnehin keine Eile, denn ohne gute Verbindungen zum Kaiserhof fand man schwerlich einen Zugang zu den Veranstaltungsräumen für öffentliche

Konzerte. Ein erster Versuch war glatt gescheitert: Baron Peter Anton von Braun, der wichtigtuerische und schikanöse Pächter der kaiserlichen Theater, weigerte sich rundweg, dem ihm unbekannten Beethoven einen der von ihm verwalteten Säle zur Verfügung zu stellen.

Nun ergaben sich für Letzteren im Lauf des Jahres 1800 neue Gelegenheiten, den Weg nach außen zu beschreiten. Und dies gelang ihm durch zwei Mittel, von denen eines einer Bestechung glich. Seine drei neuesten Klaviersonaten, die gerade als op. 14 erscheinen sollten, hatten noch keinen Widmungsträger. Er entschied sich für die Baronin von Braun, die Ehefrau des störrischen Theatermagnaten, die er in den Salons der Lichnowskys oder Rasumowskys erstmals getroffen haben musste. Bei den gewaltigen Emotionsstrudeln, die er mit seinen inzwischen berühmten Improvisationskünsten am Klavier zu entfachen wusste, mochte es ihm ein Leichtes gewesen sein, die Dame zur Annahme der Widmung seines neuesten Sonatenzyklus zu bewegen. Damit war eine Seite gewonnen, von der aus er Druck auf den Theaterpächter ausüben konnte.

Die andere Seite aber, die des Hofes, öffnete sich ihm über die Familie Brunsvik, die er erst im Jahr zuvor kennen gelernt hatte. Wie sich in deren Umgebung neue Möglichkeiten ergeben konnten, zeigte eine erst etwas später zu datierende Veranstaltung, für die Beethoven den Weg über Ungarn nehmen musste. Den Sommer 1800 verbrachte er im ungarischen Martonvásár, auf dem Stammschloss der Familie Brunsvik, wo er sich sehr eng mit Josephines Bruder Franz befreundete. Dieser war der Stammhalter des Geschlechts, ein guter Cellist und stand mit dem Komponisten bereits auf Du. So wurde er eine Integrationsfigur der häuslichen Konzerte in seinem ungarischen Schloss, ebenso wie es seine Schwester Josephine in dem weitläufigen Deymschen Anwesen in der Rotenturmstraße in Wien war. Eine der wichtigsten Veranstaltungen in diesem Rahmen war ein Konzert am 9. Dezember 1800 zu Ehren der Herzogin von Giovane, Hofdame der Erzherzogin Marie-Luise (der späteren zweiten Ehefrau Napoleons), die sich bald für Beethovens Entree am Kaiserhof einsetzen würde. Josephine spielte mit Schuppanzigh die Sonate op. 12/3, was einiges über ihr Klavierspiel aussagt, denn dieser Geiger gehörte schon damals »zu den hellsten Sternen« am Wiener Musikfirmament: Wer mit ihm spielen wollte, musste seine Sache nicht nur gut, sondern hervorragend machen. Schuppanzigh revanchierte sich durch die Aufführung der Streichquartette op. 18.

In der Familie Brunsvik hatte sich allerdings gezeigt, dass Josephines Mann, Graf Joseph Deym von Stritetz, weit weniger finanzkräftig war, als er es der

Familie vorgespiegelt hatte. Die scharf rechnende und dem äußeren Schein stark verhaftete Mama Brunsvik drang nun auf Scheidung. Doch davon wollte die schwangere Josephine nichts wissen – sie kam mit ihrem viel älteren Überraschungsehemann inzwischen bestens aus, wie auch eine erst 150 Jahre nach den Geschehnissen aufgetauchte Sammlung hocherotischer Liebesbriefe zwischen den beiden Gatten belegt.[120] Die Eifersucht, die Graf Deym von Zeitgenossen nachgesagt wird, scheint so gravierend nicht gewesen zu sein, da seine Frau fortfuhr, bei Beethoven Klavierunterricht zu nehmen, allerdings nicht mehr täglich wie früher, sondern nur noch zweimal wöchentlich. So entwickelte es sich ganz natürlich, dass der musikalische Sektor im gesellschaftlich animierten Leben des Hauses Deym mehr und mehr von Beethoven geprägt wurde.

* * *

Was Beethovens heiß ersehntes Präsentationskonzert vor dem Wiener Publikum anbelangte, so konnte er inzwischen dank der starken Wirkung seines neu erworbenen kompositorischen Könnens schneller vorankommen, indem er weitere Dedikationsgeschenke so geschickt platzierte, dass sie ihm neue Handlungsspielräume eröffneten. Graf Joseph Deym erhielt von Beethoven die hübschen Piecen WoO 33 für die Flötenuhren in Deyms Raritäten- und Kuriositätenmuseum, das mehr und mehr zum Touristenmagneten wurde und einiges Geld in seine klamme Kasse brachte. Josephine aber oblag es, die alte Verbindung ihrer Mutter als Hofdame der verflossenen Kaiserin über den Umweg der damals in Deyms großem Anwesen logierenden Herzogin von Giovane zu aktivieren. Diesen zwei edlen Matronen gelang es, von Kaiserin Maria Theresia die Erlaubnis zur Dedikation des Septetts op. 20 zu erlangen. Und so erging – was viel wichtiger und der Hauptzweck der Aktion war – ein Wink von höchster Seite an Baron von Braun, sich Beethoven gegenüber von seiner konzilianteren Seite zu zeigen. Bald stand fest, dass dessen erste Akademie – so die damalige Bezeichnung einer Konzertveranstaltung mit einzelnen oder mehreren Künstlern auf deren eigene Rechnung – am 2. April 1800 stattfinden würde, Beethovens erste selbst veranstaltete Konzertpräsentation in Wien überhaupt. Als Ort war nicht etwa einer der Redoutensäle, wo man die Hofbälle veranstaltete, sondern das »kaiserl. königl. National-Hof-Theater nächst der Burg« ausgewählt worden – das ist die erste kulturelle Adresse des Kaisertums überhaupt –, ein spektakulärer Durchbruch für Beethoven.

Auf dem Programm stehen Werke Mozarts (eine Symphonie) und Haydns (eine Arie und ein Duett aus *Die Schöpfung*), zwei ›Klassiker‹ für das große Publikum neben die Beethoven sich selbst als Vergleichsmaßstab, Nachfolger und Erbe platziert: mit dem Klavierkonzert Nr. 2 op. 19 (von ihm selbst gespielt), dem Septett op. 20 und der Ersten Symphonie op. 21, welcher ein spezieller damaliger Programmeinschub vorausgeht: »[Sodann] wird Herr Ludwig van Beethoven auf dem Piano-Forte fantasieren.« Die freie Improvisation war in damaliger Zeit die am intensivsten goutierte und kommentierte Zug- und Zirkusnummer, eigentlich die Hauptattraktion der ›Akademie‹ eines jeglichen gestandenen Pianisten, womit dieser den Beweis anzutreten hatte, dass er als Künstler nicht nur Schmalz in den Fingergelenken, sondern auch Ideen im Kopf hatte. Solch ein Konzert dauerte doppelt so lange wie heutzutage, verlangte ein Vermögen an Gagen für Mitwirkende und einen gewaltigen, heute nur schwer zu ermessenden Organisationsaufwand, wodurch der veranstaltende Künstler seine Fähigkeit als eine Zentralfigur des damaligen musikalischen Lebens unter Beweis zu stellen hatte. Manager oder Agenten dafür gab es nicht, das musste der Musiker in Personalunion selbst sein – beim ersten Mal ein schier unkalkulierbares Risiko.

Die Reaktion auf diese Veranstaltung war eine Mischung aus Zustimmung und Überraschung, denn im Gegensatz zu den damals omnipräsenten Symphonien Haydns und Mozarts verlässt Beethoven bereits in seinem Erstlingswerk den aristokratischen Standort dieses Genres, indem er dem dritten Satz, dem Menuett, die höfische Gestik nimmt und es durch Tempobeschleunigung in das modernere Scherzo der Symphonik im Zeitalter des Bürgertums transformiert. Überdies beginnt die Erste Symphonie, wie gesagt, mit einem Septakkord, also dissonant, mit einer Einleitung im Tutti, und mündet erst spät über die Zwischendominante in die Grundtonart dieses Werkes, C-Dur. Auch die Neuerung, das zweite Thema auf in kurzer Folge abwechselnde Instrumente zu verteilen, ist auffällig. Ebenso der Einsatz von Pauken und Trompeten im langsamen zweiten Satz. Der Rezensent der Leipziger *Allgemeinen musikalischen Zeitung* muss das gespürt haben, denn er erklärte das Konzert zur »wahrscheinlich interessantesten Akademie seit langer Zeit«.

* * *

Auf jeden Fall hatte Beethoven sich als Symphoniker etabliert und erreicht, dass ihm die durch op. 20 geschmeichelte Kaiserin und ihr Hauschoreograf am Hoftheater, der berühmte Salvatore Viganò (1769–1821), einen offiziellen Kompositionsauftrag erteilten, den für die Ballettmusik *Die Geschöpfe des Prometheus* op. 43. Dieses Werk wurde am 28. März 1801 im Hofburgtheater uraufgeführt, doch das Publikum war nicht begeistert. Es hatte vielleicht etwas wirklich Heroisches erwartet, wie es im damaligen kulturellen Klima nahelag und wie es das Ankündigungsplakat auch versprach, aber so weit wollte sich der Choreograf Salvatore Viganò anscheinend nicht vorwagen. Ihn interessierten nicht die eigentlichen Leistungen des Prometheus, also nicht der griechische Mythos an sich, sondern eine ungefährlich-konservativere Sicht, in welcher der Held kein Feuer stiehlt und keine Revolutionen anzettelt (dem Kaiser hätte das gar nicht gefallen!), sondern vielmehr aus Lehm brave Bürger formt, die in einer noch immer feudalen Welt keinerlei Unheil anrichten. Im doppelten Sinn von Erde und Musik werden diese belebten Ton-Figuren von den Göttern (der Adelskaste nebst dem Herrscher) und den Künsten (den k. k. Kulturträgern) intensiv veredelt und dadurch noch braver gemacht … So erlangte Viganò zwar den Zuspruch von Hof und Elite, erregte aber auch Zorn im Gros des Publikums, das mit solch einem szenischen Langweiler nicht viel anzufangen wusste. »Die sogenannte Handlung ist eigentlich ein recht konfuses Zeug«, urteilt sogar Theodor von Frimmel (Bd. II, S. 29), der zwar zu den wichtigsten Beethoven-Forschern um 1900 zählt, jedoch gar nichts Umstürzlerisches an sich hatte. – Beethoven staffierte dies alles mit guten dramatischen, aber kaum als »bahnbrechend« zu bezeichnenden Klanggeschehnissen aus. Die Ouvertüre wie auch eine gelungene martialische Szene, eine Pastorale und das Finale erzielten zwar »ungemeinen Beyfall«, aber insgesamt wurde das Stück auch mit viel Zischen quittiert.

Allerdings erhielt Beethoven drei hochwillkommene Gratifikationen, die des Theaters, die des Verlegers Artaria und die der Fürstin Christiane Lichnowsky für die Widmung, die, in Riesenlettern auf dem Titelblatt des Erstdrucks prangend, den Wienern zeigte, wer eben auch hinter der Sache stand. Die Unternehmung bestätigte ja mit immerhin 29 Aufführungen in zwei Spielzeiten, wie großartig ihr und ihres Mannes Zögling, der schwierige Beethoven, an der kulturellen Spitze der Gesellschaft des Kaiserreichs angekommen war, auch wenn *Die Geschöpfe des Prometheus* nicht gerade zu den Höhepunkten der Wiener Theatersaison zu zählen war.

Von bleibendem Wert aber ist etwas ganz anderes: Im Finale des Balletts kommt gleich zu Anfang eine Art Liedthema vor, das von den zarten Violinen piano angestimmt wird. Beethoven hatte es bereits 1801 im Contretanz WoO 14/7 verwendet, und er lässt es außer in *Prometheus* 1802 auch in den *Eroica-Variationen* op. 35 auftauchen. Doch erst 1803, in seinem op. 55, wird dieses Thema seine endgültige Gestalt finden und der Musikwelt im Forte-Unisono des vollen Bläserchors ankündigen, was Beethoven unter ›Heldentum‹ versteht: im Finale der *Sinfonia eroica.* An dieser Entwicklung zeigen sich zwei wesentliche Dinge: Einerseits wird ein schöpferisches Muster deutlich, inwieweit Beethovens thematisches Material sich fast pflanzenhaft von einem Stadium zum nächsten entwickelt, bevor es eine ›schlagende Kraft‹ erreicht: jene gestisch-expressive Qualität, die seine Hauptwerke unverwechselbar und einzigartig macht. Im Fall des *Eroica*-Themas spielt sich das Geschehen zwar innerhalb eines relativ kurzen Zeitraums ab – zwischen dem Auftauchen in WoO 14 und in op. 43 besteht nach jüngsten Forschungen (s. TbW Bd. II, S. 42f.) kein nennenswerter zeitlicher Abstand, ganz im Gegensatz zu früheren Vermutungen, denen zufolge die Contretanz-Fassung in WoO 14 schon früher entstanden sein soll. Doch anders als in jener fast beiläufigen, nur sechzehntaktigen Erwähnung erhält das fragliche Thema in der *Prometheus*-Musik op. 43 doch schon ein deutlich größeres Format. Im Jahr darauf, Ende 1802, wird dieses Thema in den *Eroica-Variationen* op. 35 ausgiebig auf seine kontrapunktische und variationstechnische Brauchbarkeit hin geprüft, bevor es gleich im Anschluss daran, 1803, in die Baupläne von op. 55, der *Sinfonia eroica,* einfließt und ebendort einen Triumphzug durch die Kulturgeschichte beginnt. In diesem Fall wurde Beethoven die Bedeutung eines konkreten Einfalls relativ schnell klar; es wird andere Beispiele geben, wo das viel länger dauerte.

Die zweite hier fällige Überlegung betrifft die präzise biografische Bedeutung, die das Auftauchen einer künstlerischen Groß-Idee im Rahmen der vielen anderen exzellenten Einfälle besitzt, die Beethoven anfangs selten und allmählich immer öfter hat. Denn bereits das Bläseroktett op. 103 von 1792 ist ›exzellente Musik‹ (man konstatiere bei dieser Gelegenheit die relative zeitliche Unordnung in der Zuteilung der Opusnummern). Op. 103 ist voller guter Einfälle, aber sie haben noch keinerlei historische Nachhaltigkeit, das Werk wurde erst 1830 im Rahmen der Publikation von Archivvorräten des Wiener Verlegers

Artaria hervorgeholt. Doch ist op. 103 nicht die Arbeit des späteren Genies, sondern noch die des Musikers eines anderen Typus: Es wirkt wie das Werk eines jener exzellenten ›Normal-Musiker‹, wie sie während Beethovens Lebzeiten zwar nicht in Unmengen, aber gewiss in einem guten Dutzend in seinem Umkreis zu finden sind.[121]

Es gilt an dieser Stelle, zu frühe Überschätzungen zu vermeiden, die das Genie-Marketing allzu leicht mit sich bringt. Solche Verzerrungen vernebeln den möglichen Zusammenhang zwischen kulturellen Höchstleistungen und privaten Katastrophen. Denn mit der Entwicklung des *Eroica*-Themas gelangen wir in die direkte zeitliche Nähe des »Heiligenstädter Testaments«. Es handelt sich um den ersten der zwei großen Brüche im Leben des Ludwig van Beethoven, die sich 1802 und 1813 ereignen. Vielleicht handelt es sich aber doch nur um einen einzigen Bruch, der sich in zwei sich steigernden Episoden vollzieht – um einen Riss, der den gesunden vom leidenden Beethoven trennt und zugleich den ›Normalmusiker‹ Beethoven von dem Genie desselben Namens scheidet.

Doch bevor wir uns diesem Bruch zuwenden, ist noch ein rein episodisches, fast humoristisches Vorkommnis zu erwähnen.

* * *

Gleich nach seiner ersten eigenen Akademie vom 2. April 1800, in der das Septett in Es-Dur und die Erste Sinfonie uraufgeführt worden waren, trat Beethoven am 18. April als Gast in einer Akademie des Hornvirtuosen Johann Wenzel Stich auf, der sich allerdings als Flüchtiger aus der in Böhmen damals noch existierenden Leibeigenschaft italianisiert Giovanni Punto nennen musste. Dieser hatte für seine Präsentation vor dem Wiener Publikum bei Beethoven eine Sonate für Klavier und Horn bestellt, die zwischen den Akademien Beethovens (2. April) und Puntos (18. April) in größter Eile aufs Papier kam. Gleichwohl bringt sie die von Punto entwickelte wegweisende Stopftechnik in ›höchsten Tönen‹ zur Geltung: Sie ermöglicht dem nur mit Naturtönen ausgestatteten Horn jene chromatischen Zwischentöne, die bis dahin so schmerzlich fehlten. Das ›Unerhörte‹, das die zwei Virtuosen Beethoven und Punto dem Publikum darboten, riss Letzteres zu solcher Begeisterung hin, dass das neue Werk von A bis Z wiederholt werden musste, was nach der k. k. Polizeiordnung eigentlich streng verboten war. Das Werk wurde kurz darauf von denselben Musikern in Pest am 7. Mai 1800 aufgeführt – und sollte noch öfter erklingen. Doch wird kolportiert, dazu sei es nicht gekommen, weil unsere zwei Musiker in heftigen Streit gerieten, nicht wegen der Spitzentöne des Horns, das vielleicht den Klang des Pianofortes zudecken konnte – sondern wegen einer Frau.

Eine solche kam in der Erstausgabe jenes Werks zur Geltung; die Sonate erschien als op. 17 im März 1801 mit einer Widmung, die nicht dem Hornisten, sondern *Madame la Baronne de Braun* galt – ein offensichtliches Dankeschön an Josepha Freifrau von Braun für den Einsatz, den sie hinter den Kulissen zugunsten von Beethovens spektakulärer Akademie am 2. April geleistet hatte.

Teil zwei

Das zweite Leben
Verhängnis Hörverlust (1802–1813)

Musik der Naturerinnerung und der geistigen Erhöhung

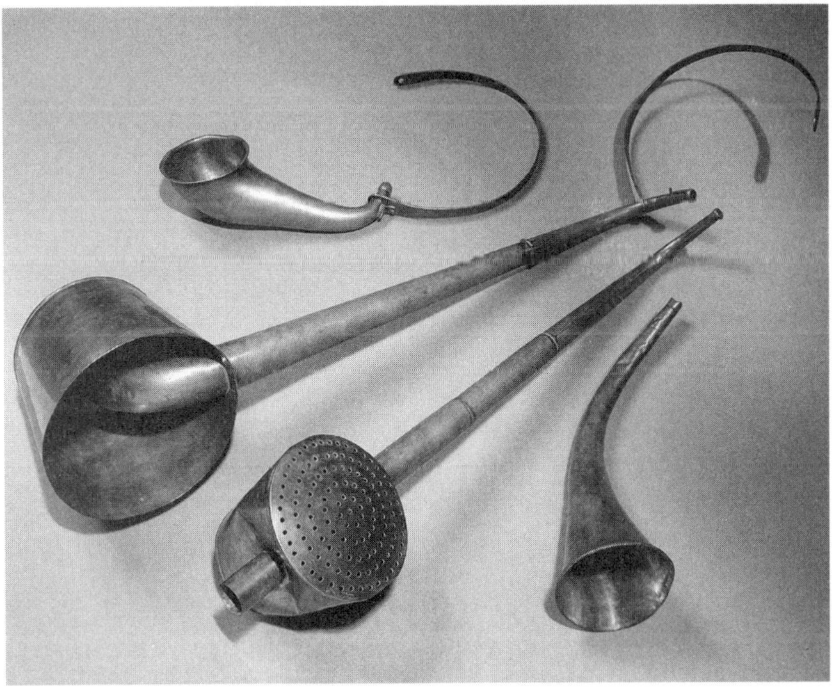

Abb. 23 Beethovens Hörrohre

9

Ende der Unbeschwertheit, Ende des ›ersten‹ Lebens

Das »Heiligenstädter Testament«: Beruf und Berufung

Die Erscheinung des Dreissigjährigen

Franz Gerhard Wegeler erzählt, Beethoven habe in Wien »mitunter Eroberungen gemacht, die manchem Adonis, wo nicht unmöglich, doch sehr schwer geworden wären« (Wegeler-Ries, S. 43). Das ist erstaunlich angesichts des Umstandes, dass bereits frühe Äußerungen lauten, er sei »hässlich« gewesen – so Johanna Elisabeth (Lisette) von Bernhard, geb. von Kiesow (1784–1868). Diese hochgeschätzte Beethoven-Interpretin erzählte später dem frühen Mozart- und Beethoven-Forscher Ludwig Nohl, dass sie in den Jahren 1796 bis 1800 in den Fürstenhäusern Lichnowsky und Rasumowsky aufgetreten sei, wo auch der junge Beethoven »unausgesetzt verkehrte, ja ihr eigentlicher Glanzpunkt war« (BSZ, S. 59). Sie behauptet dann, Letzterer habe bald von ihr, »dem Mädchen, das seine Sachen so gut vortrage, gehört, sie kennenzulernen gewünscht und ihr seine »neuen Klaviersachen« geschenkt. Aber dann behauptet sie, »daß ihr der häßliche Beethoven gar keinen Eindruck gemacht habe« – wichtiger sei ihr gewesen, dass »damals stets so viel hübsche russische Officiere in dem Hause des Herrn von Klüpfell verkehrten« (BSZ, S. 59), also bei jenem Wiener Diplomaten, bei dem sie untergebracht war.

Um so größeren Eindruck hinterließ er bei der Gräfin Josephine Brunsvik-Deym, deren »enthousiastische Seele« für Beethoven eingenommen war, noch bevor sie ihn »persönlich kannte« – wie im vorigen Kapitel zitiert (BGA Nr. 265). Die zwei hier gegenübergestellten Damen sind freilich besonders gegensätzlich, die erste sehr extrovertiert, während die zweite ganz aus der Innensicht heraus urteilt. Wie aber haben wir uns den noch jungen Komponisten in der

Zeit um 1800, als er in stärkerem Maße ins Licht der Wiener Öffentlichkeit trat, vorzustellen?

Kommen wir auf die Erstgenannte, Lisette von Kiesow (ab 1800 verheiratete Frau von Bernhard), zurück, sie hat noch einiges zu erzählen. »Wenn er kam, habe er immer zuerst den Kopf durch die Tür gesteckt und sich überzeugt, ob nicht jemand da sei, der ihm mißbehagte.« Das bezieht sich auf einen Zwischenfall, der böses Blut erzeugt hatte: »Eines Tages sei auch der bekannte Componist Franz Krommer dort [in der russischen Gesandtschaft] gewesen und habe eine neue Composition von sich vorgetragen. Beethoven sei im Anfang neben ihr [Lisette von Kiesow] auf dem Sopha gesessen, dann aber bald umhergegangen bald wieder ans Klavier getreten um andere Noten durchzusehen und habe nicht die geringste Aufmerksamkeit gezeigt. Herr von Klüpfell habe sich darüber geärgert und [ihm ausrichten lassen], daß sich das nicht zieme; ein junger Mann, der noch nichts sei, müsse stets seine Achtung beweisen, wenn ein älterer verdienter Compositeur etwas vortrage. Von diesem Augenblick an sei Beethoven nie wieder mit einem Fuß in das Klüpfell'sche Haus gekommen« (BSZ, S. 60). Kein Wunder, dass – um nur ein Beispiel zu nennen – der kleinmeisterliche Platzhirsch Abbé Josef Gelinek (1758–1825), Fabrikant von über 150 Variationswerken, Beethoven wie folgt wahrnimmt: Er sei »ein kleiner häßlicher, schwarz und störrisch aussehender junger Mann, den der Fürst Lichnowsky vor einigen Jahren aus Deutschland hieher gebracht« habe (BSZ, S. 200), also eine bösartige fremdländische Konkurrenz, die man sich gefälligst vom Leibe zu halten habe. Carl Czerny erklärt das: »Denn in jener Zeit wurden Beethovens Compositionen vom größern Publikum gänzlich verkannt, und von allen Anhängern der ältern Mozart-Haydnschen Schule mit der größten Bitterkeit bekämpft« (BSZ, S. 201).

Obige Lisette von Kiesow fährt in ihrer Beschreibung in ähnlichem Ton fort: »Er war klein und unscheinbar, mit einem häßlichen rothen Gesicht voll Pockennarben. Sein Haar war ganz dunkel und hing fast zottig ums Gesicht, sein Anzug war sehr gewöhnlich und nicht entfernt von der Gewähltheit, die in jener Zeit und zumal in unsern Kreisen üblich war. Dabei sprach er sehr im Dialekt und in einer etwas gewöhnlichen Ausdrucksweise, wie denn überhaupt sein Wesen nichts von äußerer Bildung verrieth, vielmehr unmanierlich in Geberden und Benehmen erschien. Er war sehr stolz und ich habe gesehen, wie die Mutter der Fürstin Lichnowsky, die Gräfin Thun, vor ihm, der in dem Sopha lehnte, auf den Knien lag, ihn zu bitten, er möge doch etwas spielen.

Beethoven that es aber nicht« (BSZ, S. 60). Im Gegensatz dazu lobt sie in höchsten Tönen Haydn und Salieri, »die damals sehr berühmt waren, während man von Beethoven immer noch nichts Rechtes wissen wollte«. Die beiden Großmeister seien im Gegensatz zu ihm »stets auf das sorgfältigste nach der älteren Mode gekleidet, mit Haarbeuteln, Schuhen und Seidenstrümpfen«, während Beethoven »ja fast nachlässig gekleidet zu kommen pflegte«.

Es eröffnet sich hier das später immer wiederkehrende Problem, dass Beethoven nicht nur aus finanziellen Gründen, sondern auch aufgrund seines in Bonner Zeiten seltener herausgeforderten und deshalb auch weniger entwickelten Selbstwertgefühls mit dem Hochadel auf möglichst gleichem Fuße zu verkehren wünschte. Aber er war nur manchmal bereit, die Schritte zu tun, um sich wie Haydn und Salieri auch äußerlich auf jene Schicht zuzubewegen. Dies tat er immerhin, wie sein Schüler Carl Czerny berichtet, »bis um 1810«. In jenen »jüngern Jahren war seine Kleidung elegant und sein Benehmen *Cavalier*mäßig. Später aber bey zunehmender Taubheit immer mehr und mehr verwahrlost« (BSZ, S. 231). Dass es sich dabei bis um 1810 weniger um Überzeugung als vielmehr um eine äußerliche Anstrengung handelt, scheint eine ältere Quelle nahezulegen, der zufolge Beethoven sich in seiner Bonner Jugendzeit »durch Unsauberkeit, Vernachlässigung [...] seines Aeussern« hervorgetan habe, und »von den genialen Funken, die er später so reichlich sprühte« keine Spur zu entdecken gewesen sei (BSZ, S. 1107; Joseph Wurzer, 1777–1781 Beethovens Mitschüler in Bonn). Es scheint, was die Erziehung anbelangt, in puncto Sauberkeit doch ein Mangel an Selbstverständlichkeit vorgelegen zu haben. Nur eine einzige Quelle belegt bei dem jungen Musikus einen (offensichtlich nur vorübergehenden) Stolz, die kurkölnische Paradeuniform tragen zu dürfen (s. Fischer, S. 76).

Wie man es dreht und wendet, das Bild bleibt äußerst facettenreich und widersprüchlich, je nachdem ob man die verliebte Frau und Interpretin Josephine Gräfin Brunsvik oder die ebenfalls Klavier spielende, doch sehr hochnäsige und wichtigtuerische Kleinadlige Lisette von Kiesow sprechen lässt; ebenso einseitig bleibt es, wenn man dem in einem Klavierduell von Beethoven düpierten Konkurrenten Gelinek oder dem ehrfurchtsvollen Schüler Czerny zuhört, wobei Letzterer am ehesten über Distanz und Urteilskraft verfügt. Hilfreicher können vielleicht zeitgenössische *Porträts* sein, von denen vier ungefähr in die uns hier beschäftigende Epoche fallen: diejenigen von Gandolph Ernst Stainhauser von Treuberg/Johann Joseph Neidl (1801), Christian Hornemann (1802), Joseph Willibrord Mähler (1804) und Isidor Neugaß (1806).

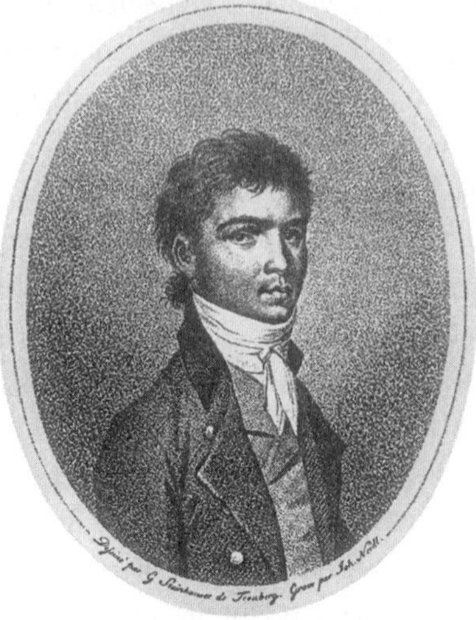

Abb. 24 Beethoven im Jahre 1801. Stich von C. F. Riedl nach einem Gemälde von G. Stainhauser

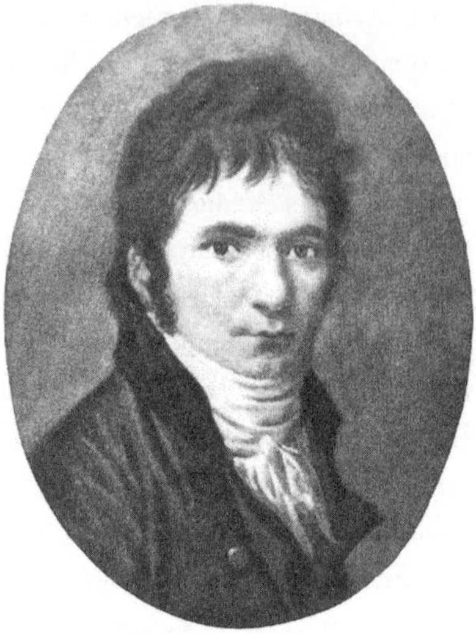

Abb. 25 Beethoven 1803. Miniatur auf Elfenbein von Christian Hornemann.

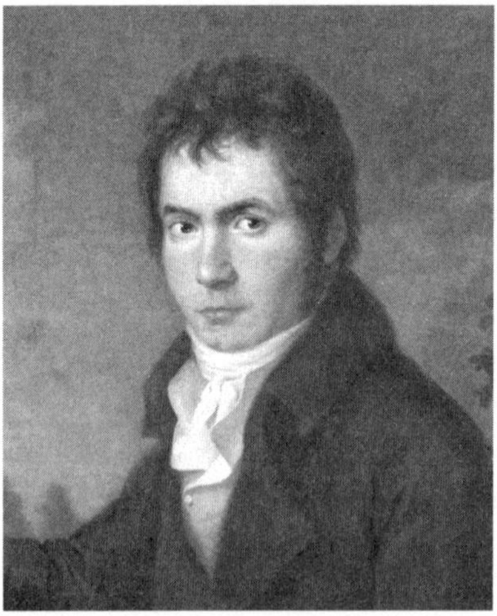

Abb. 26 Beethovens Porträt von W. J. Mähler, 1804/05, Ausschnitt.

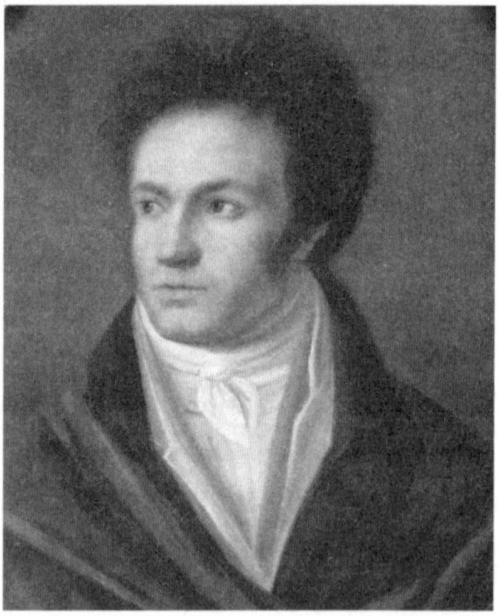

Abb. 27 Beethoven 1806. Ölgemälde von Isidor Neugaß.

Schön im landläufigen Sinne ist Beethoven auf keinem dieser Bilder, eine griechische Nase hatte er nun einmal nicht, doch wirkt er auch nirgends ›hässlich‹. Bei Stainhauser/Neidl wirkt er eher jugendlich-angenehm, bei Mähler und Hornemann etwas herb und verschlossen, doch bei Isidor Neugaß erscheint erstmals etwas von der geistigen Statur, von der Mühsal, dem Schmerz, der Melancholie, die diesen Kopf immer mehr beherrschen werden. Eine Idealisierung liegt nicht wirklich vor, das Werk wird immerhin als »porträtgetreu« eingestuft (wobei diese Beurteilung auf einer Vergleichsanalyse mit der Lebendmaske von 1812 basiert).[122] Alle vier Porträts liegen stilistisch vor der Zeit romantischer »Geniebilder« (wozu die späteren Beethoven-Darstellungen zählen). Dennoch sind die vier frühen Porträts deshalb noch längst nicht als ›naturgetreu‹ anzusehen; Porträtstiche, vor allem aber Bleistiftzeichnungen, kommen einer blitzlichtartig erfassten Wirklichkeit näher als aufwendige Ölgemälde, in denen anspruchsvolle Künstler nicht nur die physische Erscheinung, sondern das über endlose Porträtsitzungen hinweg studierte *Wesen* des Darzustellenden abbilden möchten. Im Sinne des Spätklassizismus sind diese Bilder eine Mitteilung über den Seelenzustand des Dargestellten. »Lautlose Verhaltenheit« präge das Werk von Neugaß; »die Kraft der Repräsentation liegt im statuarischen Verharren des Dargestellten, sie ist Ausdruck seiner Vergeistigung«.[123] Der gegen Neugaß oft geäußerte Vorwurf der Idealisierung geht am Zweck des Bildes vorbei: Auftraggeber des Bildes war höchstwahrscheinlich Fürst Carl Lichnowsky, in dessen Schloss es dann mehr als eineinhalb Jahrhunderte, nämlich bis 1982, hing. Der Fürst wollte offensichtlich von dem Maler Neugaß wissen, warum der ihn immer wieder vor den Kopf stoßende Beethoven dennoch verehrungswürdig war. Insofern enthält das Bild eine Aussage, welche die Zeitgenossen anging, weil sie deren *Wahrheit* betraf.

Der Veränderungsprozess, der zwischen dem ersten und dem vierten Porträt liegt, also zwischen Stainhauser/Neidl (1801) und Neugaß (1806), ist gravierend. Der ›Weg‹ von dem kerzengerade voranblickenden, aufgeschlossenen Dreißigjährigen von 1801, dem noch die ganze Welt zulächelt, führt über den etwas dreist aufblickenden Ideenjäger Mählers zu dem verschlossenen, wohl gerade eine Zornesaufwallung Unterdrückenden des Interpreten Hornemann, und dann erst zu dem früh Leidenden, doch keineswegs Resignierenden, den Neugaß anno 1806 sieht: In diesen Jahren wird das relativ ›leichte‹ Leben des jungen Beethoven Vergangenheit. 1806 trifft man dagegen bereits denjenigen, der sich seit der Zeit des »Heiligenstädter Testaments« von 1802 neu erfunden hat. Das

Erste Leben war vorbei und abgeschlossen: jenes Leben des hellhörigen Suchers, der seine Einfälle der Natur ablauscht und dort noch jeden Grashalm ›wachsen hört‹. Bei Neugaß hat längst das *Zweite Leben* begonnen, das des schwermütigen, allzu oft kranken und zunehmend ertaubenden Beethoven, für den das Inspirationsmodell aus dem Naturlaut durch das Ohrenleiden ins Wanken gerät und der sich aus Furcht vor künstlerischer Sterilität 1802 das Leben nehmen will. Doch wird dieser Musiker ausgerechnet 1802 mit seinem op. 31 – drei Klaviersonaten, darunter die *Sturm-Sonate* – entdecken, dass das ›Trotzdem-Leben‹ nicht nur möglich ist, sondern auch ein streng verpflichtendes Ziel darstellt. Es wird sich nur in einem auf das Höchste ausgerichteten Schaffen verwirklichen lassen, wobei der schnelle Verdienst wie das öffentliche Klavierspiel immer seltener und schließlich unmöglich sein wird. Und zweitens muss er ganz allmählich erahnen – schriftlich wird er dies aber erst in seinen allerletzten Lebensjahren ausformulieren[124] –, dass das häufige Kranksein und das noch häufigere seelische Leiden der Preis ist, den *er* zu zahlen hat, um das ständige Neuentdecken seiner Klangwelt zuwege zu bringen.

Um die gezeigten Bilder mit etwa zeitgleichen Worten in Bezug zu setzen, kann hier ein Brief Beethovens an den bewährten Freund Nikolaus Zmeskall weiterhelfen, jenen bereits erwähnten höheren Staatsbeamten, der in Beethovens Leben wegen seines exzellenten Cellospiels, seines profunden Musikverständnisses und seiner grenzenlosen Hilfsbereitschaft über zwei Jahrzehnte lang eine äußerst wichtige Funktion einnimmt. Der folgende Brief stammt aus der Zeit um 1798 und spiegelt Beethoven so, wie er dem Porträt von Stainhauser/Neidl (1801) am nächsten kommen dürfte.[125]

> »Liebster Baron Dreckfahrer, je vous suis bien obligè pour votre faiblesse de vos yeux.[126] – übrigens verbitte ich mir in's künftige mir meinen frohen Muth, den ich zuweilen habe, nicht zu nehmen, denn gestern durch ihr Zmeskal-domanovezisches geschwäz bin ich ganz traurig geworden, hol' sie der Teufel, ich mag nichts von ihrer ganzen Moral wissen, Kraft ist die Moral der Menschen, die sich vor andern auszeichnen, und sie ist auch die meinige, und wenn sie mir heute wider anfangen, so plage ich sie so sehr, bis sie alles gut und löblich finden was ich thue (denn ich komme zum schwanen, im Ochsen wärs mir zwar lieber, doch beruht das auf ihrem Zmeskalischen-domanovezischen Entschluß. (reponse) adieu Baron Ba.....ron r o n nor | orn | rno | onr« (BGA Nr. 35).

Briefliche Späße (und wahrscheinlich noch häufiger mündliche) hat Beethoven sein Leben gemacht. Aber die Frequenz und die Haltung, in der das geschieht, ändern sich zwischen 1800 und 1806. Der obige Brief entspricht der weitgehend unbeschwerten Einstellung des ersten Lebensabschnitts, in dem Beethoven noch oft zu rasantem Humor und wahren Kaskaden von Geistesblitzen aufläuft. Das wird sich später deutlich abschwächen und, wenn wenn es denn geschieht, dann oft mit einem etwas verbissenen Unterton, in dem Scherz und Witz eine oft leicht aggressive kompensatorische Funktion übernehmen. Solch eine Art Trotz-Humor mag im Grunde auf eine eher gegenteilige Stimmung verweisen: auf jemanden, der sich alles andere als glücklich fühlt. – Das Besondere, was den oben zitierten Brief von den häufigen und üblichen Briefscherzen abhebt, ist der etwas philosophisch angehauchte Mittelteil, in dem es um »die Moral der Menschen« geht, ein Thema, das eher selten in einem scherzhaften Zusammenhang auftaucht. *Kraft ist die Moral der Menschen, die sich vor andern auszeichnen, und sie ist auch die meinige* – das klingt wie ein Postulat, jedenfalls wie eine tiefe Überzeugung – nur ist sie für den sich später stets als Menschenfreund definierenden und dem Nächsten tatsächlich auch helfenden Beethoven eine etwas unpassende Formulierung, die man schon eher beim sehr jungen Nietzsche erwarten würde. Der Brief gibt Aufschluss über den ›ersten‹, noch nicht allzu reflektierten Beethoven, der es in jenen allerletzten Jahren des 18. Jahrhunderts genießt, auf den Schwingen der Jugend in die Weltstadt Wien mit ihren höheren Erfolgswogen zu enteilen, und dabei noch nicht wahrnimmt, dass der Weg als ausschließlicher Komponist, auf den die Schwerhörigkeit ihn treiben wird, sich viel weniger rosig gestalten wird als das Virtuosendasein.

Eine Formulierung wie »Kraft ist die Moral …« kommt in Beethovens gesamter Korrespondenz kein zweites Mal mehr vor. Man kann der Meinung sein, dass die Sentenz des Zmeskall-Briefes zu komplex ist, um als Scherz durchzugehen; sie ist ein plötzlicher, unerwarteter Fremdkörper, den man als solchen ernst nehmen sollte. Nur noch dreimal wird er das Wort »Kraft« im Sinne von Leistung, Vermögen und Talent gebrauchen, und zwar ausgerechnet in den Jahren 1801 und 1805. Diese gerade einmal vier Äußerungen zum Thema der »Kraft« vermögen im Zusammenhang mit dem »Heiligenstädter Testament« zu zeigen, wie radikal sich Beethovens Geisteshaltung von der Epoche ›vor‹ hin zu der Zeit ›nach‹ jenem alles entscheidenden »Testament« wandelt.

Das »Testament«

Zwischen dem 6. und 10. Oktober 1802 schrieb Beethoven für seine Brüder Kaspar Karl und Johann van Beethoven einen merkwürdigen Text nieder, der als Brief gedacht, aber nie abgesendet worden war, das Heiligenstädter Testament, das unter diesem Namen zu den Grundlagentexten der Beethoven-Rezeption avanciert ist. Die mehrfache Auslassung des Namens Johann van Beethovens ist wahrscheinlich häufigeren Unstimmigkeiten zwischen diesem und Bruder Ludwig geschuldet. Die wichtigsten Textstellen sind hier exzerpiert.

»Für meine Brüder Carl und [*leer*] Beethowen

O ihr Menschen die ihr mich für Feindseelig störisch oder Misantropisch haltet oder erkläret, wie unrecht thut ihr mir, ihr wißt nicht die geheime ursache von dem, was euch so scheinet, mein Herz und mein Sinn waren von Kindheit an für das zarte Gefühl des Wohlwollens, selbst große Handlungen zu verrichten dazu war ich immer aufgelegt, aber bedenket nur daß seit 6 Jahren ein heilloser Zustand mich befallen [...] Mit einem feurigen Lebhaften Temperamente gebohren [...], muste ich früh mich absondern, einsam mein Leben zubringen, wollte ich auch zuweilen mich einmal über alles das hinaussezen, o wie hart wurde ich dur[ch] die verdoppelte traurige Erfahrung meines schlechten Gehör's dann zurückgestoßen, und doch war's mir noch nicht möglich den Menschen zu sagen: sprecht lauter, schreyt, denn ich bin Taub, ach wie wär es möglich daß ich die Schwäche eines Sinnes angeben sollte, der bey mir in einem Vollkommenern Grade als bey andern seyn sollte, einen Sinn den ich einst in der grösten Vollkommenheit besaß [...] Doppelt Wehe thut mir mein unglück, indem ich dabey verkannt werden muß, für mich darf Erholung in Menschlicher Gesellschaft, feinere unterredungen, Wechselseitige Ergießungen nicht statt haben, ganz allein fast nur so viel als es die höchste Nothwendigkeit fo[r]dert, darf ich mich in Gesellschaft einlassen, wie ein Verbannter muß ich leben, nahe ich mich einer Gesellschaft, so überfällt mich eine heiße Ängstlichkeit, indem ich befürchte in Gefahr gesezt zu werden, meine[n] Zustand merken zu laßen – so war es denn auch dieses halbe Jahr, was ich auf dem Lande zubrachte, [...] kamm [dies] fast meiner jezigen natürlichen Disposizion entgegen, obschon, Vom Triebe zur Gesellschaft manchmal hingerissen, ich mich dazu verleiten ließ, aber welche Demüthigung wenn jemand neben mir stund und von weitem eine Flöte hörte und ich nichts hörte, oder jemand den Hirten Singen hörte, und ich auch nichts hörte [...]«

Das ist der erste Briefteil. Die letzte Passage bezieht sich auf einen Vorfall, den Beethovens Schüler Ferdinand Ries berichtet und der bereits im Einleitungskapitel zitiert wurde. In dem »Testament« folgen Beethovens Selbstmordgedanken, die in diesem Kontext wiederholt werden müssen: »[...] solche Ereignisse brachten mich nahe an Verzweiflung, es fehlte wenig, und ich endigte selbst mein Leben – nur sie die Kunst, sie hielt mich zurück [...]« Beethoven will an sich dem Todeswunsch nicht nachgeben, ist sich dessen aber nicht sicher, und er endigt nach einigen Anweisungen für den Fall seines Scheidens mit einer Verherrlichung des Todes:

> »[...] ach es dünkte mir unmöglich, die Welt eher zu verlassen, bis ich das alles hervorgebracht, wozu ich mich aufgelegt fühlte, und so fristete ich dieses elende Leben – wahrhaft elend, einen so reizbaren Körper, daß eine etwas schnelle Verändrung mich aus dem Besten Zustande in den schlechtesten versezen kann [...] Daurend hoffe ich, soll mein Entschluß seyn, auszuharren, bis es den unerbittlichen Parzen gefällt, den Faden zu brechen, vieleicht geht's besser, vieleicht nicht, ich bin gefaßt [...] Gottheit du siehst herab auf mein inneres, du kennst es, du weist, dasß menschenliebe und neigung zum Wohlthun drin Hausen, o Menschen [...] Ihr meine Brüder [...], sobald ich Tod bin und Professor Schmid lebt noch, so bittet ihn in meinem Namen, daß er meine Krankheit beschreibe, und dieses hier geschriebene Blatt füget ihr dieser meiner Krankengeschichte bey, damit wenigstens so viel als möglich die Welt nach meinem Tode mit mir versöhnt werde – zugleich erkläre ich euch beyde hier für die Erben des kleinen Vermögens, [...] emphelt [recte: empfehlt] euren Kindern Tugend, sie nur allein kann glücklich machen, nicht Geld, [...] ihr [der Tugend] danke ich nebst meiner Kunst, daß ich durch keinen selbstmord mein Leben endigte – lebt wohl und liebt euch; – allen Freunden danke ich, besonders fürst Lichnovski [...] Mit freuden eil ich dem Tode entgegen kömmt er früher als Ich Gelegenheit gehabt habe, noch alle meine Kunst-Fähigkeiten zu entfalten, so wird er mir troz meinem Harten Schicksaal doch noch zu frühe kommen, und ich würde ihn wohl später wünschen – doch auch dann bin ich zufrieden, befreyt er mich nicht von einem endlosen Leidenden Zustande? – Komm, wann du willst, ich gehe dir muthig entgegen – [...]« (BGA Nr. 106, 6. und 10. Oktober 1802).

Hier verdichtet sich der gewaltige Lebensschock, dessen Auslöser wahrscheinlich die Episode mit dem Flöte spielenden Hirten ist, durch die Beethovens Hörschwäche vor einem Zuhörer – damals vielleicht erstmalig – aktenkundig wird. Das ist das Aufplatzen einer seelischen Wunde, die er als eine sich ganz allmählich, nämlich über mindestens vier Jahre hinweg, bildende Gewissheit erlebt: dass sein Gehör nicht nur abnimmt, sondern *unheilbar* schwindet – ausgerechnet das wertvollste Organ des Musikers, dessen Verlust seine gesamte Existenz so sehr infrage stellt, dass er immer wieder an Selbstmord denkt. Doch diese zu leichte Lösung wird er verwerfen,[127] und so handelt es sich hier im Grunde bereits um die Dokumentation des Ringens um einen Ausweg, der durch die Neuorganisation des eigenen Lebens ermöglicht wird. Damit lässt Beethoven langfristig seine bisherige Existenz hinter sich, das Leben des *komponierenden Virtuosen*. Komponieren – das tat damals jeder Tastenlöwe, denn etwaige musikalische Schwächen und innere Leerräume sind durch nichts besser zu verdecken als durch eigene, maßgeschneiderte Kompositionen mit vielen Kaskaden und großem Gedonner, den musikalischen Überlebensmitteln eines jeden ›echten‹, meist viel reisenden Instrumentalgenies. Darin konnte sich dessen Karriere von der eines Kapellmeisters oder eines anderen ›Normalmusikers‹ dank reichlich klingender Münze unterscheiden, doch beinhaltete das etwas durchaus Künstliches und *Unwahres*. Man erinnere sich, dass auch Beethoven sich gezwungen sah, in seine Pianoforte-Kunststücke *seine eigenen* Komplikationen hineinzukomponieren, um seine wirtschaftlichen Trumpfkarten, die Unverwechselbarkeit und die Unnachahmbarkeit, abzusichern.

Durch die Schwerhörigkeit wurde Beethoven ein progressiver Wechsel seiner Lebensplanung aufgezwungen, denn mit Zunahme des Übels wurde das Klavierspiel des Betroffenen, besonders wenn er piano oder pianissmo zu spielen hatte, immer lauter und verfälschte die musikalischen Verhältnisse – er selbst musste das ebenso gut wissen wie andere Berufsmusiker. Dies war eine doppelte Katastrophe, eine soziale und vor allem eine finanzielle, denn ausschließlich vom Komponieren zu leben, war damals schlicht unmöglich, dazu fehlte die gesetzliche ›Infrastruktur‹, die eine angemessene Vergütung geistiger Leistung auch nur annähernd gewährleistet hätte: Jeder konnte fast alles kopieren, wenn ihn nur die dazu nötigen Meilen vom abzukupfernden Autor trennten. Deshalb bestand der damalige Tonkünstlerberuf in aller Regel in einer Mischung aus kreativer und reproduktiver künstlerischer Tätigkeit.

Die soziale Problematik erwähnt Beethoven im »Testament«: Mit dem Eingeständnis der Schwerhörigkeit setzt er seine künstlerische Glaubwürdigkeit aufs Spiel; die »Ausgefallenheit«, die man seinem Kompositionsstil immer wieder vorwirft, würde man spöttisch auf sein Nicht-Hören-Können zurückführen. Es

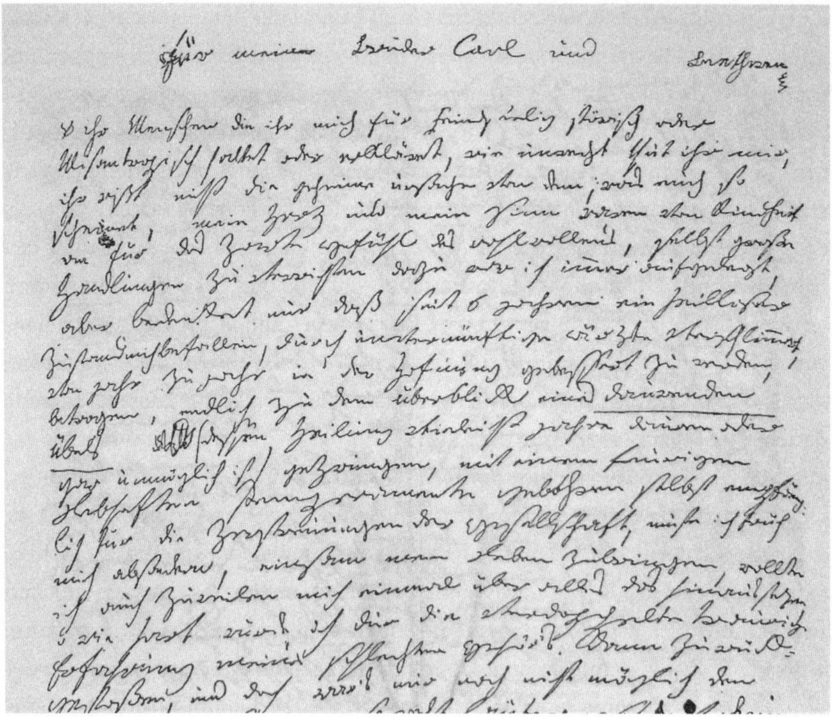

Abb. 28 Das »Heiligenstädter Testament«, ein zentrales Dokument zum Verständnis Beethovens.

wird bis 1806 dauern, bis ihn diese Befürchtung nicht mehr so stark plagt und er das ›Coming-out‹ des Schwerhörigen wagt.[128] Bis dahin verändert er seinen Kompositionsstil dahin gehend, dass er auf äußerliche Virtuoseneffekte verzichtet; durch die Verdoppelung des klanglichen durch ein geistiges Geschehen (wie es in der Einleitung erwähnt ist und in Kapitel 16 genauer dargestellt wird) gelangt er zu einer neuen ›Originalität‹ und Unverwechselbarkeit.

* * *

Dass Beethoven 1802 in dieser Weise abstürzt, wie es das »Heiligenstädter Testament« dokumentiert, ist aus heutiger Situation schwer nachvollziehbar, weil es für Hörprobleme heute so viele technische Hilfen gibt. Man muss sich die völlig andersartige Organisationsweise von Kunst um 1800 klarmachen, um zu verstehen, warum Beethoven im Oktober 1802 den Boden unter seinen Füßen zu verlieren glaubte. Andererseits muss man sich hüten, das »Heiligenstädter Testament« isoliert zu betrachten, es weist nicht auf eine Einzelkatastrophe hin, sondern ist eine etwas krasse Momentaufnahme in einer insgesamt äußerst problematischen Zeit, die hier wegen ihrer herausragenden biografischen Bedeutung als Übergang von einem ›ersten‹ zu einem ›zweiten‹ Leben charakterisiert wird. Die künstlerisch eigentlich äußerst erfolgreichen Jahre zwischen 1800 und 1802 sind wegen der Hörprobleme psychologisch eine grausame Berg-und-Tal-Fahrt zwischen Hoffnung und Enttäuschung, weshalb es ratsam ist, einige weitere wichtige Briefe Beethovens in die Überlegungen miteinzubeziehen. Es handelt sich um die (teils erwähnten) Briefe vom 29. Juni, 1. Juli und 16. November 1801 an Carl Amenda und Franz Gerhard Wegeler, damals seine engsten Freunde (Briefe Nr. 65, 67 und 70 in der BGA). Die breitere Betrachtung der Dokumente erlaubt, das Bild zu differenzieren. Denn es gab für Beethoven trotz allen Ungemachs auch Grund, guten Mutes zu sein. Einerseits würde sich das Handicap des schlecht hörenden Interpreten erst allmählich bemerkbar machen, nämlich in dem Maß, wie sein Gehör tatsächlich abnahm – und dies geschah zwar schubweise, insgesamt aber äußerst langsam über wenigstens zwanzig Jahre hinweg. Es würde demnach eine Übergangszeit geben, während der er – unter Vorsichtsmaßnahmen – noch mindestens zehn Jahre uneingeschränkt öffentlich auftreten konnte.

Andererseits stand für Beethoven schon seit Langem die Frage nach der *Moral des eigenen künstlerischen Tuns* im Raum, und gerade da gab es einen Hoffnungsschimmer. Beantwortete Beethoven diese Frage 1798 in dem zitierten Brief an Nikolaus Zmeskall noch in einer entwaffnend sorglos-pragmatischen Weise (»Kraft ist die Moral der Menschen«), so zeigen die Briefe der Folgejahre, dass seine Konzeption von Arbeitskraft und Schöpfertum sich nach und nach jener ›Wahrheit‹ annähert, die er eigentlich seit der Kindheit als Sinn seines Lebens erkannt hatte, nämlich schlicht und einfach ›Gutes‹ zu tun. Auch wenn dieses ›Gute‹ viele Jahre sehr nebulös bleibt, war das für ihn weit mehr, als sich hinzusetzen, Klavier zu spielen und dann beim Kassier vorbeizuschauen. Insofern scheint er sich das ihm bevorstehende Komponistenleben als eine Form des ›Wahrheits-Gewinns‹ vorzustellen. Dies kann man aus mehreren Stellen des »Testaments« herauslesen: »Mein Herz und mein Sinn waren von Kindheit an für das zarte Gefühl des Wohlwollens, selbst große Handlungen zu verrichten […] immer aufgelegt.« Oder: »Gottheit du siehst herab auf mein inneres, du kennst es, du weist, daß menschenliebe und neigung zum Wohlthun drin Hau-

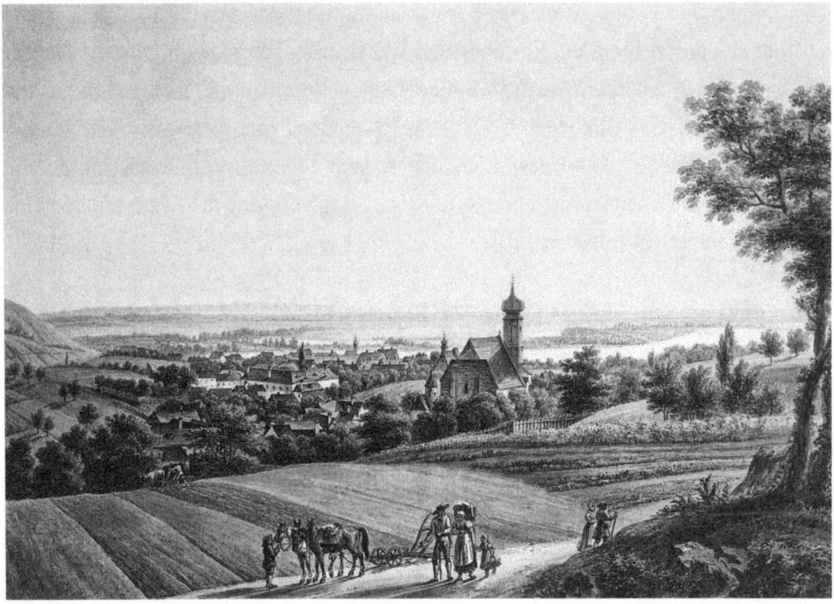

Abb. 29 Im Wiener Vorort Heiligenstadt verbrachte Beethoven den tragischen Sommer 1802. In den 1820er Jahren hielt er sich dort erneut auf. Aquarell von Tobias Raulino, um 1825.

sen, o Menschen.« Im Vergleich zur Jugendzeit denkt er schon deutlich konkreter über solche Fragen, wie auch in dem Brief vom 29. Juni 1801: »Auch als Mensch sollt ihr mich besser, Vollkommener finden, und ist dann der Wohlstand etwas besser in unserm vaterlande, dann soll meine Kunst sich nur zum Besten der Armen zeigen [...]« (an F. G. Wegeler; BGA Nr. 65). Neu ist im Jahr 1802 vor allem der Ton tiefster Verzweiflung, die bis zum Gedanken an Selbstauslöschung reicht, während in den frühesten Zeugnissen zu den Gehörproblemen, den Briefen von Juni, Juli und November 1801, noch der Glaube an eine Besserung mitschwingt:

> »O wie glücklich wäre ich jezt, wenn ich mein vollkommnes Gehör hätte, dann eilte ich zu dir, aber so [weit] von alle[m] muß ich zurückbleiben, meine schönsten Jahre werden dahin fliegen, ohne alles das zu wirken, was mir mein Talent und meine Kraft geheißen hätten – traurige resignation zu der ich meine Zuflucht nehmen muß, ich habe mir Freylich vorgenommen mich über alles das hinaus zu sezen [...]« (an Carl Amenda, 1. Juli 1801; BGA Nr. 67).

»Ohne dieses übel, o die Welt wollte ich umspannen von diesem Frey, meine Jugend – ja ich fühle es, sie fängt erst jezt an, war ich nicht immer ein siecher Mensch, meine körperliche Kraft – nimmt seit einiger Zeit mehr als jemals zu, und so meine Geisteskräfte jeden tag gelange ich mehr zu dem Ziel, was ich fühle, aber nicht beschreiben kann, nur hierin kann dein B.[eethoven] leben, nichts von ruhe – ich weiß von keiner andern als dem schlaf [...]« (an Franz Gerhard Wegeler, 16. November 1801; BGA Nr. 70).

Doch am kräftigsten und bildmächtigsten drücken sich Lebensmut und Überlebenswille in der viel zitierten Passage des Briefes vom 16. November 1801 aus, wegen der Beethoven immer wieder unter den Generalverdacht des Heroismus gestellt wurde:

»Ich will dem schicksaal in den rachen greifen, ganz niederbeugen soll es mich gewiß nicht – o es ist so schön das Leben tausendmal leben – für ein stilles – Leben, nein ich fühl's, ich bin nicht mehr dafür gemacht.«

In das eigentlich ›nur‹ Medizinische, die Hörprobleme, mischen sich ideelle wie psychologische Aspekte. Es muss versucht werden, das etwas auseinanderzudividieren.

Medizinisches und Psychologisches

Die frühesten nachweisbaren Klagen über das Gehör sind erst in den drei erwähnten Briefen an Franz Gerhard Wegeler sowie an Carl Amenda enthalten. Doch kamen wahrscheinlich auch noch andere Umstände hinzu, welche die Situation zu einer gefährlichen Groß-Krise verschärften. Möglicherweise wurde es Beethoven zu jener Zeit klar, dass seine Beziehung zu Julie Guicciardi keinerlei Zukunft hatte, vielleicht merkte er, dass sie mit ihm ihr Spiel trieb. Ferner hatte sich zu jener Zeit sein gesamter Gesundheitszustand verschlechtert; die Herausgeber der Briefausgabe geben zu bedenken: »Die Krise, in der Beethoven das Heiligenstädter Testament verfasste, war offenbar nicht allein durch die Erkenntnis der Unheilbarkeit seiner Ertaubung ausgelöst worden. Freunde und Bekannte wussten von einer der häufigen Unterleibserkrankungen zu berichten, die Beethoven möglicherweise sein nahes Ende befürchten ließ« (BGA Bd. I, Kommentar zu Nr. 106).

Die Unterleibsbeschwerden waren möglicherweise durch ungeregelte Ernährung, wahrscheinlicher aber durch nervliche Überbeanspruchung der schöpferischen Tätigkeit bedingt, wie man dies aus anderen Künstlerbiografien kennt. Die Erkrankung von Beethovens Ohren wird heute als cochleäre Otosklerose bezeichnet, als sensorisch-neuraler Hörverlust mit Schallleitungsstörung, die mit Hochtonverlust, schwerem Tinnitus und Hyperakusis (akuter Lärmempfindlichkeit) einherging und bis etwa 1817/18 zu seiner nahezu vollständigen Ertaubung führte.[129] Eine in jedem Fall mehrfach dokumentierte Rest-Hörfähigkeit ist von heute aus schwer zu beurteilen; jedenfalls kann man mit der Notwendigkeit der Benützung der Konversationshefte, die 1818 einsetzt und aus deren ursprünglich weit höherem Bestand heute noch 139 Hefte erhalten sind, den Beginn eigentlich *vollständiger* Taubheit annehmen. Aus den zahlreichen Spezialstudien zu dieser Problematik sind zwei Voraussetzungen hervorzuheben, einerseits, dass man aufgrund vorhandener Dokumente eine vorangehende Infektion als ursächlich annehmen,[130] und andererseits eine Syphilis ausschließen kann, weil Letztere nicht über zwanzig Jahre hinweg, sondern erst im Endstadium, dort aber innerhalb weniger Monate, zur Taubheit führt und dabei auch das Gleichgewichtsorgan des Innenohrs zerstört, das bei Beethoven nie betroffen war.[131]

Sehr schwer zu beurteilen sind zwei Zusatzphänomene, erstens der ziemlich viele Jahre anhaltende intermittierende Charakter der Erkrankung mit offensichtlich längeren Remissionsphasen, und zweitens die sich oft überlagernde psychologische Dimension, die aufgrund der Art der vorhandenen Dokumente und auch wegen des Abstands von zweihundert Jahren weitgehend im Dunkeln bleibt. Diese Problembereiche aber sollte man, so gut es geht, durchleuchten, während weitere medizinische Aufschlüsse aufgrund des teilweisen Materialverlusts bei den Obduktionen Beethovens 1827 und 1863 eher unwahrscheinlich sind. Der wechselhafte Charakter der Krankheit ist gut belegt, und zwar sogleich bei Ferdinand Ries, der die akustischen Probleme schon bei seiner Ankunft in Wien 1801 zu spüren bekam, als er Schüler des Meisters wurde: »Beethoven litt nämlich schon im Jahr 1802 verschiedentlich am Gehör, allein das Uebel verlor sich wieder« (Wegeler-Ries, S. 98f.). Eine wirkliche Heilung war das freilich nicht, aber fast jeder Mensch kann lernen, mit schwindendem Gehör zumindest anfangs umzugehen, indem man achtsamer auf die Umgebung wird, etwa auch lernt, von den Lippen abzulesen (was bei Beethoven höchstwahrscheinlich der Fall war) und die Hörschwäche durch maximale Konzentration auf den Hörprozess auszugleichen.[132] Insofern ist erklärlich, warum die 1801/02 geäußerten Klagen über den Zwang, sich wegen des Hörverlusts abzusondern, erst einmal abnehmen: Beethoven hatte es geschafft, die Situation vorerst zu meistern.

Hinzu kommen die nervlichen Remissionsvorgänge, die nach dem Ende von Stresssituationen dem Hörgeschädigten Erleichterung bringen können. Darauf bezieht sich eine Notiz Beethovens über einen Aufenthalt auf dem Land, der auf »vielleicht 1815« datiert wird (dem Auftreten der Symptome nach würde ich den Text jedoch auf *spätestens 1812* vorverlegen). Demzufolge gab es unter guten Bedingungen auch in relativ später Zeit noch Erholungspausen von den Bedrängnissen des lästigen Tinnitus, den Beethoven als »sausen und Brausen tag und Nacht« wahrnahm (BGA Nr. 65). In diesem Sinne schreibt er von einem Landurlaub: »mein unglückseliges Gehör plagt mich hier nicht, ist es doch, als wenn jeder Baum zu mir spräche auf dem Lande: *heilig, heilig! Im Walde Entzücken … Süße Stille des Waldes!*«[133]

In die tieferen psychologischen Dimensionen der Hörprobleme führen einige weitere Briefstellen, wobei auch hier einige Texte – innerhalb des Schlecht-Hörens – die Fähigkeit zu einem selektiven Besser-Hören nahelegen.[134] Dies scheint insbesondere auf den Kontakt mit Erzherzog Rudolph zuzutreffen, den Beethoven besser verstand als andere, wie in einem späteren Kapitel noch zu erklären ist. Auch blieb sein Gehör länger für Musik empfänglich als für Sprache.[135] Doch gerade diesbezüglich ist für die Anfangszeit die Fortsetzung des oben erwähnten Berichts von Ferdinand Ries nützlich: »Die beginnende Harthörigkeit war für ihn eine so empfindliche Sache, daß man sehr behutsam sein mußte, ihn durch lauteres Sprechen diesen Mangel nicht fühlen zu lassen. Hatte er etwas nicht verstanden, so schob er es gewöhnlich auf eine Zerstreutheit, die ihm allerdings in höherem Grade eigen war« (BGA Nr. 106, FN 5). »Zerstreutheit«, ein im Fall Beethovens viel benutztes Wort, ist allerdings ein falscher Ausdruck für das Phänomen, um das es hier geht. ›Versenkung‹ wäre treffender: ein Abtauchen in die eigene Innenwelt, die sich parallel zur äußeren abspielt und den Betroffenen zeitweise unansprechbar macht. Dies ist schwer zu begreifen, und ich werde deshalb hier zur Verdeutlichung von einer Begebenheit berichten, die ich selbst erlebt habe.

In meiner Laufbahn als Orchestermusiker war ich mit mehreren Chefdirigenten der Stuttgarter Oper befreundet, von denen einer mein Interesse an historischen Musikdrucken und Manuskripten teilte. Wir besuchten zusammen die Stuttgarter Antiquariatsmesse und erfreuten uns gerade am Anblick herrlicher mittelalterlicher Handschriften, als jener Dirigent mir sagte: »Ulrich, es tut mir leid, ich muss nach Hause gehen, ich habe eine Stelle in der Symphonie vergessen, die wir morgen aufführen. Das muss ich reparieren.« Was war vorgefallen? Wir hatten uns die ganze Zeit sehr angeregt unterhalten über die schönen Exponate, die wir in der Ausstellung gesehen hatten. Doch gleichzeitig war der Dirigent ganz bei seinem Dirigat, in seinem Gehirn lief quasi parallel ein Film ab, in dem er die Symphonie Episode für Episode durchging und durchdachte. Doch irgendwann riss der Film, und die musikalische Parallelwelt entglitt ihm! Eine solche ›Abwesenheit‹ ist keine Zerstreutheit, sondern eine Gottesgabe, um die man manch großen Künstler beneiden darf, weil sich auf diese Weise in ihm ein Projekt stetig und unaufhaltbar weiterentwickeln kann; man darf das durchaus mit einer Schwangerschaft vergleichen.

In diesem Sinne muss man sich Beethovens Mehrfachaktivitäten vorstellen: Er komponierte buchstäblich Tag und Nacht, unablässig, sogar in der Taverne, wo er oft sein Notizheft hervorholte, um etwas zu notieren – auch nachts stand er manchmal auf, um etwas aufzuschreiben. Tagsüber freilich war er vorrangig am Werk beschäftigt, weshalb er zu jeder Zeit und Gelegenheit, auch beim Spazierengehen und beim Wandern, beste Freunde und gute Nachbarn einfach stehen ließ, oder sie oft gar nicht erst erkannte und deshalb übersah – *weil er da oft komponierte.* Wenn sich solche Situationen mit einer beginnenden Schwerhörigkeit paaren, konnte Beethoven ein zusätzliches Problem begegnen: dass die ersten paar Wörter einer unerwartet kommenden und sprechenden Person eine Art Schutzwall durchdringen müssen, welchen der konzentriert Arbeitende um sich hat und der ihn gegen Störgeräusche schützt. Der in solcher Situation Angesprochene überhört diese ersten Wörter, bis sein Gehirn die Versenkung in die Arbeit beendet und die Hörbereitschaft gegenüber dem Redenden aufgebaut hat. Die ersten überhörten Wörter erlauben oft aber nicht, denn Sinn des ersten Satzes zu verstehen, und der Betroffene muss nachfragen. Das kann dem gut Hörenden zwar auch passieren, beim Schwerhörigen ist das Phänomen aber gravierender.

Geradezu eine Bestätigung dieser Beobachtung liefert Bettina Brentano, die berühmte, viel zitierte, leider aber oft auch fabulierende Schwester des ebenso problematischen Clemens Brentano; sie hatte immerhin hinsichtlich des Kranksein eine poetisch inspirierte Einsicht, die im Kern das Richtige zu treffen scheint: »Wenn er aber gerade componirt hat, so ist er ganz taub und seine Augen sind verwirrt im Blicke auf das Äußere; das kommt daher, weil die ganze Harmonie sich in seinem Hirne fortbewegt und er nur auf diese seine Sinne richten kann; das also, was ihn mit der Welt in Verbindung hält (das Gesicht und Gehör), ist ganz abgeschnitten, so daß er in der tiefsten Einsamkeit lebt. Wenn man zuweilen lange mit ihm spricht und auf eine Antwort wartet, so bricht er plötzlich in Töne aus, zieht sein Notenpapier hervor und schreibt.«[136] Das berichtet sie bereits 1810; Beethoven war schon sehr bekannt, aber noch nicht so berühmt, dass man durch Fabulieren sich selbst als Berichterstatter Blumen streuen konnte, weshalb man Bettina Brentano hier ernst nehmen sollte. Denn unter den schier unzähligen Berichten, die es über die Variabilität von Beethovens Gehör gibt, ist ihrer der, der dahinter ein nachvollziehbares ›System‹, einen mit heutigen Kenntnissen kompatiblen Generalgrund, entdeckt. Das ändert überhaupt nichts an dem eindeutigen, biologisch-medizinisch bedingten Abnehmen von Beethovens Gehör, gibt aber eine glaubhafte Erklärung für die extremen Schwankungen in diesem Prozess, in dem besondere positive Umstände dazu führen konnten, dass manche Besucher noch Jahre später abwiegelnd von einer funktional befriedigenden Kommunikation mit dem Meister berichten.[137]

In diesem Sinne schreibt auch der Musikjournalist Ludwig Rellstab (1799–1860), ein außerordentlich sensibler und nachdenklicher Berichterstatter, der 1825 intensiv mit Beethoven verkehrte: »Es wurde früher und später öfter behauptet, daß Beethoven's Gehör nicht so völlig zerstört sei; daß er zwar den Zuruf nicht verstehe, und selbst heftiges Geräusch nicht vernehme, aber doch musikalische Töne sehr wohl zu unterscheiden wisse. Auch sollten seine Zustände einem sehr merklichen Wechsel unterworfen sein, und er zu Zeiten überraschend gut hören, was die Hoffnung einer dereinstigen völligen Heilung immer neu in ihm erwecke. […] Hatte seine Krankheit, hatten Verstimmung, Zerstreuung die Hörfähigkeit noch vermindert, […] ich weiß es nicht.« Etwas später wird Rellstab genauer und schließt die früheren Beobachter mit ein: »Wenn aber damals schon, in einzelnen übeln Perioden seines Zustandes, Beethoven helle kräftige musikalische Töne nicht hörte, so mag die Behauptung, daß er später noch die Fähigkeit gehabt habe, Musik mit dem äußern Ohr zu verfolgen, wol sehr bedingt gewesen, und ebenso nur in günstigen Momenten eingetreten sein, wie sie ihm damals in ungünstigen schon versagte« (BSZ, S. 692 und 694).

So genau weist kaum jemand auf die außerordentlich wichtige *psychologische* Komponente seiner Schwerhörigkeit hin, und diese sollte man auch heute bestmöglich berücksichtigen. In manchen Situationen konnte Beethoven aufgrund solch extremer Schwankungen gar in bedrohliche Panikstimmungen verfallen, wie es sein Neffe Karl später etliche Male und Beethoven selbst zumindest einmal brieflich dokumentiert, als er nachts um drei erwacht und feststellt, dass die Haushälterin nicht da ist und ihn im Stich lässt. In der Hilflosigkeit des Nicht-Hörens gerät er in große Angst und will »die Hülfe der Polizey« beanspruchen. Wieder beklagt er sein »schrecklich daseyn« (BGA Nr. 2112). Rellstab empfindet mit und fragt, wie »dieser tiefgebeugte, kranke Geist« die Kraft zu derartigen Werken finden konnte (BSZ, S. 694). Als der treue Quartettprimarius Schuppanzigh 1823/24 den Meister einmal aufsuchte, fand er ihn damit beschäftigt, die Wand, an die er ein Ohr drückt, mit einem Stiefelknecht zu traktieren, um zu prüfen, ob er wenigstens von solchem Lärm noch etwas mitbekomme (BSZ, S. 865). Da dieses ›Instrument‹ einer Stimmgabel ähnlich sei, erhoffte er, dass das hörbar sein müsse (BSZ, S. 867).

Durch die Beethoven lange Zeit sehr eng verbundenen Schwestern Franziska (Fanny) und Maria Anna Giannattasio del Rio ist überliefert, dass sie um 1816/1818 oft zu Beethoven kamen, wo manchmal niemand öffnete, sie aber schon an der Wohnungstür grausigen Lärm von innen vernahmen. Beim Eintreten bot sich den Mädchen »ein ergreifendes Bild. Der Meister stand über dem Clavier gebeugt, mit der geballten Faust schlug er auf die Tasten und rief verzweifelt: ›Ich höre nichts, gar nichts‹. Es war das eine schreckliche Zeit für ihn und die ihm Nahestehenden, [...] Beethoven's zerrüttetes Wesen während seiner späteren Lebensjahre« in dieser Form mitzuerleben (BSZ, S. 635f.). Man muss das so hinnehmen, die Giannattasios – der Familienvater war der Direktor der Schule, die Beethovens Neffe Karl besuchte – waren sehr hingebungsvolle Freunde und ebenso sensible wie genaue Chronisten.

In Anbetracht solch extrem komplexer, kaum gänzlich zu fassender Zusammenhänge darf man dankbar sein, dass die heutige, rein medizinische ›Posthum-Untersuchung‹ viel Hilfreiches herausgefunden hat. Aber in Ermangelung weiterer, wohl nicht mehr zu erbringender Erfahrungswerte führt manche medizinische Überlegung auch zu großen Missverständnissen. Wenn man Beethovens oft verstörende, gar beleidigende Verhaltensweise als Folge einer »Borderline-Persönlichkeitsstörung« zu interpretieren versucht, führt das zu weit, und vor allem geht es an den eigentlichen Problemen vorbei.[138]

Anstatt zeitlich zu entfernte Erklärungen zu bemühen, ist es wichtiger, sich auf das zu konzentrieren, was seit 1802, seit dem Radikalwandel von Beethovens Lebensverhältnissen, immer mehr in den Vordergrund rückt: seine Suche nach einem ethisch begründeten Leben, *die Verknüpfung von Beruf und Berufung* – mit all den Gefahren des Übertreibens und Abgleitens, vor denen auch ein Beethoven, wie später dargestellt wird, nicht gefeit war.

10

Auf dem Weg zur Eroica

Nachdem Beethoven im Oktober 1802 Heiligenstadt verlassen hatte und nach Wien zurückgekehrt war, versuchte er, seinen Alltag zielgerichteter zu organisieren. Als Erstes versuchte er, Organisatorisches an seinen Bruder Kaspar Karl zu delegieren, der allerdings nicht immer geschickt und wahrscheinlich auch nicht immer ganz ehrlich ans Werk ging.[139] Immerhin entlastete er bis zu seiner Heirat vier Jahre später den Bruder Ludwig erheblich.

Nach dem Psychodrama, das sich nur wenige Meilen nördlich von Wien in dem lieblichen Dorf Heiligenstadt abgespielt hatte, sollte man denken, dass Beethoven eine radikale Wende in seiner Arbeit vornehmen würde. Wie war eine künstlerische ›Revolution‹ anzuzetteln, um den Kunstbetrieb so umzukrempeln, dass seine neuesten Bedürfnisse und Ambitionen darin Raum fänden? – Wenn man Beethovens Kompositionskalender unter die Lupe nimmt, stellt man jedoch bass erstaunt fest, dass er die ›Revolution‹ bereits zu einem Teil begonnen hatte – vorerst allerdings in den für damalige Groß-Kunstveranstaltungen kaum geeigneten Formen des Streichquartetts (seit 1798) und der Klaviersonate (ab 1799): Man könnte sagen, dass er in diesen Gattungen die Revolution erst einmal im Kleinformat geprobt hatte, bevor er dann mit der großen Form der Symphonie ab 1802/03 vor die ganze große Welt tritt. Quartett und Sonate waren inzwischen seine ureigensten Domänen geworden, in denen er seit dem Erscheinen der *Pathétique* 1799 auch eine »gerechte Würdigung« erfahren hatte, während die Quartette immerhin als »vortrefflich« galten (TDR Bd. II, S. 281 u. 182). Seit den frühesten in Wien publizierten Klaviersonaten, die 1796 als op. 2 erschienen und bezeichnenderweise Joseph Haydn gewidmet waren, hatte Beethoven versucht, die Möglichkeiten klassischer Formen und Schemata zu testen und auszureizen, wobei er immer wieder wie in der *Pathétique* (op. 13) bis an die äußersten Grenzen ging. Doch den Grundplan

Schnell – Langsam – Schnell (mit einem Sonatensatz zu Beginn und einem Rondo als Finale) stellte er vorerst noch nicht infrage und erweiterte das Schema höchstens gelegentlich durch ein zusätzliches Scherzo.

Anno 1800, als er seine 12. Klaviersonate op. 26 in Angriff nimmt, wird alles anders. Die sieben Sonaten Nr. 12 bis 18 schreibt er – von kleineren Unterbrechungen abgesehen – hintereinander weg. Bis zum Sommer 1802 liegt mit op. 26, 27/1 und 2, 28 sowie op. 31/1–3 ein Werkblock von beeindruckendem Wagemut und ebensolcher Größe vor. Dabei kann man diese sieben Sonaten in zwei Teilgruppen gliedern: In den ersten vier Werken wird die klassische Sonatenform kontrolliert zur Explosion gebracht und Schlag auf Schlag durch Elemente der freien Fantasie ersetzt. In den drei Sonaten des op. 31 wird wiederum die Sonatenform bemüht, doch ist sie nun durchdrungen von nie da gewesenen Partikeln, die sich bei Beethovens Sezierarbeiten am Material der vier vorangehenden Werke ergeben hatten. So ließ er 1801/02 in seiner Sonate in d-Moll op. 31/2 (genannt *Der Sturm*) alle drei Sätze leise beginnen und leise enden, womit er einen magischen Vorhang-auf-Effekt kreierte. Sonatensätze (also bi-thematische Muster mit Exposition, Durchführung und Reprise) kommen, wie die Regel, als Anfangssätze in op. 26 bis 28 gar nicht mehr vor, sondern höchstens als Schlusssatz, doch dort so verfremdet, dass man sie in ihrer Struktur nur schwer nachvollziehen kann. Dafür erquickt Beethoven sich in den Anfangssätzen jener Gruppe mit Variationen (op. 26), Mischungen aus Variation und Fantasie (op. 27/1) bzw. völlig freier Fantasie (op. 27/2), während op. 28 in die Richtung eines zyklischen Werkes geht, in dem verwandte Motive sowohl im ersten wie im vierten Satz vorkommen.

Christus am Ölberge

Nach einem derartigen 18-monatigen Parforceritt durch eines der heikelsten Gebiete des Komponierens, die Klaviersonate, hätte Beethoven sich eigentlich zufrieden zurücklehnen und die Ernte in Form einträglicher Verlagsverträge einfahren können. Weit gefehlt! Genau zu diesem Zeitpunkt der Ermattung bricht seine Krise erst richtig los und führt zum »Heiligenstädter Testament«. Es wurde erwähnt, dass dieses mehrere Ursachen hat, die sich in der Negativwirkung gegenseitig verstärken. Aber die Erschöpfung nach der titanischen Leistung jener sieben Klaviersonaten dürfte neben den Gesundheitsproblemen und den emotionalen Turbulenzen (Julie Guicciardi) im Zentrum stehen. Ferner muss ein mögliches Bewusstseinsproblem in Rechnung gestellt werden: Seit Beginn des Jahres, als die geplante Akademie gescheitert war, könnte Beethoven unter einer gewissen beruflichen Perspektivlosigkeit gelitten haben, was ihm den Halt raubte.

Eine bedeutende Änderung macht sich bei ihm erst einige Monate später bemerkbar, indem er das von 1800 bis 1802 intensiv bestellte Feld der Klaviersonate für fast zwei Jahre der Brache überlässt und sich stattdessen auf ein ganz neues Abenteuer einlässt: das geistliche Oratorium. Dass dieses etwas übereilte Projekt, *Christus am Ölberge,* auch mit dem »Heiligenstädter Testament« zu tun haben könnte, haben – völlig zu Recht – bereits Maynard Solomon und in dessen Folge Theodore Albrecht und Barry Cooper vermutet. Dagegen hat Sieghardt Brandenburg eingewendet – ebenfalls zu Recht –, dass Beethoven nach eigenem Bezeugen das Oratorium in »nur 14 Tagen« geschrieben habe und sich dies philologisch auf die Zeit Februar/März und Ende März/Anfang April 1803 eingrenzen lasse. Recht haben alle, weil sich die Argumente bzw. Zeitverhältnisse nicht gegenseitig ausschließen. Die von Albrecht und Cooper angeführten Textparallelen zwischen dem Oratorium und dem »Testament« sind ausreichend, um gedanklich die drei Monate zwischen der Niederschrift des »Testaments« und dem Beginn der Komposition des Oratoriums zu rechtfertigen: Es musste ja erst einmal ein Textbuch geschaffen werden, das der Wiener Literat Franz Xaver Huber, Herausgeber der *Wiener Zeitung,* nach Beethovens Wünschen in aller Eile maßschneiderte. Und dann musste die Uraufführung geplant werden; sie fand am 5. April 1803, also in der Karwoche, statt.

Wie kam es dazu? Nachdem der zänkisch-eifersüchtige Baron von Braun eine zweite, von Beethoven für das Frühjahr 1802 gewünschte Akademie vereitelt hatte, traf es sich bestens, dass Emanuel Schikaneder, das durch das Libretto zu Mozarts *Zauberflöte* unsterblich gewordene ›Theatertier‹, Direktor des am 13. Juni 1801 eröffneten Theaters an der Wien wurde. Als solcher ernannte er Beethoven im Januar 1803 zum »Kompositeur beim Theater an der Wien«, verbunden mit einer Dienstwohnung im Theatergebäude, in die Beethoven samt Bruder Karl und Diener auch rasch einzog.[140]

Üblicherweise hatte er ferner das Anrecht auf eine Akademie pro Jahr, bevorzugt in der Fastenzeit, wenn die Opernhäuser geschlossen waren. Nun war allerdings Eile geboten. Zwei Symphonien (Nr. 1 und 2), das Klavierkonzert Nr. 3

und das Oratorium standen auf dem Programm – außer der *Ersten Symphonie* alles Uraufführungen, keiner wusste, was da aufs Publikum zukam. Baron von Braun hatte nichts Besseres zu tun, als zum selben Termin ein eigenes Konzert anzusetzen, was Beethoven nicht nur überflüssige Konkurrenz bescherte, sondern auch gute Musiker blockierte, die deshalb für sein Konzert nicht zur Verfügung standen. Der Komponist sorgte aber auch selbst für Komplikationen, weil das Oratorium erst ›in letzter Minute‹ fertig wurde; die Posaunenstimmen lagen erst bei der Generalprobe auf den Pulten, was die Arbeit sehr in die Länge zog.

Erwartungsgemäß war die Aufführung von unterschiedlicher Qualität und der Erfolg entsprechend durchwachsen. Gutes Echo bekamen die beiden Symphonien, während das Klavierkonzert, heute ein Zugpferd sui generis, erstaunlicherweise weniger geschätzt wurde. *Christus am Ölberge* verblüffte das Publikum, das sehr an Haydns weniger emphatische Tonsprache gewohnt war und solch eine persönliche Vertiefung in die christliche Leidensgeschichte nicht erwartet hatte. In dieses Großprojekt der Vokalmusik ließ Beethoven auch einfließen, was er sich 1798 bis 1801 in etwas mühsamen Privatstunden bei Meister Antonio Salieri, vormals Lieblingshofkapellmeister von Kaiser Joseph II., zum Thema Komposition für die menschliche Stimme angeeignet hatte.[141]

Eine Symphonie für Napoleon?

Nachdem Beethoven erfahren hatte, dass man seine beiden Sinfonien auch in Paris in zwei Konzerten mit Erfolg aufgeführt hatte, erwog er, selbst in die französische Hauptstadt zu reisen. Deshalb bat er seinen Bonner Jugendfreund, den Verleger Nikolaus Simrock, in dessen Pariser Filiale Nachdrucke einiger seiner Klavier- und Kammermusikwerke zu verfertigen, um in der Stadt an der Seine die Aufmerksamkeit auf ihn zu lenken. Glanzlicht seiner Frankreich-Pläne aber sollte eine ganz neue Symphonie werden, die er keinem Geringeren als dem sehr musikinteressierten Premier Consul Napoleon Bonaparte zu widmen gedachte. Wie zu erwarten, hörte Fürst Lobkowitz von diesen Plänen; seit den Aufführungen der ihm gewidmeten Streichquartette op. 18 war er ja Feuer und Flamme für Beethoven. Lobkowitz zog nun alle Register, um die geplante Symphonie für sein Kunstimperium zu vereinnahmen, und bot dem Komponisten nicht nur ein Orchester und Raum in seinem Palast, um das Werk in jedem Stadium seiner

Entstehung in der Praxis auf den Prüfstand stellen zu können. Ferner garantierte Lobkowitz ihm auch die für damalige Verhältnisse erstaunliche Summe von über 1000 Gulden – fast das Jahresgehalt eines Beamten – für die Widmung und die Aufführungsrechte während des ersten Jahres des Werkes, das sich als etwas Sensationelles ankündigte. Beethoven konnte da keinesfalls widerstehen, beschloss aber, zweigleisig zu fahren: Er versprach Lobkowitz die Widmung, plante aber, den Namen Bonaparte in den Werktitel aufzunehmen. Welch meisterlicher Schachzug, zuallererst die Hände an der fürstlichen Kasse aufzuhalten und sich trotzdem alle Optionen Richtung Paris offenzuhalten! Aber es sollte anders kommen.

Die erste Probe fand Anfang Juni 1804 statt. Durch ständige Korrekturen kristallisierte sich von Tag zu Tag in unendlich vielen Veränderungen das heraus, was wir heute im Ohr haben. Bei jeder Probe war Publikum anwesend, sodass sich herumsprach, was sich im Hause Lobkowitz anbahnte. Doch vertragsgemäß nahm der Fürst die Noten mit in seinen Sommeraufenthalt auf Schloss Eisenberg in Nordböhmen, wo ihn Prinz Louis Ferdinand von Preußen, wie so oft, besuchte. Dieser bekam die Novität auch bald zu hören und war derart erschüttert und begeistert, dass er wünschte, das Werk noch am selben Tag ein zweites und dann sogar ein drittes Mal anzuhören. Seit einem Treffen 1796 in Berlin kannte er den Komponisten ja schon, der seinerseits den Prinzen als bemerkenswerten Pianisten und erstaunlich guten Komponisten zu schätzen gelernt hatte. Louis Ferdinand verlangte damals, bei einem Galadiner neben Beethoven zu sitzen. Dieser war durch die ebenso herzliche wie ehrenvolle Zuwendung des Prinzen so bewegt, dass er später versprach, ihm das 3. Klavierkonzert zu widmen. Dessen Titel präzisiert denn auch: *composé et dédié A Son Altesse Royale Monseigneur le Prince Louis Ferdinand de Prusse,* wie das damals auf jeder anspruchsvollen Publikation auch in Wien sehr schnörkelreich zu lauten hatte, und zwar nicht auf Deutsch, sondern in dem glitzernden Kulturfranzösisch jener noch nicht verklingenden Feudalepoche.

Um die Vorbereitung seines Publikums auf die Symphonie voranzutreiben, ließ Beethoven die *Eroica* am 20. und 23. Januar 1805 endlich im Konzertmodus aufführen, vorerst aber wieder nur halböffentlich und im kleinenKreis, zunächst bei dem Bankier Joseph Würth und dann noch einmal bei Lobkowitz. In den Ohren dieser Auserwählten klang die Musik »genialisch«, und man erfuhr alsbald, dass das Werk »ungemeinen Beifall« bekommen habe – und man versicherte, dass viel mehr »als Haydn und Mozart« zu hören gewesen sei.[142] Doch

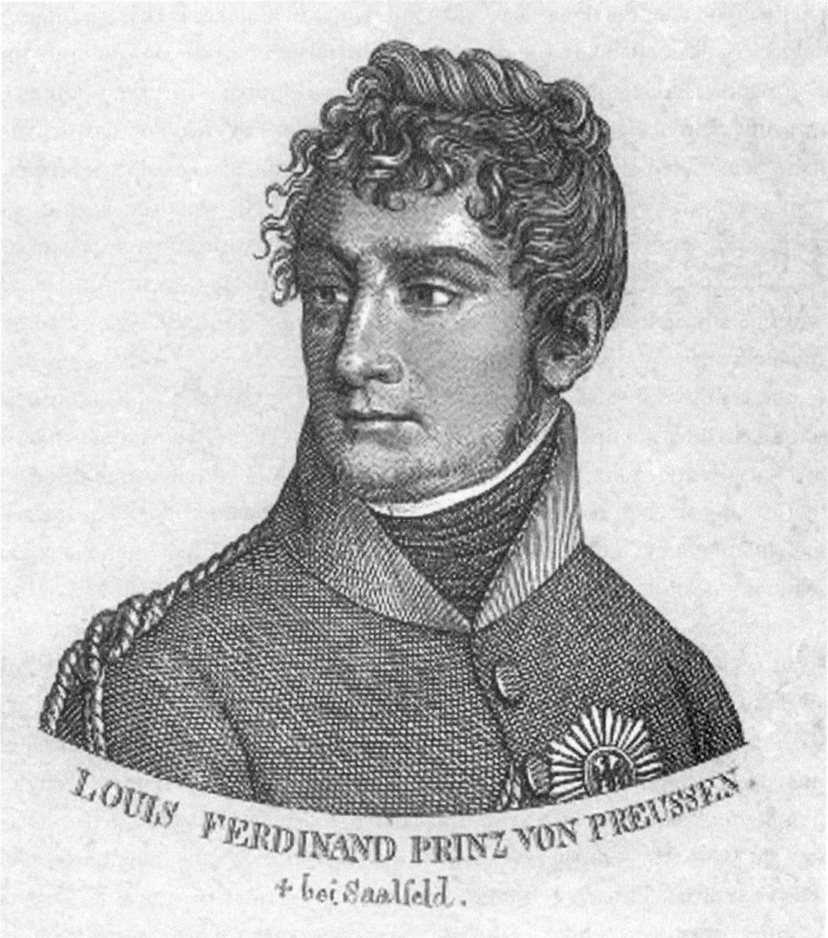

Abb. 30 Louis Ferdinand von Preußen, Prinz aus dem Hause Hohenzollern, Feldherr, Komponist und Pianist. Mit Beethoven verband ihn eine spontane wechselseitige Sympathie. Unbezeichneter Stich um 1810.

hatte Beethoven sich verrechnet: Diese erlauchten Kenner konnten das Publikum, das am 7. April 1805 diese Symphonie erstmals im Großformat in einer Akademie des Geigers Franz Clement im Theater an der Wien zu hören bekam, nicht auf ihre Seite ziehen! Der (möglicherweise republikanisch fühlende) Rezensent der Zeitschrift *Der Freimüthige* nahm ausgerechnet die »besonderen Freunde«, die Luxusbesatzung der ›Salons‹, aufs Korn: Diese meinten, »gerade diese Sinfonie sei ein Meisterstück, das sei eben der wahre Styl für die höhere

Musik«, für die »das Publicum nicht kunstgebildet genug sei«. In Wahrheit werde jedoch, so der anonyme Journalist, in jener neuen Symphonie ein »ganz ungebändigtes Streben nach Auszeichnung und Sonderbarkeit sichtbar, das aber nirgends Schönheit oder wahre Erhabenheit und Kraft bewirkt hätte«. Und dann holt er zum Rundumschlag aus: »Durch seltsame Modulationen und gewaltsame Übergänge, durch das Zusammenstellen der heterogensten Dinge [...] könne zwar eine gewisse eben nicht wünschenswerthe Originalität ohne viel Mühe gewonnen werden; aber nicht die Hervorbringung des blos Ungewöhnlichen und Phantastischen, sondern des Schönen und Erhabenen sei es, wodurch sich das Genie beurkunde: Beethoven hatte selbst durch seine früheren Werke die Wahrheit dieses Satzes erwiesen.«[143] Nur an Werken wie den zwei vorangehenden Symphonien, an dem »anmuthigen Septett« und dem »geistreichen Quintett«, könne man sich orientieren ...

Der »neue Weg«, den Beethoven zu jener Zeit seinem Schüler Carl Czerny angekündigt hatte, war dabei, ein Opfer der herrschenden Vorurteile zu werden. Was Beethoven in den Klaviersonaten op. 26–31 erarbeitet und in der *Eroica* ins Gebiet der Symphonik ausgeweitet hatte, erregte vorerst viel Verblüffung und auch Ärger, denn bis dahin war der junge Meister lediglich als Schüler Mozarts und Haydns wahrgenommen worden. Es wird noch etliche Jahre dauern, bis man sagen kann, er sei auch mit seinem *eigentlichen Stil* beim großen Publikum angekommen.

Die Fortsetzung der ›Geschichte‹ der *Eroica* ist allzu bekannt, insbesondere was die politische Dimension dieser Symphonie anbelangt. Ferdinand Ries berichtet, Beethoven habe sich über Napoleons Selbstkrönung zum Kaiser so geärgert, dass er das Titelblatt seines neuesten Werks zerrissen habe, um den Titel »Bonaparte« aus der Welt zu schaffen (Wegeler-Ries, S. 78). Aber möglicherweise ist diese Darstellung eher Teil der schon bald aufkommenden und florierenden Nationalmythen: In Wirklichkeit hatte sich Beethoven viel mehr über das vorangegangene Konkordat Napoleons mit dem Papst geärgert. Zumindest gibt es dazu authentische Aussagen: Von »diesen neuangehenden christlichen Zeiten« hielt er überhaupt nichts! (BGA Nr. 84.) Die Änderung des Titelblatts geschah in aller Ruhe und Überlegung, denn im Herbst 1806, als die *Eroica* im Druck erschien, waren die schweren Niederlagen der österreichischen Truppen bei Austerlitz und der preußischen Truppen bei Jena bereits geschehen, und Napoleon wurde von den Menschen östlich des Rheins nun eher als übermächtiger Herrscher denn als Kulturprophet wahrgenommen. In Wirklichkeit hat

Beethoven aus seinem Manuskript überhaupt nichts herausgerissen. Um den Verkauf der Symphonie nicht zu gefährden – ist es Pragmatik, ist es Opportunismus? –, veränderte er lediglich das Titelblatt und schabte in aller Ruhe den Titel »Bonaparte« vom Papier. Das Wort ist noch schwach erkennbar, aber das erhaltene Manuskript ist an dieser Stelle etwas löchrig. Manchmal schaden die Quellen den Mythen, auch den schönsten und langlebigsten (die in diesem Falle gar bis in die 1968er-Jahre ›galten‹).

Zu Napoleon wird Beethoven lebenslang ein ambivalentes Verhältnis zwischen Bewunderung und Ablehnung pflegen. Aber für den aktuellen Fall spielte das weiter keine Rolle. Der zweite Satz der Symphonie, die berühmte Marcia funebre, hat jedenfalls nichts mit Napoleon zu tun, der sich 1806 noch bester Gesundheit erfreute. Das aber weist auf das Problem des ganzen Werks: *Für wen ist es geschrieben?* Wem gilt die blumige Bestimmung *Sinfonia Eroica* […] *composta per festeggiare il sovvenire di un grand Uomo* [komponiert, um das Andenken eines großen Mannes zu feiern]? Dies bleibt Beethovens Geheimnis, und er stellt dieses Rätsel weiterhin allen Forschern. Richtet sich das Werk an den Kurfürsten

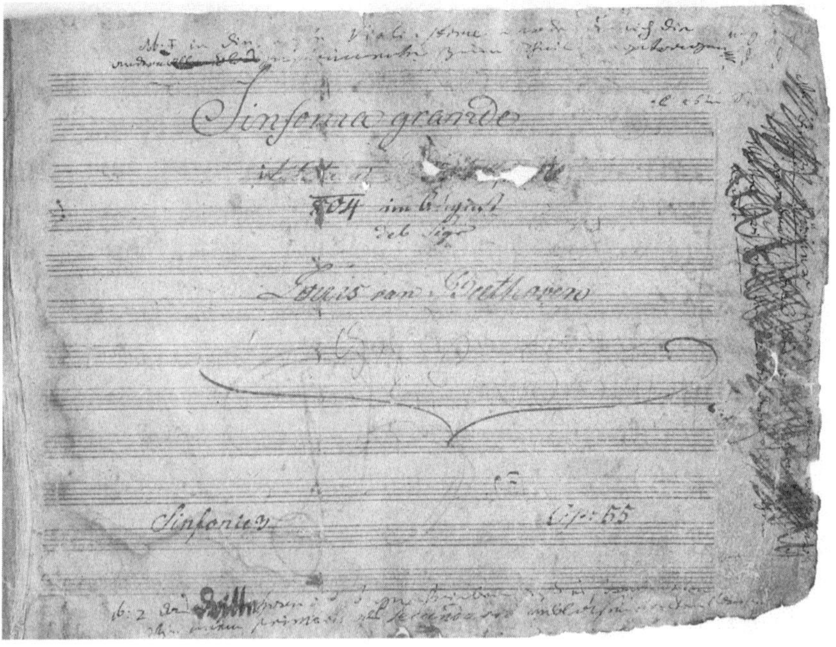

Abb. 31 Die Titelseite des Manuskripts der Dritten Symphonie. Die Entfernung der Widmung an Kaiser Napoleon ist noch heute zu erkennen.

Maximilian Franz, den er für die Erste Symphonie vorgesehen hatte und in dem Rita Steblin mit wohlgesetzten Argumenten den *großen Mann* der *Eroica* zu erkennen glaubt?[144] Oder ist es Prinz Louis Ferdinand, wie dies dessen Freund Lobkowitz eventuell suggeriert haben könnte und wie es gelegentlich wieder zum Thema wurde?[145] Oder gar Lord Nelson[146] oder General Abercrombie, der 1801 in der Schlacht von Alexandria gegen den Franzosen fiel? Außer Napoleon sind dies die Spitzenreiter auf der Kandidatenliste von Beethovens *Eroica*-Grand Uomo, doch die beiden Letzteren, Nelson und Abercrombie sind eher unwahrscheinlich. Es gab zwar später Gerüchte in diesem Sinne, doch ist keinerlei direkter Bezug Beethovens zu Lord Nelson aktenkundig geworden. Prinz Louis Ferdinand von Preußen käme sehr viel eher infrage, doch auch das ist eher unwahrscheinlich, und zwar aus zweierlei Gründen: Erstens starb er am 10. Oktober 1806 im Gefecht bei Saalfeld in Thüringen, und die Erstausgabe der *Eroica* wurde bereits am 29. Oktober 1806, also schon knapp drei Wochen nach dem Tod des Prinzen, in der *Wiener Zeitung* angezeigt.[147] Beethoven hielt sich allerdings von Anfang Juli bis Ende Oktober 1806 als Gast von Fürst Lichnowsky auf Schloss Grätz bei Troppau in Mähren-Schlesien auf, sodass er nach heutiger Kenntnis vom Tod des Prinzen nichts wissen konnte, als die *Eroica* in Druck ging. Eine Last-minute-Änderung der Zueignung des Trauermarschs ist unwahrscheinlich,[148] sodass der Tod Louis Ferdinands bei der Zueignung der *Eroica* keine Rolle spielen kann.[149]

So bleibt zweitens die Frage, ob Beethoven den Preußen-Prinzen bereits vorher als einen zu feiernden *grand uomo* betrachtet haben könnte und die rätselhafte Formulierung der Widmung frühzeitig eingeplant hätte. Trotz aller Sympathie, die insbesondere Musikfreunde für Louis Ferdinand hegen sollten, ist es nicht sicher, ob der Prinz die Größe und das Format eines *grand uomo* hatte. Bei genauem Hinsehen ist zu bemerken, dass allein schon die Umstände seines Todes nicht unbedingt auf einen Helden hinweisen.[150] Der schnell entstandene Heroenmythos um den Prinzen ist eher das Produkt einer erst posthumen, dann allerdings ziemlich gewaltigen politischen Instrumentalisierung.[151] Für die preußisch-österreichische Seite war der Tod Louis Ferdinands ein Glücksfall zu militärischer Motivation.[152] So stilisierte man einen Unfall auf der Flucht zum Heldentod und damit zum willkommenen Mythos, der nach den jeweiligen Bedürfnissen adaptiert wurde, und zwar mit spürbaren Steigerungen um 1870 und 1915.[153] Unter den um 1800 tätigen sogenannten Kleinmeistern der Tonkunst (zu denen man aus Gründen der Verhältnismäßigkeit Louis Ferdinand eben auch rechnen muss) ist kein einziger auf dem heutigen Markt so präsent wie er.[154] Sein Mythos ist ungebrochen in das dritte Jahrhundert seiner Existenz eingetreten![155]

Doch konnte Beethoven anno 1806 von diesem erst nach dem Tod des Prinzen entstehenden Mythos nichts wissen. Wie aber verhielt es sich davor? Wie verlief das Leben Louis Ferdinands vor der Mobilmachung von 1806? Verrät es etwas von Heldentum und Größe? Zu seinem eigenen Leidwesen hatte seine Existenz seit dem Frieden von Basel 1795 eigentlich kaum noch eine konkrete militärische Substanz, eine Teilnahme an größeren Schlachten (die damals bereits Zigtausende von Toten kosten konnten) wurde ihm – aus wohlbegründeten dynastischen Überlegungen – konsequent verweigert.[156] Deshalb schuf Louis Ferdinand eben in jenen Jahren, die er ohne Degen und Gewehr zubrachte, ein erkleckliches Œuvre aus Vokal-, Klavier- und Kammermusikstücken, von denen er selbst immerhin 13 meist großformatigere Kompositionen publizieren ließ. Diese wurden schnell berühmt und werden noch heute aufgeführt – nicht weil sie von einem Prinzen stammen, sondern weil sie einfach gut sind.[157] Und dann gibt es da noch ein Urteil von einem, der genau wusste, was er sagte: *»Der Prinz spielt gar nicht königlich oder prinzlich, sondern wie ein tüchtiger Klavierspieler.«* Dies soll laut Ferdinand Ries kein Geringerer als Ludwig van Beethoven gesagt haben.[158] Beethoven schätzte Louis Ferdinand als gesellschaftlichen Partner, der eminent viel von Musik verstand, und als eine etwas schillernde Persönlichkeit mit der die Aura von Schönheit, hoher Bildung, geistiger Wendigkeit und politischem Einfluss. Doch das ist wohl noch kein ausreichender Grund, um für den fernen Berliner Prinzen eine *Eroica,* eine der berühmtesten Symphonien aller Zeiten, zu schreiben. Dafür hätte dieser zumindest eine Tabatière aus Sèvres-Porzellan, gefüllt mit ein paar Hundert Dukaten, nachreichen müssen. So nüchtern-pragmatisch fühlte Beethoven nicht immer, aber sehr oft.

Da hat Rita Steblins Kandidat, Kurfürst Maximilian Franz, als denkbare Personifizierung des *grand uomo* vielleicht die besseren Karten. Erstens war er 1806 bereits tot – philologisch die Conditio sine qua non, um überhaupt für das *festeggiare il sovvenire* infrage zu kommen. Und gerade 1806 gab es Grund, Maximilian Franz nachzutrauern: Wäre er noch am Leben gewesen und hätte sein fatal engstirnig-reaktionärer kaiserlicher Onkel Franz I. ihn nicht völlig kaltgestellt wegen der offensichtlichen Sympathie des ehemaligen Kölner Kurfürsten für den in Wien nicht mehr hoch im Kurs stehenden Reformkaiser Joseph II., so hätte der überaus umsichtige und mit allen Wassern der Diplomatie gewaschene

Maximilian Franz als möglicher k. k. Außenminister Napoleon gegenüber vielleicht mehr erreicht als jene kriegstreibenden Fürsten, die sich dann, als der Empereur vor Wien anrückte, nach Budapest verkrochen und ihre Hauptstadt Wien kampflos den Truppen des Franzosenkaisers überließen.

* * *

Vielleicht war aber alles anders, vielleicht hat es sich völlig anders zugetragen. Denn nicht nur Beethoven, sondern auch viele andere Großkünstler beschreiben letztlich sich selbst, wenn es in ihrer Kunst richtig ernst wird. Wir werden es sehen: Dieser Komponist braucht oft konkrete Anlässe, um ein Werk in Angriff zu nehmen, womit noch längst nicht gesagt ist, dass der Anlass dann auch den Werkinhalt bestimmt. Könnte es nicht sein, dass der *grand uomo* jener Beethoven ist, den es 1806 nicht mehr gab, der 1806 nicht mehr ›lebte‹, jener Beethoven, der zuvor noch kerngesund war und noch nicht merkbar schwerhörig zu werden begann? Der kühn schreiben konnte: *Kraft ist die Moral der Menschen,* [...] *und sie ist auch die meinige*? Vielleicht schreibt jener am Beginn seines ›zweiten Lebens‹ angekommene Beethoven im langsamen Satz seiner Dritten Symphonie den Trauermarsch auf das ›erste Leben‹ eines damals noch ganz anderen, deutlich extrovertierteren Beethoven, der aus Bonn aufgebrochen war, um die Kunstwelt im Sturmschritt zu erobern. Dieser forsche rheinische Musiker stolpert 1802 in Heiligenstadt zum ersten Mal in seinem Leben und stürzt so tief, dass er sich das Leben nehmen will. Er beschließt trotz größter Verzweiflung, dies nicht zu tun, weil er einen Auftrag in sich verspürt, dem er nicht entfliehen darf, dem er nicht entkommen kann. Er muss sich neu erfinden, neu konstruieren, und dazu bedarf er einer wirklich heroischen Haltung, denn das Schicksal der Ertaubung ist das Fürchterlichste, was einem Musiker widerfahren kann.

Genau dieser Ablauf von symbolischem Tod und Wiedergeburt entspricht dem seit der frühesten Antike bekannten mythischen Modell der *Heldenreise,* auch *Quest* oder *Monomythos* genannt, unendlich oft beschrieben und vertont, ein archetypisches Grundmuster des Menschseins. Beethoven kannte antike Literatur seit seinen frühen Jahren und schöpfte daraus Hoffnung und Mut.

Wie dem auch sei, ob Napoleon, Louis Ferdinand, Kurfürst Maximilian Franz oder Beethoven selbst: Der Anlass tritt hinter der Größe der Musik vollkommen in den Hintergrund. Denn sie erwächst nicht aus welchem Impuls auch immer, sondern ausschließlich, ganz allein, aus der Kreativität des Komponisten selbst, der den Tod des jungen Helden ›am eigenen Leib‹ erlitten hatte und der sich mit der *Eroica* anschickt, die Wiedergeburt des gereiften Helden zu ertragen.

In der Praxis bedeutete dies allerdings nur, dass Beethoven 1806 – zumindest vorerst – seine französischen Pläne begraben musste, denn das Verhältnis zwischen Paris und Wien wurde zusehends gespannter. Aber die Welt war um ein Meisterwerk reicher geworden: die *Eroica.*

11

Josephine. Ein Drama in vier Akten

Zweiter Akt: Hoffnung und Enttäuschung

»Warum giebt es keine Sprache die das Ausdrücken kann was noch weit über Achtung – weit über alles ist – was wir noch nennen können – o wer kann [...] fühlen daß [...] alles nicht Sie – erreicht – nur in Tönen – [...] Sie Sie mein Alles meine Glückseeligkeit – Ach nein – auch nicht in meinen Tönen kann ich es, [...] Stille schlage nur armes Herz – weiter kannst du nichts –. Für Sie – immer für Sie – nur Sie – ewig Sie – bis ins Grab nur Sie – Meine Erquickung – mein Alles o Schöpfer wache über Sie – Seegne ihre Tage – eher über mich alles ungemach nur Sie – Stärke seegne tröste Sie – in dem armseeligen und doch so glükseeligen Daseyn, der Sterblichen Menschen – wäre auch Sie nicht die mich wieder an das Leben angekettet auch ohne dieses wäre sie mir alles« (BGA Nr. 214).

Wer so schreibt wie Beethoven anno 1805 an Josephine von Brunsvik-Deym, muss entweder verrückt sein oder zu der Angesprochenen ein Band geknüpft haben, das auf einer vollendeten Harmonie, gar auf einer wechselseitigen Identifikation der beteiligten Personen beruht. Wie kann es so weit gekommen sein, und was folgt daraus?

Beethovens Lehrer-Schülerin-Beziehung zu Josephine hatten wir in Kapitel 7, dem ersten Akt des Josephine-Dramas, im Wartezustand des Jahres 1800 verlassen. Dieser scheint, aufgelockert von etlichen Hauskonzertauftritten im gräflich Deymschen Hause, bis November 1803 fortgedauert zu haben: »Beethoven war der standhafte Besucher der jungen Gräfin – unentgeltlich gab er ihr Unterricht« (La Mara, S. 68f.). Beethoven nahm an den Hauskonzerten in dem Deymschen Palais teil und spielte mit dem Hornvirtuosen Giovanni Punto zusammen. Auch erklangen hier einige seiner Violinsonaten. Nach anfänglich

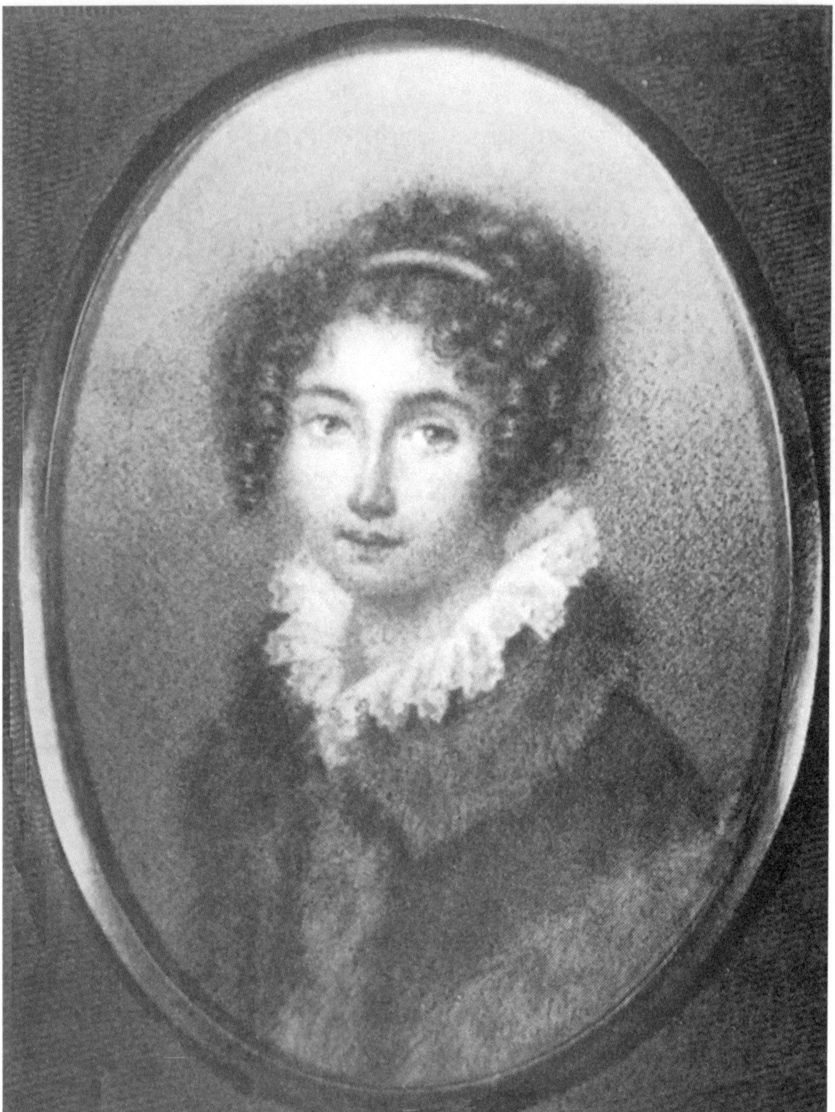

Abb. 32 »Die unsterbliche Geliebte«: Gräfin Josephine Brunsvik, ab 1799 Josephine Gräfin Deym von Stritetz, war eine ungarische Adelige, der Beethoven ab 1799 Klavierunterricht erteilte. Bleistift-Miniatur, vor 1804.

starkem Fremdeln gewöhnte Josephine sich an ihren 27 Jahre älteren Joseph, es wurde eine gute Ehe, in der, dem erhaltenen Briefwechsel nach zu schließen, »gelegentlich auch Meinungsverschiedenheiten Platz hatten, die dann auf vernünftige Weise beglichen wurden; desgleichen Scherz und Neckerei. Aus seinen Briefen spricht das Entzücken an seiner jungen Frau«, aus den ihrigen »ein zunehmend wärmeres Empfinden gegen ihn«. So urteilt Marie-Elisabeth Tellenbach, die mit ihrer Arbeit der gesamten Brunsvik-Forschung eine neue Grundlage gegeben hat (Tellenbach 1983, S. 59).

Josephines Fortschritte am Klavier müssen beträchtlich gewesen sein; in Budapest galt sie als beste Interpretin von Beethovens neuestem Highlight, der Sonate op. 27/2, die man viel später *Mondscheinsonate* nennen wird. Und um diese überzeugend zu spielen, bedarf es eines außerordentlichen pianistischen Könnens. Als Beethoven eines Tages wegen einer starken Erkältung Josephines Unterricht absagen musste, bat er seinen Freund Nikolaus Zmeskall, ihn zu vertreten, und schärfte ihm ein: »Was den Vortrag anbelangt, so war ich gestern da, und da werden Sie ihr nichts zu sagen brauchen, aber vielleicht des Tempos wegen« (BGA Nr. 207). Das heißt, dass Josephine gerade mal technischer Korrekturen bedurfte, ansonsten aber ein intuitives Verständnis für Beethovens Musik entwickelte. Speziell dies aber wird für die Beziehung Josephine – Beethoven vorrangig sein. – Sie hegte auch ein besonderes Interesse an Kammermusik und spielte nach und nach Beethovens sämtliche Sonaten für Klavier und Violine mit dem famosen Geiger Bridgetower, den der Komponist 1803 im Hause Deym eingeführt hatte, ein Engländer mit afrikanischen Wurzeln, damals als »Mulatte« bezeichnet.

Doch im November 1803 zog Joseph von Deym mit Frau und Tochter nach Prag, wo ein längerer Aufenthalt geplant war. Josephine erwartete mit Freude ihr viertes Kind, sie »sieht aus wie eine blühende Rose und fühlt gar nicht die sonst von dem gesegneten Zustand unzertrennlichen Malaisen«, schreibt der auch nach vier Ehejahren immer noch verliebte Gatte (Tellenbach 1983, S. 64). Sie fühlt sich in Prag wohl, geht oft in die Oper und musiziert in allen möglichen Adelshäusern, während Joseph sich auf den Weg nach Ungarn macht, um die zwei bei der Schwiegermutter verbliebenen Söhne abzuholen. Es herrscht Kälte, er war bereits kränklich, kehrte mit einer Lungenentzündung nach Prag zurück und starb dort ganz plötzlich am 27. Januar 1804. Auf dem Krankenbett hatte er seiner Frau testamentarisch die Vormundschaft über die Kinder und das Vermögen übertragen. In ihrer kurzen Ehe hatte er mit Josephine vier Kinder,

Victoire (geb. 1800), Friedrich (1801), Carl (1802) und Josephine, die vier Wochen nach Deyms Tod am 24. Februar 1804 zur Welt kam. Beethoven hielt sich in dieser Zeit fern von Josephine. Gegenüber einer jungen Witwe musste er die Distanz waren, denn obwohl es in Wien bekanntermaßen ungewöhnlich viele uneheliche Kinder gab, wurden Witwen, die schwanger wurden, gesellschaftlich geradezu geächtet.

Beethoven lebte in jener Zeit unstet, wechselte ständig die Wohnung. Von der Wohnung im Theater an der Wien zog er im Mai in das Rote Haus in der Alservorstadt, zusammen mit Stephen von Breuning. Es kam zu einem Streit zwischen den beiden, und Beethooven begab sich nach Baden. Von dort aus wies er seine beiden Brüder und seinen Freund Ries an, in seiner Abwesenheit ein neues Quartier für ihn zu suchen. Ries verschaffe ihm tatsächlich eine Wohnung im vierten Stock des Eckhauses auf der Mölkerbastei, das von dem Baron Johann Baptist von Pasqualati verwaltet wurde. Hier zog Beethoven im November 1804 ein, inzwischen hatte er sich auch wieder mit Stephen von Breuning ausgesöhnt, und schuf hier in ser Folge einige seiner bedeutendsten Werke.

Den Sommer 1804 verbrachte Josephine mit ihrer jüngeren Schwester Charlotte im Wiener Vorort Hietzing. Ihre neue Situation, die Mühe mit vier Kindern und die Sorge um das Deymsche Anwesen und Museum in der Rotenturmstraße nördlich vom alten Zentrum Wiens hatte die Gesundheit der jungen Witwe in Mitleidenschaft gezogen. Sie erkrankte an einem schweren Nervenfieber und musste in die Stadt zurückkehren. Die neue Situation war auch wirtschaftlich so problematisch, dass sie mit ihren Kindern den Kaiser aufsuchte und ihn um Hilfe bat. Franz I. soll sie mit den großspurigen Worten getröstet haben: »Weinen Sie nicht, Ihre Kinder sind meine Kinder«, wie Therese von Brunsvik, Josephines ältere Schwester, in ihren Memoiren kolportiert (La Mara, S. 71). Josephine sollte 1812 auf dieses Versprechen zurückkommen.

Nachdem sich Josephines Gesundheit im Winter 1804/05 gebessert hatte, kam Beethoven wieder häufiger, in der Regel alle zwei Tage, zum Unterricht zu ihr: »Beethoven est fort aimable: il vient presque tous les seconds jours et dône des leçons à Pepi [= Josephine]«,[159] wie Charlotte Brunsvik am 20. November 1804 an ihre Schwester Therese schreibt – im ungarischen Adel hatte man sich auf Französisch auszudrücken, auch wenn die Orthografieregeln dabei etwas auf der Strecke blieben. Immerhin belegt dieser Brief, dass sich bereits in Deyms Todesjahr zwischen Josephine und Beethoven eine immer engere Beziehung entwickelte. Beethoven spielte ihr beinahe täglich vor. Sie machte große

Fortschritte im Klavierspiel. Auch gab sie immer wieder Soireen, auf denen sie mit ihrer Schönheit und Eleganz die Gesellschaft zu verzaubern verstand. Sie blühte regelrecht auf. Beethoven schrieb ihr auch häufig Briefe, in denen er betonte, dass sie beide doch in vielem gleich dächten und empfänden. So entwickelte sich eine neue innige Zuneigung zwischen Beethoven und Josephine. Dies blieb der Familie nicht verborgen; am 19. Dezember 1804, als der Haushalt allmählich wieder ins Gleis gekommen war, schrieb Schwester Charlotte an Therese: »Unsere kleinen Musiken haben endlich wieder angefangen. [...] Pepi [Josephine] spielte vortrefflich Klavier [...] Beethoven kommt sehr häufig, er unterrichtet Pepi. Das ist etwas *gefährlich,* gestehe ich dir.« Charlotte schrieb Ähnliches an Franz, den älteren Bruder, und etwas später antwortete Therese: »Aber sage mir, Pepi und Beethoven, was soll daraus werden?« (La Mara, S. 62.) Die Schwestern sparten nicht mit guten Ratschlägen für Josephine: »Sorge dafür, dass du nie mit ihm allein bist«, oder: »eigentlich wäre es besser, du würdest ihn gar nicht zu Hause empfangen!«[160] Der Standesdünkel war unüberwindlich und grausam, wenn es um die Lebensplanung ging, und so verlangt Therese Brunsvik in einem Brief, Josephines Herz müsse »die Kraft haben nein zu sagen« (Tellenbach 1983, S. 70).

Therese hatte gut reden. Sie selbst war vom November 1804 bis zum November des folgenden Jahres unglücklich verliebt und ganz von ihrer Leidenschaft für einen Offizier erfüllt.

Hoffnung und Erlösung
Politisches im Fidelio-Stoff

Genau in dieser Zeit entstand die Oper *Leonore,* die Urform des späteren *Fidelio.* Emanuel Schikaneder war schon Anfang 1803 mit der Bitte an Beethoven herangetreten, für das Theater an der Wien eines seiner Libretti in eine Oper umzuwandeln. Schikaneder, der als Librettist der *Zauberflöte* im Unterschied zu deren musikalischem Schöpfer Mozart reich geworden war, suchte einen Komponisten, mit dem er die damals dominierenden Künstler Cherubini, Paisiello und Cimarosa ausstechen konnte. Beethoven hingegen war sich darüber im Klaren, dass er als Virtuose nicht mehr lange auftreten und als Komponist durch eine Oper den größten Ruhm erringen könnte. Er beschäftigte sich zunächst mit Schikaneders Textbuch »Vestas Feuer«, gab die Arbeit aber mangels Interesse auf. 1804 wechselte die Direktion des Theaters, der neue Pächter, Freiherr Peter von Braun, schloss mit Beethoven einen neuen Vertrag, und das Stück sollte nun *Leonore* sein. Die Vorlage war ein sehr erfolgreicher Stoff aus der Französischen Revolution, der bereits von Pierre Gaveaux (1798) und Ferdinando Paër (1804) vertont worden war; parallel zu Beethovens Fassung entstand eine weitere von Simon Mayr (1805). Das Thema sprach Beethoven unmittelbar an; bereits seit 1802 hielten die französischen Revolutionsopern Cherubinis, Le Sueurs und Méhuls einen triumphalen Einzug in die Wiener Opernhäuser. Zeitgenössische Berichte bezeugen Beethovens Begeisterung für diese Werke. Ignaz Ritter von Seyfried berichtet, Beethoven habe »gerne und wiederholt Opernvorstellungen [besucht]; besonders jene in dem damals so herrlich florirenden Theater an der Wien [...] Dort fesselten ihn vorzugsweise Cherubinis und Mehuls Schöpfungen, die in selber Epoche gerade anfingen, ganz Wien zu enthusiasmiren.«[161] Franz Grillparzer beschreibt ein Treffen zwischen Beethoven und Cherubini im Haus Sonnleithners im Jahr 1804 oder 1805. Ludwig Nohl ergänzt in einer Fußnote: »Eine spätere mündliche Erinnerung Grillparzers sagt hierüber: ›Beethoven war voller Aufmerksamkeit und Verehrung gegen Cherubini.‹«[162]

Während in Simon Mayrs Oper die *Leonore*-Handlung bereits entpolitisiert ist, kam es Beethoven darauf an, sowohl die bürgerlichen als auch die revolutionären Aspekte hervorzuheben und in seinen späteren Fassungen weiterzuentwickeln. Dazu wurde das französische Libretto des Jean Nicolas Bouilly vom Wiener Hoftheatersekretär Joseph Sonnleithner übersetzt; die Handlung ist im 16. Jahrhundert angesiedelt. Die etwas spätere Umbenennung des Werks in *Fidelio* (1806) unterstreicht den Ansatz der Autoren, dem Drama einen gedanklichen Unterbau zu verschaffen, ging es doch um die Frau als Retterin, welche die Ideen von Treue und Wahrheit verkörpert.

Die Handlung ist sehr übersichtlich: Der Aufklärer Florestan wurde vom Statthalter Don Pizarro in Kerkerhaft genommen, weil er dessen Machtmissbräuche entdeckt hatte. Florestans Frau Leonore schleust sich als Bursche verkleidet unter dem Namen Fidelio beim Kerkermeister Rocco ein. Pizarro erscheint zur Inspektion, weil sich der Minister zur Untersuchung des Gefängnisses angekündigt hat. Pizarro befiehlt, Florestan zu töten, Rocco lehnt ab, muss aber gemeinsam mit Fidelio das Grab ausheben. Als Pizarro erscheint, stellt Florestan ihn zur Rede, Pizarro aber stürzt sich mit einem Dolch auf sein Opfer. Fidelio wirft sich dazwischen und bedroht ihn mit einer Pistole. Da kündigen Trompeten den Minister an, der in Pizarros Gefangenem seinen Freund Florestan erkennt. Fernando lässt Florestan frei und führt Pizarro seiner gerechten Bestrafung zu.

Beethoven vollendete die Partitur seiner ersten Oper erst im Herbst 1805; sie wurde am 20. November 1805 im Theater an der Wien uraufgeführt und wurde beim Publikum zu einem eklatanten Misserfolg, was sich erst später zum Positiven wandeln wird. Doch umso nachhaltiger wirkten die privaten Umstände in Beethovens Leben hinein.

Auf die politisch-historische Dimension der Thematik *Leonore-Fidelio,* die ohne Zweifel als der wichtigste Bedeutungsstrang des Dramas zu betrachten ist, wurde immer wieder hingewiesen: *Leonore* gehört, wie der daraus erwachsende *Fidelio,* zur damals modischen Gattung der »Rettungsoper«, die sich in Paris ab 1790 im Zuge der Französischen Revolution entwickelt hatte, um sowohl die früheren krassen Ausschreitungen des Feudalsystems gegenüber dem Bürgertum als auch umgekehrt die Untaten übereifriger Revolutionäre anzuprangern. *Fidelio* ging als das berühmteste Beispiel dieses Genres in die Geschichte ein, hatte aber viele prominente Konkurrenzstücke, die von Cherubinis *Lodoïska* (1791) über dessen *Wasserträger* (1800) bis Verdis *Nabucco* (1841) und spurenhaft sogar bis in Wagners *Lohengrin* (1846–1848) reichen.[163]

Die Premiere von Beethovens Opernerstling war für den 15. Oktober vorgesehen, den Namenstag von Kaiserin Maria Theresia von Neapel-Sizilien, der Gattin Franz' II. Doch die kaiserlich-königliche Polizeihofstelle verhinderte diese Premiere einen halben Monat vorher durch ihr Veto. Vielleicht hatte die Polizeibehörde Angst, dass die Oper zu viele Leute daran erinnern könnte, dass in Wien elf Jahre zuvor, 1794, ein Jakobinerprozess stattgefunden hatte, der unliebsame Beamte, Offiziere und Wissenschaftler ins Zuchthaus oder in das berüchtigte Staatsgefängnis auf dem Spielberg bei Brünn gebracht hatte. Damals war ein Angeklagter, der sich schon selbst im Gefängnis umgebracht hatte, anschließend sogar noch öffentlich gehängt worden. Sonnleithner konnte die Zensur besänftigen, er wies darauf hin, dass die Handlung doch in Spanien angesiedelt sei, dass in der Oper ein Gouverneur zwar seine Gewalt missbrauche, aber doch vom Hof selbst und durch weibliche Tugend bestraft werde. Am 5. Oktober wurde das Aufführungsverbot zurückgenommen, aber nur unter der Bedingung, dass eine »Abänderung der gröbsten Scenen« vorgenommen werde.[164]

Sonnleithner hatte sich gegenüber dem Wiener Staatsrat von Stahl auf keine Geringere als Maria Theresia berufen können, die zweite Frau des Doppelmonarchen Franz, die hochmusikalisch und eine ausgebildete Sängerin war und die offenbar sowohl den Stoff als auch die Bearbeitung sehr gut fand. Nicht umsonst nennt Beethovens späterer Adlatus Anton Schindler Maria Theresia die »Seele des goldenen Zeitalters der Tonkunst in Wien«. Beethoven wusste, was er ihr verdankte und hatte ihr bereits 1802 sein Septett op. 20 gewidmet.

Was wir als erste *Fidelio*-Fassung kennen, ist also schon ein nicht nur zensiertes, sondern – immer im Vergleich zu den späteren Fassungen – auch ein recht dünnflüssiges Libretto, in dem die allzu bürgerliche Opéra comique-Tradition des französischen Originals (verkörpert durch das Paar Marzelline – Jaquino) eher ermüdend wirkt. Die Oper wurde am 20. November 1805 im Theater an der Wien uraufgeführt und fiel beim Publikum zunächst durch. Man fand die Ouvertüre und vor allem das Trompetensolo zu lang; der Kollege Cherubini kritisierte sie wegen der vielen Modulationen als »verworren«. Die Zeitschrift *Der Freimüthige,* die dem regierungstreuen Theaterautor August von Kotzebue gehörte, verriss das Werk. Die Freunde, unter ihnen auch Fürst Lichnowsky sowie Stephan von Breuning (der das Libretto überarbeitete und straffte), konnten Beethoven überreden, eine neue Fassung des Werks mit dem Titel *Fidelio* zu erstellen – Beethoven wäre viel lieber beim ursprünglichen Namen *Leonore* geblieben. Die Handlung wurde auf zwei statt der ursprünglichen drei Akte konzentriert, zudem erhielt die Oper eine neue Ouvertüre. Diesmal wurde das Werk besser aufgenommen, aber viele Plätze im Theater an der Wien blieben leer, und der Komponist überwarf sich mit dem Theaterleiter und Hofbankier Baron von Braun und verlangte, so überlieferte es Joseph Röckel, seine Partitur zurück.

Richtig durchgesetzt hat sich *Fidelio* erst im Jahr 1814. Zuvor lancierte Aufführungen auf kleineren Bühnen waren ebenso erfolglos wie der Versuch des Fürsten Lichnowsky, die Königin von Preußen für dieses Werk zu begeistern.[165] 1814 arbeitete Beethoven das Werk nochmals tief greifend um, worauf in Kapitel 19 eingegangen wird.

Privates im *Fidelio*-Stoff?

Im Sommer 1805 wohnt Beethoven in Hetzendorf, südlich von Schloss Schönbrunn; zum Komponieren der *Leonore* soll er oft, wie Anton Schindler es vom Meister selbst gehört haben will, in die Äste einer riesigen Eiche im Schönbrunner

Schlosspark gestiegen sein. Die Schwestern Josephine Deym und Charlotte Brunsvik wohnen ebenfalls in Hetzendorf, und Charlotte schreibt über jene frühe *Leonoren*-Zeit: »*Beethoven ist fast täglich bei uns.*« Kein Wunder, dass die zwei Damen seine neuesten musikalischen Einfälle zu hören bekommen, die ja angeblich auf dem nahen Eichenbaum entstehen. Und sie kriegen jede noch tintenfeuchte Seite des in den Abend- und Nachtstunden aus jenen Eichenbaum-Ideen erwachsenden Opernmanuskripts zu Gesicht – versehen mit des Komponisten Erklärungen zu seinen künstlerischen Intentionen. Kann es spannendere Unterhaltungen für die beiden kunstbeflissenen Frauen geben?

Parallel zu der kulturgeschichtlichen Sicht des *Leonore-Fidelio*-Stoffs hat ein Seitenzweig der Beethoven-Literatur früh begonnen, nach einer zweiten Dimension in diesem dramatischen Projekt Ausschau zu halten. Allgemein ist es zwar sehr schwer, bei Beethoven Zusammenhänge zwischen Werkinhalten und seiner Biografie herzustellen, und zu Recht lässt die Forschung hierbei große Vorsicht walten. Indes begann Romain Rolland bereits ab 1937, sich über eine mögliche Parallelität zwischen den Opernfiguren Leonore und Florestan einerseits und den Menschen Josephine und Beethoven andererseits Gedanken zu machen: War Florestans Kerker nicht auch das zutiefst ergreifende Symbol der Taubheit, die Beethoven schon seit 1802 als das zu befürchtende Endstadium seiner Hörprobleme bedrohte? Und war es nicht Josephine, die, wie Leonore, dazu eine *Erlösung durch die Liebe* zu bringen schien?[166] In die gleiche Kerbe schlagen 1970 Jean und Brigitte Massin, 1977 Harry Goldschmidt und 1983 Marie-Elisabeth Tellenbach, welche diese Themenperspektive wohl als Erste in das deutschsprachige Beethoven-Schrifttum implantierten.[167]

Josephines Liebe treibt Beethovens Schaffenskraft in ungeahnte Höhen

Kehren wir zu den zwei Gräfinnen Deym-Brunsvik am Schönbrunner Schlosspark zurück, die Beethoven ja so stark berührten. Material über den denkbaren Zusammenhang zwischen Josephine und der Leonore-Figur liefert auch ein quellenmäßig gut gestütztes Detail: Zwischen den frühen Skizzen zu *Leonore* findet sich eine Fassung des Liedes *An die Hoffnung* (op. 32), von dem, was schon seit hundert Jahren bekannt ist, Josephine Deym ein Manuskript zum Geschenk erhalten hatte:[168] *Hoffnung* und *Erlösung* sind die Themen des Liedes,

Beethovens Traum, den er in seinen Briefen an Josephine thematisiert, den Traum von Liebe, den Romain Rolland in dichterischer Intuition lediglich zu *ahnen* vermochte. *Wissen* konnte er die Zusammenhänge noch nicht, denn die 14 bis heute bekannt gewordenen Briefe Beethovens an Josephine und ihre 8 Gegenbriefe waren für Rolland noch nicht zugänglich, sie sind erst ab 1956 ans Licht der Öffentlichkeit gekommen.[169]

Diese Briefe entstehen in der Zeit, in der Josephines Familie Kritik an Josephines Nähe zu Beethoven äußert. Beethoven und Josephine beginnen deshalb, sich die sie betreffenden Gedanken aufzuschreiben – ganz im Verborgenen, auf in Büchern versteckten Zetteln, die auf diese Weise ganz unauffällig von Haus zu Haus wandern. In einem der wichtigsten Briefe, der auf März oder April 1805 zu datieren ist, erwähnt er den Schock von Heiligenstadt im Jahr 1802 und die dadurch ausgelösten Selbstmordfantasien:

> »Es ist nun Wahr, ich bin nicht so thätig als ich hätte sein sollen – aber ein innerer Gram – hatte mich lang – meiner sonst gewöhnlichen Spannkraft beraubt, einige Zeit hindurch als das Gefühl der Liebe in mir für sie angebetete J.[osephine] zu keimen anfing, vermehrte sich dieser noch – sobald wir einmal wieder ungestört beysammen sind, dann sollen sie von meinen wirklichen Leiden und von dem Kampf mit mir selbst zwischen Tod und leben, denn ich einige Zeit hindurch führte unterrichtet seyn (BGA Nr. 216).

Dieses Geständnis bringt den geistigen Kalender, den Beethovens frühe Biografen posthum erfunden haben, gehörig durcheinander: Beethovens schicksalsbeschwörende Trotzhaltung nach dem »Heiligenstädter Testament«, die man als Aufhänger für die Bezeichnung »heroische Periode« nutzt und bis 1812 oder gar 1814 gelten lässt, scheint in Wirklichkeit nur sehr kurze Zeit angehalten zu haben: Bereits nach zwei Jahren, ab 1804, schmilzt diese Verzweiflung hinweg unter der Wirkung von Josephines Liebe und Charme. In diesem Sinne suggeriert Beethoven im obigen Brief keimende Hoffnung, welche den *»inneren Gram«* von 1802 abzuarbeiten erlaubt und ihn langsam aus dem ›Heiligenstadt-Trauma‹ herauslöst:

> »Ein Ereigniß machte mich lange Zeit an aller Glückseeligkeit des Lebens hienieden zweiflen – nun ist es nicht halb mehr so arg, ich habe ihr Herz gewonnen, o ich weiß es gewiß, welchen Werth ich drauf zu legen habe, *meine Thätigkeit wird sich wieder Vermehren*, und – hier verspreche ich es ihnen hoch und theuer, in kurzer

> Zeit werde ich meiner und ihrer Würdiger da stehn – o mögen sie doch einigen Werth drauf legen, *durch ihre Liebe meine Glückseeligkeit zu gründen* – zu Vermehren […]« [Hervorhebung U. D.].

Das »Ereigniß« des fortschreitenden Gehörleidens wird durch Josephines »Herz« abgeschwächt, doch hat dieses erste Stadium des entstehenden Liebesverhältnisses ebenso eine geistige wie eine emotionale Konnotation: Josephine spendet dem Komponisten Lebensmut und richtet ihn durch ihren berühmten weiblichen Charme und ihre erfrischend geistreiche gesellschaftliche Erscheinung aus seiner depressiven Verstimmung auf und schafft es, dem Freund Perspektiven und – was vielleicht das Wichtigste ist – nicht nur *die Motivation zu intensiverem künstlerischem Schaffen* zu vermitteln, sondern dieses auch in eine höhere Dimension zu bringen: Er erkennt bereits das Ziel, an »Würde«, das heißt an ethischer Reife zu gewinnen. Damit korrespondiert, dass Erotik oder gar Sexualität nicht im Vordergrund stehen, wie es die Fortsetzung des Briefes suggeriert:

> »o geliebte J., nicht der Hang zum andern Geschlechte zieht mich zu ihnen, nein nur sie ihr ganzes Ich mit allen ihren Eigenheiten – haben meine Achtung – alle meine gefühle – mein ganzes Empfindungsvermögen an sie gefesselt – als ich zu ihnen kam – war ich in der festen Entschlossenheit, auch nicht einen Funken Liebe in mir keimen zu laßen, sie haben mich aber überwunden – ob sie das wollten? – oder nicht wollten? – diese Frage könnte mir J. wohl einmal auflösen […]«

Diese Passage, die eine weniger zartfühlende Person als Josephine dem Mann Beethoven hätte übel nehmen können, hat dreierlei Hintergründe – monokausale Verhältnisse gibt es bei diesem komplizierten Künstler ja eher selten. Einerseits verspürt Beethoven in sich selbst die stark erhöhte kreative Bereitschaft, die gerade an der Widersprüchlichkeit seiner Beziehung zu Josephine zu wachsen scheint und vielleicht gar in ihrer gesellschaftlichen *Unmöglichkeit* liegt. Dafür gibt es psychologische Gründe, die hier nur angedeutet seien: Man nennt dieses von Sigmund Freud zuerst beschriebene Phänomen die *konstruktive Frustration.* Dieser schöpferisch aktive Gefühlszustand war bekanntermaßen konstitutiv für die Komposition von *Tristan und Isolde,* Richard Wagner begab sich geradezu absichtlich in eine Situation, in der er seine Liebe zu Mathilde Wesendonck sublimieren musste – eine Konstellation, die mit derjenigen Beethovens und Josephines durchaus Ähnlichkeiten aufweist. Was beim unkreativen Menschen

Aggressionen und Zerstörungswut hervorrufen mag, kann beim Künstler die »kulturelle Höherentwicklung durch Triebversagung« bewirken.[170] Richard Wagner drückte das in einem Brief treffend aus: »Hätten wir das Leben, hätten wir keine Kunst nötig. Die Kunst fängt genau da an, wo das Leben aufhört.«[171]

Ein zweiter Gesichtspunkt ist eine gewisse Abwehrhaltung, die man bei Beethoven in allen Beziehungen zu Frauen verspüren kann und die schon zu merkwürdigen Vermutungen Anlass gegeben hat. Diese Haltung ist jedoch mit Sicherheit seinem Instinkt des totalen Freiheitserhalts zugunsten der künstlerischen Arbeit geschuldet und gerät manchmal in Konflikt mit seinem ebenso starken Familien-»Trieb« – ein weiterer der vielen Widersprüche in Beethovens Wesen. – Die dritte Erklärung ergibt sich aus einem vergleichbaren, doch deutlich minder wichtigen Fall, der sich 1807 zutrug und Beethoven zu einer eindeutigen Aussage zwang. Zwischen 1804 und 1809 war er mit dem Ehepaar Marie und Paul Bigot de Morogues eng befreundet; sie war eine ausgezeichnete Pianistin, die möglicherweise den Klavierpart von Beethovens *Tripelkonzert* op. 56 in der ersten Wiener Aufführung 1808 spielte. Er arbeitete als Bibliothekar bei Graf Rasumowsky, Botschafter des Zaren am Wiener Hof. Im Lauf des Winters 1806/07 war es wegen unbedachter Äußerungen zu einer kurzen Verstimmung mit dem Ehepaar gekommen, was Beethoven in einem Brief vom 6. März 1807 auszugleichen suchte:

> »[...] ohnedem ist es einer meiner ersten Grundsäze, nie in einem andern als Freundschaftlichen Verhältniß mit der Gattin eines andern zu stehn, nicht möchte ich durch so ein Verhältniß meine Brust mit Mißtrauen gegen diejenige, Welche Vieleicht mein Geschick einst mit mir theilen wird, anfüllen – und so das schönste reinste Leben mir selbst verderben« (BGA Nr. 273).

Dieser Brief erklärt Beethovens respektvolle Haltung vor und während Josephines erster Ehe; insofern wahrt er auch 1806 noch körperliche Distanz, fühlt diese aber allmählich schwinden. Der zweite Teil des Bigot-Zitats wird von vielen Forschern als Anspielung auf das Verhältnis zu Josephine interpretiert (s. Kommentar 2 zu BGA Nr. 273), er lässt durchblicken, dass Beethoven sich im März 1807 nichts sehnlicher zu wünschen scheint, als mit Josephine zusammenleben zu können. Diesem Wunsch stellen sich letztlich unüberwindliche Hindernisse entgegen. Doch die *Hoffnung*, die Beethoven in Liedkompositionen und Briefen immer wieder beschwört, führt, wie er es Josephine in obigem Brief voraussagt, zu einer unvergleichlichen Blüte großartiger Kompositionen, wie sie in solcher Dichte und Vollendung in der Kunstgeschichte nur selten vorgekommen sind: die Oper *Fidelio* op. 72 in zwei Fassungen, daneben und gleichzeitig aber auch die *C-Dur-Messe* op. 86, das Klavierkonzert Nr. 4 (op. 58), die Symphonien Nr. 4 (op. 60), Nr. 5 (op. 67) und Nr. 6 (op. 68), das Tripelkonzert op. 56, das Violinkonzert op. 61, die *Waldstein-Sonate* op. 53, die Sonate op. 54, die *Appassionata* op. 57, die Streichquartette op. 59 und noch viel mehr, *und das alles in nur vier* Jahren! Der Schaffensrausch ist einzigartig, es gibt kaum andere Perioden in Beethovens Leben mit einer vergleichbaren Dichte und Qualität des Erreichten.[172] Es handelt sich um die Jahre 1804 bis 1809, genau um jene Jahre, in denen die 22 der in BGA vereinigten Briefe zwischen Josephine und Beethoven hin und her gehen.[173] Doch bereits im Herbst 1807 gerät die Beziehung in eine Krise; ab 1809 verlangsamt sich die Entstehung neuer Werke spürbar, die Zahl der Großwerke nimmt für einige Jahre ab, die der kleineren nimmt in jener Zeit zu. Irgendetwas in Beethoven ist zerbrochen und muss sich neu zusammenfügen.

Schon allein dieser kurze Überblick zeigt, dass die Beziehung Josephine – Beethoven keine alltägliche und vor allem keine ›gewöhnliche‹ Liebesgeschichte ist, sondern etwas Großes enthält, das zu den ganz seltenen Glücksfällen in der Kulturgeschichte zu zählen ist.

Weitere Briefe an und von Josephine

Werfen wir noch weitere Blicke in diese Liebeskorrespondenz, die fern jeglicher Banalität und so zentral für Beethovens Künstlertum ist. Die genaue Datierung vieler Briefe der Josephine-Beethoven-Korrespondenz ist kaum möglich und daher umstritten. Ein großer Bogen ergibt sich aus dem anfänglichen »Sie«, das bald zu einem »Du« wird und später wieder im »Sie« endigt. Dies bezeichnet den Vorgang der Annäherung und der vorübergehenden Lösung, der Jahre danach zwei Episoden der Wiederannäherung folgen, die uns später beschäftigen werden. Der erste Brief (BGA Nr. 201, »möglicherweise November 1804«) ist mit »ihr ergebenster«, der zweite (Nr. 202) bereits mit »ihr Sie anbetender Beethwn« unterzeichnet.[174] Der vierte Brief wird auf »erstes Viertel 1805« datiert und ist ein flammender Liebesbrief. Beethovens Original ist verloren, es muss die junge Dame aber so sehr beeindruckt haben, dass sie den Text eigenhändig abschrieb, der nur so auf uns gekommen ist. Teile des Textes sind diesem Kapitel vorangestellt; wegen seiner Bedeutung darf er hier jedoch noch einmal im Kontext erscheinen:

»Von ihr –

der einzig Geliebten – warum giebt es keine Sprache die das Ausdrücken kann was noch weit über Achtung – weit über alles ist – was wir noch nennen können – o wer kann Sie aussprechen, und nicht fühlen daß so viel er auch über Sie sprechen möchte – das alles nicht Sie – erreicht – nur in Tönen – Ach bin ich nicht zu stolz, wenn ich glaube, die Töne wären mir williger als die Worte – Sie Sie mein Alles meine Glückseeligkeit – Ach nein – auch nicht in meinen Tönen kann ich es, obschon du Natur mich hierin nicht karg beschenktest, so ist doch zu wenig für Sie. Stille schlage nur armes Herz – weiter kannst du nichts –. Für Sie – immer für Sie – nur Sie – ewig Sie – bis ins Grab nur Sie – Meine Erquickung – mein Alles o Schöpfer wache über Sie – Seegne ihre Tage – eher über mich alles ungemach nur Sie – Stärke seegne tröste Sie – in dem armseeligen und doch so glükseeligen Daseyn, der Sterblichen Menschen – wäre auch Sie nicht die mich wieder an das Leben angekettet auch ohne dieses wäre sie mir alles«. (BGA Nr. 214).

Das nächste bekannt gewordene Schriftstück von Josephines Hand wird in dieselbe Zeit datiert, es scheint die direkte Antwort auf den vorangehenden Brief zu sein:

»Mein Herz haben Sie schon längst, lieber Beethoven – wenn Ihnen diese Versicherung Freude machen kann, so empfangen Sie sie –

Aus dem reinsten Herzen – Geben Sie Acht, daß Sie auch im reinsten Busen aufbewahrt werde! – dem [sic] größten Beweis meiner Liebe – meiner Achtung empfangen Sie, durch dieß Geständniß, durch daß Vertrauen! – Es ist das, was Sie am meisten adelt. – Daß Sie es zu schätzen wissen – daß Sie den Werth kennen, dessen Besitz ich Ihnen hiemit – den Besitz des edelsten meines Ich's, daß ich Ihnen hiemit versichre – werden Sie mir beweisen. – wenn Sie damit zufrieden – Nicht mein Herz zerreißen – Nicht weiter in mich dringen – Ich liebe Sie unaussprechlich – wie ein frommer Geist den andern – Sind Sie dieses Bündnißes nicht fähig? – Andrer Liebe bin ich für jetzo nicht empfänglich [...]« (BGA Nr. 215).

Im vorangegangenen Brief schrieb Beethoven, er könne wohl höchstens musikalisch ausdrücken, was er für Josephine empfinde. Sie liebt ihn ebenfalls »unaussprechlich«, ist aber sprachmächtiger als Beethoven und formuliert entsprechend genau: Sie liebe ihn »wie ein frommer Geist den anderen«. Und sie präzisiert: »Andrer Liebe bin ich *für jetzo* nicht empfänglich«, nachdem sie die bange Frage stellt: »Sind Sie dieses Bündnißes nicht fähig?« Vorerst scheint Beethoven diese Bedingung zu erfüllen, ist die Liebe doch ganz in seiner musikalischen Ausdrucksfähigkeit eingeschlossen. Es handelt sich zunächst um ein rein geistiges Bündnis, das allerdings von lodernden Emotionen veredelt und gleichzeitig bedroht wird. Eines der damaligen Geistesmodelle, Jean-Jacques Rousseaus *Nouvelle Héloïse* von 1761, die noch im selben Jahr auf Deutsch erschien und bis zur Verdammung auf den *Index* (1806) sage und schreibe 70 Nachdrucke erlebt hatte, wirkt hier deutlich nach; Martin Geck thematisiert diese »Verwandlung sinnlicher Leidenschaft in Seelenfreundschaft« sehr nachdrücklich.[175] Die bemerkenswerte Formulierung »den Besitz des edelsten meines Ich's« lässt freilich auch an den Ich-Diskurs in Novalis' *Hymnen an die Nacht* denken, die 1800 erschienen und der hochgebildeten Josephine als Inbegriff frühromantischen Denkens und Fühlens nicht unbekannt geblieben sein mochten. Eine vergleichbare emotionale Parallelform kommt denn auch am Schluss des bereits diskutierten Briefs Nr. 216 wieder zum Ausdruck, wobei das Motiv gleichartigen Denkens und Empfindens ausdrücklich hervorgehoben wird:

> »Lange – Lange – Dauer – möge unsrer Liebe werden – sie ist so edel – so sehr auf wechselseitige Achtung und Freundschaft gegründet. – selbst die große Ähnlichkeit in so manchen sachen, im denken und empfinden – o sie laßen mich hoffen, daß ihr Herz lange – für mich schlagen werde – das meinige kann nur – au[f]hören – für sie zu schlagen – wenn – es gar nicht mehr schläqt – geliebte J.
>
> leben sie Wohl – Ich hoffe aber auch – daß sie durch mich ein wenig glüklich werden – sonst wär ich ja – eigennüzig« (BGA Nr. 216).

Einige Monate lang scheinen die Liebenden sich oft gesehen zu haben, da aus dieser Zeit keine Briefe vorliegen. Im Jahr darauf, im April 1806, zeugt ein Brief von einem ernsthaften Disput. Beethoven fühlt sich missverstanden und meint, man unterstelle ihm niedrige Instinkte, über die er sich jedoch erhaben fühlt: »Nur der Glaube an Ihren inneren Werth machte mich Sie lieben«, versichert er mit Nachdruck (BGA Nr. 250). Man vermutet, dass es sich dabei um Eifersucht gegenüber einem Graf Wolkenstein-Trostburg handelt, der sich etwas zu sehr um Josephine bemühte, obwohl er längst verheiratet war. Doch legten sich die Wogen, und im Winter 1806/07 schreibt Josephine einen Brief, in dem sie ihre intensiven Gefühle für Beethoven bestätigt, dann aber mit einem Vorwurf schließt:

> »[...] noch ehe ich Sie kante machte ihre Musick mich für Sie enthousiastisch – Die Güte ihres Characters, ihre Zuneigung vermehrte es – Dieser Vorzug den Sie mir gewährten, das Vergnügen Ihres Umgangs, hätte der schönste Schmuck meines Lebens seyn können liebten Sie mich minder sinnlich. – Daß ich diese Sinnliche Liebe, nicht befriedigen kann – zürnen Sie auf mich – Ich müßte heilige Bande verletzen, gäbe ich Ihrem Verlangen Gehör – Glauben Sie – daß ich, durch Erfüllung meiner Pflichten, am meisten leide – und daß gewiß, edle Beweggründe meine Handlungen leiteten« (BGA Nr. 265).

Der Vorwurf der »sinnlichen Liebe« bedarf einer Erklärung, weil es Josephine nicht um moralische Fragen geht – sie ist inzwischen eine emanzipierte Frau und wird ihre Selbstbestimmung behaupten, auch ihre sexuelle, in späteren Jahren gar mit ›Zähnen und Klauen‹, wenn es um ihren allzu aufsässigen zweiten Ehemann gehen wird. Der obige Brief thematisiert ein unüberwindliches gesellschaftliches Problem, welches letztlich ihre Liebe zur Tragödie werden lässt und alles Romantische zertrümmert. Ihre Liebe musste unbedingt geheim und vor allem *sexuell unerfüllt* bleiben, weil die Öffentlichkeit der Beziehung dazu geführt hätte, dass sie das Erziehungsrecht für ihre vier Kinder verloren hätte: Ein Bürgerlicher konnte keine rechtlichen Pflichten gegenüber Adelskindern ausüben, nicht einmal als Gatte, noch weniger als ein nicht legalisierter Partner. In jedem Fall wäre Josephine das ihr von ihrem ersten Ehemann, Joseph Graf Deym von Stritetz, testamentarisch übertragene Erziehungsrecht von Staats wegen entzogen worden. Innerhalb des österreichischen Feudalstaates existierten Mauern, die keine Armee einzureißen vermochte, nicht einmal Napoleon. Das scheint Beethoven bis zum obigen Brief nicht bedacht zu haben, und von da an wird sich Josephine auf Druck ihrer Familie allmählich von Beethoven zurückziehen, da er offensichtlich der Versuchung gelegentlicher Avancen nicht widerstehen konnte. Josephines Bruder wird ihr sicherlich klargemacht haben, in welche Gefahr sie sich mit Beethoven begab. Trotz der Duzfreundschaft sah sich Graf Franz Brunsvik hier veranlasst, unmissverständliche Regeln vorzugeben, um seine Schwester, ihre Kinder – *aber auch Beethoven* zu schützen.

Das zweite Thema in Josephines Antwort sind die »heiligen Bande«. Sie hatte eine sehr fortschrittliche, teils an Rousseau, teils an Pestalozzi orientierte Auffassung von Kindererziehung, die vor allem auch im späteren Wirken ihrer Schwester Therese als Gründerin der ersten ungarischen Kindergärten eine große Rolle spielt. Ganz in Übereinstimmung mit ihr schreibt Josephine etwas später: »Jedes Weib wenn es Mutter wird tritt an die Spitze einer neuen Schöpfung einer verjüngten Menschheit – deren Natur sie bewahren, deren Kräfte sie entwickeln soll [...] ihr Standpunkt stellt sie an das Heiligthum der Menschheit [...] so muß sie [dem Wohl der Kinder] das ihrige tausendmal opfern können.« An anderer Stelle schreibt sie: »Sey fest u. edel, zeichne dich vor anderen deines Gleichen aus, durch Würde in der Ausübung deiner Pflicht, in deinem Benehmen u. [durch] die freiwilligen Opfer u. Überwindungen, die du dir auferlegst, [... und] die gänzliche Verzichtleistung seiner Selbstheit; aufrichtiges Bekentniß daß man *Nichts* ist« (Tellenbach 1983, S. 71).

Man lernt hier die bezaubernde Josephine, die den Männern den Kopf verdreht, von einer ganz anderen Seite kennen: als eine zutiefst nachdenkliche und tiefsinnige Frau. Man versteht die Faszination, die sie auf Beethoven ausübt, die nämlich nicht nur auf dem Gleichklang des musikalischen Empfindens, sondern des *Denkens* ganz allgemein beruht, so wie er es selbst ausdrückt, wenn er auf ihre »große Ähnlichkeit, im denken und empfinden« hinweist, wenn sie ihm den »Besitz des edelsten meines Ich's« zum Geschenk macht und er von »ihr[em] ganze[n] Ich mit allen ihren Eigenheiten« buchstäblich »gefesselt« ist und in überbordendem Jubel eine erhöhte Schaffenskraft verspricht. In der Musik kommen derartige Gedanken des Ich-Schenkens, Ich-Nehmens und Ich-Überhöhens erst viel später vor, im zweiten Akt von *Tristan und Isolde*, und man muss voller Bewunderung staunen, was in den Köpfen Josephines und Ludwigs bereits fünfzig Jahre früher vor sich geht. Denn hier spricht sich erstmals der Gedanke des Transzendierens des Lebens in geistige Werte aus, mit dem sich Josephine in der für sie viel zu engen Umwelt den Kopf blutig schlagen wird, Beethoven aber zur *Missa solemnis* und zur *Neunten Symphonie* gelangen sollte. Dieser Kult des Ichs prägt auch bereits die erste Zeile des berühmtesten aller Musikerbriefe, den *an die unsterbliche Geliebte* (BGA Nr. 582): »Mein Engel, mein alles, mein Ich« – und verbürgt damit *eine Art philologischer DNA,* die schon für sich ganz alleine zu zeigen vermag, dass auch jener Brief offenbar an Josephine gerichtet

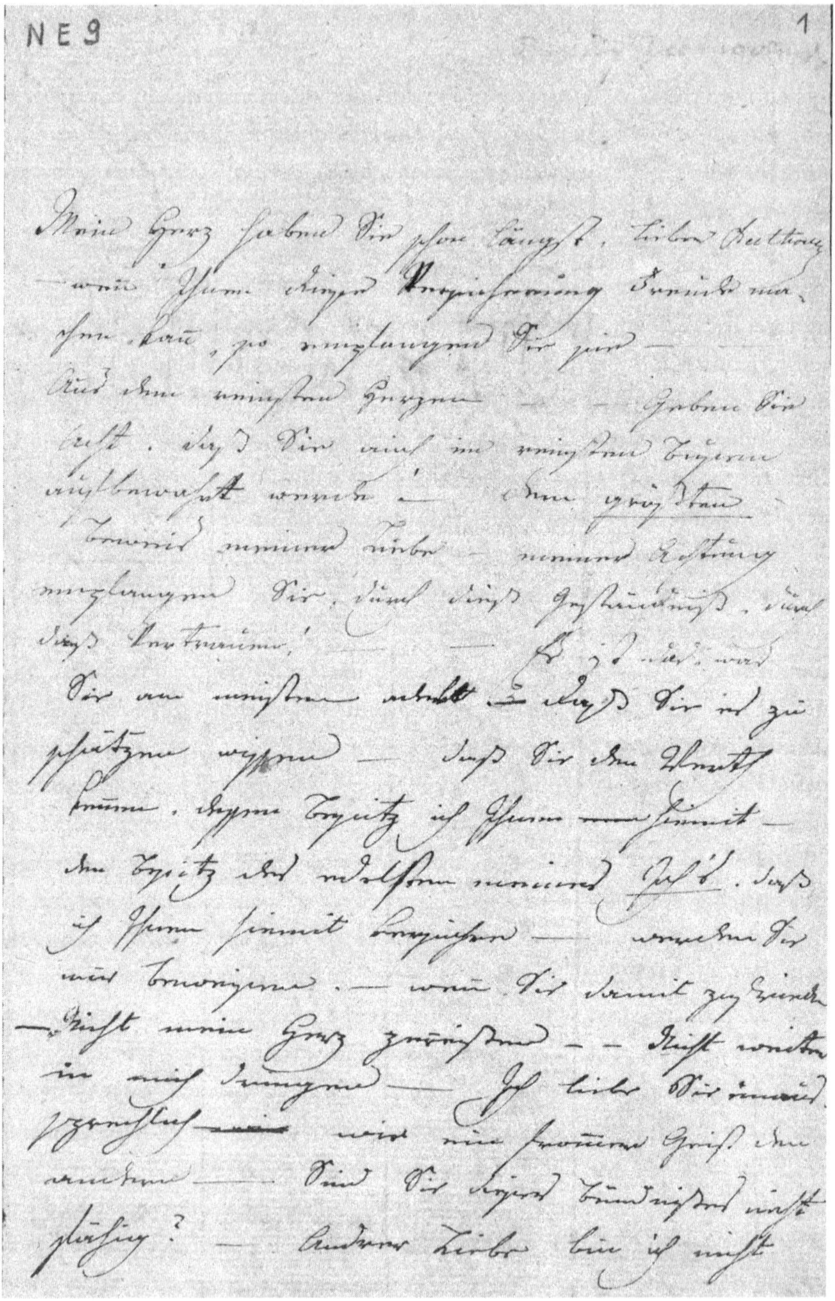

NE 9 1

Mein Herz haben Sie schon längst, lieber Beethoven
wenn Ihnen diese Versicherung Freude ma-
chen kann, so empfangen Sie sie —
aus dem reinsten Herzen — — Haben Sie
recht, daß Sie einst im [illegible] Inneren
aufbewahrt werden — den größten
Beweis meiner Liebe — meiner Achtung
empfangen Sie, durch dies Geständniß, durch
dieß Vertrauen! — — Es ist das, was
Sie am meisten adelt — daß Sie es zu
schätzen wissen — daß Sie den Werth
kennen, dessen Besitz ich Ihnen — hiermit —
den Besitz des edelsten meines Selbst, daß
ich Ihnen hiermit [illegible] — werden Sie
mir beweisen — wenn Sie damit zufrieden
— Nicht mein Herz zerreißen — — Nicht weiter
in mich dringen — Ich liebe Sie unaussprechlich
— wie ein frommer Geist den
andern — Sind Sie dieses Bundes nicht
fähig? — Andere Liebe bin ich nicht

Abb. 33 Ein Liebesbrief Josephines an Beethoven: Leidenschaft und sublimiertes Streben nach Höherem.

war. Beethoven bezeugt im Laufe seines Künstlerlebens mehrfach, dass er *nur ein einziges Mal wirklich geliebt* habe. Für eine andere Liebe so extrem spezifischer und intensiver Art ist in seinem Künstlerleben nicht der Raum, und es gibt unter den etwa dreitausend Primärdokumenten, über die wir bei Beethoven verfügen, auch nicht das geringste Indiz, das zwingend auf eine andere Person als Josephine hinweisen würde.

* * *

Es scheint so, dass Josephine überhaupt die einzige Frau in Beethovens Nähe war, die seinen geistigen Ansprüchen genügte. Für ihn findet die Sublimierung des Unglücks in der Komposition statt, da er nur in beschränktem Maß über Worte zu gebieten weiß, sie aber stürzt sich mit ihrer Schwester Therese ins Feld der (eher wortgebundenen) Erziehung. Er mag gespürt haben, dass sie ›gebildeter‹ und ihm rein ›intellektuell‹ sogar überlegen gewesen sein könnte – wohl daher kommen seine Beschwörungen, dass ihre Liebe ihn emporhebe, und zwar in jene ästhetischen und ideellen Gefilde, wo sich für ihn Gedanken in Kunst verwandeln lassen dank jener starken Emotionen, die Josephine in ihm entfacht und die für ihn wirkungsmächtiger sind als das geschliffenste, für ihn jedoch ›kalt‹ bleibende Philosophenwort.[176] So wird sie zur geistig Gebenden, bleibt nicht nur die musikalisch Nehmende, so wie er gebend und nehmend ihre Beziehung als »Ähnlichkeit im Denken und Empfinden« wahrnimmt.

Wohl nur wegen dieses gemeinsamen geistigen Kosmos lässt Beethoven sich nicht durch ihre ab 1807 erzwungene Distanziertheit verdrießen, ist höflich und liebenswürdig wie immer, verbirgt aber nicht, dass er *leidet*, wohl gar kränklich geworden ist. Um den 11. Mai 1807 endigt er einen eher sachlich gehaltenen Brief an Josephine wie folgt: »leben sie wohl, geliebte, liebe J. – ich bin nicht wohl – und befinde mich noch übler, weil ich sie gestern und heute nicht sehen konnte. ihr treuer Bethwn« (BGA Nr. 279). Um sich dieses beginnende Leiden auszutreiben, schreibt er fast am gleichen Tag an Josephines Bruder Franz Graf Brunsvik in Ungarn in schier herausfordernder Leutseligkeit, er brauche von ihm ein Quartettmanuskript, das nach London gehen sollte: »Küße deine Schwester Therese, sage ihr, ich fürchte, ich werde groß werden müßen,[177] ohne daß ein Denkmal von ihr dazu beyträgt, – schicke Morgen gleich die quartetten – quar – tetten – t – e – t – t – e – n, dein Freund Beethowen« (BGA Nr. 281). Dieser humorvoll formulierte Briefteil zeigt, dass es wegen Josephine wohl keine

Spannungen zwischen den Duzfreunden Franz von Brunsvik und Beethoven gab, sonst hätte Beethoven sicher förmlicher geschrieben. Im Hintergrund drohte das unüberwindliche Hindernis des Standesbewusstseins, im Vordergrund scheint jedoch eher die der Sicherheit für die beiden Liebenden gestanden zu haben – die klatschbesessene Wiener Adelskaste glich ja einem Haifischbecken, in dem man leicht umkommen konnte.[178]

Im Herbst 1807 verfällt Josephine in eine Art Panik. Zermürbt von den Warnungen und Ratschlägen ihrer Angehörigen, sieht sie nun keinen anderen Ausweg mehr als den Versuch, sich von Beethoven zu lösen. Dessen fortwährend auch schriftlich ausgedrückten Liebesbeteuerungen musste sie unbedingt widerstehen. Sie beginnt, sich durch ihren Diener verleugnen zu lassen. Beethoven ist tief verletzt, versucht jedoch, dies zu verbergen, was ihm aber nur halb gelingt, und so bricht die Korrespondenz für etwa zwei Jahre ab, nachdem er wohl gegen Ende des Jahres seinem Unmut doch einmal freien Lauf ließ. Es dreht sich bloß um eine geliehene Flasche Kölnischwasser, die zurückzubringen war, und Beethoven kündigt dazu seinen Besuch an. Wird sie sich wieder verleugnen lassen? Prophylaktisch schreibt Beethoven mit spürbarem Galgenhumor:

> »Liebe gute liebe, – – – J. – ich schike ihnen hier derweil 6 flaschen kölnischen Wassers von dem Meinigen – […] – ich versuche es diesen Abend ob ich sie geliebte liebe, liebe, J. finde, ist es nicht, nun so fluche ich ihren Verwandten alle Übel an den Hals –
>
> leben sie wohl liebe ich habe sie so lieb, als sie mich nicht liebhaben.
> Ihr tr[euer] LBethn« (BGA Nr. 307).

Er kennt demnach die Hintergründe von Josephines Katz-und-Maus-Spiel. In dem »Brief an die unsterbliche Geliebte« von 1812 wird auf die Vorfälle von 1807 Bezug genommen, wenn Beethoven mahnt: *»doch nie verberge dich vor mir«* (BGA Nr. 582) – ein sehr deutliches Indiz dafür, dass Josephine die »unsterbliche Geliebte« des Jahres 1812 ist. – Zunächst aber verlässt sie Wien 1808 mit ihren Kindern in Begleitung ihrer Schwester Therese, vordergründig, um für die Kinder einen geeigneten Hauslehrer zu suchen. Doch sieht das eher nach einer Flucht vor Beethoven aus, denn so schwierig dürfte es damals in Wien nicht gewesen sein, einen guten Pädagogen zu finden.

12

Fürst Lichnowsky, Zweiter Teil

Zeit der Krisen

Ende 1803 hatte Beethoven mit der Komposition seiner Klaviersonate Nr. 21, der sogenannten *Waldstein-Sonate* op. 53, begonnen. Das dem Bonner Jugendfreund Ferdinand Ernst Graf von Waldstein gewidmete Werk enthielt ursprünglich ein sehr graziöses Andante, das jedoch durch sein eigenes inneres Gewicht die Balance zwischen den zwei voluminösen Ecksätzen gefährden konnte. Beethoven ersetzte es durch ein gegensätzlich verhaltenes, akkordisch sehr farbiges, aber kurzes Adagio molto; der ursprüngliche Satz wurde 1805 separat als *Andante favori* – ohne Widmung – publiziert (WoO 57). Man ist sich längst darüber einig, dass Beethoven es für Josephine geschrieben hatte; sie besaß wohl schon 1804 ein Manuskript ebendieses *Andante,* und als Beethoven an die Publikation dachte, brauchte er es für die Abschrift: »hier – ihr – ihr – Andante«, schreibt er an sie, und die Herausgeber der Briefgesamtausgabe glauben darin das berühmte WoO 57, das *Andante favori,* zu erkennen, das die Beethoven-Forscherin Marie-Elisabeth Tellenbach als wahres Porträt der Gräfin Brunsvik empfand (Tellenbach S. 206f.).

Dieses Werk hatte Beethoven 1804 ebenfalls seinem Schüler Ferdinand Ries vorgespielt; dieser hochbegabte (aber keineswegs ›geniale‹) Musiker war ein wahrer Gedächtnisakrobat und hatte nichts Eiligeres zu tun, als es Fürst Lichnowsky beizubringen. Dem gelegentlich komponierenden, aber auch fürs Klavierspiel sehr begabten Fürsten fiel nun gleich am nächsten Tag der gut gemeinte Scherz ein, Beethoven eine eigene Komposition anzukündigen, die *gar nicht schlecht* sei, und ihm diese auch sogleich vorzuspielen: das besagte *Andante.* Ries berichtet: »Beethoven wurde hierüber sehr aufgebracht und diese Veranlassung war schuld, daß ich Beethoven nie mehr spielen hörte. Denn er wollte nie mehr in meiner Gegenwart spielen und begehrte mehrmals, daß ich bei seinem Spiel das Zimmer verlassen sollte« (Wegeler-Ries, S. 102). Das zeigt, dass diese Begebenheit bei dem sonst nie nachtragenden Beethoven Misstrauen hinterlassen hatte, nicht nur gegenüber Ferdinand Ries, sondern anscheinend auch gegenüber Fürst Lichnowsky, der gelegentlich, insbesondere von Maynard Solomon, verdächtigt wurde, er habe sich in Beethovens Liebesleben einmischen wollen und ausgerechnet die Lieblingsschülerin seines Hofmusikus, die Gräfin Brunsvik, ins Visier genommen. Die Konkurrenzängste sind wahrscheinlich grundlos; Beethoven selbst beruhigte Josephine diesbezüglich: »Wie ich sagte die Sache mit L[ichnowsky] ist nicht so arg meine Geliebte J.[osephine] als man sie ihnen machte« (BGA Nr. 216); Lichnowsky ermuntere Josphine vielmehr, ihren Einfluss bei ihm, Beethoven, geltend zu machen, damit die Arbeit an *Leonore* bestens voranschreite. Einige Wochen später erklärt er ihr seine Haltung unumwunden: »mein theurer L.[ichnowsky] geht morgen fort, – trotz manchen unebenheiten, die sich auf dem weege dieser Freundschaft finden, fühle ich es doch beym weggehen, wie lieb er mir ist – und wie viel ich ihm zu danken habe« (BGA Nr. 219; Ende April 1805). Carl Czerny gibt rückblickend eine Einschätzung ab, die verdient, zitiert zu werden: »Fürst Lichnowsky war wirklich ein wahrer Kenner und ein großes musikalisches Talent, seine Urtheile tief und richtig. Als Schüler Mozarts und Beethovens spielte er gut Clavier, ebenso wie sein Bruder Graf Moritz« (BSZ, S. 219). Dem älteren der zwei Brüder, dem Fürsten, war es ganz offensichtlich wichtiger, Beethovens Kunst voranzubringen, als ihm bei amourösen Dingen dazwischenzufunken.

Lichnowsky und das Ringen um *Fidelio*

Lichnowsky war auch beratend und organisatorisch zu Diensten. Er setzte sich immer wieder intensiv für die Aufführung des *Fidelio* ein. Nach dem Misserfolg von 1805 soll bei ihm eine Krisensitzung stattgefunden haben, bei der sich alle an der Produktion Beteiligten trafen und versuchten, das Werk durch Kürzungen dramaturgisch zu straffen. Carl von Lichnowsky, der in jener Zeit kein eigenes Haus bewohnte, sondern diverse Wohnungen, so zum Beispiel eine, die sich in dem Haus über dem Schottentor befand, wohin nach Czernys Zeugnis das

Rattern der Kutschen besonders laut drang, übernahm 1805 auch Vermittlerdienste gegenüber dem Verlag Breitkopf & Härtel in Leipzig: »Fürst Lichnowski wird ihnen nächstens wegen meinem Oratorium schreiben – er ist wirklich – was in diesem Stande wohl ein seltenes Beispiel ist – einer meiner treuesten Freunde und Beförderer meiner Kunst« (BGA Nr. 209); die Partitur des Oratoriums *Christus am Ölberge* hatte Lichnowsky später denn auch nach Leipzig überbracht. Bei der Erstaufführung dieses Oratoriums half er zusätzlich auch bei der logistischen Durchführung der Einstudierung; Ferdinand Ries war ebenfalls dabei:

> »Die Probe fing um 8 Uhr Morgens an. Es war eine schreckliche Probe und um halb drei Uhr Alles erschöpft und mehr oder weniger unzufrieden. Fürst Karl Lichnowsky, der von Anfang der Probe beiwohnte, hatte Butterbrot, kaltes Fleisch und Wein in großen Körben holen lassen. Freundlich ersuchte er alle zuzugreifen, welches nun auch mit beiden Händen geschah und den Erfolg hatte, daß man wieder guter Dinge wurde. Nun bat der Fürst das Oratorium noch einmal durchzuprobiren, damit es Abends recht gut ginge und das erste Werk dieser Art von Beethoven seiner würdig ins Publikum gebracht werde. Die Probe fing also wieder an.«[179]

Die große Nähe, die vor allem 1797 bis mindestens 1804 nahezu ungetrübt bestand, drückt sich auch in Beethovens gutem Kontakt zu Lichnowskys Ehefrau Maria Christiane aus, einer geborenen Gräfin Thun, demnach aus jener berühmten Familie stammend, zu der bereits Mozart engste musikalische Beziehungen unterhalten hatte. Die Fürstin bemutterte ihn stets, und der Fürst überbot das noch, indem er seinen Leibdiener beauftragte, den Komponisten zuerst zu bedienen, wenn beide zugleich klingelten (Frimmel Bd. I, S. 347). Diese Erzählung endet jedoch damit, dass Beethoven sich schnellstens einen eigenen Diener zulegte, was Frimmel als Zeichen des »Hochmutsteufels« registriert. Es ist eher anzunehmen, dass Beethoven aus Sorge vor einer Bevormundung begann, Grenzen zu ziehen und seine Handlungsfreiheit zu schützen.

Das sollte sich auch bald als notwendig erweisen. Zu dem bereits im Einleitungskapitel geschilderten dramatischen Zerwürfnis kam es wohl erst im Herbst 1806 in Lichnowskys Schloss im schlesischen Grätz, als Beethoven sich weigerte, vor den französischen Offizieren Klavier zu spielen. Ein Zeitzeuge namens Franz Magerle glaubte genau zu wissen, warum Ludwig van Beethoven nicht spielen wollte: »Beethoven […] war republikanischer Gesinnung. Von der Großen Französischen Revolution erwartete er die Einführung einer demokratischen Ordnung, als aber Napoleon französischer Kaiser wurde, hegte er Groll gegen ihn sowie gegen das französische Heer.[180] Deshalb mied er die französischen Gäste im Schloss, wo es nur ging. Als dann der französische Kommandeur den Wunsch ausgesprochen hatte, den Künstler gern einmal zu hören, wurde ein Abend für eine größere Gesellschaft veranstaltet. Beethoven blieb in seinem Kabinett eingeschlossen. Nicht einmal die wiederholte Aufforderung des Fürsten half… Als das Drängen nicht aufhören wollte, verließ er das Schloss durch eine Hintertür« (BSZ, S. 572).

Genaueres über das »Drängen« erfährt man in einem Brief des Beethoven-Schülers Ferdinand Ries an den Bonner Beethoven-Freund Wegeler aus dem Jahr 1837: »[…] wenn nicht Graf Oppersdorff und einige andere gewesen wären, so wäre es zu einer derben Schlägerey gekommen, denn *B.* hatte den Stuhl schon aufgehoben, um ihn auf des Fürsten Kopf in seinem eigenen Hause zu zerbrechen, nachdem der Fürst die Zimmerthür die B. nicht aufmachen wollte, zertreten hatte, wenn Oppersdorff ihm nicht in die Arme gefallen wäre. – *B.* gieng auf der Stelle nach Troppau ließ seinen Bedienten mit dem Wagen, den ihm *L.* zur Reise gegeben hatte nachkommen, blieb aber noch den nächsten Tag in Troppau bey einer großen Gesellschaft, die Graf Moritz Lichnowsky[181] der dort wohnte gab. *B.* that aber als ob er den Fürsten *L.* – gar nicht kennte; welches ihm Alle übel nahmen, und der Fürst nicht verdient hatte, selbst wenn er Unrecht gehabt hätte. Die Köpfe waren wahrscheinlich alle ein bischen erhitzt […]« (BSZ, S. 712).

Ries fährt fort: »Ich habe im Jahr 1809 alles versucht die Sache auszugleichen, aber vergebens. *B* – wollte absolut daß der Fürst ihn öffentlich um Verzeyhung bitten soll, ob sie sich später ausgesöhnt haben, weiß ich nicht. daß ist sicher daß *B* auf jeden fall mehr Rücksicht auf seinen alten Freund und Protektor hätte haben sollen« (BSZ, ebd.).

Was kann Beethoven veranlasst haben, so störrisch und undankbar zu sein? Seine damals vielleicht noch republikanische Gesinnung allein konnte nicht in solch ein Chaos führen, es musste eine persönliche Verletzung hinzugekommen sein. Beethovens Reaktionen sind viel zu emotional, um nur aus seiner politischen Einstellung zu entspringen. In seinem Leben gibt es bis dahin keinerlei Anzeichen und keine Muster, die erkennen lassen, dass er dafür gesellschaftlich quasi Kopf und Kragen riskiert hätte. In diesem Fall aber tat er es, und zwar so überzogen, dass er den Fürsten, wie Ries erzählt, durch öffentliche Abbitte vor aller Welt geradezu demütigen wollte – wegen eines verweigerten Klavierspiels. Welche Unverhältnismäßigkeit!

Trotzdem ging der Lauf der Welt weiter, die zwei Streithähne konnten sich nicht aus dem Weg gehen, aber der Ingrimm saß tief. 1807 schreibt Beethoven von einem Treffen mit dem Fürsten in einem höchst ironischen Ton: »Ich weiß es, Sie glauben gewiß nicht, daß ich seiner Fürstlichkeit ihre und der ihrigen mir über alles liebe Gesellschaft aufgeopfert hätte – nein – nicht wahr, das thun Sie nicht.«[182] Und noch am 1. November 1808 schreibt er an den oben erwähnten Grafen Franz Joachim Wenzel von Oppersdorff: »Meine Umstände bessern sich« – damit meint er die finanziellen, da Lichnowskys Jahressold von 600 Gulden wegen des Streits ja weggefallen war –, aber Beethoven komme finanziell jetzt über die Runden, »ohne Leute dazu nöthig zu haben, welche ihre Freunde mit Flegeln Traktiren wollen« (BGA II, Bd. II, S. 26). Es waren in Grätz also Worte wie »Flegel« gefallen!

Irgendwann haben die Kontrahenten dann doch wieder Frieden geschlossen. Beide hatten durch diese Krise gelernt, hatten sich durch die gegenseitige Reibung verändert: Der Komponist hatte hinzugewonnen – zwar weniger an Umgangsformen als vielmehr an Durchsetzungsvermögen, wie sich noch zeigen wird. Ebenso erging es auch dem Fürsten, allerdings in der entgegengesetzten Richtung: Letztendlich hat Lichnowsky zumindest gegenüber Beethoven als dem Genie ein größeres Maß an Bescheidenheit an den Tag gelegt. Denn an der Einmaligkeit seines früheren Schützlings war nach Werken wie der *Eroica,* dem Violinkonzert, dem 4. Klavierkonzert und *Fidelio* – um nur ein paar Werke der Jahre 1803 bis 1808 zu nennen – nicht mehr zu zweifeln. Lichnowsky ließ denn auch den Kontakt in anderer Form, doch mit spürbarer menschlicher Nähe wiederaufleben – wann, wissen wir allerdings nicht genau. Ganz offensichtlich brauchte er die Nähe zu Beethovens Musik – fast wie die Luft zum Atmen! Das ergibt sich schon alleine aus der Hartnäckigkeit, mit der er nicht nur die Entwicklung der *Fidelio*-Fassungen begleitet, sondern auch aus der Art und Weise, wie er das Oratoriums-Projekt *Christus am Ölberge* durchkämpfte (s. o.).

Carl von Lichnowsky starb am 15. April 1814, ohne dass der Komponist dazu zeitnah Stellung genommen hätte. Erst am 21. September 1814 wendet er sich an dessen jüngeren Bruder, Graf Moritz Lichnowsky, einen ebenso intensiven

Beethoven-Verehrer, von dem wir noch öfter hören werden. Dabei geht er auf dessen Schwägerin und auf das komplizierte Verhältnis zu dem verstorbenen Fürsten ein: »Herzlichen Dank für ihr Andenken an mich eben so alles schöne der verehrungswürdigen Fürstin Christiane [Lichnowsky] [...] ich küsse der Fürstin die Hände für ihr Andenken und wohlwollen für mich, nie habe ich vergessen, was ich ihnen überhaupt alle schuldig bin, wenn auch ein unglückseliges Ereigniß verhältnisse hervorbrachte, wo ich es nicht so, wie ich wünschte, zeigen konnte« (BGA Bd. III, S. 58f.).

Seine Freunde Ries und Czerny hätten sich sehr gewünscht, dass Beethoven mit Fürst Carl Lichnowsky noch etwas verträglicher umgegangen wäre, er war immerhin Beethovens erster Wiener Großmäzen. Er hätte es in der Tat verdient, auch nach 1804, auch nach 1806, Zeichen des Dankes zu erhalten. Denn wenn man die Sache genau betrachtet, kann man die Perspektive auch umdrehen: War das ›Leibeigenschafts‹-Verhältnis nicht gegenseitig, weil es viel eher geistiger als sozialer Natur war? Rührten nicht alle persönlichen Unverträglichkeiten daher, dass Lichnowsky nach Beethovens Kunst geradezu ›süchtig‹ war, wie es seine bis 1814 reichenden Besuche beim Meister suggerieren? Doch Beethoven hat das in seiner – für einen Künstler verständlichen – Selbstbezogenheit nicht erkannt und ihm nach 1804 leider keine weitere Widmung mehr gegönnt, die Zueignung der Zweiten Symphonie op. 36 war die letzte.

Es war auch Karl von Lichnowsky, durch den Beethoven 1806 einen weiteren adeligen Musikliebhaber kennen gelernt hatte, mit dem er es sich dann auch verscherzte: der schon erwähnte Franz Joachim Wenzel Reichsgraf von Oppersdorff (1778–1818). Dieser schlesische Graf unterhielt ein eigenes Orchester und war so musikbegeistert, dass sogar seine Dienerschaft – so zumindest die Gerüchte – nach musikalischen Aspekten ausgesucht wurde. Als Beethoven 1806 bei den Lichnowskys in Grätz zu Gast war, fuhr er im Herbst gemeinsam mit diesem nach Oberglogau, wo Graf Oppersdorff residierte. Der Graf ließ auf seinem Schloss zu Ehren des Komponisten dessen *Zweite Symphonie* spielen. Und danach bestellte er bei Beethoven zwei neue Symphonien. Beethoven widmete ihm die *Vierte Symphonie*, und erhielt, wie vereinbart, 500 Gulden, und nahm auch gleich dankbar im Voraus der Honorar für die *Zweite Symphonie* an, die Graf Oppersdorff von ihm wünschte. Zwei Jahre später schrieb Beethoven ihm, er sei kurz vor der Vollendung dieses neuen Werkes, doch sechs Monate darauf machte er eine Kehrtwendung und ließ Oppersdorff wissen, er habe diese Symphonie jetzt doch anderen Interessenten verkauft. Es handelte sich hier um die *Fünfte Symphonie* und um die *Pastorale,* die er Lobkowitz und Rasumowsky widmete, die ihn dafür auch bezahlten. Das schon eingestrichene Honorar an den geprellten Oppersdorff zurückzuzahlen kam ihm nicht in den Sinn. Damit endete die Freundschaft der beiden.

13
Große Ernte

Die Zeiten von Liebeshoffnungen und -enttäuschungen sowie enger Freundschaft und großem Streit bremsten Beethoven nicht, sondern beflügelten seine künstlerische Arbeit in einem Maß, das schon ans Wunderbare grenzt. Ja: Zu heftige Spannungen können die schöpferischen Kräfte lähmen, aber ein wohldosierter Umgang mit An- oder gar Aufregung, etwas Druck und Stress helfen oft auch, den Ideenwirbel zu befeuern und ihn kreativ zu nutzen.

Von den Werken der Jahre 1804 bis 1807, um die es hier geht, gediehen einige langsamer, andere erstaunlich schnell. Zu den Ersteren gehören *Fidelio,* das 4. Klavierkonzert op. 58 und die Vierte Symphonie op. 60, die von den ersten Skizzen bis zur fertigen Partitur von 1803/04 bis 1806 brauchen (Aufführung: 1807), die Fünfte und Sechste Symphonie gar von 1804 bis 1807 (Aufführung 1808). Ganz gegenteilig verliefen die Dinge beim Violinkonzert op. 61, das im Herbst 1806 in höchster Eile in wenig mehr als vier Wochen entstand und bereits am 23. Dezember 1806 von den kaum trockenen Orchester-Stimmenabschriften uraufgeführt wurde. Im Originalmanuskript nennt es sich *Concerto par Clemenza pour Clement primo Violino e direttore al theatro à vienne,* womit in Beethovens drollig-verquerer, Italienisch und Französisch wild mischender Ausdrucksweise eine ganze Reihe von Mitteilungen enthalten sind. Die erst 1809 nach einer gründlichen Verbesserung der Soloviolinstimme erschienene Erstausgabe widmete der Komponist dem Bonner Freund und studierten Juristen Stephan von Breuning, der als Garant familiärer Geborgenheit da war, wenn Beethoven ihn brauchte, manchmal aber brüsk fallen gelassen wurde, wenn dem Herrn Genie etwas gegen den Strich ging. Breuning hat es nicht verdrossen, und er hielt seinem Freund Ludwig die Treue bis ans Sterbebett, setzte sich zuletzt so intensiv für ihn ein, dass er selbst erschöpft, zermürbt und krank gut zwei Monate nach dem über alles verehrten Meister dahinschied. Ihr Verhältnis war ganz überwiegend eine Einbahnstraße: Breuning der Gebende, Beethoven der Nehmende – mit der Ausnahme des op. 61: Damit erhielt Breuning ein Dankeschön der Sonderklasse, nicht mehr und nicht weniger als das, was für mich das *schönste* Violinkonzert aller Zeiten ist, wohlgemerkt das *schönste,* das Adjektiv *größte* sollte man hier meiden, weil es aus dem späteren 19. und vor allem aus dem 20. Jahrhundert mindestens ein Dutzend andere Kompositionen gibt, die ebenso *groß* und bewundernswürdig sind.

Doch wie Nikolaus Zmeskall gehörte Stephan von Breuning – trotz des teils täglichen Umgangs – nicht zu jenen Auserwählten, die Beethoven emotional so nahestanden, dass sie *ihn veränderten,* aber er war ihm ein wichtiger Freund und Helfer. Beethoven ließ ihn bei einigen Streitereien abprallen, etwa im Jahr 1803, als er ihn nach mehrjährigem Zusammenleben in ein und derselben Wohnung wegen einer Kleinigkeit wütend verließ, oder 1809, als er wegen einer Unvorsichtigkeit wiederum für mehrjährigen Ärger sorgte. Dieser dauerte diesmal länger; Breuning, der sich fast ebenso dickköpfig wie sein alter Freund aufführte, war vom Hofkonzipisten längst zum Sekretär und dann zum Hofrat im Kriegsministerium avanciert, bis wieder Frieden herrschte.

Wenn Beethoven ein Geschenk (wie z. B. das Hornemann-Porträt) oder gar ein *Versöhnungs*geschenk brauchte, konnte er, wie mit op. 61, grandios zu Werke gehen und dabei sogar vorausgegangene Widmungsbestimmungen nonchalant über den Haufen werfen. Denn das Violinkonzert war ursprünglich einem Geiger zugedacht, aber 1806 benötigte er eine Widmung, um Breuning dafür zu danken, dass er das *Fidelio*-Libretto aufwendigen Änderungen unterzogen und es damit auf dem Weg von der ersten zur zweiten Fassung ›gerettet‹ hatte. Der Geiger war das ehemalige Wunderkind Franz Clement (1780–1842), dem Beethoven schon 1794, als 14-Jährigem, seine Bewunderung ins Stammbuch geschrieben hatte. Nach langen Kunstreisen unter der Obhut seines geschäftstüchtigen Vaters wurde Clement 1802 Konzertmeister und Orchesterleiter am Theater an der Wien, war aber von recht »unordentlicher Lebensweise« (Frimmel) und starb verarmt. – Wie das Wortspiel im Titel des Violinkonzerts, *Concerto par Clemenza pour Clement*, vermuten lässt, schuldete Beethoven der *clemenza*, der »Güte«, des Geigers Clement, eine ganze Menge: Als Konzertmeister und geschickter Vermittler hatte er bei den Aufführungen der Symphonien Nr. 2 und 3, des Oratoriums *Christus am Ölberge* und der beiden ersten Fassungen der Oper *Leonore/Fidelio* immer wieder die Wogen zwischen dem extrem anspruchsvollen, oft geradezu kleinlichen Komponisten und dem manchmal aufgebrachten Orchester glätten müssen, sodass Beethoven ihm im Herbst 1806, als es um eine »große musikalische Akademie« zum »Vortheil des Franz Klement« und um dessen Selbstdarstellung als Geiger ging, den Wunsch nach einem neuen Violinkonzert nicht verweigern konnte.

Allerdings war Clement auch in seinem künstlerischen Habitus nicht immer sehr ›ordentlich‹ und bot »Geigen-Mätzchen« an, die zu einem Werk wie dem Violinkonzert op. 61 nun gar nicht passen: In der Tat versprach der Virtuose auf dem Plakat für die zweite Konzerthälfte: *»Wird Herr Clement auf der Violine phantasiren und auch eine Sonate auf einer einzigen Saite mit umgekehrter Violin spielen«* – das übertrifft die Tricks eines Niccolò Paganini, gehörte aber schon damals nicht in ein k. u. k. Hoftheater. Auch behauptete Clement, Beethovens Konzert ohne Proben vom Blatt gespielt zu haben, was gewiss maßlos übertrieben war, da er ja dem Komponisten zuvor als technischer Berater gedient hatte und somit große Teile des Stücks kennen musste.

* * *

Eine Biografie ist nicht mehr der Ort, um Beethovens Violinkonzert im Detail vorzustellen – aber auf einige für das Werk und dessen Schöpfer besonders charakteristische Details darf hingewiesen werden.[183] Es handelt sich um den Gegensatz zwischen dem größten Ernst des Ausdrucks, der sich durch den bis dahin ziemlich ›unerhörten‹ thematischen Einsatz der Pauke am Konzertbeginn und die geradezu verschwenderische motivische Vielfalt des Werkes einstellt. Die vier leisen Paukenschläge scheinen noch aus dem Schicksalsdiskurs zu kommen, den Beethoven in den Symphonien Nr. 3 und 5 führt, nun aber in einen gänzlich anderen, naturhafteren Rahmen stellt und deshalb in anderem Licht zeigt. Außer diesem Paukenmotiv tritt Beethoven mit fünf weiteren Themen an, um den ersten Satz als groß angelegten Sonatenhauptsatz mit doppelter Exposition, Durchführung, Reprise und Coda auszuführen. Den klassischen Regeln zufolge hätten zwei Themen und einige Überleitungselemente ausgereicht, aber das hätte nicht jene spezifische, sehr weit reichende Ausdrucksskala abgedeckt, die dem Komponisten vorschwebte: Neben der essenziellen Reflexion des Paukenthemas geht es durchaus auch um Nachdenklichkeit, die aus dem in Takt 2 einsetzenden Hauptthema spricht und dreimal mit dem Paukenmotiv in kontrapunktischen Bezug gesetzt wird. Über ein Skalen-Steigerungsmotiv gelangt man zu einem Fortissimo-Abschnitt, der einen heroischen Marschcharakter hat;

über sich wiederholende Sechzehntelfiguren führt er zu einem liedartigen Bläserthema, das seinerseits wieder mit dem in die Violinen verlegten Paukenthema in Bezug gesetzt wird. Ein prächtiger Forte-Abschluss beendigt das Einleitungstutti und übergibt das Zepter an den Soloviolinisten, der eine Zweitexposition mit reichem virtuosem Figurenwerk auszuführen hat.

Dieser Bauplan stellt alles zuvor Dagewesene in den Schatten. Kein Wunder, dass allein für den ersten Satz etwa 25 Minuten gebraucht werden, die Dauer eines ganzen Violinkonzerts der Haydn-Viotti-Mozart-Ära, sodass dieses Konzert insgesamt (je nach Länge der gewählten Kadenzen) 45 Minuten dauert. Entsprechend verblüfft reagierten die Zeitgenossen, lobten den Solisten über die Maßen, ließen am Komponisten aber kaum ein gutes Haar. Ein gewisser Johann Nepomuk Möser schrieb in der *Wiener Theaterzeitung:*

> »Der vortreffliche Violinspieler Klement spielte unter anderen vorzüglichen Stücken, auch ein Violinconcert von Beethhofen, das seiner Originalität und mannigfaltigen Stellen wegen mit ausnehmendem Beifall aufgenommen wurde. Man empfing besonders Klements bewährte Kunst und Anmuth, seine Stärke und Sicherheit auf der Violin, die sein Sclave ist, mit lärmenden Bravo. – Ueber Beethhofens Concert ist das Urtheil von Kennern ungetheilt; es gesteht demselben manche Schönheit zu, bekennt aber, daß der Zusammenhang oft ganz Zerrissen scheine, und daß die unendlichen Wiederholungen einiger gemeiner Stellen leicht ermüden könnten. Es sagt, daß Beethhofen seine anerkannt großen Talente gehöriger verwenden und uns Werke schenken möge, die seinen ersten Symphonien aus C und D gleichen, seinem anmuthigen Septette aus Es, dem geistreichen Quintette aus D-Dur und mehreren seiner frühern Compositionen, die ihn immer in die Reihe der ersten Componisten stellen werden. Man fürchtet aber zugleich, wenn Beethhofen auf diesem Weg fortwandelt, so werde er und das Publicum übel dabei fahren. Die Musik könnte so bald dahin kommen, daß jeder, der nicht genau mit den Regeln und Schwierigkeiten der Kunst vertraut ist, schlechterdings gar keinen Genuß bei ihr finde, sondern durch eine Menge unzusammenhängender und überhäufter Ideen und einen fortwährenden Tumult einiger Instrumente, die den Eingang charakterisieren sollten, zu Boden gedrückt, nur mit einem unangenehmen Gefühl der Ermattung das Concert verlasse [...]«

Auch 1806 bewunderte man in Beethoven zwar den Schüler Haydns, lehnte jedoch *seinen eigenen Weg* immer noch so vehement ab, dass man das, was Differenzierung von Themen und Gegenthemen an Ausdrucksgenauigkeit bewirken, als pures Chaos empfand. Der verschwenderische Reichtum der Einfälle führt auch im Finalsatz zu einem Bruch mit den Traditionen und der Entfaltung von Melodien, die – für die Nachgeborenen – schon etwas Paradiesisches an sich haben mögen. Das Schlussrondo ist, wie öfter bei Beethoven, mit Elementen der Sonatenkonstruktion verschränkt, welche die Architektur bereichern. Hier sei nur auf die zentrale Partie verwiesen, worin ein ökonomisch denkender Komponist sein 8- oder 16-taktiges Motiv wenigstens zweimal zitiert und durch virtuoses Passagenwerk voneinander getrennt hätte. Nicht so Beethoven: Während er sonst nie an Virtuosität spart, verzichtet er hier fast ganz darauf und liefert stattdessen gleich zwei übergangslos folgende lyrische Episoden, die aber eine starke emotionale Steigerung beinhalten. Beide Zwischenspiele werden erst von der Violine, dann vom Fagott vorgetragen (mit Sechzehntelumspielungen der Violine). Die zweite Episode aber wartet mit etwas Besonderem auf: Die bereits jubilierend aufsteigende Sext wird durch einen Doppelschlag noch höher ans Firmament getragen, um dann in einer fast ganztaktigen Liegenote zu ruhen. Dazu passiert nun etwas Ungewöhnliches: Unter dieser liegenden Note vollführt das Orchester einen agogischen Kontrapunkt, ein starkes Crescendo, gefolgt von einem ebensolchen Decrescendo, bevor dieses Element eine Terz höher gesteigert wird und in einem Abgesang ausklingt. Dieser ›Crescendo-Trick‹ bewirkt in mir – und sicher in vielen anderen Hörern – einen Moment des absoluten reinen Glücks, in dem die Emotionen die höchsten Stufen erklimmen. Es ist eine ›Idee‹, die das Zeug hätte, als zentrales Thema einen ganzen Satz zu prägen – doch Beethoven kann es sich erlauben, sie einfach so, sozusagen zusätzlich, darzureichen! Und es ist ein Zeichen tiefer Beseeltheit, in der sich der Komponist anno 1806, mitten in den »Josephine-Jahren«, befindet und die ihm Motive zuspielt aus einer Gefühlswelt, in der er zuvor nicht war und die er nach 1809 nur noch ganz selten betreten wird.

Wie nach der oben zitierten Kritik zu erwarten, wurde Beethovens Violinkonzert nach der Uraufführung zunächst nur selten gespielt. Doch vierzig Jahre später war es im Programm eines denkwürdigen Konzerts in London: Der zwölfjährige Geiger Joseph Joachim spielte das Werk am 27. Mai 1844 unter der Leitung von Felix Mendelssohn Bartholdy. Während die berühmten Virtuosen des 19. Jahrhunderts wie Paganini, Kreutzer, Rode oder Spohr sich für Beethovens Werk nicht erwärmten, wurde Joachim die große Ausnahme und war bald ein hervorragender Interpret dieses Violinkonzerts. Dessen weltweiter Siegeszug begann also erst 1844, 17 Jahre nach Beethovens Tod.

Reinstes Glücksgefühl – diesmal symphonisch: Die Vierte Symphonie

Bald nach der Uraufführung des Violinkonzerts, Anfang 1807, muss Beethoven mit Fürst Lobkowitz Pläne für die Vorstellung weiterer abgeschlossener Werke geschmiedet haben. Dazu gehört die Vierte Symphonie, deren Vollendung auf den Herbst 1806 datiert wird und deren Aufführungsvorbereitungen im Januar 1807 mit der Herstellung des Stimmenmaterials begonnen haben, wie es scheint;[184] die erste Aufführung dürfte Anfang März 1807 im halb privaten Rahmen der Konzerte im Lobkowitz-Palais stattgefunden haben, die erste öffentliche Aufführung dagegen erst am 15. November 1807 im Burgtheater. Nach dem Ende der Arbeit an der *Dritten Symphonie* muss Beethoven gespürt haben, dass zum Thema Symphonik noch längst nicht alles gesagt war. Das meiste aktuelle Gedankenmaterial gelangte in die *Fünfte* und *Sechste Symphonie,* für die *Vierte* sind aus so früher Zeit nur einige Notate für den letzten Satz überliefert. Die Hauptarbeit scheint dann, ähnlich wie beim Violinkonzert, in kurzer Zeit im Sommer und Herbst 1806 vonstattengegangen zu sein. Widmungsträger war allerdings nicht Lobkowitz, sondern Franz Joachim Wenzel Reichsgraf von Oppersdorff. Im Gegensatz zu den kurz davor aufgeführten Werken kam die *Vierte Symphonie* sehr gut an und verbreitete sich rasch. Die Leipziger *Allgemeine musikalische Zeitung* fasste 1811 die Frührezeption treffend zusammen:

> »Dies [...] geistreiche Werk enthält, nach einer feyerlichen, herrlichen Einleitung, ein feuriges, glanz- und kraftvolles Allegro, ein kunstreich und sehr anmuthig durchgeführtes Andante, ein ganz originelles, wunderbar anziehendes Scherzando, und ein seltsam gemischtes, aber wirksames Finale. Im Ganzen ist das Werk heiter, verständlich und sehr einnehmend gehalten, und nähert sich den mit Recht so beliebten Symphonien dieses Meisters No. 1. und 2. mehr, als denen No. 5. und 6. [...] Von dem Wunderlichen und die Wirkung mehr Hindernden als Fördernden [...], wodurch Beethoven in der letzten Zeit manche Ausführende scheu, und manche Zuhörer irre macht, findet sich hier nicht allzuviel. [...] Möchte es doch dem geistreichen, verehrten Meister möglich, möchte er geneigt seyn, auf *diesem* Wege weiter, und, wie er es jetzt allerdings vermöchte, immer höher zu wandeln!«

Es bleibt dabei: Mindestens bis 1810 möchte das Publikum den Beethoven der ersten zwei Sinfonien haben, den Nachfolger Haydns und Mozarts, nicht den

Revolutionär! Dieses Publikum konnte den Hintergrund der Symphonie nicht kennen, wohl aber Beethovens Freunde wie Ignaz von Seyfried, der ihn zu jener Zeit als »heiter, zu jedem Scherz aufgelegt, frohsinnig, munter, lebenslustig, witzig, nicht selten satirisch« beschreibt. Die Symphonie beginnt zwar in düsterem b-Moll, wechselt im Allegro aber schnell zu idyllischer Heiterkeit und Glücksmomenten, die an das Violinkonzert erinnern: Es mutet einen an wie der Gang von Heiligenstadt nach Hetzendorf, wie der Weg aus angstvoller Einsamkeit in die wärmende Freundschaft der Brunsvik-Schwestern. Der dritte Satz (Allegro vivace) nimmt in seiner eigenwilligen Rhythmik bereits Züge späterer Scherzo-Sätze Beethovens vorweg. Die Rasanz und das Tempo der ersten Figuren überrumpeln die Hörer geradezu. Eine besondere Raffinesse dieses Menuetts liegt darin, dass es zwar im Dreiertakt gehalten ist, die Melodik aber den geradtaktigen ersten Satz wieder aufgreift. Dem Menuett folgt, durchaus der Hörererwartung entsprechend, ein Trio, in dem die Oboe melodienselig dominiert, doch nach der Reprise des Menuetts folgt abermals ein Trio, als wolle dieser Satz nie enden. Der Schlusssatz der Symphonie (Allegro ma non troppo) zeigt, wie Beethoven ein eher unauffälliges Streicherthema, eine kreisende Bewegung, energetisch aufladen kann und in ein Perpetuum mobile überführt, das alle Instrumente des Orchesters erfasst und mit seinem zügellosen Tempo, Schwindel, Übermut und Lebensfreude ausdrückt.

Robert Schumann empfand diese Symphonie als die »romantischste« aller Sinfonien Beethovens und charakterisierte sie als »eine griechisch schlanke Maid zwischen zwei Nordlandriesen«, womit er die *Eroica* und die *Fünfte* meinte. So steht sie auch heute, was schade ist, immer etwas im Schatten dieser Großwerke.

Das Superkonzert des Jahres 1808: Vier Beethoven-Uraufführungen an einem Tag

Das wichtigste Konzert jenes Jahres fand zwei Tage vor Weihnachten, am 22. Dezember, statt. Es hat eine Vorgeschichte. Wie gesagt, es war in Wien sehr schwierig, einen Konzertsaal für eine »Akademie«, für ein von einem Künstler privat veranstaltetes Konzert, zu bekommen. Nachdem Lichnowskys Finanzbeitrag entfallen war, konnten nur eigene Akademien Beethovens ab 1806 auftretenden Geldmangel ausgleichen. Von den verantwortlichen Veranstaltern wurden zwar Versprechungen gemacht, Termine angeboten und aus nichtigen Gründen wieder abgesagt – es fehlte schlicht an dem, was man heute als professionelles, rechtlich abgesichertes Management bezeichnen würde. So hatte man Beethoven einige Jahre lang hingehalten, und seine Assoziierung mit Fürst Lobkowitz ist nicht unbedingt aus privater Sympathie entstanden, sondern als Versuch, die neuesten Schöpfungen wenigstens in diesem halb öffentlichen, wenn auch in seiner finanziellen und publizistischen Wirkung begrenzten Rahmen zu Gehör zu bringen.

Neue Konstellationen – vorerst rein organisatorischer Art – entstanden erst ab 1806, als Beethovens Bruder Kaspar Karl die Tapezierertochter Johanna Reiß heiratete und die bereits recht aufwendige Sekretariatsarbeit für seinen berühmten Bruder nicht mehr zu leisten vermochte. Es dauerte aber bis Anfang 1807, bis Beethoven einen Ersatz finden konnte: den acht Jahre jüngeren Juristen Baron Ignaz von Gleichenstein (1778–1828), den er wohl schon seit 1797 kannte und möglicherweise im Klavierspiel unterrichtet hatte, mit dem er aber erst 1807 wieder in engen Kontakt kam, vielleicht durch die Vermittlung Stephan von Breunings, der im Hofkriegsrat als Kollege Gleichensteins beschäftigt war. Der älteste bekannte Brief wird auf April 1807 datiert – man siezt sich noch, obwohl von einem »längstens« die Rede ist, demnach war das fragliche Projekt, zukünftig verlagsreife Kompositionen gleichzeitig in England, Frankreich und im (ehemals Heiligen Römischen) Reich gleichzeitig anzubieten, schon seit einiger Zeit im Gespräch. Doch vom zweiten Brief an (13. Juni 1807) stehen die beiden auf vertrautem Du, und der Herr Baron darf außer Kanzleidiensten auch ganz banale Besorgungen wie den Kauf eines Hutes und das (allerdings heikle) Besorgen guter Schreibfedern erledigen. Das Verhältnis wird sehr eng und herzlich, doch nie so grob, wie dies mit dem Ebenfalls-Baron Zmeskall gelegentlich der Fall war. In jenem zweiten Brief heißt es: »ich umarme dich von Herzen«, und auf der Adressseite liest man: »Meinem Freunde Gleichen-Stein ohne Gleichen im Guten und bösen«. Der Ton ist also liebevoll, doch stets mit einem humorvollen oder gar leicht sarkastischen Unterton (wie dies bereits in Seyfrieds Bericht zitiert wurde).

Gleichenstein war ein Verehrer der Künste, aber kein Musiker. Offiziell beendete er seine Tätigkeit im Hofkriegsrat im Dezember 1810, war aber schon davor und danach ein paar Jahre in geheimdienstlichen Angelegenheiten auf Reisen. Sein diplomatisches Geschick stellte er auch Beethoven als Berater zur

Verfügung, so bei dessen Verlagsvertrag mit Muzio Clementi 1807 und beim berühmten Rentenvertrag von 1809. Leider verließ Gleichenstein Wien 1813 endgültig; zum Dank hatte Beethoven ihm bereits 1809 die Cellosonate op. 69 gewidmet.

Die zweite Neuerung betrifft das Konzertwesen selbst. Im Herbst 1807 gründeten 70 Wiener Musikfreunde unter Federführung von Graf Moritz von Dietrichstein und Fürst Lobkowitz die »Gesellschaft der Liebhaber-Konzerte«, in deren Leitungskomitee man Beethoven einlud – und womit man ihn ins

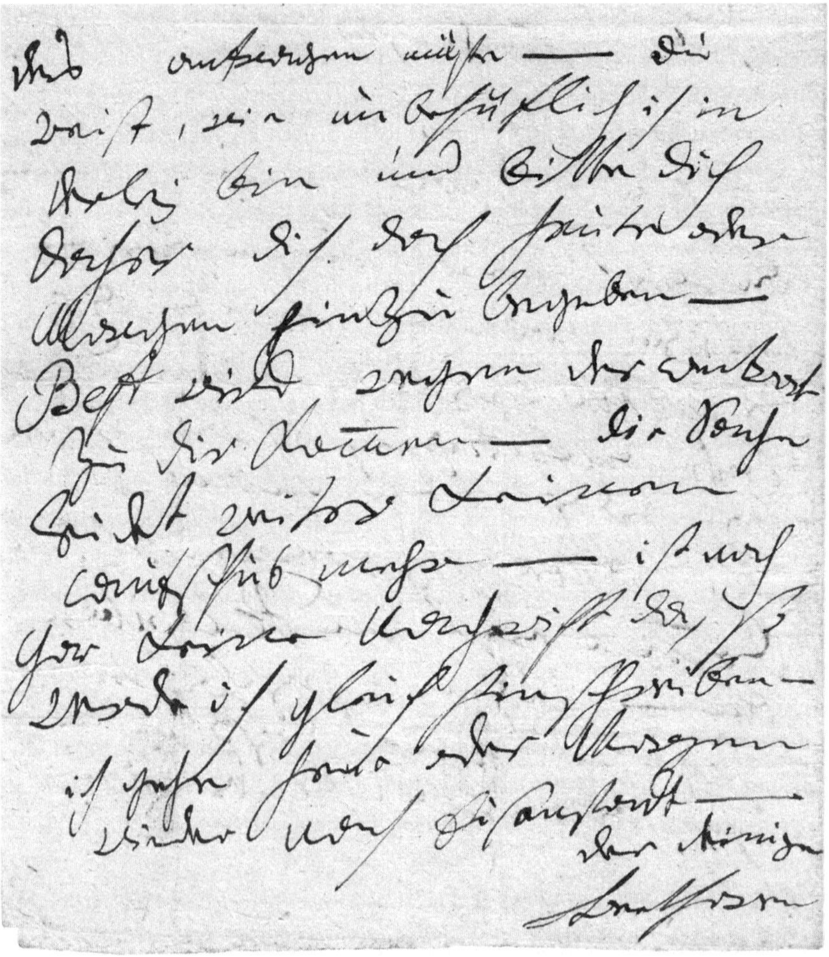

Abb. 34 Brief Ludwig van Beethovens an den Juristen Ignaz von Gleichenstein, unverzichtbarer Helfer bei komplizierten Verhandlungen – hier mit einem Musikverlag in England.

Zentrum der geplanten Aktivitäten stellte. Dazu hatte der Komponist allerdings weitgehende Vorleistungen zu erbringen:[185] »das Niederträchtigste bin ich ja schon ohnedem hier gewohnt«, schreibt er im März 1808 an Heinrich Joseph von Collin, zu dessen Trauerspiel *Coriolan* er das wohl Beste daran, die Ouvertüre (op. 62), beigesteuert hatte. Jenen Brief schließt Beethoven mit der Bemerkung: »ich bin so verdrießlich, daß ich mir nichts wünsche als ein Bär zu seyn, um, so oft ich meine Taze aufhöb, einen sogenannten großen – Esel zu Boden schlagen zu können. Beethown« (BGA Nr. 322). Mit den »sogenannten großen« ist freilich der Adel gemeint, der ihm ja seit 1806 allmählich immer mehr auf die Nerven geht.

Immerhin, der Erfolg der am 12. November 1807 beginnenden neuen Konzertreihe zeigt, wie gewaltig das Bedürfnis nach öffentlichen Konzerten nicht nur im Adel, sondern auch im wohlhabenden Bürgertum geworden war: Über 1300 Personen drängten sich im Theater an der Wien, das so viele Zuhörer unmöglich fassen konnte. Es wurden immer größere Räume benötigt, so auch am 22. Dezember 1808, als die erste Beethoven versprochene »Akademie« über die Bühne gehen sollte. Das Programm war gewaltig und dauerte annähernd vier Stunden, was damals keine Seltenheit war, doch angesichts des Charakters der Werke musste das an der Grenze oder gar jenseits der Aufnahmefähigkeit des Publikums gewesen sein. Das Programm ist in einer Ankündigung in der Leipziger *Allgemeinen musikalischen Zeitung* überliefert. Beim zweiten Stück handelt es sich um die Arie *Ah perfido* op. 65; bei dem dritten Stück, der Hymne, wie bei dem »Heilig« im zweiten Teil, geht es um »Gloria« und »Sanctus« aus der Messe op. 86, während ganz am Ende die Fantasie für Klavier, Chor und Orchester op. 80 stand. Diese sowie die Symphonien 5 und 6 erlebten an jenem Tage ihre Uraufführung, das 4. Klavierkonzert erklang immerhin erstmals *öffentlich:*

> *»Unter den m u s i k a l i s c h e n A k a d e m i e n, die auf den Theatern während der Christwoche gegeben wurden, ist unstreitig die, welche B e e t h o v e n den 22sten Dec. im Theater an der Wien gab, die merkwürdigste. Sie enthielt nur Stücke von seiner Komposition, und zwar ganz neue, die noch nicht öffentlich gehört und grösstentheils auch noch nicht herausgegeben sind. Die Ordnung, in welcher sie auf einander folgten, war folgende. (Ich gebe sie absichtlich mit den eigenen Worten des Zettels an.)*

Erste Abtheilung.

I. Pastoral-Symphonie, (No. 5) mehr Ausdruck der Empfindung als Malerey.

1tes Stück. Angenehme Empfindungen, welche bey der Ankunft auf dem Lande im Menschen erwachen.

2tes Stück. Scene am Bach.

3tes Stück. Lustiges Beysammenseyn der Landleute; fällt ein

4tes Stück. Donner und Sturm; in welches einfällt

5tes Stück. Wohlthätige, mit Dank an die Gottheit verbundene Gefühle nach dem Sturm.

II. Arie, gesungen von Dm. Killitzky.

III. Hymne mit latein. Texte, im Kirchenstyle geschrieben, mit Chor und Solos.

[**Hier fehlend**: 4. Klavierkonzert]

Zweyte Abhteilung.

I. Grosse Symphonie in c-Moll (No. 6)

II. Heilig, mit latein. Texte, im Kirchenstyle geschrieben, mit Chor und Solos.

III. Fantaisie auf dem Klavier allein.

IV. Fantaisie auf dem Klavier, welche sich nach und nach mit Eintreten des Orchesters, und zuletzt mit Einfallen von Chören als Finale endet« (TDR Bd. III, S. 98).

Die Nummerierung der Symphonien 5 und 6 wurde sehr bald umgestellt und in den im April/Mai 1809 erschienenen Erstausgaben festgeschrieben samt den Opusnummern 67 für die c-Moll- und op. 68 für die *Pastorale.* Zwar schreibt der sehr sorgfältige Rezeptionsforscher Barry S. Cooper, dass »in terms of its content, this was the most remarkable concert of his [Beethoven's] entire career«,[186] doch waren die Umstände insbesondere wegen mangelnder Probenzeit teils so katastrophal, dass dieses Konzert nicht glatt ablaufen konnte. Angesichts der zwei Riesensymphonien,die einmal mehr alle damaligen Gepflogenheiten auf den Kopf stellten, war das kein Wunder, aber beide wurden meist sehr ordentlich ausgeführt. Erst beim letzten Werk, der *Chorfantasie* op. 80, war die Zeit so knapp gewesen, dass im Orchester Durcheinander aufkam. Es herrschte keine Klarheit, ob ein mit Wiederholungszeichen versehener Teil angesichts der fortgeschrittenen Stunde auch wirklich wiederholt werden sollte, einige taten dies, andere nicht, und so entstand eine Kakofonie, die Beethoven zum Abbruch zwang; erst im zweiten Anlauf konnte dieser konzertante Husarenritt in einem symphonischen Ausdauerrekord zu einem guten Ende finden.

* * *

Um eine Vorstellung der historischen Bedeutung zu bekommen, die dieses Konzert trotz seines teilweisen Misslingens hatte, sei hier das Beispiel der Fünften Symphonie herausgegriffen. Die Wirkung dieses Werks auf die Zeitgenossen spiegelt sich am besten in der berühmten Rezension E. T. A. Hoffmanns, die 1810 in der *Allgemeinen musikalischen Zeitung* (12. Jahrgang, Nr. 40) veröffentlicht wurde. Bereits einige Ausschnitte daraus lassen erahnen, warum sie das Beethoven-Bild des 19. Jahrhunderts so tief prägen konnte:

> »[Der] Rec[ensent] hat eins der wichtigsten Werke *des* Meisters, dem als Instrumental-Componisten jetzt wol keiner den ersten Rang bestreiten wird, vor sich; er ist durchdrungen von dem Gegenstande, worüber er sprechen soll, und niemand mag es ihm verargen, wenn er, die Gränzen der gewöhnlichen Beurtheilungen überschreitend, alles das in Worte zu fassen strebt, was er bey jener Composition tief im Gemüthe empfand [...] Jede Leidenschaft – Liebe – Hass – Zorn – Verzweiflung [...] kleidet die Musik in den Purpurschimmer der Romantik, und selbst das im Leben Empfundene führt uns hinaus aus dem Leben in das Reich des Unendlichen. [...] So öffnet uns auch Beethovens Instrumental-Musik das Reich des Ungeheueren und Unermesslichen. Glühende Strahlen schiessen durch dieses Reiches tiefe Nacht, und wir werden Riesenschatten gewahr, die auf- und abwogen, enger und enger uns einschliessen, und alles in uns vernichten, nur nicht den Schmerz der unendlichen Sehnsucht, in welcher jede Lust, die, schnell in jauchzenden Tönen emporgestiegen, hinsinkt und untergeht, und nur in diesem Schmerz, der, Liebe, Hoffnung, Freude in sich verzehrend, aber nicht zerstörend, unsre Brust mit einem vollstimmigen Zusammenklange aller Leidenschaften zersprengen will, leben wir fort und sind entzückte Geisterseher. [...] Beethovens Musik bewegt die Hebel des Schauers, der Furcht, des Entsetzens, des Schmerzes, und erweckt jene unendliche Sehnsucht, die das Wesen der Romantik ist. Beethoven ist ein rein romantischer (eben deshalb ein wahrhaft musikalischer) Componist [...] Er trennt sein Ich von dem innern Reich der Töne und gebietet darüber als unumschränkter Herr. Tief im Gemüthe trägt Beethoven die Romantik der Musik, die er mit hoher Genialität und Besonnenheit in seinen Werken ausspricht. Lebhafter hat Rec. dies nie gefühlt, als

> bey der vorliegenden Symphonie, die in einem bis zum Ende fortsteigenden Climax jene Romantik Beethovens mehr, als irgend ein anderes seiner Werke entfaltet, und den Zuhörer unwiderstehlich fortreisst in das wundervolle Geisterreich des Unendlichen [...]«

Hoffmann widmet sich anschließend in seinem Text intensiv der Kompositionstechnik, wozu er in der Lage war, weil er ja selbst – neben seinen literarischen Arbeiten – eine große Anzahl von Kompositionen auf professionellem Niveau geschaffen hatte und genau wusste, wovon er hier sprach. Hier folgen nur die Betrachtungen über den Anfang des Werks:

> »Es giebt keinen einfacheren Gedanken, als den, welchen der Meister dem ganzen Allegro zum Grunde legte [...] und mit Bewunderung wird man gewahr, wie er alle Nebengedanken, alle Zwischensätze, durch rhythmischen Verhalt jenem einfachen Thema so anzureihen wusste, dass sie nur dazu dienten, den Charakter des Ganzen, den jenes Thema nur andeuten konnte, immer mehr und mehr zu entfalten. Alle Sätze [damit sind die jeweils nur wenige Noten umfassenden Motive gemeint, aus denen Beethoven die thematische Arbeit bestreitet] sind kurz, nur aus zwey, drey Takten bestehend, und noch dazu vertheilt im beständigen Wechsel der Saiten-Instrumente und der Blas-Instrumente. Man sollte glauben, dass aus solchen Elementen nur etwas Zerstückeltes, schwer zu Fassendes entstehen könnte: aber statt dessen ist es eben jene Einrichtung des Ganzen, so wie auch die beständig auf einander folgende Wiederholung der kurzen Sätze [Motive] und einzelner Accorde, welche das Gemüth fest hält in einer unnennbaren Sehnsucht. – Ganz davon abgesehen, dass die contrapunctische Behandlung von tiefem Studium der Kunst zeigt, so sind es auch die Zwischensätze und die beständigen Anspielungen auf das Hauptthema, welche darthun, wie der Meister das Ganze mit allen den charaktervollen Zügen nicht allein im Geist auffasste, sondern auch durchdachte. [...] Mit dem prächtigen, jauchzenden Thema des Schlusssatzes, C dur, fällt das ganze Orchester [...] ein – wie ein strahlendes, blendendes Sonnenlicht, das plötzlich die tiefe Nacht erleuchtet [...]«[187]

Mit diesen Sätzen begründet Hoffmann die weit über die Romantik hinausweisende Beethoven-Werksicht: ein ästhetischer Weg, der den kompositorischen Vorgang als einen Sublimierungsprozess vom tatsächlichen Leben in die Kunstebene einer besseren Geisteswelt begreift. Diese Denkweise trifft auf Beethoven in der Tat zu, man begegnet ihr erstmals in der Korrespondenz mit Josephine, und dieses Denken wird uns weiterhin begleiten. Diese Sicht wird von der Musik gestützt, schon allein durch die thematische und tonartliche Entwicklung. Darüber hinausgehenden Verdinglichungen wie »Schicksalsdrama« sollte man misstrauen, die Musik gibt das manchmal, aber nicht immer her. Oft sind das zu konkrete Interpretationen, die man sich vorstellen, nicht aber belegen kann. Außerdem will Beethoven ja bereits verbal »dem schicksaal in den rachen greifen« (BGA Nr. 70), und er pflegt nicht eigentlich zu vertonen, was er mit Worten sagen kann. Ebenso wenig überzeugt manch allzu politische Interpretation – u. a. bei Harry Goldschmidt.[188] Beethoven dachte rechtlich und emanzipatorisch, doch eine klare und konsequente Linie in Richtung Republik oder gar Demokratie ist in keiner seiner verschiedenen Lebensperioden auszumachen. Deshalb geht auch Adornos Diktum viel zu weit, wenn er anmahnt, die Fünfte seien »Volksreden an die Menschheit«, welche ein einheitliches »Gesetz ihres Lebens« vorführe und zum »unbewußten Bewußtsein jener Einheit« aufrufe.[189] Dies ist eine nur allzu verständliche Wunschvorstellung eines der Propheten des 20. Jahrhunderts, zurückprojiziert auf Beethoven, der damit aber überfordert wird.

Wie dem auch sei, neben Beethovens Dritter und Neunter hat kein Werk die Entwicklung der Symphonik im 19. und 20. Jahrhundert so stark beeinflusst wie die Fünfte – von Schubert über Brahms, Tschaikowsky und Bruckner bis zu Mahler und darüber hinaus.

14

Der ›Freie Künstler‹

Beethovens Rentenvertrag von 1809

Lichnowsky hatte seine Zahlungen nach dem Streit im Schloss Grätz 1806 eingestellt. Beethoven nahm dies dem Fürsten nicht übel – aber immerhin handelte es sich um 600 Gulden pro Jahr. Das war der Preis für das Ende der ›guten Ratschläge‹ und der Bitten, dieses oder jenes zu spielen oder zu komponieren. Diesen Preis war Beethoven bereit, für die wiedererlangte Freiheit zu bezahlen. Aber das Geld fehlte ihm, und er wird diesen Mangel immer öfter thematisieren. Ein gutes Jahr später scheinen seine Finanzen etwas durcheinandergekommen zu sein, denn im Dezember 1807 wendete er sich an die k. k. Hoftheaterdirektion, um eine Art von Festanstellung zu beantragen:

> »Da überhaupt dem unterzeichneten von jeher nicht so sehr Brod-Erwerb, als vielmehr das Interesse der Kunst, die Veredlung des Geschmacks, und der Schwung seines Genius nach höheren Idealen und nach Vollendung zum Leitfaden auf seiner Bahn diente: so konnte es nicht fehlen, daß er oft den Gewinn und seine Vortheile der Muse zum Opfer brachte. Nichtsdestoweniger erwarben ihm Werke dieser Art einen Ruf im fernen Auslande, der ihm an mehreren ansehnlichen Orten die günstigste Aufnahme, und ein seinen Talenten und Vortheilen angemessenes Loos verbürgt« (BGA Nr. 302).

Doch könne er »nicht verhehlen«, dass er nach all den Jahren in Wien immer noch keine ausreichenden Bedingungen für ein sorgenfreies Kunstschaffen erlangt habe, weshalb er dem Vorschlage des Fürsten Lobkowitz folge, mit dem Hoftheater ein finanzielles Zukunftsmodell zu erarbeiten. Dazu formuliert er dann leider recht unrealistische Versprechungen und Erwartungen – der Antrag wurde abgelehnt, wobei nicht deutlich wird, ob die Forderungen oder die Persönlichkeit des Antragstellers das Problem darstellten. Denn im Verwaltungsgremium saßen keinerlei Bürgerliche, sondern drei Fürsten und fünf Grafen, von denen ein jeder freilich von dem unseligen Streit mit Lichnowsky wusste, der ja bis nach Berlin Wellen geschlagen hatte. Der inzwischen zum Hauptmäzen avancierte Fürst Lobkowitz konnte seinen Wunsch nach einem Theatervertrag für Beethoven zwar nicht durchsetzen, erreichte aber immerhin ein Trostpflaster: Aufgrund der Erfahrungen mit *Fidelio* sei man bereit, über eine weitere Oper zu reden.

Angesichts dieses mageren Resultats in einer derart vom Hochadel dominierten Kunst- und Theaterlandschaft gibt es Grund zu fragen, wie Beethoven seinen Umgang mit jener Kaste 1807 auffasste. Beethovens Verhältnis zu Adel und Obrigkeit, das bis zu seinem Weggang aus Bonn 1792 im Sinne einer politischen Loyalität des aufgeklärten Bürgertums geprägt war,[190] ist auch 1802 in Wien noch vollkommen ›in Ordnung‹: Zu diesem Zeitpunkt widmet er Kaiserin Maria Theresia das Septett op. 20.[191] Kritik an Adel und Politik äußert Beethoven in seinen Briefen zwar erstmals bereits 1802, zunächst aber nur mit Bezug auf Napoleon. Auf die österreichischen Verhältnisse geht er schriftlich erst ab 1810 in konkreter Form ein. Die Analyse der Berichte der Zeitgenossen ergibt das gleiche Bild: Kritische Texte beginnen 1809/10 moderat und steigern sich erst zwischen 1815 und 1820 als Folge des immer härteren Drucks der reaktionären Metternichschen Innenpolitik. Da Beethoven demnach bis etwa 1809 noch loyal denkt, kann man die Lichnowsky-Krise 1806 kaum politisch deuten, sondern muss sie in erster Linie als private Auseinandersetzung verstehen, in der es um künstlerische Freiheit geht. Dass Beethovens politisches Denken sich bereits in Bonn formte, wurde erwähnt, und es bleibt dabei, dass die *Eroica* und *Fidelio* nicht nur, aber doch auch als politische Äußerungen zu sehen sind. Es ist bis 1809/10 aber schlicht nicht nachweisbar, dass Beethoven die in diesen Werken historisch mit Frankreich verknüpften Themen auch auf seine Wiener Gegenwart bezieht. Die Verhältnisse ändern sich erst allmählich mit dem Aufstieg Metternichs ab 1809.

So darf man es noch als ganz unverfängliche Neuigkeit aufnehmen, dass Beethoven irgendwann im Spätsommer, jedenfalls vor dem 1. November 1808, das Stellenangebot als Hofkapellmeister des in Kassel residierenden Königs von Westphalen, Jérôme Bonaparte, jüngster Bruder Napoleons, erhielt. Den Antrag hatte, wie Beethoven im April 1809 schreibt, »der oberste Kammerherr von seiner Majestät des Königs von Westphalen Graf Truchseß-Waldburg« höchstpersönlich überbracht (BGA Nr. 375), nachdem der erste dortige »Directeur général des théâtres et de son orchestre«, Johann Friedrich Reichardt, im Oktober 1808 bei dem unglaublich verschwenderischen König Jérôme in Ungnade gefallen war. Beethoven sollte für jährlich 600 Dukaten in Gold nach Kassel kommen, um Oper und Konzert zu dirigieren; anscheinend hat er dort noch vor dem 7. Januar 1809 sein Interesse daran bekundet und gleichzeitig seinen neuen Freund Baron von Gleichenstein beauftragt, die Bedingungen in Kassel auszuhandeln. Ins Vertrauen gezogen wurde auch Gräfin Anna Marie Erdödy (1778–1837), die Beethoven seit 1803 kannte und mit der ihn eine immer enger werdende Freundschaft verband, sodass er damals, 1808/09, sogar bei ihr wohnte. Reichardt, der bei ihr dinierte, beschrieb sie als die »feine, kleine sehr hübsche 25-jährige Frau« (Frimmel I, S. 123), die allerdings seit dem ersten Wochenbett an einer unheilbaren rheumatischen Erkrankung litt, die mit starken Lähmungserscheinungen einherging. Sie war eine gute Pianistin, und in dem Gewusel dreier kleiner Kinder und in den gesundheitlichen Sorgen brachte Beethovens Klaviermusik ihr unschätzbare Erleichterung. Beethoven widmete ihr die Trios op. 70 (1809) und die Cellosonate op. 102 (1817), was bezeugt, wie nahe sie ihm stand, obwohl dazwischen eine Zeit der Entfremdung lag – wegen einer Bagatelle um eine Angestellte. Baron de Trémont registrierte eine lebhafte Neigung zwischen beiden, der aber Grenzen gesetzt waren, da sich im Hause auch ein Magister Joseph Xaver Brauchle um die Erziehung der Kinder kümmerte und es dabei, wie Beethoven in einem seiner üblichen Wortspiele bissig anmerkte, wohl nicht bewenden ließ. »Brauchle wird sich vom Brauchen wohl nicht entfernen u. sie werden wie immer Tag u. Nacht von ihm Gebrauch machen« (BGA Nr. 934).[192] Bis 1819 jedoch herrscht meistens eine innige Vertrautheit zwischen Erdödy und Beethoven, die auch damit zu tun hat, dass beide kranke Menschen sind und sich gegenseitig ermutigen, aus ihrem Kranksein die Kraft zu geistiger Vervollkommnung zu ziehen. 1820 aber geschah ein nicht geklärter Unfall in der Familie Erdödy, was 1823 nach üblen Intrigen gegen sie zur Ausweisung der Erdödys aus Wien und damit zum Ende der Freundschaft mit Beethoven führte.

Parallel zu den Verhandlungen über den Vertrag für Kassel begann Gleichenstein, zusammen mit Gräfin Erdödy nach einer Ersatzlösung zu suchen, die Beethoven bei gleichen finanziellen Bedingungen erlauben würde, in Wien zu

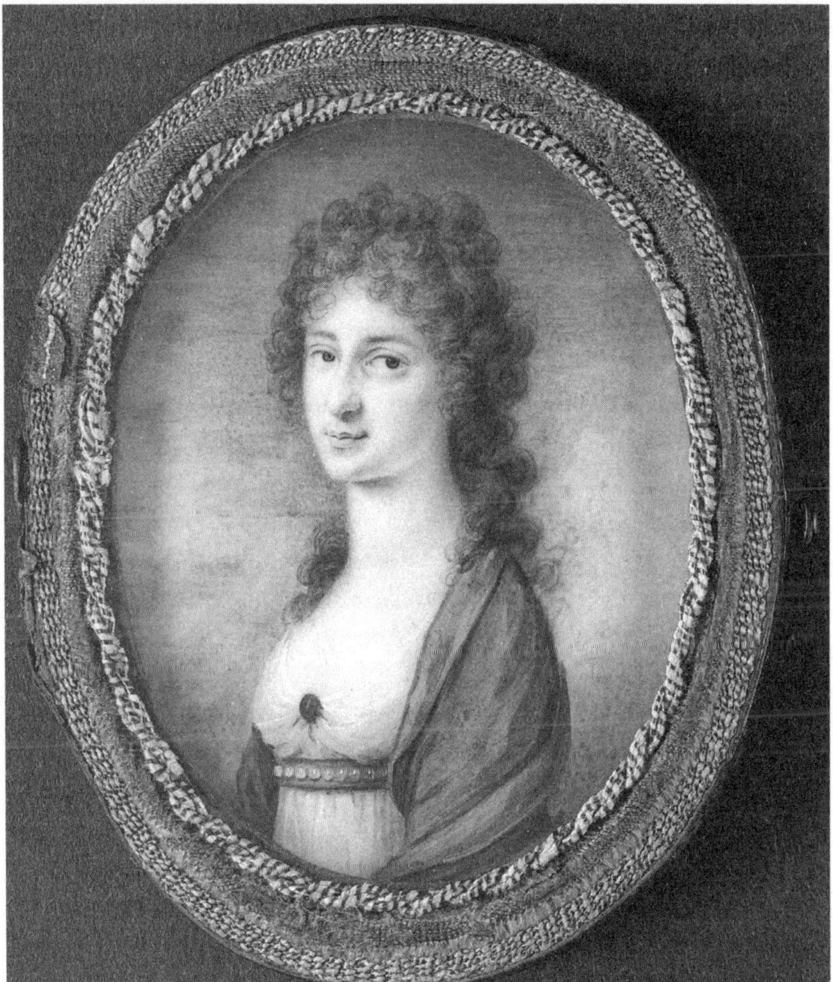

Abb. 35 Eine Porträtminiatur aus Beethovens Nachlass. Lange hielt man dies für das Bild der »Unsterblichen Geliebten«, wahrscheinlicher aber ist, dass es Gräfin Anna Marie von Erdödy darstellt, eine ungarische Adelige und enge Vertraute Beethovens. Um 1805.

bleiben – die in Kassel ausgelobten 600 Golddukaten entsprachen immerhin 4000 Gulden in Wien. Nach dem spektakulären Konzert vom 22. Dezember 1808, bei dem unter anderem die *Fünfte* und *Sechste Symphonie* uraufgeführt worden waren, erschien es nicht schwer, dem Wiener Adel klarzumachen, welchen Wert der Exportartikel Beethoven besaß und welch herben, kaum vorstellbaren Verlust es bedeuten würde, ein solches kulturelles Schwergewicht ausgerechnet an den ›undeutschen‹ König Lustig von Kassel zu verlieren. Das hätte zu europaweiter Häme gegen die Wiener geführt. Vor allem Fürst Kinsky ließ Sprüche hören, wie: Beethoven möge doch gefälligst »keinen Westphälischen Schinken essen« wollen (BGA Nr. 776), und war bereit, dafür tief in die Tasche zu greifen. Gleichenstein verfasste einen »Entwurf einer musikalischen Konstitution«, der noch 1865 bei seinen Nachkommen erhalten war und beweist, dass der nicht nur juristisch, sondern auch diplomatisch geschulte Baron federführend in dem hochkulturellen Doppelspiel agierte (und sich damit wohl auf seinen Einsatz als Geheimdiplomat vorbereitete, in welcher Eigenschaft er ab 1809 Süddeutschland und Frankreich bereisen wird). Bald entstand ein zweiter Entwurf, in dem es noch diese und jene Bedingungen gab, doch die Endfassung des Vertrags ist dann derart simpel, dass man sich fragen muss, ob Gleichenstein nicht doch irgendwann die hochproblematischen Erfahrungen in die Verhandlungen eingebracht hat, die Fürst Lichnowsky mit allzu großen Forderungen an Beethoven gemacht hatte. Denn der Vertrag enthält nur eine einzige Bedingung: Beethoven muss in Wien bzw. in den österreichischen Erblanden bleiben – das ist alles:

»Vertrag.

Die täglichen Beweise, welche Herr Ludwig van Beethoven von seinem außerordentlichen Talente und Genie als Tonkünstler und Compositeur gibt, erregen den Wunsch, daß er die größten Erwartungen übertreffe, wozu man durch die bisher gemachte Erfahrung berechtigt ist.

Da es aber erwiesen ist, daß nur ein so viel möglich sorgenfreier Mensch sich einem Fache allein widmen könne, und diese, von allen übrigen Beschäftigungen ausschließliche Verwendung allein im Stande sei, große, erhabene und die Kunst veredelnde Werke zu erzeugen; so haben Unterzeichnete den Entschluß gefaßt, Herrn Ludwig van Beethoven in den Stand zu setzen, daß die nothwendigsten Bedürfnisse ihn in keine Verlegenheit bringen, und sein kraftvolles Genie hemmen sollen.

Demnach verbinden sie sich, ihm die bestimmte Summe von 4000, sage viertausend Gulden jährlich auszuzahlen, und zwar:

Se. kaiserl. Hoheit der Erzherzog Rudolph	Fl. 1500
Der Hochgeborne Fürst Lobkowitz	Fl. 700
Der Hochgeborne Fürst Ferdinand Kinsky	Fl. 1800
Zusammen	Fl. 4000

welche Herr Ludwig van Beethoven in halbjährigen Raten bei jedem dieser hohen Theilnehmer, nach Maßgabe des Beitrages gegen Quittung erheben kann.

Auch sind Unterfertigte diesen Jahrgehalt zu erfolgen erböthig, bis Herr Ludwig van Beethoven zu einer Anstellung gelangt, die ihm ein Aequivalent für obbenannte Summe gibt.

Sollte diese Anstellung unterbleiben, und Herr Ludwig van Beethoven durch einen unglücklichen Zufall, oder Alter verhindert sein, seine Kunst auszuüben, so bewilligen ihm die Herren Theilnehmer diesen Gehalt auf Lebenslänge.«

So der Vertragstext, der erstens bezeugt, was die drei Fürsten von Beethoven halten, und zweitens, was man ihm verspricht. Das, was man von ihm erwartet, ist kurz und bündig angefügt:

»Dafür aber verbürgt sich Herr Ludwig van Beethoven, seinen Aufenthalt in Wien, wo die hohen Fertiger dieser Urkunde sich befinden, oder einer anderen, in den Erbländern Sr. österreichisch-kaiserlichen Majestät liegenden Stadt zu bestimmen, und diesen Aufenthalt nur auf Fristen zu verlassen, welche Geschäfte, oder der Kunst Vorschub leistende Ursachen veranlassen könnten, wovon aber die hohen Contribuenten verständigt, und worin sie einverstanden sein müßten.

So gegeben, Wien am 1. März 1809« (TDR Bd. III, S. 124f.).

Es handelt sich hier um ein Gründungsdokument der musikalischen Sozialgeschichte, die aber in diesem Fall einen kurzen zeitlichen Vorlauf hat. Bisher nahm man an, das Konzept der »Freiheit eines Künstlers, seine Unabhängigkeit von einem Dienstherrn« sei das Ergebnis einer Entwicklung, die in der Nachfolge der Französischen Revolution »im 19. Jahrhundert ihren Anfang nahm«, wobei Beethoven »zweifellos als einer der ersten Komponisten diese künstlerische Unabhängigkeit erlangt« habe.[193] Das ist nur vom Endergebnis her richtig.

Einerseits wurde Beethoven ab 1809 nicht völlig frei, sondern nur *weitgehend* frei. Ferner lohnt es sich, darauf hinzuweisen, dass manche Kleine und einige Große schon längst vorher denselben Freiheitswunsch verspürten. Zu den ›Kleinen‹ gehörte Carl Stamitz (1745–1801), der als prominentes Mitglied der Mannheimer Schule dieses Verlangen zu leben versuchte, darin aber scheiterte und ziemlich kläglich zugrunde ging. Zu den Großen gehört Mozart, den sein Logenbruder Michael Puchberg wenigstens über zwei Jahre hinweg (1788–89) mit insgesamt 1415 Gulden unterstützte – das waren zwei ansehnliche Jahresgehälter.[194] Das versetzte Mozart in die Lage, mit den von niemandem bestellten, nur aus eigenem Antrieb komponierten Streichquintetten KV 515, 516 und 516b jenen neuen Instrumentalstil zu begründen, der mit den drei großen, ebenfalls ohne konkreten Auftrag entstandenen Symphonien KV 543, 550 und 551 *(Jupiter)* seinen Zenit erreicht.[195] Die Vorgeschichte künstlerischer Freiheit ›klingt‹ demnach sehr gut.

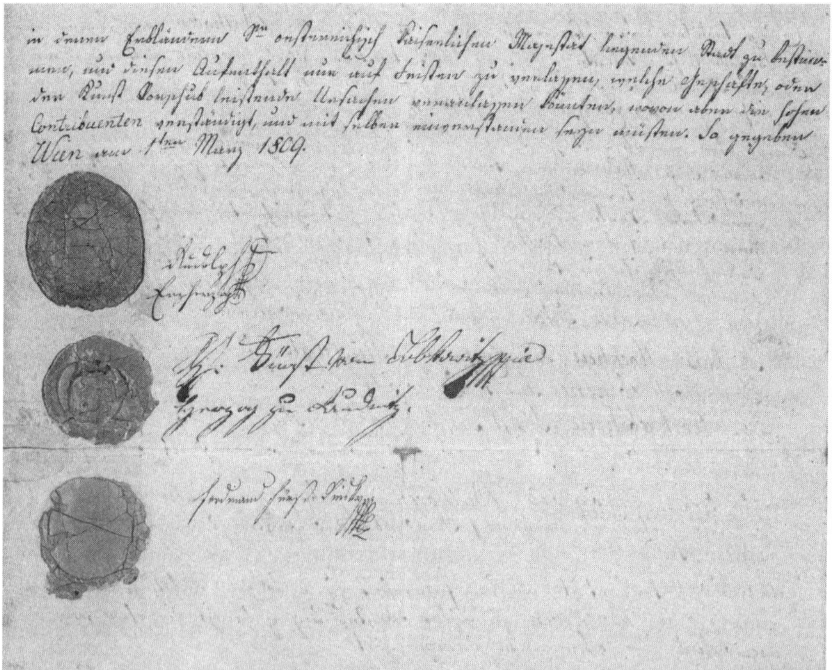

Abb. 36 Beethovens »Rentenvertrag«: Fürst Lobkowitz, Fürst Kinsky und Erzherzog Rudolph verpflichten sich 1808, Beethoven jährlich den Betrag von 4000 Gulden zu bezahlen, damit er ohne materielle Sorgen komponieren kann.

Der Rentenvertrag ist ein historisches Schlüsseldokument, wird aber nie wieder neu aufgelegt, weil die Sondersituation eines Komponisten wie Beethoven, dessen zunehmende Taubheit ihn an den nötigen musikpraktischen Zusatzverdiensten hindert, nicht mehr in vergleichbarer Form vorgekommen ist. Aber das Modell ist in das kulturelle Gedächtnis des 19. Jahrhunderts eingegangen, es wurde immer und immer wieder darüber geschrieben, sodass sich zwar noch längst kein gesetzlicher, aber doch ein moralischer Anspruch auf ein Minimum an künstlerischer Freiheit in den Köpfen mit Kultur befasster Personen festzusetzen begann. Weitere Folgen, etwa finanzieller Art, hat die Angelegenheit vorerst nicht. Die kommerzielle Verfügung über neue Werke bleibt nach Uraufführung und Erstveröffentlichung teilweise die Beute skrupelloser Verleger und zufälliger Veranstalter. Ab 1829 gibt es erste, aber noch etwas durchlässige Schutzvorschriften; es wird bis gegen 1870 dauern, bis endlich – auch dank des in geschäftlichen Dingen oft hemdsärmeligen Auftretens von Großkünstlern wie Giuseppe Verdi und Richard Wagner – gesetzliche Bestimmungen vollends greifen: Die Rechte an Kunstwerken werden endlich absolutes Eigentum ihrer Urheber und zunächst für fünfzig, dann für siebzig Jahre unter den Schutz eines Urhebergesetzes gestellt. Und es wird weitere fünfzig Jahre dauern, bis endlich, auch dank des Einsatzes von Richard Strauss, vergleichbare Rechte bis in die unteren Ränge des Kunstsystems durchsickern und dadurch eine Sozialordnung entsteht, in der außer den Rampenstars auch Sänger von Nebenrollen, Chorsänger und Orchestermusiker ein angemessenes Auskommen finden können.

Den Anfang dieser Entwicklung aber darf man an Beethoven festmachen, und dies ist nicht das geringste seiner Verdienste. Die Sache wurde denn auch geräuschvoll in die Musikwelt getragen; Die Leipziger *Allgemeine musikalische Zeitung* brachte am 22. März 1809 einen bemerkenswerten und viel zitierten Bericht:

»Der geistreiche, genialische, tiefsinnige Beethoven privatisirte bisher in Wien und die mancherley offenbaren oder versteckten Gegenparteyen, die er, vornämlich unter Musikern von Profession, daselbst fand, mochten ihm die Verhältnisse dieses seines Privatlebens nicht selten erschweren. Vor kurzem erhielt er nun vom westphälischen Hofe durch Hrn. Kapellm. Reichardt, welcher sich jetzt in Wien aufhält, einen vortheilhaften Ruf, und glaubte ihm folgen zu müssen. Da traten einige der edelsten Beschützer und Freunde der Tonkunst in Wien zusammen, erwägend, dass eben Beethovens Genius im Hauptsitz deutscher Instrumentalmusik, in Wien,

> verweilen, und ohne zu entscheidende fremde Einflüsse seinen selbstgebrochenen Pfad weiter wandeln müsse. Sie, die es gewiss empfanden, dass es den Grossen und Vielvermögenden nicht nur ziere, dass es nicht nur ihm die Herzen gewinne, sondern auch ein wahres Verdienst um die Mit- und Nachwelt sey, wenn er ausgezeichneten Geistern von irgend einer Art Raum und freye Thätigkeit verschafft – sie, der Erzherzog Rudolph, der Fürst Lobkowitz und der Fürst Kinsky, fertigten dem Künstler, unter den ehrenvollesten und zugleich schonendsten Aeusserungen, ein Dokument aus, worin sie ihm – blos, damit er sorgenfrey seiner Kunst leben, und auch ohne Abhängigkeit vom Geschmack der gemeinern Menge, grosse, erhabene, vielumfassende Werke liefern könne – die jährliche Rente von viertausend Gulden zusichern [...]«[196]

* * *

Doch dieser Beethoven wird es mit seiner ›Freiheit‹ nicht leicht haben. Einer der Sponsoren, Fürst Kinsky, stirbt vorzeitig bei einem Reitunfall; Fürst Lobkowitz, den wir schon kennen, gerät durch seine Verschwendungssucht und dann vor allem infolge des österreichischen Staatsbankrotts von 1811 in die Zahlungsunfähigkeit und wird vom Kaiser unter Zwangsverwaltung gestellt; nur der dritte, Erzherzog Rudolph, zahlt vom ersten Tag an pünktlich und klaglos. Gegen die zwei anderen bzw. gegen deren Erben und juristische Vertreter muss Beethoven bis 1815 prozessieren,[197] sodass seine ›Freiheit‹ wenig Freude bereitet und sehr teuer erkauft ist. Ferner wird diese ›Freiheit‹ durch ungeschriebene Erwartungen begrenzt. Der »Vertrag« gehört zwar ins Privatrecht, ersetzt aber doch im Fall eines derart berühmten Musikers eine öffentliche Aufgabe, und zwar die, dessen Abwerbung ins ›feindliche Ausland‹ zu verhindern – eine Aufgabe, für deren Wahrnehmung der mit einer feindlichen Armee nie gekannter Größe und Schlagkraft konfrontierte Kaiser kein Geld hat. Deshalb liegt es nahe, dass Beethoven sich an dem im zweiten Jahrzehnt der napoleonischen Herrschaft entstehenden Bedarf beteiligt, *politische,* patriotische Musik zu schreiben, d. h. antinapoleonische, die der nationalen oder teils gar nationalistischen Zeitstimmung Rechnung trägt. Davon wird eher wenig in die Rezeptionsgeschichte eingehen, aber es nimmt Beethovens Zeit erheblich in Anspruch. Er wehrt sich auch nicht dagegen, genießt es vielmehr, dass er mit *Wellingtons Sieg oder die Schlacht bei Vittoria* den spektakulärsten Publikumserfolg seines ganzen Künstlerlebens feiern darf – mit einem Stück, das eher eine Kuriosität ist, heute aber möglichst nie gespielt wird.

Beethovens Geldgeber sind ausnahmslos ›Hauptpersonen‹ für ihn, auch das wenig bekannte Fürstenpaar Kinsky

In der Praxis, in der ich eine ganze Musikerlaufbahn verbracht habe, ist es nun einmal so, dass der Geldgeber, der den Musikbetrieb finanziert, eine Hauptperson ist, ob es einem gefällt oder nicht – eine Hauptperson, wovon der Normalmusiker nur die Dienstanordnungen, oft aber nicht einmal das Gesicht kennt. Deshalb sehe ich keinen Grund, es hier historisch anders zu halten, insbesondere da man früh feststellt, dass es zu Beethovens Zeit in Dienst- und Gelddingen im Prinzip gar nicht so viel anders zuging. Deshalb eignete er seinen Mäzenen Werke zu, die zum Feinsten gehören, was er zu bieten hatte – lange bevor bekannt wurde, ob den betreffenden Musikstücken Erfolg beschieden sein würde oder nicht. Dem Fürstenpaar Kinsky sind vier Werke gewidmet: der Fürstin galten die *Sechs Gesänge* op. 75 (1810), *Drei Gesänge* op. 83 (1811) und das Lied *An die Hoffnung* op. 94 (1816), dem Fürsten die *Messe in C-Dur* op. 86 (1812). Fürstin Maria Charlotte Caroline, die Beethoven spitzbübisch eine »der hübschesten Dicksten Frauen in Vien [sic]« nannte (BGA Nr. 545), war eine gute Sängerin und trat sogar in Konzerten auf; Johann Friedrich Reichardt berichtete 1809 von einem Lobkowitzschen Konzert, in dem sie hören war: »Die Stimme der Fürstin hat besonders in der Tiefe einen weichen, vollen, echt Italienischen Klang« (TbW, S. 473). Sie wird bestimmt alle ihr zugeeigneten Lieder selbst gesungen und sehr geliebt haben; sie verhielt sich auch immer ausgesprochen wohlwollend gegenüber Beethoven, selbst zu Zeiten des Rechtsstreits wegen verspäteter bzw. nicht geleisteter Zahlungen aus dem Rentenvertrag. Insbesondere nach dem frühen Tod ihres Mannes, der für sie eine furchtbare Katastrophe gewesen sein muss, hatte sie ein schweres Leben. Denn alles, was sie tat, musste sie mit dem Mitvormund ihrer Kinder, Graf Franz Anton von Kolowrat-Liebsteinsky (1778–1861) in Prag, abstimmen. Kolowrat war Oberstburggraf von Prag, d. h. er war der eigentliche österreichische Statthalter von Böhmen, ohne den nicht viel lief – und er war ganz im Sinne seiner überwiegend amusischen und gegenüber Beethoven meist argwöhnischen Vorgesetzten im Wiener Kaiserhaus gegenüber jenem eigenwilligen Musiker ebenfalls recht kritisch eingestellt.

Fürstin Maria Charlottes Gemahl, mit vollem Namen Ferdinand Johann Nepomuk Fürst Kinsky von Wchinitz und Tettau, scheint ein leutseliger und freundlicher Zeitgenosse gewesen zu sein, der aus seiner rückhaltlosen Bewunderung

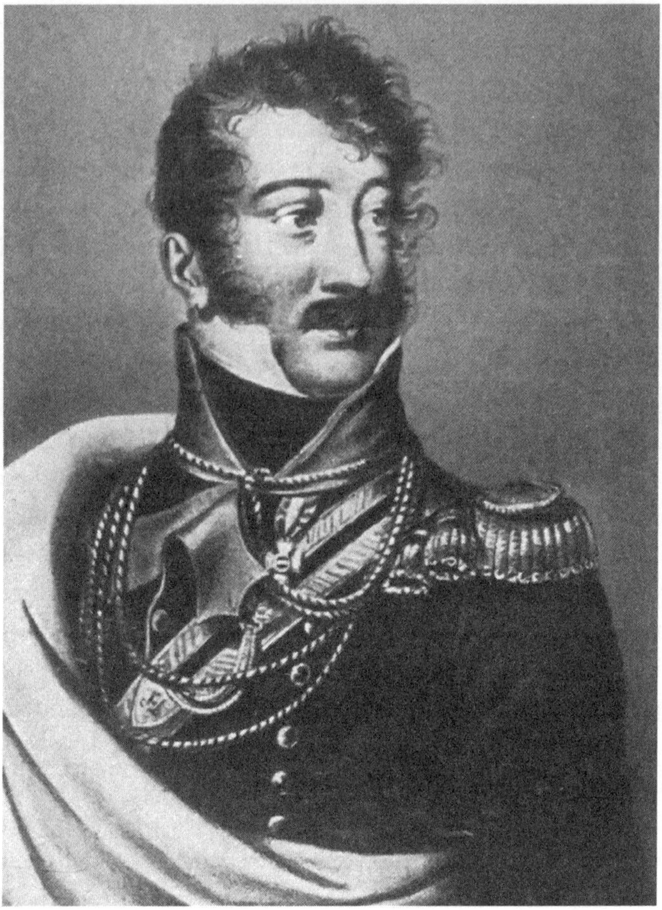

Abb. 37 Ferdinand Johann Nepomuk Fürst Kinsky von Wchinitz und Tettau, böhmischer Adliger und österreichischer Offizier, war einer der wichtigsten Mäzene Beethovens. Lithografie von Josef Kriehuber

für Beethoven nie einen Hehl machte. Der Fürst wurde, wie gesagt, Widmungsträger der *Messe in C-Dur* op. 86 (1812), ein Werk, für das Beethoven eine Zeit lang Napoleon als Widmungsträger vorgesehen hatte. Doch angesichts der Möglichkeit, jemandem eine Freude zu bereiten, der gewillt war, ihm jährlich 1800 Gulden zu spendieren, hatte sich die Waagschale zugunsten des Fürsten Kinsky gesenkt.

Dieser war ein leidenschaftlicher Musikliebhaber, spielte jedoch kein Instrument – er hatte sehr früh eine militärische Laufbahn eingeschlagen und es kaum dreißigjährig zum Oberst im Regiment der Schwarzenberg-Ulanen gebracht. Er war einer der wichtigsten Adligen Böhmens; bereits sein Vater unterhielt eine eigene Hauskapelle, sodass Fürst Ferdinand wirklich in einem musikalischen Milieu aufwachsen durfte. Wegen des fortdauernden Krieges war er ständig unterwegs und nicht in der Lage, seine letzten Zusicherungen an Beethoven vor seinem Unfalltod noch in Schriftform zu bringen, wodurch die Verschlechterung von dessen Bezügen durch das »Finanzpatent« von 1811 ausgeglichen worden wäre. Das war fatal, denn genau das brachte dem Komponisten die langen Streitigkeiten ein. Kinsky galt als absolut integer; Graf Wilhelm zu Bentheim nannte ihn am 6. November 1812 in einem Brief an Karl August Varnhagen von Ense einen »als Mensch, Patriot und Freund so seltene[n] Mann« (TDR Bd. III, S. 363). Auch seine Frau sei aus diesem Holz geschnitzt gewesen, versichert Thayer, und sie alle litten unter den Zeitumständen, weshalb sie – wie auch Lobkowitz – völlig frei vom Verdacht seien, Beethoven hinsichtlich des Rentenvertrages hintergehen zu wollen. Alle diesbezüglichen voreiligen Vorwürfe Beethovens seien ungerecht und hätten dem Ansehen der kulturbeflissenen Fürsten sehr geschadet (TDR Bd. III, S. 494). Graf Kinsky kam am 3. November 1812 ums Leben. Er stürzte, als er zu seinem Regiment reiten wollte, vom Pferd und brach sich das Genick. Ob dabei Alkohol im Spiele war, ist umstritten: Beethoven bat danach die Witwe um eine Erhöhung seiner Rente im Zuge der Inflation. Aber diese konnte darüber nicht allein entscheiden, da sie sich die Verwaltung des Vermögens mit ihrem Schwager, Franz Anton Graf von Kolowrat, teilen musste – der sich in dieser Sache an das Landgericht in Prag wandte. Nach vielen Interventionen von Anwälten und nach auffwändigen Schriftsätzen von Beethoven, erklärte sich die Familie Kinksy schließlich bereit, Beethoven ab März 2015 pro Jahr 2500 neue Gulden auszuzahlen.

Erzherzog Rudolph von Österreich, Beethovens wichtigster Mäzen

Rudolph Johann Joseph Rainer Erzherzog von Österreich wurde am 8. Januar 1788 im Palazzo Pitti in Florenz als 16. und jüngstes Kind des Großherzogs der Toskana, des späteren Kaisers Leopold II. (1747–1792) und dessen Gemahlin Maria Ludovica von Spanien, geboren. 1792, im Alter von vier Jahren, verlor

Rudolph kurz hintereinander beide Eltern, woraufhin sein ältester Bruder Franz seine Erziehung übernahm und dem Vater als Franz II. auf den Thron des Heiligen Römischen Reiches Deutscher Nation folgte. Den musste er 1806 unter dem Druck Napoleons zwar räumen, blieb aber als Franz I. bis zu seinem Tod 1835 Kaiser von Österreich.

Ganz traditionell sollte Rudolph eine Militärkarriere einschlagen. 1804 hatte er den Rang eines Generalfeldwachtmeisters, und von 1802 bis 1809 war er Inhaber des Infanterieregiments Nr. 14. Doch zur selben Zeit entschied er sich für eine geistliche Laufbahn; der berühmte Geschichtsschreiber des Habsburger-Reiches, Constantin von Wurzbach, nannte als Gründe des Sinneswandels »schwächliche Gesundheit und frommer Sinn«.[198] Schon 1805 erhielt Rudolph die niederen Weihen; damit verbunden war die Ernennung zum Koadjutor des Erzbistums Olmütz mit Anrecht auf die Nachfolge auf das dortige Amt des Erzbischofs, das er jedoch erst 1819 nach seiner Priesterweihe antrat. 1805–1809 studierte er privat Theologie unter Aufsicht des Klosterneuburger Augustiner-Chorherren Daniel Tobenz. Offiziell war Rudolph schon 1816 in den geistlichen Stand eingetreten, doch erst im Konsistorium vom 4. Juni 1818 war er von Papst Pius VII. zum Kardinal der Titelkirche San Pietro in Montorio erhoben worden. Den Erzherzog ohne eigene Diözese zum Kardinal zu ernennen, erschien der Kirche 1818 als politisch opportun.

Die Ausbildung eines Mitglieds der habsburgischen Kaiserfamilie umfasste auch eine intensive Beschäftigung mit Musik, wofür Erzherzog Rudolph nicht nur eine tiefe Affinität hegte, sondern auch große Begabung an den Tag legte. Wegen seiner Fähigkeiten als Pianist wurde er bereits als 14-Jähriger zu einer Attraktion der Wiener Aristokratie. Auch im Konzert- und Theaterleben findet er als Besucher häufige Erwähnung. So dürfte er bereits um 1803 Beethovens Bekanntschaft gemacht haben, doch herrscht Unsicherheit, wann er dessen Schüler wurde. Das Musik-Interesse des Erzherzogs äußerte sich auch in einer ausgeprägten Sammelleidenschaft, die zur Entstehung einer bis heute erhaltenen Musikbibliothek führte.

Historische Bedeutung jedoch erlangte Erzherzog Rudolph als Beethovens wichtigster finanzieller Förderer. Als solcher wird er in der Beethoven-Literatur immer wieder genannt, allerdings erfährt man kaum Konkretes über seine Person. Auch den meisten Historikern und selbst den Habsburg-Spezialisten erschien er so nebensächlich, dass es bis heute im deutschsprachigen Raum keine Biografie von ihm gibt.[199] In Europa blieb der Erzherzog weiterhin nur eine Randfigur; wichtig in seiner Generation von Habsburgern ist immer nur sein ältester Bruder Franz (1768–1835), der für Beethoven aber eher einen Störfaktor als eine Hilfe darstellte. Der kleine Bruder Rudolph hingegen spielte weder im Militär noch in der Politik eine bedeutende Rolle; es gibt nichts, was ihn mit Napoleon, dem Wiener Kongress oder anderen historischen Großereignissen oder deren Hauptfiguren verbindet. In der Geschichtsschreibung ist er, wie Susan Kagan schreibt, höchstens mit einigen Fußnoten bedacht worden.[200] Jedoch ist Erzherzog Rudolph für Beethovens zweite Lebenshälfte so wesentlich, dass es eines weiterführenden Exkurses bedarf, um ins rechte Licht zu setzen, was bisher allgemein übersehen wurde: die grundlegende Bedeutung der persönlichen Nähe für ihrer beider Leben.[201]

15

Genosse des Leidens und der Läuterung

Erzherzog Rudolph, Schüler, Mäzen und Freund

Erzherzog Rudolph war zunächst die treibende Kraft bei der Schaffung von Beethovens Rentenvertrag von 1809. Seit etwa 1803 soll er Beethovens Schüler gewesen sein, was wegen seiner Stellung im Wiener Musikleben plausibel ist, doch entsprechende Zeugnisse gibt es erst ab 1808. Sie belegen den Kontakt zwischen beiden als fest etabliert und bereits sehr intensiv, wie der Schubert-Freund Joseph von Spaun überliefert (TbW, Bd. I, S. 317).

Erzherzog Rudolphs erster Musiklehrer war der Hofkomponist Anton Tayber (1754–1822), ein Schüler Padre Martinis. Wann dieser durch Beethoven ersetzt wurde, ist nicht bekannt; Thayer dachte dafür den Winter 1803/04 an, als Rudolph sein erstes eigenes Gefolge erhielt.[202] Thayer schreibt: »Jedenfalls war er schon vor 1806 Beethovens Schüler« (TDR Bd. II, S. 544); er zitiert einen Bericht Fanny Giannattasios von 1816–18, der sich aber nur auf die Jünglingsjahre des Erzherzogs, also die Zeit vor 1806, beziehen kann: »Ich fragte ihn einmal: ob dieser [der Erzherzog] gut spiele? ›Wenn er bei Kräften ist‹, war die von Lachen begleitete Antwort. Auch erwähnte er einmal lächelnd, daß er ihn auf die Finger schlage, und als der hohe Herr ihn einmal in seine Schranken zurückweisen wollte, er mit dem Finger auf die Stelle eines Dichters, wenn ich nicht irre, Goethes gewiesen habe, in welcher er seine Rechtfertigung zeigte« (TDR Bd. II, S. 544).[203] In jedem Fall spricht das für einen frühen Beginn des Unterrichts; die Erwähnungen der Besuche beim Erzherzog, die durch den Beethoven-Schüler Ferdinand Ries überliefert sind, weisen ebenfalls auf 1803–1805, jene Zeit, die Ries in Wien verbrachte. Thayer vermutet ferner, dass dem Erzherzog die Verbindung seines in Bonn residierenden Onkels, des Kurfürsten Maximilian Franz, mit Beethoven vertraut war, ebenso wie die Hochschätzung, die der

Komponist bereits in seinen frühen Wiener Jahren in den Kreisen des Hochadels um die Familien Schwarzenberg, Liechtenstein und Kinsky genossen hatte.[204]

Das erste öffentliche Zeugnis ist allerdings erst die Widmung des 4. Klavierkonzerts op. 58, dessen Erstausgabe im August 1808 erschien.[205] Der Erzherzog wurde allmählich auch Beethovens Freund und Diskussionspartner nicht nur in musikalischen Fragen, sondern in wesentlichen Dingen der Lebensanschauung. Erste Anzeichen für eine persönliche Beziehung, die über die Aspekte des Mäzenatischen und der Klavier-Pädagogik hinausgeht, gibt es ab April 1809, da Beethoven den Sonderstatus anspricht, den seine Werke in der Vorstellungswelt des Erzherzogs einnehmen: »Ich habe einigemal bemerkt«, schreibt Beethoven am 20. April 1809 an den Verleger seiner Trios op. 70, Breitkopf & Härtel, »daß eben, wenn ich andern etwas widme, und er dies Werk liebt, ein kleines Leidwesen sich seiner Bemächtigt« (BGA Nr. 380).

So übernimmt der Erzherzog, der wie der Komponist immer Junggeselle bleiben wird, teilweise die Rolle eines emotional an Beethovens Werk Gebundenen – die gleiche Rolle, die Josephine von Brunsvik-Deym bis zur teilweisen Entfremdung 1807/08 gespielt hatte. Dem Erzherzog kommt deshalb eine auch geistige Sonderrolle in Beethovens Leben zu. Nur so kann man nachvollziehen, wie die Korrespondenz zwischen ihm und Beethoven mit 127 Briefen zur wichtigsten überhaupt werden konnte. Sie wird zahlenmäßig zwar von der mit Nikolaus Zmeskall übertroffen, doch hat diese wegen ihres überwiegend technischen Inhalts keine vergleichbare Bedeutung. Zusätzlich existieren für den Erzherzog an die 300 weitere Quellentexte, eine gewichtige Menge, die alle anderen männlichen Figuren in Beethovens Umfeld in den Schatten stellt.

In diesem Kontext erhebt sich die Frage nach einem (scheinbaren) Widerspruch: Beethoven war auch dafür berühmt, dass er den Adel unermüdlich kritisiert und öfters aufsässig gegen ihn reagiert hat; den Fürsten Lobkowitz soll er gar auf offener Straße angepöbelt haben. Wie kann es sein, dass dieser sperrige Charakter mit dem Erzherzog eine jahrzehntelange Freundschaft unterhält und von ihm – von ganz wenigen Ausnahmen abgesehen – nur in liebevollem Ton und mit geradezu kindlicher Ergebenheit spricht? Die Briefe an den Erzherzog stehen nicht gerade in höchstem Ansehen, weil darin viel von Gesundheit, meist von schlechter, die Rede ist. Deshalb galt es als ausgemacht, dass Beethoven das Unterrichten des Erzherzogs als lästig empfunden und Gesundheitsprobleme zur Entschuldigung für immer mal wieder vorkommendes Fernbleiben vorgeschoben habe. In einigen wenigen Fällen stimmt das auch, und zwar, wenn er sich in

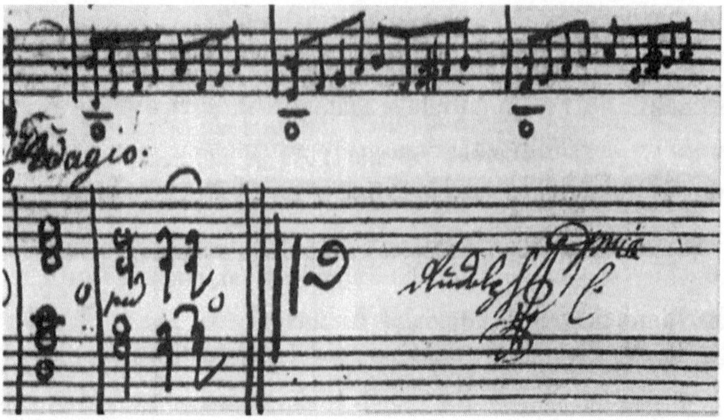

Abb. 38 Unterschrift Erzherzog Rudolphs am Ende seines kompositorischen Hauptwerks, der Variationen für Klavier über ein Thema seines Lehrers Beethoven. Eine schöne Seltenheit: In die damals übliche Authentifizierungsformel »manu propria« ist ein Violinschlüssel integriert.

einer besonders produktiven Phase seines Musikschaffens befand, in der die halbtägige Unterbrechung in der Hofburg fatale Folgen haben konnte. Manchmal sagt Beethoven das und bittet um besonderes Verständnis. Das ist jedoch kein Grund, die Beziehung zum Erzherzog auf den Brotkorbaspekt zu reduzieren, wie etwa Maynard Solomon es tut. Was Susan Kagan der jüngeren Forschung vorwirft, ist der Umstand, dass man bisher lediglich Rudolphs Position als Beethovens Schüler berücksichtigte, die recht zahlreichen, teils zu seinen Lebzeiten, teils später publizierten Werke des Erzherzogs im Grunde keines Blickes würdigte und bestenfalls als Arbeiten eines Amateurs abtat – womit man Rudolph unrecht tut, vor allem aber Beethovens pädagogisches Wirken *abwertet*. Der Erzherzog war ein achtbarer Komponist, und Beethoven betrachtete seinen Unterricht keineswegs als simplen Broterwerb; für so etwas hatte er keine Zeit.[206]

Das Thema Gesundheit

Die Gesundheit war Rudolphs größtes Problem. Er litt wie andere Habsburger auch – etwa Erzherzog Karl von Österreich oder später Kaiser Ferdinand I., der eine Marionette Metternichs war – an Epilepsie. Rudolph hatte relativ häufig Anfälle, die ihn zeitweise zum Invaliden machten. Aus einem Brief vom

4. November 1818 an seinen Sekretär und Vertrauten Joseph Anton Ignaz Baumeister geht hervor, wie sich das zutrug: Etwa alle 40 Tage erlitt er einen oder mehrere Anfälle, die ihn für mindestens eine Woche leidend machten.[207]

Ferner wurde der Erzherzog bald nach seinem zwanzigsten Geburtstag von schweren arthritischen Beeinträchtigungen und Gichtanfällen heimgesucht, die ihm das Klavierspielen erschwerten. Ab 1814 konnte er wegen der zunehmenden Verkrümmung seiner Hände nicht mehr musizieren. Wahrscheinlich machte ihn gerade dieses Schicksal empfänglich für die Leiden anderer. Seine Fähigkeit zu großer Empathie kommt in den Briefen an Baumeister deutlich zum Ausdruck und prägt auch seine Haltung gegenüber Beethoven. Das fängt mit der – im verknöcherten Habsburger-Regime selten anzutreffenden – Bereitschaft an, Beethoven schon rein äußerlich gewisse gesellschaftliche Sonderrechte zuzugestehen, etwa dass der Komponist sich nicht an die in der Wiener Hofburg gültige Kleiderordnung halten musste – er konnte den Erzherzog besuchen, in welchem Aufzug auch immer es ihm beliebte.[208]

Rudolphs Karriere als Pianist war im Hochadel zwar nicht prinzipiell einmalig, doch es fehlen Parallelbeispiele für ein derart hohes künstlerisches Niveau. Nach dem 4. Klavierkonzert widmete ihm sein Lehrmeister auch das 5., op. 73, sein heute beliebtestes, am meisten aufgeführtes und technisch schwierigstes, das indes dem Erzherzog ›auf den Leib‹ geschrieben war. Denn dieser spielte die Uraufführung am 13. Januar 1811 höchst *eigenhändig*. Dass ihm dies mit »wirklich sehr viel Fertigkeit und Ausdruck« gelang, bezeugt der höchst sachkundige Johann Nepomuk Chotek (s. Bd. I, S. 459) – man kann also ausschließen, dass Beethoven ein Stück geschrieben hätte, das der Erzherzog nicht hätte meistern können, im exquisiten Rahmen der Lobkowitz-Konzerte wäre das völlig undenkbar gewesen. – Doch gesundheitlich war dieses Leben des *Klaviervirtuosen* – so darf man jeden nennen, der op. 73 beherrscht – schwerstens bedroht. Es lag deshalb nahe, dass Rudolph im Komponieren eine gewisse Entschädigung sehen und wohl auch finden konnte; es war eine Fortsetzung seiner musikalischer Aktivität für eine Persönlichkeit, für die Musik ganz offensichtlich ein Lebensinhalt war. Dass Habsburger komponieren, war immer mal wieder vorgekommen; auch aus anderen Familien des Hochadels ist dies aktenkundig.[209]

Offiziell besaß Rudolph seit 1805 als Koadjutor in Olmütz das Anrecht, dem dortigen Erzbischof im Amt nachzufolgen. Doch als der Bischofsstuhl 1811 vakant wurde, verzichtete er darauf und beschloss, auf die nächste Gelegenheit zu warten, die sich ihm jedoch erst 1818/19 bot. Beethoven war enttäuscht, dass der

Erzherzog 1811 die Aufstiegschance ungenutzt ließ. Er hatte gehofft, als Kapellmeister dem Erzherzog nach Olmütz folgen zu können. Susan Kagan meint, dass bei Rudolphs Entscheidung auch der Wunsch eine Rolle gespielt habe, den wohl nicht vor 1809 bei Beethoven begonnenen, sehr einvernehmlich ablaufenden Kompositionsunterricht zu einer Art ›Abschluss‹ oder zumindest sein Können auf eine höhere Stufe zu bringen. 1810 hatten die Kompositionsbemühungen des damals 22-jährigen Erzherzogs Rudolph bereits sehr ernsthafte Formen angenommen. Zwei eindeutig auf 1810 datierbaren Variationszyklen attestiert Kagan eine Geschicklichkeit, die weit »beyond that of a beginning student« sei.[210] Hätte Rudolph das Bischofsamt schon damals akzeptiert, wäre diese Entwicklung jäh beendet worden – es sei denn, er hätte Beethoven nach Olmütz mitgenommen.

Gleichwohl ist Rudolphs vorläufige Entscheidung für die Musik und gegen das Episkopat sehr mutig, da er, wie aus Briefen hervorgeht, keinerlei Zugang zu den Staatsgeschäften hatte und er in der Politik folglich keine Alternative zur kirchlichen Laufbahn sehen konnte. Auch wenn er Beethoven nach 1819 seltener sah, waren der Schüler und der Lehrer kaum zu trennen, sobald Rudolph in Wien oder Baden weilte. Bereits 1809 – der Kompositionsunterricht hatte kaum begonnen – äußert sich diese Nähe in der ergreifendsten Weise, und zwar musikalisch. Im Mai 1809 standen die Franzosen vor Wien, und Napoleon war gerade dabei, sich in Schönbrunn wohnlich einzurichten. Die kaiserliche Familie, auch Erzherzog Rudolph, musste sich nach Budapest zurückziehen. Beethoven verewigte die Situation in seinem op. 81a, der Klaviersonate *Les Adieux.* Auf einem Skizzenblatt projektierte er einen deutschen Titel, den er später wohl doch als zu emotional empfand und änderte: »Der Abschied – am 4ten Mai – gewidmet und aus dem Herzen geschrieben S. K. H.« Für wen wurde da »aus dem Herzen geschrieben«? »S. K. H.« ist Seine Kaiserliche Hoheit, Erzherzog Rudolph. Als dieser im Frühjahr 1810 aus Budapest heimkehrte, war die Sonate längst fertig, und »S. K. H.« erhielt die teilweise autografe Geschenkhandschrift zur Begrüßung. Für gewöhnlich ist es in einem Unterrichtsverhältnis völlig unüblich, dass der Lehrer seinem halb so alten Schüler ein derartiges Geschenk macht: Dies zeugt von einer ganz besonderen Verbindung mit einer geistigen und einer emotionalen Komponente.

Quasi bestätigt wird diese spezielle Art der Bindung durch eine Bemerkung Anton Schindlers. Im Jahr 1818, zu einer Zeit, als Beethovens Schwerhörigkeit bereits sehr fortgeschritten war und er sich schon eifrig der Konversationshefte bediente, gab es eine Ausnahme: Dank des »weichen Sprachtons« des Erzherzogs benötigte der Komponist bei diesem lediglich ein Hörrohr – das kleinste Modell, das er hatte![211] Das ist eigentlich widersinnig: Für Schwerhörige ist eine zischende, eher grobe Sprechweise leichter zu verstehen als eine »weiche« – es sei denn, es liegen besondere psychologische Faktoren vor, die dem betroffenen Schwerhörigen das Verstehen entweder erleichtern oder erschweren können. Eine positive Hinwendung begünstigt das »von den Lippen ablesen«, das Gegenteil aber wirkt hinderlich. In jedem Fall sagt die geschilderte Tatsache recht viel über die Nähe zwischen Beethoven und Erzherzog Rudolph aus.[212]

Für die Normalität dieser guten Beziehung spricht, dass es auch Spannungen gab, allerdings nur selten und immer vorübergehend. In späteren Jahren äußerte sich Beethoven gelegentlich kritisch über den »schwachen Cardinal« (BGA Nr. 1419; 28. November 1820), behauptet gar, durch die »unglückliche Verbindung« mit ihm »beinahe an den Bettelstab« gebracht worden zu sein (BGA Nr. 1247; 5. März 1818). Diese Aussage ist nicht ganz ernst zu nehmen, sie diente in dem bestimmten Zusammenhang, in dem sie fiel, Beethoven auch dazu, einen finanziellen Hilfsdienst, um den er gebeten worden war, elegant abzulehnen. Jedenfalls bleibt die besondere Beziehung bestehen, und dass die Trübungen der Freundschaft nie andauerten, zeigt die Tatsache, dass Beethoven den Erzherzog mit Widmungen geradezu überhäufte – Rudolph ist der am häufigsten vorkommende Widmungsempfänger in Beethovens Gesamtwerk. Vier Widmungen an dieselbe Person in der langen Reihe von Erstdrucken der Werke Beethovens ist schon sehr viel; mehr erhielten lediglich Hauptsponsoren wie Fürst Carl Lichnowsky (5) und Fürst Franz Joseph Maximilian von Lobkowitz (7) – dem Erzherzog aber widmete Beethoven *elf Werke,* darunter einige seiner größten.[213] Auf alle Fälle ist Rudolph einer der bedeutendsten Widmungsempfänger der gesamten Musikgeschichte; andere legendäre Dedikatoren wie Brahms oder Robert und Clara Schumann beließen es bei maximal drei für einen Freund oder eine Gönnerin.

Und selbst diese vielen offiziellen Zueignungen an den Erzherzog waren dem Lehrer noch nicht genug Zeichen seiner Zuneigung: In dem Präsentationsbrief zu op. 97, dem *Erzherzog-Trio,* steht etwas äußerst Überraschendes: »Ich überschicke hier die Zueignung des Trio an I. K. H [Ihre Kaiserliche Hoheit], auf diesem steht es, aber alle Werke, worauf es nicht auch angezeigt ist, und die mir einigen Werth haben, sind I. K. H. zugedacht« (November 1816; BGA Nr. 1000). Beethoven liefert sich seinem Schüler zeitweilig ganz aus – einer ›Berechnung‹

bedurfte es längst nicht mehr gegenüber »I. K. H.«, die inzwischen sein wohl bester – und treuester – Freund war.

In diesem Sinne sollte man keinesfalls als unterwürfige Schmeichelei abtun, was Beethoven 1819 im Hinblick auf die von Rudolph bestellte *Missa solemnis* schreibt: »Der Tag wo ein Hochamt Von mir zu den Feyerlichkeiten für I. K. H. soll aufgeführt werden, wird für mich der schönste meines Lebens seyn, u. Gott wird mich erleuchten, daß meine schwachen Kräfte zur Verherrlichung dieses Feyerlichen Tages beytragen« (3. März 1819; BGA Nr. 1292). Beethoven betrachtete dieses (ebenfalls Rudolph gewidmete) Werk als sein bedeutendstes. Dass er es mit »Erleuchtung« und mit »Gott« verbindet, der für ihn zwar als Inbegriff von Natur und Lebensinhalt, nicht aber als Zentralgestalt einer Institution existiert, zeigt die erstaunliche zu künstlerischem Schaffen motivierende Kraft, die vom Erzherzog auf seinen Lehrer ausgestrahlt hat – eine Kraft, die für diesen Künstler existenziell ist.

Rudolph ist erst der zweite Mensch, dem gegenüber Beethoven sich in seinem Leben wirklich öffnet – und dabei wird es auch bleiben. Der Erzherzog übernimmt die Rolle, die vorher Josephine ausgefüllt hatte, was zeigt, wie dominant die geistige Dimension auch in dieser vorangegangenen Beziehung war. Das Besondere: Die soziale Kluft ist nun noch größer geworden, denn als Bruder eines Kaisers lebte Rudolph eigentlich auf einem anderen Planeten. Doch ausgerechnet von diesem Kaiser-Bruder wird er später sagen dürfen, dass jener ihn »als Freund und nicht als Diener« betrachtet habe (BGA Nr. 1348). Diese Aussage ist allerdings nicht als Versuch zu betrachten, die Standesgrenzen zu verwischen; die Bezeichnung »Freund« ist vielmehr eine Verortung zweier Personen in einem für beide essenziellen Bereich, Ausdruck der Festlegung der eigenen Identität durch ein entsprechendes Gegenüber, für die Beethoven ebenfalls erst viel später die Worte finden wird, welche die Grundlage der Freundschaft zwischen den beiden benennen: *Denn Musick versteht er, u. er lebt u. webt darinn* (BGA Nr. 1873). Diese Aussage macht Beethoven 1824 gegenüber einem Fremden (dem Zürcher Verleger Nägeli), weshalb man wiederum keinerlei Berechnung daraus ableiten kann.

Was bedeutet es, wenn jemand wie Ludwig van Beethoven von einem Zeitgenossen sagt, *er lebe und webe ganz in der Musik?* Dass es sich um eine Form von Identitätsüberlagerung oder gar -übertragung handelt, kann man von einem etwas ungewöhnlichen Manuskript ablesen. Darin hatte Rudolph für sich selbst die Klaviersonate op. 90 abgeschrieben – *zum eigenen Gebrauch* kann man nicht sagen, weil sie sofort gedruckt erschienen und somit leicht erhältlich war. Er schrieb sie von Beethovens eigenhändigem Manuskript ab, und zwar genau in jedem kleinsten Detail und mit demselben Zeilenfall. Das gab es gelegentlich in der Frühromantik – es handelt sich bei dieser Form und zuzeiten eines blühenden Druckwesens niemals um ein Gebrauchsobjekt; die intendierte Gleichheit der Handschriften ist Ausdruck der unmittelbarsten denkbaren Begegnung zweier Persönlichkeiten.[214]

Komponieren für den Erzherzog Musik auch über Krankheit?

Schüler und Lehrer sahen sich in der Regel zwei bis vier Mal pro Woche – im Urlaub, beispielsweise in Baden bei Wien, sogar täglich.[215] Es existiert ein musikalisches Denkmal, das Auskunft darüber geben könnte, wie Beethoven über den Erzherzog dachte. Es handelt sich um das *4. Klavierkonzert G-Dur op. 58,* das allererste der dem Erzherzog gewidmeten Werke.

Nach einem geradezu ›sonnigen‹ Eröffnungssatz entspinnt sich im zweiten Satz ein Dialog zwischen einem rauen, fast aggressiven Orchestermotiv, das von den Streichern in ruppig punktierten Oktaven (forte, sempre staccato) in stetiger, sich jedoch allmählich abschwächender Wiederholung vorgetragen wird. Diese Phrasen werden von einer stets sanft und leise sich entwickelnden Klavierkantilene unterbrochen – zwei *Agonisten* (so der in der Musik gelegentlich gebräuchliche Terminus), die in diesem kürzesten und doch aussagekräftigsten aller Beethovenschen Konzertsätze Erschütterndes erzählen: *die ›Geschichte‹ vom Sieg der Schwäche über die Stärke!* Dieses Andante con moto ist eine Erzählung in drei Teilen: In den ersten 46 Takten wird in vier Episoden das Harte gegen das Sanfte gestellt, bis Ersteres, nach zweimaliger Beharrung, gegenüber den Beschwörungsgesten des Klaviers allmählich die Substanz verliert: Nach der Reduktion auf nur noch zwei Noten (kurz-lang) vermeint man in dem übermäßigen Sekundschritt c-dis quasi die Frage zu hören, welche Macht sich hier gegen brutale Gewalt zu stellen erlaubt! Einige weitere punktierte Figuren beharren auf der Frage, doch nur noch im Piano diminuendo, dann pianissimo. Letztlich verbleiben die zwei Streicher-Sekundschritte h-cis und cis-dis, die aber von den verminderten Septakkorden des Klaviers trotz dessen sempre pianissimo harmonisch quasi ausgelöscht werden – unvorbereitete verminderte Septakkorde: Das ist zu Beethovens Zeit unerhört. Doch nun folgt eine Art ›Erlösung‹: Der zweite, 15-taktige Abschnitt beginnt, von Harfenakkorden untermalt, einen elegischen Gesang in einer frei schwebenden e-Moll-Melodie von berückender Schönheit, bis stets sich verengende Modulationen in eine hochdramatische Kadenz münden. Der folgende letzte Teil bildet in elf Takten einen tiefmelancholischen Epilog, in dem Bassreminiszenzen des Anfangsmotivs in dreifachem Piano ihre definitive Niederlage erleben und von einer ermatteten Schmerzgeste des Solisten beantwortet werden: »So ist es«, scheint die Schlussformel zu sagen.

Was aber passiert in der atemberaubenden, ungewöhnlich dichten Klavierkadenz, die ausbricht, da eigentlich der Kampf zwischen dem Brutalen und dem Sanften bereits ausgefochten ist und Ersteres unterlag? Geht es hier um den Preis, den dieser schwere Sieg gekostet hat? Sagen die Zeitgenossen etwas zu diesem verstörenden Gewaltausbruch? Dieser Satz ist ja so ungewöhnlich, dass die Beethoven-Interpreten schon bald nach dem Tod des Komponisten zu rätseln begannen, was jener mitten in der Unbeschwertheit des ersten und der fröhlichen Heiterkeit des Finales in der lapidaren Würde dieses Satzes ausdrücken wollte.

Einer der Ersten, der diesen Satz zu entschlüsseln suchte, scheint Adolf Bernhard Marx in seiner Beethoven-Biografie von 1859 gewesen zu sein. »Schüchtern, schwach, sanftflehend erhebt das Piano seine Stimme zu dem übertrotzigen Gegner [...] wie – einst in Gluck's Orpheus das ›No!‹ der Eumeniden«, meint Marx.[216] Und seither haben viele das Bild der Orpheus-Sage aufgegriffen, so Tovey, Cone, Jander, Körner und Forster bis zu jüngeren Handbüchern.[217] Das klingt alles ganz gut, kann aber nicht vollständig überzeugen, denn charakteristische Orpheus zuzuordnende Klangbilder wie Arpeggien erklingen erst ab Takt 47, wo der ›Kampf‹ längst vorbei ist. Das größere Problem aber besteht darin, dass Beethoven keine Klangfigur für Eurydike anbietet, sodass die Orpheus-Zuschreibung inkonsistent erscheint. Zutreffender wäre schon, dass Beethoven bei seiner ungewöhnlich kontrastreichen Thematik leichter identifizierbare Figuren vorgeschwebt haben könnten, war das doch bereits vor seiner Zeit nicht ungewöhnlich.[218]

Der am häufigsten genannte Charakterzug der Klavierstimme, die Sanftheit, lässt sofort an einen Namen denken: *Erzherzog Rudolph.* Als Widmungsträger des op. 58 hatte er zwar Konkurrenz, was allerdings bei Beethoven nicht allzu viel bedeutete, da er öfter zwischen mehreren möglichen Empfängern schwankte.

Doch fiel das Werk dem Erzherzog zu, und dafür gab es gute Gründe, schließlich hatte dieser damals schon seit längerer Zeit Umgang mit Beethoven, dem er in den Hochadelskreisen um Fürst Lobkowitz seit etwa 1803 häufig begegnet sein musste. Jedenfalls dürfte der Zueignung im Publikationsjahr von op. 58, 1808, eine angemessene Zeit des gegenseitigen Kennenlernens vorausgegangen sein, sonst hätte Beethoven ihn für ein solch ungewöhnlich persönliches Werk wohl kaum in Betracht gezogen. Dass Letzterer später des Erzherzogs »Sanftheit« lobt, könnte man als Ausdruck seiner Sympathie abtun, aber diese Charakterisierung findet sich auch andernorts, so insbesondere im Nachruf auf den Erzherzog aus dem Jahr 1831: »Sanftmut und Güte«, »Nachsicht, Geduld und Zartheit«, die »heilige Liebe, die ihn gegen alle Menschen beseelte«. Bei dem Geistlichen, welcher der Erzherzog später war, ist das äußerst löblich; im Nekrolog für einen Landesherrn, der Rudolph als Erzbischof von Olmütz eben auch war, wären diese Tugenden als das übliche Lobgehudel interpretiert worden, wenn sie unzutreffend gewesen wären. Mit Sanftmut musste in diesem Fall also tatsächliche Sanftmut gemeint sein.[219]

Der Charakter des Erzherzogs bot sich demnach für eine musikalische Darstellung wie im 4. Klavierkonzert an: »Sanft« und dennoch in der Lage, sich durchzusetzen, etwas zu erreichen und aufzubauen. Das war – biografisch gesehen – auch der Fall, wie wir später noch sehen werden. Rudolphs Person würde auch die Frage nach der Bedeutung der so aufwühlenden Kadenz lösen (die Takte 55–62), die man auf dem Boden der »Orpheus«-Interpretation nicht einordnen kann – sie entspricht weder Orpheus noch Eurydike, und als solistischer Einschub für den Chor der Eumeniden kommt sie schon gar nicht infrage. Beim Erzherzog sieht das anders aus: Seine Krankheit war ein öffentliches Thema, und in dem erwähnten Nachruf von 1831 wird sie als »ein unheilbares lebenszerstörendes Übel« bezeichnet, das »in seinem Körper […] wüthete« und ihn »gefoltert« habe. Genau dies scheint sich in den wüsten chromatischen Läufen und Trillern der Takte 55–59 auszudrücken, und man muss angesichts dieses Gebildes, das man in jenem Satz a priori als Fremdkörper empfinden dürfte, die Frage stellen, ob Beethoven nicht schon frühzeitig Zeuge eines beginnenden Epilepsieanfalls seines Gönners geworden ist, über dessen Auswirkungen er ja, wie seine Briefe zeigen, genau unterrichtet war. Einen solchen Satz wie den folgenden schreibt man nicht wegen einer Erkältung, sondern nur wegen wirklich schlimmer Dinge: … *wie gern wollte ich viele Nächte ganz opfern, wenn ich im Stande wäre, Sie gänzlich wiederherzustellen* [Wien, nach dem 25.12.1814].[220] Es muss schon eine Begegnung mit einem ungeheuren Schrecken gewesen sein, die dazu führte, dass sich ein Künstler vom Format eines Beethoven derart empathisch äußert. Die grenzwertige Egozentrik, deren ein solcher Mensch zu seiner künstlerischen Selbstverwirklichung zwingend bedarf, musste schwer erschüttert worden sein, um ihn so etwas schreiben zu lassen.

* * *

Auch Beethoven war etwa seit seinem 30. Lebensjahr fast dauernd krank, wie angedeutet auch mit psychosomatischen Ursachen als Folge seiner besonders schwierigen Lebensverhältnisse. Er wurde alljährlich mit Einbruch des Winters krank, der für ihn wegen einer mehrmonatigen Bronchitis oder etwas Ähnlichem fast jedes Mal zur Hölle wurde. Als stärkerer Weintrinker musste er sein Immunsystem ziemlich früh überstrapaziert haben, in zunehmendem Alter war er jedem Infekt ausgeliefert und hatte deshalb andauernd von den Ärzten Ausgehverbot, was nicht nur gegenüber dem Erzherzog, sondern auch in vielen anderen Korrespondenzen thematisiert wird. Eine spezifisch psychosomatische Dimension kommt ferner zum Vorschein, wenn sogar rein kreativer Stress Beethoven krank macht.

Beethoven ist als Kranker nicht allein; es findet sich, dass auch der Erzherzog leidet, ebenfalls physisch, vor allem infolge seiner genetisch bedingten Epilepsie. Für die ständige und bedingungslose, fast ausnahmslos *verehrungsvolle* Zuneigung zum Erzherzog findet sich auch außerhalb des musikalisch-geistigen Kontexts eine Erklärung, und zwar in Beethovens Bewunderung der Antike, für die es zahllose Belege gibt. So wusste er auch, dass die Epilepsie in der Antike als »heilige Krankheit« galt. Dafür fand ich ein eindeutiges Zeugnis in Beethovens Handexemplar der *Odyssee,* das in der Berliner Staatsbibliothek aufbewahrt wird. Darin hat er eigenhändig über fünfzig Textstellen unterstrichen, wobei eine Stelle aufhorchen lässt: *Heilig sind ja, auch selbst unsterblichen Göttern, die Menschen, welche von Leiden gedrängt um Hilfe flehen* (*Odyssee* 5, 447f.). In Beethovens Augen war der Erzherzog ein Heiliger, und unter diesem Aspekt versteht man eines der Grundmerkmale in der Korrespondenz zwischen den beiden: die Thematisierung der Krankheit, des Krankseins und deren Sublimierung ins Geistige und speziell Ethische, ins ›Gute Werk‹. Die Musik ist für beide ein Hauptmittel auf dem Weg der Vervollkommnung, und so gehören auch viele philosophische und religiöse Fragen ganz selbstverständlich zum Themenrepertoire der beiden.

Der Erzherzog nahm seinen Glauben und nach der Erhebung zum Kardinal 1819 und der Ernennung zum Erzbischof von Olmütz im selben Jahr seine kirchlichen Aufgaben sehr ernst und war bemüht, der Gesellschaft zu dienen. Gegenüber Beethoven tritt in keinem einzigen Dokument seine Stellung als Mitglied der kaiserlichen Familie oder als sehr hoher kirchlicher Würdenträger in Form irgendwelcher Sonderrechte in Erscheinung. Im Gegenteil. In seiner Beziehung zu dem Musiker bleibt der tiefe gegenseitige Respekt das tragende Element, und Beethoven, der bis zur Brutalität Ehrliche, scheut sich nicht, den Erzherzog als »meinen einzigen Herrn, den ich in der Welt habe« zu titulieren, er möchte, da er [1823] gerade aus Olmütz angekommen sei, »sogleich in die Stadt eilen, um ihm aufzuwarten«. Worauf der Erzherzog seinen Lehrer bittet, »sich aus Anhänglichkeit für mich nicht zu früh anzustrengen«, um in die Hofburg zu kommen, und er grüßt als »Ihr freundwilliger Schüler Rudolph«.[221] Welch enorme Nähe und Herzensgüte sprechen aus diesen Zeilen! Beide streben nach oben, und Beethoven vergleicht das Wirken des Erzherzogs in seiner Diözese mit einem »Grünenden Herrliche Früchte Tragenden Baum« und ist dankbar, in dessen Schatten »ebenfalls grünen zu dörfen«. Das sind keine Gratisblumen, denn Beethoven beschreibt dem Erzherzog dieses »Grünen« kurz zuvor genau und beschwört sogar Gott, »der mein innres kennt u. weiß, wie ich als Mensch überall meine Pflichten, die mir die Menschlichkeit, Gott u. die Natur gebiethen, auf das heiligste erfülle«.[222]

So entwickelt sich seit spätestens 1808 nach und nach eine intensive Beziehung, die eigentlich bis zum Tod des Komponisten 1827 andauert und in der Beethoven trotz des Standesunterschieds sein freiheits- und naturbezogenes Gottesbild gegenüber dem eher feudal-konservativ gesinnten Theologen Rudolph zu verteidigen vermag. Was beide teilen und worin beide sich gegenseitig geradezu beflügeln, ist die jeweilige »Mission«, die jeder von ihnen sich trotz seines Leidensdruckes durch furchtbare Krankheiten erkämpft: Epilepsie für den einen, den Musiker lähmende Taubheit für den anderen. Dieser alltägliche Lebenskampf ist das untrennbare Band, das die zwei Männer eint und woraus bei beiden das jeweilige geistige Format entsteht, ohne das sich weder Rudolphs immer tiefer gehendes Verständnis seines geistlichen Amts noch Beethovens in der *Missa solemnis*, in der *Neunten Symphonie* und den letzten Streichquartetten gipfelndes Spätwerk erklären lässt.

Es ist allzu verständlich, beinahe legitim, dass republikanische Vorlieben im Nachgang von 1968 viele Biografen für die hier angesprochenen Inhalte weniger empfänglich machten, dass sie bei Beethoven lieber das Ähnliche, das politisch Heutige, sehen wollten. Das Republikanische ist bei Beethoven ja auch tatsächlich vorhanden, doch darf das die Bewertung teils gegenläufiger oder darüber hinausreichender Zusammenhänge nicht verdecken. Im Austausch zwischen diesen zwei extrem unterschiedlichen Männern ergibt sich einfach sehr viel Überraschendes, sind sie doch beide so verwandt Leidende und beide so unendlich viel Wünschende!

16

Ein Exkurs

Wie kommt Beethovens Kunst zustande?

Inspiration und Stagnation wechselten in Beethovens Schaffensprozess manchmal schroff und unvermittelt. Wie erwähnt, war dies bereits in seinen Bonner Jahren spürbar. Es stellt sich nun die Frage, ob sich dabei Grundbedingungen oder gar ›Regeln‹ erkennen lassen. Insbesondere das Phänomen der »goldenen Jahre« 1804–1809, deren überreiche Ernte immer wieder größtes Erstaunen hervorrufen muss, weckt das Bedürfnis, Höhen und Tiefen zu verstehen. Inspiration ist ›göttlich‹ – ja, das ist mein Standpunkt: Sie ist das Wertvollste –, aber die Aufgabe, ›Göttliches‹ in sich zu erzeugen – die muss jeder Künstler schon selbst übernehmen. Auch das ist meine Überzeugung. Da hat jeder Künstler seine eigenen Rezepte, manche helfen sich mit Drogen, Alkohol, besonderen Liebeserlebnissen, gar mit Aggressionen – oder mit religiös oder anders gearteten Meditationsformen.

Auf Beethoven scheint nichts davon genau zu passen. Er selbst hat sich allerdings kaum dazu geäußert, wie viele andere Komponisten. Nur zweimal erscheint das Thema in direkter Form in den Dokumenten, als sein Neffe Karl in einem Konversationsheft von 1825 die Notiz hinterlässt: »Man sagt selbst von Schiller, er habe Wein getrunken, wenn er dichtete« (BKh Bd. VII, S. 161). Doch scheint der Wein Beethoven nicht kreativ gestimmt zu haben, sondern verschaffte ihm wohl eher Kompensation und Entspannung *nach* schöpferischem Stress. So bemerkt sein spätes Faktotum, der Geiger Karl Holz, im Jahr 1826: »Sie trinken ihn auch gewöhnlich nach der Begeisterung« (BKh Bd. IX, S. 103). Wenigstens einmal thematisiert Beethoven den Stressfaktor und gibt 1807 aus der Erfahrung mit *Fidelio* zu bedenken, »welchen Kraft- und Zeitaufwand die Verfertigung einer Oper fordert, da sie jede andere Geistesanstrengung schlechterdings ausschließt« (BGA Nr. 302). In diesem besonderen Fall ging es um ein Opernprojekt, aber grundsätzlich gilt diese Feststellung für alle Perioden zumindest der ›großen‹ Werke. Den ›Normalzustand‹ des komponierenden Meisters protokolliert Karl Holz folgendermaßen: »Während des Schreibens stieß er fortwährend ein unarticulirtes Heulen aus und stampfte mit den Füßen, mitunter stand er auf sah aus dem Fenster u. setzte sich dann wieder zu schreiben« (BSZ, S. 461).

Manche Komponisten gaben eher zufällig und unbeabsichtigt Hinweise zu schöpferischen Vorgängen, aber nur wenige waren bei diesem Thema so gesprächig wie Richard Wagner und Hans Pfitzner. Zu den Zufallsinformanten gehören Brahms, Haydn, Mendelssohn, Mozart, Richard Strauss und Tschaikowsky. Doch ihr Beispiel eröffnet immerhin gewisse Einsichten und erlaubt es, Vermutungen anzustellen, wo man bei dem so verschlossenen Ludwig van Beethoven suchen könnte. Freilich muss man erst einmal die Überreste des Naturmythischen beiseiteräumen, das bisher den einzigen Zugang zu diesem Thema bildete, das besonders im 19. Jahrhundert bizarre Blüten trieb. Eine davon haben wir bereits betrachtet: die Story vom *Fidelio*-Komponieren auf dem Schönbrunner Eichenbaum. Genau diese Geschichte glaube ich am wenigsten, sie ist geradezu unwahrscheinlich, weil – in Anbetracht der Struktur der Parallelzeugnisse – *Natur allein* Beethoven nicht ausreicht. Es muss *Körperbewegung* dazukommen, um ›Dampf‹, einen gewissen Druck im Hirn, zu erzeugen. Demnach ist »Beethoven am Bach« die bessere Geschichte, denn um sich Notizen in seinem ›heiligen‹ Skizzenheft, dem obligatorischen Begleiter auf jedem Spaziergang, zu machen, muss er sich lediglich hinsetzen oder wenigstens stehen bleiben. Bis man hingegen die Eiche erklommen hat, ist der Einfall schon über alle Berge! Denn das Wesentliche ist – und da gleichen sich die Zeugnisse der ansonsten so unterschiedlichen oben genannten Protagonisten – *die Erzeugung von psychischem Druck.*[223] Dieser innere Druck scheint nötig zu sein, um den kreativen Prozess in Gang zu setzen, dessen äußerlich wahrnehmbares Erscheinungsbild bereits angesprochen wurde: die sogenannte Zerstreutheit, die überhaupt keine Geistesabwesenheit ist, sondern vielmehr eine Art Abschottung des Künstlers von der Außenwelt, womit er freilich durch eine Art automatisierte Wahrnehmung und selbsttätige Muskelbewegungen verbunden bleibt. In Wirklichkeit aber tritt er in eine musikalische Parallelwelt ein, die gleich einem Film neben der äußeren immer weiterläuft, und die ich in dem Bericht über meinen Dirigenten-Freund eine »Gottesgabe« genannt habe. Dabei wurde ebenfalls gesagt, dass der ›Film‹ – aus welchen Gründen auch immer – reißen kann. Diese Parallelwelt ist demnach keine Selbstverständlichkeit, sondern die schutzwürdige Zuflucht des Künstlers. Versuchen wir nun, uns ihr zu nähern.

Die ›Organisation‹ der Arbeit

Vorneweg eine Bemerkung über die Mühe und Kraft, die dabei aufzuwenden ist, und deren körperlich negative Folgen. Auffällig oft hat Beethoven Werke erst in allerletzter Minute, kurz vor der Aufführung, vollendet; das galt nicht nur, wie gesehen, für die endgültige Fassung der *Fidelio*-Ouvertüre, sondern auch schon für sein C-Dur-Klavierkonzert op. 15 (1795), über dessen Fertigstellung sein Freund Wegeler schrieb: »Erst am Nachmittag des zweiten Tages vor der Aufführung seines ersten Concerts schrieb er das Rondo und zwar unter ziemlich heftigen Kolikschmerzen, woran er häufig litt. Ich half durch kleine Mittel, so viel ich konnte. Im Vorzimmer saßen vier Copisten, denen er jedes fertige Blatt einzeln übergab.«[224] So blieb es zeit seines Lebens, aber eher in den Haupt- und Endphasen einer Komposition. Ganz in seinem Element ist er in den Anfangsstadien; zumindest in späteren Jahren beflügelte Sommerwetter Beethovens Kreativität besonders stark. »Im Winter thue ich jetzt wenig«, erklärte er gegenüber dem Schriftsteller und Journalisten Ludwig Rellstab, der mit ihm 1825 über ein Opernlibretto verhandelte. Im Winter, so Beethoven, schreibe ich »dann nur auf und setze in Partitur, was ich im Sommer gemacht [...] Wenn ich erst wieder auf dem Lande bin, dann habe ich Lust zu Allem« (BSZ, S. 690). Wie verteilt sich diese Arbeit über den Tag?

»Der ganze Vormittag, vom ersten Lichtstrahl bis zur Tafelzeit, war der mechanischen Arbeit, dem Niederschreiben nähmlich, geweiht; des Tages Rest gehörte zum Denken und Ordnen der Ideen. Kaum den letzten Bissen zu Munde geführt, wurde, falls er keinen weiteren Ausflug vorhatte, die gewöhnliche Promenade angetreten; das heißt: *er lief im Dupplirschritt, wie gestachelt dazu, ein paarmahl rund um die Stadt.*«[225] Diese Bemerkung stammt von Beethovens Freund Ignaz von Seyfried, der selbst ein guter Dirigent, Komponist und Theoretiker war, folglich ziemlich genau Bescheid wusste. Er bringt in seinem Werk Natur und starke Bewegung am deutlichsten in Verbindung.

Bei den weiteren fast vierzig Berichten zum Thema »Arbeit in der Natur« muss man abwägen. Gut beobachtet erscheint die Schilderung des Sängers Franz Hauser: »Nach einer Weile sieht Hauser von Weitem einen Mann durch die Felder kommen, der bald stehen bleibt, bald weiter geht, mit hoch aufgerichtetem Kopfe in den Himmel schauend, dann wieder steht und etwas in sein Notizbuch schreibt« (BSZ, S. 427). Ganz ähnlich erzählt es der Arzt und Schriftsteller Franz Lorenz (1803–1833), fügt aber hinzu, dass Beethoven mittags um halb eins zum Essen nach Hause kam, bis drei Uhr in seinem Zimmer schrieb (um die Ernte des Morgens zu verarbeiten), bis Sonnenuntergang nochmals hinausging und nach dem Abendessen wieder bis zehn Uhr arbeitete. Die Dorfbewohner [es handelt sich offensichtlich um ›Urlaubszeit‹] hätten ihn anfangs »für einen Narren« gehalten, seien ihm dann aber aus dem Weg gegangen, weil er den

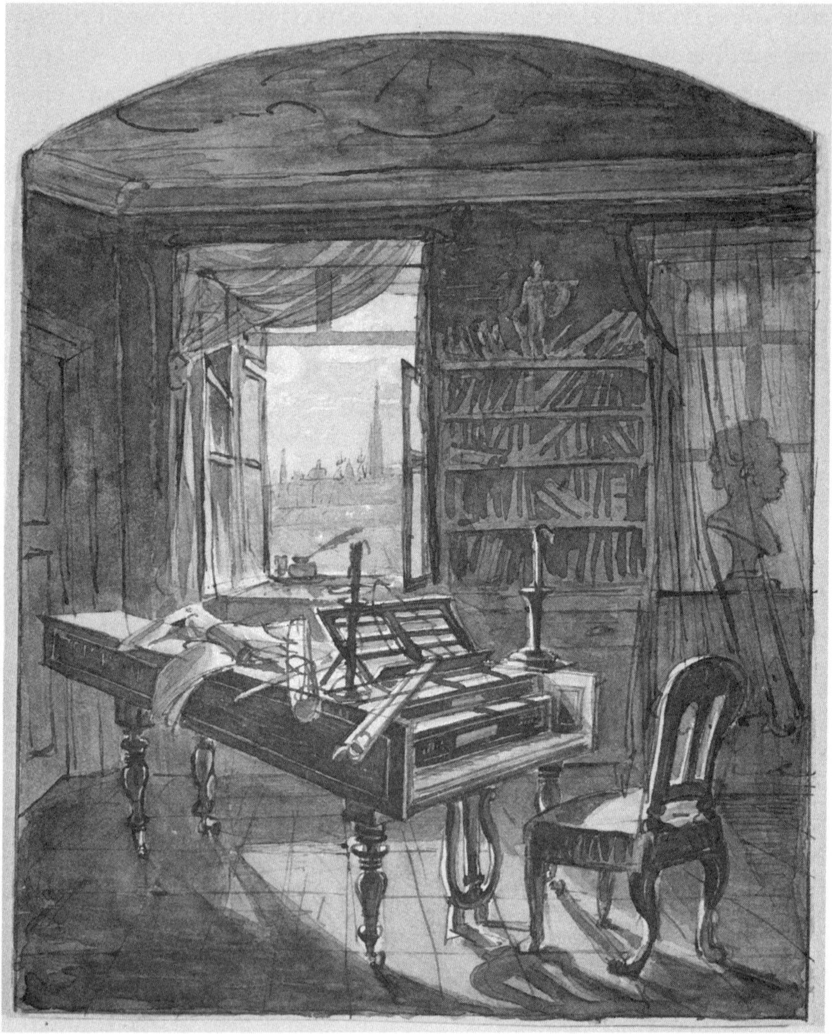

Abb. 39 Für das immerwährende Chaos im Arbeitszimmer von Beethoven, dessen Ausmaß viele Besucher erschrak und verwirrte, gibt es zahlreiche Zeugnisse von Zeitgenossen. Sepiazeichnung von Johann Nepomuk Hoechle.

Gruß meist nicht erwiderte und gar niemanden wahrnahm. Einmal habe er gestikulierend so laut gesungen, dass die Ochsen gescheut hätten. (BSZ, S. 555ff.).

Es konnte aber auch passieren, dass er mitten in der Nacht aufstand; er »trat zum Klavier, spielte einen Gedanken, ging stundenlang im Zimmer auf und nieder und spielte in Pausen immer wieder dasselbe« (BSZ, S. 543). Oder man sah ihn auf der Straße, wie der Hornist Joseph Rudolph Lewy (1802–1881) erzählt: »Es war im Jahre 1822, als ich Beethoven eines Tages in der Kärntnerthorstraße traf. Er stand mitten im größten Menschengewühle, ganz in sich versunken und komponierte. Lange Zeit sah ich zu, wie er, das Notenpapier an das Thor eines Gasthauses gepreßt, eifrig schrieb« (BSZ, S. 547). Er soll sogar auf der Innenseite einer Toilettentüre »mit Bleistift gezogene Linien, mit Noten angefüllt« hinterlassen haben (BSZ, S. 730).

Oft scheint Beethoven sofort gewusst zu haben, wo eine neue Idee anzubringen war, er arbeitete ja häufig an mehreren Werken gleichzeitig. So berichtete er scherzhaft seinem Helfer Karl Holz bei einem Spaziergang: »Bester, mir ist schon wieder etwas eingefallen!« Gleichzeitig machte er ein paar Kritzeleien in sein Skizzenbuch und fügte hinzu: »Das gehört aber für das zweitnächste Quartett, das nächste hat schon zu viele Sätze« (BSZ, S. 469).

Die Länge seiner Spaziergänge und Wanderungen war äußerst variabel; wenn er Besucher bei sich hatte, sei, so ein Zeitgenosse, eine Dauer von vormittags zehn bis abends um sechs Uhr typisch gewesen (BSZ, S. 717). Als der Schriftsteller Wilhelm Christian Müller 1820 Beethoven einen Besuch abstatten wollte, sagte ihm die Haushälterin, »er sey früh spazieren gegangen, er könne am Abend, aber auch erst in 3 Tagen zurückkehren« (BSZ, S. 601). Auch Johann Reinhold Schulz berichtet von mehrtägigem Verschwinden und hartnäckiger Unauffindbarkeit des Komponisten, da dieser nichts plante, niemanden benachrichtigte und sich nur dem Fluss der Einfälle überließ. Auf Wanderungen zu zweit äußerte sich die Anspannung auch darin, dass er zeitweise in eine Art Starre verfiel und begann, geistesabwesend vor sich hin zu brummen (BSZ, S. 855). Wenn er nach solchen ›Kreativ-Touren‹ zu spät dran war, soll er manchmal das Haus verschlossen vorgefunden haben, dann schlief er vor Erschöpfung im Freien ein und erwachte nachts im Regen (BSZ, S. 964). »Diese Regellosigkeit erreicht den höchsten Grad in der Zeit der Production. Da ist er oft mehrere Tage abwesend, ohne daß man weiß wohin er gegangen«, schreibt Aloys Weißenbach, der Beethoven 1814 kennen lernte.[226] Noch etwas weiter gehend äußerte sich der Braunschweiger Hofkapellmeister Gottlob Wiedebein (1779–1854), der

1810 drei Monate in Wien weilte, Beethovens aber nur ein einziges Mal habhaft werden konnte. Von der Mühsal, eine zweite Begegnung herbeizuführen, wusste er zu berichten, »daß der Herr stets mit Sonnenaufgang fort wandere, erst bei eingebrochener Nacht, zuweilen wohl gar nicht heimkomme, alsdann aber zum schreiben sich einschließe, und für Niemanden zu sprechen sey. So verstrichen vierzehn ewig lange Tage; immer derselbe Bescheid, immer die alte Leier« (BSZ, S. 1097). Dabei hatte sich das erste und einzige, gänzlich zufällig zustande gekommene Treffen äußerst erfreulich und herzlich gestaltet, sodass Beethoven keine Abwimmelungsabsichten unterstellt werden können. Aber bezüglich der Nutzung seiner Zeit und kreativ günstiger Bedingungen war er konsequent bis zur Schroffheit und Unhöflichkeit, und dies ohne Ansehen der Person. Selbst Erzherzog Rudolph von Österreich musste in vergleichbaren Situationen ähnliche, wenn auch mildere und nachträglich entschuldigte Verhaltensweisen hinnehmen. So schrieb Beethoven ihm am 23. Juli 1815:

> »Als Sie Sich neulich in der stadt befanden, fiel mir leider dieser chor ein, ich eilte nach Hause selben niederzuschreiben, allein ich verhielt mich länger hiebey, als ich anfangs selbst glaubte, und so versaümte ich I.K.H. zu meinem größten Leidwesen – die üble Gewohnheit von Kindheit an meine ersten Einfälle gleich niederschreiben zu müßen, ohne daß sie wohl nicht öfters mißriethen, hat mir auch hier geschadet – ich sende daher I.K.H meine Anklage und Entschuldigung, und hoffe Begnadigung zu finden – wahrscheinlich werde ich mich bald selbst einmal bey I.K.H. einstellen können, um mich nach der unß allen so theuren Gesundheit zu erkundigen« (BGA Nr. 824).

Der Erzherzog hat ihm jedenfalls die Absolution erteilt, er stand so stark im Bann von Beethovens Einzigartigkeit, dass er den oft unbotmäßigen Künstler in nahezu jeder Hinsicht gewähren ließ. Soweit ich herausfinden konnte, kam es nur ein einziges Mal, 1821, zu einer Verstimmung aufseiten des Erzherzogs. 1815 jedenfalls wurde Beethovens Nichterscheinen zum Unterricht *wegen kreativer Zwangsverpflichtung* entschuldigt. Bei dem fraglichen Chor soll es sich um die Vertonung von Goethes *Meeresstille und glückliche Fahrt* op. 112 gehandelt haben (BGA Bd. III, S. 159).

Immer wieder gibt es Berichte, deren Glaubwürdigkeit etwas schwierig zu beurteilen ist, ich habe hier nur das zitiert, was ich selbst zu ›glauben‹ vermag und wofür es meist auch verschiedene Bestätigungen bzw. zusammenpassende

Mehrfachüberlieferungen gibt. Die vielleicht gewichtigste und wirklich konsequent belegte davon geht auf den Maler und Zeichner Blasius Höfel (1792–1863) zurück, den Mit-Urheber des berühmten Letronne-Höfel-Porträts von 1814. Der überaus scharfsinnige Alexander W. Thayer suchte Höfel im Juni 1860 auf, um dessen Eindrücke von den Porträtsitzungen mit Beethoven zu erfragen. Höfel war 1820 Zeichenlehrer an der Militär-Akademie in Wiener Neustadt geworden und berichtete eine auf 1821 oder 1822 datierte Begebenheit, die er von einem Polizeicommissär selbst gehört hatte und auf die auch Beethoven gegenüber Fanny Giannattasio del Rio Bezug nahm (BSZ, S. 342):

> Eines Abends habe jener Commissär einen ›Landstreicher‹ vorgeführt bekommen, der niemand anderer als Beethoven war: *»wir haben Jemand arretirt welcher uns kein' Ruh gibt. Er schreit immer dass er Beethoven sei. Er ist aber ein Lump, hat keinen Hut, alter Rock, etc., kein Ausweis wer er ist, etc.«* Dieser sollte über Nacht in Arrest genommen werden, er habe aber in aller Heftigkeit verlangt, man möge den städtischen Musikdirektor Herzog herbeirufen. Dieser habe sofort gerufen: *»Das ist der Beethoven!«* Herzog habe ihn sodann mit sich genommen, mit ziemlicher Kleidung versorgt und in seinem schönsten Zimmer untergebracht. Am nächsten Morgen kam der Bürgermeister von Wiener Neustadt höchst persönlich, entschuldigte sich unendlich und führte den aufgebrachten Komponisten in der Magistrats-Karosse in seinen Urlaubsort Baden zurück. (BSZ, S. 457).[227]

Unter anderen Kriterien dürfte nicht 1822, sondern eher 1821 für dieses Ereignis infrage kommen. In diesem Jahr litt Beethoven an einer besonders schlimmen Depression, die sich bei ihm auch als Vernachlässigung seiner äußeren Erscheinung auswirkte. Er geriet aber auch in eine innere Verwahrlosung, komponierte, soweit bekannt, zwischen Ende Februar und September 1821 keine einzige Note und stellte auch alles sonstige Schreiben über fast drei Monate vollständig ein, solange brauchte er, um die Nachricht von Josephines Tod zu verkraften. Die Kreativität des Meisters war also keineswegs eine Selbstverständlichkeit; es konnte durchaus – im Gegensatz zu den Jahren im Überfluss sprudelnder Ideen, zu Zeiten des Violinkonzerts und der Symphonien 3, 5 und 6 – in jedem Augenblick der Zustand absoluter Stagnation eintreten, sodass Beethovens Schöpfertum über lange Monate hinweg brachzuliegen schien.

Improvisation, Vorstufe des Komponierens. Blockaden

Zurück in die besseren Zeiten. Wie stand es um Beethovens künstlerisches Innenleben, wenn nicht nur buchstäblich, sondern auch im übertragenen Sinne bei ihm die ›Sonne schien‹? Grundsätzlich sollte man Komponieren und Improvisieren (am Klavier) nicht vermengen, aber es doch im engstem Zusammenhang sehen. Erst in späteren Zeiten kann man bei ihm beides fast gleichsetzen, weil er beim Klavierspiel eventuell Anwesende schlicht vergaß und sich mit der ihm eigenen Ausschließlichkeit dem schöpferischen Prozess überließ. In der Frühzeit dagegen spielten Rücksichten auf Äußerliches eine gewisse Rolle, so flocht er zum Beispiel technische Extravaganzen ein – als ›Kopierschutz‹. Ansonsten aber lässt sich das Improvisieren als konzeptioneller Beitrag zur Werkentstehung betrachten, weil diese Betätigung Beethoven, wie man heute sagt, in einen »Flow«-Zustand versetzte, in dem der akustisch-musikalische Hörreiz die schöpferische Fantasie immer weitertrieb.[228] Wie sich das auswirkt, hat wohl niemand so treffend und sachkundig beschrieben wie Beethovens Schüler Carl Czerny:

> »Hinsichtlich Bravour und geniale Freiheit seines Spiels kam ihm damals [bis ca. 1810] niemand gleich, und bis heute kann nur Franz Liszt mit ihm verglichen werden. Sein Improvisieren war überaus brillant und verblüffend; in jeglicher Gesellschaft vermochte er derart zu ergreifen, dass oft kein Auge trocken blieb und viele laut schluchzten. Denn in seinem Ausdruck und in seinen Ideen war etwas Wunderbares, Geistiges und Schönes. Aber nachdem er eine solche Improvisation geendigt hatte, brach er in lautes Gelächter aus und neckte seine Hörer wegen der Ergriffenheit, die er in ihnen hervorgerufen hatte. ›Ihr seid alles Narren‹, pflegte er dann zu sagen« (BSZ, S. 215; Originaltext in Englisch).

Ein solches Umschlagen von Emotionen wie höchster Ergriffenheit in Spott und Unfug ist auch von Mozart und Richard Wagner bekannt; dabei geht es wohl um den raschen Abbau der großen Anspannung, die so intensiv durchlebtes Improvisieren mit sich bringt.[229] Im Gegensatz zu den ›Kleinen‹ unter seinen Kollegen, die, wie der erwähnte Josef Gelinek, immer einige Dutzend Improvisationsversatzstücke zum wechselweisen Verketten parat hatten, weigerte sich Beethoven, ›Eingemachtes‹ hervorzuholen, es nur aufzubereiten und dann als Frischkost zu servieren – auf die Gefahr hin, dass er gelegentlich buchstäblich mit leeren Händen dastand. Baron Trémont, der während seines

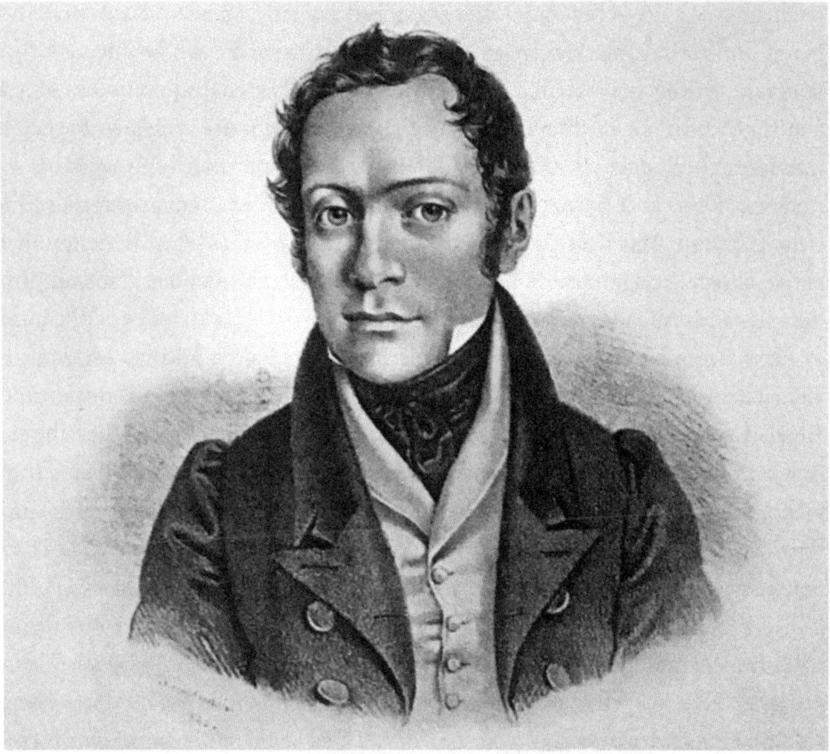

Abb. 40 Bereits mit zehn Jahren ein brillanter Pianist, wurde der Wiener Carl Czerny wohl Beethovens bekanntester Schüler – und später ein bedeutender Klavierpädagoge. Was Czerny über seinen Lehrer berichtet, ist immer wichtig und hat Hand und Fuß. Lithografie von Josef Kriehuber.

langen Wien-Aufenthalts herzlichen und intensiven Umgang mit Beethoven pflegte, berichtet, dass dieser manchmal nur einige Akkorde auf dem Klavier anschlug und zugab: »Es kommen mir überhaupt keine Ideen, verschieben wir's aufs nächste Treffen« (BSZ, S. 1005). Dass er diese Pannen fürchtete und sich, wie 1806 bei Lichnowsky, so oft heftig weigerte, vor Zuhörern zu improvisieren – somit eine der beliebtesten ›Volkssport‹-Arten damaliger Eliten ablehnte –, dürfte auf einige äußerst peinliche Vorfälle zurückgehen, den eklatantesten davon berichtet der Pianist und Komponist Carl Schwencke (1797–1870): Aufgrund der schier endlosen Lobeshymnen Erzherzog Rudolphs habe dessen Bruder, Kaiser Franz, Beethoven einladen lassen, in den kaiserlichen Gemächern zu spielen. Doch der schwierige Künstler habe lediglich einstimmig und nachlässig »O du lieber Augustin« intoniert, sei aufgestanden, habe sich verbeugt und sei davongegangen. »Der Kaiser, höchst erzürnt, wollte ihn aus Wien verbannt wissen und nur die Fürsprache des Erzherzogs Rudolph verhinderte alle für Beethoven nachteiligen Folgen dieses Ereignisses« (BSZ, S. 875). Ich muss gestehen, dass ich Schwierigkeiten habe, diese Darstellung wörtlich zu nehmen. Da es aber schwer denkbar ist, dass ein Erzähler ausgerechnet den Erzherzog in eine Lügengeschichte einbezieht – und vor allem weil Berichte über vergleichbare Ereignisse existieren –, muss man die Begebenheit doch zumindest als »so ähnlich vorgefallen« registrieren.[230]

Dass Beethoven den Kaiser tatsächlich düpiert haben könnte, wird noch wahrscheinlicher durch einen Bericht des französischen Pianisten, Verlegers und Klavierbauers Camille Pleyel,[231] der 1805 eine ähnliche und ebenso peinliche Situation miterlebt hatte: »Der Meister kommt auf die Bühne, setzt sich ans Klavier, präludiert in einigen unbedeutenden Noten, skizziert einige Akkorde, unterbricht sich, probiert einige andere, von denen er ebenfalls gleich wieder lässt, erhebt sich, grüßt und geht weg. Man stelle sich die Enttäuschung des Publikums vor, ganz Wien sprach von nichts anderem als diesem Skandal.« Am nächsten Tag soll Beethoven zu Pleyel gesagt haben, er könne unmöglich so improvisieren, so wie ein Schuster seine Schuhe zusammenklopft, die Eingebung sei einfach nicht gekommen. Während dieses Gesprächs am Folgetag habe Beethoven ärgerlich auf dem Klavier herumgeklimpert, »machinalement«, wie Pleyel betont, und siehe da,

> »ganz langsam, ohne es selbst wahrzunehmen und ohne sein Reden zu unterbrechen, hätten sich lose Melodiefetzen gebildet; das Reden sei ins Stocken geraten, und schließlich schweigend, die Anwesenden mit feurigem Gesicht völlig vergessend [...], habe Camille Pleyel das unvergessliche Schauspiel miterlebt, wie der großartige Künstler unversehens von seinem Genius erfasst wurde und sich mit seiner Inspiration herumzuschlagen begann [...]« (BSZ, S. 645; der romantisch-blumige Stil des Chronisten Ernest Lougouvé wurde durch Verkürzung gemildert; französisches Original in der Anmerkung[232]).

Die Peinlichkeit solcher Vorfälle dürfte Beethovens Unwillen dagegen, ›auf Kommando‹ zu spielen, wesentlich gesteigert haben, denn die Furcht, *vor Zeugen zu scheitern,* muss immer stärker geworden sein. Mit zunehmendem Alter litt er anscheinend unter einer erhöhten Hemmschwelle für seine Kreativität.

Darüber berichtet Johann Friedrich Rochlitz, der sich 1822 länger in Wien aufgehalten und mit Beethoven regen Umgang gehabt hatte. Dieser habe ihm gestanden, dass er sich seit einiger Zeit »nicht mehr leicht zum Schreiben« bringe: »Ich sitze und sinne und sinne; ich hab's lange: aber es will nicht auf's Papier. Es grauet mir vor'm Anfang so großer Werke. Bin ich drin: da geht's wohl ...« (BSZ, S. 717).

Die bereits erwähnte, zeitweise lang anhaltende Stagnation beim Komponieren ist ein ähnliches Thema, das erstaunlich viele Zeitgenossen Beethovens aufgreifen. Um so skeptischer muss man Berichte von der Leichtigkeit der Inspiration aufnehmen, wie sie etwa der spätere Hofkapellmeister in Darmstadt, Louis Schlösser lieferte. Er besuchte 1822/23 Wien und traf mehrfach mit Beethoven zusammen. Seine 1880 und 1885 publizierten Erinnerungen stimmen zwar hinsichtlich des Prozesses der Themenerfindung großenteils mit dem Befund der Skizzenbücher überein, aber die Formulierung des Berichts ist zu apodiktisch, obwohl Schlösser ausgerechnet dem hier folgenden Absatz in einer Fußnote »wörtlich nachgeschrieben!« anfügt. Hören wir also auch, was Beethoven vielleicht in etwas ähnlicher ›Begradigung‹ gesagt zu haben scheint:

> »Ich trage meine Gedanken lange, oft sehr lange mit mir herum, ehe ich sie niederschreibe. Dabei bleibt mir mein Gedächtniß so treu, daß ich sicher bin, ein Thema, was ich einmal erfaßt habe, selbst nach Jahren nicht zu vergessen. Ich verändere manches, verwerfe und versuche aufs neue so lange bis ich damit zufrieden bin; dann aber beginnt in meinem Kopfe die Verarbeitung in die Breite, in die Enge, Höhe und Tiefe, und da ich mir bewußt bin, was ich will, so verläst mich die zu Grunde liegende Idee niemals, sie steigt, sie wächst empor, ich höre und sehe das Bild in seiner ganzen Ausdehnung, wie in Einem Gusse vor meinem Geiste stehen, und es bleibt mir nur die Arbeit des Niederschreibens, die rasch von statten geht, [...] Sie werden mich fragen woher ich meine Ideen nehme?[233] Das vermag ich mit Zuverlässigkeit nicht zu sagen; sie kommen ungerufen, mittelbar, unmittelbar, ich könnte sie mit Händen greifen, in der freien Natur, im Walde, auf Spaziergängen,[...] bis sie endlich in Noten vor mir stehen« (BSZ, S. 810f.; TDR Bd. IV, S. 419f.).

Der physikalisch-akustische Impuls

Vergleichen wir Schlössers verdächtig poetische Darstellung mit anderen Auskünften über den Anfang kompositorischer Prozesse bei Beethoven, wozu wir auf das Feld von Beethovens Klavierimprovisation zurückkehren, worüber es viele glaubwürdige Berichte gibt. So erzählt der englische Dirigent und Komponist George Smart, der 1825 die englische Erstaufführung der *Neunten Symphonie* dirigierte und im Anschluss zu Beethoven nach Wien reiste:

> »Nach dem Essen wurde Beethoven schmeichelnd gebeten zu phantasiren. ›Aber über welches Thema soll ich spielen?‹ sagte er, während seine Finger auf den Tasten blieben und fortgesetzt diese Phrase wiederholten: [zwei ›Primitiv‹-Motive aus je vier Sekund-Schritt-Noten][234] ›Über dieses‹, sagte ich, und er that es 20 Minuten lang in einer ganz außerordentlichen Weise, zuweilen im vollen *Fortissimo*, aber voll von Genie; er war in hohem Grade erregt beim Ende seines Spieles.«

Dies ist Thayers Übersetzung;[235] er gibt zuvor aber schon eine ähnliche Begebenheit aus den Memoiren des Schriftstellers Ignaz Franz Castelli wieder:

> »Als der Musikalienhändler Schlesinger in Wien war, gab er ein glänzendes Gastmahl, wozu auch Beethoven und ich geladen waren. Nach dem Speisen wurde Beethoven angegangen, auf dem Pianoforte zu improvisiren, allein er weigerte sich. Man drang immer mehr in ihn, endlich sagte er: ›In's drei Teufelsnamen, aber Castelli, der keine Idee vom Pianofortespiel hat, muß mir darauf ein Thema angeben.‹ Ich trat zum Instrument, fuhr mit dem Zeigefinger drei Tasten nach einander hinab und die nämlichen wieder zurück, und er lachte, sagte ›Schon gut‹, setzte sich zum Klavier und phantasierte immer unter Einmischung dieser 4 Noten eine ganze Glockenstunde, daß alle Zuhörer in Entzückengeriethen.« (s. auch BSZ, S. 181f. u. S. 645)

Auch hier dreht es sich um ein musikalisch ›primitives‹ Ausgangsmotiv, und das ist so wichtig, dass hier noch eine dritte Schilderung der Entstehung einer Improvisation folgen möge; sie wurde überliefert von Friedrich Starke, der 1815 kurzfristig Klavierlehrer von Beethovens Neffen Karl war:

»B. fing mit einem Thema an, welches eine kindische Tendeley gleichte,[236] ward aber so interessant durch geführt daß man es eine Stunde hätte anhören können […]« (BSZ, S. 949).

Diese Beispiele mögen genügen, es gibt aber noch weitere, so etwa die Geschichten, als Beethoven über ein Tonleiterbruchstück, einen beliebigen Klavierklang, ein Vogelgezwitscher fantasierte oder aus einer *umgekehrt* aufgeschlagenen Sekund-Violinstimme ein willkürlich herausgepicktes, ›auf dem Kopf‹ stehendes Begleitmotiv zur Basis einer großen Fantasie machte.[237]

So wird begreiflich, dass sich viele seiner Werke aus ursprünglich einfachen, gar einfachsten Motiven herleiten – so eben auch eine der größten Symphonien aller Zeiten, die Fünfte, in der Beethoven einen ganzen Kosmos erschaffen konnte aus einem Motiv das lediglich aus vier Noten unter Verwendung von nur zwei Tönen besteht! Im Prinzip kann ja wohl jeder beliebige Klang zum Auslöser eines musikalischen Geschehens werden, dessen Bedeutung zunächst unabsehbar ist. Genau dazu gibt es einen Bericht von Xaver Schnyder von Wartensee, einem der besten Chronisten. Er beschwerte sich darüber, dass er trotz inständiger Bitten Beethoven nie ans Klavier bekommen habe. Ein »Eingeweihter« riet ihm, sich statt ihn ans Klavier zu bitten, mit dem Komponisten nur über *nicht* musikalische Themen zu unterhalten, nebenbei aber selbst ein paar Akkorde auf dem Klavier anzuschlagen und zu behaupten, eine Taste bleibe hängen und funktioniere nicht richtig. Über diesen Prüftrick sei Beethoven noch jedes Mal ins schönste Fantasieren gekommen (BSZ, S. 845f.). – Eine ähnliche Geschichte überliefert der Schubert-Freund Joseph Hüttenbrenner (1796–1882) in einer Niederschrift von 1868: »Ich war zweimal bei dem Grafen [Moritz Lichnowsky] zum Speisen mit Beethoven u. seinem Bruder eingeladen. Das 1te mal nach der Tafel gieng die kleine Comtesse zum Claviere, und Beethoven richtete ihr die Finger, die recht gebogen seyn müssen, dann setzte er sich hin u. fantaisierte, vielleicht ¼ Stunde lang, göttlich […]« (BSZ, S. 488).

Was besagt das alles? Nicht mehr und nicht weniger, als dass Beethovens Kreativität nicht unbedingt des Anstoßes durch eine wirkliche ›Musik‹ bedarf, sondern dass, wie auch im letzten Beispiel, ein paar unkorrekt gespielte Töne, im Grunde jede physikalische Lautwahrnehmung genügen konnte, um seine Fantasie oder gar die ›Inspiration‹ in Gang zu setzen – »bei ihm wurde jeder Schall, jede Bewegung Musik und Rhythmus« (Carl Czerny).[238] War dann ein brauchbares Motiv entstanden, wurde es improvisierend auf seine Eignung geprüft oder auch nur ›abgespeichert‹ – entweder nur mental, oft aber als schriftlich fixiertes Notat oder nur als grafische Verlaufsaufzeichnung, als Gedankenstütze für tatsächliche, später weiterzuentwickelnde Klangverläufe.[239] Dieses ›Material‹ konnte Beethoven jahrelang memorieren (es lagerte in ihm quasi wie auf einer ›Festplatte‹ in der heutigen Computersprache); dort wartete es darauf, abgerufen und musikalisch verarbeitet zu werden, sobald sich eine emotionale Konkordanz mit den Ideen ergab, die Beethoven gerade beschäftigten.

Der doppelte Produktionsprozess

Denn seine künstlerischen Konzepte bedurften gleichzeitig neben dem konkret akustischen Impuls auch einer abstrakteren Motivation, die aus geistigen, psychologischen oder philosophischen Kontexten erwuchs. Das belegt eine Bemerkung Beethovens gegenüber dem Komponisten Charles Neate, der 1815/16 in Wien war und häufigeren Kontakt mit ihm hatte und 1861 von Thayer darüber interviewt worden war. Beethoven habe zu Neate gesagt: »Ich habe beim Komponieren in meinem Sinne immer eine Vorstellung, auf die ich hinarbeite.«[240] An anderer Stelle spricht er von der »psychischen Idee«, die jedem seiner Werke zugrunde liege.[241] Dieses »Hinarbeiten« und »Zugrundelegen« besteht darin, mehr oder weniger gut verbalisierbare geistige Vorstellungen mit nicht oder kaum verbalisierbaren Klanggebilden in eine emotionale Entsprechung zu bringen und verketten. Durch diese doppelte Basis aus einer einerseits intellektuellen, abstrakt-geistigen und andererseits einer unabdingbar gleichzeitigen, spezifisch emotionalen Ebene erlangt Beethovens Musik ihre einzigartige bis zum Lapidaren führende Dringlichkeit und Überzeugungskraft. Nichts entsteht nur rational, nichts entsteht nur aus Gefühltem, seine Musik entsteht in einem zweifachen Monitorsystem, in dem Oberflächliches und Wertloses durch die Raster des hier skizzierten *doppelten Produktionsprozesses* hindurchfällt.

Man kann das ganz besonders treffend anhand des von Carl Czerny in diesem Sinne zitierten, aus nur vier Noten bestehenden »galloping rider«-Motivs erläutern (BSZ, S. 243), das dem Finale der d-Moll-Klaviersonate op. 31/2 (*Sturmsonate*) zugrunde liegt. Jeder andere Komponist wäre mit diesem Motiv am Problem der Redundanz gescheitert angesichts einer repetitiven Verarbeitung, die besagtes Motiv in knapp acht Minuten Spielzeit sage und schreibe an die 260 Mal bringt. Doch Beethoven jagt dieses Motiv durch alle erdenklichen Modulationen; er kombiniert und entwickelt es über Terz-, Quart-, Quint-, Sext-, Septim- und Oktavsprünge zu den verwegensten Varianten, und dadurch entsteht das pathetische Gefühl eines Getriebenseins, das bis zu purer Angst und Verzweiflung zu reichen scheint. Doch erlaubt dasselbe Motiv dem Komponisten, im Piano des Einhaltens sanfte Töne anzuschlagen und pure Poesie zu erzeugen, wodurch er eine unübertreffliche Ästhetisierung der dunklen und bedrohlichen Seite des Satzes erreicht.

Genau diese kleinteilige Arbeitsweise thematisierte der große Musikforscher Otto Jahn bereits vor über 150 Jahren; Beethoven bemühe sich, »nicht bloß einzelne Motive und Melodien, sondern die kleinsten Elemente derselben hin und her zu wenden und zu rücken und aus allen denkbaren Variationen die beste Form hervorzulocken«. Erstaunt kommentiert Jahn: »Man begreift nicht, wie aus solchem musikalischen Bröckelwerk ein organisches Ganzes werden könne«, doch dann folgt als Fazit die Reverenz: »Und machen diese Skizzen nicht selten den Eindruck unsichern Schwankens und Tastens, so wächst nachher wieder die Bewunderung vor der wahrhaft genialen Selbstkritik, die, nachdem sie alles geprüft, schließlich mit souveräner Gewißheit das Beste behält.«[242] Dies ist gerade im Hinblick auf die *Fünfte Symphonie* wichtig. Vielleicht erstmalig taucht das Phänomen in dem Streichquartett Nr. 1 F-Dur op. 18 auf, wobei der von Friedhelm Krummacher geprägte, sehr treffende Begriff der »Kernformel« zitiert wurde.

Bei einer solchen Kompositionsweise wird der äußere, ursprüngliche Anlass der motivisch-thematischen Erfindung, wie die von Carl Czerny überlieferte Wahrnehmung eines vorbeieilenden Reiters für op. 31, ephemer und zufällig. In diesem Sinne bemerkt András Schiff: »Dieser dritte Satz ist jedoch keineswegs ein Galopp«;[243] doch Beethoven benötigte genau diesen äußerlichen, sogar völlig außermusikalischen Klick, den Viernotenrhythmus sämtlicher Pferdehufe, um etwas völlig anderes zu artikulieren, nämlich seine eigene Lebenssituation musikalisch zum Ausdruck zu bringen: das Leben eines Vorwärtsdrängenden und Vorwärtsgetriebenen, eines – im Wort- wie im übertragenen Sinn – *Gepeitschten*. In der Art, wie er das am Beginn gemütliche Allegretto der vier Galoppnoten nach und nach zum Exzess treibt, macht er den ursprünglichen Anlass ungeschehen und kreiert das Neue, das große Eigene, die dramatische Erzählung, deren Pathos die lyrische Seite jedoch nie vernachlässigt. So kommt es sogar zu einem versöhnlichen Ende im Piano, im Abgeklärten: Das Leben ist schlimm, aber es hat auch Gutes – für Beethoven zumindest das eine: *die Musik, die lebensrettende!* Dieser Klaviersonatensatz ist nur einer von vielen, jedoch einer der frühesten, welche die ästhetische Beschwörung des eigenen Leidens in großem Maßstab verkörpern. Und das ist kein Zufall: Das op. 31 entsteht 1801 und 1802, zu jener Zeit also, in der sich in Heiligenstadt bei Wien ein furchtbares seelisches Unwetter entladen sollte.

Lauschen in die Klänge von Welt und Seele

Das ›Lapidare‹ trifft freilich nur auf einen Teil der Beethovenschen Themenbildung zu; es hervorzuheben, ist jedoch wichtig, weil sich dort in weit übersichtlicherer Weise das Prinzip des Zusammenwirkens von Geist und Emotion erfahren lässt, wie es *allen Quellen nach zu schließen* dem Großteil von Beethovens Schaffen zugrunde liegt. Seine vielen großformatigen und komplexeren Themengebilde dürften – wenn man Beethovens spezifische Kreativität aus psychologischer Sicht betrachtet – in mehreren Einzelprozessen entstanden sein. Die zahlreich erhaltenen Skizzenbücher Beethovens geben viele Hinweise auf die Entstehung seiner Motive und Themen aus dem Kleinen und Einzelnen, das dann nach und nach zusammenwächst. Doch Schriftquellen über das Werden der großformatigen Themen lassen sich, soweit ich sehe, nicht finden. Wie sich der Zusammenbau größerer Strukturen aus motivischen Kleinstteilen darstellt, kann man allerdings schon im ersten Satz eben derselben Klaviersonate op. 31/2, genannt *Der Sturm,* sehen. Der Satz lebt von zwei Grundelementen, einem wiederkehrenden, ausgeschriebenen Pianissimo-Arpeggio sowie einer zweitönigen Seufzerfigur, die, vielfach aneinandergereiht, nicht nur die Einleitungstakte, sondern auch das zweite Thema und damit einen Großteil des Satzes prägt. Aus diesen Seufzerfiguren wird in mehrfach absteigenden Vierergruppen das Hauptthema gebildet. Lediglich zweitönig ist der Baustein – ein geradezu Angst erzeugendes Drängen ist der *Gedanke,* der dadurch entsteht und vom Komponisten als musikalisches Motiv an den Hörer gesendet wird –, minimale Mittel erzeugen eine maximale Wirkung, die nicht nur Psychologisches, sondern auch Philosophisches hervorzurufen vermag. Ob die mit dieser Sonate traditionell verbundene und auch leicht nachvollziehbare Idee des »Sturms«, den Beethoven mit jenen obsessiv aufwallenden Seufzerfiguren entfacht, auf Shakespeare gründet (wie Schindler behauptet), ist letztlich nebensächlich (Schindler 3/1860 Bd. II, S. 221) – wichtig ist etwas anderes: Jener Sturm repräsentiert eher

Beethovens sich ab 1801 zunehmend zerklüftende Seelenlandschaft. – Darf man sich nun die Frage stellen, was die in jenem Raum aufleuchtenden Ruhepole, die Pianissimo-Arpeggien, besagen? Sind diese Akkorde ein Lauschen, stellen sie die Frage *»Hör' ich dich noch?«*, die der ertaubende Virtuose beim Ausprobieren eines jeden Klaviers zu stellen scheint und die, wie im Notentext von op. 31, jedes Mal anders beantwortet wird? – Auch im Mittelsatz dieser Sonate umrahmen solche rätselhaften Akkorde ein dreitöniges Tonleiterbruchstück, und sicherlich ›erzählen‹ sie noch einen anderen Teil der ›Geschichte‹.

Bewusst wird sich Beethoven der Gefahr für sein Musikschaffen 1802 in Heiligenstadt, als er erstmals sein Inspirationsmodell, die Wahrnehmung der Natur und seiner Umwelt mit ihren geheimsten Tönen, Klängen und Geräuschen, bedroht fühlt. Doch bei Betrachtung der kleinstteiligen Mechanismen seines Schöpfertums, über die er sich selbst vielleicht nie bewusst Rechenschaft ablegte, kann man verstehen, warum die Basis seiner Kreativität schon durch einen geringen Gehörverlust ins Wanken und er damit in tiefe Verzweiflung geriet. Hier muss an den Vorfall mit der fernen, von ihm nicht vernommenen Hirtenflöte erinnert werden, der ihm, wie er im »Testament« schreibt, das Gefühl vollständiger Ausweglosigkeit aufdrängt. Auch zig andere hören eine Flöte in weiter Landschaft nicht, doch werden sie dadurch nicht todtraurig. Aber für Beethoven war bereits dieser leichte Hörverlust ein angsterregender Einschnitt, weil er der Symphonie der Naturtöne *in ihrer ganzen Totalität* bedurfte, um sich in sie hineinversenken zu können, um seinem schöpferischen Auftrag stets mit einem neuen Gedanken, einem neuen Einfall gerecht zu werden.

Was aber konnte die schwindenden, die bald unerreichbaren und unhörbaren Klänge der Umwelt ersetzen? Eine Antwort, die sich aus dem Studium der Dokumente ergibt, lautet: Der Natur als Inspirationsquelle nach und nach zur Seite zu treten vermögen Beethoven lediglich Ideen – und diese Ideen werden zukünftig eine immer größere Rolle spielen. Dies ergibt sich aus der nach 1800 allmählich feststellbaren Spiritualisierung seines Lebens und seiner Kunst, ein Prozess, der ab etwa 1801/02 in seinen Kompositionen spürbar wird, wie der Blick beispielsweise auf die *Sturm-Sonate* op. 31/2 zeigte. Ab 1804 spiegelt sich diese Entwicklung auch in der Korrespondenz mit Josephine wider; Details fallen auch in einigen Briefen an die Gräfin Erdödy auf. Am deutlichsten spürbar wird diese Tendenz jedoch im Umgang mit Erzherzog Rudolph, später gelegentlich auch mit dem Neffen Karl.

Nicht nur Beethovens Welt, auch seine Musik wird dadurch rationaler: Sie verliert das pflanzenhaft Wachsende und wird großflächiger. Allmählich, Schritt für Schritt wandelt sie sich daher auch stilistisch zu dem, was man heute als Beethovens »Spätstil« bezeichnet. Das dem ertaubenden Komponisten versagte Lauschen in die Natur, in die Umwelt, wird ersetzt durch die Wahrnehmung der unhörbaren Welt des Geistes. Nur auf diese Weise konnte Beethoven Musiker bleiben und auch seine Seele retten.

Wird Beethoven dadurch moralischer? Ja und nein, die Entwicklung ist ja durch Krankheit erzwungen. Die Geräusche der städtischen Umwelt, die Karren auf dem Kopfsteinpflaster, die er bis etwa 1818 noch hört, bereiten ihm unerträglichen Schmerz (wie übrigens jedem Schwerhörigen); die Töne der Natur aber, die er früher mit religiöser Inbrunst in sich aufsog, sind ihm da schon seit über einem Jahrzehnt nicht mehr zugänglich. Anno 1807, in der *Pastorale,* hatte er der Natur – bereits mehr aus der Erinnerung denn aus realem Hören – noch einmal einen Altar aus berückenden Klängen errichtet. Seither aber hat er gar keine andere Wahl, als sich in den Innenraum zurückzuziehen. Er bleibt der Natur treu, besucht und *sieht* sie täglich, auch wenn er sie nach und nach nicht mehr hört. Wahrscheinlich erfindet und komponiert er noch längere Zeit *aus der Erinnerung* an ihre Laute, begibt sich aber doch langsam in die Abstraktion. Dies wird die fernere Zukunft des Überlebenden von Heiligenstadt in seinem ›zweiten Leben‹ sein – das harte Schicksal derer, die zu den *»in der Schule des Unglücks erzogenen Menschen«* gehören (BGA Nr. 1916).

Nachspiel: Auftragsware

Neben den lang anhaltenden Kämpfen, in denen sich seine künstlerischen Hauptwege entwickeln, gibt es bei Beethoven freilich auch ein anderes, weniger aufreibendes Arbeiten. Es muss wenigstens am Rand erwähnt werden, dass Beethoven öfter aus rein finanziellem Antrieb komponiert hat – aus purer Notwendigkeit. Bei solchen »Brot-Aufträgen« darf man nicht die üblichen Ansprüche an die Qualität der Einfälle stellen. Der Komponist selbst spricht den Umstand ausdrücklich an: Das Wichtige beanspruche so viel Zeit, dass er von der finanziellen Vergütung daraus nicht leben könne und deshalb immer wieder schnell zu bewältigende Brotarbeit dazwischenschieben müsse. Zu diesem Thema gibt es einen köstlichen Brief, der auch zeigt, wie vulgär man unter guten Musikfreunden schon damals miteinander umgehen konnte – das war keineswegs Mozarts Privileg, auch nicht das heutiger Musiker. Auf eine Anfrage im Mai 1818 wegen eines gut bezahlten Kompositionsauftrags antwortet Beethoven dem Musiker (und Mitgründer der Gesellschaft der Musikfreunde) Friedrich Hauschka:

> »Nun leb wohl bestes Hausckerel, ich wünsche dir einen offenen stuhlgang u. den schönsten leibstuhl, was mich angeht, so wandle ich hier mit einem Stück notenpapier in Bergen Klüften u. Thälern umher, u. schmiere manches um des Brodts u. geldes willen, denn auf diese höhe habe ichs in diesem allgewaltigen ehmaligen Fayacken Lande gebracht, daß, um einige Zeit für ein großes werk zu gewinnen, ich immer vorher so viel schmiren um des geldes willen muß, daß ich es aushalte bey einem großen werk – übrigens ist meine gesundheit sehr gebessert u. wenn es Eile hat, so kann ich euch schon Dienen« (BGA Nr. 1259).

17

Josephine. Ein Drama in vier Akten

Dritter Akt: Schweiz, Italien, Prag und der Brief an die »unsterbliche Geliebte«

Den Weg nach innen zu gehen, entsprach nicht Beethovens ursprünglichem Charakter. Die äußere Einsamkeit, die mit dem Rückzug ins Innere oft einhergeht, kannte er, ein Eigenbrötler war er schon immer. Aber die Fähigkeit, in strengen Kategorien zu denken, hatte er sich erst relativ spät angeeignet. In der furchtbaren Krise von 1802 sieht er Anlass und Notwendigkeit zu einem Umdenken, und allem Anschein nach hat ihm dabei vor allem Josephine von Brunsvik-Deym beigestanden, die »Einzige Geliebte«, wie er sie zwischen 1805 und 1807 viermal anspricht. Sie motivierte ihn dazu, die infolge gesellschaftlicher Zwänge auferlegte sexuelle Enthaltsamkeit durch Sublimierung ins Geistige in künstlerische Kräfte umzuwandeln. Beethoven ist diesen Weg drei Jahre lang willig und mutig mit Josephine zusammen gegangen, was ihr ermöglicht, das Erziehungsrecht für ihre Kinder zu behalten, und was ihm eine unvergleichlich fruchtbare Schaffensperiode beschert. Doch dann ermattet Josephine, gibt dem Drängen ihrer Familie nach und entfernt sich von ihrem geliebten Freund. Diesem fällt das Komponieren nun schwerer, es wird für ihn, wie seine Skizzenbücher verraten, zu harter Arbeit.

Josephines Reise durch die Schweiz und Italien

Als wir sie am Ende des elften Kapitels mit ihrer Schwester Therese und den Kindern zurückließen, planten die beiden den Aufbruch in die Schweiz, um dort einen Hauslehrer zu suchen. Im Sommer 1808 war es so weit: Josephine reiste mit Therese und ihren zwei älteren Söhnen Fritz und Carl über Karlsbad und Deutschland nach Yverdon, wo sie Kontakt mit dem berühmten Pädagogen Johann Heinrich Pestalozzi aufnahmen. Josephine und ihre Schwester freundeten sich so sehr mit ihm an, dass er das weitere Leben der beiden Schwestern prägen sollte. Später gibt er ihnen brieflich noch etliche Ratschläge mit auf den Weg und lobt beide über die Maßen: »so viel Muttertreue u. Schwesterliebe im schönsten Verein, so viel Geist ohne Anmaßung u. so viel Gefühl ohne Schminke hab' ich noch selten gefunden« (Tellenbach 1983, S. 87). Tatsächlich wird Therese ihr Leben überwiegend dem Besten von Kleinkindern widmen, und Josephine sollte sich bei der Erziehung ihrer Kinder immer sehr an Pestalozzis Lehren orientieren.

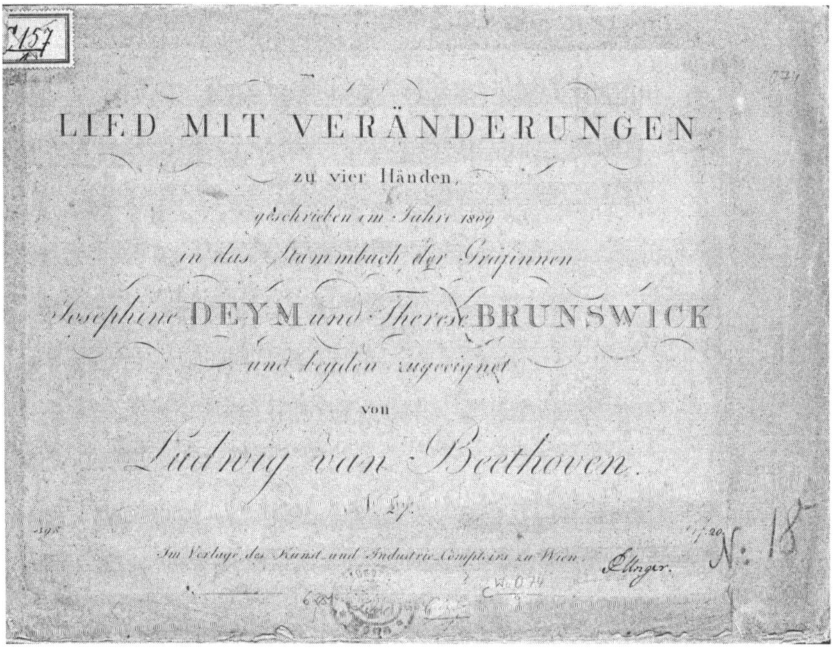

LIED MIT VERÄNDERUNGEN
zu vier Händen,
geschrieben im Jahre 1800
in das Stammbuch der Gräfinnen
Josephine DEYM und Therese BRUNSWICK
und beyden zugeeignet
von
Ludwig van Beethoven.
Im Verlage des Kunst- und Industrie-Comptoirs zu Wien.
N: 18

Abb. 41 Das »Lied mit Veränderungen zu vier Händen, geschrieben im Jahre 1800 in das Stammbuch der Gräfinnen Josephine Deym und Therese von Brunsvik und beyden zugeeignet von Ludwig van Beethoven« [WoO 74]. Titelblatt der Erstausgabe.

In Yverdon, das im nördlichen Jura liegt, lernen die beiden Schwestern auch den aus dem estnischen Reval stammenden Baron und Pestalozzi-Schüler Christoph von Stackelberg (1777–1841) kennen, der sich bald anbietet, die Reisegruppe zu begleiten. Therese beschreibt in ihrem Tagebuch den Fortgang der Reise in poetischsten Tönen, da gibt es manchen »feuerfarb-lilafarbigen Schein«, da ist das Meer, das sich wie ein »Zauberspiegel« vor dem Auge der faszinierten Reisenden ausbreitet, und da leuchtet mancher »Purpur des Abends«, der offensichtlich auch den freundlichen Reisegefährten Stackelberg etwas über Gebühr verklärt. Jedenfalls geht aus ihren Aufzeichnungen auch hervor, dass der bildungshungrige und sicher recht stattliche Baron bald mehr als zutraulich wird – obwohl auch er seinerzeit Rousseaus *Neue Heloise* genau studiert hat, ein Werk, das eher auf geistige Sublimierung und die Pflege freundschaftlicher Gefühle zielte. Stattdessen muss er heftig um Josephine geworben haben; später schreibt er ihr: »Vom ersten Augenblick an glaubte ich, in Ihnen die Anschauungen, die meinem Herzen immer die teuersten waren und die ich bis dahin noch bei keiner Frau wahrgenommen hatte, zu finden.«[244] Was Beethoven am Klavier wie auch brieflich in purer Emotion, doch im tiefsten Respekt für das andere »Ich« aus sich herausströmen ließ, kam nun in wohlgesetzter Rede über die aktuellsten Philosophen, doch auch mit intellektuell verbrämter Egozentrik und offensichtlich auch mit nobel artikuliertem Anspruch daher.

Als die Brunsvik-Deymsche Gruppe nach kriegsbedingt weiten Umwegen über Norditalien im Sommer 1809 inklusive Baron Stackelberg nach Ungarn kommt, ist Josephine schwanger. Der Freiherr wird von den Brunsviks jedoch keineswegs mit offenen Armen empfangen. Er ist erstens Protestant und zweitens allzu niederen Ranges, um in der Familie gern gesehen zu sein. Josephines erstes Kind mit Stackelberg, Maria Laura, kommt im Dezember 1809 noch unehelich zur Welt, aber Stackelberg setzt die Eheschließung mit der Drohung durch, sonst die Erziehung der Kinder Josephines, die er in die Hände genommen hatte, zu beenden. Dies zu vermeiden ist auch im Sinne von Josephine, jetzt steht sie zu ihren Gefühlen und erlangt eine gewisse Selbstbestimmung.

Doch sie wurde mit Stackelberg nicht glücklich. Das Paar war allzu ungleich. Auch die Geburt des zweiten Kindes, Theophile, im Jahr 1810, konnte die Distanz zwischen den beiden Gatten nicht verringern; beide hatten äußerst komplexe Charaktere, und es ist schwer, beiden gerecht zu werden. Man muss bei Einschätzungen Vorsicht walten lassen, weil beide Ehepartner ständig in äußere Zwangslagen geraten, die sie der Möglichkeit, sich frei zu entscheiden, berauben. Jedenfalls erkrankte Josephine wieder und begann, sich mit ihrem Mann über die Erziehung der Kinder zu streiten. Ab 1811 scheint sie auf einem eigenen Schlafzimmer bestanden zu haben, das durch einen Dienstbotenraum von dem ihres Mannes getrennt war. Innerlich hatte sie sich von ihm abgewandt, er aber betrachtete sie als seinen ihm von Gott bestimmten Besitz. Doch darin täuschte er sich sehr: Die vorausgegangenen Jahre als alleinerziehende Mutter hatten sie zu einer emanzipierten Frau werden lassen.

In das Jahr 1810 oder 1811 dürfte ein letzter – undatierter – Briefwechsel zwischen Josephine und Beethoven fallen, der von den Herausgebern der Briefausgaben zunächst ins Jahr 1807, zuletzt aber auf »vielleicht Herbst 1809« (BGA Nr. 303/04) eingeordnet wurde. 1809 bietet sich inhaltlich an, weil Beethoven in in seinem Antwortschreiben Josephine bittet, eine »Sonate ihrem Bruder zu übermachen«. Da Franz Brunsvik Cellist war, dürfte es sich um die erst im April 1809 erschienene Sonate für Cello und Klavier op. 69 handeln. 1807 kommt demnach nicht infrage,[245] 1809 ist aber auch nicht sehr wahrscheinlich, weil Josephine erst im Sommer dieses Jahres nach Ungarn zurückgekehrt ist, im Dezember ihre und Stackelbergs Tochter in Waitzen bei Budapest zur Welt gebracht und ihn dann im Februar 1810 in Gran – immer noch in Ungarn – geheiratet hat; das sind lauter Ereignisse, die ihren Sinn so gar nicht nach Wien gelenkt haben dürften, wo ihr Aufenthalt vor dem Herbst 1810 auch nicht nachweisbar ist. Es erscheint viel plausibler, die Entstehung der zwei folgenden Briefe wie Brigitte Massin in einer Zeit anzusetzen, da in Thereses Tagebüchern vom wachsenden Dissens zwischen den Neuvermählten die Rede ist, nämlich im Herbst 1810.[246] Josephine schreibt:

> »Schon längst hatte ich wohl gewünscht Nachricht von Ihren Befinden zu haben, und lange schon würde ich mich darum erkundiget haben hätte Bescheidenheit, mich nicht zurückgehalten. – Nun sagen Sie mir wie es Ihnen geht, was Sie machen? wie Ihre Gesundheit, Ihr Gemüth, Ihre Lebensart ist – der innige Antheil den ich an allem was Sie betrifft, nehme und so lange ich lebe nehmen werde macht es mir zum Bedürfnisse Nachricht darüber zu haben. Oder glaubt mein Freund Beethoven, darf ich sie wohl so nennen, ich habe mich geändert. – Was würde mir dieser Zweifel anders sagen als Sie selbst, wären nicht immer derselbe« (BGA Nr. 403).[247]

Beethoven antwortet ausweichend:

> »Ich bitte sie meine liebe Josephine diese Sonate ihrem Bruder zu übermachen – ich danke ihnen, daß sie noch scheinen wollen, als wäre ich nicht ganz aus ihrem An[ge]denken verbannt, selbst, wenn es auch vieleicht mehr auf Veranlassung

andrer geschah – sie wollen, ich soll ihnen sagen, wie es mir geht, eine Schwerere Frage kann man mir nicht aufwerfen – und ich will sie lieber unbeantwortet laßen, als – sie zu wahr beantworten – leben sie wohl liebe J.

wie immer ihr ihnen ewig ergebner Beethowen« (BGA Nr. 404).

Eines geht deutlich aus diesen zwei Briefen hervor: Durch Franz von Brunsvik – sein erneuter Kontakt mit ihm musste den Briefen vorausgegangen sein – dürfte Beethoven erfahren haben, dass Josephine in der Zwischenzeit einen anderen *erkannt* hatte – das ist durchaus im alttestamentlichen Sinne zu verstehen –, mit welchen Gefühlen dies auch immer verbunden war. Doch änderte dies nichts an ihrer Einstellung zu Beethoven, ihr »inniger Antheil« ist ihm weiterhin sicher, und zwar »so lange ich lebe«. Das heißt: Ihre *wahre* Liebe, die bisher außerhalb der Welt des Sexus angesiedelt war, dauert immer noch an, und sie gilt dem Musiker, während sie für den schillernden Rhetoriker Stackelberg lediglich ein Strohfeuer der Bewunderung übrig hatte, wobei sie allerdings mutig zu den Konsequenzen steht, und den sie als sehr schwierigen Ehemann und Vater ihrer Kinder nicht immer, aber meistens geduldig erträgt. – Beethoven konnte diese ausgesprochen komplizierten Umstände kaum sofort realisiert haben und fühlte sich seelisch zunächst tief verletzt, bleibt aber ebenfalls unverändert Josephines »ewig ergebner«.

Die in der Literatur oftmals erscheinende Hypothese, die Beziehung Beethovens zu Josephine sei spätestens 1809 abgestorben, werden von Text und Umständen dieser zwei Briefe widerlegt. Damit entfällt definitiv das Apriori, die Vermutung, die »Unsterbliche« von 1812 könne niemals die »einzig Geliebte« von 1805–1807 sein.

Allerdings war an ein Leben in gegenseitiger physischer Nähe nach wie vor nicht zu denken, aber weil sie, die »Einzige«, aus seinem realen Gesichtsfeld entschwindet, leidet seine Kreativität. Bereits Thayer stellte fest, dass mit dem Jahre 1810 »eine auffallende Abnahme der Produktivität des Komponisten« beginne (TDR Bd. III, S. 198). Angesichts andauernder Kränklichkeit weiß es Beethoven selbst und spricht es auch aus: »lange dörfte es dauren, bis mir auch ein Beßerer Zustand als der jezige, an den vorigen ist nie me[h]r zu denken, entstehen wird (BGA Nr. 423; 4. Februar 1810). Hugo Riemann, der Vollender von Thayers Lebenswerk, deutet dies als »seelische Depressionen« – deren Grund er jedoch nicht kennen konnte. Denn Beethoven schwieg eisern – zumindest nach außen, um Josephines gesellschaftlichen Status und ihr Erziehungsrecht zu schützen. Privat jedoch hinterließ Beethoven von jener großen Beziehung Spuren, wobei viele zerstört oder zurückgehalten wurden. Anton Schindler, Beethovens später Helfer und Dieb, nahm die von ihm aus dem Nachlass entwendeten Konversationshefte teilweise auseinander und veränderte, vernichtete gar, was ihm nicht ins Bild passte (später verkaufte er den verfälschten Torso an die Königliche Bibliothek zu Berlin gegen eine hohe Leibrente). – Die Familie Brunsvik hatte ihre eigenen Gründe, Gras über die Sache wachsen zu lassen (siehe das folgende Kapitel), und ließ deshalb in ihren Archiven nachweislich ebenfalls allerlei verschwinden.

Damit beschädigten beide Seiten, Schindler und die Brunsviks, das Bild Beethovens bis zum heutigen Tag, weshalb die Beethoven-Forschung wegen der Vernichtung der Dokumente außerstande war, die Josephine-Brunsvik-Problematik in ihrer ganzen Tragweite zu erkennen. An die Unvollständigkeit der Quellen gewöhnte man sich, ließ sie doch die schönsten Spekulationen zu und ermöglichte Instrumentalisierungen je nach Zeitgeist und gerade gültiger Kulturideologie. Als nach einem guten Jahrhundert bequemer Stagnation endlich neue Dokumente und etappenweise auch erste Interpretationsergebnisse auftauchten, musste es quasi passieren, dass man sie zunächst als »wissenschaftlich nicht akzeptablen Sensationsjournalismus« abtat.[248] Doch wenn man die Briefe und anderen Quellen beim Wort nimmt und mit den von 1970 bis heute ans Licht getretenen Ergebnissen der Brunsvik-Forschung kombiniert, tritt hier eine unvergleichlich tiefe menschliche Beziehung zutage – die allerdings gravierendste Auswirkungen auf Beethovens Persönlichkeit, gesundheitliche Verfassung und künstlerische Produktivkraft hat. *Warum aber ist ausgerechnet Josephine die »Unsterbliche«?*

Karussell der Kandidatinnen

Während der über einhundertfünfzig Jahre währenden Suche nach der »Unsterblichen« wurden mindestens acht Kandidatinnen diskutiert, wovon jedoch nur zwei den inzwischen feststehenden Termin- und Ortsbedingungen entsprechen können: Josephine von Brunsvik, inzwischen verwitwete Gräfin Deym, wiederverheiratete Baronin Stackelberg auf der einen Seite, und auf der anderen Antonie Brentano, geb. von Birckenstock, seit 1798 Ehefrau des Frankfurter Handelsmannes und späteren Beethoven-Förderers Franz Brentano, Schwägerin von Bettina von Arnim und deren Bruder Clemens Brentano. Bei den sechs anderen Frauen, von denen mindestens eine Beethoven *nie begegnet ist,* ist zu viel Spekulation im Spiel, als dass man sich ihnen mehr als nur summarisch widmen dürfte.[249] Die Frage, welche der beiden ›ernsthaften‹ Kandidatinnen es nun letztlich sei, Josephine oder Antonie, beschäftigte viele Gemüter in einer Weise, die vor allem von einigen amerikanischen Autoren in Form eines Glaubenskrieges angegangen wurde. In Europa plädiert man überwiegend für Josephine Brunsvik – so auch ich. Gemeinsam ist beiden Kandidatinnen, dass sie sich Anfang Juli 1812 in Prag aufgehalten haben mussten – wer dieser Conditio sine qua non nicht genügt, scheidet aus.

Diese Bedingung des Prag-Aufenthalts schien lange Zeit nur Antonie Brentano zu erfüllen, und diese wird von der Mehrzahl der US-amerikanischen Beethoven-Forscher, so auch von Maynard Solomon, als »Unsterbliche« favorisiert. Sie ist eine *äußerst bequeme* Kandidatin, sie hat Beethoven nur zusammen mit ihrem Ehemann, direkt aber keines einzigen Briefes gewürdigt; Beethovens wenige erhaltene Schreiben an sie und ihren Mann sind meist geschäftlichen Inhalts und völlig unverfänglich. Wenn man nun in ihr die Empfängerin des berühmten *Briefes an die unsterbliche Geliebte* sehen will, gibt es keinerlei Interpretationsprobleme und für alle nur Vorteile – abgesehen von dem Nachteil einer sehr geringen Wahrscheinlichkeit. Doch für den, der es glauben mag, ergibt sich daraus eine hochromantische, allerdings nur kurze und völlig folgenlose Liebesstory mit gewaltig wogenden Emotionen, die sich 1813 in wundersamer Weise blitzschnell glätten und in Beethovens Leben nicht die kleinsten dunklen Wolken hinterlassen wird – sodass ihr Mann, der generöse Herr Bankier Brentano – aus amerikanischer Sicht der Gehörnte – sogleich weiter als Beethovens Geldgeber fungieren kann. Diese knackige Dreiecksgeschichte funktioniert jedoch mit Beethoven nicht. Erstens befand sich Antonie in Begleitung ihrer Tochter und ihres Mannes, sodass ein Rendezvous in damaliger Zeit und in den wenigen Stunden in Prag nicht so recht vorstellbar ist, wie schon Tellenbach bemerkte (Tellenbach 1983, S. 35). Zweitens lehnte es Beethoven, wie bereits in Kapitel 11 festgestellt wurde, strikt ab, »in einem andern als Freundschaftlichen Verhältniß mit der Gattin eines andern zu stehn« (BGA Nr. 273), weshalb die Antonie-Theorie schon vor längerer Zeit als »psychologischer Unsinn« bezeichnet wurde.[250]

Der Komponist hat übrigens 1816, vier Jahre nach dem berühmten Brief, sehr deutliche Aussagen gemacht, die Antonie Brentano ausschließen. In einem Schreiben an Ferdinand Ries vom 8. Mai 1816 wünscht Beethoven: »alles schöne an ihre Frau« und fügt ganz unvermittelt hinzu: »Leider habe ich keine, ich fand nur eine, die ich wohl nie besizen werde, bin aber deswegen kein weiberfeind« (BGA Nr. 933). Kommentar dazu von John Klapproth: »Man beachte, dass die Wörter ›wohl nie‹ anzeigen, dass die betreffende Frau 1816 noch potenziell zur Verfügung stand, d. h. sie konnte nicht Antonie Brentano sein, die ja längst weit weg in Frankfurt« lebte,[251] dort mit ihrem Franz glücklich verheiratet und stolze Mutter von vier Kindern war. Eine in die ganz gleiche Richtung gehende Äußerung hatte Beethoven im selben Jahr 1816 gegenüber Fanny Giannattasio getan. Diese berichtet in ihren Erinnerungen von einem Spaziergang mit Beethoven im September 1816, wobei die Frage nach einer möglichen ehelichen Verbindung des Komponisten zur Sprache gekommen sei. Beethoven habe geantwortet, er »liebe unglücklich« und habe »vor fünf Jahren« eine Person kennengelernt, »mit welcher sich näher zu verbinden er für das höchste Glück seines Lebens gehalten hätte. Es sei nicht daran zu denken, fast Unmöglichkeit, eine Chimäre, dennoch ist es jetzt noch wie am ersten Tag. Diese Harmonie [...] habe er noch nicht gefunden!«[252] Das Gespräch dreht sich nur um eine einzige Kandidatin, und nichts davon passt auf Antonie Brentano.

Wenn man den gesamten Zeitraum von 1805 bis 1816 ins Visier nimmt, gibt es immer nur *eine Einzige*. 1805 schreibt er an Josephine als »die einzig Geliebte«, was er ihr bis 1809 noch dreimal wiederholt; 1812 nennt er die »unsterbliche Geliebte« »einziger schaz«, und 1816 gibt es – immer noch – »nur eine«. Um Josephine zu entthronen, müsste man, wie gesagt, Beethoven der Lüge überführen, und das gelänge nur, wenn uns gierigen Antiquaren, Sammlern und Bibliothekaren eine ebenso gewichtige Liebeskorrespondenz mit einer anderen Frau in die Hände geriete. Als Musikantiquar muss ich sagen: Die Wahrscheinlichkeit eines solchen Fundes ist gleich null.

Die Katastrophe und das Treffen in Prag

Wenden wir uns Josephine sogleich wieder zu; sie ist eine hochemotionale und bewunderungswürdig intelligente Frau, aber sie hat auch Schwächen. Auffällig in jenen Jahren ist ihr mangelnder Realitätssinn in Fragen des praktischen Lebens, wie es sich in der Folge zeigen wird. Den bald sich abzeichnenden wirtschaftlichen Ruin des Paares Josephine und Christoph von Stackelberg konnten sie beide nicht verhindern, allerdings sind sie auch nicht alleine dafür verantwortlich: Ihre Schwierigkeiten sind wesentlich mitbedingt durch den Staatsbankrott von 1811, der auch Beethovens Finanzen stark beeinträchtigte. Österreich hatte zusammen mit England den Fünften Koalitionskrieg gegen Frankreich und den Rheinbund verloren. Im Frieden von Schönbrunn wurde die k. k. Monarchie gezwungen, eine Entschädigungssumme von 85 Millionen Francs an Frankreich zu zahlen. Durch diese Verpflichtung wuchsen die Staatsschulden auf gigantische 676 Millionen Gulden an, das machte ein Drittel der gesamten Staatseinnahmen aus. Daher sah sich die Regierung genötigt, am 20. Februar 1811 formell den Staatsbankrott zu erklären und die Zahlungen teilweise einzustellen. Die Banknoten wurden zum 31. Januar 1812 für ungültig erklärt. Bis zu diesem Zeitpunkt konnten sie mit einem Abschlag von achtzig Prozent gegen neue Banknoten eingetauscht werden. Auch die Kupfermünzen verloren vier Fünftel ihres Werts. Die Staatsschulden blieben zwar nominell erhalten; jedoch wurden die vertraglich festgelegten Zinsen um die Hälfte gesenkt. Diese Entlastung war aber nur von kurzer Dauer. Bereits 1812, mit dem Beginn des Sechsten Koalitionskrieges, der sogenannten Befreiungskriege, in denen Österreich an der Seite von England, Preußen, Bayern, Russland und Schweden gegen Napoleon kämpfte, machte das Land abermals Schulden, sodass am 1. Juni 1816 der nächste Staatsbankrott erfolgte.[253]

Diese Finanzlage hatte auch auf Josephine und ihren Ehemann Auswirkungen. Am 22. Mai 1810 hatte Stackelberg einen Vertrag unterzeichnet, mit dem er von einer Gräfin Trauttmansdorff das Gut Witschapp-Lessonitz in Mähren für 200 000 Gulden erwarb – weitestgehend finanziert mit dem Geld aus Josephines Erbe. Dennoch war sie nicht Mitbesitzerin der Ländereien, da sie den Vertrag nicht mitunterschrieben hatte. Trotz einer verbliebenen kleineren Restschuld übernahm das Ehepaar auf Treu und Glauben von Gräfin Trauttmansdorff bereits am 1. Juli 1810 den Landbesitz, um dort eine pädagogische Einrichtung nach dem Vorbild Pestalozzis zu etablieren; Stackelberg hatte ja bereits im zarten Alter von 14 Jahren seinem Bruder, dem später berühmten Altertumsforscher Otto Magnus von Stackelberg, geschworen, »das Gute, Rechte und Wahre [zu] thun wo wir können und wie wir können«, und auch »dem Vaterland in der Erziehung des werdenden Geschlechtes zu dienen« (Tellenbach 1983, S. 89f.). Doch war er Theoretiker nicht imstande, Kindern tätige Zuwendung zu schenken; diese erwarteten Emotion und Liebe, nicht Pedanterie und Tyrannei.

Wegen der mit dem Staatsbankrott einhergehenden Geldentwertung geriet die Gräfin Trauttmansdorff in die Versuchung, Wortbruch zu begehen und auf

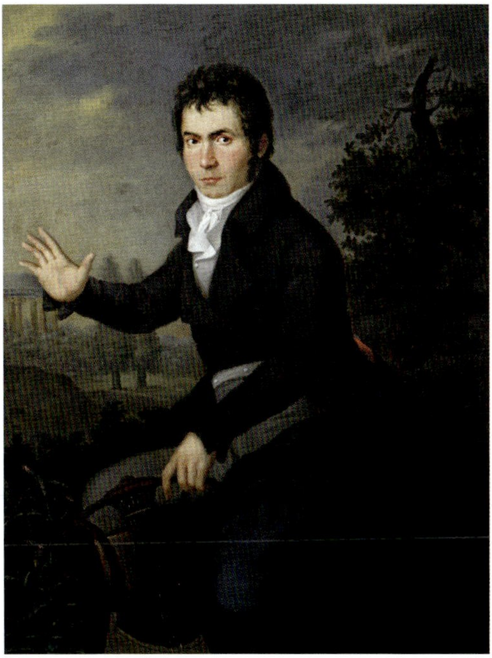

Abb. 1 Beethoven im Jahr 1804. Gemälde von Willibord Joseph Mähler. Erste Lebenskrisen zeichnen das noch jugendliche Gesicht.

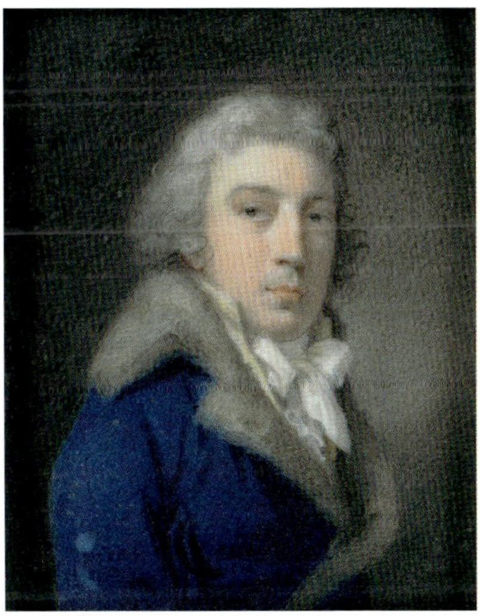

Abb. 2 Fürst Karl Lichnowsky, der große frühe Förderer und Mäzen Beethovens in Wien. Anonyme Miniatur um 1800

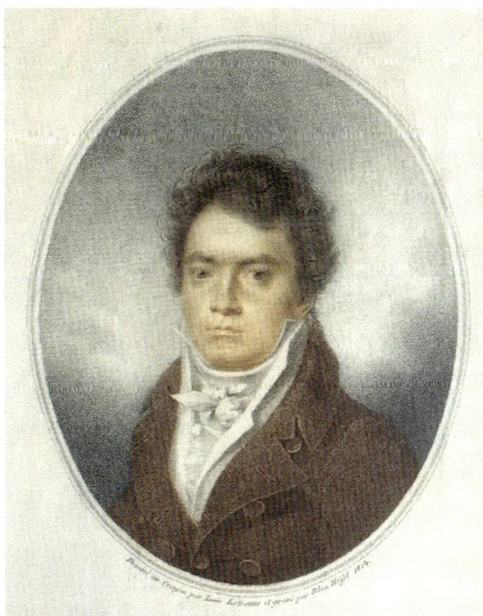

Abb. 3 Beethoven 1814, Farbstich von Blasius Höfel nach einer Zeichnung von Louis Letronne. Man empfand dieses Portrat als besonders naturgetreu, Beethoven schenkte es etlichen Freunden.

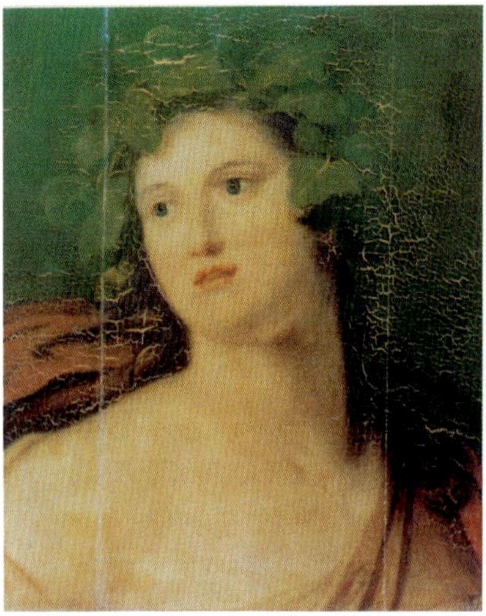

Abb. 4 Unter den Kandidatinnen für Beethovens »Unsterbliche Geliebte« ist Josephine von Brunsvik die wahrscheinlichste. Gemälde, Johann Baptist von Lampi zugeschrieben.

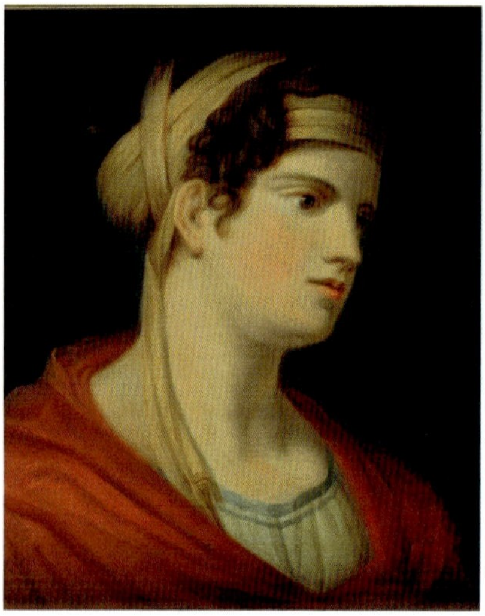

Abb. 5 Therese von Brunsvik, Josephines Schwester, war ebenfalls eine Anwärterin. Ölgemälde von Johann Baptist Lampi d. Ä. Seine beiden Porträts der beiden Gräfinnen Brunsvik dokumentieren deren Begeisterung für die Antike, die sie mit Beethoven teilen.

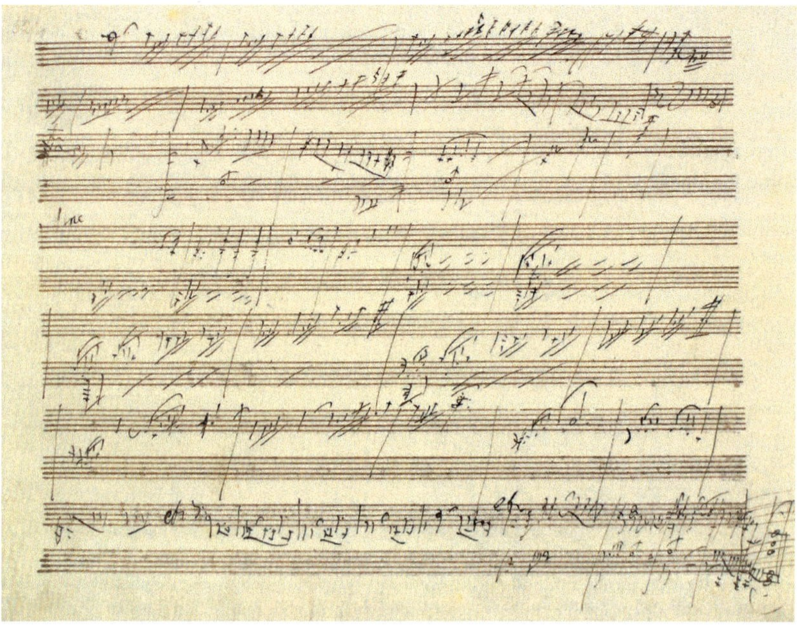

Abb. 6 Giulietta Guicciardi galt in der Forschung früher auch als Kandidatin für die Rolle der »Unsterblichen Geliebten«. Immerhin widmete Beethoven ihr sein op. 27 Nr. 2, die »Mondscheinsonate«. Hier ein bisher unveröffentlichtes Skizzenblatt.

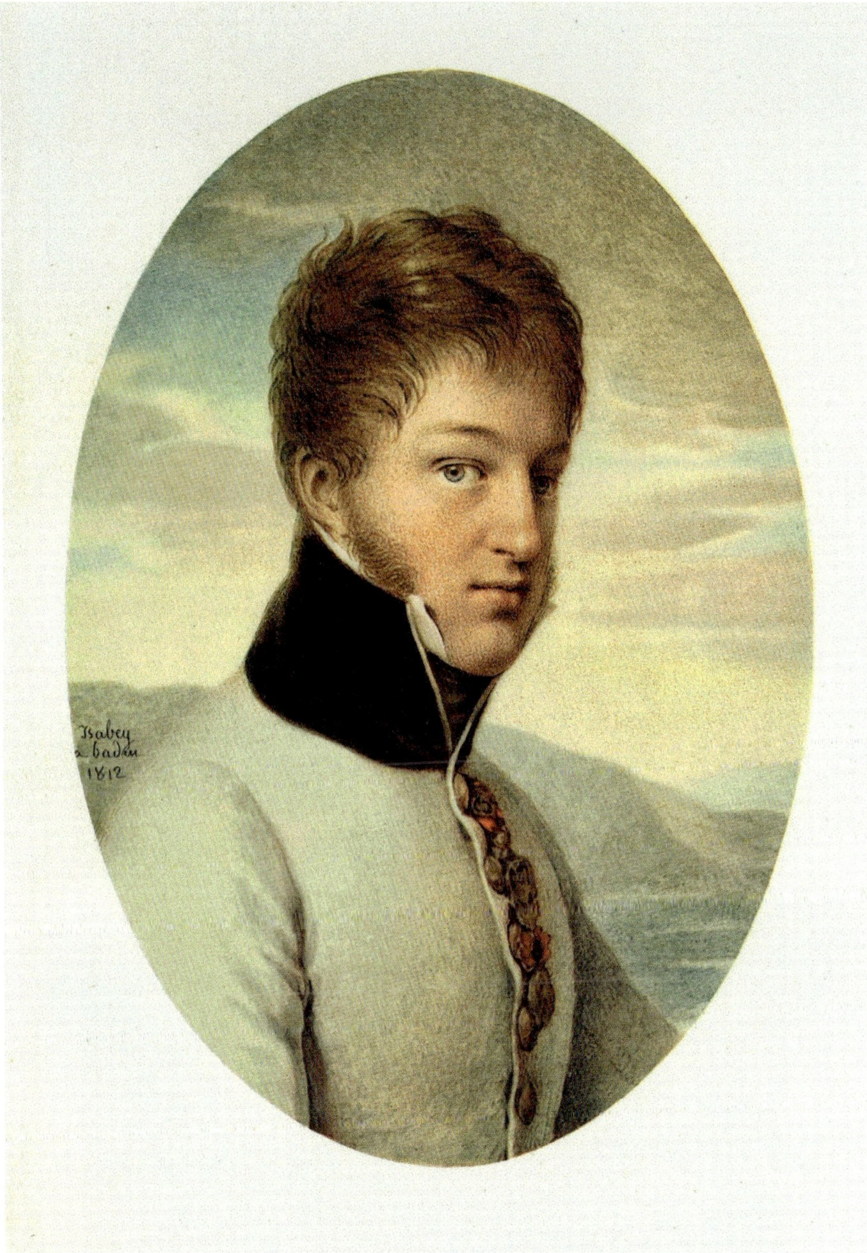

Abb. 7 Rudolph Johann Joseph Rainer, Erzherzog von Österreich, Erzbischof des Erzbistums Olmütz und Kardinal aus dem Hause Habsburg-Lothringen. Als Komponist und Mäzen, vor allem aber als seelenverwandter Freund hatte er für Beethoven eine immense Bedeutung. Lithografie nach einem Aquarell von Jean-Baptiste Isabey.

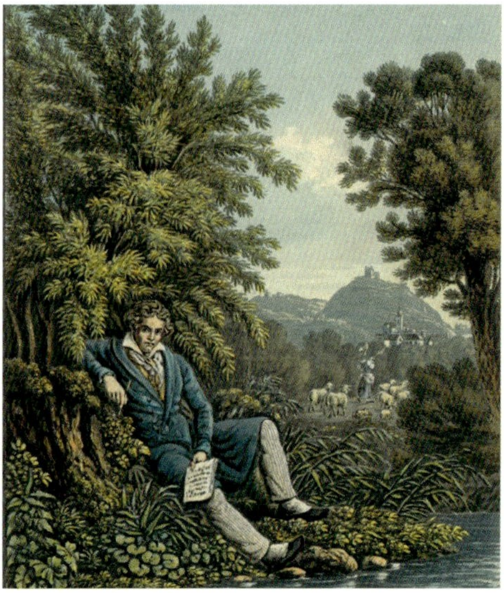

Abb. 8 Kitsch um Beethoven gab es bereits um 1840: Wie er die *Pastorale* komponierte, stellte man sich im Biedermeier und lange danach so vor wie auf dieser berühmten Aquatintaradierung nach einer Zeichnung von Franz Hegi (1839). In idyllischer Natur bei spielenden Schäfchen andächtig auf die Eingebung zu warten – so einfach war's aber nicht.

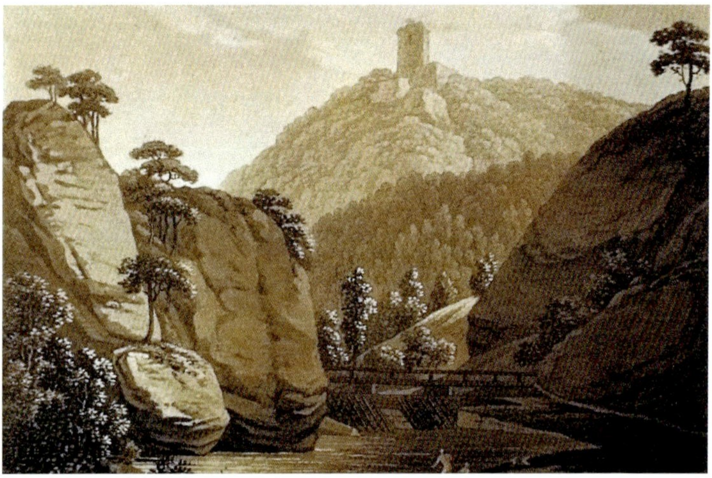

Abb. 9 Die Klause im Helenental, Natur in herber Wildheit. In der Nähe befindet sich heute der »Beethoven-Stein«, der an die zahllosen Wanderungen des Komponisten im Helenental erinnert. Dort leistete er harte Arbeit bei stärkster Konzentration und in hohem Tempo: »Er lief im Dupplirschritt, wie gestachelt« – so Beethovens Freund Ignaz von Seyfried. Aquatinta-Radierung von Christian Haldenwang, 1803.

Basis der noch ausstehenden Restzahlung von ihrem Rückkaufsrecht der Herrschaft Witschapp-Lessonitz Gebrauch zu machen. Stackelbergs Klage dagegen wurde in erster Instanz stattgegeben, in zweiter Instanz jedoch abgewiesen: Er musste das Gut wieder abtreten. Natürlich hätte die Gräfin Trauttmansdorff ihm jetzt die bereits gezahlte Summe zurückerstatten müssen, aber das unterließ sie – merkwürdigerweise haben deshalb weder Stackelberg noch Josephine diesbezüglich irgendwelche Schritte unternommen. Wie Marie-Elisabeth Tellenbach vermutet, mag die Gräfin Dinge über Josephine – vielleicht auch über Beethoven – gewusst und sie zur Erpressung benutzt haben, um die Rückzahlung von fast 200 000 Gulden zu umgehen, auch auf die Gefahr hin, Josephines Familie damit in den finanziellen Ruin zu treiben.[254] So verlor Josephine einen Großteil ihres Vermögens. Auch Beethovens Jahresgehalt von 4000 Gulden reduzierte sich durch den Staatsbankrott und das anschließende sogenannte Finanzpatent sank drastisch auf den Wert von nur noch 800 Papiergulden.

Im Winter 1811/12 wurden die Verhältnisse für Josephine untragbar. Die finanziellen Probleme rissen nicht ab, und die Streitigkeiten zwischen den Eheleuten hörten nicht auf, wie Therese in ihrem Tagebuch festhält. Im März/April musste die Herrschaft Witschapp zurückgegeben werden, und die Familie zog wieder nach Wien. Stackelberg hatte die angekündigten rettenden Gelder aus Russland nicht bekommen; er musste endlose Beschimpfungen seiner Frau aushalten, verfiel in geistige Starre und apathische Untätigkeit – heute würde man möglicherweise eine bipolare affektive Störung (BAS) bei ihm diagnostizieren. Josephine war gezwungen, sich neben der Kindererziehung nun auch um die Verwaltung des Deymschen Anwesens und Museums zu kümmern und kürzte rigoros die Ausgaben ihres Mannes, um ihn zu zu einer ernsthaften Arbeit zu zwingen. Er zog aus und verschwand für sechs Monate, kam wieder, reiste wieder ab, jedoch erst, nachdem sie wegen seiner Untätigkeit die Verantwortung für die Geschäftsführung zurückverlangt und auch teilweise zurückerhalten hatte. Diesmal war Josephine vorsichtig und hielt alle Transaktionen schriftlich fest.

In dieser Situation, in der sie zwar wieder Handlungsspielraum hatte, aber ihre finanziellen Verpflichtungen kaum erfüllen konnte, notiert sie in ihrem Tagebuch den Plan, nach Prag zu reisen, um vom Kaiser die beim Tod ihres ersten Ehemanns versprochene Hilfe einzufordern.[255] Noch wichtiger ist die gerade erwähnte in Schriftform bestehende Vereinbarung der (schon längst getrennt lebenden) Eheleute Stackelberg, die Harry Goldschmidt auf »vermutlich Sommer 1812« datiert und bereits 1977 publiziert hat. Doch verkannte man bisher die besondere Bedeutung des letzten Passus in jenem Vertrag, worin Josephines Plan der Reise nach Prag und nun zusätzlich Karlsbad als Zielort viel konkretere Gestalt annimmt als in der zuvor angesprochenen, erst seit 2007 bekannten Notiz. Wegen der Bedeutung dieses Abschnitts für den Fortgang des Geschehens im Jahr 1812 soll er hier zitiert werden: »Die italiänische Reise und wenn möglich die Karlsbader Reise so wie Equipage u. Reitstunde, weil es für die Gesundheit notdürftig ist – versichert Stackelberg an Josephine, so wie zu der besten Erziehung für die Kinder endlich u. väterlich alles aufzubieten u. beizutragen.«[256] Damit nimmt sie ihren zuvor flüchtigen Gatten ganz schön an die Kandare und bestimmt, wie es weiterzugehen hat. Aus der »italiänischen Reise« scheint nichts geworden zu sein, dafür aber aus der Karlsbader, die ja wegen der Streitigkeiten viel wichtiger geworden war, dann allerdings nur bis Prag ging. Josephine hatte dort 1803/04 mit ihrem ersten Mann, Graf Deym, die letzten Monate seines Lebens geteilt. In Prag wohnte auch dessen Schwester, auf sie konnte Josephine zählen. Bei ihr kam sie oft unter, und diese Gräfin Victoria und ihr Mann, Graf Goltz, werden Josephine bis zu ihrem Tod die Treue halten. Allem Anschein nach hat Josephine auch im Juli 1812, als sie zum Kaiser nach Prag reisen wollte, das Haus ihrer Schwägerin angesteuert, und dieses lag nur wenige Straßen entfernt von Beethovens Herberge im Schwarzen Ross in der Alten Allee (Tellenbach 1983, S. 111).

Man ist also ganz nahe an der Erfüllung der Bedingung, die besagter Joseph Schmidt-Görg, einer der Doyens der Josephine-Forschung, 1956 stellte, um an ihre Identität mit der »unsterblichen Geliebten« glauben zu können: dem Beweis, dass Josephine am 3. Juli 1812 in Prag war. Allerdings blieb Schmidt-Görg, wie Tellenbach richtig anmerkt, die Beweise für das Gegenteil stets schuldig, nämlich dafür, dass Josephine *nicht* in Prag gewesen war oder dass Beethoven dort eine andere getroffen hat (Tellenbach 1983, S. 106). Sachbeweise dafür könnte es gleich mehrere gegeben haben, man denke nur an die zahlreichen Dokumente, die Anton Schindler zurückgehalten und später vernichtet hat. Noch konkreter sind die auffälligen Lücken, die ausgerechnet von Juli 1812 an in den (getrennt vorliegenden) Aufzeichnungen Josephines und ihrer Schwester Therese bestehen. In Josephines Tagebuch sind gar »vier Blätter säuberlich mit einer Schere herausgeschnitten« (Tellenbach 1983, S. 109). Die Berichte gehen erst zwei Monate später wieder weiter. Werden wir die Beweise, die Schmidt-Görg forderte und auf die wir heutigen Beethoven-Forscher so dringend warten, nie mehr in unsere Hände bekommen können?

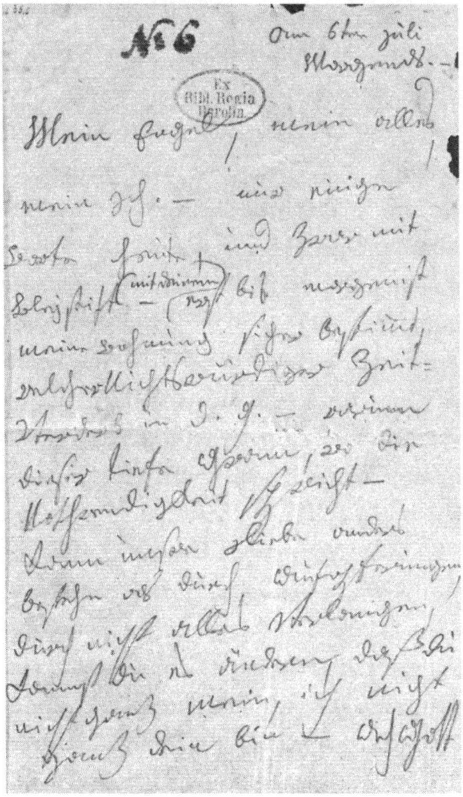

No 6 Am 6ten Juli Morgends. —

Mein Engel, mein alles, mein Ich. — nur einige Worte heute, und zwar mit Bleystift (mit deinem) erst bis morgen ist meine Wohnung sicher bestimmt, welcher Nichtswürdiger Zeitverderb in d. g. — warum dieser tiefe Gram, wo die Nothwendigkeit spricht — kann unsere Liebe anders bestehn als durch Aufopferungen, durch nicht alles verlangen, kannst du es ändern, daß du nicht ganz mein, ich nicht ganz dein bin — Gott

Abb. 42 Ausschnitt aus dem zehnseitigen Brief an die »unsterbliche Geliebte«, der nach Beethovens Tod in seinem Schreibtisch gefunden wurde. Er ist an Josephine gerichtet und stammt aus dem Jahre 1812.

Zum Glück kann man viel Fehlendes aus Beethovens eigenen Dokumenten rekonstruieren. Auf dem Weg zu einem gesundheitlich notwendigen Kuraufenthalt in nordböhmischen Bädern machte Beethoven vom 1. bis 3. Juli 1812 in Prag Station. Aus dem Brief an die »Unsterbliche« ergibt sich, dass er dort höchstwahrscheinlich am 3. Juli abends die Geliebte getroffen hat, ehe er am 4. Juli nach Teplitz weiterreiste. In Prag war er für denselben Abend des 3. Juli mit Karl August Varnhagen von Ense verabredet, zu dem Treffen war es jedoch *durch reinen Zufall* nicht gekommen, wie man aus Beethovens Brief vom 14. Juli an Varnhagen entnehmen kann: »Es war mir leid lieber V. den lezten Abend in Prag nicht mit ihnen zubringen zu können, ich fand es selbst für unanständig, allein

ein Umstand, den ich nicht vorher sehn konnte, hielt mich davon ab [...] *mündlich näher darüber« (BGA Nr. 583; Hervorhebung U. D.).* Ein »Umstand«, über den man lieber mündlich als schriftlich berichtet, könnte die Politik, ein Verbrechen oder eine verheiratete Frau betreffen – aber hier kann es nur Letzteres sein. Ebenso schwer aber wiegt, dass Beethoven auch ein Rendezvous mit seinem Hauptmäzen, dem gerade in Prag befindlichen Erzherzog Rudolph, versäumen musste; dem Brief vom 12. August 1812 an ihn ist zu entnehmen, dass er dies sogleich am nächsten Morgen nachzuholen versuchte, doch da »waren Sie eben die Nacht vorher abgereist« (BGA Nr. 592). Wenn Beethoven gleich zwei derart wichtige Termine verpasste, musste schon etwas ganz Besonderes vorgefallen sein. Deshalb wird allgemein angenommen, dass es sich nur um die unvorhergesehene Begegnung mit der »unsterblichen Geliebten« gehandelt haben kann – dafür spricht der völlig aufgewühlte Ton des kurz darauf entstandenen Briefs an sie. Für ein anderes Ereignis gibt es keine Indizien. Der Brief aber erzählt eine ganze Menge, und in der Buch- und der Literaturwissenschaft ist es schon seit langer Zeit üblich, Text- und Verfasserzuschreibungen auf der Basis philologischer Kriterien zu treffen. Wenn nun ein Philologe wie Schmidt-Görg die Aussagekraft des Wortes überhaupt nicht achtet und stattdessen Sachbeweise fordert, die sogar härteren Kriterien als den in der Kriminologie üblichen genügen sollen, ist das schon erstaunlich.[257] Hoffte er, dass Liebesverhältnisse mit zwei brav aufeinanderfolgenden Frauen, 1804–1807 die erste, 1812 die zweite, Beethovens künstlerisch-männlich-moralischem Titanentum in geringere Gefahr brächten, als nur eine, dafür aber lange präsente Geliebte, deren weibliche Grandeur und Stärke das bürgerlich-brave Beethoven-Bild der 1950er-Jahre vom Sockel fegen konnte? Erklärt sich Maynard Solomons ausdrückliche Vorliebe für die harmlose Antonie Brentano auf ähnliche Weise? Ist es so schwer, Beethoven möglichst ideologiefrei einfach als Menschen mit entsprechenden Verhaltensweisen zu begreifen?

Von der Kraft des Wortes

Eine Beweisarbeit, ausreichend, um Schmidt-Görg zu beeindrucken, wurde eigentlich schon in den 1960er-Jahren von Brigitte Massin geleistet und 1970 veröffentlicht, vielleicht etwas zu spät, um dem 1972 emeritierten Professor noch in die Hände zu gelangen. Massins Ergebnisse sind so einleuchtend, dass sie hier zu rekapitulieren und zu ergänzen sind.[258] Im Folgenden sind links die Auswahlzitate aus dem Josephine-Briefwechsel 1805–1810 angeordnet, rechts stehen die Entsprechungen aus dem *Brief an die unsterbliche Geliebte* von 1812.

Sie sie mein Alles meine Glückseeligkeit ... einzige	*Bleibe mein treuer, einziger Schatz, mein alles*
Meine Erquickung – mein Alles	*Mein Engel, mein alles ...*
Leben sie Wohl Engel meines Herzens	*Engel, eben erfahre ich ...*
Leb wohl Engel – meines Herzens – meines Lebens	*dir – dir – dir – mein Leben, mein alles*
Ihr treuer ...	*dein treuer*
Warum giebt es keine Sprache die das Ausdrücken kann was noch weit über Achtung – weit über alles ist – was wir noch nennen können ...	*die Brust ist voll Dir viel zu sagen – ach – Es gibt Momente, wo ich finde, daß die sprache noch gar nichts ist ...*
Ach Himmel, was mögt ich ihnen noch alles sagen – wie ich an sie denke – was ich für sie fühle – aber wie schwach wie armseelig diese sprache – wenigstens die meinige ...	
Ich habe sie so lieb, als sie mich nicht liebhaben	*wie du mich auch liebst – stärker liebe ich Dich doch ...*
Lange – Lange – Dauer – möge unsre Liebe werden – edel ...	*ist es nicht ein wahres Himmels-Gebäude sie ist so unsre Liebe – aber auch so fest, wie die Veste des Himmels.*
Das meinige [Herz] kann nur – aufhören – für sie zu schlagen – wenn – es gar nicht mehr schlägt ...	*nie eine andre kann mein Herz besizen, nie – nie ...*
Für Sie – immer für Sie – nur Sie – ewig Sie – bis ins Grab nur sie	*ewig Dein ewig mein ewig unß*

Bedarf es weiterer Beweise? Links und rechts: Das richtet sich an dieselbe Person, mit der Beethoven sich identifiziert, so wie sich ein Halbjahrhundert später auf Wagners Theaterbühne Tristan mit Isolde identifiziert. Beethovens Text vom 6. und 7. Juli 1812 ist ein Sturm der Gefühle und stammt von einem, der gerade die tiefste Erfahrung seiner Existenz durchlebt hat. Hier folgen die wesentlichen Auszüge:[259]

»am 6ten Juli Morgends. – Mein Engel, mein alles, mein Ich. – nur einige Worte heute, und zwar mit Bleystift (mit deinem) – [...] Kann unsre Liebe anders bestehn als durch Aufopferungen, durch nicht alles verlangen, kannst du es ändern, daß du nicht ganz mein, ich nicht ganz dein bin – Ach Gott blick in die schöne Natur und beruhige dein Gemüth über das müßende – die Liebe fordert alles und ganz mit Recht, so ist es mir mit dir, dir mit mir – nur vergißt du so leicht, daß ich für mich und für dich leben muß, wären wir ganz vereinigt, du würdest dieses schmerzliche eben so wenig als ich empfinden – [...] – Ach – Es gibt Momente, wo ich finde daß die sprache noch gar nichts ist – erheitre dich – bleibe mein Treuer einziger schaz, mein alles, wie ich dir [...]

Abends Montags am 6ten Juli – Du leidest du mein theuerstes Wesen – [...] Ach, wo ich bin, bist du mit mir, mit mir und dir rede ich mache daß ich mit dir leben kann, welches Leben!!!! so!!!! ohne dich – [...] Demuth des Menschen gegen den Menschen – sie schmerzt mich – und wenn ich mich im Zusammenhang des Universums betrachte, was bin ich und was ist der – den man den Größten nennt – und doch – ist wieder hierin das Göttliche des Menschen – ich weine wenn ich denke daß du erst wahrscheinlich Sonnabends die erste Nachricht von mir erhältst – wie du mich auch liebst – stärker liebe ich dich doch – doch nie verberge dich vor mir – gute Nacht – [...] Ach gott – so nah! so weit! ist es nicht ein wahres HimmelsGebaüde unsre Liebe – aber auch so fest, wie die Veste des Himmels. –

guten Morgen am 7ten Juli – schon im Bette drängen sich die Ideen zu dir meine Unsterbliche Geliebte, hier und da freudig, dann wieder traurig, vom Schicksaale abwartend, ob es unß erhört – leben kann ich entweder nur ganz mit dir oder gar nicht, ja ich habe beschlossen in der Ferne so lange herum zu irren, bis ich in deine Arme fliegen kann, und mich ganz heymathlich bey dir nennen kann, meine Seele von dir umgeben in's Reich der Geister schicken kann – ja leider muß es seyn – du wirst dich fassen um so mehr, da du meine Treue gegen dich kennst, nie eine andre kann mein Herz besizen, nie – nie – O Gott warum sich entfernen müßen, was man so liebt, und doch ist mein Leben in V.[ien] so wie jezt ein kümmerliches Leben – Deine Liebe macht mich zum glücklichsten und zum unglücklichsten zugleich – in meinen Jahren jezt bedürfte ich einiger Einförmigkeit Gleichheit des Lebens – kann diese bey unserm Verhältnisse bestehn? – Engel, [...] sey ruhig, nur durch Ruhiges beschauen unsres Daseyns können wir unsern Zweck zusammen zu leben erreichen – sey ruhig – liebe mich – heute – gestern – Welche Sehnsucht mit Thränen nach dir – dir – dir – mein Leben – mein alles – leb wohl – o liebe mich fort – verken[ne] nie das treuste Herz deines Geliebten L. ewig dein ewig mein ewig unß«

Die hier vorgenommenen Kürzungen betreffen technische Details, die sehr wichtig sind und die Datierung und biografische Einordnung des Briefs ermöglicht haben – man lese sie auf der Internetseite, die in der Anmerkung 259 auf S. 488 angegeben ist. Die Kürzungen helfen jedoch dabei, dieses Schreiben – das man auch als Abfolge von drei Fortsetzungsbriefen betrachten kann – in seiner inneren Struktur nachzuvollziehen. Es handelt sich – trotz des rasanten emotionalen Allegro agitato – um eine strenge Sonatenform mit Exposition, Durchführung, Reprise und Coda. (Ganz am Rand darf hier vermerkt werden, dass Richard Wagner das »Tagesgespräch« im zweiten Akt von *Tristan und Isolde* sowohl inhaltlich als auch formal exakt nach denselben Regeln gestaltet hat.)[260] Der erste Teil exponiert die seelische Einheit, Identität und Verschmelzung der beiden Liebenden, wie sie beide wenige Tage zuvor in der vollsten Totalität erlebt haben. Doch diese Liebe ist trotz der höchsten Erfüllung zu einer gewissen Reserve verdammt, bedingt durch die Lebensmissionen beider Teile des Liebespaares, das heißt, dass sie aufgrund ihrer pädagogisch-familiären Aufgabe rechtlich noch an einen ungeliebten Ehemann gekettet – aber innerlich (auch sexuell) nicht mehr gebunden ist.[261] Der Text »du nicht ganz mein, ich nicht ganz dein« betrifft ihn gleichermaßen wie sie, und zwar mit derselben Zwanghaftigkeit und Unabänderlichkeit. Es ist zwar nicht seine erklärte Absicht, aber wohl doch kein Zufall, dass Beethoven sich lebenslang vornehmlich für verheiratete (oder gebundene) Frauen möglichst aus dem Adelsstand begeisterte. Das bildete – wie bereits erwähnt – stets eine doppelte Schranke, die feste Bindungen verhinderte. Denn es regierte in ihm ein unbezähmbares Verlangen nach Selbstbestimmung und Unabhängigkeit, um jederzeit – Tag und Nacht – ungestört der Kunst widmen zu können, um jederzeit welche Person auch immer zu verlassen oder zu missachten, wenn das Kunstschaffen den Vorrang beanspruchte.[262] Das ist es, was der Komponist mit den Formulierungen »Aufopferungen«, »das müßende« und »durch nicht alles verlangen« meint.

Der zweite Abschnitt ist ein philosophischer Exkurs mit einem pantheistischen Hintergrund, der in strengster Kürze Begriffe wie (die schon zuvor erwähnte)

»Natur« mit »dem Größten« und der relativen Kleinheit des Individuums (»was bin ich«) als »Zusammenhang des Universums« zu einem Lebenshauptzwecke, der »Demuth des Menschen gegen den Menschen«, bündelt. Nur dies erhält »das Göttliche des Menschen«, was er, Beethoven, als den Sinn seines Handelns und seiner Kunst betrachtet. Beethoven ist kein Philosoph und kann derartige Ideen nicht in markante Sätze fassen, er stammelt die Satzfetzen vor sich hin, – *schreit sie einfach aufs Papier* – mit dem Bleistift, den Josephine ihm geschenkt hatte. Doch bereits hier kündigen sich gedanklich – vorerst nur als lose Wortzellen – zwei der größten Musikwerke der Kulturgeschichte an, die *Missa solemnis* und die *Neunte Symphonie.* Solche Gedankensplitter reichten ihm, um in seinen tage-, monate-, gar jahrelang währenden Überlegungen nach den aus den Tiefen seiner Gefühlswelt emporkommenden Notengebilden zu fahnden. Erst diese vermochten dann, die geistige Botschaft des Komponisten durch jene tongebundenen Steinchen in seine Musik hineinzutragen und langsam emporwachsen zu lassen – Musikwerke, die vielen Menschen als die größten des 19. Jahrhunderts gelten.

Der dritte Teil des Briefs ist eine Reprise und artikuliert noch einmal die Einzigartigkeit ihrer Beziehung: »nie eine andre kann mein Herz besizen, nie – nie –«. Im Übergang zur ›musikalischen‹ Coda zieht Beethoven nochmals, fast melodramatisch, alle Register: »Deine Liebe macht mich zum glücklichsten und zum unglücklichsten zugleich«, und in Ermangelung einer seiner Kunst günstigen regelmäßigen Lebensführung ruft er die Geliebte zu erwartungsvoller Ergebenheit auf.

Als Nachtrag zur Vergleichsliste Brigitte Massins sei hier nochmals auf das wichtige, biografisch sogar das wichtigste Briefelement hingewiesen, das, wie gesagt, schon für sich allein genommen für die Identität der Briefempfängerin von 1805–1807 und von 1812 spricht: »Doch nie verberge dich vor mir« – es ist der überdeutliche Hinweis auf Josephines Unentschlossenheit im Jahr 1807, als sie sich Beethoven gegenüber verleugnen ließ, um dem Trennungsverlangen ihrer Familie nachzukommen: »Ich bin nicht wohl – und befinde mich noch übler, weil ich Sie nicht sehen konnte«, hatte er damals geantwortet (BGA Nr. 279).

* * *

Beethoven hat mit niemandem außer Josephine und dem Erzherzog (und ganz gelegentlich mit der Gräfin Erdödy) so tiefsinnige Gedanken geteilt wie in den hier zitierten Briefen. Dazu brauchte es die unverbrüchliche, aber doch so gefährliche Liebe Josephines; und nach ihrem allmählichen Wandel zur »fernen Geliebten« bedurfte es des kunstpraktischen wie kunstphilosophischen Umgangs mit der Ausnahmepersönlichkeit Erzherzog Rudolphs von Österreich, um einen musikalisch fruchtbaren Gedankenfundus für Beethovens Kunst entstehen zu lassen. Dies ist schwer nachzuvollziehen, weshalb hier die diesbezüglich angedeuteten Argumente des ersten Kapitels weiterzuentwickeln sind.

Beethoven war ein intensiver Leser, er schätzte auch fordernde Lektüre, aber Derartiges bleibt bei einem 19-karätigen Emotionalkünstler in der Distanz des Unanschaulichen. Wie gesagt: Ich konnte keinerlei *von ihm selbst stammende, eigenhändig vermittelte* Hinweise auf eine direkte und konkrete philosophische Werkinspiration finden.[263] Sicher besprach er seine Lektüre mit seinen wichtigsten Diskussionspartnern. Aber es drängt sich die Vermutung auf, dass Lektüre für ihn nicht auf direktem Weg, sondern erst in der *viel reicheren Vermittlung des Gesprächs mit Bezugspersonen* emotional wirksam werden konnte, um Kunstprozesse einzuleiten oder zu befruchten. Das auf S. 111 mitgeteilte Shakespeare-Erlebnis bestätigt diesen Vorgang: Nicht schon die Kenntnis des englischen Dramas, sondern erst die im Zuge der Freundschaft mit Carl Amenda aufsteigenden Emotionen machten es möglich, dass *Romeo und Julia* Beethovens Inspiration entfachten. In die gleiche Richtung weist eine Briefstelle in der Korrespondenz mit dem Erzherzog aus etwas späterer Zeit, in der nicht mehr von Unterricht die Rede ist, sondern ausgerechnet von »Kunst-Betrachtungen u. -Ausübungen« (BGA Nr. 1717; Juli 1823). Worüber dabei gesprochen wurde, kann man vereinzelt in der Korrespondenz nachvollziehen. So schreibt Beethoven am 29. Juli 1819 und im Juli/August 1821 an den Erzherzog:

> *»Allein Freyheit, weiter gehn ist in der Kunstwelt, wie in der ganzen großen schöpfung, zweck, u. sind wir neueren noch nicht ganz so weit, als unsere altvordern in Festigkeit, So hat doch die verfeinerung unsrer Sitten auch manches erweitert, meinem erhabnen Musik Zögling, selbst nun schon mitstreiter um die Lorbeern des ruhms, darf Einseitigkeit nicht vorwurf werden, et iterum venturus judicare Vivos – et mortuos«* (BGA Nr. 1318).

Oder:

> *»Höheres gibt es nichts, als der Gottheit sich mehr als andere Menschen nähern, u. von hier aus die strahlen der Gottheit unter das Menschengeschlecht verbreiten.« (BGA Nr. 1438)*

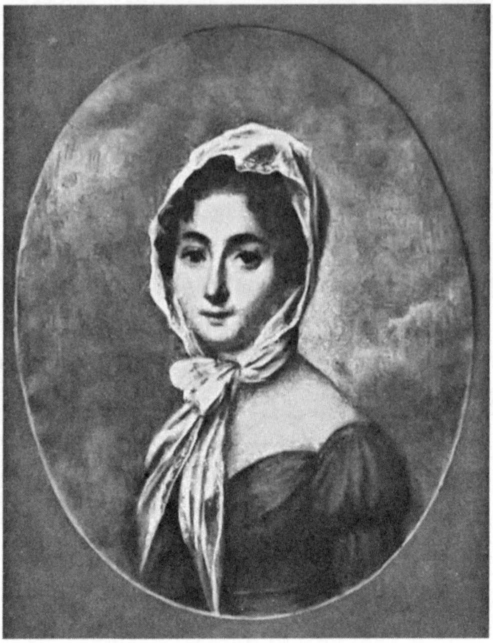

Abb. 43 Josephine von Brunsvik-Deym. Spätes Porträt, vielleicht aus der Zeit, da Beethoven ihr den »Brief an die Unsterbliche Geliebte« schrieb.

Wie gut passt da das Geständnis an Josephine, das hier ein weiteres Mal zitiert werden muss:

> *»Wenn ich mich im Zusammenhang des Universums betrachte, was bin ich und was ist der – den man den Größten nennt – und doch – ist wieder hierin das Göttliche des Menschen.«*

Dies möge zum Verständnis ausreichen, wie der *persönlich vermittelte und persönlich ›animierte‹ Gedankenaustausch* dem Nicht-Philosophen Beethoven die geistige Grundlage vermitteln konnte, von der so viele seiner Werke zehren. Dies darzustellen ist eine der Hauptaufgaben des hier vorliegenden Buchs – und auch willkommener Anlass, die Personen, denen Beethoven dies verdankt, entsprechend zu würdigen. Dabei können wir die Heldin des Kapitels, Josephine, noch nicht entlassen; man wird erfahren müssen, wie sehr sie eine nicht nur gefährdete, sondern auch eine gefahrvolle Frau war.

Teil Drei

Riss im ›zweiten‹ Leben und das Los der Taubheit (1813–1827)

Die Familiendramen und die Allmacht des Geistes

Abb. 44 Ab 1818 reichen Hörrohre nicht mehr. Zur Kommunikation benutzt Beethoven Konversationshefte. Von den etwa 400 beschriebenen sind aber nur knapp 140 überliefert. Manchmal tauchen einzelne Blätter aus den vermissten Heften im Handel auf, so, wie das hier erstmals abgebildete, das aus dem Jahr 1826 stammt. In seiner wilden Mischung von Kunst und Alltag ist es typisch für die Konversationshefte.

Links: Gedankensplitter zu einem Brief zwecks Drucklegung des Streichquartetts op. 127. *Rechts:* die Einkaufsliste für den Krämer Kröger, der „Limburger Käse“ anbietet.

18

1813, das Jahr der großen Katastrophe

Minona, Josephines Tochter – und Beethovens Kind?

Maynard Solomon charakterisiert das Jahr 1813 als das der großen Katastrophe: »Um die Mitte des Jahres 1813 befand sich Beethoven in einem Zustand geistiger und körperlicher Verstörtheit, der sein musikalisches Schaffen völlig zum Erliegen brachte. Im Jahr 1813 gelang ihm kein einziges bedeutendes Werk, im Grunde komponierte er in den ersten sieben Monaten des Jahres überhaupt nicht mehr.« Der erste Satz stimmt, der zweite ist unrichtig, wie auch die mitgelieferte Erklärung: »Die Trauerarbeit um seine Geliebte war noch nicht abgeschlossen.«[264] Das bezieht sich auf das Prager Abenteuer vom 3. Juli 1812 mit der »Unsterblichen Geliebten«, doch Solomon täuscht sich, Beethoven hatte Ende des Jahres 1812 einen Strich unter dieses Erlebnis gezogen: »Ergebenheit, innigste Ergebenheit in dein Schicksal! Nur diese kann dir die Opfer zu dem Dienstgeschäft geben. O harter Kampf!« (BTB, S. 39). Mit solchen Gedanken, die er seinem Tagebuch anvertraute, stellte er das Komponieren (den »Dienst«) über jegliche Privatsorge und nahm die Arbeit an der 8. Sinfonie wieder auf, die er bis April 1813 vollendete. Die darin (zumindest vordergründig) vorherrschende Heiterkeit und Lebensfreude kontrastieren zwar maximal mit der Stimmung des Komponisten, doch beeinträchtigt dies in keiner Weise die Bedeutung des Werkes. Es trennt wirkungsvoll die Probleme von 1812 – von den noch größeren Sorgen des Folgejahres. Aber worin bestanden diese Schwierigkeiten?

Um es vorneweg zu sagen: Obwohl die Katastrophe gewaltig gewesen sein muss und sich ihre Ausläufer bis in die Konversationshefte des Jahres 1820 fortsetzen, sind die Gründe *im Sinne unumstößlicher Fakten* mit letzter Bestimmtheit bis heute, wenn überhaupt, nur sehr schwer zuaufzuspüren, weshalb die meisten Biografen für 1813 wenig Konsistentes bieten. Der früheste in diesem Fach, Anton Schindler, munkelt dramatisch, aber möglichst vage über das »Schicksal«, das 1813 »um das Haupt unseres Helden einen so festen Knoten geschlungen zu haben scheint, den vollständig zu lösen ihm niemals wieder gelungen ist.« (Schindler 3/1860, S. 323)[265] Um so etwas zu schreiben, musste Schindler sehr viel gewusst haben, viel mehr, als er der Nachwelt berichtete – allerdings hat er die offensichtlich *äußerst gravierenden* Probleme, die selbst für Beethoven unlösbar waren, erst nach dessen Tod erfahren. Darüber wird Schindler an derselben Stelle präziser und schreibt, dass er auch über den finanziellen Einbruch von 1813 »durch den Meister selber bekannt gemacht« worden sei. »Jedoch über dessen Ursprung, wie auch über andere in seine verschiedenen Verhältnisse tief einschneidende Einzelheiten jenes Unglücksjahres [1813]« sei er erst bei seinem »längeren Aufenthalte zu Frankfurt am Main vergewissert worden«. Dort hatte er ab 1848 Umgang mit Antonie und Franz Brentano, die Beethoven bald nach dem ominösen 3. Juli 1812 in Karlsbad getroffen hatte und die von ihrem Freund möglicherweise einiges dessen erfahren hatten, was in Prag vorgefallen war. Die »anderen Einzelheiten«, die Schindler in Frankfurt herausgefunden haben will, seien eben gerade »ungleich zarterer Natur«, die er »nicht ohne Widerstreben« berühre – aber Josephine von Brunsvik kommt in seiner ganzen Beethoven-Biografie *nicht ein einziges Mal* vor.

Das ist sehr verdächtig, denn es handelt sich ja um eine Person, die mit Beethoven von 1799 bis mindestens 1816 in zumeist intensivem Kontakt stand. Doch bei Schindler scheint alles »Zartere« nur einen Zweck zu erfüllen: den Lesern Sand in die Augen zu streuen mit mageren Love-Stories, die zum Teil unwahr sind. So seine Darstellung der »Unsterblichen« in der 1. Auflage seiner Beethoven-Biografie (1840), worin er behauptet, der berühmte Brief sei an Julie Guicciardi gerichtet. Therese Brunsvik, Josephines Schwester, las das höchst ungläubig und vermerkte in ihrem Tagebuch: »3 Briefe Beethovens, an Giulietta, sie werden wohl an Josephine sein die er leidenschaftlich geliebt hat.«[266] *Therese Brunsvik wusste also Bescheid*, aber genau wie Beethoven schwieg auch sie, um ihre Schwester zu schützen. Zum Teil auch vor ihrem eigenen Bruder, dem regierenden Grafen Franz, Duz-Freund Beethovens, der allerdings nach dessen Tod alles daransetzte, um das Andenken an seine ›unziemliche‹, 1821 verstorbene Schwester Josephine zu zerstören.[267] Bereits Thayer unterstellte Franz von Brunsvik, Beethovens nach 1814 an ihn gerichtete Briefe vernichtet zu haben, weil wohl »in ihnen ein Geheimnis zu bewahren war« (TDR Bd. III, S. 158).

Dass Schindler sich trotz seiner Beethoven-Verehrung in dieses Vernichtungsspiel hineinziehen ließ, liegt einerseits an seiner schwachen Persönlichkeit und andererseits an der Dankbarkeit, die er Franz von Brunsvik schuldete. Dieser hatte ihm in seiner schwierigen Lebenslage nach Beethovens Tod die Aufnahme in Budapest von Herbst 1827 bis Frühjahr 1829 ermöglicht. Erhielt er damals die Anweisung, das ›Problem Josephine‹ totzuschweigen? Das folgert Marie-Elisabeth Tellenbach auf der Basis der genauen Kenntnis der Familie Brunsvik und aus einer Anmerkung Schindlers von 1852, worin er behauptete, er habe noch »viele Materialien von großer Wichtigkeit, die ich in der Biographie aus Gründen (sic) nicht benützt habe«.[268] Vielleicht nahm Schindler schon damals, 1827–29 in Budapest, die beklagenswerte Verstümmelung und Veränderung des Bestandes an den Konversationsheften vor, die er unrechtmäßig an sich gebracht hatte und woraus insbesondere die Bände eines für Beethoven äußerst kritischen Jahres, 1821, gänzlich verschwunden sind, Josephines Todesjahr.

* * *

Schindler ist absolut unergiebig, wenn man wissen will, was 1813 geschah, und das ist fatal, weil ein sehr großer Teil der Primärquellen zu Beethovens Leben durch seine Hände gegangen ist. Deshalb haben sich viele Biografen damit beholfen, fast das ganze Kalenderjahr im Hinblick auf ein einziges Ereignis zu betrachten – aber das findet erst im Dezember statt und hat keinerlei Bezug zu den Alarmzeichen des Frühjahrs und den Stürmen des Sommers.[269] Am 8. Dezember 1813 fand nämlich die Uraufführung von *Wellingtons Sieg oder Die Schlacht bei Vittoria* mit einem für damalige Verhältnisse ungewöhnlichen Getöse statt, musikalisch ist das Stück ein Monstrum, das innerhalb von Beethovens Werk eigentlich schon aus sich heraus von tiefster Seelenkrankheit zeugt. Doch ausgerechnet dieses für ihn atypische und schreckliche »orchestrierte Schlachtengetümmel« wurde – allein wegen seines vaterländisch-antinapoleonischen Inhalts – zum größten Erfolgserlebnis in Beethovens gesamtem Leben! Die berühmtesten Musiker saßen im Orchester, im Publikum sah man Wiens Crème de la Crème – doch auf der Bühne spielte man ein »Monument der Trivialität« (nochmals Solomon).[270] Jubel und Lärm übertönten das seelische Leiden des Komponisten.

So überspringen die Biografen virtuos das ›schwarze Loch‹, eine offenbar unbekannte Gefahr, die Beethoven dazu bringt, am 8. April 1813 an den Konzertveranstalter Joseph von Varena nach Graz zu schreiben: *»Leider wird Vien* [Wien] *nicht mehr mein Aufenthalt bleiben können – vielleicht ist es jezt schon zu spät«* (BGA Nr. 663). Was ist denn da zu spät? Warum soll er Wien verlassen?[271]

In seinem Tagebuch klagt Beethoven am 13. Mai 1813: »O schreckliche Umstände« (BTb, S. 41). Am 27. Mai legt er in einem weiteren Brief an Varena nach und fragt sich, »ob ich nicht bald als Landesflüchtiger von hier fort muß« (BGA Nr. 652). – An Erzherzog Rudolph schreibt er am selben Tag: »So viele aufeinander gefolgte fatale Begebenheiten [haben] mich wirklich in einen beinahe verwirrten Zustand versetzt« (BGA Nr. 656). Im Sommer desselben Jahres soll er im Garten der Gräfin Erdödy in Jedlesee bei Wien einen Selbstmordversuch unternommen haben, den Schindler überliefert und mit Liebeskummer um die »Unsterbliche Geliebte« in Verbindung bringt.[272] Maynard Solomon übernimmt diese Geschichte, korrigiert aber die von Thayer bereits widerlegte Datierung Schindlers (1803) auf »das Frühjahr oder den Sommer 1813«, was wesentlich plausibler erscheint.[273] Aus eben diesen Monaten stammt auch ein Bericht der Klavierbauer Nannette und Andreas Streicher, die Beethoven Ende Mai 1813 in Baden bei Wien in körperlich wie auch im »Gemüth« in völlig »verwahrlostem Zustande« angetroffen hatten.[274]

Beethoven, der nicht allzu lange davor noch des Hochadels in Schönbrunn adrett gekleideter Lieblingskomponist gewesen war, steckte nun in einer tiefen Depression.

Verstehensstrategien

Es gibt nun zwei Möglichkeiten: Wenn man Spekulationen fürchtet und vermeiden will, müsste man das Jahr 1813 in dem Nebel belassen, der seit mehr als zwei Jahrhunderten die meisten Monate jenes Jahres mit dichten Schwaden einhüllt; dann blieben nur die vagen Vermutungen, all das Unheil hänge noch mit den Ereignissen in Prag im Sommer 1812 zusammen. Das reicht in zweierlei Weise nicht, um den Dingen gerecht zu werden: Einerseits sind in den letzten Jahren um die altbekannten Fakten herum derart viele Hinweise auf parallele und gegenläufige biografische Vorkommnisse aufgetaucht, dass man sie nicht unbeachtet lassen darf. Andererseits erscheinen diese Elemente so wenig zusammenzupassen, dass es schwer wird, ›Ordnung‹ zu schaffen und vor allem einen Sinn herauszudestillieren. Denn die Reisepläne, die Beethoven gegenüber Varena erwähnt, sind missverständlich und doppeldeutig. Zu jener Zeit aktenkundig ist sein Wunsch, die Verlagskontakte nach England zu intensivieren und um Konzertaktivitäten zu erweitern, aber alle Versuche verlaufen wegen undramatischer ganz alltäglicher Dinge im Sand und erklären durch nichts die »schrecklichen Umstände« und die vielen Zeichen von Kummer und Sorge. Andererseits haben die Herausgeber der Briefe Beethovens (BGA) dessen ebenso dramatisch erscheinende, ebenfalls gegenüber Varena geäußerte Befürchtung, er werde ein »Landesflüchtiger«, mit den damaligen Rentenproblemen in Verbindung gebracht.[275] Das ist jedoch nicht einleuchtend; das adäquate Mittel gegen verspätet eingehende Gehaltszahlungen waren auch damals Verhandlungen und Juristenmühen; laut den Bestimmungen des Rentenvertrages hätte eine solche Flucht die Nichtzahlungen sogar gerechtfertigt.

Wir besitzen also keine Erklärung für Beethovens panikartige Gefühle. Alles beim ›Alten‹ und den Komponisten in historisches Dunkel gehüllt zu lassen, würde bedeuten, vor der in der ersten Hälfte des 19. Jahrhunderts begangenen Unterschlagung und Verfälschung von Beethoven-Primärquellen zu kapitulieren und den Verschleierungsmanövern der Familie Brunsvik und Schindlers den Sieg zu überlassen. Über die Fragen um die Kontakte nach England und seine Rente hinaus muss es eine Reihe von Entwicklungen gegeben haben, die Beethoven zeitweise eine *Flucht aus Wien* in Erwägung ziehen ließen. Die Brunsvik-Stackelberg-Forschungen der jüngeren Zeit ermöglichen es uns, eine Reihe von bisher nicht in einen eindeutigen Sinnzusammenhang zu stellenden Aussagen Beethovens zu erklären. Versuchen wir, diese Erkenntnisse mit den ›alten Ungewissheiten‹ der vorangegangenen Generationen zu verbinden.

Beethoven und sein Neffe Karl
Die Ausgangssituation

Zu den *alten Gewissheiten* zählt, dass Beethoven am 12. April 1813 von seinem Bruder Kasper Karl eine schriftliche Versicherung erhält, mit der dem älteren Bruder Ludwig die Anwartschaft angetragen wird, nach Kaspar Karls Tod die Vormundschaft für dessen Sohn Karl (Junior), den später berühmten *Neffen Karl*, zu übernehmen. Der jüngere Bruder war an Tuberkulose erkrankt. Ludwig gab ihm am 12. April einen Kredit, womit Kaspar Karl sich eine gute Behandlung leisten und noch zweieinhalb Jahre leben konnte. Die Eile bei der Übertragung der Anwartschaft verwundert, da Kaspar Karls Frau Johanna ohne einen männlichen Mitvormund die Vormundschaft über den Sohn ohnehin nicht hätte ausüben können, weshalb Ludwig als dessen älterer Bruder automatisch dazu herangezogen worden wäre.

Diese Hast lässt sich jedoch erklären, wenn man eine der *neuen Gewissheiten* auf eventuelle Querbezüge hin untersucht: Josephine von Stackelberg, verwitwete Brunsvik, hatte vier Tage vor jenem zwölften April, also am achten, das siebte Kind, ihr Töchterchen Minona, zur Welt gebracht. Haben diese beiden Ereignisse etwas mit einander zu tun, oder handelt es sich um eine zufällige Koinzidenz? Der 8. April liegt fast auf den Tag genau neun Monate nach Beethovens Treffen mit der »Unsterblichen Geliebten« in Prag am 3. Juli 1812. Daher die schon vor fünfzig Jahren von einigen Forschern formulierte Vermutung, Minona sei Beethovens Tochter: Ihr Name sei zu ausgefallen, denn »Minona« ist das Anagramm von »Anonim«. Irgendetwas an dem Mädchen war obskur oder sollte vom Beginn an unklar bleiben. Doch man erinnere sich: Wenige Tage nach der mutmaßlichen Zufallsbegegnung in Prag, genauer am 6./7. Juli 1812, hatte Beethoven, inzwischen in Teplitz in Böhmen, den ominösen Brief an die »Unsterbliche« geschrieben.

Aus mehrfacher Erfahrung wohl wissend, wie schnell sie schwanger werden konnte, muss Josephine am Tag nach Beethovens Abreise in Panik geraten sein und ihre Pläne geändert haben. Anstatt dem Kaiser nach Karlsbad hinterherzureisen, um sich seiner Unterstützung zu versichern, kehrte sie eilig nach Wien zurück und nahm die eheliche Gemeinschaft mit Stackelberg wieder auf, der sich tatsächlich schon bald am Ergebnis des wiedergefundenen häuslichen Friedens erfreuen durfte: an einer erneuten Schwangerschaft seiner Frau. Josephines Rechnung schien aufzugehen, denn ihr ältester Sohn Fritz wird später in seinem Tagebuch erwähnen, wie sehr sich die familiäre Stimmung gebessert hatte.[276] Dass Minona den anderen Stackelberg-Töchtern überhaupt nicht ähnelte, sollte sich ja erst 1819 erweisen.

Und Beethoven litt derweilen unablässig. Das Tagebuch, dem er sich seit 1812 immer wieder anvertraut, enthält Notizen, die bisher zusammenhanglos und unverständlich erschienen – sie passen weder auf die gescheiterten Englandpläne noch auf die Rentenprobleme, die wenigen dunklen Punkte im Jahr 1813, die schon immer bekannt waren. Gleich die ersten 28 Zeilen des Tagebuchs erscheinen fast konfus, denn die darin enthaltenen vier Elemente sind sehr schwer in Bezug zueinander zu setzen. Die erste, zweite und vierte Passage (die Zeilen 1-15, 15-16 und 20-28) sind jeweils dem Thema »Unsterbliche« zuzurechnen. Es ist ein Lamento auf Ergebenheit, Kampf und Verzicht: »o Gott! Gib mir Kraft, mich zu besiegen, mich darf ja nichts an das Leben fesseln« (BTB, S. 39). Ist Beethoven wieder lebensmüde? Was aber besagt dann der unvermittelte Satz: »Auf diese Art mit A. geht alles zu Grunde.« Dieses »A.« wird vom Herausgeber Solomon auf den Namen der »Unsterblichen Geliebten« bezogen, was zunächst durchaus sinnvoll erscheinen mag. Deshalb hat man auf der Suche nach der unbekannten Geliebten die Liste der damals bekannten Wiener Schönheiten auf mit »A« beginnende Namen hin durchforstet und ist auf allerlei kuriose neue Vorschläge gekommen, die zwar den Unterhaltungsfaktor der neueren Beethoven-Literatur gesteigert, bisher aber nicht zu einer Lösung des Rätsels geführt haben.

Rita Steblin hat kürzlich eine neue Lesart vorgeschlagen, mit dem Hinweis, dass das »Tagebuch« original ja nur in wenigen Bruchstücken, ansonsten aber in drei ziemlich glaubwürdigen Abschriften überliefert ist, die jedoch öfter an Falschlesungen von Beethovens oft problematischer Schrift kranken. So weist sie graphologisch nach, dass »A«, »H« und »St« in Beethovens Privatformen der Buchstaben in deutscher Schrift absolut gleich aussehen können. Sie schlägt deshalb vor, das angebliche »A« durch ein »St« zu ersetzen und die fragliche Textstelle folgendermaßen zu lesen: »Auf diese Weise mit St[ackelberg] geht alles zu Grunde.«[277] Dies würde bedeuten, dass Beethoven von seiner möglichen Vaterschaft wusste; die brieflich gegenüber Varena geäußerte ›Landesflucht‹ macht plötzlich Sinn; Tellenbach sieht darin einen Hinweis, dass Beethoven, sollte er als möglicher Vater der kleinen Minona »ruchbar« werden, ein Duell mit Stackelberg zu befürchten hatte, und dem konnte er sich nur durch Flucht entziehen (Tellenbach 1983, S. 118).

Deshalb durfte Beethoven weder zur Mutter noch zum Kind Kontakt haben, er hätte sonst Stackelberg misstrauisch gemacht und so Josephines virtuos inszenierte Rettung zerstört.[278] Auch diese Interpretation wird durch Beethovens Tagebuch gestützt, in dem nach »geht alles zu Grunde« ein Satz folgt, der bisher wegen scheinbarer Zusammenhanglosigkeit nie beachtet worden ist. Da dieser Satz eher aus einem Lehrbuch der Musiktheorie stammen könnte, wirkt er sinnlos und wie ein Fremdkörper: »Die genaue Zusammenhaltung mehrerer Stimmen hindert im Großen das Fortschreiten einer zur andern«. Wären Beethoven einerseits und Josephine-Minona andererseits Stimmen in einer Fugenkomposition, deren Zweck in der gesellschaftlichen Sicherheit aller Beteiligten liegen dürfte, dann sollten die Beteiligten einander niemals begegnen – denn der Kontakt wäre eine Bedrohung ihrer Sicherheit. Versteht man das Ganze als musiktheoretische Parabel, erhält das bisher Unverständliche eine konkrete

Bedeutung, denn in dieser Lesart ergibt der folgende Tagebuchtext plötzlich einen einleuchtenden Sinn:

> »*Eine große Handlung, welche seyn kann zu unterlassen und so zu bleiben – O welcher Unterschied gegen ein unbeflissenes Leben, welches sich in mir so oft abbildete – o schreckliche Umstände, die mein Gefühl für Häuslichkeit nicht unterdrücken, aber deren Ausübung, o Gott, Gott, sieh' auf den unglücklichen B.[eethoven] herab, laß es nicht länger so dauern –*« (BTB, S. 40f.).

Was meint Beethoven damit? Man interpretiere die *große Handlung*, die entweder zu unternehmen – oder zu unterlassen sei, als Überlegungen, wie er mit seiner möglichen Vaterschaft umzugehen habe. Sein *Gefühl für Häuslichkeit* müsste ihn eigentlich dazu veranlassen, seine Rechte als Vater öffentlich einzufordern, doch die notwendige Rücksicht auf Josephine und seine noch keineswegs erkaltete Liebe zu ihr *unterdrücken die Ausübung* jeglicher Häuslichkeit und stoßen ihn zurück in ein *unbeflissenes Leben*, wobei anzunehmen ist, dass Beethoven mit einem *beflissenen Leben* das glückliche, liebevolle Miteinander einer Familie meint.

Er wird das *unbeflissene Leben* wählen und Josephine schützen, doch als er diese aufgewühlten Sätze zu Papier bringt, ist der Kampf noch nicht ausgefochten, und wir erleben staunend den Komponisten in der schwierigsten Situation seines Lebens, das für ihn nun vollständig zum Jammertal geworden ist. Es gibt Anhaltspunkte dafür, dass Beethoven versucht haben könnte, Minona damals in Hacking bei Wien zu besuchen, aber beweisen lässt sich dies zur Zeit noch nicht.[279]

In diesem Sinne wandelt sich im Verlauf des Jahres 1813 die *Unsterbliche Geliebte* allein durch die gefahrvolle Situation in die *Ferne Geliebte*, als die Beethoven sie weiterhin besingt[280] – aber er komponiert über eine Mauer hinweg, die sich zwischen ihnen aufgerichtet hat – oder von anderen zwischen ihnen aufgerichtet wird. Den Gedanken an ein Familienleben *mit Josephine* gibt Beethoven auf – nicht aber das Prinzip des Familienlebens an sich, er betrachtet es als ein Projekt, das sich in anderer Konstellation realisieren ließe. Das zumindest lässt sich aus der zeitlichen Nähe von Minonas Geburt und dem nur vier Tage später zum Ausdruck gebrachten Ansinnen an den jüngeren Bruder ableiten: der Wunsch, ihn, Beethoven, zum Vormund des Sohnes Karl zu bestellen. In diesem Sinne äußert sich Beethoven damals nicht; bereits Baron Trémont wies 1809 auf seine vorbildliche Diskretion hin.[281]

Spätere Bezüge auf 1813

Doch ab 1819 hielt Beethoven die Diskretion nicht mehr so konsequent durch. In einem Gespräch in den Januartagen des Jahres 1820 mit dem zukünftigen Mitvormund seines Neffen Karl, Hofrat Karl Peters, trägt der Komponist in einem Konversationsheft Folgendes eigenhändig ein:

> *Einen einzigen Fehler begieng ich, aber sowenig man einem vater (u. das war ich u. bin ich) seine Kinder wegnimmt, wenn ein versehn in einem Erziehungs Hauß vor sich geht* [...] *so wenig hoffe* [ich], *daß man mir deswegen die Vorm.[undschaft] nehmen könnte.* (BKh Bd. I, S. 193)

Das klingt wie eine assoziative Wiederholung der Situation vom April 1813, als das in der Zukunft liegende Projekt ›Onkel Ludwig und Neffe Karl‹ wie ein Ersatz für das damals gerade scheiternde Projekt ›Vater Ludwig und Tochter Minona‹ wirkte. Offensichtlich war es Beethoven so wichtig, dass dies nicht nur mündlich gesagt sein sollte: Er schrieb es selbst in das Konversationsheft hinein. Er bezeichnet den Vater, der er *war* – der ihm 1813 vorenthaltenen mutmaßlichen Tochter – und verweist dann auf den Vater, der er 1820 formell *ist* – das bezieht sich auf die Vormundschaft für seinen Neffen Karl. Der »Fehler«, den er erwähnt, ist indirekt zu erschließen; damit kann nur seine mutmaßliche Zeugung Minonas gemeint sein, jener fatale »Fehler«, der Josephines soziale Stellung in ihren Grundfesten erschütterte und der ihn, Beethoven, das ganze Jahr 1813 unausstehlich gemacht hatte und ihm sogar 1820 noch nachhängt. Denn aus der Bezeichnung des Ganzen als ›einzigen Fehler‹, mitsamt der 1820 offensichtlich immer noch nicht verheilten Wunde von 1813, spricht die Größe der Bedrohung, der Beethoven sich noch sieben Jahre später so sehr ausgesetzt sieht, dass er sich um den Erhalt des Vormundstatus für seinen Neffen Sorgen macht. Erst im Rückblick von diesem äußerst wichtigen Text aus, erhalten seine 1813 im Tagebuch geäußerten Befürchtungen Sinn, die bereits zitierte Beschwörung der *schreckliche[n] Umstände, die mein Gefühl für Häuslichkeit nicht unterdrücken, aber deren Ausübung.*[282] Das heißt nichts anderes, als dass die gesellschaftlichen Zwänge ihn des häuslichen Glücks mit seiner mutmaßlichen Tochter berauben und ihm das Leben vergällen.

Etwa einen Monat zuvor hatte es bereits eine Episode gegeben, die ebenfalls in einem Konversationsheft Erwähnung findet. Im Dezember 1819 musste Beethoven erfahren haben, dass Josephines zweiter Ehemann, Christoph Freiherr von Stackelberg, nach mehrjährigem Aufenthalt in Estland mit den drei Kindern Maria Laura, Theophile (die beide seine Töchter waren) und Minona (für die dies höchstwahrscheinlich nicht galt) zu Besuch nach Wien zurückgekommen waren. Über diese drei der Mutter, Josephine, vom Vater 1814 entführten Kinder notiert Therese von Brunsvik, Josephines ältere Schwester, Folgendes in ihrem Tagebuch: »Nach noch 2 ½ Jahren kömmt endlich Stackelberg mit der nun schon sechsjährigen Minona und ihren Schwestern nach Wien.[283] Merkwürdig hatte sich das Kind entwickelt. Ohne schön zu sein, war sie stark und imponirte dermaßen ihren ältern Schwestern, daß wir sie immer die Gouvernante nannten. Es zeigte sich auch später, daß sie das meiste Genie unter den Schwestern hatte.«[284] Genau darauf nimmt eine Aussage von Beethovens Freund und Helfer Franz Oliva im 1. Band der Konversationshefte Bezug – sie stammt ebenfalls vom Dezember 1819, ist also zeitgleich mit Therese Brunsviks Aussage:

> »Weil Sie [Beethoven] immer von der Frau sprechen, so wird der Gemahl an jenem seine[r] Kinder das Musiktalent besitzt Ihr Kind erkennen.«[285]

Dieser ebenfalls zentrale Satz enthält die drei folgenden Fakten: 1. Beethoven redet auch 1819 immer noch von *der Frau*, mit der er, soweit bisher bekannt, seit 1816 keinen direkten Kontakt mehr hatte: Josephine Brunsvik, die »Unsterbliche Geliebte«. – 2. Beethoven hat ein Kind (*Ihr Kind*). – 3. *Die Frau* hat einen (noch lebenden) Gemahl, mit dem sie mehrere Kinder hat, unter denen aber eines im Verdacht steht, Beethovens Sprössling zu sein. Als Vormund Karls nannte Beethoven diesen zwar oft »mein Sohn« – aber er konnte unter keinen Umständen gemeint sein, Karl war ein Einzelkind und sein Vater längst verstorben.

Zum Glück sind diese zwei Stellen dem Zerstörungswerk Anton Schindlers an den Konversationsheften entgangen. Die Texte sind zwar inhaltlich eindeutig, aber nebulös formuliert – deshalb mochten sie Schindler unverdächtig vorgekommen sein. Zusammen mit den erläuterten Texten aus dem Tagebuch und den zwei erwähnten Briefen an Varena sind dies immerhin *fünf authentische Aussagen* von Beethoven und aus seinem Umfeld, die man mit Minona in Verbindung bringen kann, und die für die Wahrscheinlichkeit seiner Vaterschaft sprechen. Doch diese Deutung ist nur relativ, aber nicht absolut sicher – eine andere Erklärung für diese fünf Texte bietet sich allerdings auch nicht an.

Für Beethovens Seite stellt sich noch eine ganz andere Frage: Steht für ihn das *Faktum* oder der *Glaube daran* im Vordergrund? Sein Glaube an seine

Vaterschaft scheint, den Texten nach zu schließen, felsenfest zu sein, es klingt nicht ein Wort des Zweifels an. Wir aber müssen einen solchen Zweifel in Erwägung ziehen. Denn ein Szenario ist zumindest denkbar, wenn auch nicht sehr wahrscheinlich: Falls Josephines Rückreise von Prag nach Wien nach dem 3. Juli 1812 sehr zügig war, könnte Minona theoretisch durchaus auch von Stackelberg gezeugt worden sein. Dies ist zwar schwer denkbar, weil eine ungeplante Reise wohl etwas mehr Zeit beansprucht hatte. Zweitens ist Stackelbergs Vaterschaft nicht plausibel, weil Therese von Brunsvik deutlich Minonas mangelnde Ähnlichkeit mit den anderen Stackelberg-Töchtern bezeugt.

Eines aber ist sicher: Die Formulierungen der fünf hier zitierten Textstellen aus Briefen und Tagebuch (1813) sowie aus den Konversationsheften (1819 und 1820) belegen eindeutig, dass Beethoven selbst an seiner Vaterschaft von Minona keinen Moment zweifelte. Diese Vater-Idee, besonders auch deren gelegentlich wahnhaft sich gerierenden Äußerungsformen, sind für die nachfolgenden Konflikte und Entwicklungen viel wichtiger als die biologische Sicherheit, die letztlich nur eine DNA-Analyse geben könnte – oder das Auftauchen bisher unbekannter schriftlicher Dokumente. Denn was fehlt in den Konversationsheften alles dort, wo Bruchstellen in der Foliierung bestehen, wo Blätter herausgetrennt und andere falsch eingefügt wurden? Was berichteten die Hefte von Josephines Todesjahr 1821, jener zeitlichen Riesenlücke, aus der kein einziges Konversationsheft erhalten ist? Was fehlt in den Tagebüchern Josephines und ihrer Schwester Therese, aus denen ebenfalls Blätter entfernt wurden? Sicher enthielten sie Explizites über das, was es so dringend zu verbergen galt.[286]

* * *

Die Tragödie um die Geburt Minonas, der Zwang, sich nicht als ihr Vater bekennen und das Kind nicht einmal sehen zu dürfen, scheinen der Hauptgrund dafür zu sein, dass Beethoven nach 1813 immer öfter und länger krank wurde und seine Kreativität ins Stocken geriet. Das Tagebuch zeigt, wie sehr Beethoven mit sich kämpft, ob er seine Rechte als Vater einfordern soll – oder ob er seiner Liebe zu Josephine *treu* bleiben soll, indem er schweigt. Sechs Jahre lang hielt er die Diskretion durch; er wusste, dass er anderenfalls mit einiger Sicherheit Josephines gesellschaftliche Existenz zerstört hätte.

Ist eine DNA-Analyse Minona von Stackelbergs sterblicher Überreste – sie starb 1897 im hohen Alter von 84 Jahren und fand ihre letzte Ruhestätte auf dem

Wiener Zentralfriedhof –, die zurzeit [2019] diskutiert wird, wirklich erforderlich? Wünschenswert wäre eine Absicherung zwar. Doch kann man Minonas Zugehörigkeit zu Beethoven, wenn man so will, auch ohne die Störung ihrer Totenruhe als weitest gegeben betrachten. Die Hauptbedeutung von Minona wäre ihre vermittelnde Stellung als Bindeglied zwischen einem fraglichen Vater und der Mutter. Deren Identität als Beethovens engster Freundin von 1804 und der Geliebten von 1812 wird durch Beethovens Glauben an seine Vaterschaft zwar energisch bestätigt, doch besiegelt wird dies erst durch die Gleichheit der Textinhalte in den Briefen, die er 1804 bis 1812 an sie schrieb. Diese Briefe bezeugen das geistige Format dieser Frau, der Mutter – sie stehen für die Inspiration, zu der sie den Künstler beflügelte, und dafür nannte er sie stets *»die einzige Geliebte«* seines ganzen Lebens.

Wer für 1812 nach einer anderen Kandidatin sucht, sollte darauf achten, dass in dem Fahndungsschreiben deutlich steht: *Gesucht wird eine emanzipierte Frau, deren Freiheitsdrang bis ins Intimste reicht; sie muss sowohl musikalisch, literarisch als auch philosophisch hoch gebildet sein, künstlerisch ungewöhnlich begabt, einfühlsam und bildschön.* Vor allem aber muss sie das *wirklich verstehen* können, was Beethoven ihr 1812 über das *»Größte im Universum«* schreibt: *»das Göttliche des Menschen«* zu erkennen. Josephine konnte das. Welche andere Frau hätte das für Beethoven leisten können?

19

»*Wellingtons Sieg*« *und der Wiener Kongress*

In den Jahren 1813 und 1814 entsteht ein neues Werk, *Wellingtons Sieg*, und es reift ein bereits vorhandenes, *Fidelio*. Das neue ist jedoch ein eklatanter Bruch in Beethovens künstlerischem Schaffen, weshalb es auch als die Folge der Zäsur in seiner Biografie verstanden werden kann, die der Komponist 1813 erlebt. Das bereits vorhandene Werk, *Fidelio*, kommt jedoch in der nun entstehenden neuen Fassung Beethovens neu erlangter Reife gleich. Mit dieser Oper schwingt er sich auf die höchste Stufe des deutschen Idealismus. Doch rein entstehungsgeschichtlich ist es mit *Wellingtons Sieg* verknüpft.

Wellingtons Sieg oder die Schlacht bei Vittoria op. 91

Nachdem Napoleons Russlandfeldzug in einer militärischen Katastrophe geendet hatte, wuchs auch in den deutschen Fürstentümern der Widerstand gegen den französischen Kaiser. Am 17. März 1813 erklärte der König von Preußen Frankreich den Krieg, wie es die öffentliche Meinung schon länger forderte. In dem von Friedrich Wilhelm III. unterzeichneten Aufruf »An mein Volk« wurde der Krieg als Freiheitskrieg dargestellt, es folgten Appelle an die Opferbereitschaft des Volkes, das dann tatsächlich über sechs Millionen Taler spendete. England und Schweden und am 10. August auch Österreich schlossen sich der antifranzösischen russisch-preußischen Koalition an. In den erhaltenen Quellen findet sich kein Zeugnis dafür, dass Beethoven an diesen Ereignissen lebhaften Anteil genommen hätte – so wie etwa der Philosoph Fichte, der nach einem Sieg seine Vorlesung unterbrach und die Studenten zusammenrief. Vermutlich war Beethoven noch zu sehr in seiner privaten Krise gefangen. Aber das änderte sich. Denn die sogenannte Völkerschlacht bei Leipzig vom 16. bis 19. Oktober 1813 besiegelte das Ende von Napoleons Herrschaft in Deutschland.

Schon vier Monate zuvor, am 21. Juni 1813, hatten englische, portugiesische und spanische Truppen unter dem Oberbefehl Wellingtons den französischen Truppen bei Vitoria-Gasteiz im Baskenland eine vernichtende Niederlage zugefügt und damit die Franzosen aus Spanien vertrieben. Das nahm Beethoven zum Anlass, ein musikalisches Schlachtengemälde zu komponieren, ein Beispiel exzessiver Programmmusik – wobei Beethoven allerdings »Vittoria« statt richtig »Vitoria« schreibt, um sein Opus semantisch von vornherein als Siegesmusik über die »Bösen« – hier: Napoleon und seine Armee – auszuweisen.

Die Anregung für diese Komposition erhielt Beethoven von Johann Nepomuk Mälzel (1772–1838), einem damals berühmten Erfinder mechanischer Gerätschaften, die öfter einen Bezug zur Musik hatten. Heute ist sein Name vor allem mit der Erfindung des Metronoms verknüpft. Zuvor aber hatte Mälzel bereits das abscheulich grandiose Panharmonikon und den »mechanischen Trompeter« erfunden, was ihm außer ziemlich viel Geld auch den Titel eines k. k. Hof-Kammermaschinisten eingebracht hatte – Beethoven hingegen war dem Wiener Hof niemals auch nur den geringsten Titel wert gewesen. Jedenfalls eröffnete Mälzel im Winter jenes Jahres sein Kunstkabinett, eine Ausstellung, die große Anziehungskraft auf das Publikum ausübte. Deren Hauptattraktionen beschreibt Thayer sehr detailfreudig:

> »Das Panharmonikon vereinigte die gewöhnlichen Instrumente, welche damals in den Militärkapellen angewendet wurden; es hatte oben einige Trompeten und eine Trommel, unten Flöten, Klarinetten und Oboen und die diesen ähnlichen Instrumente, vorne ein Paar Becken, noch eine Trommel, ein Triangel usw., und hinten einen mächtigen Blasebalg; das Ganze war in einem Gehäuse von 7 Fuß Länge, 6 Fuß Breite und 12 Fuß Höhe eingeschlossen, weiß und golden bemalt und mit blauer und roter Drapierung geschmückt. Die bewegende Kraft war automatisch, und die Tasten wurden von Stiften berührt, welche in einem sich drehenden Zylinder befestigt waren, wie bei der gewöhnlichen Drehorgel oder der Spieldose. Kompositionen von beträchtlicher Ausdehnung hatten jede ihren besondern Zylinder.« (TDR Bd. III, S. 381f.)

Nachdem er schon Stücke von Händel, Haydn und Cherubini im Gepäck hatte, plante Mälzel, mit einer Kriegs- und Siegesmusik von Beethoven auf Tournee zu gehen, in den europäischen Hauptstädten mit seinen Geräten Furore zu machen und endlich richtig reich zu werden. Nachdem Beethoven die Komposition im Oktober 1813 beendet hatte, kam Mälzel mit dem Vorschlag, das Werk darüber hinaus auch noch für großes Orchester zu bearbeiten. Mit einigen Konzerten in dieser Form sollte zunächst das Geld für die geplante England-Tournee hereinkommen, denn Mälzels Kasse war wieder einmal leer.

Kämpfe, Schlachten und Belagerungsgszenarien waren viele Jahre hindurch beliebte Themen in der Programmmusik, und unter den großen Schlachten der letzten fünfzig Jahre gab es, wie Thayer bemerkt, nur wenige, die nicht »von Orchestern, Kapellen und jeder Art von Instrumenten noch einmal durchgefochten wurden«. Und als die Nachricht von Wellingtons Sieg bei Vitoria nach Wien gelangte, erkannte Mälzel daher sofort, dass sein Instrument, das Panharmonikon, sich dazu eignen könnte, nicht nur die von Napoleon ständig gedemütigten Wiener wiederaufzurichten, sondern auch auf einer Tournee gen Norden das englische Volk zu begeistern. Denn das Werk sollte ja nicht nur eine Huldigung für Englands Arthur Wellesley, 1. Duke of Wellington, dem Feldmarschall und herausragenden britischen Militärführer der napoleonischen Zeit sein, sondern auch dem Nationalgefühl des Volkes durch den thematischen Einbezug der Quasi-Nationalhymnen *Rule Britannia* und *God save the King* schmeicheln und den Hass der Nation auf Frankreich befriedigen. Mälzel arbeitete sogleich den Plan aus und legte ihn Beethoven vor, der ausnahmsweise einmal bereit war, die Ideen eines andern auszuführen. Ignaz Moscheles erinnerte sich im Detail:

> »Ich war Zeuge von dem Ursprunge und dem Fortschreiten dieses Werkes, und erinnere mich, daß Mälzel nicht allein mit Entschiedenheit Beethoven überredete, dasselbe zu schreiben, sondern ihm sogar den ganzen Plan desselben vorlegte; er selbst schrieb alle Trommelmärsche und Trompeten-Signale der französischen und englischen Armeen, gab dem Componisten mancherlei Winke, wie er die englische Armee beim Erklingen des ›*Rule Britannia*‹ ankündigen, wie er das ›Malbrook‹ mit ungeheurer Kraft einführen, die Schrecken der Schlacht schildern und das ›*God save the King*‹ mit Effecten versehen sollte, welche die Hurrahs einer großen Menge darstellten. Sogar der unglückliche Einfall, die Melodie des *God save the King* zum Thema einer Fuge in schneller Bewegung zu machen, stammt von Mälzel. Alles dies sah ich in Skizzen und Partitur, die von Beethoven in Mälzels Werkstatt gebracht wurden, damals dem einzigen angemessenen Raume, mit welchem dieser versehen war, um jemanden zu empfangen.« (TDR Bd. III, S. 384f.)

Darauf gründete Mälzel seinen Plan, vorerst in Wien zu bleiben und das Werk in dieser neuen Orchesterfassung bei einem großen Wohltätigkeitskonzert »zum Besten der in der Schlacht bei Hanau invalid gewordenen österreichischen und bairischen Krieger« aufführen zu lassen. Er erwartete, dass dieses Ereignis eine große Anziehungskraft ausüben und weitere Aufführungen nach sich ziehen würde, deren Einnahmen dann nicht mehr für wohltätige Zwecke, sondern in die eigenen Kassen fließen sollten. Thayer: »Es ist schwer zu sagen, ob man unter allen diesen Umständen Mälzels richtiges Urteil oder sein mutiges Vertrauen auf das Werk und auf Beethovens Genie mehr bewundern soll.« (TDR Bd. III, S. 385)

Während Beethoven eifrig bei der Arbeit war, ging Mälzel an die Vorbereitungen des ersten Konzerts. »Seine persönliche Beliebtheit, der wohltätige Zweck, die Neugierde, Beethovens neue Erzeugnisse und insbesondere das Schlachtstück kennen zu lernen, sicherten ihm die Mitwirkung aller namhaften Musiker, welche damals in Wien waren, von denen einige, wie Dragonetti, Meyerbeer, Romberg u. a., sich nur auf der Durchreise oder nur für kurze Zeit dort aufhielten« (TDR Bd. III, S. 390).

Die Uraufführung fand am 8. Dezember 1813 im Universitätssaal in Wien unter Beethovens musikalischer Leitung statt, gefolgt von einer zweiten Aufführung am 12. Dezember. Ein Chronist der *Wiener Zeitung* berichtete am 20. Dezember 1813 ungewöhnlich ausführlich, wobei die Tatsache, dass außer der *Wellington*-Musik auch noch die so viel bedeutendere *Siebte Sinfonie* zum ersten Mal gespielt wurde, gerade einmal im ersten Satz erwähnt ist: »Die Aufführung bestand in einer von Herrn v. Beethoven ganz neu komponirten großen Simphonie, nach welcher Herr Maelzel seinen mechanischen Trompeter hören ließ, zu dessen Spiel das Orchester die eigens von Dussek und Pleyel verfaßte Begleitung ausführte, und den Beschluß machte das oben erwähnte v. Beethoven'sche Instrumental-Stück in zwey Abtheilungen, wovon die erste Wellingtons Schlacht, die andere dessen Sieg bey Vittoria zum Gegenstand hatte.« Bei der Beschreibung der Musik gerät der Wiener Rezensent ins Schwärmen:

> »Man hört die französischen und englischen Heere anrücken, jene mit ihrem, ›*Marlborough s'en va-t-en guerre*‹, diese mit ihrem herrlichen ›*Britannia rule the waves*‹ *etc.* Immer näher wälzt sich das Schlachtengewühl, das Geräusch des Kleingewehrfeuers und der Donner des Geschützes; immer lebendiger wird das Getöse, immer

hitziger der Kampf, bis es zum Sturm und Sieg geht, das Getümmel allmählich verhallt und die geschlagenen abziehen. Eigenthümlich und höchst bedeutend ist die Wiederkehr des ›*Marlborough*‹ *etc.* Der zweite Theil drückt die Siegesfeier des Wellingtonschen Heeres aus und macht mit dem dazwischen tönenden ›*God save the king*‹ den unwiderstehlichsten Eindruck. [...] So wurde [...] ein Kunstfest gegeben, das durch die hinreißende Schönheit der Beethovenschen Kompositionen, durch die vollkommene Ausführung von mehr als 100 Virtuosen von erstem Range [...] endlich durch den einstimmigen enthusiastischen Beifall aller Zuhörer in seiner Art Einzig war. Der Beyfall, den Beethovens kraftvolle Komposizionen, von ihm selbst dirigirt und durch die aus Eifer für die Kunst und die Sache des Vaterlandes zu diesem Feste der Kunst und patriotischen Wohlthätigkeit vereinigten ersten Künstler der Kaiserstadt bei allen Zuhörern fanden, stieg bis zur Entzückung. [...] An der Spitze der ersten Violinen stand der als Künstler rühmlich bekannte gräfl. Rasumowskische Kammer-Virtuos, Hr. Schuppanzigh, der durch seinen feurigen ausdrucksvollen Vortrag das Orchester mit sich gleichsam fortriß; unter den übrigen mitwirkenden Künstlern bemerkte man mit Vergnügen die Herren [...] Hummel, [...], Mayseder, Mayerbär, Moscheles, Pechatschek, Pixis, Romberg, Salieri, [...] Louis Spohr [...] und andere vollkommene Künstler, welche alle zu nennen der Raum nicht gestattet.« (TDR Bd. III, S. 392f., hier sehr stark gekürzt)

Die Leipziger *Allgemeine musikalische Zeitung* setzte die Schwerpunkte anders und ging genauer auf die *Siebte Symphonie* ein: »Vor allem verdiente die neue [...] Symphonie jenen großen Beyfall und die außerordentlich gute Aufnahme, die sie erhielt. Man muss dieses neue Werk des Genies Beethovens selbst, und wohl auch so gut ausgeführt hören, wie es hier ausgeführt wurde, um ganz seine Schönheiten würdigen und recht vollständig genießen zu können. [Der Referent] hält diese Symphonie, nach zweymaligem Anhören [...] für die melodiereichste, gefälligste und fasslichste unter allen Beethovenschen Symphonien. [...] Das Andante (a-Moll) musste jedesmal wiederholt werden, und entzückte Kenner und Nichtkenner.« (TbW, S. 590) Die Schlachtenmusik wird in Leipzig gedämpfter aufgenommen, aber doch auch in ihrer Eigenart gewürdigt:

»Was sodann die Schlacht betrifft: will man nun einmal sie durch Töne der Musik auszudrücken versuchen, so wird man wenigstens es eben auf die Art machen müssen, wie es hier geschehen. Einmal in die Idee eingegangen, erstaunt man freudig über den Reichthum und noch mehr über die genialische Verwendung der Kunstmittel zu jenem Zweck. Der Effect, ja selbst die recht eigentliche Täuschung ist ganz außerordentlich; und es läßt sich wohl ohne alles Bedenken behaupten, es existire gar nichts im Gebiete der malenden Tonkunst, das diesem Werke gleichkäme.« (TDR Bd. III, S. 394f.)

* * *

Mälzels Rechnung war aufgegangen, der Erfolg so überwältigend, dass man sofort zwei weiterere Aufführungen am 2. Januar und 27. Februar im Großen Redoutensaal der Wiener Hofburg ansetzte. Wiederholungen gab es bald auch in München (März 1814) und London (Februar 1815), noch bevor ab 1816 Druckausgaben erschienen und das Werk überall verfügbar wurde.

Im Gegensatz zur *Siebten Symphonie* aber hagelte es aus den Reihen der Fachleute harsche Worte zu dem Wellington-Monstrum. Der noch heute geschätzte böhmische Romantiker Wenzel Johann Tomaschek (1774–1850) war, wie er schreibt, »sehr schmerzlich berührt, einen Beethoven, dem die Vorsehung im Tonreiche vielleicht den höchsten Thron angewiesen, unter den gröbsten Materialisten zu finden. Man erzählte mir zwar, daß er selbst das Werk für eine Dummheit erklärte, und es ihm nur insofern lieb war, als er damit die Wiener total schlug« (TDR Bd. III, S. 390). Falls diese Behauptung stimmt, hat sie einige Bedeutung, da mir keine andere kritische Bemerkung des Komponisten über seine Kriegsmusik begegnet ist. Ohne Quellen zu nennen, meint Thayer: »Es ist nicht zu bezweifeln, [...] daß diejenigen, welche an der Aufführung beteiligt waren, das Werk als einen großartigen musikalischen Scherz betrachteten und sich an demselben *con amore* beteiligten, weil er ihnen Quelle einer ungeheuren Erheiterung in ihrem Berufe wurde.« (ebd.). Weniger gnädig gab sich der Komponist und bedeutende Ästhetiker Gottfried Weber (1779–1839): »Jeder, je theurer ihm Beethoven und seine Kunst ist, muß wünschen, daß doch recht bald die Vergessenheit den versöhnenden Schleier werfen möge über solche Verirrung seiner Muse« (TDR Bd. III, S. 391). Doch ist es verständlich, dass Beethoven sich nicht negativ über sein Opus äußert, verdiente er allein mit den Wellington-Aufführungen bis 1814 das kleine Vermögen von viertausend Gulden, fast die Hälfte dessen, was er bei seinem Tod vererben wird.

Wichtig ist das Zeugnis des eigentlich äußerst wohlwollenden Violinvirtuosen und Komponisten Louis Spohr (1784–1859), der von der *Siebten Symphonie* (ganz im Gegensatz zur viel späteren *Neunten Symphonie* sehr beeindruckt war:

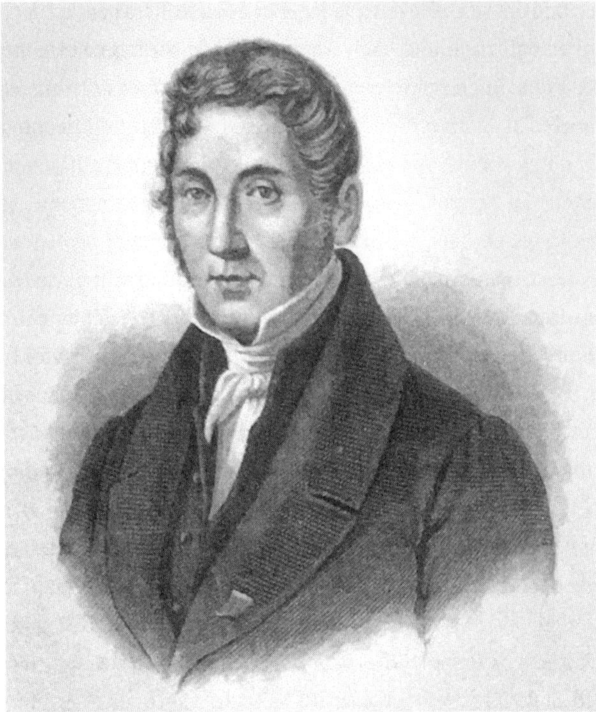

Abb. 45 Louis Spohr, Violinvirtuose, Hofkapellmeister in Kassel, Komponist, äußerte Beethoven gegenüber zuerst Lobeshymnen, dann aber herbe Kritik. Unbezeichneter Stich um 1830.

»Die neuen Compositionen Beethoven's gefielen außerordentlich, besonders die (A-Dur-) Symphonie; der wundervolle zweite Satz wurde *da capo* verlangt (in beiden Concerten); er machte auch auf mich einen tiefen, nachhaltigen Eindruck. Die Ausführung war eine ganz meisterhafte, trotz der unsicheren und dabei oft lächerlichen Direktion Beethoven's.«

Die tragische Dimension von Beethovens Situation als Dirigent erfasst und beschreibt er sehr genau. Er »sah Beethoven zum erstenmal dirigiren und war überrascht in hohem Grade«, weil er ja als Kasseler Hofkapellmeister über die Orchesterleitung nun wirklich genau Bescheid wusste. Spohr schreibt:

»Beethoven hatte sich angewöhnt, sagt er, dem Orchester die Ausdruckszeichen durch allerlei sonderbare Körperbewegungen anzudeuten. Bei dem Piano bückte er sich nieder, und um so tiefer, je schwächer er es wollte. Trat dann ein *crescendo* ein, so richtete er sich nach und nach wieder auf und sprang beim Eintritt des *forte* hoch in die Höhe. Auch schrie er manchmal, um das *forte* noch zu verstärken, mit hinein, ohne es zu wissen. Daß der arme, taube Meister die *piano* seiner Musik nicht mehr hören konnte, sah man ganz deutlich. Besonders auffallend war es aber bei einer Stelle im zweiten Theile des ersten *Allegro* der Symphonie. Es folgen sich da zwei Halte gleich nach einander, von denen der zweite *pianissimo* ist. Diesen hatte Beethoven wahrscheinlich übersehen, denn er fing schon wieder an zu taktiren, als das Orchester noch nicht einmal diesen zweiten Halt eingesetzt hatte. Er war daher, ohne es zu wissen, dem Orchester bereits zehn bis zwölf Takte vorausgeeilt, als dieses nun auch, und zwar *pianissimo* begann. Beethoven, um dieses nach seiner Weise anzudeuten, hatte sich ganz unter dem Pulte verkrochen. Bei dem nun folgenden *crescendo* wurde er wieder sichtbar, hob sich immer mehr und sprang hoch in die Höhe, als der Moment eintrat, wo, seiner Rechnung nach, das *forte* beginnen mußte. Da dieses ausblieb, sah er sich erschrocken um, starrte das Orchester verwundert an, daß es noch immer *pianissimo* spielte, und fand sich erst wieder zurecht, als das längst erwartete *forte* endlich eintrat und ihm hörbar wurde. Glücklicher Weise fiel diese komische Scene nicht bei der Aufführung vor.« (TDR, Bd. III, S. 391f.)

So unterschiedlich man die verschiedenen Werke von Beethovens Akademien Ende 1813 und Anfang 1814 beurteilen mag, eines gilt auf alle Fälle: Sie haben Beethovens Renommee gewaltig gesteigert. Er war nun der berühmteste Komponist seiner Zeit, und das Echo seines Rufs hallte durch ganz Europa. Schon aus diesem Grund sah er sich veranlasst, den treuen Musikern jener Konzerte zu danken, denn eines ist sicher: Sie verhielten sich geduldig und in anrührender Weise loyal, um den inzwischen beinahe ertaubten Meister nicht spüren zu lassen, dass die Arbeit mit ihm alles andere als leicht war. Beethoven ließ im *Intelligenz-Blatt der Wiener Zeitung* folgenden Text abdrucken:

»Ich halte es für meine Pflicht, allen den verehrten mitwirkenden Gliedern der am 8. u. 12. Dec. gegebenen Akademie, zum Besten der in der Schlacht bei Hanau invalid gewordenen Kais. öster. u. Kgl. bayer'schen Krieger, für ihren, bei einem so erhabenen Zweck dargelegten Eifer zu danken.

Es war ein seltener Verein vorzüglicher Tonkünstler, worin ein jeder einzig durch den Gedanken begeistert, mit seiner Kunst auch etwas zum Nutzen des Vaterlandes beitragen zu können, ohne alle Rangordnung auch auf untergeordneten Plätzen, zur vortrefflichen Ausführung des Ganzen mitwirkte.

Wenn Herr Schuppanzigh an der Spitze der ersten Violine, und durch seinen feurigen, ausdrucksvollen Vortrag das Orchester mit sich fortriß, so scheute sich ein Hr. Ober-Capellmeister Salieri nicht, den Takt der Trommeln und Canonaden zu geben; Hr. Spohr und Hr. Mayseder, jeder durch seine Kunst der obersten Leitung würdig, wirkten an der zweiten und dritten Stelle mit, und Hr. Siboni und Giuliani standen gleichfalls an untergeordneten Plätzen. Mir fiel nur darum die Leitung des Ganzen zu, weil die Musik von meiner Composition war; wäre sie von einem andern gewesen, so würde ich mich eben so gern, wie Hr. Hummel, an die große Trommel gestellt haben, da uns Alle nichts als das reine Gefühl der Vaterlandsliebe und des freudigen Opfers unserer Kräfte für diejenigen, die uns so viel geopfert haben, erfüllte.

Den vorzüglichsten Dank verdient indessen Hr. Mälzel, insofern er als Unternehmer die erste Idee dieser Akademie faßte, und ihm nachher durch die nöthige Einleitung, Besorgung und Anordnung der mühsamste Theil des Ganzen zufiel. Ich muß ihm noch insbesondere danken, weil er mir durch diese veranstaltete Akademie Gelegenheit gab, durch die Composition, einzig für diesen gemeinnützigen Zweck verfertigt und ihm unentgeltlich übergeben, den schon lange gehegten sehnlichen Wunsch erfüllt zu sehen, unter den gegenwärtigen Zeitumständen auch eine größere Arbeit von mir auf den Altar des Vaterlandes niederlegen zu können. Ludwig van Beethoven.« (TDR Bd. III, S. 395f.)

Beethovens Kriegsmusik war die spektakulärste Komposition des Napoleonischen *Empire* – sie wurde jedoch in einer Zeit geschaffen, als die politischen Zeichen vorübergehend auf Entspannung und Eintracht standen.

Europa stiftet Frieden im Wiener Kongress

Vom 18. September 1814 bis zum 9. Juni 1815 dauerte der Wiener Kongress – allerdings unterbrochen durch Napoleons Rückkehr (1. März 1815), Niederlage bei Waterloo (18. Juni 1815) und seine endgültige Abdankung (22. Juni 1815). Als Nachwirkung der Französischen Revolution hatte sich die Landkarte Europas stark verändert, sodass der Kongress zahlreiche Grenzen neu festlegen und neue Staaten schaffen musste. Unter der Leitung des österreichischen Außenministers Fürst von Metternich berieten die Vertreter aus rund 200 europäischen Staaten, Herrschaften, Körperschaften und Städten, wobei Russland, Österreich, Preußen, England und Frankreich die führenden Rollen übernahmen.[287]

In Beethovens Briefen ist nichts über diese bedeutende politische Entwicklung zu lesen; der Kongress taucht dort nicht auf, indirekt werden – in einem Schreiben an Breitkopf & Härtel in Leipzig – gerade ein einziges Mal dessen negative Folgen für Sachsen erwähnt (10. März 1815, s. BGA Nr. 735).[288] Nachdem Beethoven jedoch bereits im Vorfeld des Kongresses mit seiner Wellington-Musik ein kleines Vermögen erworben hatte, wollte er sich weitere Verdienstmöglichkeiten in dieser Richtung keineswegs entgehen lassen, da sich der Bedarf an vaterländischen Kompositionen für die zahlreichen Feierlichkeiten um das Kongressgeschehen maßgeblich erhöhte. So entstand für Beethovens Akademie am 29. November 1814 im großen Redoutensaal die Kantate »Der glorreiche Augenblick« für Soli, Chor und Orchester nach einem Text von Aloys Weißenbach (op. 136). Das Konzert fand »vor dem allerhöchsten Hof, und sämmtlichen anwesenden Monarchen« mit großem Erfolg statt, denn das in jener Kantate auskomponierte Lob der Stadt Wien und jedes einzelnen der zahlreichen Staatsoberhäupter konnte, ja durfte, niemandem missfallen. Ferner gab es eine Wiederaufführung von *»Wellingtons Sieg«* und – deutlich weniger beachtet – der *Siebten Symphonie.*[289] Der finanzielle Ertrag war – trotz Anwesenheit der gekrönten Häupter – überschaubar; zum Glück aber jagten die privaten Empfänge einander, und bei dem des Erzherzogs Rudolph schlug für Beethovens Finanzen die Glücksstunde: Dort lernte er die Zarin Elisabeta Alexejewna, eine gebürtige Prinzessin von Baden, persönlich kennen, sie inspirierte ihn sogleich zu einer passenden Klavierpiece, einer Polonaise, dem Lieblingstanz der Zarin. So entstand das op. 89, kaum 200 Takte lang und von Beethoven in wenigen Stunden geschaffen, da er sie bereits als Improvisation vor den hohen Herrschaften dargeboten hatte. Er bekam dafür wahrhaft fürstliche 200 Golddukaten, umgerechnet 900 Gulden; für dieses Geld musste ein gewöhnlicher Geiger im Orchestergraben zwei Jahre lang schuften.

Auch das ist der Wiener Kongress – und wie ›schön‹ und ›fruchtbar‹ ist er letztlich auch für Beethoven, der oft sehr lange finanzielle Durststrecken zu überwinden hatte, um Bedeutendes zu schaffen. Denn wenigstens einige der ›größten‹ Kongressbesucher schafften es in ihrem kulturellen Unverstand,

Beethoven das zu verschaffen, was auch mit maximalem Fleiß nicht zu erreichen ist: internationaler Ruhm und großes Geld! Der seit spätestens 1809 messbar gewordene ›Ruhm‹ wurde ganz allmählich zum ›Weltruhm‹.

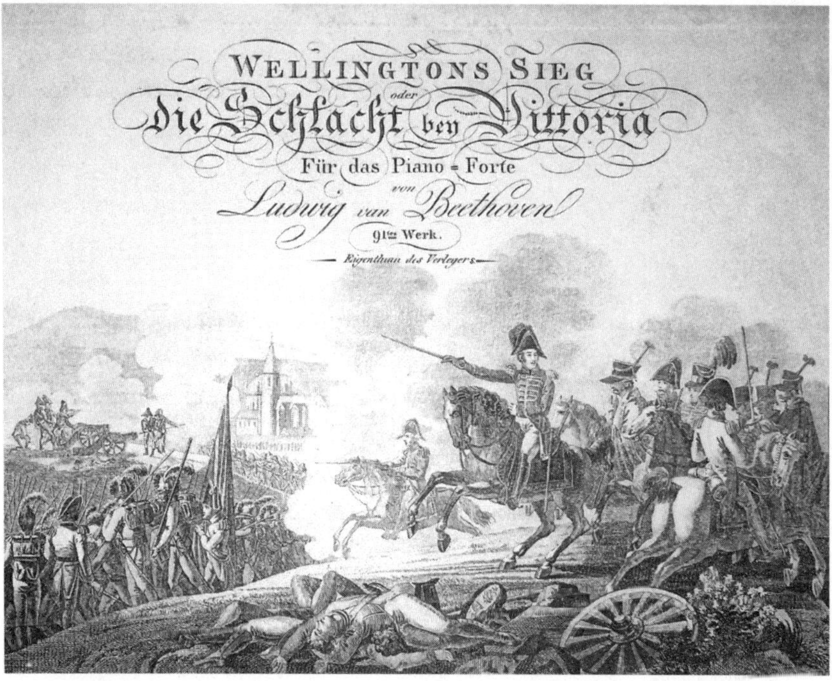

Abb. 46 Wellingtons Sieg oder die Schlacht bei Vittoria op. 91 war als Orchesterwerk für Beethoven ein fulminanter Erfolg, ist ästhetisch aber bis heute fragwürdig. Hier das dramatisch gestaltete Titelblatt der Klavierfassung.

20

Fidelio – von der Rettungsoper zum Ideendrama

Ein Exkurs

Nach Beethovens über alle Maßen erfolgreichen Akademien im Dezember 1813 und im Januar 1814 wandten sich die Inspizienten der k. u. k. Hofoper an den Komponisten mit der Bitte, seine Oper *Fidelio* neu herausbringen zu dürfen. Beethoven bot das die Gelegenheit, lange geplante Umarbeitungen an diesem Werk zu realisieren, und er sagte unter der Bedingung zu, dass man ihm dafür die nötige Zeit ließe. Mit Zustimmung des ursprünglichen Librettisten Sonnleithner wandte man sich nun an den Wiener Regisseur Friedrich Treitschke, der die Adaption des Librettos übernahm. Beethoven tat sich schwer – »die oper erwirbt mir die Märtirerkrone«, schrieb er dem Librettisten; »geschwinder würde ich etwas neues schreiben, als jetzt das Neue zum alten« (BGA Nr. 707). Er brauchte länger, die Aufführung musste von März auf Mai verschoben werden, doch war die neue Ouvertüre zur Premiere am 23. Mai immer noch nicht fertig, sie erklang erst in der zweiten Vorstellung am 26. Mai. Das Rezitativ und die Arie der Leonore konnten gar erst am 18. Juli erklingen. Die Mühe lohnte sich, *Fidelio* blieb die ganze Spielzeit im Programm, Beethovens Weltkarriere stand nichts mehr im Weg.

Zu Beginn aber ist ein berühmter Bericht Friedrich Treitschkes zu zitieren, der einiges darüber aussagt, wie der Komponist arbeitete: »Es war am 20 oder 21ten, als Beethoven mit seinem Freunde Bertolini im römischen Kaiser zu Mittag speiste. Nach dem Essen nahm er eine Speisekarte, zog Linien auf die Rückseite und fing an zu schreiben. ›Komm lass uns gehen‹, sagte Bertolini. ›Nein, warte ein wenig; ich habe die Idee zu meiner Ouvertüre‹, antwortete Beethoven. Er blieb und vollendete dort und in jener Stunde seine Skizzen. Man bestellte das Orchester zur Probe am Morgen der Aufführung. Beethoven kam nicht.

Nach langem Warten fuhr ich zu ihm, ihn abzuholen, aber – er lag im Bette, fest schlafend, neben ihm stand ein Becher mit Wein und Zwieback darin, die Bogen der Ouvertüre waren über das Bett und die Erde gestreut. Ein ganz ausgebranntes Licht bezeugte, dass er tief in die Nacht gearbeitethatte« (BSZ, S. 1001).

Beethoven wohnte damals noch im Pasqualati-Haus in der hochgelegenen Melker-Gasse. Er glaubte, die Leonoren-Ouvertüre neu komponieren zu müssen, weil der gefühlsmäßige Sprung von der bisherigen, Pathos und Dramatik verströmenden Ouvertüre in C-Dur zur ersten Szene – in der Marzelline am Kohlebecken steht und Wäsche plättet und einen kleinbürgerlichen Liebesstreit mit Jaquino beginnt –, einfach zu groß war. Die neue Ouvertüre in E-Dur nahm nicht gleich das ganze Drama vorweg und war weniger emotionsgeladen als die dritte Leonoren-Ouvertüre. Später konnten sich viele Opernregisseure und Musiker aber nicht damit abfinden, dass die anspruchsvolle Leonoren-Ouvertüre nur noch abseits der Opernhäuser im Konzertsaal erklingen sollte und integrierten sie in ihre Aufführungen. Als Erster wagte das wohl Otto Nicolai, der Komponist der *Lustigen Weiber von Windsor* und Gründer der Wiener Philharmoniker, wobei wir nicht wissen, an welcher Stelle genau er die alte Ouvertüre einfügte.[290] Gustav Mahler in seiner Eigenschaft als Wiener Hofoperndirektor (von 1897–1907) baute die ältere Ouvertüre – von der Wagner sagte, sie sei keine Einleitung zu dem Drama, sondern das Drama selbst – zwischen dem Ende der Kerkerszene und der Lichtapotheose des letzten Bildes ein, nicht nur weil an dieser Stelle der Vorhang fallen und umgebaut werden muss, sondern auch, weil die alte Ouvertüre den Hörer den gesamten Inhalt der Oper in geraffter Form wie eine Erinnerung noch mal durchleben lässt.

Ergebnisse langjähriger Entwicklungsprozesse

Die Neufassung des *Fidelio* verrät viel über die Veränderungen in Beethovens Denken im vorangehenden Jahrzehnt. Diese verdienen, hier betrachtet zu werden, weil sie Beethovens seit etwa 1801–02 eingeschlagenen Weg der Abwendung von der ›Naturmusik‹ zum eher Ideenhaften nachvollziehbar machen – gerade wegen der Vergleichsmöglichkeit mit einer früheren Fassung: Die *Rettungsoper* wandelt sich zum *Ideendrama*, das seinen Protagonisten neue Formen des Heldentums eröffnet. Sowohl Leonore wie auch Florestan erfahren hier wesentliche Wandlungen in Charakter und Vorstellung, was sich in ihren Arien ausdrückt.

Die beiden Hauptfiguren korrespondieren mit zwei biografisch wichtigen Geistesentwicklungen. Erstens geht es um Beethovens Stellung zur Frau. Leonore könnte, in heutiger Sprache, als emanzipiert gelten und entspricht damit Denkfiguren, die sich in Beethovens Leben von 1804 bis etwa 1816 nachweisen lassen, was später aber einem deutlichen Antifeminismus weicht. In Florestan spiegelt sich – zweitens – Autobiografisches, allerdings in starker Transzendierung ins Allgemeine. Beethovens Erfahrung in Leiden und Entäußerung scheint sich in der gesanglichen Sonderbehandlung des männlichen Helden niederzuschlagen. Aus keiner Quelle, aus keiner textlichen oder musikalischen Vorlage spricht seelische Not so deutlich wie aus der Stimme, die in der Kerkerszene erklingt; das Dunkel herrscht dort wie die Stille über den Ertaubenden. War es nicht naheliegend, dass Beethoven die eigenen Gefühle, die sich in Briefen und Gesprächen niederschlugen, zu stimmlich klingenden Metaphern des Gefangenseins werden lässt? – Beide hier skizzierten biografischen Implikationen bedürfen intensiver Darlegung; in Beethovens Instrumentalmusik gelingen biografische Parallelen selten, doch in *Fidelio* drängt sie sich bereits textlich auf.

Die auffälligsten Veränderungen der Leonoren-Arie betreffen das einleitende Rezitativ. Während Leonore 1805 vor allem ihre Emotionen darstellt, beurteilt sie neun Jahre später Pizarros Wesen. Freilich ist das neue Rezitativ durch den Wegfall des Duetts Leonore-Marzelline (Nr. 10) vor der Arie bedingt; doch entfällt damit ein wesentliches Element der Verbindung Leonores zur privat-bürgerlichen Welt.[291] Dieses Element wird durch etwas Politischeres ersetzt, indem Leonore ihre Auflehnung gegen den Tyrannen ausdrückt und das Motiv ihres daraus folgenden Handelns.

Auch in der Struktur der Arie wird dieser Wandel spürbar. Gab es 1805 nach dem ruhigen ersten Teil zwei komplett auskomponierte Textdurchgänge, wird in der Neufassung Leonores Sicht der Dinge gestraffter ausgedrückt, indem abwartendem Hoffen sofort das resolute Handeln folgt. Die melismatischen Passagen sind überarbeitet und oft gekürzt. Ebenso verzichtet Beethoven 1814 auf den recht virtuosen letzten Textdurchgang und vermeidet weitere Textwiederholungen. Die musikalische Idee wird klar und einprägsam, verdeutlicht durch eingängige Skalen- und Dreiklangformeln. Das Wort-Ton-Verhältnis wird präzisiert; man erkennt Cherubinis Vorliebe für Punktierungen und mächtige Sprünge als Zeichen der Stärke wieder. Die Sangbarkeit wird verbessert, indem früherer Wankelmut (hohe Töne und Oktavsprünge) der Standhaftigkeit (Liegetöne) und einer heroischen Haltung (starke Punktierungen) weichen. Es entsteht eine ausdrucksstarke Zielstrebigkeit, die Leonores Bestimmung gerecht wird. Auch die Koloraturen wurden überarbeitet.[292] Hier hat Beethoven die musikalische Idee angepasst und eine in ihrer Wirkung gleich gute Variante gefunden, die gesteigerte Stringenz, Kantabilität und Überzeugungskraft besitzt. Der Wandel der Leonoren-Figur ist frappierend. Bereits in der Urfassung ist sie eine Heldin, doch handelt sie aus persönlichen Beweggründen; 1814 überschreitet sie die Grenzen des Privat-Persönlichen und erscheint dadurch in einem neuen Licht.

Florestan – Äusserlich Opfer, innerlich Held

Eine rettungsbedürftige Person als Helden darzustellen, mag zunächst als schier unlösbare Aufgabe erscheinen. Den ersten Florestan von 1805 kann man noch nicht als heroische Figur betrachten; in seiner Arie wird er als gebrochener und resignierter Mensch gekennzeichnet. Erst in der Fassung von 1814 wird er zum Helden, und nicht ohne Grund gilt der spätere Florestan als der erste ›Heldentenor‹ der Operngeschichte. Dieser Wandel gelingt Beethoven zunächst mit musikalischen Mitteln, wobei, anders als die Leonoren-Arie, die Folge-Arie des Florestan an Kantabilität verliert, während ihr Tonumfang gewaltig, und damit für den Sänger problematisch wird.[293] In der Leonoren-Arie hatte Beethoven eine neue Sensibilität für vokale Bedürfnisse bewiesen, soweit sie mit den dramaturgischen Anforderungen vereinbar waren. Bei der Figur des Florestan ist die Situation anders. Aufgrund signifikanter Textänderungen tendiert die Rolle nun in eine idealistisch-visionäre Richtung; es gilt, den Wandel vom Bürger zum Helden nicht nur mit rein musikalischen, sondern auch mit spezifisch stimmlichen Mitteln zu leisten.

Deshalb beginnt nun der zweite *Fidelio*-Akt mit einer Neufassung der berühmten Florestan-Arie, die allen Tenören Schweißtropfen von der Stirn perlen lässt. Das erste halsbrecherisch hohe G, das der Sänger aus kalter Brust und noch nicht bühnengeöltem Hals ins Publikum zu schleudern hat, lautet auf »Gott«, beginnt also mit einem weichen »G«, das um Gottes willen nicht zum harten »K« deformiert werden darf, wie es das vorgeschriebene Fortissimo leicht mit sich bringt.[294] Zu erwarten wäre nun eine politisch gemeinte Oper, worin der Held Gott anruft, um die Verdorbenheit der Welt, um erlittene Unfreiheit und Ungerechtigkeit zu beklagen. Weit gefehlt! Beethoven hatte sich bei Sonnleithner einen Textbeginn über die *Finsternis* bestellt, und es gelingt ihm einmal mehr, eine äußerst komplexe Idee mit kleinsten Mitteln und zugleich der größtmöglichen Treffsicherheit auszudrücken: Mit nur fünf Noten ist alles ›gesagt‹! *»Gott! Welch Dunkel hier!«* Eine sehr hohe Note für strahlendes Licht, das als nötiger Kontrast die vier folgenden tiefen Noten zum finstersten Grauen werden lässt. Beethovens legendäre thematische Präzision wurde bereits angesprochen, nicht aber der Preis, um den eine vordergründig einfache, in Wahrheit aber komplizierte Sachlage zustande kommt. Im vorliegenden Fall, also 1814, bezahlt nun der Sänger den Preis. 1805 dagegen war das Sache des damals noch längst nicht ertaubten Beethoven, des Komponisten, der allerdings die schier zur Selbstauslöschung führenden *Ängste vor der Taubheit*, der absoluten Finsternis des Musikers, ausgestanden und in Heiligenstadt zumindest zeitweilig überwunden hatte. Wie gelingt Beethoven dieser Wandel?

Im Wesentlichen interessieren auch hier die Änderungen des Rezitativs, dessen Vorspiel 1814 leicht gestrafft wird. Anfangs weist der Text nur ganz geringe Veränderungen auf, es fehlen nur ein »ach!« und ein »doch«, während dafür »Gottes Wille« ein Ausrufezeichen erhält – das ist alles. Doch verrät sogleich der allererste Einsatz die neue Ausrichtung des Stücks. 1805 ist es rhythmisch ausgewogen mit punktierten Vierteln und Achteln, die sich im schmalen Rahmen einer Quint in gemäßigter Mittellage bewegen. 1814 wird die Quint zur Oktave hochgeschraubt, indem der Spitzenton um eine Quart steigt. Die exponierte Lage des Ausgangstons verschiebt die frühere Betonung, die auf dem Wort »Dunkel« lag, auf die *Anrufung Gottes* – das ist wesentlich. Ein bedrohlich verkürztes Motiv in den tiefen Bläsern illustriert die Lage des Gefangenen; in der frühen Fassung hatte ebendieses Gebilde mit doppelt so langen Notenwerten noch etwas eher Beschauliches.

Ein weiteres Beispiel mag zeigen, wie groß die semantische Veränderung durch Verschiebungen im Wort-Ton-Verhältnis sein kann. Zwar nimmt der Zuhörer bereits 1805, als das Stück noch *Leonore* hieß, an den Gedankenprozessen Florestans teil. Dieser überlegt, zögert, entwickelt einen Gedanken, um dann zu einem eigentlich nicht zu erwartenden Schluss zu kommen: »Doch, doch gerecht ist Gottes Wille«. Allerdings lassen die formelhaften Tonwiederholungen Zweifel an der Stärke der Überzeugung aufkommen; »Gottes Wille« hat hier noch nicht die Zwangsläufigkeit der Fassung von 1814: Die Nennung Gottes ist jetzt dramatisiert, sodass die Anrufung der moralisch höchsten Instanz in exponierter Höhe erfolgt und das schon recht heikle a‘ erklimmt. Die klar strukturierte Phrase lässt keinen Zweifel, kein Zögern mehr erkennen. Florestans geistige Entwicklung ist vollzogen, er hat sein Schicksal wirklich akzeptiert.

Die Beispiele kann man fortsetzen, zusammenfassend jedoch ist zu sagen, dass in allen Teilbereichen die physische wie auch die psychische Stärke der Figuren gesteigert werden: Private Aspekte treten zurück und werden auf die Ebene des Allgemeingültigen gehoben; Änderungen im Wort-Ton-Verhältnis und den Melodielinien geben dem Text eine neue Gewichtung, die größere Amplitude erzeugt eine größere Emphase, der exponierte Arieneinstieg, die gesteigerte absolute Höhe und die erhöhte Tessitur vermitteln den Eindruck psychischer Stärke. Die jetzt dominierende Position gegenüber dem Orchester ist ein Maßstab für die Kraft der Überzeugung; die Verschiebungen gegen die Taktschwerpunkte zeigen die individuelle Unabhängigkeit der Charaktere von äußeren Strukturen, die ariose Gestalt wandelt das Rezitativ vom Singspiel *Leonore* zur großen Oper *Fidelio*.

Beethovens Frauenbild als Antithese im Heldendiskurs um 1800

In der Urfassung von 1805 enthielt die »Kerkerszene« Handlungselemente, die neben der politisch-ideengeschichtlichen Bedeutungsebene eine privat-autobiografische Sicht auf den Komponisten freigaben: Der Kerker als dingliche Metapher der *drohenden* Taubheit des Komponisten, wobei die Rolle der erlösenden Heldin in einer zweiten Schicht eben auch biografisch motiviert erscheint. 1814 ist der Gehörverlust zum bestimmenden Faktor im Leben des Komponisten geworden; seit dem Vorjahr experimentiert er mit Hörrohren, um die Kommunikation aufrechtzuerhalten. Beethovens Versuch, Denken und Kunst in ein völlig neues Verhältnis zu setzen, hatte im vergangenen Jahrzehnt in künstlerische Höhen geführt, die dem Leben des Komponisten einen neuen Sinn und neuen Wert gaben. Allerdings ist die ›Erlöserin‹ von 1805, Josephine, in noch weitere Ferne gerückt, von der »unsterblichen« hat sie sich zur »fernen« Geliebten gewandelt, und dementsprechend erhält Leonore 1814 eine Doppelrolle, die ihr neben der alten (realen) Ebene eine ganz neue Bedeutung zukommen lässt.

Leonores Heldentat ist auch in der Fassung von 1814 schnell erzählt: Sie will ihren Mann aus unrechtmäßiger Gefangenschaft befreien, durchsucht inkognito die Gefängnisse um Sevilla, findet ihn, überwindet den Befehlshaber und führt beide vor einen legitimen Richter. Zu diesem Zweck gibt sie ihre Identität auf; erst mit ihrer

Arie in der Mitte des Werks gewinnt sie diese zurück, ein Vorgang, der mit der Klimax im Kerkerbild zum Abschluss kommt. Allerdings muss sie nun den aktiven Part in der Handlung abgeben, die faktische Rettung des Gatten fällt dem Minister zu. Dadurch erspart Leonore sich die Folgen der sonst unausweichlichen Tat: Pizarro zu töten, hätte nach klassischem Empfinden bedeutet, dass sie trotz der Notwehrsituation selbst ›gefallen‹ wäre. Indem sie und die Dramaturgie den Prinzipien des Idealismus treu bleiben und die Tötung vermieden wird, darf ihr Heldenmut im Finale rückhaltlos gepriesen werden: Sie war die treibende Kraft des Werks, die aus zunächst persönlichen Motiven heraus Größtes leistet und schließlich ihrem Streben Allgemeingültigkeit verleiht. Die Rettungsaktion wird zum Akt der Menschlichkeit.

Zur Zeit der Entstehung des Fidelio steckt Georg Wilhelm Friedrich Hegels radikales Heldenbild allerdings noch in seinen Anfängen. In der Napoleonischen Ära herrscht schon eine in diese Richtung gehende Geistesstimmung, woraus auch der *Fidelio*-Librettist Sonnleithner schöpft. In jedem Fall ist Heroismus damals primär etwas für Männer, und in diesem Sinne konstatiert die Musikhistorikerin Eva Rieger: »In der Philosophie der Aufklärung, also etwa bei Kant und Hegel, wird bei dem Wort ›Mensch‹ stets der ›Mann‹ gemeint. Die Frau kommt nur in Bezug auf den Mann vor, sie geht im Verhältnis zu ihm auf. Dieses ›Aufgehen im Mann‹ beherrschte nach der Aufklärung fast völlig die Opernbühne.«[295] Doch Beethoven sieht und erlebt das anders; sein philosophisches Denken entwickelte sich vor allem ab 1804, zu einer Zeit, da er mit Josephine Brunsvik-Deym engen Kontakt hatte und von ihrem eigenständigen Denken stark beeinflusst war.

Wohl deshalb offenbaren sich insbesondere 1814 höchst unterschiedliche Auffassungen zwischen Beethoven und seinen Librettisten Sonnleithner/Treitschke, z. B. hinsichtlich des Themas Gattenpflicht. Das gedruckte Libretto lässt Leonore sagen: »O folge deinem Triebe! Erliege nicht / der hohen Pflicht / der treuen Gattenliebe«; das heißt, dass ihr Bestreben, Florestan zu retten, die damalige Vorstellung von ehelicher Pflicht konterkariert, der durch passive Trauer Genüge getan gewesen wäre. Beethoven sieht das anders und ändert den Text eigenmächtig: »Ich folg dem *innern* Triebe, ich wanke nicht, mich *stärkt* die Pflicht der treuen Gattenliebe«.[296] Dies besagt, dass sich ihr Handeln ursächlich nicht aus ihrem Familienstatus herleitet; durch diesen wird ihr *Inneres* lediglich *gestärkt*, was freies Entscheiden in ihre Selbstverantwortung gelegt hat. Dies ist etwas ganz anderes als das, was ein Hegel und die im damaligen Zeitgeist gefangenen Librettisten erwarten.

Durch seine unkonventionelle Haltung wertet Beethoven Leonore bedeutend auf und qualifiziert sie zu eigenständigem Heldentum, das vom Geschlecht unabhängig ist. Dazu stattet er sie mit dem Anspruch auf Allgemeingültigkeit aus; als sie sich dem Gefangenen, den sie noch nicht als ihren Gatten Florestan erkannt hat, zuwendet, vereint sie gedanklich *alle* Menschen: »Wer Du auch seist, ich will Dich retten, bei Gott! Du sollst kein Opfer sein!« (Nr. 12, Duett). Damit definiert Beethoven die ideelle Klimax des Werkes, das *jedem* – »wer du auch seist« – den Anspruch auf ein menschenwürdiges Leben zubilligt.

Florestan: Schwachheit als Mittel, Heroismus als innere Haltung

Florestans Heroismus nährt sich vor allem aus der Vorgeschichte. Seine Position vor dem Handlungsbeginn der Oper erhellt sich aus wenigen Stichworten: Er ist »der Edle, der für Wahrheit stritt« (II. Aufzug/8. Auftritt), wie es ihm der Minister attestiert. Florestan war kurz davor gewesen, Pizarro »dahingestreckt« (I/5) zu sehen, der jedoch zunehmend »Tyrannenstrenge« und der »Frevel Nacht« (II/7) verbreitete. Florestan scheitert an den verbrecherischen Taktiken seiner Feinde, die den Heros zur Strecke, das heißt, in den Kerker brachten. Die einzige Wahrheit, die aufgezeigt wird, ist Florestans Enthüllung von Pizarros Machtmissbrauch, dessen Opfer auch er wird.

Im zweiten Aufzug erträgt Florestan seine ausweglose Situation mit stoischer Ruhe. Er versucht zwar, an seiner Rettung zu arbeiten; in der Szene mit dem Kerkermeister Rocco wird deutlich, mit welchen Mitteln er operiert: Diesen berührt er durch seine direkte und aufrechte Haltung, durch seine Stimme der Menschlichkeit. Seine charismatische Figur erlangt Gefolgschaft schon allein durch ihr Wesen. Darin kann man erahnen, wie Florestan seine Frau geprägt haben mag, die trotz aller Schwierigkeiten eben nicht verzagt, sondern weiterhin »auf Gott und Recht« vertraut (I/Nr. 5). Die Größe der Figur Florestans lässt sich demnach primär aus seiner *Wirkung auf andere* ablesen, die erklärt, warum er trotz seiner äußerlich schwachen Position und der gefahrvollen Lage schließlich den Sieg über seinen Widersacher erringt.

Dramaturgisch ist Florestan erst einmal zwei Akte lang zu tiefster Schwäche verurteilt. Doch seine Wertigkeit zu unterstreichen, war ein Hauptanliegen

Beethovens, als er 1814 an die Überarbeitung der Oper ging. Georg Friedrich Treitschke erinnert sich an diese Situation: »Der zweite Aufzug bot gleich anfänglich eine große Schwierigkeit. Beethoven seinerseits wünschte den armen Florestan durch eine Arie auszuzeichnen [...] Ich schrieb Worte, die das letzte Aufflammen des Lebens vor seinem Erlöschen schildern«.[297] Florestan singt sie laut Regieanweisung »*in einer an Wahnsinn grenzenden, jedoch ruhigen Begeisterung*«. Die Vorstellung der rettenden Leonore ist eine Auszeichnung; die durch lange Haft bedingte wahnhafte Vision spiegelt die Todesnähe. Solche Visionen bilden in der »Emotionskunst« Oper oftmals den Höhepunkt eines Werkes. Florestan hat eine prophetische Dimension; hört man Interpreten wie Peter Seiffert, James King oder Jan Peerce, kann man keine Angst erkennen, keine Aggressivität, keine depressive Verstimmung – vielmehr führt Beethovens musikalischer Gestus nicht nur an die Grenze des seinerzeit Üblichen, sondern auch an den Rand des physiologisch Möglichen. Erst durch diese Zumutung gelingt es Beethoven, eine *Zukunftsvision* darzustellen. Trotz der menschenverachtenden Haftbedingungen verfällt Florestan nicht in dumpfes Leid, vielmehr leistet sein wacher Geist Übermenschliches und erfüllt damit die Kriterien des Heldentums in einer äußerlich passiven Opernhandlung.

Unsanglichkeit als ästhetische Aussage

Dass die Partie des Florestan in den verschiedenen *Fidelio*-Fassungen gesangstechnisch immer schwieriger wurde, ist zumeist Beethovens angeblich geringen Erfahrung im Umgang mit Sängern zugeschrieben worden.[298] Es ist unbestritten, dass Beethoven eher instrumental denn vokal dachte, doch muss man angesichts seiner großen Praxisnähe mit Bedacht urteilen. Im Fall der Leonore ist es nämlich umgekehrt: Die Partie wird im Verlauf der kompositorischen Veränderungen etwas gesanglicher, während die vokalen Probleme in Florestans Arien wachsen. Deshalb ist es nicht plausibel, Beethoven im Hinblick auf die Entwicklung der Florestan-Partie einer Unkenntnis der sängerischen Möglichkeiten zu bezichtigen, weil sie sich von landläufiger Sanglichkeit entfernt. Alle drei Fassungen dieser Oper wurden von verschiedenen Tenören uraufgeführt, keiner von ihnen konnte sofortigen Anklang finden. Erst ab 1822 ändert sich das – nicht wegen Beethoven, sondern weil der Gesangsstil sich zu wandeln begann.[299]

Warum ist das Vokalvermögen des Sängers so wesentlich? Der Schlussteil der Florestan-Arie ist in der Spätfassung ein Zwiegespräch mit den Instrumenten. Diese erzeugen eine treibende und instabile Textur, über welcher der Tenor schweben soll. Noch 1814 pflegte man solch hohe Stellen im Falsett zu singen; wie diese Arie in der Höhe geklungen haben mag, kann man sich heute nicht vorstellen, vielleicht überdeckten die Instrumente den Sänger und reduzierten dessen Wirkung. – Der Schluss bewegt sich im Bereich des Registerwechsels (um e'-f') heraus in extreme Höhe (bis zum h'), was vom Sänger Leichtigkeit, Beweglichkeit und lyrischen Ausdruck verlangt. Beethoven komponiert zwar keine Koloraturketten, doch die schnellen Terzsprünge, auskomponierten Gruppetti und Tonwiederholungen verlangen einen technisch versierten Sänger. Dennoch wirkt die melodische Linie der Singstimme zerhackt, sie ist rhythmisch gegen die Taktschwerpunkte verschoben; die vielen Achtelpausen, welche die Gesangslinie unterbrechen, bewirken den Eindruck von Kurzatmigkeit oder

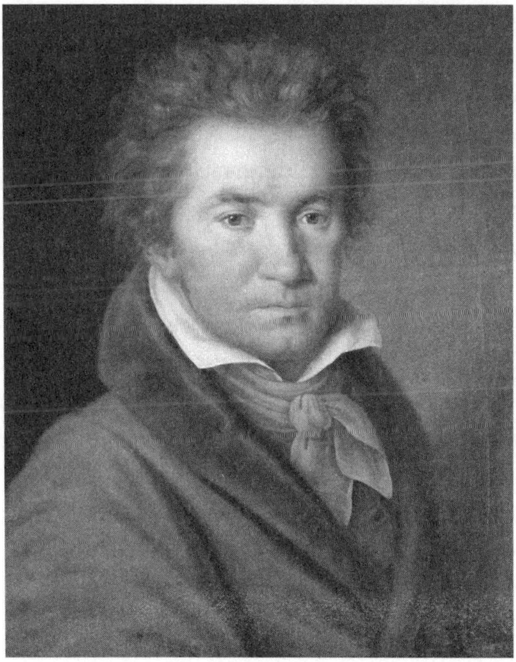

Abb. 47 Das vierte und letzte Beethoven-Porträt Willibord Joseph Mählers von 1815 ist das ausdrucksstärkste und zeigt den von Trauer geprägten Komponisten am Ende der Entstehungszeit der Oper *Fidelio.*

Hyperventilation des Sängers. So entsteht kein Melodiefluss, der einer natürlichen Atmung entspräche.

Mit der letzten Fassung der Florestan-Arie beschritt Beethoven einen Grenzbereich, einen neuen Weg, der von anderen Komponisten erst später begangen wurde. Diese stufenweise erkämpfte Extrem-Stimmhöhe überschreitet das klassische Ebenmaß, sie kann nicht ›angenehm‹ gesungen werden. Mehr: Sie soll weder ›gut‹ noch ›schön‹ wirken. Beethoven will hier seinen Hörern ›Unerhörtes‹, doch von ihm selbst Erlebtes und Erfühltes bieten: Zustände zwischen Trance und Ohnmacht, Bewusstsein und Vorwärtstraum, Hoffnung und Verzweiflung, Alptraum und Apathie, Delirium und Todesnähe – lauter Dinge, die der Komponist in ständigem Pendeln zwischen imaginierter Klangwelt und wachsender, tatsächlicher Gehörlosigkeit erfahren hatte. Nicht nur er, auch Zeugen wie Fanny Giannattasio, Ignaz Schuppanzigh und Ludwig Rellstab berichten, was sie zutiefst erschrocken von Beethovens »tiefgebeugtem kranken Geist« und seinem »zerrütteten Wesen« wahrnahmen. Für solche Formen der Exaltation hatte die Klassik kein Vokabular. Er musste dafür einen neuen Vokalstil erfinden, was mit der Florestan-Figur zur Erschaffung des so fragilen, gefährlichen und gefährdeten Stimmtypus des Heldentenors führte. Dazu greift der Komponist ganz bewusst nach neuen künstlerischen, quasi proto-naturalistischen Mitteln, um jene Art irrationaler Entfremdung des Geistes vorwegzunehmen, die man viel später einer ›Ästhetik des Hässlichen‹ annähert.[300] In dieser Absicht ließ Beethoven sich weder von Rezensenten-Geheule noch von Sänger-Tadel beeindrucken. Der Vorwurf, er denke zu instrumental und verstehe nichts von Gesang, läuft ins Leere: Beethoven stammt von Sängern ab und nahm Gesang quasi mit der Muttermilch auf. Er wusste genau, was er wollte. Dies wird bestätigt durch sein Verhalten bei den Aufführungen der *Missa solemnis* und der *Neunten Symphonie* 1824, wo man ihn gar verdächtigen wird, wegen mangelnder Hörfähigkeit sängerfeindlich zu schreiben. Ganz im Gegenteil: Er wird mit den Solisten jede problematische Stelle besprechen, Konzessionen aber nur dort machen, wo Änderungen nicht zu Lasten des beabsichtigten Ausdrucks gehen.

Die Wirkung gibt Beethoven in jedem Fall recht: Durch den zu seiner Zeit gewagten Stilwandel in Rezitativ und Arie wird die reale Schwäche des Gefangenen zu jener Ekstase transzendiert, welche die ganze Größe der Figur Florestans begreifbar macht und ihr die vollste Überzeugungskraft verleiht. So versteht man auch, warum Leonore die Strapazen der Rettung auf sich nimmt. Erst in einer

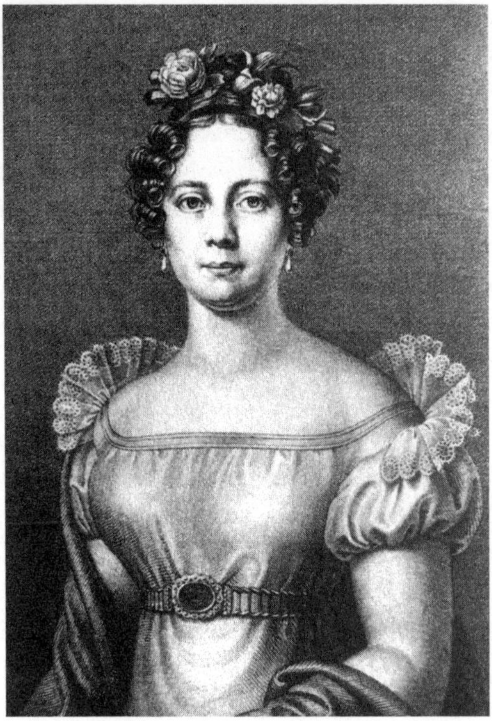

Abb. 48 Prägend für die Interpretation der Rolle der Leonore - Anna Milder-Hauptmann, Star der Wiener Opernbühne, wo sie an mehreren Produktionen des *Fidelio* beteiligt war. Aquarellierte Zeichnung von Perger.

Extremsituation im Grenzbereich der überkommenen Ästhetik erfüllt Florestan seine Sendung als ideelles Vorbild. Komponisten von Meyerbeer und Wagner bis zu Schreker, Berg und Schönberg waren dankbar für Beethovens neuen Stil.

Der Siegeszug des »Fidelio«

Bei der Premiere am 23. Mai 1814 im Wiener Kärntnertortheater stand Ludwig van Beethoven selbst am Pult – wurde aber durch seinen fortgeschrittenen Gehörverlust – Treitschke schrieb freundlich: durch sein Temperament, durch

»sein Feuer« – immer wieder aus dem Takt gerissen, was der Kapellmeister Umlauf, der hinter Beethovens Rücken stand, »mit Blick und Hand« ausglich.[301] Es war eine denkwürdige, heute schwer vorstellbare Szene. In kurzem Zeitraum folgten einundzwanzig weitere Aufführungen in Wien, ein Erfolg, wie er bisher nur italienischen Opern und der *Zauberflöte* beschieden gewesen war. Bei diesen Aufführungen ging ganz und gar nicht alles glatt – ein Zeitzeuge namens Joseph Carl Rosenbaum berichtete, dass die recht bieder aussehende Anna Milder-Hauptmann, die schon 1805 und 1806 die weibliche Hauptrolle gesungen hatte, ein Duett mit Giulio Radicchi, der den Florestan gab, viermal neu ansetzen und schließlich abbrechen musste.[302]

Fidelio wurde nun auch in anderen wichtigen Opernstädten aufgeführt. Den Anfang machte Carl Maria von Weber, der schon sechs Monate später, am 26. November 1814, in Prag die Premiere dirigierte, sich aber danach über das mangelnde Echo des Publikums beklagte. Wieder ein halbes Jahr später hatte *Fidelio* in Dresden Premiere, im Oktober 1815 dann in Berlin. Nun ging es Schlag auf Schlag: Karlsruhe, Hamburg, Kassel, Weimar folgten 1816, schließlich auch Leipzig, Riga, Königsberg, Paris (1829), London (1832) …

21

Krieg um den Neffen

Karl van Beethoven und seine Mutter Johanna

Am 15. November 1815 starb Beethovens 1774 geborener jüngerer Bruder Kaspar Karl, »k. k. Kassier der Banko Hauptkassa« in Wien, an der »Lungensucht«, wie man die Tuberkulose damals nannte. Wenige Wochen vor seinem Tod hatte er gebeten, aufgrund seiner schwachen Gesundheit vom Dienst beurlaubt zu werden; sein Gesuch war in ruppiger Form abgelehnt worden durch eine Verfügung, worauf Beethoven später die Worte schrieb: »Dieses elende Kameralprodukt hat den Tod meines Bruders verursacht« (BGA Nr. 842, 23. Oktober 1815). Ganz recht hatte Beethoven vielleicht nicht, Thayer meinte, das Endstadium der Tuberkulose sei so schwer zu diagnostizieren, weil der Kranke kurz vor seinem Ende noch mal Lebensmut und neue Kraft ausstrahlen kann.

Karl van Beethoven hatte am 25. Mai 1806 Johanna Reiß (Reiss, 1786–1869), die Tochter eines wohlhabenden Wiener Tapezierers, geheiratet. Am 4. September 1806 wurde ihr einziges Kind, Beethovens Neffe Karl, geboren. Johanna musste sich 1804 vor Gericht wegen Diebstahls verantworten; ihre Eltern hatten sie der Unterschlagung von Schmuck bezichtigt. Sie wurde zunächst zu einem Jahr Kerker verurteilt, doch bald wandelte man diese Strafe in einen kürzeren Hausarrest um, eine geradezu milde Strafe, die aber dennoch bewirkte, dass Johanna fortan als vorbestraft galt.[303] Beethoven hegte eine tiefe Abneigung gegen sie und warf ihr einen unsittlichen Lebenswandel vor, wobei er sich auf recht windiges Hörensagen berief (s. BGA Nr. 904). Er bezeichnete sie später oft als »Königin der Nacht« in Anspielung auf Mozarts Oper *Die Zauberflöte*.

Am 14. November 1815, einen Tag vor Kaspar Karls Tod, erfuhr Beethoven, dass sein Bruder die Vereinbarung von 1813, worin er ihm die alleinige Vormundschaft übertragen wollte, nicht einhielt. Laut Testament sollte nun Johanna zu

Karls Vormund und er nur zum Mitvormund ernannt werden. Beethoven bestürmte seinen im Sterben liegenden Bruder, dies im Sinne der ursprünglichen Form zu ändern und Johanna auszuschließen, doch sie schaffte es, ihn hinter Beethovens Rücken zur Rücknahme dieses Zusatzes zu bewegen. Trotzdem beantragte Beethoven beim Landgericht das alleinige Sorgerecht für seinen neunjährigen Neffen Karl, doch konnte das Gericht aufgrund der dort hinterlegten Dokumente gar nicht anders handeln, als Johanna am 22. November zum Vormund und ihren Schwager Ludwig lediglich zum Mitvormund zu bestimmen. Mit Hinweis auf die Vorstrafe seiner Schwägerin reichte Beethoven dann im Dezember beim Wiener Magistrat eine Petition ein, um Johanna von der Vormundschaft ausschließen zu lassen. Das Gesuch wurde zunächst zwar abgewiesen, gleichzeitig jedoch an das k. k. niederösterreichische Landgericht weitergeleitet. Diese Instanz bestellte am 9. Januar 1816 Beethoven zum alleinigen Vormund für seinen Neffen Karl. Beethoven betrachtete seinen Neffen nun als sein »eigenes Kind« und seine Aufgabe als einen »heiligen Zweck« (BTb Nr. 80), denn es galt, den Jungen über das Gewöhnliche zu erheben, was in Beethovens zwar von der Aufklärung geprägtem, doch gleichzeitig auch recht weltfremden Erziehungsbild nur über den Weg zu Kunst und Wissenschaft zu erreichen war.[304]

Da ein gemeinsames Leben mit seinem Neffen so schnell nicht zu organisieren gewesen wäre, brachte Beethoven Karl am 2. Februar 1816 im Internat Cajetan Giannattasio del Rios im Wiener Stadtteil Landstraße unter, einer Institution mit sehr gutem Ruf. Beethoven zog bald in die Nähe der Lehranstalt und engagierte seinen Schüler Carl Czerny als Klavierlehrer für seinen Neffen, um diesen auf eine Musikkarriere vorzubereiten. Dieses Arrangement wurde immer wieder verlängert; Beethoven holte das Kind nur zeitweilig zu sich, konnte sich jedoch allzu lange nicht zu einer adäquaten Umorganisation seines Hausstands entschließen, und so verblieb der Junge bis zum 24. Januar 1818 bei Giannattasio.

Gegenüber seinem Neffen verhielt sich Beethoven zumindest anfangs merkwürdig distanziert: Als sich der Todestag von Karls Vater jährte, hielt es Beethoven nicht nötig, den Neffen zu besuchen, er suchte ihn nicht einmal auf, als dieser sich einer Leistenoperation unterziehen musste. Auch während der Sommeraufenthalte auf dem Land ließ er ihn einsam im Internat zurück. Er erkannte recht bald, dass Karls Begabung für eine Laufbahn als Berufsmusiker nicht ausreichte; Beethovens pädagogischer Elan könnte unter dieser Einsicht gelitten haben. Er war zunächst ratlos, sah aber wohl schon bald statt in der

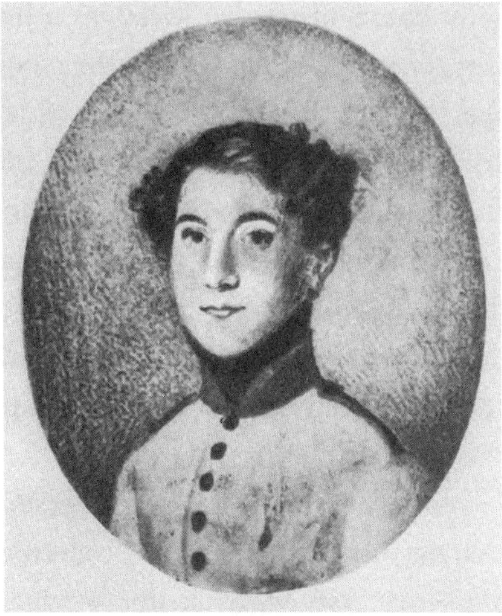

Abb. 49 Karl van Beethoven, der Neffe des Komponisten, hier bereits in Kadettenuniform – kurz vor oder nach dem Tode seines Onkels. Nach einer anonymen Miniatur von 1827.

Musik in der Wissenschaft ein alternatives Betätigungsfeld für den Neffen. Wenn man in Beethovens Konversationsheften die klugen Antworten des Neffen in kniffligen philologischen Sachverhalten und seine Geschicklichkeit bei der Ausführung geschäftlicher Dinge des Onkels, seine Sprachbegabung und seine Formulierungskunst beim Briefeschreiben feststellt, bemerkt man, dass Beethovens Entscheidung, Karl aufs Akademische Gymnasium zu schicken, richtig war. Den Klavierunterricht übernahm er nun selbst.

Dagegen beharrte Beethoven auf der trügerischen Annahme, er dürfe Johanna das Besuchsrecht bei ihrem Sohn weiterhin verweigern, um diesen, wie der Onkel stets beteuerte, von den verderblichen Einflüssen der Mutter fernzuhalten. Diese fand jedoch immer wieder Gelegenheiten und Mittel, auch das der Bestechung, um ihren Sohn heimlich zu sehen. Er hing an ihr, es wird berichtet, dass er nach den Besuchen seiner Mutter »ihr immer nachweint«.[305] Dieses naturgegebene Bedürfnis nach mütterlicher Geborgenheit, das Beethoven selbst wohl weniger empfunden und die er selbst anscheinend auch nie wirklich vermisst hatte, wollte er bei Karl nicht wahrhaben, und so erwirkte er im Februar 1816 beim Landgericht das Recht, über Johannas Besuche bei ihrem Sohn bestimmen zu können. Am 4. September 1816 musste sie die Zusicherung abgeben, »zur Herstellung der Einigkeit« auf ihre Vormundschaftsansprüche zu verzichten.[306] Doch dies war keine Lösung: Trotz Zeiten erfreulich entspannter familiärer Verhältnisse flüchtete Karl im Dezember 1818 zu seiner Mutter, weshalb er von der Polizei zu seinem Onkel zurückgebracht wurde.

Angesichts der Härte Beethovens ihr gegenüber änderte die Schwägerin Johanna nun ihre Strategie und erreichte in einem weiteren Prozess (Dezember 1818), dass der Anspruch ihres Schwagers auf die Vormundschaft annulliert wurde, wobei Karls Fluchtversuch in seiner ganzen Schwere gesehen und angemessen gewürdigt wurde. Gleichzeitig erkannte das Gericht Beethoven jeglichen Adelsanspruch ab; unvorsichtigerweise hatte er nämlich zugegeben, dass das »van« in seinem Namen flämischen Ursprungs war und er keine Dokumente besaß, die dies als Adelsprädikat auswiesen. Er wurde vom (für den Adel zuständigen) Landgericht an den Magistrat verwiesen; die Gerichtsbesuche zwischen Handwerkern und kleinen Leuten wurden peinlich – Beethoven musste sich nun bei jedem Amtsgang wie jedermann ganz hinten anstellen. Karl lebte wieder bei seiner Mutter, die ihren Sohn in die Privatschule von Johann Baptist Kundlich schickte. Sie übernahm zunächst gemeinsam mit dem Magistratsrat Mathias von Tuscher die Vormundschaft; nach drei Monaten zog dieser sich jedoch mit der Begründung zurück, er habe zu viele Amtsgeschäfte, gab aber auch »mehrere andere Gründe« an.[307] Seine Stelle übernahm der Stadtsequester Nußböck. Karl kam nun in das Knabeninternat Joseph Blöchlinger, wo Johanna ihn frei besuchen konnte, er aber auch mehrmals in der Woche seinen Onkel traf.

Doch auch Beethoven ließ nicht locker. Anders als in den Jahren vor 1810 war er inzwischen, davon überzeugt, dass, wie es der Zeitgeist suggerierte, männliche Dominanz zu den Ideen der Aufklärung ganz selbstverständlich dazugehörten. Mit Unterstützung des berühmten Juristen Johann Baptist Bach, Dekan der juristischen Fakultät in Wien, zog er vor das niederösterreichische Appellationsgericht. Am 8. April 1820 entschied dieses, dass Beethoven entsprechend seinem Vorschlag die Vormundschaft gemeinsam mit seinem Freund Karl Peters, dem Hauslehrer bei der Familie Lobkowitz, ausüben solle. Johanna legte Beschwerde ein, hatte damit wegen ihrer Vorstrafe jedoch keinen Erfolg; Beethovens Ruf, seine finanziellen Mittel und sein bis dahin bereits geleisteter Einsatz für Erziehung und Ausbildung des Neffen gaben den Ausschlag für Johannas Abweisung. Beethoven plante nun, Karl in die Schule des Reformtheologen Johann Michael Sailer nach Landshut zu schicken, welcher der von der gemeinsamen Freundin Antonie Brentano vorbereiteten Anfrage Folge zu leisten versprach. Diese Lösung hatte in Beethovens Augen auch den Vorteil, dass Karl ganz aus dem mütterlichen Umfeld herauskäme. Allerdings war die Ausreise nach Bayern genehmigungspflichtig, und trotz der Intervention Erzherzog Rudolphs wurde Beethovens Gesuch von der Polizei-Hofstelle abgelehnt.

Währenddessen begann Johanna zu resignieren, sie dürfte sehr wohl bemerkt haben, dass im damals herrschenden gesellschaftlichen Klima einer Frau zwar die Fürsorgepflicht für ein Kleinkind auferlegt, nicht jedoch der Einfluss auf einen vierzehnjährigen Sohn zugestanden wurde. Sie hatte ihre Konsequenzen gezogen: Wenige Monate später gebar sie eine Tochter, der sie den vielsagenden Vornamen *Ludovica* gab. War das nicht der offensichtliche Versuch, *Ludwig* durch eine andere Person zu ersetzen, gar auszulöschen? Gab sie ihren Sohn Karl an den verhassten Schwager Ludwig verloren? Jedenfalls wird ihr die Geburt Ludovicas beim Verlust ihres Sohnes Trost gespendet haben.[308]

Karl war außer in Mathematik ein sehr guter Schüler, litt aber unter Examensangst – dies war nicht gerade überraschend angesichts der psychologisch schwierigen Bedingungen, welche die komplizierten Familienverhältnisse mit sich brachten. Trotzdem bestand er am 27. August 1823 die Abschlussprüfung, die ihm den Übertritt zur Universität erlaubte. In diesem Jahr verließ der Siebzehnjährige Blöchlingers Institut und zog zum Onkel, um an der Wiener Universität ein Studium der Philologie aufzunehmen. Es begannen entspanntere Monate, während derer familiärer Frieden herrschte. In seiner Freizeit half Karl seinem Onkel bei geschäftlichen Angelegenheiten. Nach etwa einem Jahr stellten sich wieder Studienprobleme und Prüfungsnöte ein; Karl äußerte erstmals den Wunsch, Soldat zu werden. Beethoven forderte von ihm jedoch, das Studienjahr zu wiederholen, was Karl auch tat, ohne dass er sich verbessert hätte. Man einigte sich darauf, dass er am Polytechnischen Institut eine zweijährige kaufmännische Ausbildung absolvieren sollte; er wohnte nun bei einem Kostherrn, hielt jedoch engen Kontakt zu Beethoven und erledigte für ihn quasi als Sekretär zahlreiche, zum Teil höchst anspruchsvolle Arbeiten.

* * *

Viereinhalb Jahre hatte der Streit um die Vormundschaft gedauert. Auffallend ist die bis zur Unbarmherzigkeit reichende Härte, mit der Beethoven seine Schwägerin bekriegte, um dann wieder kompromissbereiter auf sie zuzugehen, ihr gar finanzielle Unterstützung anzubieten. In allem überrascht, wie geschickt Johanna sich immer wieder verhält. Sie hat keine Bildung, ist aber eine emanzipierte Frau und weiß recht genau, was sie will. Vor allem in der frühen Beethoven-Literatur kommt sie schlecht weg, dabei wollte sie nur ihr Recht als Mutter, die ihr Kind liebt. Letztlich entriss Beethoven es ihr – zum Unglück aller Beteiligten, insbesondere des Neffen, den diese Zerwürfnisse für sein Leben geprägt haben. Dutzende von Dokumenten und Briefen zeigen, wie sehr dieser Streit Beethovens Zeit beanspruchte, ihn in ständiger Sorge und Aufregung hielt und somit am Komponieren hinderte. 1817 entstand kein einziges Werk von Bedeutung, für 1818 sind lediglich die zwei ersten Sätze der Klaviersonate op. 106 zu verzeichnen; erst 1819 normalisierte sich sein Arbeitsrhythmus nach und nach.

In der Beethoven-Forschung wird der Streit um den Neffen sehr kontrovers diskutiert. Es gibt in der Kulturgeschichte wohl wenige biografische Episoden, die so ausgiebig beleuchtet und so unterschiedlich bewertet worden sind. Der früheste unter den wichtigen Biografen, Schindler, malt ein Schwarz-Weiß-Bild der gröbsten Art: einerseits der lautere Onkel, andererseits der heruntergekommene Neffe. Doch bereits Thayer irritierte diese Einseitigkeit, und er wollte keineswegs ausschließen, dass Johanna ihren Sohn »vielleicht wirklich liebte« (TDR Bd. IV, S. 109). Gelegentlich zog er Beethovens Reaktionen in Zweifel, doch fand er angesichts der auch in ihm bestehenden Tendenz zur Heldenverehrung nicht zu einer abschließenden Haltung. Dies dürfte der Grund sein, warum Thayer ab dem Kapitel »Neffenkonflikt« seine Arbeit an der Beethoven-Biografie nach und nach an die Mitautoren Hermann Deiters und Hugo Riemann delegierte.

Heute herrscht eine gerechtere Sichtweise, die auch die pädagogischen und psychologischen Aspekte und die Fehleinschätzungen Beethovens einbezieht. Berühmt wurde die Studie des Ehepaars Editha und Richard Sterba, *Beethoven and his nephew* (1954, frz. 1955, dt. 1964), worin das Problem erstmals aus der psychoanalytischen Perspektive angegangen wurde.[309] Allerdings verfügten die Sterbas noch nicht über das Wissen um Beethovens Verhältnis mit Josephine Brunsvik-Deym, weshalb man Sterbas Vermutung, in der Persönlichkeit Beethovens sei eine »unbewusste homosexuelle Komponente« veranlagt, mit Vorsicht betrachten sollte. Diese Ansicht basiert wohl hauptsächlich auf der angeblich »übertrieben zärtlichen« Beziehung zwischen den Beethoven-Brüdern (S. 19), die zwischen Empfindsamkeit und Romantik um 1800 so ungewöhnlich nicht ist, wie das Beispiel Karl Amenda in Kapitel 7 zeigte. Um ihre These zu untermauern, bemühen die Sterbas neben Amenda auch die Bekanntschaften mit Baron de Trémont, Carl Maria von Weber und Karl Holz (S. 221ff.), doch kommen auf Beethovens Seite viel häufiger durchaus vergleichbare Freundschaftsbeweise gegenüber Frauen vor (die Schwestern Brunsvik, Gräfin Erdödy, Antonie Brentano u. v. a.), sodass spekulative Antworten auf die Frage nach der wahren Natur von Beethovens Beziehungen nicht sinnvoll erscheinen. Insbesondere ist nicht plausibel, warum die angeblich »homosexuelle Strömung« gegenüber Bruder Kaspar Karl sodann, wie die Sterbas meinen, ersatzweise auf dessen Sohn Karl übergehen soll; in diesem Fall wäre die Erstvereinbarung zwischen den Brüdern über die Vormundsfrage sinnlos, denn 1813 war der Neffe erst sechseinhalb Jahre alt. Beethovens Verhalten bietet keine Ansatzpunkte, um die Position der Sterbas zu untermauern.

Zu den wenigen Verfechtern von Sterbas Thesen zählen Martin Cooper (1970) und Luigi Magnani (1978)[310]; erwartungsgemäß zahlreicher waren die Kritiker, wobei viele von ihnen lediglich ihre Empörung zu äußern wussten. Von Gewicht ist vor allem Harry Goldschmidt; in seinem Klassiker *Um die unsterbliche Geliebte* (1977) fügte er extra einen provokant formulierten Abschnitt ein, *Die einzig Geliebte: ein Knabe?*, um mit den Sterbas ins Gericht zu gehen. Zunächst betont er »die unentbehrliche, zentrale Rolle der Frau in Beethovens innerer Lebensgeschichte«.[311] Diese Feststellung ist sehr wichtig, vielleicht aber etwas zu plakativ und auf Beethovens letzte Lebensjahre nicht mehr ganz zutreffend.[312] Besonders wichtig aber ist, dass Goldschmidt die Vormundschaftsangelegenheit in die Nähe der Geschehnisse um die *Unsterbliche Geliebte* rückt, deren negativer Ausgang eben *nicht* »in Beethovens Veranlagung« begründet war (S. 242), sondern ihm schicksalhaft aufgebürdet wurde. Angesichts der daraus resultierenden »zerstörerischen Spuren« und der zeitlichen Nähe musste die Neffen-Problematik aus tiefster Enttäuschung über das Scheitern der Freundschaft mit Josephine und der Kontaktsuche zu seiner mutmaßlichen Tochter Minona entstehen. Die Verbitterung darüber überschattete und verfälschte die Beziehung zum Neffen: Beethoven habe, so Goldschmidt, »in den affektiven Illusionen und Verhaltensweisen einer angemaßten Vaterschaft sich verfangen«, wie sie »eine natürliche Vaterschaft niemals hervorgebracht haben würde« (ibid.).

Dies dürfte die sensibelste Analyse zum Thema des Neffen Karl sein, doch Anhänger der Psychoanalyse mochten sich damit nicht befreunden. Maynard Solomon geht davon aus, dass Beethoven sich eine »Phantasie-Ehe« mit Johanna herbeiträumte, sie sei ja für »Impulse zu einer Vereinigung mit einer Mutterfigur« verfügbar geworden.[313] Diese »inzestuösen und muttermörderischen Antriebe« seien jedoch stets bedroht gewesen von der »Angst vor väterlicher Rache« (Solomon S. 270 und 287ff.). Man hat Solomon zwar zugutegehalten, dass er beim Konflikt mit dem Neffen »mit vielen überlieferten Vorurteilen und Stereotypen« aufgeräumt habe;[314] im Grunde aber ersetzt er diese, insbesondere die Sterba-

Variante, lediglich durch ein ganzes Arsenal psychoanalytischer Gemeinplätze, deren Anwendbarkeit auf Beethoven bis heute keineswegs geklärt ist.[315]

Für Stefan Wolf, der die Problematik des Neffen Karl 1995 nochmals gründlich aufrollte, zählt der psychoanalytische Ansatz nach wie vor, doch beschränkt er sich auf die Aspekte »Mutterbindung, Narzismus, Kastrationsangst sowie Verführung« im Sinne Sigmund Freuds. Wolf untersucht interessanterweise aber auch Beethovens pädagogische Stichwortgeber und nennt vor allem Jean-Jacques Rousseaus Werke, die der Komponist wohl durch Therese Brunsvik kennengelernt hat, während diese sie 1808 durch Johann Heinrich Pestalozzi für sich entdeckt hatte. Das Kind sei wie eine Pflanze: »Geduld hat ja der Gärtner mit seinen Pflanzen«, schreibt Beethoven 1820, »er wartet ihrer, läßt zu, bindet wieder, u. der Mensch soll es nicht mit der jungen Menschenpflanze haben?«[316] – Laut Wolf sieht Beethovens die Vormundschaft über Karl als »Eheersatz«, nur ohne deren Zwänge, die er um der Kunst willen fürchtet.

Sollte eines Tages Beethovens Vaterschaft bestätigt werden, so könnte sich von den verschiedenen Interpretationen des Neffen-Konflikts letztlich diejenige als die plausibelste erweisen, der zufolge das ›Projekt-Neffe-Karl‹ als ein Ersatz für das 1813 grausam scheiternde ›Projekt Minona‹ zu betrachten wäre. Die grenzenlose Verbissenheit, mit der Beethoven um den Neffen kämpfte, kann eigentlich eine insgesamt überzeugende Erklärung nur in der abgrundtiefen Verzweiflung finden, die ein Vater erfährt, wenn man ihm sein Kind vorenthält. Doch hatte Josephine aus der Notwendigkeit ihres gesellschaftlichen Überlebens heraus keine andere Wahl, sie musste so verfahren.

22

Josephines letzte Jahre und Tod

Der Tragödie letzter Teil

In Kapitel 18 trennten wir uns von Josephine Brunsvik-Deym-Stackelberg im Jahr 1819, als die Vaterschaft von Josephines Tochter Minona in einem kleinen Wiener Zirkel zur Diskussion stand: Christoph Freiherr von Stackelberg, Josephines zweiter Ehemann, war nach langer Abwesenheit aus Estland nach Wien zurückgekehrt. Durch den Tod eines Bruders hatte er eine Erbschaft gemacht und verlangte nun von Josephine, ihm auf seine neuen estnischen Güter zu folgen. Es gelang ihr jedoch, ihn von der Sinnlosigkeit eines solchen Umzugs zu überzeugen, da ihre Kinder aus erster Ehe zu tief in Wien verwurzelt waren. Stackelberg war mit dreien ihrer Kinder gekommen, Maria Laura, damals knapp zehn, Theophile, knapp neun, und Minona, sechs Jahre alt. Die ersten zwei stammten jedenfalls von Stackelberg. Letztere aber hatte sich ganz anders entwickelt, sie war kräftiger und musikalisch begabt, weshalb das Gerücht aufkam, sie sei Beethovens Kind.

Man erinnere sich, dass Stackelberg Josephine die drei genannten Töchter 1814 geraubt hatte – zwar mit polizeilicher Unterstützung, aber ein Raub war es dennoch, weil er sich nicht selbst um die Kinder kümmerte, sondern alle drei in Pflege gab und Josephine auch noch dafür bezahlen ließ. Josephine muss durch diese Katastrophe völlig den Halt verloren haben, insbesondere auch durch die von Stackelberg inszenierte Beschädigung ihres Ansehens, die sie von jeglicher amtlichen Hilfe ausschloss und allen möglichen Verdächtigungen aussetzte. Doch damit nicht genug: Stackelberg hatte Josephine gegenüber der Verwaltung eines unmoralischen Lebenswandels bezichtigt, weshalb man ihr auch gleich noch jakobinischer Umtriebe unterstellte und sie zeitweise vom Geheimdienst überwachen ließ. Als durch und durch emanzipierte Frau war sie schon allein deshalb für die Beamten des Metternich-Apparates das ideale Opfer. Die

Folge brachte gar den Frontalangriff auf ihre Pestalozzischen Ideale; man wollte ihr selbst die verbliebenen Deymschen Kinder wegnehmen »und sie in einem [all] gemeinen Institut zu gemeinen [= ›normalen‹] Menschen bilden«, schreibt Therese in ihrem Tagebuch.[317] »Welche Kämpfe! Welche Auftritte 1815 und 1816! Von da an war ihr schwindendes Leben eine schreckliche Zerrissenheit« (La Mara 1909, S. 96). An ihre Tochter schreibt Josephine, sie fühle sich »wie an einen Felsen angeschmiedet in einem Sumpf! Von Ungeheuern bin ich rings umgeben«. Und ihr Arzt bekommt zu lesen: »Der Körper n[ä]mlich ist nur mitleidend. Die Seele leidet unerträglichen Schmerz« (Tellenbach 1983, S. 162). Die Gesellschaft war dabei, sie zu zermalmen.

Noch gelang es Josephine, diese Attacken abzuwenden, und ihr größtes Bestreben war es, den Kindern die gewohnte Erziehung bieten zu können. Leider ging sie dabei dem nächsten »Retter aus der Not« auf den Leim, man muss wohl davon ausgehen, dass Hass, andauernde Zermürbung, Hilflosigkeit und Reste von Liebesbedürftigkeit ihren Blick trübten. So vertraute sie sich einem gewissen Karl Eduard von Andrehan-Werburg an, seines Zeichens Mathematiklehrer, der sie zu kurieren versprach. Sie wurde keineswegs gesund, dafür aber bald schwanger und gebar im Herbst 1815 – außerhalb von Wien in einer Hütte versteckt – ihr achtes Kind, Emilie (1815–1817). Kurz darauf trennte sie sich von Emilies Erzeuger: Andrehan nahm die Tochter mit und wollte sie allein aufziehen, doch starb sie bereits am 6. September 1817 an Masern.

Weibliche Freiheit als antikisierendes Ideal

Im Leben einer ursprünglich starken Frau ist so etwas wie die Andrehan-Episode ziemlich ungewöhnlich. Ein Erklärungsansatz wurde genannt: die Labilität, in die Josephine geraten war – durch jahrelange Entnervung, tiefste Depression und äußerst widrige Lebensumstände, aus denen es für sie kein Entkommen mehr gab.

Es gibt aber noch einen anderen Hintergrund, der nun gründlicher zu beleuchten ist, weil er die nicht nur bei Josephine, sondern auch bei ihrer Schwester Therese erkennbare Vorstellung von weiblicher Autonomie betrifft, die bei beiden bis in die Sexualität hineinreichte. Aus diesem Grund beschloss Therese, unverheiratet zu bleiben; nur so war es ihr möglich, nach ihren Vorstellungen zu leben und in ihrem Ideal, der Erziehung von Kleinkindern, aufzugehen, ohne die damals mit der Heirat verbundene Fremdbestimmung durch den Ehemann ertragen zu müssen. Josephine war zweimal verheiratet, einmal harmonisch, einmal sehr problematisch – ihre Freiheit bedeutete für sie bis zuletzt einen stetigen Kampf. Wenn die Umstände es erforderten, zeigte sie Initiative und Eigenständigkeit.

Die Ideale der zwei Frauen haben eine kulturgeschichtliche Tradition, die bisher im Kontext Beethoven nicht hinreichend geklärt worden ist. Tellenbach erwähnt zwar die Vorbildfunktion der antiken Heldinnen Arria, Aspasia, Cornelia und Diotima, geht aber in deren Verortung über Friedrich Schlegel und Germaine de Staël nicht weit genug zurück. Das Interesse der zwei Brunswik-Gräfinnen an der der Antike ist bereits durch die antikisierende Inszenierung belegt, welche der Maler Baptist Lampi in den Porträts der beiden Schwestern realisiert (siehe Farbabbildungen 4 und 5): Die Spuren zu der deutschen und der französischen Rezeption der Antike sind interessant, ohne weitere Recherche jedoch wenig hilfreich, weil beide nahezu konträr sind. Die deutsche, 1755 durch Johann Joachim Winckelmann begründete Rezeption geht mit den genannten antiken Frauenfiguren teils kritisch, teils gar satirisch um (z. B. Wielands *Aspasia*, 1773) – in der berühmten *Winckelmania* gilt die Begeisterung für die Antike vorzüglich griechischen Göttern und deren Abbildern in Marmor und Bronze, ohne weibliche Entsprechungen wirklich zuzulassen. Die ebenfalls 1755 beginnende französische *Hellenomania* geht auf den Comte de Caylus zurück und hatte einen außerordentlich starken Einfluss auf die Kulturgeschichte westlich des Rheins. Skulptur, Malerei, Dichtung bis hin zur Oper (Gluck, Piccinni, Grétry) potenzierten die Wirkung. Der Empire-Stil entsteht im Westen und gelangt von dort wieder nach Osten. Die französischen Verehrer der Antike interessieren sich viel intensiver für die weiblichen Historienfiguren und instrumentalisieren sie in zwei diametral gegensätzlichen Betrachtungsweisen. Aus der Spätzeit des *Ancien Régime* stammt die durchaus feministische Figur der *femme libre*, die wie Aspasia zur Lehrerin des Sokrates wird, und wie Diotima als einzige Frau bei Platon das Sagen hat. Sie sind die Vorbilder der berühmten *Salonières* des 18. und 19. Jahrhunderts, sie sind auch Vorbild für Josephines gastliches Haus in der Rotenturmstraße in Wien, in dessen Salon Beethoven so oft die Hauptattraktion war. – Mit der Französischen Revolution jedoch holt die männliche Seite zum Gegenschlag aus, man setzt nun auf Cornelia, die Mutter der Gracchen, die insgesamt einem Dutzend braver Staatsbürger das Leben schenkt, und Arria, die den Männern beibringt, was Mut ist: Die Frau soll nur noch dazu gut sein, was dem Mann und der (männlich dominierten) Gesellschaft nützt.

Die zwei Brunsvik-Gräfinnen Therese und Josephine, die miteinander auf Französisch korrespondieren und die französische Kultur mit der Muttermilch eingesogen haben, zimmern sich eine Privat-Ideologie, welche die beiden französischen Tendenzen vereint: Die Frau soll gesellschaftliche Verantwortung übernehmen, aber wie sie das bewerkstelligt, möge sie ganz alleine bestimmen. Dabei stützen sie sich auch auf literarische Aktualisierungen, wie sie der Baronne Germaine de Staël (1766–1817) gelangen. Auf deren Roman *Delphine* (1802) und dessen Besprechung von Friedrich Schlegel (1812) bezieht sich Therese Brunsvik (Tellenbach S. 116f.): Es ist das Hohelied der emanzipierten Frau, die jedoch bei ihren Liebhabern nicht immer Verständnis findet. Somit war es vorprogrammiert, dass der Rousseau-Anhänger Baron Stackelberg es mit Josephine sehr schwer haben würde – und man versteht nun auch, warum Beethoven 1812 an Josephine schreibt: »Deine Liebe macht mich zum glücklichsten und zum unglücklichsten zugleich.«

* * *

Trotz dieser oft widersprüchlichen Gefühlsäußerungen wollten sich Ludwig und Josephine offensichtlich wieder treffen. Anlass dazu könnte das Konzert am 11. Februar 1816 in dem der Familie Deym gehörenden »Müllerschen Gebäude« in der Rotenturmstraße gewesen sein, wo Ignaz Schuppanzigh sich vor seiner Abreise nach Russland verabschieden sollte. Josephine konnte dabei als Gastgeberin kaum gefehlt haben; Beethovens Präsenz ist mehrfach bezeugt.[318] Trotz ihrer angegriffenen Gesundheit, oder gerade deshalb, wollte Josephine sich 1816 noch einmal aufraffen, um einen Erholungsaufenthalt in Baden bei Wien anzutreten. Dort könnten sie und Beethoven sich begegnet sein, doch erst Marie-Elisabeth Tellenbach hat Indizien für diese Annahme zusammengetragen.[319] Die offiziellen Fremdenverzeichnisse weisen aus, dass Josephine und Ludwig van Beethoven tatsächlich beide im Sommer 1816 in Baden waren. Noch mehr erhärtet wird die Annahme einer Begegnung durch einen Hinweis Karl van Beethovens, des Neffen, in einem Konversationsheft. 1824 fragt er den Onkel: »In Helena [= im Helenental, nachweislich beider Lieblingsort] bist du mit Einer Arm in Arm gegangen. Wer das war?«[320] Beethoven gab sicher eine Antwort, schrieb sie freilich nicht auf – leider! Er hinterließ jedoch andere Hinweise darauf, warum es einen Grund für diese Begegnung gegeben hatte.

Beethoven und Josephine scheinen geplant zu haben, sich im Herbst 1816 im norddeutschen Kurort [Bad] Pyrmont zu sehen, wozu es aber nicht kam.

Josephine hatte am 3. August 1816 einen Reisepass »in das Bad zu Pirmont« erhalten (Tellenbach 1983, S. 148); Beethoven schreibt im August 1816 in sein Tagebuch: »nicht nach P – t, sondern mit P. – abreden, wie es am besten zu machen sey – Die Reisekosten alles dieses ist nichts. – Ar – a vorschießen kann [...]« (BTb S. 89). Wegen der erwähnten Reisekosten ist »P – t« als Ortsangabe zu deuten und kann gemäß dem damaligen Brief-Modus als Abkürzung für Pyrmont gelesen werden; zur Bezahlung der Reise wird »Ar – a« angedacht, das ist der Verleger Artaria, bei dem 1816 ausgerechnet das Lied *Sehnsucht* WoO 146 erscheint, »P.« dürfte dann die Abkürzung für »Pepi«, Josephines üblicher Kosename, sein (vielleicht ist auch das Lied für sie gedacht, da es, wie alle möglicherweise Josephine zugeeigneten Werke, keine gedruckte Widmung trägt).

Für weiteren, nach 1816 wohl nur noch indirekten Kontakt spricht, dass Beethoven und Josephine eine Reihe von Büchern über den Umweg von Therese Brunsvik vom einen zum anderen wandern ließen, was nahelegt, dass beide (oder alle drei) nahezu gleichzeitig dieselben Werke lasen (Tellenbach 1983, S. 151ff.) – möglicherweise dienten sie auch als diskrete Transportmittel für Mitteilungen. Doch bereits vor 1816 traten Josephines psychische Labilität und ihre depressive Stimmung stärker hervor. Sie lebte in ihrer Wohnung im Deymschen Gebäude in sehr beschränkten Verhältnissen; als Einkommen waren ihr nur die Mieteinnahmen aus den übrigen Wohnungen geblieben. Immer öfter wurde sie krank; am 5. November 1816 schrieb Therese in ihrem Tagebuch: »Es ist ein herzzerreißender Anblick, die gute aber schwache Josephine zu sehen, wie sie angekleidet auf dem Bette liegt u. ihre 3 Kinder um sie herum; sie ist nervenschwach u. ihre laage ist wohl kaum geeignet um selber davon zu curieren.« Und etwas später notiert sie, Josephine habe mit ihren beiden Töchtern nur noch drei Gulden täglich zum Lebensunterhalt gehabt, das reichte damals für zwei Personen, nicht aber für eine Familie (Tellenbach 1983, S. 162 und 171).[321]

Tellenbach zieht in Betracht, dass Beethoven Josephine bis zu ihrem Lebensende sporadisch finanziell unterstützt haben könnte, wofür sie etliche Briefstellen anführt.[322] Es wäre schön zu erfahren, dass Beethoven seiner Freundin gedachte und ihr half; ich muss jedoch gestehen, dass man manche der fraglichen Briefstellen auch anders lesen kann.[323] So ist es möglich, dass er in den Jahren 1819 bis 1823, als er an der Komposition der *Missa solemnis* arbeitete, finanzielle Engpässe hatte, die durch Ausgaben für Geschenke an komplizierte Deckadressen noch größer geworden wären.[324] Auch ist denkbar, dass er schlicht und einfach nicht wusste, wie schlecht es Josephine 1820 ging – sie schien es um jeden

Preis verhindern zu wollen, dass er davon erfuhr, denn sie schreibt: »Ich bin gefesselt an Leib und Seele […] helfen kann […] nur Einer, doch der darfs nicht wissen« (Tellenbach 1983, S. 194). Wie aus dem Austausch mit Therese hervorgeht, wehrte Josephine sich gegen Rettungsversuche, die selbst der Kaiser unterstützte. Josephine schwankte zwischen Forderung und Verweigerung und igelte sich in öfter nicht nachvollziehbaren Gedankengängen ein – die Anfeindungen und Zermürbungsmanöver, denen sie so lange ausgesetzt war, zeitigten offenbar Wirkung.

Von der unsterblichen zur fernen Geliebten

Was hat Beethoven letztlich gehindert, sich in Bad Pyrmont noch einmal mit Josephine zu treffen? Die Leistenoperation seines Neffen? Letztlich besuchte er Karl aber nicht einmal am Tag von dessen Operation. Was besagt seine Unschlüssigkeit in den Jahren 1816 bis 1821 gegenüber Josephine? Zweifelte er an ihr, hatte sie ihn abgewiesen oder enttäuscht? Josephines guter Ruf war ohnehin ruiniert, eine größere Nähe zu Beethoven hätte ihr 1816 nicht weiter schaden können; auch Graf Moritz Lichnowsky konnte nach langen familiären Auseinandersetzungen seine Partnerin, die bürgerliche Sängerin Josefa Stummer, dann doch noch ehelichen.[325]

Gab es im Fall von Josephine andere, noch tiefer liegende Hindernisgründe? Um das einzuschätzen, muss man sich an die gerade zitierte Stelle aus dem »Brief an die Unsterbliche« von 1812 erinnern: »Deine Liebe macht mich zum glücklichsten und zum unglücklichsten zugleich.« Es gibt eine ähnliche Äußerung in einem anderen Brief an Josephine, jedoch ausgerechnet aus der Feder des Barons von Stackelberg, dessen Schreiben um den 27. April 1815 datiert wird.[326] Er behauptet, der »Besitz« ihrer Liebe habe ihn »oft bis zur Seeligkeit« beglückt, und oft »bis zur Verzweiflung« gegen sie empört:

> »[…] Es zeigt sich in deinen Gedanken eine ganz eigene Mischung aus Idealität, von lebendigem Ergreifen alles Schönen und Großen und innigem Hingeben an dasselbe, mit *Gemeinheit*, mit einer flachen Ansicht der menschlichen Verhältnisse, und einer flachen Beurtheilung der Handlungen und Charactäre. Die Mischung so heterogener Äußerungen deines Innern ist das, wodurch der Besitz deiner Liebe mich oft bis zur Seeligkeit beglückte, und oft bis zur Verzweiflung gegen dich

empörte. So lange der Glaube in mir lebte, daß das Große mit Kraft und als dein eigenthümliches Gut einen Theil deiner Handlungen bestimme, hoffte ich noch immer es erlange endlich die Herrschaft.«

Der Absatz ist äußerst missverständlich wegen des Wortes ›Gemeinheit‹. Im heutigen Sinne als ›Bosheit‹ interpretiert, enthielte er eine moralische Verurteilung, an die Stackelberg, dem Rest des Briefes nach zu schließen, hier nicht gedacht haben kann. Der Brief steht zwar unter der Prämisse des Primats männlicher Ansprüche, beinhaltet aber doch den Versuch, sich mit Josephines Denken und Fühlen auseinanderzusetzen, sie vielleicht zu verstehen, aber die Ehe nur retten zu wollen, wenn *sie* ihm stärker entgegenkomme als umgekehrt. Deshalb bedarf es einer anderen Lesung des Wortes ›Gemeinheit‹. Wenn man ein frühneuhochdeutsches Wörterbuch befragt, ergibt sich, dass ›gemein‹ in früheren Jahrhunderten mit moralischer Wertung nichts zu tun hat, sondern seine Bedeutung ziemlich präzis den heutigen Wörtern ›allgemein‹ bzw. ›Allgemeinheit‹ oder gar ›Gemeinde‹ entspricht.[327] Deshalb ist das alte ›Gemeinheit‹ lediglich gesellschaftlich einzuordnen. Die betreffenden Stelle in obigem Zitat könnte besagen, dass sich bei Josephines Gedanken um eine »Mischung aus Idealität [...] mit Allerweltsdenken, mit einer allgemeinen Ansicht der menschlichen Verhältnisse, und einer oberflächlichen Beurtheilung der Handlungen und Charaktere« handelt.

Stackelberg bemüht sich hier, seine Ehefrau zu verstehen: »Siehe Josephine, wie du, auf dem Standpunct auf dem du stehst, unsere Liebe, unsere Ehe anschauest, und wie ich nach deinem lebendigen Ergreifen des Schönen [...] von dir schließen mußte daß du sie angeschaut hättest.«[328] Später spielt er möglicherweise auf das Jahr 1812 an, auf Josephines überstürzte Heimreise von Prag nach Wien: »Wie oft sagtest du mir hernach nicht wieder daß du mich liebtest, daß wir ewig zusammenbleiben sollten. Ich glaubte das aufrichtig von dir [...].« Er erwähnt auch das, was er als Eingehen auf ihre Empfindlichkeiten und den Wunsch nach Alleinsein verstand:

»Wenn du dich trennen wolltest kam ich dir entgegen, wenn ich mich trennen wollte, kamst du mir entgegen. Wenn unser Verhältnis so gemein gewesen wäre als du schilderst, wie hätten wir wohl so viele seelige Stunden durchleben können, die ich immer als die schöneren meines Lebens ansehen werde? – du vergißt ganz daß unsere Gefühle so hoch gespannt waren, daß wir alles Irdische, das Vermögen, die

> Urtheile der Verwandten, die Wirklichkeit vergaßen, denn wir lebten nur in einer idealischen Welt. Diese höhere Stimmung kannst du höchstens unklug nennen, aber sicher war sie nicht Verstellung, sicher war es nicht aus List daß ich von meinem Vermögen nicht sprach, sicher fühlte ich in mir die Kraft, durch unsere Verbindung deinen Kindern und der Welt zu nutzen, u. ahnte nicht die Gefahr wenn du wanken könntest. Ob aber diese idealische Stimmung für unsere Charaktäre unklug war, daran zweifle ich noch immer.«[329]

Dieser Briefauszug zeigt, dass die Beziehungen zwischen Josephine und den Bezugspersonen ihrer wankenden Liebesempfindungen äußerst differenziert zu betrachten sind. Stackelberg schwadroniert in seinem Brief noch kräftig weiter, stellt sich ins beste Licht, verteidigt gar seine Kindesentführung als »edle Handlung, die du auch als ein Verbrechen auslegst«. Letztlich aber sollte das alles lediglich Josephines Willen brechen – womit er sich definitiv moralisch ins Aus begibt.[330] Die Tatsache, dass Stackelberg nach der Entführung der Töchter deren Erziehung an einen Dechanten delegierte, kann nur in krassem Widerspruch zu seinen vorgeblichen guten Absichten interpretiert werden; als wahrer Jünger Pestalozzis hätte er das selbst übernehmen müssen. 1815 aber hatte Josephine durch die häufigen und teils sehr langen Abwesenheiten ihres Herrn Gemahls längst gelernt, sich im Lebensalltag etwas pragmatischer zu verhalten als er, der aus seinem pädagogischen Elfenbeinturm herauszutreten völlig unfähig war.[331] Somit erweist sich, dass der Dissens zwischen Josephine und Stackelberg auf der unüberbrückbaren Diskrepanz zwischen »Idealität« und pragmatischer Wirklichkeit beruht.[332] Die Entführung ihrer Kinder 1814 hat Josephine am tiefsten verletzt. Dennoch wird sie nicht einlenken, sie bleibt standfest, vielleicht sogar störrisch, so wie sie es gegenüber anderen tat, die erfolglos versuchten, sie zu retten – ihrer Mutter, gar Therese, gar dem Kaiser gegenüber.

Durch den Inhalt des Stackelberg-Briefs erhält man eine Ahnung von Josephines Schwächen. Schwächen, die auch Beethoven zu spüren bekam. Von dem mutmaßlichen Treffen der beiden im Jahr 1816 kennen wir keinerlei Details. Wenn man aber noch einmal auf die Korrespondenz von 1805 bis 1807 zurückblickt, findet man Anhaltspunkte dafür, dass es zwischen beiden außer heißen Herzensergüssen eben doch auch kalte Duschen gab, und zwar nicht nur vonseiten Josephines, sondern auch von der Beethovens. Vermutlich am 24. April 1806 schreibt sie an ihn, wobei sie auch ihr ganzes, bestens entwickeltes ethisches Selbstwertgefühl ausformuliert:

»Sie wissen nicht, wie wehe Sie meinem Herzen thun – Sie behandeln mich ganz falsch – Sie wissen nicht was Sie oft thun – Wie tief ich fühle – Wenn Ihnen mein Leben lieb ist, so handeln Sie mit mehr Schonung – Und vor allem – zweifeln Sie nicht an mir Ich kann es nicht ausdencken, wie tief kränkend es ist, bei innerm Bewußtseyn, bei so viel Aufopferung für Tugend und Pflicht – niedrigen Geschöpfen, wenn gleich nur in Gedanken mit leisem Verdachte gleich gesetzt zu werden! Dieser Verdacht den Sie so oft, so kränkend mir zu verstehen geben, ist das was mich über allen Ausdruck schmerzt – [...] Er seye fern von mir. Ich verabscheue, diese niedrigen, äusserst niedrigen Vortheile unsers Geschlechts! – Sie sind tief unter mir – Und ich glaube ihrer nicht zu bedürfen! – Coquetterie, und kindische Eitelkeit seyen gleich weit von mir entfernt – So wie meine Seele weit erhaben ist – über jede[n] Vortheile des Eigennutzes – dessen Sie mich wohl schuldig glauben – Nur der Glaube an Ihren innern Werth machte mich Sie lieben – Sind Sie nicht so edel, wie ich Sie glaube, so soll auch ich nicht den mindesten Werth in Ihren Augen haben, den[n] nur in der Voraussetzung, daß Sie gute Geschöpfe zu schätzen wissen, kann ich einigen Werth haben!! – Denken Sie immer, Sie haben ihr Wohlwollen Ihre Freundschaft einem Geschöpfe geschenkt – daß gewiß ganz Ihrer würdig ist.« (BGA Nr. 250)

Woran sich Beethoven stoßen konnte, ist, wie sie Zuneigung und Distanz, Liebe und Zurückweisung kühn zu mischen pflegte. Da der folgende Brief bereits zitiert wurde, kann er hier gekürzt erscheinen:

»Mein Herz haben Sie schon längst, lieber Beethoven [...] Daß Sie es zu schatzen wissen [...] werden Sie mir beweisen. – wenn Sie damit zufrieden – Nicht mein Herz zerreißen – Nicht weiter in mich dringen – Ich liebe Sie unaussprechlich – wie ein frommer Geist den andern – Sind Sie dieses Bündnißes nicht fähig? – Andrer Liebe bin ich nicht für jetzo nicht empfänglich [...]« (BGA Nr. 215).

Wenn sie einen Irrtum erkennt, schreibt sie aber auch Folgendes: »Ich wollte Sie nicht beleidigen! lieber B. doch da Sie es dafür nahmen, und ich [...] mir wohl bewußt bin die äussern Gesetze der Convenienz [...] verletzt zu haben, so ist an mir ihnen Abitte zu thun« (BGA Nr. 296).

Warum also hat Beethoven 1816 die Möglichkeit, um die wieder in freier Selbstbestimmung lebende Josephine zu kämpfen, nicht intensiver genutzt? Hatten die früheren Missverständnisse und Verletzungen sich ein Jahrzehnt später fortgesetzt? Hatte Beethoven vergleichbare Probleme mit ihr wie Stackelberg? Wahrscheinlich war Beethoven völlig unfähig, auf die zeitlichen und seelischen Zwänge und Nöte einer alleinerziehenden Mutter einzugehen, die zwar in beschränkten Verhältnissen lebte, äußere Einmischung und Veränderungen der wirtschaftlichen Besitzverhältnisse aber als schädlich für die Chancen der Kinder betrachtete. Wohl deshalb lehnte sie alle Angebote und Hilfen von anderen ab und begnügte sich lieber mit dem mühseligen Status quo. Es war eine unlösbare Problematik; Beethoven wusste ja vielleicht von den Änderungsbemühungen Therese Brunsviks, konnte aber in diesem Kampf gegen Windmühlenflügel außer vielleicht einigen anonym übersandten Almosen auch kaum etwas beitragen. Vielleicht waren es die vertrackten Umstände, die erklären, warum der Komponist den Wandel von der »einzigen« zur »fernen« Geliebten als die wohl einzig mögliche ›Lösung‹ sah. Könnte es sein, dass die Kanten in Josephines Wesen, dazu beitrugen, dass Beethoven sich ab 1816 umfassender vom weiblichen Geschlecht entfernte?

* * *

Josephine starb am 31. März 1821 nach langer Krankheit und wurde auf dem Währinger Friedhof in Wien beigesetzt. Einen Grabstein erhielt sie von ihrer Familie nicht. Beethoven wurde daraufhin schwer krank und konnte viele Monate nicht komponieren. Er musste die Arbeit an der *Missa solemnis* unterbrechen. Um wieder dort hineinzufinden, schrieb er die zwei Klaviersonaten op. 110 und 111 – es sind seine zwei letzten. Erstere trägt keine Widmung und gilt als Josephines Epitaph, als jenes Denkmal, das die Familie ihr verweigert hatte. Op. 111 ist Erzherzog Rudolph gewidmet, wobei Beethoven mit op. 110 und 111 die beiden Menschen zusammenzustellen scheint, die in seinem Leben die wichtigsten waren. Musikalisch vereinen sie in ihren Sonaten die Anklänge an das *Andante favori*, das Beethoven zwischen 1803 und 1804 für Josephine geschrieben hatte (Tellenbach 1983, S. 207) und das 1805 veröffentlicht worden war.

1825 begaben sich Anton Schindler und Gerhard von Breuning, Stephans Sohn, auf die Suche nach einer Grabstätte für ihren Meister. Sie wählten einen Ort nahe Josephines Grab, dort, »wo er stets gern weilte«.[333] Das war ihrer Bedeutung für sein Leben und sein Werk angemessen.

23

Bewunderer, Rivalen und Leidensgenossen

Beethovens Umgang mit Goethe, Rossini, Weber, Schubert, Liszt und Grillparzer

Am 25. März 1820 grüßt Beethoven den Berliner Verleger Maurice Schlesinger am Ende seines Briefes »in Erwartung einer sehr baldigen Antwort« – wie fast immer im Geschäftlichen hat er panische Angst, »sonst Zeit [zu] Verlieren« – freilich für die Kunst. Und so fügt er eilig bei: »Sie haben gar keiner andern Adresse nöthig als »an ludwig van Beethoven in Vien« (BGA Nr. 1374). Ohne jeden Adresszusatz, ohne Angabe einer Straße, und das in einer Stadt mit 200 000 Einwohnern, das darf man zweifellos als Maßstab höchster Berühmtheit ansehen! Unter seinen Zeitgenossen gilt Beethoven nun als »der größte Mann in Europa« (1820) oder gar »auf Erden« (1824). Zwar war dies Schmeichelei, aber keineswegs falsch, denn bereits 1823 bat ein Bewunderer aus Boston ihn um ein Oratorium, freilich vergebens. In England schreibt man, *Bethoven* sei der Gott der *Musique*, selbst in London nennt man ihn den »größten, jetzt lebenden Tonkünstler« und stellt ihn bereits über Haydn.[334] Er wird mit Aufträgen überhäuft (es ist ihm »unmöglich allen diesen Anträgen sogleich Gehör zu geben«, BGA Nr. 1516), gestandene Kollegen wie Franz Lachner versichern, ihm »mit wahrer Andacht« behilflich zu sein (BGA Nr. 1884), und man ›pilgert‹ zu ihm: »Nehmen Sie ihn gütig und freundlich auf«, kündigt der befreundete Klavierbauer Johann Andreas Streicher seinen Londoner Kollegen Johann Andreas Stumpff bei Beethoven an, »so wie es dem Heiligen geziemt, zu welchem der andächtige Pilger aus der Ferne eine Wallfahrt macht« (BGA Nr. 1884). Nicht nur mittelgroße Tonkünstler wie Johann Nepomuk Hummel und viele andere machten Beethoven ihre Aufwartung, sondern auch die Großen wie Cherubini (den Beethoven seinerseits auch zu den wirklich Bedeutenden zählte), Rossini, Weber, Liszt.

Beethoven heißt sie gütig-respektvoll willkommen (Cherubini), jovial, ausnehmend gesellig (Rossini), tief herzlich (Weber und Liszt). All die Genannten suchten ihn auf. Anders verhielt es sich nur mit einer einzigen Berühmtheit, die Beethoven im Juli 1812 in Teplitz traf. [335]

Goethe

In seinem Buch *Prinzip Hoffnung* wertet Ernst Bloch Beethovens Musik als ein »Medium des Klangs aus Fausts Geschlecht, ein riesig geladenes, riesig nach Vorwärts drängendes Wesen«.[336] Tatsächlich hat sich Beethoven immer wieder mit Goethes Werken auseinandergesetzt.

Die Begegnung der beiden fand im Juli 1812 in dem eleganten böhmischen Kurort Teplitz statt. Die Geschichten und Anekdoten, die sich um diesen Titanenplausch ranken, sind allzu bekannt. Die berühmteste Anekdote bezieht sich auf eben jenen Aufenthalt in Teplitz im Sommer 1812, als Beethoven und Goethe Arm in Arm auf der Teplitzer Promenade der kaiserlichen Familie begegnet seien. Während Goethe zur Seite getreten sei und, den Hut ziehend, sich respektvoll verneigt habe, sei Beethoven geradeaus weitergelaufen – die kaiserliche Familie habe sich geteilt, ihn gegrüßt und ihn durchgelassen etc. Die Story erschien erstmals 1839 in *Athenäum für Wissenschaft, Kunst und Leben*, Jg. II, S. 1–7, und ist danach zitiert worden. Der »Originaltext« ist ein angeblicher Brief Beethovens an Bettina Brentano, der heute als »Erfindung Bettinas« betrachtet wird und deshalb nicht in die BGA aufgenommen wurde. Bettina Brentano erzählt dies ein zweites Mal in einem Brief an Fürst Hermann von Pückler-Muskau, datiert März 1832 (s. BSZ S. 24ff.), was die Geschichte jedoch nicht glaubwürdiger macht. Denn nach Bettina Brentanos Behauptung soll sich im Gefolge des Kaisers auch Erzherzog Rudolph befunden haben. Beethoven hätte diesen durch sein angebliches rüdes Benehmen bloßgestellt, was angesichts seiner sehr engen Beziehung zu ihm nicht plausibel ist.[337] Dass Beethoven Goethe zu konform gegenüber Hof und Adel gefunden habe, der Dichter seinerseits ihn zu ungebärdig und zu wenig kultiviert, ist jedoch eingängig. Als Goethe Beethoven abends improvisieren hörte, war er zwar beeindruckt, aber auch erschrocken. Wichtiger ist, dass Beethoven bereits seit seinen Bonner Jahren umfangreiche Kenntnisse der Goetheschen Werke besaß, dass er Klaviervariationen über das Goethe-Lied *Ich denke dein* schrieb und in den Liedersammlungen op. 52, op. 75 und op. 83 weitere Verse des Weimarer Dichterfürsten vertonte.

Eher umständehalber erhielt er 1809 den Auftrag, für Goethes Trauerspiel *Egmont* eine Schauspielmusik zu schreiben; doch das Stück gehört leider nur zum Zweitbesten von Goethes Schaffen. Schiller fand den Helden zu unbedeutend: »Wir sind nicht gewohnt, unser Mitleid zu verschenken«, hatte der inzwischen verstorbene Kollege vom Neckar getönt.[338] Beethoven hat sich trotzdem schwer ins Zeug gelegt, sodass der Text vor allem durch seine Musik einen inneren Zusammenhalt erhielt. Die Vertonung wurde erstmals am 15. Juni 1810 aufgeführt und ging als op. 84 im selben Jahr auch gedruckt in die Welt, aber man schätzt auch heute vor allem die (im Gegensatz zu den meisten Folgenummern) separat aufführbare Ouvertüre. Beethoven ließ Goethe durch den Verlag die Ausgabe zusenden, worauf er den Dichter am 12. April 1811 brieflich vorbereitete, »indem ich nur im stande bin, ihnen Mit Der größten Ehrerbietung mit einem Unaussprechlichen tiefen Gefühl für ihre Herrlichen Schöpfungen zu nahen« (BGA Nr. 493).

Auf die Lieder op. 83 zu Texten Goethes hatte dieser nie reagiert; mit *Egmont* erging es dem Komponisten etwas, aber nicht bedeutend besser, der Dichterfürst war musikalisch nie aus dem 18. Jahrhundert herausgetreten. Zwar hatte er mit seinem Jugendfreund Philipp Christoph Kaiser über die Unterschiede von *opera seria* und *opera buffa* diskutiert, Glucks Opern kennengelernt – und er hätte sich sehr gut eine Vertonung des *Faust* durch Mozart, aber nicht durch Beethoven vorgestellt; zwar hatte er als Theaterdirektor in Weimar über zwanzig Jahre lang nicht nur Stücke, sondern auch Sänger und Orchestermusiker ausgesucht, aber er wünschte, dass Musik die Werke der Dichtkunst nur steigern und beleben, sie aber keineswegs ersetzen sollte.[339] Für absolute Musik war er unzugänglich, und so blieb er nicht nur Beethoven gegenüber reserviert, sondern ignorierte Franz Schuberts Vertonungen seiner Gedichte völlig, von Hector Berlioz' *Huit scènes de Faust* ganz zu schweigen. So lässt sich auch erklären, warum er nicht nur völlig falsch liegt, sondern bei der Wahl seiner Worte auch äußerst unsensibel, ja geradezu gemein wird, wenn er sich über Beethovens Musik äußert und das *ihm* Unverständliche als indirekte Folge von dessen Ohrenleiden darstellt: Beethoven sei ja zu entschuldigen, »da ihn sein Gehör verläßt, was vielleicht dem musikalischen Theil seines Wesens weniger als dem geselligen« schade, er sei nämlich »eine ganz ungebändigte Persönlichkeit«.[340] Das heißt nicht mehr und nicht weniger, als dass die Musik immerhin weniger schlimm als die Person sei, aber immer noch Lichtjahre entfernt von seinem – Goethes – Musikideal, dem zwar hochachtbaren, aber im Vergleich mit Beethoven und anderen doch eher verzopften Karl Friedrich Zelter, Jahrgang 1758.

Bei einer so heiklen Beziehung halfen auch Mittler nicht weiter. Dass Beethovens Stern 1811 bereits hoch am Firmament stand, hätte Goethe wissen können, denn sensible Beobachter wie Karl August Varnhagen von Ense verkündeten schon damals, der *Egmont*-Komponist sei »der größte, tiefsinnigste und reichste der deutschen Tonkünstler« (BSZ, S. 1034). Vielleicht hätte für Goethe ab 1814 ein anderes Werk mehr Überzeugungskraft gehabt, *Wellingtons Sieg*, das allerdings im allzu engen Weimar nicht aufführbar war. Denn in jenem Stück war ›Größe‹ nämlich am Lärmpegel ablesbar – erst das hatte der Masse klargemacht, wer unter den in Wien lebenden Tonkünstlern der ›Größte‹ sei … Übrigens rächte besagter größter Komponist sich an Goethe recht treffend; er fand sein Gehabe einfach »lächerlich«, wohl insbesondere, wenn der 62-jährige Dichter in Teplitz die 25-jährige Kaiserin Maria Ludovika Beatrix von Österreich derart umgarnte, dass die Badegäste zu tuscheln anfingen. Beethovens Kommentar: »Göthe behagt die Hofluft zu sehr[,] mehr als es einem Dichter ziemt, Es ist nicht vielmehr über die lächerlichkeiten der Virtuosen hier zu reden, wenn Dichter, die als die ersten Lehrer der Nation angesehn seyn sollten, über diesem Schimmer alles andere vergessen können« (BGA Nr. 591, 9. August 1812). Die Verehrung, die Beethoven noch im April 1811 für den Dichterfürsten empfand, war verflogen. Bis dahin hatte er 18 Werke von Goethe vertont – in der Folge wird dies nur noch zweimal geschehen.

Dass Goethe hier chronologisch gesehen zehn Jahre zu spät erscheint, hat einen Grund. Um zu vermeiden, dass der mit eigenen Formulierungen eher unbeholfene Beethoven gegenüber dem sprachgewaltigen Dichterfürsten in den Schatten gerät, soll das Treffen von 1812 zu denen von 1822 mit Gioacchino Rossini und 1823 mit Carl Maria von Weber in Bezug gesetzt werden. Denn die Begegnungen mit diesen ebenfalls sehr großen Komponisten verliefen viel glimpflicher, wohl hauptsächlich, weil sie demselben Metier entstammen und, anders als Goethe, Beethoven zeitlich näher stehen. Deshalb denken sie in einer viel ähnlicheren ›Sprache‹.

Rossinis ›Prozess‹ für Beethoven und gegen Metternich

Rossini kam 1822 zur Einstudierung seiner Oper *Zelmira* nach Wien. Da er schon Quartette und Klavierwerke Beethovens gehört hatte und von denselben begeistert war, äußerte er den Wunsch, den Komponisten zu besuchen. Er hatte dies auch Beethovens Bruder Johann gesagt, wie aus einem Konversationsheft hervorgeht (BKh, Bd. II, S. 269).

Wie dort ebenfalls ersichtlich, hat Gioacchino Rossini in Begleitung des Verlegers Domenico Artaria zweimal versucht, Beethoven aufzusuchen, der Meister war aber zu krank. Dass im Juni oder Juli 1822 doch noch ein Besuch zustande kam, wird von Rossini und anderen Zeitgenossen mehrfach bestätigt. Vier Berichte sind heute noch vorhanden, sie sind aber schwer einzuschätzen, insbesondere, weil das Thema früh in den Disput *italienische versus deutsche Musik* geriet. In diesem Sinne ist zu sehen, dass Anton Schindler später behauptete, Beethoven habe Rossini nicht empfangen wollen; etliche negative Äußerungen von Beethovens Neffen Karl in den Konversationsheften verstärken diesen Aspekt. Auch Beethovens spätere Bemerkungen gegen Rossini, dessen Werke den *Fidelio* tatsächlich zeitweilig verdrängten, ändern nichts an der Tatsache, dass Beethoven italienischen Gesang spätestens seit seinen Studien bei Salieri liebte; gegenteilige Aussagen von Carl Maria von Weber und vor allem von Robert Schumann sind als Ausdruck schon früh spürbarer nationalistischer Tendenzen mit Vorsicht zu betrachten.[341] Schumann schrieb über *Rossinis Besuch bei Beethoven* doch tatsächlich: »Der Schmetterling flog dem Adler in den Weg, dieser wich aber aus, um ihn nicht zu zerdrücken mit dem Flügelschlag.«[342]

Dagegen berichtet der Komponist Ferdinand Hiller über Rossinis Besuch bei Beethoven völlig neutral, es sei wegen Hör- und Sprachproblemen »kein Gespräch möglich« gewesen.[343] Ähnliches schreibt der Schriftsteller Alexis Azevedo in seiner Rossini-Biografie von 1864: Rossini habe den Meister in einer kleinen schmutzigen Wohnung vorgefunden; Beethoven sei sehr krank gewesen und habe kaum Antworten geben können, während er im Jahr darauf, 1823, beim Besuch des fast gleichaltrigen Opernstars und Rossini-Freundes Michele Carafa sehr leutselig gewesen sei und sich auf Italienisch ausgiebig verständigt habe.[344] Dieser Wechsel bei Beethovens Hörvermögen, Gesundheitszustand und Grundstimmung von einem Jahr zum anderen wird uns auch im Abschnitt über Carl Maria von Weber beschäftigen.

Der einflussreiche Musikkritiker Eduard Hanslick besuchte Rossini im Jahr 1867 und gab in der *Neuen Freien Presse* Teile ihrer Unterhaltung über Beethoven wieder:

> Rossini: »Ich erinnere mich sehr genau an Beethoven, obwohl es bald ein halbes Jahrhundert her ist. Bei meinem Aufenthalt in Wien habe ich mich beeilt, ihn aufzusuchen.« Hanslick fragte, ob er tatsächlich nicht vorgelassen worden sei, wie Anton Schindler behauptete. Rossini: »Im Gegentheil, ich ließ mich durch Carpani, den italienischen Dichter, mit dem ich zuvor auch Salieri besucht, bei Beethoven einführen, und dieser empfing uns sofort und sehr artig.« Der Besuch habe nicht lange gedauert, weil die Konversation mit Beethoven von geradezu peinlicher Schwierigkeit gewesen sei, er habe an dem Tage besonders schlecht gehört und trotz des lautesten Schreiens Rossini nicht verstanden; »obendrein mag seine geringe Übung im Italienischen ihm das Gespräch noch erschwert haben.«[345]

Der ausführlichste – und problematischste – Bericht soll zustande gekommen sein, als Richard Wagner Rossini im Jahr 1860 in Paris besuchte. Wagner hielt sich dort anlässlich der vom Pariser Jockeyclub zum Skandal gemachten Aufführungen seines *Tannhäuser* auf und wurde von Edmond Michotte (1831–1914) mit Rossini bekannt gemacht. Michotte, Komponist und Rossinis Vertrauter (der dessen noch heute in Brüssel aufbewahrte Musikbibliothek erbte), wohnte der Unterredung bei und fertigte offensichtlich eine Mitschrift an, die er 1906 veröffentlichte. Diese ist seither oft nachgedruckt worden, obwohl sie, neben sehr Typischem, auch manches nicht leicht Einzuordnende enthält.

Dass Rossini seine Geschichte ausgerechnet Richard Wagner, einem Liebhaber des italienischen Gesangs, aber äußerst heftigen Kritiker der italienischen Oper, erzählte, ist freilich eine historische Pointe der besonderen Art. Man muss dabei allerdings beachten, dass Rossini (oder Michotte) bei der späteren Wiedergabe zwei Treffen kombinierte, wobei eine frühere Begegnung Rossinis mit Beethoven bei dem Verleger Artaria einfließt, die einer der Ärzte Beethovens, Dr. Joseph Bertolini, überlieferte.[346] Michottes häufig erwähnter, literarisch recht hochwertiger und lesenswerter französischer Text von 1906[347] ist – reduziert auf die Beethoven betreffenden Passagen – in BSZ im Originaltext sowie in deutscher Übersetzung abgedruckt (S. 743–751). Hier genügt deshalb eine Zusammenfassung.

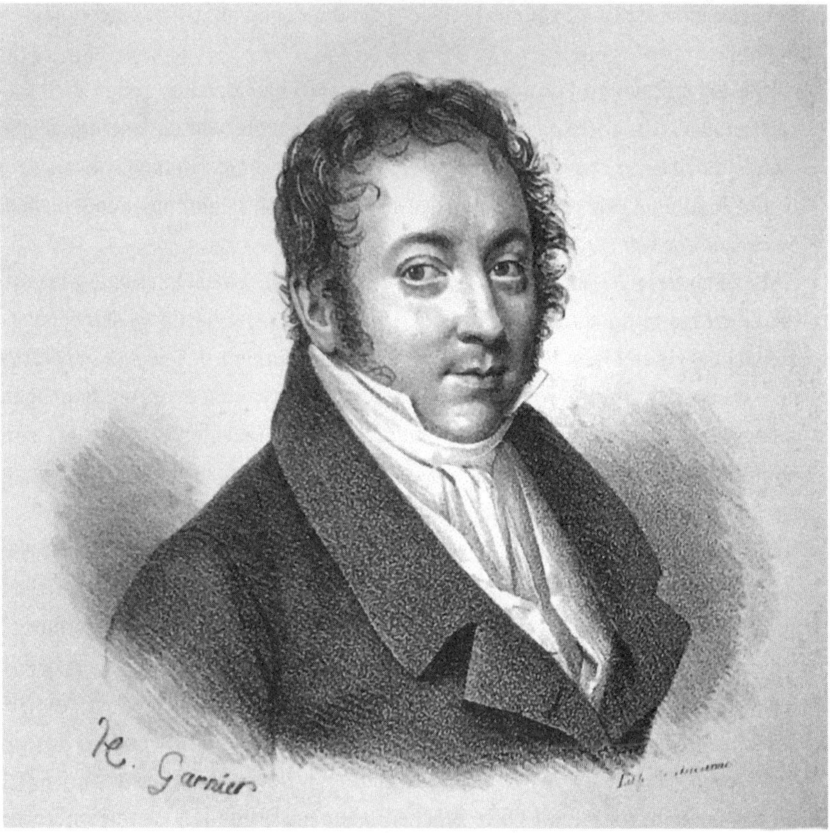

Abb. 50 Der italienische Opernkomponist Gioacchino Rossini war sich der Größe Beethovens bewusst. Lithografie nach einer Zeichnung von Garnier, um 1830.

»In Wien war ich zum ersten Mal bei der Ausführung einer seiner Symphonien, der *Eroica.* Diese Musik überwältigte mich. Ich dachte an nichts anderes: dieses Genie kennen zu lernen, zu sehen, wenn auch nur einmal. Ich sagte es Salieri, der, wie ich wusste, Verbindungen zu Beethoven hatte, [...] der mich aber auf die Schwierigkeit des Unterfangens wegen dessen finsterem und wunderlichem Charakter hinwies [... und] mich an den italienischen Dichter Carpani verwies, da er bei Beethoven eine *persona grata* war [...]

Beim Treppensteigen zur armseligen Bleibe, in welcher der berühmte Mann hauste, konnte ich meine Beklemmung kaum beherrschen. [...] Ich befand mich in einer Art Verschlag, der schrecklich schmutzig und ebenso unordentlich war. Ich erinnere mich vor allem daran, dass die Decke, die direkt an das Dach stieß, voller Risse und Spalten war, durch die der Regen in Strömen hereinlaufen konnte.

Die mir bekannten Porträts Beethovens entsprechen ziemlich genau dem Gesamtanblick. Was aber kein Stift auszudrücken vermochte, war die unergründliche Trauer, die über all seinen Zügen lag – während unter dicken Brauen wie aus dem Grund von Höhlen kleine Augen hervorstachen, die mich zu durchbohren schienen. Seine Stimme war sanft und etwas belegt.

Beim Eintreten beachtete er uns nicht und blieb über einer Druckseite gebeugt, die er gerade fertig korrigierte. Dann sah er auf und sagte heftig in ziemlich verständlichem Italienisch: ›Ah! Rossini, der Autor des *Barbiere di Seviglia*? Ich gratuliere Ihnen, das ist eine ausgezeichnete Opera buffa; ich habe sie mit Vergnügen gelesen und habe mich darüber gefreut. Solange es italienische Oper gibt, wird man sie spielen. Versuchen Sie nie, etwas anderes als opera buffa zu schreiben, in einem anderen Genre würden Sie Ihrer Bestimmung ungerecht.‹

Carpani unterbrach ihn schnell [...]: ›Maestro Rossini hat bereits eine große Anzahl Opere serie komponiert, *Tancredi*, *Otello*, *Mosè*; ich habe sie Ihnen kürzlich zur Prüfung geschickt.‹ – ›Ich bin sie durchgegangen‹, antwortete Beethoven, ›aber sehen Sie, die Opera seria liegt nicht in der Natur der Italiener. Zur Behandlung eines wirklichen Dramas haben sie nicht genug der musikalischen Wissenschaft, und wie sollten sie diese auch in Italien erwerben?‹ [... Hier zitiert Rossini den Höllenfürsten, um seinen Ärger auszudrücken, doch Beethoven fährt fort:] ›In der Opera buffa kommt euch Italienern niemand gleich [...] Pergolesis *Stabat* [*mater*] hat zugegebenermaßen anrührende Emotionen, aber der Form mangelt es an Abwechslung ... die Wirkung ist einförmig, ganz im Gegensatz zur *Serva padrona* ...‹ [...]«[348]

Beim Abschied kamen ihm, so Rossini, die Tränen angesichts der Öde und Mittellosigkeit um diesen großen Mann, doch Carpani sagte: »Er will es so, er ist ein Menschenfeind, abstoßend und unfähig, Freundschaften zu pflegen.« – Am selben Abend sei er, so erzählt Rossini es Wagner, zu einem Galadiner beim Fürsten Metternich gewesen; dies ist für den Vorabend von Rossinis Abreise aus Wien auch verbürgt, womit die Geschichte einen beklemmenden Aspekt gewinnt. Rossini, der vollendete Höfling, sei so bestürzt darüber gewesen, mit solchem Glanz als Star des Abends behandelt zu werden, dass er sich lautstark darüber beschwerte, wie sich Hof und Aristokratie gegenüber dem größten Genie jener Zeit, eben Beethoven, benähmen und dass sich niemand um diesen kümmere und man ihn derartiger Bedrängnis überlasse. Er habe jedoch ohne Umschweife und ohne jegliche Betroffenheit dieselbe Auskunft erhalten wie zuvor aus dem Munde Carpanis. Rossini habe die Frage eingewandt, ob der Zustand der Ertaubung nicht etwas mehr Erbarmen verdient hätte und ob es im Sinne gebotener Nächstenliebe sei, seine in der Tat zu missbilligenden Schwächen zum Vorwand zu nehmen, ihm jede Hilfe zu verweigern. Es sei doch so leicht, eine Sammlung mit selbst kleinsten Beiträgen zu veranstalten – doch dieser Vorschlag sei in dieser vom eigenen Glanz verblendeten Gesellschaft nicht auf das geringste Echo gestoßen.

Rossini verschweigt allerdings aus gutem Grund gegenüber dem 1860 gerade erst dem Flüchtlingsleben entkommenen Richard Wagner, dass er selbst am selben Abend ein Ehrengeschenk von 3500 Gulden (zwei Jahresgehälter eines gut gestellten Beamten) erhalten hatte, dass im Umfeld der Herrschenden demnach an nichts gespart wurde, um Glanz durch Glanz noch glitzernder zu machen. Das war damals so üblich – außer gegenüber Beethoven. Paganini wurde bereits bei seinem ersten Wien-Besuch der Titel eines »k. k. Kammervirtuosen« nachgeworfen,[349] während Beethoven zeit seines Lebens vonseiten der Regierenden nicht das geringste Zeichen der Anerkennung erhielt.

Vollends erzürnte Rossini, dass im Verlauf der Soirée ein Konzert angesetzt war, in dem ein Klaviertrio Beethovens aufgeführt wurde, »religieusement écouté« und mit einem »succès resplendissant« belohnt.[350] Rossini geißelt wortreich solche k. k. Kulturverlogenheit und fügt die Bemerkung an, er habe hinterher noch nach Zahlungswilligen gesucht, um mit seinem und ihrem Obulus Beethoven ein Häuschen zu kaufen, habe aber eine ganz neue Form der Ausrede zu hören bekommen: Beethoven würde es sofort verkaufen, er brauche alle sechs Monate ein neues Dach über dem Kopf und alle sechs Wochen eine neue Haushälterin … Das war zwar nicht ganz aus der Luft gegriffen, Rossini hatte Beethovens Bärbeißigkeit am eigenen Leib erfahren,[351] doch welche jahrzehntelang erfahrenen Verletzungen dahinterstanden, konnte der lebenskluge Italiener sich selbst denken. Denn er schließt: »Etait-ce une fin de non-recevoir?« Das kann man nicht wörtlich mit einem Begriff übersetzen, BSZ umschreibt dies mit »Versuch, mich loszuwerden« – das ist zu euphemistisch, das »non-recevoir« ist der Bescheid des Gerichts, wenn man einen Prozess verloren hat. Rossini hatte seinen Prozess gegen Metternich verloren – der Fürst des *Barbiere di Seviglia* hat Wien nie wieder besucht.

Ich halte den Bericht Rossinis für glaubwürdig, er liegt im Rahmen mediterraner *magnanimità* (Großmut), die selbst den notorischen Geizhals Niccolò

Paganini im Dezember 1838 dazu brachte, aus Begeisterung über Hector Berlioz' Sinfonie *Harold in Italien* dem Komponisten nach der Uraufführung ein Geldgeschenk von 20 000 Francs zu überbringen.[352]

* * *

Carl Maria von Weber

Zwischen Beethoven und Weber bestand zunächst ein gegenseitiges Unverständnis. Am 26. März 1810 schrieb Weber an den Schweizer Verleger Hans Georg Nägeli, der ihn für einen Imitator Beethovens gehalten hatte: »Erstens hasse ich alles, was den Stempel der Nachahmung trägt, und zweitens bin ich zu sehr in meinen Ansichten von Beethoven verschieden, als dass ich je mit ihm zusammen zu treffen glauben könnte. Die feurige, ja beinahe unglaubliche Erfindungsgabe, die ihn beseelt, ist von einer solchen Verwirrung in Anordnung seiner Ideen begleitet, daß nur seine früheren Kompositionen mich ansprechen, die letzten hingegen mir nur ein verworrenes Chaos, ein unverständliches Ringen nach Neuheit sind, aus denen einzelne himmlische Genieblitze hervorleuchten, die zeigen, wie groß er sein könnte, wenn er seine üppige Fantasie zügeln wollte« (Frimmel Bd. II, S. 402). Erst mit der Tätigkeit in Prag änderte Weber ab 1813 seine Einstellung. Am 21. November 1814 brachte er dort *Fidelio* heraus, die erste Aufführung der endgültigen Fassung außerhalb Wiens. Neun Jahre später, als er sich am 28. Januar 1823 erstmals brieflich an Beethoven wandte und ihn um eine Partitur für die Produktion des *Fidelio* in Dresden bat, schrieb er, was er rückblickend über diese Oper dachte: »Die Aufführung dieses, mächtig für deutsche Größe und Tiefe des Gefühles zeugenden Werkes, unter meiner Direktion zu Prag, hat mir die eben so begeisternde als belehrende Vertrautheit mit seiner Wesenheit, erschlossen, durch die ich hoffen darf es auch hier, mit allen Hülfsmitteln möglichst versehen, dem Publikum in seiner vollen Wirksamkeit vorführen zu können. Jede Vorstellung wird ein Festtag sein, an dem es mir erlaubt ist, Ihrem erhabenen Geiste die Huldigung darzubringen, die in dem innersten meines Herzens für Sie lebt, und wo Verehrung und Liebe sich den Vorrang streitig machen« (BGA Nr. 1541).

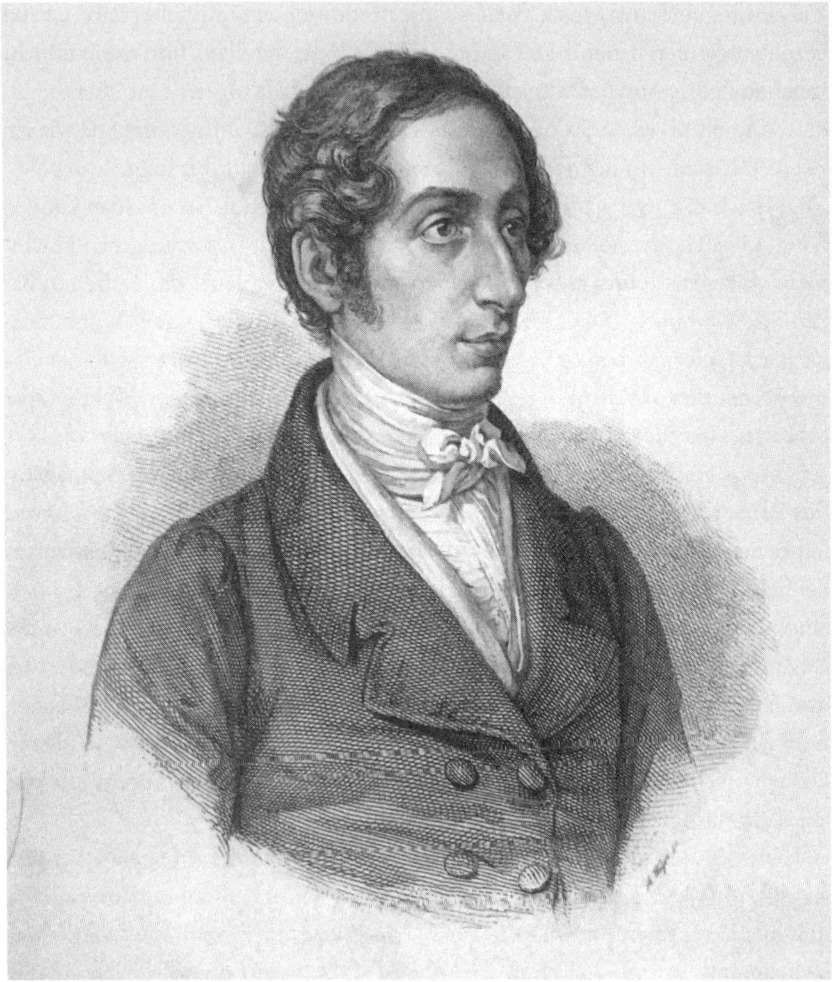

Abb. 51 Carl Maria von Weber erweckte erst durch seine Oper *Der Freischütz* Beethovens Interesse. Stich von A. Weger, um 1825.

Wann Beethoven seine Haltung gegenüber Weber änderte, ist schwer zu sagen, vielleicht erst anlässlich der Wiener *Freischütz*-Aufführungen 1822, zu denen Weber angereist war, ohne sich zu einem Besuch des Kollegen entschließen zu können. Wohl erst zu diesem Zeitpunkt muss Beethoven sich Partituren von Carl Maria von Weber besorgt und sie studiert haben. Thayer mutmaßt, dass er bis dahin »ein besonderes Interesse nicht gewonnen« hatte (TDR Bd. IV, S. 460).

Das Originelle der Musik Webers muss Beethoven sehr imponiert haben, denn er soll ausgerufen haben: »Das sonst weiche Männel, ich hätts ihm nimmermehr zugetraut! Nun muß der Weber Opern schreiben; gerade Opern; eine über die andere, und ohne viel daran zu knaupeln. Der Caspar, das Unthier, steht da wie ein Haus. Ueberall, wo der Teufel die Tatzen reinstreckt, da fühlt man sie auch!«[353] Man spürt: Erst jetzt war die Zeit gekommen, jetzt hatten sich die beiden Großen durch Qualität gegenseitig ›gezähmt‹ – einer erfreulichen Begegnung stand nichts mehr entgegen. Tobias Haslinger, der ergebene Verleger, hatte das Treffen in Baden bei Wien im Oktober 1823 arrangiert, nachdem Beethoven den Wunsch danach geäußert und dem Verleger gesagt hatte: »Ich freue mich, daß sie wieder einmal ein deutsches Werk verlegen. Ich habe viel Rühmenswerthes von Webers Oper gehört, und hoffe daß sie ihm und ihnen viel Ehre und Geld einbringen wird!«

So fuhr Haslinger am 5. Oktober mit Weber und dessen jungem Schüler Julius Benedict zu dem schwierigen Meister aufs Land. Auf Veranlassung Thayers hat Benedict Jahre später einen Bericht in die Feder diktiert. Benedict hatte man bei Haslinger schon einige Tage zuvor auf Beethoven aufmerksam gemacht, »auf einen kurzgedrungenen Mann« mit »sehr rothem Gesichte, kleinen stechenden Augen, buschigen Augenbrauen, mit einem sehr langen Überrock bekleidet, der ihm fast bis an die Fußknöchel reichte [...] Trotz der hohen Röte seiner Wangen und seinem durchaus vernachlässigten Aeußern war ein Ausdruck in diesen kleinen stechenden Augen, welchen kein Maler wiedergeben könnte. Es war eine Stimmung, aus Erhabenheit und Melancholie gemischt.«

Über den Besuch in Baden schreibt Benedict: »Nichts konnte herzlicher sein als die Art wie er [Beethoven] meinen Lehrer [Weber] aufnahm. Er wünschte uns in das Helenenthal und die ganze Umgebung zu führen; das Wetter war aber ungünstig und wir waren genötigt auf diesen Ausflug zu verzichten; alle aßen zu Mittag an einem Tische in einem Wirthshause; ich saß an dem anderen Ende von ihnen und hatte die Freude ihrer Unterhaltung zuzuhören.« Am Abend jenes 5. Oktobers schrieb Weber an seine Frau:

»Ich war recht müde und mußte gestern um 6 Uhr wieder heraus, weil um 7$^1/_2$ die Parthie nach *Baden* verabredet war. Diese fand auch statt mit *Hasslinger, Piringer* und *Benedict;* aber leider in dem schändlichsten Regenwetter. Die Hauptsache war, *Beethoven* zu sehen. Dieser empfing mich mit einer Liebe, die rührend war; gewiß 6–7 Mal umarmte er mich aufs Herzlichste und rief endlich in voller Begeisterung: ›Ja du bist ein Teufelskerl, ein braver Kerl.‹ Wir brachten den Mittag mit einander zu, sehr fröhlich und vergnügt. Dieser rauhe, zurückstoßende Mensch machte mir ordentlich die Cour, bediente mich bei Tische mit einer Sorgfalt wie seine Dame p. p. kurz, dieser Tag wird mir immer höchst merkwürdig bleiben, sowie Allen die dabei waren. Es gewährte mir eine eigene Erhebung mich von diesem großen Geiste mit solcher liebevollen Achtung überschüttet zu sehen. Wie betrübend ist seine Taubheit, man muß ihm Alles aufschreiben. Wir besahen die Bäder, tranken aus der Quelle und fuhren nach 5 Uhr wieder nach Wien zurück.«[354]

Thayer vermutet, dass Weber noch andere Erinnerungen hinterließ, weil dessen Sohn Max Maria in seiner Weber-Biografie noch weitere interessante Details mitteilt:

»Die drei Männer waren erregt, als sie in das öde, fast ärmliche Zimmer traten, das der große Ludwig bewohnte. Der Raum war in der größten Unordnung. Musik, Geld, Kleidungsstücke auf dem Fußboden, auf dem unsauberen Bette Wäsche gehäuft, der offenstehende Flügel mit dickem Staub bedeckt, zerbrochenes Kaffeegeschirr auf dem Tische. Beethoven trat ihnen entgegen. Benedikt sagt: so muß Lear oder die ossianischen Barden ausgesehen haben. Das Haar dick, grau, in die Höhe stehend, hie und da ganz weiß, Stirn und Schädel wunderbar breit gewölbt und hoch, wie ein Tempel, die Nase viereckig, wie die eines Löwen, der Mund edel geformt und weich, das Kinn breit, mit jenen wunderbaren Muschelfalten, die alle seine Porträts zeigen, und aus zwei Kinnbackenknochen gebildet, die dafür geschaffen schienen, die härtesten Nüsse knacken zu können. Über das breite, blatternarbige Gesicht war dunkle Röthe verbreitet; unter den finster zusammengezogenen, buschigen Brauen blickten kleine leuchtende Augen mild auf die Eintretenden, die cyklopisch viereckige Gestalt, welche die Webers nur wenig überragte, war in einen schäbigen, an den Ärmeln zerrissenen Hausrock gekleidet.

Beethoven erkannte Weber, ehe er ihm genannt war, schloß ihn in die Arme und rief: ›Da bist du ja, du Kerl, du bist ein Teufelskerl! Grüß dich Gott!‹ und nun reichte er ihm gleich jene berühmte Schreibtafel und es entspann sich ein Gespräch, während dessen Beethoven zunächst die Musikalien vom Sopha warf und dann sich ungenirt in Gegenwart seiner Gäste zum Ausgehen ankleidete.

Beethoven klagte bitter über seine Lage: schimpfte auf die Theater-Verwaltung, die Concertunternehmer, das Publikum, die Italiener, den Geschmack, besonders aber über die Undankbarkeit seines Neffen. Weber, der sehr bewegt war, rieth ihm, sich diesen widerlichen, entmuthigenden Verhältnissen zu entreißen und eine

Kunstreise durch Deutschland zu machen, wo er sehen werde, was die Welt von ihm halte. – ›Zu spät!‹ rief Beethoven, machte die Pantomime des Clavierspielens und schüttelte den Kopf. ›So gehen Sie nach England, das Sie bewundert!‹ schrieb Weber. ›Zu spät!‹ schrie Beethoven, nahm Weber demonstrirend unter die Arme und zog ihn mit nach dem Sauerhof, wo er speiste. Hier war Beethoven ganz Herzlichkeit und Wärme gegen Weber. – – Beim Abschiede umarmte und küßte Beethoven Weber mehrere Male, behielt lange seine schmale Hand in seiner Faust und rief: ›Glück auf zur neuen Oper! Wenn ich kann, komme ich zur ersten Aufführung!‹ Tief bewegt und erhoben kehrte Weber nach Wien zurück.«

Benedict [...] erzählt weiter, am Morgen nach der ersten Aufführung der Euryanthe [25. Okt.], sei Beethoven erschienen und habe Haslinger gefragt: »Nun, wie ging die Oper gestern Abend?« Die Antwort war: »ein großer Triumph.« Da rief er aus: »das freut mich, das freut mich! [...] Wie ist das Buch [das Libretto]? gut oder schlecht?« [Haslinger] machte ein verneinendes Zeichen. Darauf sagte Beethoven: »Immer dieselbe Geschichte! Die Deutschen können kein gutes Libretto schreiben.« Benedict nahm das Konversationsbuch und schrieb: »Und Fidelio?« – worauf Beethoven antwortete: »Das ist ein französisches und italienisches Buch.« Und als ihn Benedict fragte: »welche halten Sie für die besten Librettos?« antwortete er: »den Wasserträger und die Vestalin.«

Thayer führt an dieser Stelle eine Zeugin aus demselben Jahr 1823 an, die Pianistin und Komponistin Marie Pachler-Koschak (1794–1855), die Beethoven seit 1817 nicht gesehen hatte. Der Schluss ihrer Schilderung, eine Bemerkung über die psychische Entwicklung Beethovens, ist ziemlich überraschend, passt sie doch zu der erstaunlich lockeren und positiven Stimmung des Weber-Beethoven-Treffens und sticht dadurch deutlich von der gesundheitlich kritischen Situation des Komponisten beim Besuch Rossinis von 1822 ab:

»Was mir aber tief in die Seele griff, war der Anblick Beethovens. Ich fand ihn sehr gealtert. Er klagte über Krankheit und Andrang der Geschäfte. Seine Taubheit hat, wenn möglich, noch zugenommen, *allein seine Abneigung, oder vielmehr Unfähigkeit, selbst zu sprechen, scheint sich verloren zu haben*« (BSZ S. 630, Hervorhebungen von U. D.)

Diese Besserung von Beethovens seelischer Verfassung, die trotz fortschreitender Schwerhörigkeit festzustellen sei, wird auch durch Max Maria von Weber überliefert, und dies kann freilich nur auf Äußerungen kundiger Vertrauenspersonen aus dem Wiener Umkreis oder noch wahrscheinlicher auf seinen Vater Carl Maria zurückgehen, weil sie Beobachtungen beinhalten, die nicht nur das Verständnis für Kreativität voraussetzen, sondern auch auf Erfahrung mit tiefen Lebenskrisen gründen, wie dies bei Carl Maria um 1810 der Fall war. Da diese wichtigen Stellen m. W. keinen Eingang in die Beethoven-Biografik gefunden haben, seien sie hier mitgeteilt. Max Maria von Weber geht in seiner Darstellung von Beethovens Zustand um 1821 aus, der sich in jenem Jahr schlagartig verschlimmert und allmählich auch einen Keil zwischen ihn und den Wiener Musiker getrieben hatte. Deren Piano-Spiel konnte er nun längst nicht mehr hören, wodurch er »bemitleidenswerte qui pro quo's herbeiführte« und »sehen mußte, daß das Publikum über ihn – lachte«:

> »Dies machte das Maß seines Kummers voll und jagte ihn scheu in die düstere Einsamkeit einer ungemüthlichen Wohnung, die er ungern und fast immer einsam verließ. Fast gleichgültig gegen das Schaffen Anderer, nur seiner eigenen mächtigen Seelenthätigkeit lebend, verlor er doch, zum Glück der Welt, nicht die Überzeugung von der Macht seines Genius. [...] In dieser Periode seines Lebens haben ihn diejenigen aufgesucht, vor denen er [...] floh, denen er schroff und barsch begegnete und die ihn als sich selbst und die Welt vernachlässigenden Menschenhasser schilderten. – Aber die unwiderstehlichste aller Mächte, die Gewohnheit, legte ihre weichen Falten auch um die scharfen Kanten des felsigen Beethoven'schen Geistes. *Die Erinnerung an den materiellen Ton wurde matter in ihm, er begann ihn weniger zu vermissen, je ungeschwächter das göttliche Orchester in ihm selbst fortmusizierte. Damit kehrte auch eine weichere Stimmung in ihm zurück, er wurde heiterer und mittheilsamer* und er hätte kein Künstler sein müssen, wenn ihn nicht sein täglich wachsender, gewaltiger Ruhm erquickt hätte.«[355]

Diese sensible Analyse von Beethovens Zustand in späterer Zeit kann nicht von dem viel beschäftigten Eisenbahn-Pionier und hochdekorierten Regierungsrat Max Maria von Weber stammen, sondern nur von seinem Vater. Denn in dieser neuen Stimmung gelegentlicher Leutseligkeit und verhaltener Lebensfreude hatte dieser den fast tauben Meister anno 1823 selbst erlebt.

* * *

Franz Schubert, der Ferne und doch so Nahe

Bei Beethovens Beerdigung gehörte Franz Schubert zu den Fackelträgern. Schon allein deswegen kann man davon ausgehen, dass Schubert und Beethoven sich kannten und einander zuweilen trafen, aber belegen lässt sich eine solche Begegnung nur für das Jahr 1827. Das ist verwunderlich, denn die beiden Komponisten wohnten jahrzehntelang in derselben Stadt und hatten auch gemeinsame Bekannte.

Verlässlichen Berichten zufolge hat Franz Schubert Beethoven nach einer Aufführung des *Fidelio* aus der Ferne beobachtet. Im Haus des Verlegers Steiner mischte er sich unter diejenigen, die den regelmäßig dort verkehrenden Beethoven erleben wollten, wenn er wieder mal italienische Musik kritisierte.[356] Dazu passt, dass Karl seinem Onkel Beethoven ins Konversationsheft schrieb, man lobe Franz Schubert sehr, man sage aber, er verstecke sich.[357] Trotz seiner Scheu vor dem älteren Meister war Schubert zeit seines Lebens ein großer Bewunderer von Beethovens Kunst und umgekehrt wohl der Einzige unter den jüngeren Komponisten, den Beethoven anerkannt hat.

Seit Schindler seine Erinnerungen veröffentlichte, kursiert die Behauptung, Schubert habe Beethoven 1822 aufgesucht, um die dem Meister gewidmeten Variationen über »Le bon chevalier« für Klavier zu vier Händen (D 624) zu überreichen. Er habe Beethoven jedoch nicht angtroffen. Dieser hat das Werk dennoch erhalten, sei es von Schubert persönlich oder durch Mittler, und er spielte es auch oft zusammen mit seinem Neffen Karl. Schubert soll davon erfahren und sich sehr gefreut haben. Immerhin gibt es laut Thayer zwei Quellen dafür, dass Beethoven über Schubert gesagt habe, in ihm sei der »göttliche funken« (TDR Bd. IV, S. 468). Während seiner letzten Krankheit hat Beethoven angeblich Schuberts Lieder studiert, und der Kollege wurde als einer der Letzten zu dem Todkranken vorgelassen: Im März 1827 besuchte Schubert gemeinsam mit den Brüdern Joseph und Anselm Hüttenbrenner und dem Maler Josef Teltscher den schwerkranken Beethoven in seiner Wohnung im »Schwarzspanierhaus«.

Schubert kannte einen Großteil der damals zugänglichen Werke Beethovens und bewunderte sie fanatisch. »Heimlich im Stillen hoffe ich wohl selbst noch etwas aus mir machen zu können, aber wer vermag nach Beethoven noch etwas zu machen?«[358] Dieser überlieferte Stoßseufzer Schuberts zeigt, wie grenzenlos er Beethoven verehrte und wie sehr ihn der Anspruch, der seit Beethoven, diesem »unheimlichen Mann«, mit dem Komponieren verbunden war, auch unter

Druck setzte.[359] Spätestens nach 1813 setzte Schubert sich mit den Problemen des Sonatensatzes und mit Beethovens neuartiger motivisch-thematischer Arbeit gründlich auseinander. In vielen von Schuberts Werken, als Paradebeispiel gilt seine *Vierte Symphonie*, lässt sich der Einfluss des älteren Kollegen nachweisen (Frimmel Bd. II, S. 149ff.).

* * *

Weihe-Kuss für Franz Liszt?

Am 13. April 1823 hatte der damals zwölfjährige Franz Liszt seinen ersten Auftritt in Wien. In dieser Zeit hat er Beethoven besucht, wie es auch aus zwei Stellen in den Konversationsheften hervorgeht. In Heft 28 (erstes Drittel April 1823) hat sich das Klavier-Wunderkind eigenhändig verewigt: »Ich habe schon so oft meinen Wunsch gegen Herrn von Schindler geäussert, die hohe Bekanntschaft mit ihnen zu machen und bin sehr erfreyet, dass es jezt seyn kan nachdem ich Sontag den 13ten mein Concert geben werde und ich unterthän[i]gst bitte mir die hohe Gegenwart zu schenken« (BKh, Bd. III, S. 168). Über diesen Besuch gibt es den berühmten Bericht der Pianistin und Schriftstellerin Ilka Horovitz-Barnay, der hier nicht fehlen darf. Sie hatte Liszt 1875 in Budapest kennengelernt.

> »Die denkwürdigste Stunde verdanke ich Liszt, als er mir von seiner Begegnung mit Beethoven erzählte. ›Ich war ungefähr elf Jahre alt‹, begann er, ›als mein verehrter Lehrer Czerny mich zu Beethoven brachte. Schon lange vorher hatte er diesem von mir erzählt und ihn gebeten, mich einmal anzuhören. Allein Beethoven empfand solchen Widerwillen gegen Wunderkinder, dass er sich immer heftig dagegen sträubte, mich zu empfangen. Endlich ließ er sich doch von dem unermüdlichen Czerny überreden und sagte zum Schlusse ungeduldig: ›Also bringen Sie mir in Gottes Namen den Racker!‹ Es war um zehn Uhr morgens, als wir die zwei kleinen Stuben des Schwarzspanierhauses, wo Beethoven wohnte, betraten. Ich war etwas schüchtern, Czerny mich freundlich ermutigend. Beethoven saß an einem langen schmalen Tisch am Fenster und arbeitete. Er blickte uns eine Weile finster an, sprach mit Czerny ein paar flüchtige Worte und blieb schweigsam, als mein guter Lehrer mich ans Klavier winkte. Ich spielte zuerst ein kurzes Stück von [Ferdinand]

Ries. Als ich geendigt hatte, fragte mich Beethoven, ob ich eine Bachsche Fuge spielen könnte. Ich wählte die C-Moll-Fuge aus dem wohltemperierten Klavier. ›Könntest du die Fuge auch gleich nach einer anderen Tonart transponieren?‹, fragte mich Beethoven. Zum Glück konnte ich es. Nach dem Schlussaccord blickte ich auf. Der dunkelglühende Blick des Meisters lag durchdringend auf mir. Doch plötzlich zog ein mildes Lächeln über die düsteren Züge. Beethoven kam ganz nahe heran, beugte sich zu mir, legte mir die Hand auf den Kopf und fuhr mir streichelnd mehrmals über das Haar.

›Teufelskerl‹, flüsterte er, ›so ein Racker‹. – Ich gewann plötzlich Mut. ›Darf ich jetzt etwas von Ihnen spielen?‹ fragte ich keck. Beethoven nickte lächelnd. Ich spielte den ersten Satz aus dem C-Dur-Konzerte [Nr. 1 op. 15]. Als ich fertig war, faßte mich Beethoven an beiden Händen, küßte mich auf die Stirn und sagte weich: ›Geh! Du bist ein Glücklicher! Denn du wirst viele andere Menschen beglücken und erfreuen! Es giebt nichts Besseres, Schöneres.‹ Liszt erzählte das Vorstehende im Tone tiefster Ergriffenheit, Thränen waren in seiner Stimme, und doch klang ein warmes Glücksgefühl aus der einfachen Erzählung. Der glänzende Weltmann, der umschmeichelte Künstler war verschwunden – der große Augenblick, den er in seiner Jugendzeit erlebt hatte, hallte noch jetzt in reichen, feierlichen Accorden in seiner Seele nach. Er blieb für eine Weile schweigsam. Endlich sagte er: ›Dieses Ereignis aus meinem Leben ist mein größter Stolz geblieben – das Palladium für meine Künstlerlaufbahn. Ich erzähle es nur äußerst selten und nur – guten Freunden‹.«[360]

Die Liszts blieben bis zum 20. September 1823 in Wien, um dann nach Paris weiterzureisen, im Gepäck ein Empfehlungsschreiben von der Hand Fürst Metternichs zwecks Aufnahme in das berühmte Pariser Conservatoire – für das zwölfjährige Wunderkind durfte er etwas tun, es war ja kein politischer Aufrührer. Der Brief nützte ihm aber nichts, der berühmte Direktor, Luigi Cherubini, konnte Liszt nicht aufnehmen, weil das Conservatoire laut Gesetz ausschließlich französischen Staatsbürgern vorbehalten war. Was aber viel wichtiger ist: Liszt hat sich sein Leben lang für Beethoven eingesetzt, der »Weihekuss« war – wenn er je stattgefunden hat – nicht vergeblich.

Doch vielleicht wurde der Kuss nur erfunden, um etwas ganz anderes zu verdecken: Besagter Besuch könnte durchaus auch mit einer Dissonanz geendet haben. Denn wie Schindler berichtet, bat Liszt Beethoven um ein Thema in einem versiegelten Umschlag, den der »Wunderknabe« bei seinem großen Wiener

Auftritt pompös *coram publico* aufzubrechen gedachte, um so beim Haupt-Programmpunkt der Akademie, der Klavier-Fantasie, sein Improvisations-Genie unter Beweis zu stellen. Beethoven habe das abgelehnt und sei zu dem Konzert auch nicht gekommen, wie Johann van Beethovens Notiz in einem Konversationsheft zu entnehmen ist: Liszt habe über »ein Ungerischen Deutschen [Tanz] fantasiert«, was der Standarddisziplin aller Virtuosen entsprach. Es muss einen Aufruf gegeben haben, Themen einzureichen, aus dem dann das zu verwendende ausgelost worden sein dürfte, denn Johann fährt fort: »Es waren sehr viele [,] die Thema bey sich hatten (BKh Bd. III, S. 189). Virtuosenauftritt mit Improvisations-Match als Volksbelustigung!

Schindler spricht in einer nach Beethovens Tod im fraglichen Konversationsheft auf der gegenüberliegenden Seite eingefügten Notiz von »unfreundlicher Aufnahme« von Beethovens Seite. Das kann zweierlei heißen: Entweder war das ganze Treffen ein Desaster und Liszt erfand den ›Kuss‹, um sich darüberhinwegzutrösten, oder die Begegnung verlief erst am Ende in einer angespannten Atmosphäre, weil Liszt den Älteren dann um ein Thema bat. Dann wäre der ›Kuss‹ denkbar. Man muss Liszt zugutehalten, dass er ihn sehr spät publik gemacht hat, nämlich erst zwischen 1875 und 1886. Den ›Kuss‹ zu erfinden, hätte nur Sinn gemacht, wenn Liszt die Geschichte sofort nach Beethovens Tod instrumentalisiert hätte. Das tat er nicht.

Grillparzer und Beethoven: Zwei Hypochonder planen eine Oper

Nach den erwähnten Treffen mit Hochkarätern aus der Musikszene bahnte sich erst relativ spät die Begegnung mit einem weiteren Literaten an, die zwar nicht dazu führte, das Beethoven eines von dessen Werken vertont hätte, aber doch harmonischer verlief als die mit Goethe. Franz Grillparzer, am 15. Januar 1791 geboren und somit fast 21 Jahre jünger als Beethoven, studierte Jura und wurde 1813 Beamter bei der k. k. allgemeinen Hofkammer (eine Art Finanzministerium), 1824 Konzipist (heutzutage Referendar) und 1832 Archivdirektor, was er bis zum Eintritt in den Ruhestand 1856 blieb. Parallel dazu schuf er ein Œuvre, das Bühnenwerke (sechzehn an der Zahl, hauptsächlich Dramen) umfasste, die zwischen 1807 und 1855 entstanden, sowie Novellen und weitere Schriften, deren

Formelemente aus Barock, Volksschauspiel und Klassik ihm schon im 19. Jahrhundert den Rang des Wiener Theaterdichters einbrachten. Dabei leben seine Figuren im Spannungsbogen zwischen Wirklichkeitsangst und Traumfantasie und verkörpern nichts weiter als das Leiden seiner Zeit zwischen Radikal-Konservatismus und Revolutionshoffnung bei gleichzeitiger Umsturzangst. Die in dieser Atmosphäre entstandenen Werke behandeln die Grundzüge der menschlichen Natur und haben daher in vieler Hinsicht bis heute Gültigkeit (einige seiner Stücke sind sogar verfilmt worden). *Die Ahnfrau* (1817), *Sappho* (1818), *Das goldene Vließ* (Trilogie, 1822) und *König Ottokars Glück und Ende* (1825) sind einige von Grillparzers berühmtesten Bühnenwerken.

Zugleich komponierte er, spielte Klavier und dachte viel über Musik nach. Er hinterließ Aufzeichnungen zu durchaus eigenständigen musikästhetischen Anschauungen in dem Versuch, das Wesen von Dichtung auch musikalisch zu erfassen. Dieses Bemühen äußert sich beispielsweise in der Novelle *Der arme Spielmann* sowie in seinem Opernlibretto *Melusine* (1823), das für Beethoven bestimmt war, aber nicht von diesem, sondern erst 1833 von Conradin Kreutzer vertont wurde. In seinen ästhetischen Gedanken formuliert er etwas, das sogar über Carl Maria von Webers Erinnerungsmotive hinausweist und anno 1823 – Wagner ist erst zehn Jahre alt – einen Vorgeschmack auf dessen erst um 1850 aufkommende Leitmotive gibt:

> »Ich habe mir überhaupt gedacht, ob es nicht passend wäre, jede Erscheinung oder Einwirkung Melusines durch eine wiederkehrende, leicht fassende Melodie zu bezeichnen. Könnte nicht die Overtüre mit dieser beginnen, und nach dem rauschenden Allegro auch die Introduction durch diese selbe Melodie gebildet werden.« (BKh Bd. III, S. 402)

* * *

Beethoven gegenüber ist Grillparzer äußerst entgegenkommend und erbietet sich, alle nötigen Textänderungen auszuführen. Ihr Umgangston ist äußerst herzlich; »ich umarme Sie von Herzen und ehre Sie wahrlich«, schreibt Beethoven zum Jahreswechsel 1823/24 (BGA Nr. 1759). Doch kommt das Melusine-Projekt nicht recht voran, Beethoven braucht noch viel Zeit, um die *Missa solemnis* und die *Neunte Symphonie* zu Ende zu bringen, und danach reichen seine Kräfte nicht mehr für ein Großprojekt wie eine Oper. Grillparzer hingegen beschäftigt sich mit Goethes *Egmont*, in dem er die Schauspielhandlung durch einen Rezitationstext ersetzt, der erlaubt, die vollständige zehnteilige Komposition ohne Theater konzertant aufzuführen (heute hört man den *Egmont* häufiger mit Grillparzers als mit Goethes Text).

Grillparzer war melancholisch-sanguinisch veranlagt und hatte dadurch Ähnlichkeiten mit Beethoven, den er bereits 1805 kennengelernt hatte. 1807 und 1808 bewohnten sie dasselbe Sommerhaus in Heiligenstadt, doch die Gelegenheit zu gemeinsamer Arbeit ergab sich erst 1822, als die Sängerin Wilhelmine Schröder-Devrient in Wien in *Fidelio* auftrat und eine neue Ära für die Interpretation der weiblichen Hauptrolle einläutete. Beethoven versprach, ihr bald eine neue Oper auf den Leib zu schreiben, und so begann die mühsame Suche nach einem geeigneten Text, die erst Graf Moritz Lichnowsky, der jüngere Bruder von Beethovens Mäzen, in eine erfolgversprechende Richtung lenkte: Er brachte den Namen Grillparzer ins Spiel. Dieser schlug *Melusine* vor, ein Motiv, worüber er seit 1817 nachdachte. Ab da besuchte Grillparzer Beethoven regelmäßig und hat in dessen Konversationsheften viele Spuren hinterlassen.

Grillparzer: »Die Zensur hat mich umgebracht«

Obwohl es Beethoven 1823 im Vergleich zu den zwei Vorjahren etwas besser ging, verharrte er in einer Art »innerer Emigration« gegenüber einer Gesellschaft, welche die einzige Frau, die er wirklich liebte, einer fortwährenden Stigmatisierung und Herabwürdigung mit Todesfolge ausgesetzt hatte. Sein Lebensnerv ist beschädigt, er arbeitet langsam, hat Angst davor, auch nur ein größeres Werk zu beginnen, und klagt, klagt und klagt. Krankheiten kommen und gehen. Wie soll er in Schöpferstimmung gelangen, angesichts eines Staatswesens, an dessen Spitze ein Kaiser steht, der zwar ein ausgewiesener Botaniker ist, dessen staatsmännische Fähigkeiten jedoch nur äußerst schwach entwickelt sind und der vor allem zittert, das auch nur den geringsten Anschein von Erneuerung haben könnte, oder gar von Kritik, oder nur von etwas Aufmüpfigkeit wie bei unserem etwas bärbeißigen Beethoven. Diesem wirft Kaiser Franz I., wie bereits zitiert, allen Ernstes vor, es stecke »etwas Revolutionäres in der Musik!« – Otto Jahn, der große Musikforscher, vermutet darin den Grund, warum der Monarch von »Beethovens Musik nichts wissen« (BSZ, S. 258) wollte.

Das Schlimme an autoritär regierten Staaten war schon damals, dass einem der Untertanengeist umso heftiger entgegenschlug, je tiefer man sich in die Machtstrukturen begab. Franz Grillparzer hatte darunter jahrzehntelang zu leiden, was sich in Beethovens Konversationsheften erstmals im April 1823 widerspiegelt – die Gespräche über *Melusine* hatten kaum begonnen. Grillparzer hatte leichtsinnigerweise zwei Jahre zuvor in der Zeitschrift *Aglaja* ein kirchenkritisches Spottgedicht publiziert. »Der Nuntius erhob die Klage gegen ihn, das Gedicht mußte heraus gerissen werden, und G.[rillparzer verlor] die Pension von der Kaiserin und alle Aussicht auf eine Anstellung bey Hofe«.[361]

Mitte Mai 1823 ist Grillparzer bei Beethoven, und ihre schriftlich geführten ›Gespräche‹ berühren wieder die politische Situation. Der Dichter schreibt für Beethoven: »Den Musikern kann doch die Censur nichts anhaben. Wenn man wüsste, was Sie bei Ihrer Musik *denken*!« (BKh Bd. III, S. 288). – Grillparzers Lage stabilisiert sich im Sommer 1823, er erhält künftig 800 Gulden plus 100 Gulden Quartiergeld. Er bleibt jedoch wegen der vorangehenden Maßregelung noch länger verschuldet. Doch im Frühjahr 1824 bekommt er wieder Probleme mit der Zensur, diesmal wegen *König Ottokars Glück und Ende*, das vom Polizeipräsidenten Graf Sedlnitzky »aus politischen Gründen« verboten wurde, obwohl die Zensur es bereits genehmigt hatte. Grillparzer beklagt die »Chicane und Niederträchtigkeiten, die man gegen ihn ausübt« (BKh Bd. VI, S. 70). Der Streit dauerte bis in den Januar 1825. Am Ende sprach der Kaiser ein Machtwort und befahl die Aufführung. Dennoch hatte Grillparzer weiterhin Ärger mit der Obrigkeit. Im April 1826 klagte er: »Die Censur hat mich umgebracht [...]«, aber im aktuellen Fall gab es zusätzlich noch einen »strengen polizeilichen Verweis« wegen »unbescheidener Äußerungen« (BKh Bd. IX, S. 168 und FN 515 S. 393). Beethovens Freund Karl Holz kommentierte das wie folgt: »Man muß nach Nordamerika reisen, um seinen Ideen freyen Lauf zu lassen«. Auf den Straßen wird man »auf allen Wegen und Stegen beobachtet« – nicht von uniformierten Polizisten, sondern von Spitzeln in Zivilkleidung.

Es muss im Wien der Biedermeierzeit eine beklemmende Atmosphäre geherrscht haben, in der jeder unter der Überwachung litt und auch den Druck zu spüren bekam, den die fest mit der Politik liierte Kirche als ›staatstragende‹ Institution auszuüben wusste (»Die Kaiserin wird von Pfaffen regiert«, s. BKh Bd. IV, S. 189). Ebenfalls im April 1826 geriet der Schriftsteller und Redakteur Franz Castelli ins Visier der Polizei – inklusive Fahndung, Hausdurchsuchung und Beschlagnahme ausländischer Zeitungen; seine Vereinigung *Ludlamshöhle*

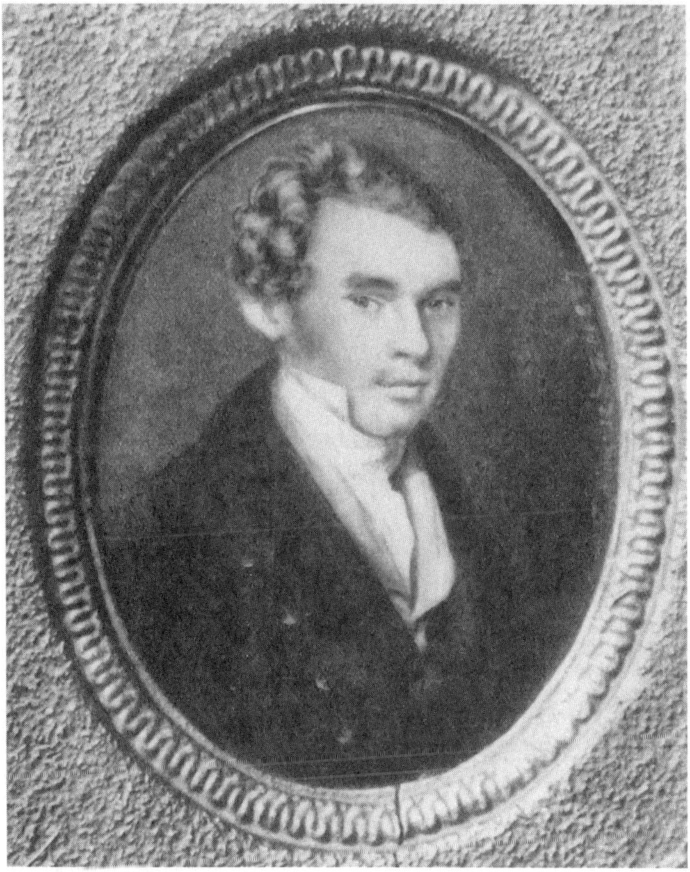

Abb. 52 Beethovens Freund Karl Holz, der ab 1823 zweiter Geiger des Schuppanzigh-Quartetts war. Miniatur von Barbara Frölich-Bogner, Februar 1824.

wurde 1826 wegen »Staatsgefährdung« verboten, und in diesem Zusammenhang schaute die Polizei einmal mehr auch bei Grillparzer vorbei (BKh Bd. IX, S. 206). Unter solchen Umständen darf der Dichter freilich seitens des Staates keinerlei Anerkennung erwarten, ganz wie Beethoven.

Der kaiserliche Leibarzt Stifft dagegen besitzt an die zehn Orden darunter den allerhöchsten in Österreich, das Kommandeurskreuz des St. Stephansordens (BKh Bd. IX, S. 274). Der Arzt war nun einmal wichtiger, auch für einen Kaiser, der »ein dummes Vieh« sei – aber dieses Vieh sprach perfekt Wienerisch: »ich brauch kein' Gelehrten, gute Bürger will ich« – wozu ihm »die Pfaffen nur zu sehr auf[helfen]«. Von dieser Tirade, die Moritz Schlesinger und Beethoven gemeinsam losließen, ist Schlesingers Anteil in den Konversationsheften überliefert (BKh Bd. VIII, S. 104, September 1825); Beethovens Beitrag zu einem solchen *Duetto furioso* kann man sich leicht vorstellen. Offensichtlich war gerade kein Spitzel in der Nähe, denn es geht noch weiter: der Kaiser sei ein Mann, »der Volk und Land um ihr Eigentum bringt und um 100 Jahre zurückträgt«, er sei »die Geißel des Volks«.

24

»Das Göttliche des Menschen«

Eine Messe für einen Kardinal, die Menschheit und Gott

»In Doloribus causa«: Erzherzog Rudolph, der Widmungsempfänger

In Kapitel 15 lernten wir Erzherzog Rudolph als nachdenklichen, bescheidenen und umgänglichen Zeitgenossen Beethovens kennen. Dieser bezeichnet ihn als den »liebenswürdigen talentvollen Prinzen« und einen »wahrhaft gute[n] Menschen«, der mit »vortrefflichen Eigenschaften des Geistes und des Herzens« ausgestattet sei.[362]

Doch es kam der Tag, wo Beethoven den Erzherzog wegen einer Personalentscheidung als »schwach« (BGA Nr. 1419) bezeichnete. Der Komponist war enttäuscht, dass der Erzherzog 1820, als er zum Kardinal-Fürsterzbischof von Olmütz erhoben wurde, die Gelegenheit nicht nutzte, ihn zum Hofkapellmeister zu ernennen. Das hatte mit Schwäche allerdings nichts zu tun. Zum einen wusste Rudolph, er würde in den folgenden Jahren so sehr im Fokus der Öffentlichkeit stehen, dass seine eigene Krankheit, die Epilepsie, jederzeit zum öffentlichen Thema werden könnte. Zum anderen war ihm klar, wie riskant es wäre, den schwerhörigen und dadurch nur sehr beschränkt einsatzfähigen Freund zum Kapellmeister zu machen. Als Bischof, aber auch als weltlicher Landesherr konnte er sich einen solchen Fehlgriff nicht leisten.

Schon vor seiner Berufung 1819 fand der Erzherzog allgemeine Aufmerksamkeit: »Der Erzherzog war Musikgraf der königlichen böhmischen Capelle zu Prag«, überliefert der Historiker Constantin von Wurzbach. Rudolph hatte dort einigen Einfluss in Personalfragen und auf die künstlerische Ausrichtung des Musiklebens der böhmischen Hauptstadt.[363] 1814 kam er anlässlich des Wiener

Kongresses mit nahezu allen gekrönten Häuptern Europas in Kontakt – nicht bei den Verhandlungen in den kaiserlichen Sälen, sondern abends, wenn es um Zerstreuung durch Kunst ging, in Rudolphs eigenen Privatgemächern. Der Erzherzog war gut bekannt mit dem russischen Botschafter in Wien, Andrei Kyrillowitsch Graf Rasumowsky (1752–1836, Fürst ab 1815). Dieser hatte in der Wiener Vorstadt im Bezirk Landstraße einen wahren Kunsttempel erbauen lassen; Ignaz Schuppanzigh war dort 1808–1816 als Primarius eines Streichquartetts angestellt. Darin spielte Rasumowsky oft selbst die zweite Geige und hatte auf seinem Altar als Hausgötter Haydn, Mozart und Beethoven, deren Quartette bei den eleganten Soireen im Palast ständig zu hören waren. Eben diese Gemächer pflegte Zar Alexander während des Wiener Kongresses für seine offiziellen Empfänge zu nutzen, doch dann kam es zu einem tragischen Zwischenfall, den Anton Schindler beschreibt:

»Trotz der ungeheueren Ausdehnung jenes Palastes, auf welchen der Graf beinahe zwanzig Jahre lang sein ganzes Vermögen verwendet hatte, fehlte es in demselben dennoch an Raum, um die Masse von Menschen, welche zu den kaiserlichen Festlichkeiten dorthin eingeladen wurden, aufzunehmen. Es wurde daher auf der Seite nach dem Garten zu eine große hölzerne Halle zu vorübergehender Benutzung angebaut, in welcher am Abend des 30. Dezember [1814] eine Tafel für 700 Gäste gedeckt wurde. Am Morgen nach dem Feste zwischen fünf und sechs Uhr entdeckte man, daß dieselbe in Flammen stand. Der Brand, welcher wahrscheinlich durch ein schadhaftes Kaminrohr entstanden war, dehnte sich auf das Hauptgebäude aus und dauerte fast bis zum Mittage. In der Zeit von wenigen Stunden waren mehrere Zimmer dieses prächtigen Etablissements, an welches sein Schöpfer seit 20 Jahren alles, was Pracht, Kunstsinn und Liberalität vermögen, verwendete, ein Raub der wüthenden Flammen. Darunter befanden sich auch die kostbare Bibliothek und der unschätzbare Canova-Saal, welcher ganz mit Bildsäulen dieses Meisterkünstlers angefüllt war, die nun durch die einstürzende Decke des Zimmers zertrümmert wurden.« (Zitiert nach TDR Bd. III, S. 464f.)

Rasumowsky, der Beethoven seit 1795 kannte und die Streichquartette op. 59 bei ihm bestellt hatte, wollte den Komponisten, der auch sein Schützling war, den anwesenden Herrschern vorstellen und musste nach diesem Brand dazu in die Hofburg in die Räumlichkeiten des Erzherzogs ausweichen. Schindler schreibt:

»Von dem Fürsten (Grafen) Rasoumowsky ward er den anwesenden Monarchen vorgestellt, die ihm in den schmeichelhaftesten Ausdrücken ihre Achtung zu erkennen gegeben. Die Kaiserin von Rußland wünschte ihn besonders zu becomplimentiren. Die Vorstellung fand in den Gemächern des Erzherzogs Rudolph statt, in denen er auch noch von anderen hohen Personen begrüßt worden. Es scheint, als habe der Erzherzog den Triumph seines erhabenen Lehrers stets mitfeiern wollen, indem er die fremden Herrschaften zu Zusammenkünften mit Beethoven eingeladen hat.«[364]

Sich im Licht eines anderen zu sonnen, wie Schindler es dem Erzherzog unterstellt, war etwas, worauf Letzterer eben gar »nicht achtet« (BGA Nr. 1864). In kulturellen Dingen schenkte er sein persönliches Vertrauen lieber ausgewählten Bürgerlichen; neben Beethoven galt dies insbesondere dem Juristen Joseph Anton Ignaz Baumeister (1750–1819), seinem Erzieher, dem er lebenslang freundschaftlich verbunden blieb. Später berief er ihn zum Sekretär, und nachdem Baumeister eine Kunstdruckerei gegründet hatte, führte er den Erzherzog in die Kunst des Kupferstichs ein, was einerseits dessen bemerkenswerter zeichnerischen Begabung entgegenkam und ihm andererseits eine neue künstlerische Beschäftigung erschloss, zu der Zeit, als Gichtanfälle die Beweglichkeit von Rudolphs Fingern und damit sein Klavierspiel zunehmend beeinträchtigten.

Unter den vielen Briefen, die Baumeister vom Erzherzog erhielt, ist einer, worin dieser Genaueres über seine Epilepsieanfälle berichtet: »Ich hätte schon früher geschrieben, wenn ich nicht, nach vollendeten 40 Tägen […] von meinen Nervenzuständen angefallen worden wäre; doch muss ich dem Allerhöchsten meinen Dank abstatten, weil er mich, dieses mahl, fiel leichter befreyte. Denn, nach zwey Anfälle, welche in sich schon schwächer als sonst waren, schlief ich recht viel, der Kopf war nicht so betäubt, die Krämpfe viel schwächer […]. Ich hoffe also, mit der Hülfe Gottes, wenigstens auf 40 Täge befreyt zu seyn« (Kagan 1988, S. 298).

Baumeister betreute und pflegte auch die Musikbibliothek, die dem Erzherzog so sehr am Herzen lag und die heute im Archiv der Gesellschaft der Musikfreunde zu Wien erhalten und immer noch von zentraler Bedeutung für die Wiener Musikkultur ist. 1812 gegründet, war sie bereits 1814 mit kaiserlichem Privileg ausgestattet worden, und Erzherzog Rudolph wurde ihr »Protector«, indem er sich intensiv dafür einsetzte. Sicher hatte er seine Hände im Spiel, als die Gesellschaft der Musikfreunde Beethoven den Auftrag für die Komposition des Oratoriums *Sieg des Kreuzes* erteilte, das allerdings ein Projekt blieb, weil dem Komponisten das Libretto von Joseph Karl Bernard nicht zusagte.

Erzherzog Rudolphs Musikwerke sind hauptsächlich zwischen 1809 und 1824 entstanden; danach ließ ihm offenbar sein Bischofsamt keine Muße mehr dafür. Wir kennen 27 vollendete und 35 unvollendete Werke von ihm, wobei die Schwerpunkte auf Klavier- und Kammermusik liegen.[365] Allerdings sind nur zwei davon in eigenständigen Publikationen erschienen. Ferner hinterließ er zahllose Skizzen, die in ihrem Stil denen Beethovens ähneln. Über dessen Unterrichtsweise ist brieflich wenig überliefert, doch existieren umfangreiche für den Erzherzog ausgeführte pädagogische Niederschriften Beethovens, der sich darin auf die Musiktheoretiker des ausgehenden 18. Jahrhunderts stützte. 1818 empfahl er dem Erzherzog das Studium der Werke Händels. In zwei Briefen erteilt Beethoven Ratschläge, die auf seine eigene Werkstatt verweisen:

> »Lange kann ich meine Augen noch nicht anstrengen, daher bitte ich E.K.H. gnädigst sich noch zu Gedulden mit den Variationen von höchstdenselben, welche mir allerliebst zu seyn scheinen, aber doch noch eine genauere Durchsicht von mir erfodern, fahren E.K.H. nur fort, besonders sich zu üben, gleich am Klawier ihre Einfälle flüchtig kurz niederzuschreiben, hiezu gehört ein kleines Tischgen an's Klawier, durch dergleichen wird die Phantasie nicht allein gestärkt, sondern man lernt auch die entlegensten Ideen augenblicklich festhalten; ohne Klawier zu schreiben ist ebenfalls nöthig, u. manchmal eine einfache Melodie Choral mit einfachen u. wieder mit verschiedenen Figuren nach den Kontrapunkten u. auch darüber hinaus durchführen, wird E.K.H. sicher kein Kopfwehe verursachen, ja eher, wenn man sich so selbst mitten in der Kunst erblickt, ein großes Vergnügen – nach u. nach entsteht die Fähigkeit gerade nur das, was wir wünschen fühlen, darzustellen, ein den Edlern Menschen so sehr wesentliches Bedürfniß [...]« (BGA Nr. 1686, Juli 1823).[366]

Das wichtigste Werk des Erzherzogs ist ein anspruchsvoller Variationszyklus, zu dessen Gelingen Beethoven mit seinen pädagogischen Fähigkeiten beitrug – offensichtlich betrachtete er ihn als eine Art »Meisterstück«, das für die Öffentlichkeit bestimmt war und woran nicht nur der Schüler, sondern auch der Lehrer gemessen würde. Schon der ausgefallene Titel, von Beethoven formuliert, musste die Zeitgenossen aufhorchen lassen: *Aufgabe, von Ludwig van Beethoven gedichtet, Vierzig Mahl verändert und ihrem Verfasser gewidmet von seinem Schüler R. E. H.*, gedruckt (wahrscheinlich) Ende 1819 vom Verlag S. A. Steiner in Wien, nachdem Beethoven so etwas wie einen inoffiziellen Wettbewerb unter drei Verlegern veranstaltet hatte und bereits einige Pianisten »dieser preiswürdigen Arbeit« ihre Aufmerksamkeit zuzuwenden begannen.[367] Beethoven lobt das Werk als »die meisterhaften Variationen«, mit denen der Schüler »kühn ans Tageslicht trete«. Das sollte man nicht vorschnell als Schmeichelei abtun, weil Beethoven von anderen Werken des Erzherzogs beiläufiger spricht und sie offensichtlich als weniger wichtig empfand.[368] Die Wertschätzung der *»Aufgabe, von Ludwig van Beethoven gedichtet«* spiegelt sich in zwei Rezensionen, die bereits am 19. Januar sowie am 10. Juni 1820 in der Leipziger *Allgemeinen Musik-Zeitung* erschienen und im April 1820 in den Konversationsheften reflektiert werden: »In der Leipziger Music-Zeitung [steht] so viel schönes von den Variationen, daß ich eine Aufforderung von Zmeskal bekommen habe, es ihm vorzuspielen« (BKh Bd. II, S. 99). Der Eintrag stammt von Joseph Czerny, einem in Wien damals populären Klavierpädagogen und Verleger, die beste Instanz, um das Werk zu verbreiten.[369]

Das Thema basiert auf einem kurzen viertaktigen Liedthema Beethovens, *O Hoffnung! O Hoffnung! Du stählst die Herzen, du milderst die Schmerzen* (WoO 200). Beethovens Autograf ist von Rudolphs Hand datiert »im Frühjahr 1818«, von Beethoven aber stammt die Zueignung »L. v. Beethoven in Doloribus causa S. k. k. Hoheit dem Erzherzoge Rudolph«. Der Liedtext wurde früher Christoph August Tiedge zugeschrieben, in dessen *Urania* er sich jedoch nicht findet. Heute nimmt man als Verfasser Beethoven selbst an (TbW Bd. II, S. 527); der Text, *»in Doloribus causa«*, gibt ja genau an, was ihn mit dem Erzherzog vereint: *Wegen der Schmerzen!*

Beethovens darüber hinausgehender Beitrag zu dem Variationswerk war bald Gegenstand der öffentlichen Debatte, man traute dem als Komponisten bis dahin wenig in Erscheinung getretenen Erzherzog eine derartige Leistung kaum zu. In der Tat existieren zusätzlich zu Beethovens Korrekturen in Rudolphs Manuskript mehrere Seiten mit Verbesserungsvorschlägen, die darauf hinweisen, dass die Textentwicklung in zwei Stufen erfolgte, der Lehrer demnach das Werk nach Ausführung der ersten Korrekturen mit dem Schüler ein zweites Mal durcharbeitete. Dies zeugt von der ungewöhnlichen Zuwendung, die Beethoven seinem Schützling zukommen ließ. Dabei ergaben Susan Kagans Untersuchungen, dass der Lehrer, entgegen früherer Ansicht, weniger in die kompositorische Substanz eingriff, sondern sein Hauptaugenmerk darauf legte, Rudolphs Gestaltung von Stimmführung und Akkordstrukturen bestmöglich zu perfektionieren (Kagan 1988, S. 77). Nur am Ende der Einleitung schlägt Beethoven eine viertaktige Kürzung einer zuvor etwas zu statischen Stelle vor; ferner steigert er in einer Kadenz den Dominantseptakkord durch Hinzufügung der None.

Eine interessante Fußnote der Geschichte: Jahrzehnte später erhielt Johannes Brahms Erzherzog Rudolphs Variationswerk zum Geschenk. Brahms nahm mit seinem blauen Korrekturstift einige weitere Verbesserungen vor, ein Beweis, dass er das Werk ernst genommen und genau durchgespielt hat!

Der Kardinal

Rudolph wurde am 4. Juni 1819 zum Kardinal erhoben und am 26. September 1819 zum Fürsterzbischof von Olmütz geweiht. Damit oblagen ihm nun zwei völlig unterschiedliche Aufgaben. Einerseits war er kirchlicher Oberhirte (Metropolit) für sämtliche Provinzen Mährens.[370] Sein eigentliches Erzbistum, Olmütz, bildete geografisch darin den mittleren Landesteil. Olmütz war andererseits politisch zugleich ein Fürstentum, dem Rudolph nun auch als weltlicher Herrscher vorstand.

Bei einer solchen beruflichen Doppelbelastung ist es nicht verwunderlich, dass nach Rudolphs Amtseinführung in Olmütz ab 1820/21 der rege Austausch zwischen ihm und Beethoven etwas nachließ. Sie trafen sich jetzt am ehesten während Rudolphs – allerdings sehr häufigen – Familien-, Erholungs- und Kuraufenthalten in Wien und Baden, dann allerdings meist täglich zum Unterricht. In den Konversationsheften heißt es im März 1820 über das Musikleben in Olmütz: »Der Erzherzog hat schon geschrieben – Er hat schon vielen Musiken beygewohnt; auch die Sinfonie in f [die Pastorale] hat er gehört, die recht gut aufgeführt worden ist« (BKh, Bd. I, S. 379) – demnach bildet Beethoven auch in Olmütz das Zentrum von Rudolphs Interesse. Den dortigen Kunstbetrieb hat er kräftig aufgemischt. Der bereits erwähnte Constantin von Wurzbach schreibt: »In Olmütz begann mit dem Augenblicke, als er daselbst seine Residenz aufschlug, ein neues Leben. Ein Freund der Künste und Wissenschaften, von ersteren insbesondere der Musik- und der Radirkunst, förderte er in diesen Richtungen einzelne Institute, wie hervorragende Talente. […] Unter den zeichnenden Künsten war es die Kupferstecherkunst, welche der Erzherzog vor allen anderen liebte […] Mit den genannten hervorragenden Eigenschaften verband der Erzherzog unerschöpflichen Wohlthätigkeitssinn und echte Humanität;

er unterstützte, so lange er lebte, solche Anstalten mit namhaften Summen, und bedachte sie im Tode im Testamente mit reichen Legaten.«[371]

Wenn Beethoven dem Erzherzog öfter Geiz und mangelndes finanzielles Engagement vorhielt, so bedachte er dabei nicht, dass sein Mäzen auch schon vor 1819, vor allem aber ab 1820, in viel größeren Dimensionen dachte und genaue Vorstellungen von seiner geistlichen wie wie auch der politisch-administrativen Tätigkeit hatte, von denen Hunderttausende in seinem Erzbistum abhingen. Demnach hatte er nicht nur das Künstlerische, sondern auch das Allgemeine im Blick zu halten. Deshalb sollte man das neue Leben Rudolphs genauer betrachten, um Fehlurteile über sein Verhältnis zu Beethoven zu vermeiden.

Sehr wichtig sind die Aktivitäten des Erzherzogs in der Volksbildung und der Frühindustrialisierung, Gebiete, in denen er als Landesfürst die Entscheidungskompetenz hatte. Er gründete z. B. die Rudolphshütte als erzbischöfliches Eisenwerk in Ostrava-Vítkovice (1829/30), die als erste im Habsburgerreich nach dem Puddelverfahren arbeitete, d. h. im Hochofen gewonnenes Roheisen in Schmiedeeisen umwandelte, und wo etwas später auch die ersten Kokshochöfen der k. k. Monarchie entstehen sollten.[372]

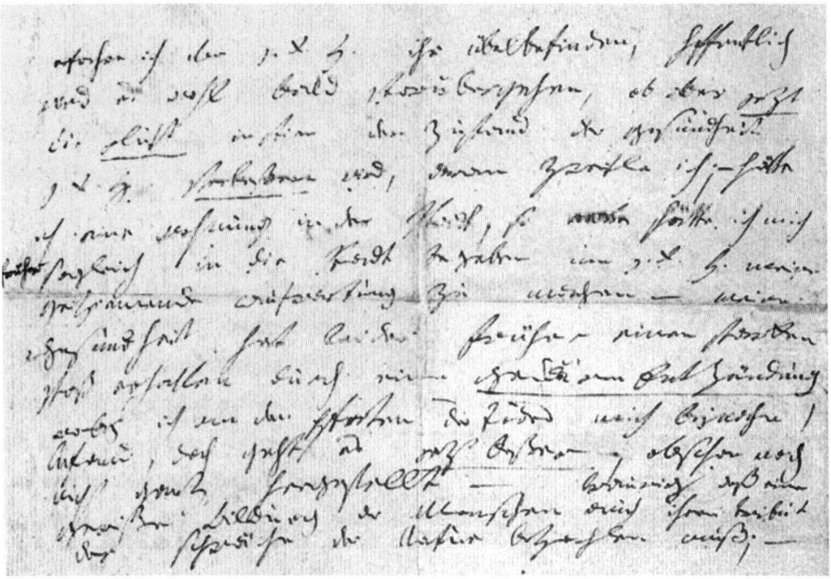

Abb. 53 Der letzte erhaltene Brief Beethovens an Erzherzog Rudolph, Juli oder August 1825. Dies ist ein ergreifendes Zeugnis der Freundschaft, in dem der Komponist die Vermutung ausspricht, dass Krankheit und Leiden der Preis für großes Schöpfertum sei.

Zu den sozialgeschichtlichen Aspekten taucht im Dezember 1819 in den Konversationsheften eine merkwürdige Nachricht auf: »Der Erzherzog hat vorige Woche eine ganze Judenfamilie getauft, 6 oder 7 Personen auf einmahl« (BKh Bd. I, S. 147). Das ist etwas erstaunlich, da man in Beethovens Umfeld ziemlich häufig auf Antisemitismus stößt, besonders ausgeprägt beim späten Adlatus Karl Holz und dem Leipziger Verleger C. F. Peters.[373] Beethoven selbst verhält sich gegenüber seinen jüdischen Verlegern (hauptsächlich den Schlesingers) nicht immer freundlich, doch sind das wohl Nörgeleien, die er gegen fast alle Verleger vorbrachte – als Reaktion auf die teils heftige Judenfeindschaft seines Umfelds ist das eher nicht zu sehen.[374] In der Korrespondenz mit dem Erzherzog ist derartiges tabu; die erwähnte Familientaufe dürfte der Erzherzog nicht als christlich-religiöse Rettungsaktion, sondern als Integrationsangebot an eine unbemittelte Familie verstanden haben, denn damals waren solche Taufen mit einer Art Patenschaft (mit Geld-, Bildungsangeboten oder anderen Geschenken) verbunden, womit man den frisch Getauften eine soziale Unterstützung bot. Das konnte sich der Erzherzog auch leisten; in Olmütz hatte er ein jährliches Einkommen von 50 000 Gulden (BKh Bd. VI, S. 357), womit er, wie bereits Wurzbach schreibt, viel Wohltätiges unternahm.

Für weitere Darstellungen von Rudolphs Leben fern von Wien gibt es ein Dokument, das bisher in der Beethovenforschung fehlt: der offizielle Nachruf der Erzdiözese zu seinem Tod am 23. Juli 1831. Dies ist eine mehrseitige Broschüre, in wohlgesetzten Worten, die zugleich aber so geschickt formuliert ist, dass die zeittypische Schönrednerei von eigentlichen Verdiensten gut zu trennen ist.[375] Den engeren Kontakt mit der weltlichen Ebene, der Bevölkerung, suchte Rudolph ab 1824, nachdem er genügend Zeit gehabt hatte, sich in seinen neuen geistlich-administrativen Beruf einzuarbeiten und einzugewöhnen.[376] Besonders hervorgehoben wird die Überzeugung Rudolphs, dass »die Wissenchaften auch die Religion, somit auch das geistige Wohl der christlichen Gemeinden befördern«. Eine der ersten Amtshandlungen des Erzherzogs in seiner Eigenschaft als Kardinal-Fürsterzbischof war deshalb, seine Universitäten unter den direkten Schutz des Kaisers zu stellen. In diesem Sinne nahm er höchstpersönlich die Rolle eines »k. k. Prüfungskommissärs bey den philosophischen Studien der k. k. Franzens-Universität« in Olmütz wahr.[377]

Der Autor seines Nekrologs kommt auch auf die persönliche Ausstrahlung des Kardinals zu sprechen, lobt dessen »lautere, ungeheuchelte Frömmigkeit«

und bewundert, wie sehr Umstehende während der Feier der Messe durch das »Feuer seiner Andacht entzunden, von heiligen Gefühlen ergriffen zu Gott emporgehoben worden« seien.[378]

Immer wieder wird Rudolphs »schwere Krankheit« erwähnt, die ihn stets »an den Rand des Grabes« führte. »Ein unheilbares lebenszerstörendes Übel wüthete in seinem Körper«, jenes »körperliche furchtbare Leiden«, diese »schwersten Prüfungen« und »höchsten Leiden«, die ihn nicht nur »gefoltert« und seine »Stunden verbittert« hätten, sondern ihn, als »wesentlichstes Leiden«, an der Erfüllung seiner Berufspflichten gehindert haben. An anderer Stelle steht eine Aussage über Entwicklung und Folgen der Krankheit: »Da fing jedoch jenes furchtbare Übel, welches den theuren Oberhirten … uns so zu sagen nur halb gönnte, sich immer mehr und mehr zu verschlimmern an […] Dieses Übel führte auch in unversehenen Augenblicken den Todesstreich gegen sein theures Leben …« An all dem kann man ermessen, dass die Auszeiten Rudolphs von erheblicher Dauer gewesen sein müssen und »seiner persönlichen Wirksamkeit Schranken setzten«.[379]

* * *

So weit der Bericht von Maximilian Joseph Gottfried Freiherr von Somerau-Beeckh (1769–1853), Autor der publizierten Trauerrede auf Erzherzog Rudolph.[380] Ein zusätzliches Detail verraten Beethovens Konversationshefte im Januar 1827: »Ich [Anton Schindler] sprach heute jemand, der von Kremsier kommt [Kremsier war Rudolphs Zweitresidenz]. Der Erzherzog hat seine Anfälle häufiger als je – was besonders auch hier im Sommer und in *Ischl* der Fall gewesen seyn soll« (BKh Bd. XI, S. 80). Die Herausgeberin Grita Herre identifiziert diesen »jemand« als »möglicherweise Ferdinand Graf Troyer« (1781–1851), Rudolphs Obersthofmeister, sein Vertrauter, ein ambitionierter Amateurmusiker, für den der Erzherzog etliche Stücke für Czakan (eine Stock-Blockflöte) komponiert hatte. Die Krankheit, die 1831 zu Rudolphs frühzeitigem Tod im Alter von erst 43 Jahren führen wird, hatte ihm also schon in den 1820er-Jahren das Leben sehr erschwert. Seit 1824 konnte er augenscheinlich nicht mehr komponieren.

Allerdings ändert dies nichts am Verhältnis Rudolphs zu Beethoven; im November 1824 eilt dieser noch »alle Tage« zum Erzherzog für »2 Stunden Lekzion« (BGA Nr. 1901), d. h., um die famosen »Kunst-Betrachtungen und -Ausübungen« zu pflegen. Ein letztes Treffen könnte, soweit dokumentiert, im September

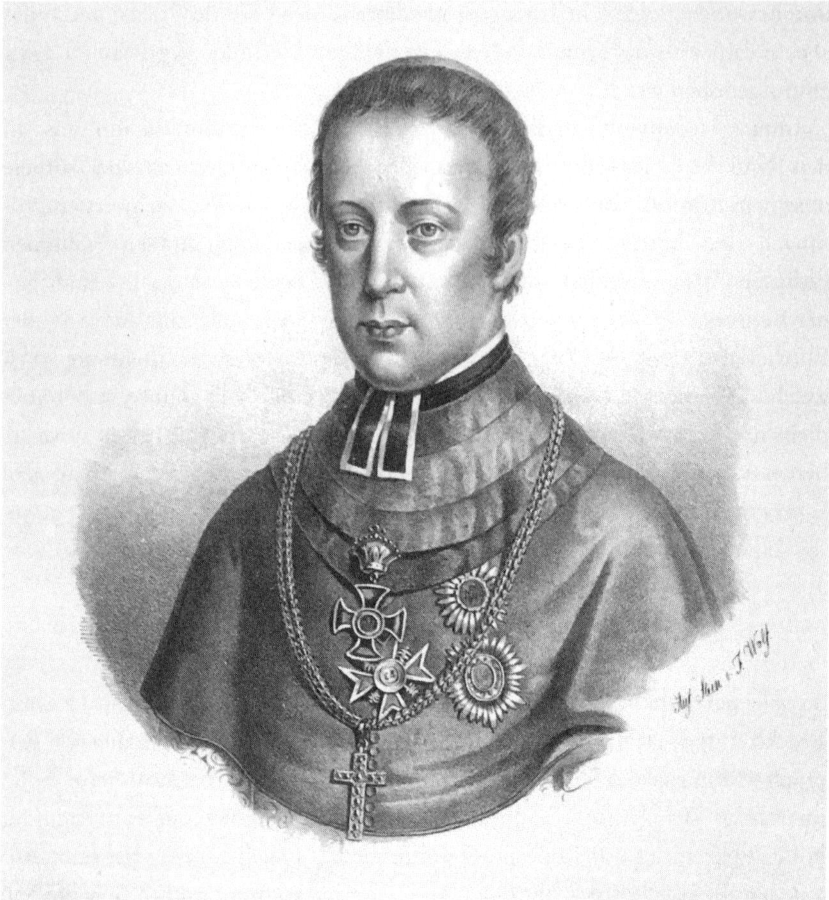

Abb. 54 Erzherzog Rudolph im Kardinalsornat. Lithografie von F. Wolf nach einer Zeichnung von A. F. Kunike, um 1825.

1826 stattgefunden haben (BKh Bd. X, S. 224f.). Damit enden die Nachrichten über den direkten Kontakt, während vom Erzherzog in den Konversationsheften bis Februar 1827 gesprochen wird – da ist Beethoven bereits todkrank.

Die oft diskutierte mögliche Entfremdung zwischen den zwei Männern, von der um 1824 in manchen, doch längst nicht in allen Quellen die Rede ist, lässt sich kaum beweisen, weil in den Dokumenten zu diesem Thema Widersprüche erscheinen. So schreibt Beethoven am 5. Dezember 1824 an den Verleger Schott, er habe versucht, sich »von diesem Joche zu befreien« (BGA Nr. 1908)[381], was aber nur als Signal zu werten ist, seine Verlagsverpflichtungen zügiger abzuarbeiten, weil er gerade noch einige Tage zuvor, am 18. November, den »Musikalischen Geist« des Erzherzogs als »mein Asyl – Gott sei dank« in den Himmel hebt (BGA Nr. 1899). Aufseiten Rudolphs scheint es nicht die geringste Trübung der Beziehung zu geben, noch im September 1826 bittet er den Verleger Artaria, Beethoven eine Nachricht auszurichten. Artaria schreibt ins Konversationsheft: »Ich komme so eben von dem Erzherzog, er sehnt sich sehr Sie zu sehen, ich habe gesagt, Sie seien in den Gebirgen. Er trug mir auf Ihnen bei Ihrer Zurückkunft zu sagen Sie mögen ihn doch gleich besuchen« (BKh Bd. X, S. 224f.). Manche Briefzitate zeigen die Freundschaft der beiden zwar in einer gewissen Ambivalenz. Untersucht man den jeweiligen Kontext, so stellt man aber fest, dass Beethoven sich in solchen Fällen gegenüber den Briefempfängern ins rechte Licht rücken wollte. Den Kern seiner Freundschaft mit Rudolph berührt das nicht.

Beethoven hat seinem Freund noch bis zum Spätsommer 1825 geschrieben. Was Rudolphs Briefe anlangt, so scheinen die meisten davon in Beethovens häuslichem Chaos untergegangen zu sein. Dass die Korrespondenz sich reduzierte, dürfte viel mehr mit dem gesundheitlichen Niedergang der zwei Briefpartner zu tun haben als mit deren innerer Haltung. Das zeigt Beethovens letzter Brief an den Erzherzog, geschrieben Ende Juli/August 1825 in Baden. Wieder einmal thematisiert er beider bedrohte Gesundheit. Diesmal aber verrät er dem in Bad Ischl weilenden Erzherzog ein Geheimnis, das er zuvor nie gelüftet hatte:

»Ihro Kaiserliche Hoheit!

Gleich ihre Ankunft in Vien hatte ich in der Zeitung gelesen, u. wollte gleich schreiben, um I.K.H. meine Freude darüber auszudrücken, dies ist denn in Gedanken tausendmahl geschehen, der Post vertraue ich nicht gern Briefe in die Burg, da ich schon mehrmahlen erlebt habe, daß selbe gar nicht angekommen sind, ich wartete daher auf die ankunft von einem meiner Freunde hier, um meinen Brief sicher ankommen zu wissen in vien. mit Betrübniß u. größter Theilnahme erfahre ich von I.K.H. ihr übelbefinden, hoffentlich wird es wohl bald vorübergehen, ob aber jezt die Luft in Vien den Zustand der Gesundheit I.K.H. verbeßern wird, daran zweifle ich; – hätte ich eine wohnung in der Stadt, so hätte ich mich früher sogleich in die Stadt begeben um I.K.H. meine geziemende Aufwartung zu machen – meine Gesundheit hat leider früher einen starken stoß erhalten durch eine Gedärm Entzündung, wobey ich an den Pforten des Todes mich beynahe befand, doch geht es jezt beßer, obschon noch nicht ganz hergestellt – traurig daß eine gewiße Bildung der Menschen auch ihren tribut der schwäche der Natur bezahlen muß; –

ich werde morgen oder übermorgen noch nachschreiben u. mir die Freyheit nehmen, I.K.H. zu sagen, was das beste wäre, wenn Höchstdieselben wünschten wieder einige Stunden Musikal. zuzubringen mit mir – alles, was nur der Himmel gedeihliches herabschickt, gedeihe für I.K.H. –

I.K.H. mit innigster Theilnahme gehorsammst treuster Diener Beethoven« (BGA Nr. 2021).

Der Schlüsselsatz dieses Briefes, der von Sorge, Mitgefühl und Liebe getragen ist, findet sich am Ende des vorletzten Absatzes:

»traurig daß eine gewiße Bildung der Menschen auch ihren tribut der schwäche der Natur bezahlen muß«.

Wenn man das Wort »Bildung« in diesem Satz im heutigen Sinne versteht, ergibt das kaum Sinn. Das etymologische Wörterbuch ist hier hilfreich. »Bildung« bedeutete im Frühneuhochdeutschen »Schöpfung, Verfertigung, Schaffung«. In diesem Sinne verwendet Beethoven den Begriff, so, wie er es in seiner Jugend gelernt hatte.[382] Deshalb sollte man seine Aussage so ›übersetzen‹: *Krankheit und Leiden sind der Preis, der für die Schöpfung zu bezahlen ist!* Beethoven selbst zahlt diesen Preis, um das zu verwirklichen, wozu er als Kompositions-Genie berufen ist. Für Rudolph gilt Entsprechendes; doch auch für ihn steht an erster Stelle das als Lebenszweck, was Beethoven bereits seit 1805 in sich verspürt: *der Menschheit zu dienen.*

Fragen nach dem Sinn-Zusammenhang zwischen Krankheit und Kunst in Beethovens Leben werden nur sehr selten gestellt; der letzte Brief an den Erzherzog gibt dazu jedoch Anlass. Wird hier die Taubheit als Preis für das Genie betrachtet? Hätte Beethoven sein Werk in der uns bekannten Form vielleicht gar nie vollbringen können, wenn ihm das Gehör *erhalten* geblieben wäre? Diese Frage taucht bereits 1840 auf, und zwar in den *Charakteristiken* des Schriftstellers Karl Johann Braun von Braunthal (1802–1866),[383] der als Romantiker antwortet: Die Taubheit sei eine Art Opfer, nämlich ein Austausch der »Stimmen des prosaischen Lebens« gegen das »Ohr deiner Seele«, der »Ahnung«, den »Donner des geheimen Leidens« (BSZ, S. 91f.).

Der Versuch, diese Frage aus heutiger Sicht zu beantworten, wäre reine

Spekulation. Man kann sie vielleicht aber durch eine andere, viel allgemeinere Frage ersetzen: Ist uns Hörern stets bewusst, wie hoch der Preis ist und worin er besteht, den jeder genial Begabte zu bezahlen hat, um seine großen Werke schaffen zu können?[384]

* * *

»Vom Herzen zum Herzen«: Die Missa solemnis

Der Menschheit zu dienen – dies ist, was Fürsterzbischof Rudolph in Olmütz seit 1819 zu verwirklichen trachtet; *der Menschheit zu dienen* – das ist die Botschaft, die Beethoven mit der *Missa solemnis* in Klängen, die er selbst kaum mehr hören kann, in die Welt sendet. Dies zeigt sich bereits in Beethovens Autograph des *Kyrie*, auf das er die nur für den Erzherzog bestimmten Worte schreibt: »von Herzen – möge es wieder – zu Herzen gehen«. Damit will er sagen, »daß das Stück für ihn ein Selbstbekenntnis sei« (TDR Bd. IV, S. 336).

Seit 1818 schwebte ihm vor, eine Messe zur Inthronisation Erzherzog Rudolphs zum Erzbischof von Olmütz zu komponieren. Ganz uneigennützig war das nicht; dass der Erzherzog auch Erzbischof werden würde, war seit 1805 klar, und schon 1811, als der Tod des damaligen Amtsinhabers, Maria Thaddäus Kardinal vonTrauttmansdorff, bekannt wurde, regte sich in Beethoven der Wunsch, erzbischöflicher Kapellmeister Rudolphs zu werden – jetzt erwachte dieses Verlangen nur neu. Aber erst 1819 beginnt er die ersten theoretischen Vorbereitungen zur Komposition der Messe und notiert in seinem Tagebuch: »Um wahre Kirchenmusik zu schreiben alle Kirchenchoräle der Mönche etc. durchgehen[,] wo auch zu suchen[,] wie die Absätze in richtigsten Übersetzungen nebst vollkommener Prosodie aller christkatholischen Psalmen und Gesänge überhaupt« (BTb, S. 121). Er vergräbt sich in Schriften über Theologie, Liturgik und zur Geschichte der Kirchenmusik. Am 24. März 1819 fand die Wahl zum neuen Erzbischof statt, im Monat darauf begann Beethoven mit der Komposition

Zur Amtseinführung Erzherzog Rudolphs am 9. März 1820 in Olmütz ist die Messe jedoch noch längst nicht vollendet. Rudolphs Enttäuschung darüber muss sehr groß gewesen sein. Einige Briefe Beethovens zu jener Zeit spiegeln eine gewisse Distanz wider. Denn statt der Messe seines geliebten Lehrers musste Rudolph *faute de mieux* eine Messe von Johann Nepomuk Hummel aufführen lassen. Dieser Schüler Mozarts wurde in erster Linie als Klaviervirtuose verehrt; ein Wiener Kollege wie Ignaz von Seyfried, Spezialist für Geistliches, wäre sicher eine bessere Option gewesen.

Etwas bekümmert über den Lauf der Dinge, legte Beethoven seine Kompositionsskizzen für die *Missa solemnis* im März 1820 zur Seite, um bis Dezember 1820 die dreisätzige Klaviersonate op. 109 zu schreiben, seine drittletzte, die nach der gewaltigen *Hammerklaviersonate* wieder zu etwas intimeren Formen zurückkehrte. Im März 1821 erkrankte Beethoven so schwer, dass er bis September fast völlig arbeitsunfähig war. Er informierte den Erzbischof über seinen Zustand und die damit verbundene Verzögerung für die *Missa solemnis:*

> »Ich hörte gestern von Höchstdero Ankunft hier, welches, so erfreulich es mir wäre, nun ein trauriges Ereigniß für mich geworden, da es ziemlich lange werden dörfte, bis ich so glücklich seyn kann, I.K.H. aufzuwarten, schon lange sehr übel auf entwickelte sich endlich die Gelbsucht vollständig in mir eine höchst ekelhafte Krankheit, [...] – vieles liegt in meiner Traurigen Lage, [...], bisher hoffte ich durch alle mögliche Anstrengungen endlich darüber zu Siegen, Gott, der mein innres kennt, u. weiß, wie ich als Mensch überall meine Pflichten, die mir die Menschlichkeit Gott u. die Natur gebiethen, auf das heiligste erfülle, wird mich wohl endlich wieder einmal diesen Trübsaalen entreißen [...] Es gibt Menschen, welche mich gern bey I.K.H. verleumden, u. dies thut mir sehr weh, ich glaube daher, öfters nichts anders thun zu können, als mich still zu verhalten, bis I.K.H. wünschen etwas zu sehen oder zu hören von mir. [...] der Himmel schütte seinen Seegen in den Reichsten Füllhörnern auf I.K.H. herab« (BGA Nr. 1436, 18. Juli 1821).

Rudolph scheint sofort reagiert zu haben, aber sein Brief ist leider nicht erhalten, wie so viele andere. Wie ermutigend er war, verrät Beethovens nächster Brief:

> »Innigst gerührt empfieng ich gestern Ihr gnädiges Schreiben an mich, unter dem Schatten eines Grünenden Herrlichen Früchte tragenden Baumes ebenfalls grünen zu dörfen, ist ein Labsaal für menschen, welche das höhere fühlen u. zu denken Vermögen, So ist mir auch unter der Aegide I.K.H. [...] Unterdeßen ist hoffnung da, daß ich bald, wenn auch noch nicht ganz hergestellt, doch werde noch viel um I.K.H. seyn können während ihres hiesigen Aufenthaltes – indem ich in dieser Hoffnung lebe, wird auch sicher meine Gesundheit noch schneller wieder als gewöhnlich sich einstellen, – Der Himmel segne mich durch I.K.H., u der Herr selbst

> sey immer über u mit I.K.H., höheres gibt es nichts, als der Gottheit sich mehr als andere Menschen nähern, u. von hier aus die strahlen der Gottheit unter das Menschengeschlecht verbreiten – tief durchdrungen von der Gnädigen Gesinnung I.K.[H.] gegen mich hoffe ich baldigst mich ihnen selbst nahen zu können.« (BGA Nr. 1438, Juli/August 1821)

Die Anspielungen auf »diese Trübsaale«, denen man ihn »entreißen« möge (Brief vom 18. Juli 1821 an den Erzherzog) und »so vieler andern menschlichen leiden« (an den Freund Franz Brentano am 12. November 1821, BGA Nr. 1445) legen nahe, dass die physischen Gebrechen durch seelische Probleme ausgelöst worden waren: Am 31. März 1821 war Josephine von Deym-Stackelberg gestorben, und es ist kaum möglich, die ungewöhnliche Serie von Krankheiten und das Versagen seiner Schöpferkraft in jenem Jahr unabhängig vom Tod dieser geliebten Frau zu erklären.

Erst im September 1821 konnte Beethoven die Arbeit wieder aufnehmen. Wie zum Beweis, dass er eigentlich immer noch *krankt*, komponierte er nicht die *Missa* weiter, sondern die Sonate op. 110, die er im Dezember vollendete, und von der er sogleich zu op. 111 überging – zwei Werke, die Beethoven vielleicht zu seiner Gesundung von jenem Schicksalsjahr noch brauchte und denen viele Forscher die erwähnten Bedeutungsbezüge zu Josephine wie auch zu Erzherzog Rudolph beimessen.

Im März 1822 war es dann so weit, er konnte die Arbeit an der *Missa* wieder aufnehmen, und als wollte er demonstrieren, wie sicher er wieder auf beiden Füßen stand, begann er, parallel mit mehreren Verlegern gleichzeitig um die Publikation der Messe zum höchstmöglichen Preis zu feilschen. Doch vorerst kann die Messe für Beethovens berufliche Ambitionen keine weitere Rolle spielen. Deshalb versucht er nun, sie mit maximalem wirtschaftlichem Gewinn zu vermarkten. Das zeugte zwar von einer ›gesunden‹ Praxisnähe, zeitigte bald aber auch sehr unangenehme Folgen – Beethoven begab sich weit jenseits üblicher Verhandlungsstrategien und Geschäftspraktiken, versprach das Blaue vom Himmel herunter, und da die echte *Missa solemnis* bereits zwei Verlegern gegen doppelte Anzahlung versprochen war, begann er mit einem Dritten über »Ersatzkompositionen« zu verhandeln, für die gerade einmal ein paar Papierfetzen mit Notenzeilen vorlagen.

* * *

Von Anfang an war Beethoven überzeugt, dass die eigentliche Messe, die *Missa solemnis*, sein bestes Werk würde. Tatsächlich zählt sie heute zu den Hauptwerken der geistlichen Musik. Am 19. März 1823 überreichte er seinem Freund, dem Kardinal und Fürsterzbischof von Olmütz, das ihm zugeeignete Werk. Der Erzherzog erhielt die von einem Kopisten geschriebene Widmungspartitur, während Beethoven eine Arbeitspartitur für weitere Überarbeitungen des Notentextes sowie als Basis für die Publikation bei sich behielt. Erzbischof Rudolph vermerkte in seinem »Musikalien-Register«, dass ihm »dieses schön geschriebene MS [...] von dem Tondichter dem 19. März 1823 selbst übergeben worden« sei (TbW Bd. 1, S. 791).

Gleichzeitig begann Beethoven eine umfangreiche Korrespondenz mit nahezu allen gekrönten Häuptern Europas sowie zahlreichen Fürsten und Musikgesellschaften, um handschriftliche Partituren zu verkaufen, für ein Werk, welches er selbst als das *Nonplusultra* dieser Gattung anpreist. Mehrere Freunde schreiben unablässig für ihn, er setzt nur seine Unterschrift darunter, und viele hohe Herrschaften, auch der Erzherzog, werden eingespannt, um den Erfolg zu sichern. Der Preis für eine Partiturabschrift beträgt in diesem Fall 50 Dukaten, das entspricht 225 Gulden, wofür ein gewöhnlicher Angestellter damals um die sechs Monate schuften musste. Der Erfolg lässt sich sehen: 28 nahezu gleichlautende Angebote hatte er verschickt,[385] zehn Exemplare wird er verkaufen und 500 Dukaten, 2250 Gulden, also das komplette Jahresgehalt eines mittleren Beamten einnehmen. Dafür erhalten die Subskribenten eine vollständige Partiturabschrift eines von Beethoven persönlich kontrollierten Berufskopisten inklusive Vorzugsnennung in der Subskribentenliste der Erstausgabe. Das ist alles, dabei ist nicht einmal eine Reservefrist für Aufführungen vorgesehen, wie Beethoven sie früher gewähren musste.

Zur Berechnung der Einkünfte aus der Messe sind die 1000 Gulden zu addieren, die der zukünftige Verleger B. Schott's Söhne in Mainz bezahlen wird, das sind, alles in allem, 3250 Gulden. Das entspricht in etwa dem Honorar, das Rossini damals für eine Oper bezog (während der übliche Preis für eine allerdings nur etwa 20 bis 30 Minuten dauernde Messe bei 450 Gulden lag[386]). Der gewaltige Unterschied lag allerdings darin, dass Rossini für eine Oper nur vier bis sechs Monate brauchte, während Beethoven sich an der *Missa solemnis* etwa drei Jahre lang abarbeitete, in dieser Zeit jedoch keine anderen großen Werke schaffen konnte und deshalb vorübergehend in Geldnot geriet.

Doch wie verhielt es sich nun mit den oben erwähnten »Ersatzkompositionen«

aus der Werkstatt des Meisters? Damit hat er zwar gegenüber Verlegern etwas herumgetrickst, aber dass er »mit faustdicken Lügen« operiert habe, wie Jan Caeyers rügt[387], ist übertrieben. Denn Planungen gab es, sogar erstaunlich konkrete.

Eine Messe für den Kaiser?

Dass von der zweiten, aus heutiger Sicht nur geplanten Messe, allgemein fast nichts bekannt ist, ist verwunderlich. Denn das Skizzenmaterial für diese zweite Messe, das Thayer anspricht, ist immer noch vorhanden; es wird auch im Werkverzeichnis erwähnt, selbst wenn es dort keinen eigenen Projekt-Eintrag bekommen hat.[388] Dieses Material ist noch nie in seiner ganzen Bedeutung erfasst worden, und zwar aus naheliegenden Gründen. Beethoven wollte diese späte Messe ausgerechnet Kaiser Franz I. widmen, eine Unterwerfungsgeste, die nicht zum Klischee des aufrechten Obrigkeitsfeindes Beethoven passt. Ein Werk zu schreiben für jenen Habsburger, den er doch eigentlich verachtete, mutet abenteuerlich an, denn eine solche Kaiser-Messe wäre unweigerlich auch eine späte politische Meinungsäußerung von nicht zu unterschätzendem Gewicht gewesen.

Thayer berichtet ausführlich darüber, Beethoven beschäftigte sich über drei Jahre lang damit, von Anfang 1823 bis 1826.[389] Die Verhandlungen waren ziemlich weit fortgeschritten und erstaunlich detailliert; die Briefe und Textstellen, die Thayer zitiert, sind auch heute samt und sonders bekannt, und es sind nicht wenige.[390] Die Planungen liefen über den Hofmusik-Intendanten (»Hofmusikgraf«) Moritz Dietrichstein, der wiederum den ihm (und Beethoven gleichfalls) befreundeten Grafen Moritz Lichnowsky dazwischenschaltete. Dietrichstein war einer der wenigen in der kaiserlichen Administration, die Beethoven gewogen waren. Laut Thayer spielte sich Folgendes ab:

> »Einer von jenen Plänen hing mit dem Versuche zusammen, Beethoven in ein äußerlich festes Verhältnis zum Hofe zu bringen. Im November 1822 war der kaiserliche Hofkompositeur Anton Tayber gestorben, und dies erschien als geeigneter Anlaß, daß Beethoven sich direkt um diese Stelle bewerbe. Auf Betreiben des Grafen Moritz Lichnowsky wandte er sich Ende 1822 direkt an den ›Hofmusikgrafen‹ Grafen Moritz Dietrichstein. Beide schlugen Beethoven vor, eine Messe für den Kaiser zu komponieren.« (TDR Bd. 4, S. 392)

Am 23. Februar 1823 schrieb Dietrichstein folgenden Brief an Lichnowsky:

»Lieber Freund! Schon längst wäre es meine Pflicht gewesen, dem guten Beethoven zu antworten, der sich vertrauensvoll an mich gewendet hatte. Allein, nachdem ich mit dir gesprochen, beschloß ich, mein Stillschweigen erst zu brechen, wenn ich bestimmtere Nachrichten über den bewußten Gegenstand eingezogen haben würde.

Nun kann ich dir aber mit Gewißheit sagen, daß die Stelle des verstorbenen Teyber, – welcher nicht Kammer- sondern Hofcompositeur war, – nicht mehr besetzt werden wird. Ich mag es Beethoven nicht schreiben, um nicht ungünstig auf einen Mann zu wirken, den ich so aufrichtig verehre, und bitte dich demnach, es ihm gelegentlich vorzustellen; mir aber dann zu schreiben, wann und wo ich ihn einmal würde sprechen können, da ich seine Wohnung vergessen habe.

Ich schicke dir hier zugleich die Partitur einer Messe von Reutter welche Beethoven zu sehen wünschte.[391] Wahr ist es, daß S.M. der Kaiser diesen Stil liebt, indessen braucht Beethoven, wenn er eine Messe schreibt, sich nicht daran zu halten. Er möge nur seinem großen Genie folgen, und blos berücksichtigen; – daß die Messe nicht zu lang, noch zu schwer in der Ausführung werde; – daß es eine Tutti-Messe sey, und bey den Singstimmen nur kleine Sopran- und Alto-Solos vorkommen, (wofür ich 2. brave Sängerknaben habe) – doch weder Tenor- noch Baß- noch Orgel-Solos [...] Bey Instrumenten könnte ein Violin- oder Oboe oder Clarinett-Solo angebracht werden, wenn er es wollte.

Fugen lieben Se Majestät sehr, gehörig durchgeführt, doch nicht zu lang; – das Sanctus mit dem Osanna möglichst kurz, um nicht die Wandlung aufzuhalten; und – wenn ich etwas für mich beysetzen darf: – das Dona nobis pacem mit dem Agnus Dei, ohne besondern Absprung verbunden, und sanft gehalten; – was bey 2. Meßen von Händel [...] bey zweyen von Naumann, und von Abbé Stadler eine besonders schöne Wirkung macht.

Dieß wären in Kürze, meiner Erfahrung gemäß, die zu beobachtenden Rücksichten, und ich würde mir, dem Hofe und der Kunst Glück wünschen, wenn unser großer Beethoven bald Hand an's Werk legen wollte. [...] Ich werde die erste freye Zeit benützen, dir mündlich die Versicherung meiner alten Freundschaft zu erneuern.

Ganz dein Freund Moriz Dietrichstein« (BGA Nr. 1578).

Es ist nützlich, diesen etwas längeren Brief fast ganz zu zitieren, zeigt er doch, dass Beethovens oft sehr pauschale Vorwürfe gegen den Adel, die Administration und die unverständige Allgemeinheit nicht immer stichhaltig sind. Um seine Sympathie für Beethoven zu bekräftigen, sandte Graf Dietrichstein einige geistliche Texte aus der Hofbibliothek direkt an den Komponisten; das sollte ihm die Recherche erleichtern:

> »Ich übersende Ihnen hier, mein verehrter Freund, drey Texte zu Graduale und eben so viele zu Offertorien, um sie, nach Ihrer Wahl bey der Messe, die Sie componiren, anwenden zu können.
>
> Unendlich bedaure ich, Sie versäumt zu haben, als Sie die Güte hatten, mit dem Grafen Lichnovsky mich zu besuchen. Ich werde trachten, Sie sobald als möglich, zu treffen.
>
> Empfangen Sie die Versicherung meiner aufrichtigsten Hochachtung
> Moriz Dietrichstein« (BGA Nr. 1609, 10. März 1823).

Auf der Vorderseite unten steht eine Bleistiftnotiz von Beethovens Hand: »das graduale als Sinfonie mit Gesang behandeln ist es nach dem gloria?« Wie schade, dass diese Idee nicht weiter gedieh; wäre dies ein Gegenstück im Stile der Neunten Sinfonie geworden? Seine Antwort an Dietrichstein lautete:

> »Es war mir sehr leid Sie verfehlt zu haben, aber ich behalte mir das Vergnügen vor, mich schon wieder einmal bei ihnen anzufragen; sobald wie möglich werde ich mich auch noch besprechen mit E.E. wegen dem graduale u. offertorium, um zu hören, ob sie meine Gedanken u. dieselbe Ausführung hierüber genehmigen; in Ansehung des Agnus Dei u. dona nobis pacem bin ich vollkommen mit ihnen einverstanden, habe es auch zum Theil beinahe in einer andern Messe so ausgeführt, werde mich aber noch strenger an E.E. Vorschlag halten, denn es ist hohe Zeit, dem eingeführten Schlendrian nicht zu folgen, besonders wenn es auf wahre Gottes Verehrung ankommt. E.E. mit ausgezeichneter Hochachtung verharrender Beethoven« (BGA Nr. 1610, kurz nach dem 10. März 1823).

Jedenfalls nahm Beethoven die Arbeit sehr ernst und zumindest gedanklich auch in Angriff.[392] Sein Hauptmotiv war fraglos die Existenzsicherung und die Vorsorge für seinen Neffen. Dafür hätte er Kompromisse, gar ein Arrangement mit einer repressiven Regierungskaste in Kauf genommen, was mit seinen früheren, recht fortschrittlichen politischen Ansichten nicht mehr zusammenpasst. Dachte er nicht mehr an seine Auseinandersetzung mit Fürst Lichnowsky, als er seine Unabhängigkeit in künstlerischen Dingen durchgesetzt hatte? War er wirklich bereit, sich nach so detaillierten Vorschriften zu richten, wie sie Graf Dietrichstein in aller Freundschaft äußerte – offensichtlich in Unkenntnis der Beethoven-Problematik, die lange vor dem Beginn seiner Wiener Beamten-Laufbahn aufgetreten war? Man weiß es nicht. Beethoven kam nicht mehr dazu, das Projekt zu realisieren. Vielleicht sperrte sich letztlich doch etwas in ihm dagegen.

* * *

Kehren wir zurück zu den Bestellern handschriftlicher Partituren der *Missa solemnis*; ihre Liste ist eindrucksvoll und liest sich wie das Who's who seiner Zeit:

Großherzog Ludwig I. von Hessen-Darmstadt
König Friedrich Wilhelm III. von Preußen
Zar Alexander I. von Russland
Fürst Nikolaus Galitzin
König Friedrich August I. von Sachsen
Der Cäcilienverein zu Frankfurt
König Ludwig XVIII. von Frankreich
Großherzog Ferdinand III. von Toskana
König Friedrich VI. von Dänemark
Fürst Anton Heinrich von Radziwill

Fehlmeldungen gab es u. a. vom englischen König, allerdings betrachtete Beethoven diesen sowieso als unmusikalisch, weil er es abgelehnt hatte, ein Honorar für ein Manuskript von *Wellingtons Sieg* zu bezahlen, das unser Komponist ihm als musikalisches Nationalepos Großbritanniens angedient hatte.

Zur Erstveröffentlichung der *Missa solemnis* kam es erst kurz nach Beethovens Tod im April 1827; der Verleger Schott hatte Beethoven die besten Konditionen geboten und alle Konkurrenten ausgestochen. Da konzertante Aufführungen geistlicher Werke damals in Wien nicht erlaubt waren, fand die Uraufführung am 7. April 1824 in St. Petersburg statt, initiiert von Fürst Nikolai Borissowitsch Galitzin, einem großen Musikliebhaber der schon Monate zuvor Kontakt mit Beethoven aufgenommen hatte, um drei Streichquartette zu bestellen. In Wien wurden zu Beethovens Lebzeiten nur die Teilsätze *Kyrie*, *Credo* und *Agnus Dei*, camoufliert als *Drei Hymnen*, am 7. Mai 1824 zusammen mit der 9. Sinfonie uraufgeführt. In der Gunst des Publikums standen die drei Sätze aus der *Missa solemnis* allerdings hinter der bejubelten *Neunten Symphonie* zurück. Eine der frühesten weiteren Aufführungen fand beim Niederrheinischen Musikfest in Krefeld statt, allerdings waren nur das Kyrie und das Gloria zu hören, die teilweise wenig Anklang fanden. Im *Rheinischen Merkur* vom 9. Juni 1827 war zu lesen:

»Der erste Satz, das Kyrie, ist sehr schön gehalten [...] und dieser erste Teil gehört wirklich zu dem Vorzüglichsten, was die neueren Kompositionen in dieser Gattung hervorgebracht. Das Gloria ist nur stellenweise, manchmal nur taktweise begreiflich, wie Lichtfunken treten einzelne Takte aus der tiefsten Dunkelheit hervor, verschwinden aber gleich wieder vor einer ungeheuren Masse von Instrumentalfiguren und unmittelbar aufeinander folgenden, ganz verschiedenartigen Akkorden, sodaß bei der sehr schnellen Bewegung ein Auffinden und Verfolgen irgend eines melodisches Ganges fast unmöglich ist [...] Das Gloria bricht mit ganz kurzen Noten plötzlich ab und schließt. Dieses schwächte besonders den Eindruck.«

Nach Beethovens Tod ertönten die Vorbehalte noch viel lauter. Die Leipziger *Allgemeine Musikalische Zeitung*, eigentlich ein fortschrittliches Blatt, schrieb, die Messe sei »beynahe wie alle aus seiner [Beethovens] jüngsten Kunstepoche gleich schwer vorzutragen und zu begreifen. Wer sich anmasst, ein so complicirtes Tonwerk nach einmaligem Hören gefasst und verstanden zu haben, mag es wagen ein Urtheil darüber zu fällen. [Der] Ref[erent] bekennt sich unfähig dazu«.[393] In der Kirchenmusik-Zeitschrift *Caecilia* schrieb 1828 ein (heute völlig unbekannter) Heinrich Herrmann, »daß er [...] den unglücklichen, melancholischen, düsteren und verworrenen Grübeleien, welche dieser ausgezeichnete Kopf kurz vor seinem Tode ausbrütete, nicht nur den geringesten Geschmack abgewinnen kann, sondern daß ihm auch bei deren Anhörung nicht anders zu Mute ist, als ob er sich in einem Irrenhause befände, und daß er sie so noch in der Tat höchst abschreckend, geschmacklos und entsetzlich finden muss«.[394]

25

»Alle Menschen werden Brüder«

Beethovens England-Sehnsucht und die Entstehung der Neunten Symphonie

Die deutscheste aller Symphonie, Beethovens Neunte, hatte der Meister ursprünglich für England komponiert! Kein Land hatte ihm zu Lebzeiten so viele Huldigungen dargebracht wie England, nach keinem Land hatte er sich derart gesehnt – und konnte es doch nie besuchen. Die letzten, fern von jeglicher Realität angesiedelten Träume von einer Reise dorthin überkamen ihn selbst noch auf dem Sterbelager (BGA Nr. 556). Doch schon 1792 mögen erste Sehnsüchte geweckt worden sein, als er den berühmt und vermögend aus London über Bonn nach Wien heimkehrenden Joseph Haydn kennen lernte.

Ab Mitte der 1790er-Jahre fanden immerhin Beethovens Werke den Weg nach England; erstmals dort gedruckt wurden Stücke von ihm ab 1804. Es handelte sich um die 1803 entstandenen Variationszyklen über »God save the King« WoO 78 und »Rule Britannia« WoO 79, die in Wien 1804 und in London wenige Monate später, Ende 1804 bzw. Anfang 1805, publiziert wurden. Bis 1827 kursierten dort bereits über 500 Drucke der Werke Beethovens – nach dem deutschen und dem österreichischen Markt war der englische mit Abstand der wichtigste geworden, insbesondere auf den Gebieten der Klavier- und Klavierkammermusik.[395] Das größte Publikationsprojekt darunter war die mit dem Verlag Monzani & Hill (1808 bis 1820) in 75 Bänden geplante Gesamtausgabe des Klavier-Œuvres. Zumeist handelte es sich aber nur um Nachdrucke zuvor in Wien, Leipzig und Bonn erschienener Werke. Das brachte Beethoven zwar Ruhm, aber keinerlei neue Einnahmen. Immerhin war es sehr schmeichelhaft, als man ihm 1823 erzählte, er gelte in England als »Gott der musique« (BKh Bd. III, S. 59), und dass sein Name dort »die Bezeichnung des höchsten Ideals« sei (BKh Bd. IV, S. 293).

Der englische Markt war jedoch bald so gesättigt, dass ehrgeizige Verleger bemüht waren, Originalwerke aufzutreiben – was nur auf dem Weg eines Honorars an den Komponisten möglich war. Der Doppelverkauf von Musikstücken innerhalb Österreich-Deutschland einerseits und England andererseits war seit dem späten 18. Jahrhundert üblich geworden, wobei Joseph Haydn, vor allem aber dessen Schüler Ignaz Pleyel, die Vorreiterrollen innehatten. Letzterer entwickelte ein drittes Distributionszentrum in Paris, das Beethoven wegen der politisch schwierigen Verhältnisse erst sehr spät nutzen konnte: Schlesinger ab 1822 für seine letzten Klaviersonaten und Quartette sowie Farrenc für die Partitur-Erstausgabe des *Fidelio* 1826. Soweit diese international agierenden Verleger bereit waren, ein annähernd gleichzeitiges Erscheinen zu akzeptieren, war für einen zwar nur sehr kurzfristigen, geografisch aber einigermaßen weitgehenden Schutz der Urheberrechte gesorgt.

Eingeleitet wurde diese Entwicklung jedoch von dem Klaviervirtuosen und Komponisten Muzio Clementi (1746–1832). Er hatte 1798 in wechselnden Partnerschaften – wie dies in London gang und gäbe war – den bedeutenden Verlag Longman & Broderip übernommen, der schon bei den internationalen Verträgen Haydns und Pleyels eine Hauptrolle gespielt hatte. Zur Erinnerung: 1807 hatte Beethoven endlich den ihm damals schon seit Jahren durch seine ausgezeichneten Klavierwerke bekannten englischen Klavierkönig Clementi in die Arme schließen können, nachdem man einander bereits jahrelang argwöhnisch beäugt und gar wie Katz und Maus umschlichen hatte. Von Clementis Seite her spielten geschäftliche Interessen eine nicht unbedeutende Rolle bei dieser von ihm vorsichtig und sorgfältig vorbereiteten Annäherung; Beethoven wird das wohl schnell durchschaut haben, doch da auch er finanziell ergiebigen Kontakten keineswegs abgeneigt war, verstand man sich bald prächtig. In Beethovens Augen war bei Clementi eine der wichtigsten Bedingungen für ersprießliche Beziehungen erfüllt: Mit diesem fabelhaften Pianisten, hochberühmten Komponisten und äußerst qualifizierten Verleger begegnete ihm ein Multitalent, und das bot die Sicherheit, dass jeder Partner wusste, worüber man verhandelte. Das konnte man beileibe nicht von allen Verlegern sagen.

Bei den Verhandlungen ließ Beethoven sich von seinem Freund Baron Ignaz von Gleichenstein, Musikliebhaber und gewiefter Diplomat, beraten und unterstützen. Dieser beurkundete auch den Vertrag, worin es um folgende Werke ging: Das 4. Klavierkonzert op. 58, die drei Quartette op. 59, die *Vierte Sinfonie* op. 60, das Violinkonzert op. 61 (in der Originalfassung wie auch in der Übertragung als Klavierkonzert), sowie die *Coriolan*-Ouvertüre op. 62. Für dieses umfangreiche »Gesamtpaket« wurde der äußerst attraktive Pauschalpreis von 200 Pfund Sterling vereinbart, die wegen Napoleons Kontinentalsperre allerdings erst 1810 ausbezahlt werden konnten. Damals entsprach dies der Summe von 5400 Gulden, dem Jahresgehalt eines sehr hohen österreichischen Staatsbeamten. Damit waren jedoch nur die Nutzungsrechte für Großbritannien abgegolten; über die Rechte für den Kontinent behielt Beethoven die volle Verfügungsgewalt. Heute wären das schätzungsweise 135 000 Euro ein Klacks angesichts der zentralen Stellung, welche die genannten Stücke bis heute im Klassik-Repertoire innehaben – aber für Beethoven war dies damals ein grandioses Geschäft. Und es war beileibe nicht das letzte, das er mit Clementi abschloss.

Neue Reisepläne

1812 regte sich in Beethoven der Wunsch, gemeinsam mit Mälzel nach England zu reisen und den schottischen Verleger George Thomson (1757–1851), mit dem er über Volksliedbearbeitungen verhandelte, persönlich kennen zu lernen.[396] Nachdem Mälzel seine Reise verschieben musste, hoffte Beethoven weiter, auf die Inseln zu gelangen, doch wegen seiner Probleme mit der »Unsterblichen Geliebten« nahmen diese Pläne schon 1812 eine chaotische, von Angst bestimmte Wendung. Die ursprüngliche Geschäftsreise wird in seiner Vorstellung zu einer ziellosen »weiten Reise« (TDR Bd. III, S. 360) und 1813 dann zu der erwähnten ›Flucht‹ aus Wien (»Leider wird Vien nicht mehr mein Aufenthalt bleiben können – vielleicht ist es jezt schon zu spät“ (BGA Nr. 663, 8. April 1813).

Auch diese Krise ging vorüber – die Reisepläne aber standen weiter im Raum. Dafür sorgte auch die Verstärkung der Kontakte mit dem schottischen Verleger Thomson, die ab 1814 besonders intensiv wurden. Thomson war Herausgeber für künstlerische Belange bei einer schottischen Institution in Edinburgh, die man heute als Industrie- und Handelskammer bezeichnen würde. Darüber hinaus war er passionierter Volksliedforscher und -sammler und verspürte in sich die Mission, seine Entdeckungen bekannt zu machen. Schon Joseph Haydn, Leopold Koželuh und Ignaz Pleyel hatten für ihn gearbeitet und schottische, irische und walisische Lieder für Singstimmen und Klaviertrio gesetzt und mit Instrumentaleinleitungen versehen. Nun sollte also auch Beethoven diese Beschäftigung für etliche Jahre übernehmen, ein leicht zu erlangender und durchaus nennenswerter Nebenverdienst, der ihm sehr gelegen kam. Und Thomson konnte sich mit Beethoven im Portfolio weiter profilieren. Die Publikationen, die er sehr aufwendig gestalten und teilweise mit prachtvollen Stichen versehen bei Preston in London herstellen ließ, gehören zu den wertvollsten Volksliedsammlungen der Frühromantik überhaupt. Thomsons Zusammenarbeit mit Beethoven währte bis 1819.

Die Londoner Royal Philharmonic Society
Erste Pläne zur 9. Symphonie

Erste Schritte – sie dienten noch nicht der geistigen Planung, sondern vorerst nur zu aufführungspraktischen Gedankenspielen, wie sie einem neuartigen Projekt wie der *Neunten Symphonie* voranzugehen hatten, machte Beethoven im Jahre 1815. Er intensivierte seine seit 1794 bestehende Bekanntschaft mit dem exzellenten Wiener Geiger, im Hauptberuf aber als Kaufmann und Fabrikant tätigen Johann von Häring. Dieser brachte ihn 1815 mit dem Londoner Pianisten Charles Neate (1784–1877), Mitbegründer der Philharmonic Society, zusammen. In Beethovens Auftrag schrieb Häring aber auch an Sir George Thomas Smart (1776–1867), Organist und Dirigent, hauptsächlich tätig für die Philharmonic Society, über die er schon alle bisherigen Sinfonien Beethovens in London bekannt gemacht hatte. Smart, ebenfalls einer der Gründer der Philharmonic Society, hatte damals das Oratorium *Christus am Ölberg* bereits zehn Mal in London und außerhalb aufgeführt und zuletzt mit *Wellingtons Sieg* die Londoner gänzlich aus dem Häuschen gebracht.

Häring unterstrich Smart gegenüber Beethovens England-Begeisterung (»He talks continually of going to England«) und dankte Smart für seinen Einsatz für die Werke des Meisters, »seine Kinder« (»for the favours you have heaped upon my children«). Die Engländer waren inzwischen so verrückt nach der *Wellington*-Musik, dass sie ständig wiederaufgeführt wurde, bis sie wegen eines Todesfalles in der königlichen Familie vom Plakat verschwinden musste.[397]

In London hatte sich ein Wandel vollzogen, wie er etwa zeitgleich auch in Wien zu beobachten war: Der Hochadel zog sich schrittweise aus dem Kunstmäzenatentum zurück, das gehobene Bürgertum rückte nach, agierte aber in ganz anderen Formen. In diesem Sinne war bereits 1813 die Royal Philharmonic Society entstanden, in deren Konzertprogrammen Beethovens Sinfonien von Anfang an im Mittelpunkt standen. Nach den Leipziger Gewandhaus-Konzerten (seit 1781) ist die Londoner Konkurrenz die älteste Einrichtung dieser Art – und eine der renommiertesten, welche die jeweils berühmtesten Gäste einlud, so Hector Berlioz, Luigi Cherubini, Charles Gounod, Ferdinand Hiller, Felix Mendelssohn Bartholdy, Louis Spohr, Arthur Sullivan, Peter Tschaikowsky, Richard Wagner, Carl Maria von Weber u. v. a. Sie erhielten jeweils Aufträge für Kompositionen, darunter Mendelssohns *Schottische Symphonie* und Dvořáks Cellokonzert in h-Moll, op. 104, – der berühmteste Auftrag aber ging an Beethoven für die *Neunte Simphonie,* wobei er allerdings der zweimaligen Einladung, sie auch selbst zu dirigieren, nicht mehr nachkommen konnte.

Die Philharmonic Society begann ihre Aktivitäten mit etwa sechzig Mitgliedern, darunter Muzio Clementi – einer der ersten Direktoren –, der Mozart-Schüler Thomas Attwood, der Verleger Vincent Novello, Johann Baptist Cramer, Johann Peter Salomon, Giovanni Battista Viotti und viele andere bekannte Musiker. Die Ausrichtung des Programms auf Beethoven kann demnach als Dank Clementis für das Geld interpretiert werden, das er durch geschickte und hochprofessionelle Nutzung der Verträge mit dem Wiener Meister verdient hatte. Die Gesellschaft wurde demokratisch geführt und ihre Struktur mehrfach kopiert, z. B. in New York 1842. Sie existiert noch heute; ihre Geschichte gehört zu den eindrucksvollsten der Gattung. Smart wird sich erst später bei Beethoven melden, aber dann mit seinem ganzen Schwergewicht, denn er wird die englische Uraufführung der *Neunten Symphonie* dirigieren. Beethoven wurde bereits zuvor in fast jedem Konzert Smarts gespielt, doch auch dabei sprangen damals noch keine Zusatzeinnahmen für den Komponisten heraus.

Das änderte sich erst, als das Direktorium 1815 beschloss, drei Ouvertüren direkt bei Beethoven zu bestellen. Charles Neate sollte die Stücke persönlich bei Beethoven abholen, und das war einer der Gründe, warum er 1815 nach Wien kam. Neate wollte aber auch Schüler Beethovens werden, doch unterrichten konnte der Meister damals schon nicht mehr; er versprach ihm aber, seine Kompositionen zu begutachten und brachte ihn mit dem ausgezeichneten Komponisten und Pädagogen Emmanuel Aloys Förster (1748–1823) in Kontakt, bei dem er selbst in den 1790er-Jahren Stunden genommen hatte. Trotzdem sahen sich Beethoven und der junge Engländer beinahe täglich, vor allem in Baden, wo sie zusammen wanderten und Neate von Beethovens ungebrochener passionierter Naturbegeisterung zutiefst beeindruckt war. Beim Abschied Ende Januar 1816 schrieb Beethoven dem sympathischen Musiker, den er ins Herz geschlossen hatte, einen Sinnspruch ins Stammbuch, über den sie zuvor sicher eifrig debattiert hatten: »Mein lieber Englischer Landsmann gedenken Sie beim Schweigen und Reden ihres aufrichtigen Freundes Ludwig van Beethoven«.[398] Der Kontakt mit Neate dauerte – mit Trübungen, wie bei Beethovens Misstrauen unvermeidlich – bis zu dessen Tod an.

Über die bestellten Ouvertüren gab es in London jedoch Enttäuschung und etliche Missverständnisse; sie seien für die Zwecke der Gesellschaft ungeeignet, beschied man den Komponisten höflich. Es handelte sich um *Die Ruinen von Athen* op. 113, *Zur Namensfeier* op. 115 und *König Stephan* op. 117, die auch heute nicht zu den Top-Ten in Beethovens Œuvre zählen. Mit dem Argument, dass man sich von Gelegenheits-Theaterouvertüren nicht die Durchschlagskraft einer Symphonie erwarten dürfe, gelang es Ferdinand Ries, ebenfalls Mitglied bei den Philharmonikern, alles zum Besten zu wenden und eine Einladung an Beethoven für die Saison 1817/18 durchzusetzen, wobei zwei neue Symphonien in Auftrag gegeben werden sollten. Doch waren die Pläne allesamt zu kurzfristig angesetzt, nichts davon war so schnell realisierbar, und außerdem stellte Beethoven übertriebene finanzielle Zusatzforderungen, die einfach nicht üblich waren und die Liebe der Londoner Direktoren etwas abkühlen ließen. So verschob man das Projekt, ging bald zur Tagesordnung über, behielt die Dinge jedoch im Auge.

Eine für Beethoven sehr nützliche Wendung bewirkte ein anderes Mitglied der Philharmonischen Gesellschaft, der vorzügliche Geiger Johann Peter Salomon (1745–1815), seines Zeichens Konzertagent und als solcher Haydns ehemaliger Manager in London. Diese eigentlich jahrzehntealte Bekanntschaft aus Bonner Zeiten – Salomon wurde dort geboren und lebte als Kind im späteren Beethoven-Haus – sollte 1816 für Beethoven neue Früchte tragen, da über diese Verbindung nun der Kontakt zu einem weiteren englischen Verleger, dem alteingesessenen Robert Birchall (ca. 1750–1819) entstand. Letzterer erwarb die englischen Rechte an der Violinsonate op. 96, am *Erzherzog-Trio* op. 97 sowie an den Klavierauszügen der *Siebten Symphonie* und der *Wellington*-Musik. Daran hatte er seine Kupferstecher anscheinend Tag und Nacht arbeiten lassen, denn er schaffte es sogar, mit seiner Ausgabe, die eine eindrucksvolle Militärszene auf dem Titelblatt trägt, vier Wochen vor sämtlichen Wiener Drucken auf den Markt zu kommen. Doch Beethoven verlangte immer mehr Geld; für den ersten Deal hatte Birchall 130 holländische Golddukaten zu bezahlen, das waren gut 2000 Gulden. Das zweite »Druckpaket« wollte Beethoven dann noch dicker schnüren – es sei »für einen Engländer sehr wenig«, träumte Beethoven in seinem Schreiben vor sich hin, »aber desto mehr für einen armen österreichischen Musikanten«. Doch Birchall sah das ganz anders und passte (BGA Nr. 879), denn das Herausschinden-Wollen einer Extrazahlung für das Manuskript der Druckvorlage war unüblich – das gehörte schon immer zu der mit dem Honorar abgegoltenen ›Dienstleistung‹. Dies ist nicht das einzige Mal, dass der alternde Beethoven die Grenzen des geschäftlichen Anstandes überschreitet.

Ein Geschenk, das zu spät kam

Der Ruhm, den Beethoven in England genoss, spiegelt sich auch in mehreren Geschenken, die er von dort erhielt. Ein ganz besonderes war der Hammerflügel, den der damals weltberühmte Klavierbauer Thomas Broadwood Beethoven 1817/18 zukommen ließ – ein aufwendiges Unternehmen, da das Instrument auf dem Seeweg transportiert werden musste und über den Umweg Gibraltar erst Anfang 1818 in Triest anlangte. Für Broadwood war es auch beste Reklame, weil die gesamte Musikwelt von diesem Geschenk erfuhr – weshalb diese Geste auch öfter nachgeahmt wurde (z. B. vom Pariser Klavierbauer Erard, der Richard Wagner publikumswirksam einen Flügel schenkte). Broadwood hatte die fünf wichtigsten Pianisten Londons in seine Werkstatt gebeten, sie sollten sich auf dem Resonanzkasten des Instruments mit ihrer Unterschrift verewigen – auch das sprach sich in Windeseile herum. Da wollte sich auch der Staat nicht lumpen lassen und erließ Beethoven auf Intervention von Graf Moritz Lichnowsky den Einfuhrzoll (s. BGA Nr. 1238 u. 1240) – auch diese Meldung rauschte durch den damaligen Blätterwald.

Worüber man in London so genau nicht Bescheid wusste, war der katastrophale Zustand von Beethovens Gehör. Im Juni 1818, in dem Jahr, als das bereits 1817 auf den Weg gebrachte Instrument ankam, ging Beethoven ja vom Hörrohr zu den Konversationsheften über – die akustische Finsternis war zu weit fortgeschritten. Zwar konstruierte Beethovens Freund, der Klavierbauer Conrad Graf, über dem Broadwood-Flügel sogleich einen etwas futuristischen Schalldeckel, um dem Restgehör des fast tauben Freundes wenigstens Teile des Klavierklangs vernehmbar zu machen. Doch war das Instrument bald in einem desolaten

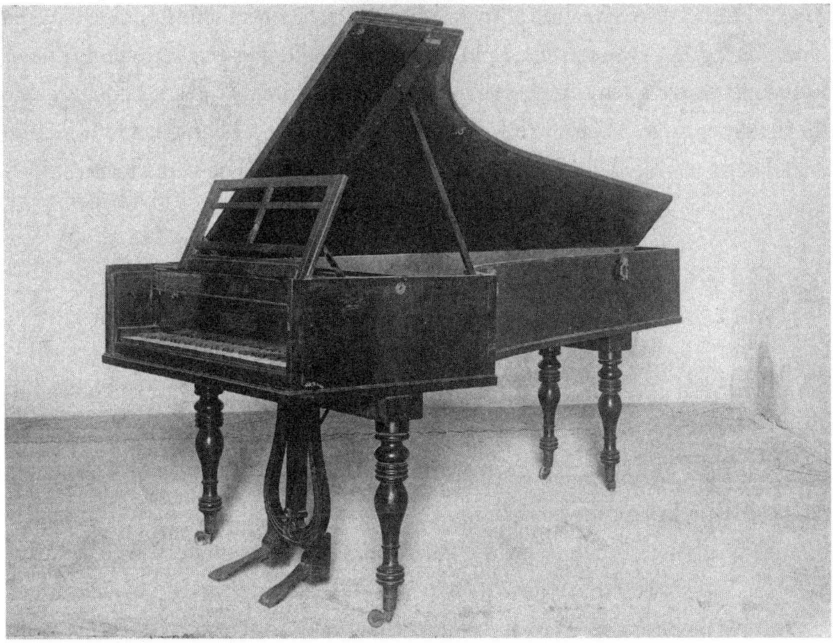

Abb. 55 Der Londoner Klavierfabrikant Thomas Broadwood schenkte Beethoven einen wertvollen Flügel.

Zustand, wie Graf einige Jahre später feststellen musste. Um überhaupt etwas hören zu können, hatte Beethoven es so sehr malträtiert, dass zahllose Saiten gerissen waren. Dabei gilt es als sicher, dass er das Instrument wirklich liebte, auch wenn diese Liebe stets Wunden im Instrument hinterließ. Dieses Geschenk kam für ihn fünfzehn Jahre zu spät: Mit seiner damals unvorstellbaren Klangfülle hätte dieses Klavier Beethoven 1802/03 vielleicht schneller über das Trauma von Heiligenstadt hinweggeholfen. Diesen Zwiespalt zeigt auch Beethovens in Französisch verfasstes Dankesschreiben vom 3. Februar 1818 an Thomas Broadwood. Pathetisch bedankt er sich für das Klavier, das er »als einen Altar« betrachte, auf dem er dem »göttlichen Apoll die schönsten Gaben meines Geistes darbringe« (»un autel, ou je deposerai les plus belles offrandes de mon Esprit au divine Apollon«). Er kündigt Broadwood ferner an, ihm die »Früchte der Inspiration der ersten Augenblicke an dem Instrument zu schicken« (BGA Nr. 1242). Dabei handelt es sich immerhin um die Sätze 2 bis 4 der Klaviersonate Nr. 29 B-Dur op. 106 *(Hammerklaviersonate).*

Zwei weitere Geschenke aus England, Partituren seines Lieblingskomponisten Georg Friedrich Händel sowie ein stattliches Geldgeschenk, erreichten Beethoven auf dem Krankenlager wenige Wochen vor seinem Tod. Er bedankte sich für beides von Herzen und sehr innig – aber die Lust an barocken Schnörkeln wie in dem auszugsweise zitierten Brief war ihm inzwischen vergangen.

Die letzte Einladung. Wiederaufnahme der Arbeit an der Neunten

Nachdem die Pläne von 1817, Symphonien für England zu komponieren, vorerst ad acta gelegt worden waren, versuchte Beethoven, sie nach Beendigung der *Missa solemnis* schnellstens wiederaufleben zu lassen: »Was würde mir wohl die Harmonie Gesellschaft für ein Honorar für eine Große Sinphonie antragen?« So ließ er am 6. Juli 1822 über Ferdinand Ries bei der Philharmonic Society anfragen (BGA 1479); »noch immer hege ich die Gedanken, doch noch nach London zu kommen«, fährt Beethoven fort, schränkt aber sofort ein: »wenn es nur meine Gesundheit leidet«, um dann mit einem etwas plumpen Wortspiel über Ries' Familiennamen eine Charme-Offensive zu starten: »sie werden an mir den gerechten schäzer meines lieben <riesen>Schülers nunmehrigen großen Meisters finden, u. wer weiß, was noch anderes Gutes für die Kunst entstehen könnte in Vereinigung mit ihnen, ich bin wie allzeit ganz meinen Musen ergeben u. finde nur darin das Glück meines Lebens, u wirke u. Handle auch für andre, wo ich kann […]«

Der Honig wirkte, jedoch nicht gleich, die Direktoren waren sommers ja nicht in London, sondern auf dem Land. Als Ries am 15. November 1822 endlich nach Wien berichtete, dass die Gesellschaft fünf Tage zuvor fünfzig Pfund Sterling für die Symphonie gewährt habe, diese aber bereits für 1823 erwarte und ein exklusives Nutzungsrecht für 18 Monate wünsche (BGA 1510), brütete der Meister über den *Diabelli-Variationen* und wollte sich dabei wegen fünfzig Pfund auf keinen Fall stören lassen. Doch um es sich mit niemandem zu verderben, schrieb er am 20. Dezember 1822 sehr freundlich an Ferdinand Ries:

> »Mit Vergnügen nehme ich den Antrag an, eine neue Sinfonie für die philharmonische Gesellschaft zu schreiben, wenn auch das Honorar von Engländern nicht im Verhältnisse mit den übrigen Nationen kann gebracht werden, so würde ich selbst

umsonst für die ersten Künstler Europa's schreiben, wäre ich nicht noch immer der arme Beethoven. Wäre ich nur in London, was wollte ich für die philharmonische Gesellschaft Alles schreiben! Denn Beethoven kann schreiben, Gott sei Dank, sonst freilich nichts in der Welt.« (BGA Nr. 1517)

Erst nach Beendigung der *Diabelli-Variationen* holte er im Februar 1824 die seit 1815/16 verkümmernden Skizzen zu einer»*Sinfonie / erster anfang / in bloß 4 stimmen* (TbW Bd., S. 815) aus der Schublade hervor.»*Bloß 4 stimmen* – sollte das ein Scherz sein? Oder wusste er selbst wirklich noch nicht, dass er dabei war, die zum damaligen Zeitpunkt größte Symphonie der Musikgeschichte zu schreiben – und, nebenbei, das Modell der Symphonie-Kantate zu erfinden, ohne die der Fortgang eben jener Musikgeschichte über Mendelssohns *Lobgesang*, Franz Liszts *Dante-* und *Faust-*Sinfonien, weiter über Gustav Mahlers Sinfonien Nr. 2 bis 4, Nr. 8 und dessen *Lied von der Erde* zu Schönbergs *Gurre-Liedern* und schließlich bis heute nicht zu denken, zumindest aber anders verlaufen wäre? Doch, ein wenig dachte Beethoven schon an die Zukunft, aber die großen Projekte kommen bei ihm oft aus höchst disparaten Quellen. Denn schon 1793 hatte er geplant, Schillers Gedicht »An die Freude« in Musik zu setzen,[399] und 1803 soll es davon auch eine (nicht erhaltene) Liedvertonung gegeben haben. Dies versuchte er dann 1811/12 in etwas größerem Format, worin die ganz Emsigen allzu rasch eine Ähnlichkeit mit Mozarts *Misericordias Domini* KV 222 entdeckten, ohne zu bedenken, dass relativ ähnliche Themen unabhängig voneinander in den verschiedensten Winkeln desselben Kulturkreises auftauchen können. Und wie sollte Beethoven Mozarts 1775 geschriebenes Gelegenheitswerk gekannt haben, wo er sich doch viel mehr an Händel als an Mozart orientierte? Außerdem wurde in Kapitel 17 gezeigt, dass die Frage, woher ein Motiv stammt, ziemlich gleichgültig sein kann gegenüber dem Gedanken, was Beethoven *daraus macht*.

Die Hauptarbeit an der Neunten jedenfalls verrichtete er ab Februar 1823, um sie ziemlich genau ein Jahr später zu beenden. Schon 1818 hatte er erwogen, das Finale um Singstimmen zu erweitern, doch die Entscheidung, Schillers Gedicht für den Schlussteil zu verwenden, fiel erst gegen Ende des Jahres 1823. Wie sehr die Konzentration auf das Riesenwerk alles Häusliche in Mitleidenschaft zog, schildert Thayer recht launig:

»Diese tiefe Versenkung in das große Werk brachte wieder manche Störung der Hausordnung mit sich. ›Bienenartig durchstrich er mit dem Skizzenbuch in der

Hand Felder und Fluren ohne an die festgesetzte Stunde der Malzeit zu denken. Was früher im höchsten Stadium geistiger Exaltation nie vorgekommen, geschah dermal, daß er wiederholt ohne Hut zurückgekehrt ist. Bis um die Mitte August sah man bereits starke Hefte mit Notirungen zu dem neuen Werke‹ [TDR zitiert dies nach Schindler]. Es war die Symphonie im Kopfe gewiß schon weiter gediehen, als er damals zu Papier brachte; sonst hätte er wohl Ries den Empfang nicht in so nahe Aussicht stellen können. Wir erfahren nicht, daß er irgend eine andere der bestellten oder zugesagten Arbeiten damals in Angriff genommen hätte. Neben diesem Werke fand nichts anderes in seinem Innern Platz. Die Worte *›allein bin ich nie, wenn ich auch allein bin‹* können wir nur auf das Werk beziehen, welches er, wenn je etwas, mit seinem Herzblut schrieb.« (TDR Bd. IV, S. 446ff.)

Thayer zitiert im Anschluss Beethovens ›Befehls‹-Briefchen an Schindler, ihm beim Umzug ins Sommerquartier nach Baden behilflich zu sein, wobei der Umgangston schon etwas verblüfft:

»Samotrazischer L[umpe]n K[er]l,

Macht, das wetter ist gerade recht, Es ist aber beßer früher als später presto prestissimo man fährt von hier.

Hrn S[cheis]ler« [= Schindler], (s. BGA Nr. 1719).

Nach diesen Schmeicheleien aus Hetzendorf, geschrieben Ende Juli/Anfang August 1823, fährt Thayer fort, wobei er wiederum Schindler zusammenfasst:

»Diese Fahrt zählt Schindler zu seinen ›possirlichsten Erlebnissen mit dem großen Sonderling‹. In seiner Erinnerung fand Beethoven nur eine Wohnung in Baden seinem Bedürfnisse entsprechend, ›die Leute haben aber erklärt, mich nicht mehr aufnehmen zu wollen‹. Schindler wurde als Abgesandter zu dem Besitzer, einem Schlossermeister, geschickt, versprach in des Meisters Namen bessere Ordnung und mehr Rücksicht auf die fremden Mitbewohner, wurde aber das erstemal abgewiesen und hatte erst beim zweiten Besuche besseren Erfolg. Der Eigentümer verlangte jedoch, daß Beethoven wiederum Fensterläden anbringen lasse, was auch zugestanden wurde, da es wegen Beethovens leidenden Augen notwendig erschien. Der tiefere Grund zu dieser Forderung lag darin, daß der Eigentümer mit diesen Läden im Vorjahre ein gutes Geschäft gemacht hatte. Beethoven pflegte auf dieselben mit Bleistift allerlei hinzuschreiben, Rechnungen, musikalische Einfälle

u. a. Eine norddeutsche Familie hatte ihn 1822 dabei beobachtet und nach seinem Weggange einen dieser Läden als Merkwürdigkeit gekauft, und so war es dem Schlossermeister gelungen, auch die übrigen an Kurgäste zu verkaufen. – Nach wenigen Tagen erfolgte denn auch die Übersiedlung« (TDR Bd. IV, S. 446ff.).

Gleich nach dem Schlussstrich trat Beethoven mit einem Angebot an einen ersten Verlag heran (an Maurice Schlesinger in Paris, 25. Februar 1824 (BGA Nr. 1782), kümmerte sich also keinen Deut um das, was er mit London wieder einmal halbherzig vereinbart hatte. Dorthin schickte er erst am 27. April 1824 eine Partiturabschrift, deren Gesangstext von Muzio Clementis Sohn Charles ins Englische, dann aber doch zwecks besserer Sangbarkeit ins Italienische übersetzt und so gespielt wurde; mit dieser Form war dann endlich am 1. Februar 1825 eine erste Probe möglich. Die erste öffentliche Aufführung in London fand am 21. März 1825 unter der Leitung von George Smart statt. Zu diesem Zeitpunkt lag die Uraufführung in Wien schon einige Monate zurück; sie war am 7. Mai 1824 in jener denkwürdigen Akademie über die Bühne gegangen, in der auch Teile der *Missa solemnis* dargeboten worden waren. Zu Beethovens Lebzeiten gab es nach London weitere (teils nicht ganz vollständige) Aufführungen in Frankfurt (1. April 1825), Aachen (23. Mai 1825), Leipzig (6. März 1826) und in Berlin (27. November 1826).

Warum es gut war, dass Beethoven nicht nach London reiste

Von einem Dirigat Beethovens in London war zuletzt nochmals im Januar 1825 die Rede (BKh Bd. 7, S. 60f.). Wieder scheiterte das Unternehmen an Beethovens Forderung eines hohen Reisekostenzuschusses, da er sich unmöglich allein auf den Weg machen konnte. Es war vielleicht auch besser, dass auch dieser letzte Versuch misslang. Denn nur so konnte Beethoven bei seinen grandios überhöhten Vorstellungen von England verharren, ohne die fürchterlich desillusionierenden Erfahrungen mit diesem Land machen zu müssen, die viele vom Kontinent stammende Musiker als Schock erlebten. Denn in England wurde Musik zwar hoch bezahlt, galt, gesellschaftlich gesehen, jedoch nur als Dekor ohne jegliche Relevanz.

Selbst der im Zenit seines Weltruhms stehende Carl Maria von Weber klagte gegenüber seinem Sohn, dass das Genie des Musikers nicht reichte, »um das selbe Parquet mit dem jüngst nobilitierten Baronet zu beschreiten«. Webers Kritik wird noch schärfer: »Sein Schaffen war eine Ware wie jede andere, die man von ihm für Geld erwarb, für die man [...] aber weder Ehrfurcht noch Dank schuldig war. Er hatte zu leisten, wurde bezahlt und hatte zu gehen, ohne zu den Gästen des Hauses gerechnet worden zu sein. [...] Die Wirte begrüßten sie herablassend und wiesen ihnen ihre Plätze an, die in manchen Appartements durch eine Schnur von denen der Gäste getrennt waren. [...] Die Gäste aber ignorierten sie und ihre Leistung plaudernd und lachend [...] die Künstler verließen die Häuser meist verletzt und empört, nur zu leicht indes durch das Klingen der leicht verdienten Guineen in ihrer Tasche getröstet.«[400]

Franz Liszt ging es zwar etwas besser, er war ja nicht nur ein amüsanter Plauderer und Salonlöwe, sondern zumindest der inoffizielle ›Begleiter‹ der Gräfin d'Agoult, die zur Spitze des Kulturadels zählte. Er schämte sich dafür, dass er deswegen gegenüber seinen Kollegen im Vorteil war. In einer Schrift von 1835 wetterte er, dass er in den Londoner Palästen die größten Künstler wie Moscheles, Rubini, Pasta und Malibran durch den Dienstboteneingang ankommen sah.[401] So krass ging es in Deutschland und Österreich nur selten zu, obwohl auch dort die Vorurteile tief eingefleischt waren.[402] Welch ein Glück, dass dem alternden Beethoven solche Demütigungen erspart blieben. In Wien wurde er zwar von der Regierung missachtet, doch der gesamte Adel zog vor ihm den Hut, seit er 1806 gegen Fürst Lichnowsky weit vernehmlich rebelliert hatte. Diese Dominanz hätte er sich mit seinem enormen Durchsetzungsvermögen wohl auch in London erkämpft – aber nur, wenn er noch *gehört* hätte.

Hektik und Vorbereitung

Kehren wir zurück in die Entstehungszeit der *Neunten Symphonie,* denn so ungewöhnlich wie diese und die *Missa solemnis* sind, so waren es auch die Anstalten zur ersten Wiener Aufführung. Alles musste neu erfunden und erprobt werden, Erfahrungswerte aus Sankt Petersburg, wo die *Missa* genau einen Monat früher, am 7. April 1824, uraufgeführt worden war, konnten ja so rasch nicht nach Wien durchdringen.

Die Wiener Aufführung wurde überschattet von den Schwierigkeiten, die Beethovens Charakterwandel in seinen letzten Lebensjahren mit sich brachten. Zwei Dinge erscheinen unabweisbar: dass die extreme Einsamkeit, die das *Nicht-Hören* mit sich bringt, das Wesen eines Menschen unter einen großen Dauerstress stellt, und zweitens, dass der jahrzehntelang zu hohe Alkoholkonsum seine Leber und seine Bauchspeicheldrüse so schwer geschädigt hatten, dass auch sein Nervensystem dadurch in Mitleidenschaft gezogen war. Beides können die Ursachen sein für die weitverbreitete Ansicht, der Künstler sei nicht normal, und Beethoven wusste, dass man ihn für »toll« hielt. Selbst Marie von Breuning bezeugt, dass in späten Jahren die Menschen stehen blieben »und ihn für verrückt hielten« (TDR Bd. V, S. 255). Auch in Gneixendorf, dem Wohnort seines Bruders Nikolaus Johann van Beethoven, hielten die Bauern den die Felder oft singend und wild gestikulierend überquerenden Komponisten »anfangs für verrückt, und gingen ihm aus dem Wege; später gewöhnten sie sich daran« (TDR Bd. V, S. 389). Und selbst Ferdinand Ries reagierte verblüfft auf diverse Merkwürdigkeiten: »Sollte es wirklich in meinem lieben alten Lehrer etwas spuken?« (Wegeler-Ries, S. 107). Daran, dass diese Vorstellung anscheinend weit verbreitet und zugleich doch falsch war, besteht kein Zweifel, es ist nur zu beklagen, dass Beethovens Umwelt die Psychologie der Taubheit kaum geläufig sein konnte; sie ist es auch heute nur in Insiderkreisen.

Einer anderen ebenso verbreiteten Meinung jedoch sollte man entgegentreten, und zwar, dass in Beethovens Augen der »italienische Opernlärm« beim Publikum Abstumpfung und deshalb Abwendung von ihm hervorgerufen habe.[403] Zwar betrachtete er Rossini teils bewundernd, teils leicht neidisch, öfter auch kritisch, aber als »Lärm« hat er dessen Musik nie bezeichnet. Bei dieser Frage kann man sich allzu leicht in Klischees verirren – die Verhältnisse waren anders, und das wusste der in politischen Dingen recht versierte Beethoven ziemlich genau. Rossini wurde in Wien wie ein Messias gefeiert, weil dort weder eine bodenständige *opera-buffa-* und noch viel weniger eine opéra-comique-Tradition entstehen konnte – dazu bedurfte es eines sozialkritischen und zeitpolitischen Ideengutes sowie eines intellektuellen Milieus, das von der Metternich-Zensur zwar nicht konsequent in die Vorstadttheater abgedrängt, aber doch im offiziellen Bereich des Hofes ausgeschlossen wurde. Um die Leute zu unterhalten, konnte die Oper allerdings auf das Wiener Singspiel setzen.[404] Dessen heute nahezu gänzlich vergessene Theater-Heroen wie Kauer, Müller, Umlauf, Winter und Wranitzky bewegten sich zwar deutlich unterhalb des italienischfranzösischen Niveaus, was zum Ausgleich jedoch durch Anleihen in dem für Wien politisch weniger gefährlichen Repertoire Cherubinis, Cimarosas, Méhuls und Paisiellos ausgeglichen werden konnte. Doch eine musikalisch kongeniale Schule nach dem Vorbild Glucks und Mozarts konnte in Wien unter Kaiser Franz I. nicht gedeihen.[405] Was gerade noch durch die Zensur kam, waren Stücke aus der um 1820 weiterhin kreuzfidelen Märchenoper à la *Euryanthe* oder die das Wiener Zaubersingspiel fortsetzende *Melusine* Grillparzers, wobei die k. k. Einwilligung, daraus durch Herrn Beethoven eine Oper schmieden zu lassen, ja gnädigst vorlag. Doch für derartige Harmlosigkeiten war ein Beethoven dann letztlich doch nicht zu haben.

* * *

Die ›Krankheit‹, an der der Meister zunehmend stärker litt und deretwegen er sich immer sonderbarer benahm, war nicht nur der fast komplette Verlust seines Gehörs, sondern auch eine Art *inneres Exil*, das ihm eben nicht nur durch seine Ohren, sondern auch von Staats wegen aufgezwungen war. Deshalb verblieb er sogar angesichts der *Neunten Symphonie,* selbst in der Zeit ihrer Fertigstellung, nach außen im Zustand einer tiefen Lethargie, aus der ihn seine engsten Freunde mit recht aufwendigen Mitteln herausreißen mussten. Am 15. April 1824 erschien in der *Wiener Allgemeinen Theaterzeitung* sowie am 21. April 1824 in der *Wiener Allgemeinen Musikalischen Zeitung* ein offizielles Gruß- und Bittschreiben von Wiener Kunstfreunden an Beethoven, worin die Sehnsucht nach seiner Kunst und das Bedauern über sein zurückgezogenes Leben am deutlichsten formuliert werden – und die gleichzeitig in den merkwürdigen nationalistischen Ton verfällt, dessen Spuren manchmal bis heute zu finden sind:

»An den Herrn Ludwig van Beethoven.

Aus dem weiten Kreise der sich um Ihren Genius in seiner zweiten Vaterstadt, in bewundernder Verehrung schließt, tritt heute eine kleine Zahl von Kunstjüngern und Kunstfreunden vor Sie hin, um längst gefühlte Wünsche auszusprechen, lange zurükgehaltenen Bitten, ein bescheiden freies Wort zu geben. [...] Vorzüglich aber sind es die Wünsche vaterländischer Kunstverehrer, die wir hier vortragen, denn ob auch Beethovens Name und seine Schöpfungen der gesammten Mitwelt, und jedem Lande angehören, wo der Kunst ein fühlendes Gemüth sich öffnet, darf Oesterreich ihn doch zunächst den seinigen nennen. [...]

Folgendes sind die Bitten die sie heute für alle denen diese Wünsche theuer sind, und im Namen vaterländischer Kunst an Sie richten: Entziehen Sie dem öffentlichen Genuße, entziehen Sie dem bedrängten Sinne für Großes und Vollendetes nicht länger die Aufführung der jüngsten Meisterwerke Ihrer Hand. Wir wissen daß eine große kirchliche Composition sich an jene erste angeschlossen hat, in der Sie die Empfindungen einer, von der Kraft des Glaubens, und vom Lichte des Überirdischen durchdrungenen und verklärten Seele verewigt haben.

Wir wissen daß in dem Kranze Ihrer herrlichen noch unerreichten Symphonien eine neue Blume glänzt. Seit Jahren schon [...] harren wir und hofften Sie wieder einmal im Kreise der Ihrigen neue Gaben aus der Fülle Ihres Reichthums spenden zu sehen. [...] Erscheinen Sie baldigst unter Ihren Freunden Ihren Verehrern und Bewunderern! [...]

Sollen wir Ihnen sagen mit wie tiefen Bedauern Ihre Zurükgezogenheit längst gefühlt worden? Bedarf es der Versicherung daß, wie alle Blicke sich hoffend nach Ihnen wandten, Alle trauernd gewahrten, daß der Mann, den wir in seinem Gebiete vor Allen als den Höchsten unter den Lebenden nennen müssen, es schweigend ansah, wie fremdländische Kunst sich auf deutschen Boden, auf den Ehrensitz der deutschen Muse lagert [...] Sie allein vermögen den Bemühungen der Besten unter uns einen entscheidenden Sieg zu sichern. Von Ihnen erwarten, der vaterländische Kunstverein und die deutsche Oper neue Blüthen, von Ihnen verjungtes Leben und eine neue Herrschaft des Wahren und Schönen, über die Gewalt welcher der Modegeist des Tages auch die ewigen Gesetze der Kunst unterwerfen will. Geben Sie uns Hoffnung die Wünsche Aller, zu denen je die Klänge Ihrer Harmonien gedrungen sind, baldigst erfüllt zu sehen. [...]

Wien im Februar 1824.« (BGA Nr. 1784)

Es folgen 30 Unterzeichner, darunter Fürst Eduard Maria und Graf Moritz von Lichnowsky, Ferdinand Graf Pálffy, Moritz Graf v. Dietrichstein, Graf Czernin, Moritz Graf v. Fries, Ferdinand Graf Stockhammer, die Musikverlage Artaria & Co., S. A. Steiner & Co. und A. Diabelli, der Klavierbauer Andreas Streicher sowie etliche Privatleute wie Carl Czerny, Nikolaus Zmeskall und Abbé Stadler.

Beethoven war über diese Aktion seiner Freunde und Gönner unendlich gerührt, er musste das Papier erst einmal beiseitelegen, tief Luft holen und die Lektüre von vorne beginnen – umso mehr erzürnte es ihn, als ein Chor von Neidern ihm diesen beispiellosen Aufruf öffentlich missgönnte und die Behauptung in die Welt setzte, er selbst hätte die Publikation inszeniert. Jedenfalls war »die ausgesuchte Huldigung, die ihm dargebracht wurde, [...] wohl geeignet, ihn in seiner gedrückten und zweifelnden Stimmung aufzurichten. Genug, sie brachte den Entschluß zur Reife« (TDR Bd. V, S. 69).

Wie auch immer: Dieser Aufruf erregte in Wien ungeheures Aufsehen, und es entstand eine fieberhafte Aktivität, um baldigst eine Akademie vorzubereiten. Es ging um »die Feststellung des Programms, die Beschaffung der Chor- und Orchesterkräfte, besonders die Frage, wem die Solostimmen zu übertragen seien, das Kopieren der Musik, [...] die Preise der Plätze, die Festsetzung des Tages und die Zahl der Proben. Beethoven selbst, unschlüssig und stets voller Bedenken, mußte über alle diese Dinge vielerlei Ratschläge hören und wurde dadurch vielfach hin- und hergezerrt, wodurch viel Verzögerung eintrat; wir stehen im Anfang des Monats März und die Jahreszeit der Konzerte näherte sich ihrem Ende. In Beethovens Interesse war namentlich Schindler tätig, daneben Graf Lichnowsky und Schuppanzigh [...]« (TDR Bd. V, S. 70).

Auch Bruder Nikolaus Johann und Neffe Karl beteiligten sich – doch von da an versuchte Anton Schindler, die beiden zur Seite und sich selbst in den Vordergrund zu drängen – offensichtlich ahnte er die Chance, sich für die Nachwelt als die rechte Hand des Meisters zu stilisieren.[406] Er wurde geradezu hyperaktiv, bewältigte ein enormes Arbeitspensum und profitierte von seiner guten Kenntnis der musikalischen Praxis seiner Zeit.

Einige Missverständnisse und Wutanfälle später und nach drei schriftlichen Drohungen Beethovens gegenüber engsten und ergebensten Mitstreitern, das Unternehmen ganz abzublasen, begann der Aufführungsplan Gestalt anzunehmen. Einige der möglichen Solisten waren nur im Theater an der Wien, die anderen nur am Kärntnertortheater verfügbar, und das eine hatte diese und das andere jene Vor- und Nachteile. Graf Moritz von Lichnowsky und Anton Schindler, inzwischen die Hauptorganisatoren, schrieben sich die Finger wund und redeten mit Menschen- und mit Engelszungen, um bei allen Eitelkeiten und Streitereien zu vermitteln und den stets unschlüssigen Meister zu einer Entscheidung zu drängen ...

Erst am 24. April 1824 war klar, dass der Aufführungsort das Kärntnertortheater und der 7. Mai der große Tag der Aufführung sein würde. Am Beginn sollte die Ouvertüre zu *Die Weihe des Hauses* op. 124 stehen, gefolgt von *Kyrie, Credo* und *Agnus Dei* aus der *Missa solemnis* op. 123, hier, in einem Profanbau, wegen Vorschriften der Zensurbehörde zur »Tarnung« etwas fadenscheinig als *Hymnen* deklariert – aber noch immer nicht genehmigt. Das durchsichtige

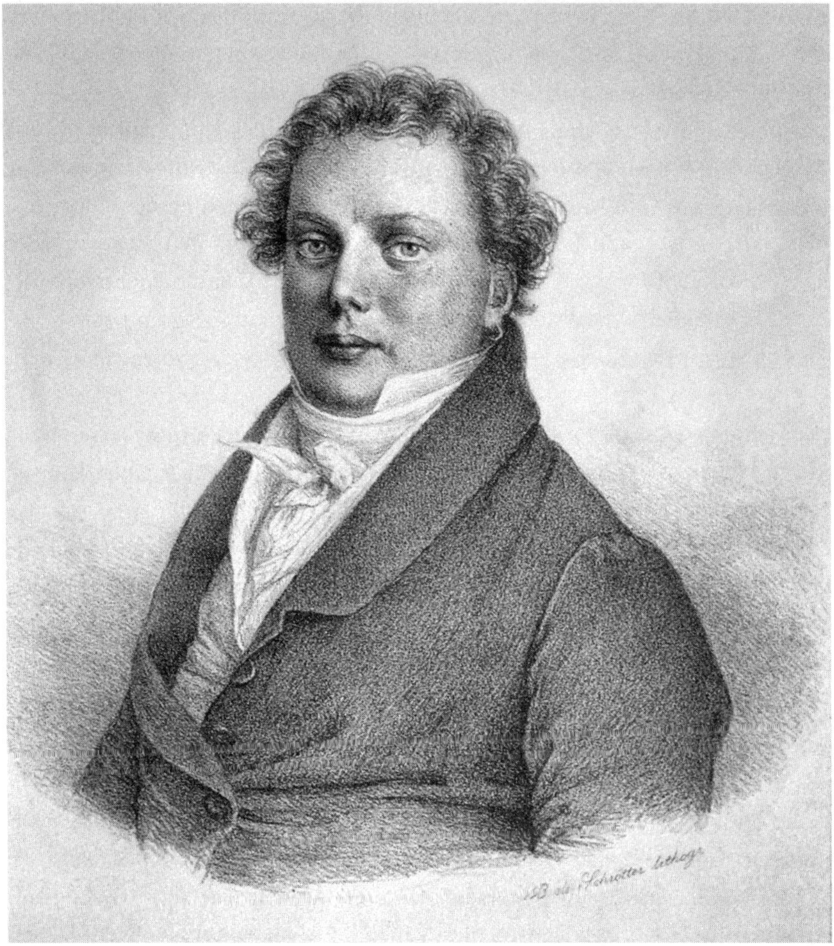

Abb. 56 Ignaz Anton Schuppanzigh, ein herausragender österreichischer Violinist und Dirigent, war an der Aufführung zahlreicher Werke Beethovens beteiligt. Er gründete 1804 das berühmte Schuppanzigh-Quartett, das Beethovens späte Streichquartette in Wien aufführte und als das erste professionelle Streichquartett der Musikgeschichte gilt.

Manipulationsmanöver mit den Titeln der ›Hymnen‹ war durchaus sinnvoll, hatte Beethoven doch die konzertante Aufführungsoption der *Missa* von Anfang an eingeplant. Doch die Zensur mit ihren Wenn und Aber kam einfach nicht vom Fleck, das Konzert schien wieder einmal in höchster Gefahr, bis Lichnowsky als Ranghöchster im Planungsstab persönlich beim Polizeipräsidenten, dem Grafen Sedlnitzky, vorsprach und die Angelegenheit durchdrückte. – Den zweiten Teil des Konzerts sollte dann allein die 70-minütige 9. Symphonie bilden, gesungen von den zwei Superstars der Hofbühne, Henriette Sontag und Caroline Unger sowie Anton Haizinger und Joseph Seipelt, dirigiert vom Hofkapellmeister Michael Umlauf mit Ignaz Schuppanzigh als Konzertmeister. *Herr Ludwig van Beethoven selbst wird an der Leitung des Ganzen Antheil nehmen*, verkündete das Aufführungsplakat, was noch erklärt werden muss.

Beethovens Kampf, das Unmögliche singen zu lassen

Diskussionen gab es mit den zwei Sängerinnen. Henriette Sontag (1806–1854) war ein Phänomen. Mit fünfzehn sang sie bereits bühnenreif die »Clara« in Boieldieus *Johann von Paris*, Carl Maria von Weber brachte die Siebzehnjährige nach Wien, wo sie mit der Rolle der *Euryanthe* in der Uraufführung ihre eigentliche Weltkarriere begann. Bei der Uraufführung von Beethovens *Neunter* war sie gerade erst 18 Jahre alt! Die beiden Sängerinnen Unger und Sonntag, die »schönen Hexen«, wie Beethoven sie nannte, hatte der Meister einmal zu Tisch geladen, worüber in den Konversationsheften Erbauliches nachzulesen ist. Bereits am 8. September 1822 waren sie zu einem Vorstellungsgespräch bei ihm zu Hause erschienen, worüber Beethoven seinem Bruder berichtet: »Zwei Sängerinnen besuchten uns heute, u. da sie mir durchaus die Hände küssen wollten, u. recht hübsch waren, so trug ich ihnen lieber an, meinen Mund zu küssen« (BGA Nr. 1493).

Doch nun, eineinhalb Jahre später, ist den Damen gar nicht mehr nach Scherzen zumute; in den Konversationsheften berichtet Schindler seinem Herrn, die Sontag habe gesagt, »sie habe im Leben so was Schweres nicht gesungen« (BKh Bd. VI, S. 140). Kann man deshalb glauben, was Schindler darüber hinausgehend in seiner Beethoven-Biografie zu den Gesangsproblemen mit den zwei Damen schreibt?[407] Da er nicht aktiv in die Probenarbeit für das Konzert vom 7. Mai eingebunden war, gibt es hier eigentlich keinen Anhalt für ein grundsätzliches Misstrauen. Schindler hätte die Stelle jedoch nutzen können, um seinen ›Meister‹ als besonders rigoros und unerbittlich zu schildern und damit indirekt zu zeigen, wie genau er ihn kannte, und um so durchblicken zu lassen, wie gut er seine Aufgabe als ›rechte Hand des Meisters‹ erfüllte. Genau diese Möglichkeit nutzt Schindler hier nicht, sondern liefert eine differenzierte Darstellung, in der Ausnahmen von Beethovens häufig unnachgiebiger Haltung ihren Platz

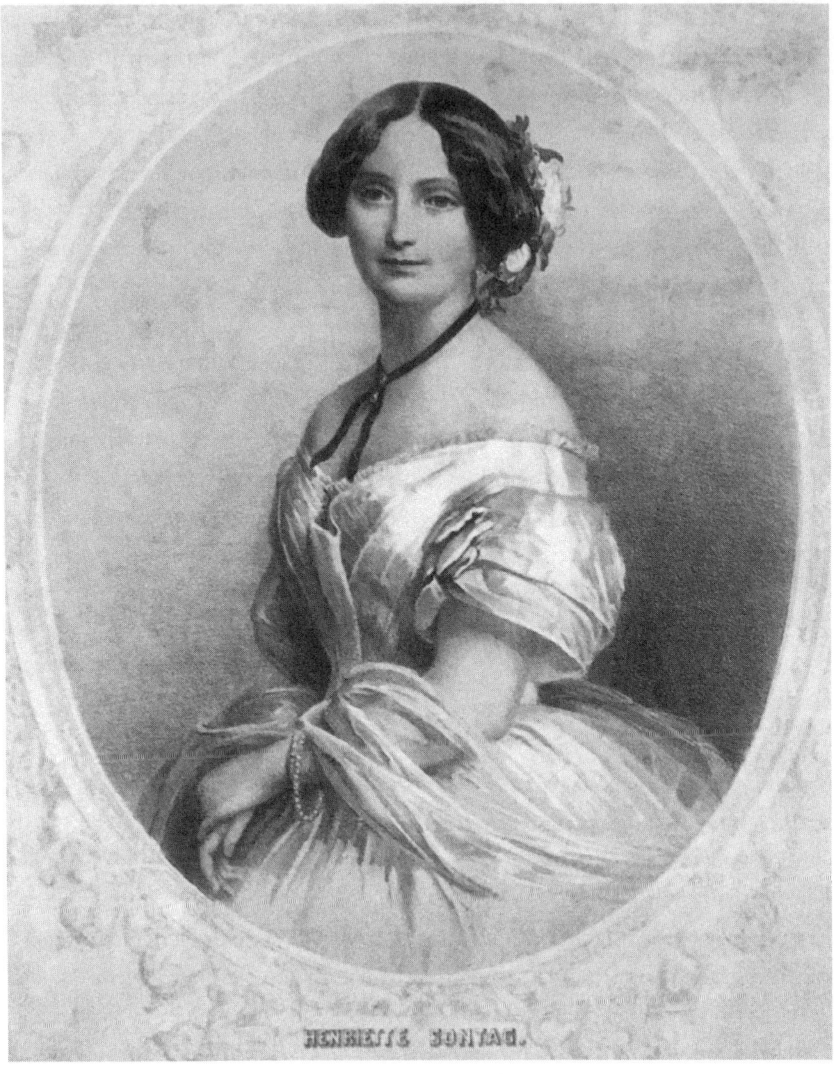

Abb. 57 Die hoch talentierte Sängerin Henriette Sontag war an den Uraufführungen der *Missa solemnis* und der *Neunten Symphonie* beteiligt. Sie verehrte den Meister grenzenlos und hatte ein erstaunliches Sensorium für dessen künstlerische Intentionen.

haben. Deshalb zählt der folgende Probenrapport meines Erachtens zu den glaubhaften Teilen seines Berichts.[408]

Es gab also bereits bei den Proben zur *Missa solemnis* dringlich vorgebrachte Änderungswünsche; Klagen seien nicht nur von den Solisten, sondern auch von

Choristen und dem Chordirektor gekommen. Beethoven erfüllte Wünsche, soweit sie ohne Eingriff in den ›Text‹ umsetzbar waren. Bei der *Missa solemnis* habe das jedoch nur eine Stelle betroffen, an der er vier Noten im Credo tiefer legte; Weitergehendes habe er abgelehnt. Bei den Proben zum letzten Satz der *Neunten Sinfonie* jedoch habe der Komponist überhaupt nur ein einziges Zugeständnis gemacht: »Als [...] der Meister in gar keine der gebetenen Abänderungen willigen wollte, da trübte sich der Horizont und Caroline Unger hatte den Muth den obstinaten Meister geradezu einen Tyrannen aller Singorgane zu nennen. Beethoven erwiderte lächelnd, sie seyen beide durch die italienische Musik verwöhnt, darum ihnen solche schwer falle. ›Aber diese Höhe hier‹, replicirte die Sontag, auf die Stelle: ›Küsse gab sie uns und Reben‹ zeigend, ›läßt sie sich nicht abändern?‹ – ›Und diese Stelle‹, die Unger nachfolgend, ›liegt für die meisten Alt-Stimmen zu hoch; läßt sie sich nicht abändern?‹ – Nein! Und immer Nein! – ›So quälen wir uns denn in Gottes Namen weiter‹, endigte die Sontag.« Schließlich wurde die Streichung von vier allzu hohen Noten im Rezitativ des Basses doch noch beschlossen, doch sei dies dem ursprünglichen Sänger zu wenig gewesen; da sich seine beginnende Heiserkeit verschlimmert hatte, musste er vor der allerletzten Probe ersetzt werden.

* * *

Warum war für Beethoven der originale Notentext so wichtig, derart sakrosankt, dass er für Änderungswünsche nahezu unzugänglich blieb?

Es liegt hier die gleiche Situation vor wie bei der *Fidelio*-Neuinszenierung im Jahr 1814, zu einer Zeit, da Beethovens Fähigkeit, gesprochene Worte zu verstehen, schon deutlich nachgelassen hatte, er Musik aber noch weitgehend hören und miterleben konnte. 1824 verfolgt er noch genauestens die Körper-, Augen- und Lippenbewegungen der Darsteller, wodurch er den Ablauf des musikalischen Geschehens trotz des ihm fehlenden Klanges noch weitgehend mitbekommt. Dass die Sänger nach den geschilderten Diskussionen die höchsten Töne jedoch lieber wegließen, statt sie unsauber zu singen, wie Schindler dies im Folgetext mitteilt, habe Beethoven nicht gemerkt, zumindest nicht moniert. Es ging ihm um das Prinzip des Ausdrucks, für den er in der Praxis unangenehme Mittel brauchte.[409] Der Text der *Missa solemnis* ist utopisch, wenn man sie, wie es Beethoven vorschwebte, als Kunstwerk vor allem außerhalb des religiösen Kultus begreift. Auch Schillers Gedicht *An die Freude* ist ein schöner Traum von einer Welt, die es gar nicht gibt, wie Beethoven nur allzu genau wusste. Doch lag es ihm fern, sich mit der Unvollkommenheit, in der er lebte, zu begnügen, sich mit ihrem *Ist-Zustand* zufriedenzugeben, während er doch so felsenfest an den *Soll-Zustand* glaubte: So, wie es im *Missa*-Text steht, so, wie Schiller es ausdrückt, müsste die Welt doch eigentlich sein, um lebenswert und sinnerfüllt zu sein!

Wie kann Beethoven dies darstellen? Er vermag es, indem er weiterführt, was Mozart in seinen späten Opern betreibt und was Cherubini in den auch von Beethoven rückhaltlos bewunderten geistlichen Werken auf seine eigene Weise unternahm: Sie illustrieren den zu vertonenden Text nicht, sondern *kommentieren* ihn. Mozart tut dies oft mit einer Schönheit, die es vor ihm nicht gab, und Cherubini fügt dem jene Mittel klanglicher Gewalt hinzu, die erst Berlioz wieder aufgreifen und weiterentwickeln wird. Beethoven geht einen anderen Weg: Was *unmöglich* ist, soll *unmöglich* klingen! Wie im *Fidelio* von 1814 sind es wieder proto-naturalistische Stilmittel, die er sowohl in der *Missa* als auch in der *Neunten* seiner bis dahin etablierten Klangsprache hinzufügt, um eine wünschenswerte idealere Welt zu beschwören, die unter den herrschenden Umständen aber nicht existieren kann: Das sehr schwer zu Erringende muss sehr schwer zu singen sein! Er glaubt, seine künstlerische Absicht nur so verdeutlichen zu können. Und allein diese *Tour de Force* stellt ihn weit über alle damalige Kunstpflege. Mit solchen Gestaltungsformen emanzipiert sich Beethovens Musik vom Kanon des damaligen Kunstverständnisses. Mit seinen Hörproblemen hat das überhaupt nichts zu tun.

Deshalb ist es keinerlei Schikane, die Beethoven gegen viele der an ihn herangetragenen Änderungswünsche unnachgiebig werden lässt. Denn zwei hübsche, junge, ausnehmend begabte Sängerinnen, die auch Beethoven umgehend auf den Mund zu küssen wünscht, würde er niemals ohne Not mit übertrieben hohen Noten gequält haben, auch nicht, um seinen Willen durchzusetzen. Nein, hier geht es um die Essenz, um Menschheitsträume und ewige Wünsche. Er musste hartnäckig bleiben. Denn er wusste sehr genau, was er komponiert hatte.

Henriette Sontag scheint diese Zusammenhänge erahnt zu haben. Sie war von Beethovens Werk und von der ihr gestellten Aufgabe derart erfüllt, dass die Kutsche, die sie zu jeder Probe und zu jeder Aufführung abzuholen hatte, nicht einmal den Bruchteil einer Minute auf sie zu warten brauchte.

So kam denn der 7. Mai 1824. Das Kärntnertortheater war zum Bersten voll, alle persönlichen Freunde Beethovens waren anwesend, ebenso wie die *Crème de la Crème* des Musik- und Theaterlebens. Hinsichtlich der Qualität war nicht alles zum Besten bestellt, wie Thayer berichtet, der die Aussagen der Zeitzeugen auswertet. Denn für ein Programm mit so anspruchsvollen Novitäten war die Probenzeit zu knapp bemessen gewesen. Thayer mischt geschickt die Version des Berichts von Schindler mit der des Pianisten Thalberg, den er 1860 zu dem denkwürdigen Konzert befragt hatte: »Ich habe nie im Leben einen so wüthenden und doch herzlichen Applaus gehört als heute. Der 2te Satz der Symphonie wurde einmal ganz vom Beyfall unterbrochen und hätte wiederholt werden sollen. Beethoven war bekleidet mit einem schwarzen Fracke, weißer Halsbinde und Weste, kurzen schwarzen Beinkleidern aus Satin, schwarzen seidenen Strümpfen, Schuhen mit Schnallen. Thalberg sah, wie Beethoven nach dem Scherzo der *Neunten Symphonie* dastand und die Blätter seiner Partitur umwandte, vollständig taub gegen den ungeheuren Beifall, bis ihn die Sängerin Caroline Unger am Ärmel zog und auf die Zuhörerschaft wies, worauf er sich umwandte und verbeugte. Umlauf habe erzählt, daß Chor und Orchester nicht die geringste Aufmerksamkeit auf Beethovens Taktschlagen richteten, sondern alle auf ihn (Umlauf) achteten.« Warum das anders nicht sein konnte, erzählt der Geiger Joseph Böhm, der am 7. Mai 1824 selbst im Orchester saß und die Zusammenhänge verstand:

> »Man studirte mit dem Fleiße und der Gewissenhaftigkeit die ein so riesiges und schwieriges Tonstück [die 9. Symphonie] erheischte. Es kam zur Production. Ein glänzendes, äußerst zahlreiches Auditorium lauschte mit gespanntester Aufmerksamkeit und spendete enthusiastischen rauschenden Beifall. Beethoven dirigirte selbst, d. h. er stand vor einem Dirigentenpulte und fuhr wie ein Wahnsinniger hin und her. Bald streckte er sich hoch empor, bald kauerte er bis zur Erde, er schlug mit Händen und Füßen herum als wollte er allein die sämtlichen Instrumente spielen, den ganzen Chor singen. – Die eigentliche Leitung war in [Michael Umlaufs] Hand, wir Musiker sahen bloß auf dessen Taktstock. Beethoven war so aufgeregt, daß er nichts sah, was um ihn vorging, daß er auf den Beifallssturm, den er freilich bei seiner Gehörschwäche kaum hören konnte, auch nicht einmal achtete. – Man mußte es ihm immer sagen, wenn es an der Zeit war, dem Publikum für den gespendeten Beifall zu danken, was Beethoven in linkischster Weise that.«[410]

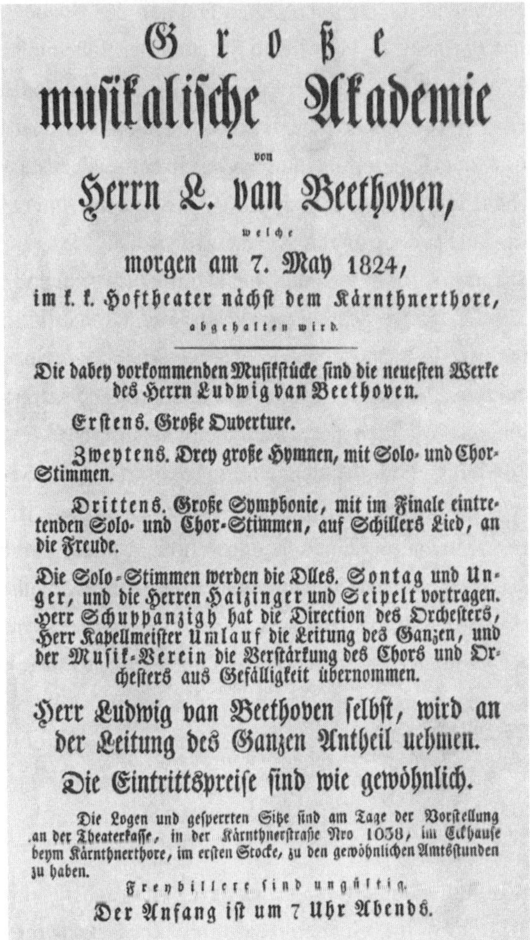

Große
musikalische Akademie
von
Herrn L. van Beethoven,
welche
morgen am 7. May 1824,
im k. k. Hoftheater nächst dem Kärnthnerthore,
abgehalten wird.

Die dabey vorkommenden Musikstücke sind die neuesten Werke des Herrn Ludwig van Beethoven.

Erstens. Große Ouverture.

Zweytens. Drey große Hymnen, mit Solo- und Chor-Stimmen.

Drittens. Große Symphonie, mit im Finale eintretenden Solo- und Chor-Stimmen, auf Schillers Lied, an die Freude.

Die Solo-Stimmen werden die Dlles. Sontag und Unger, und die Herren Haizinger und Seipelt vortragen. Herr Schuppanzigh hat die Direction des Orchesters, Herr Kapellmeister Umlauf die Leitung des Ganzen, und der Musik-Verein die Verstärkung des Chors und Orchesters aus Gefälligkeit übernommen.

Herr Ludwig van Beethoven selbst, wird an der Leitung des Ganzen Antheil uehmen.

Die Eintrittspreise sind wie gewöhnlich.

Die Logen und gesperrten Sitze sind am Tage der Vorstellung an der Theaterkasse, in der Kärnthnerstraße Nro 1038, im Eckhause beym Kärnthnerthore, im ersten Stocke, zu den gewöhnlichen Amtsstunden zu haben.

Freybillete sind ungültig.

Der Anfang ist um 7 Uhr Abends.

Abb. 58 Eines der bedeutendsten Konzerte der Musikgeschichte: die Uraufführung der *Neunten Symphonie* und von Teilen der *Missa solemnis* am 7. Mai 1824.

Und über den Schluss berichtet Thayer: »Bei allen war die Wirkung eine mächtige und der Beifall enthusiastisch; leider bemerkte ihn der taube Meister [wiederum] nicht, da er beim Schlusse der Aufführung dem Publikum den Rücken zukehrte. [Wieder] wendete ihn Caroline Unger dem Proszenium zu, er verbeugte sich, und nun brach ein Beifallssturm aus, wie man ihn in den Räumen kaum gehört hatte« (TDR Bd. V, S. 90f.). Begeistert schrieb die Zeitschrift *Der Sammler* am 13. Mai:

»Es war ein Festabend für die zahlreichen Freunde des Hochgefeierten ... Wenn man sein Haupt betrachtete, vom tiefen Studium der Geheimnisse der Kunst vor der Zeit gebleicht (Beethoven zählt erst 52 Jahre), wenn man dann die Fülle der vor uns ausgebreiteten Tonmassen, die jugendliche Kraft, das ewige Feuer seiner Schöpfungen anstaunte, so stand unwillkürlich das Bild eines Vulkans vor der Seele, dessen Scheitel mit Schnee bedeckt ist, während das Innere in unerschöpflicher Thätigkeit sich neu zu gebären scheint« (TDR Bd. V, S. 90f.).

»Aber wo soll ich Worte hernehmen, meinen theilnehmenden Lesern Bericht zu erstatten über die Riesenwerke, und zwar nach einer, hinsichtlich der Gesangspartie [...] noch keineswegs genugsam abgerundeten Production, wozu auch die stattfindenden drei Proben bei so außergewöhnlichen Schwierigkeiten keineswegs hinreichten, mithin auch weder von einer imponierenden Gesamtkraft, noch von einer gehörigen Vertheilung von Licht und Schatten, vollkommener Sicherheit der Intonation, von feineren Tinten und nuanciertem Vortrag eigentlich die Rede seyn konnte. Und dennoch war der Eindruck unbeschreiblich groß und herrlich, der Jubelruf enthusiastisch, welcher dem erhabenen Meister aus voller Brust gezollt wurde, dessen unerschöpfliches Genie uns eine neue Welt erschloß, nie gehörte, nie geahnte Wundergeheimnisse der heiligen Kunst entschleierte.«[411]

Frühe Rezeption

Am 23. Mai wurde das Konzert wegen der großen Nachfrage mit geringfügig verändertem Programm im Großen Redoutensaal der Hofburg wiederholt. Beethoven hatte – wie für den 7. Mai – den wichtigsten Vertretern des Hofes ihre Einladungen persönlich überbracht, doch beide Male blieb die Kaiserloge leer. Nicht einmal einer der anderthalb Dutzend Erzherzöge war in Vertretung des inzwischen abwesenden Kaisers gekommen – nur im fernen Olmütz begleitete einer von ihnen, zumindest im Gebet, diese Konzerte, die zwei wichtigsten des Jahrzehnts, vielleicht gar des sich neigenden Vierteljahrhunderts.

Ursprünglich hatte Beethoven seine *Neunte Symphonie* Zar Alexander I. von Russland widmen wollen. Doch dieser war ebenfalls schon länger krank und starb, nachdem ihn auf der Krim ein seltsames Fieber ergriffen hatte, am 1. Dezember 1825. Deswegen widmete Beethoven seine letzte Symphonie Friedrich Wilhelm III. von Preußen, dem er auch eine eigens für diesen Zweck angefertigte, kostbar gebundene Kopie des Partitur zukommen ließ. Der König dankte ihm acht Wochen später in einem Brief und beauftragte einen Vertreter der preußischen Gesandtschaft damit, dem Komponisten einen Brillantring mit rötlichem Stein zu schenken. Ein Hofjuwelier schätzte dieses Schmuckstück mit rotem Stein auf einen bescheidenen Wert von 300 Gulden, was Beethoven so läppisch vorkam, dass er den Ring verkaufte. Es fehlte nicht viel, und er hätte dem König empört den Ring nach Berlin zurückgesandt.

Die *Allgemeine Musicalische Zeitung* widmete der Symphonie in drei aufeinanderfolgenden Ausgaben enthusiastisch geschriebene Artikel und verbreitete in einer Beilage ein neues Porträt des Komponisten. Doch bis die Bedeutung dieses Werkes allerorten ins historische Bewusstsein gedrungen war, begegnete man im Blätterwald verblüffendem Unverständnis. Ein Rezensent der Frankfurter Aufführung der *Neunten* anno 1825 schrieb: »Uns scheint – so viel uns nach einmaligem Anhören dieser Composition zu urtheilen geziemt – bey ihrer Empfängnis der Genius des großen Meisters nicht zugegen gewesen zu seyn«. Ein anderer Journalist meinte: »Auch in der Verirrung groß!«[412] Und Louis Spohr, international geachteter Violinvirtuose und Kasseler Hofkapellmeister hatte mit derartigen Neuerungen so gar nichts im Sinn:

»Ich [...] gestehe frei, daß ich den letzten Arbeiten Beethovens nie habe Geschmack abgewinnen können. Ja, schon die viel bewunderte neunte Symphonie muß ich zu diesen rechnen [...], deren vierter Satz mir [...] monströs und geschmacklos und in seiner Auffassung der Schiller'schen Ode so trivial erscheint, daß ich immer noch nicht begreifen kann, wie ihn ein Genius wie der Beethoven'sche niederschreiben konnte. Ich finde darin einen neuen Beleg zu dem, was ich schon in Wien bemerkte, daß es Beethoven an ästhetischer Bildung und an Schönheitssinn fehle.«[413]

Der bereits zitierte Wiener Violinist und berühmte Violinpädagoge Joseph Böhm, später ein für Beethovens späte Quartette wichtiger Quartett-Primarius, hatte den kranken Meister besser verstanden und berichtet von ganz anderen Eindrücken:

»Beethoven feierte einen großartigen Triumph, doch konnte auch dieser ihm nur vorübergehend genügen und erheitern! Seine Taubheit machte ihn höchst unglücklich, der Trübsinn, der ihn befangen hielt, wich nicht mehr von ihm. – Es war ein trauriges, herzzerreißendes Bild, diesen großen Geist so der Welt abgekehrt, verschlossen, mißtrauisch und in seiner Häuslichkeit vernachlässigt zu sehen.«[414]

Ein Riesenerfolg, ein historisch beispielloser Durchbruch für die Symphonik, doch – wie Joseph Böhm konstatiert – ohne Konsequenzen für das Privatleben Beethovens. Die wirkliche Änderung, die in einer zumindest zeitweiligen Umsiedlung nach London gelegen hätte, traute er sich in seinem Zustand nicht mehr zu.

26

Desaster mit Neffe Karl

Der Selbstmordversuch

Die Freudengesänge »Seid umschlungen Millionen« waren kaum verhallt, das Publikum, das Beethovens größtem Erfolg beigewohnt, ihn Hüte schwingend und durch den Saal werfend umjubelt hatte wie nie zuvor, war noch kaum auseinandergegangen, da schien der schlimme Alltag den Komponisten auch schon wieder einzuholen. Wann genau sich die folgenden Ereignisse zugetragen haben, ob am Konzertabend selbst oder tags darauf, ist umstritten. Das Chormitglied Joseph Hüttenbrenner, Bruder des Schubert-Freundes Anselm Hüttenbrenner, erzählt, er habe Beethoven nach dem Konzert zusammen mit Anton Schindler und dem Neffen Karl nach Hause begleitet (BSZ S. 486f.). Schindler behauptet, dem Komponisten dort den Kassenbericht ausgehändigt zu haben, wonach von den 2200 Gulden Gesamteinnahmen nur 420 übrig geblieben seien, wegen enormer Unkosten, wobei die Kopier- und Administrationsausgaben die Hauptposten bildeten. Beim Anblick der Abrechnung sei Beethoven zusammengebrochen, habe nichts mehr gesprochen, nichts gegessen und sei bald darauf eingeschlafen. Die Hausleute hätten ihn am nächsten Morgen noch in Konzertkleidung auf dem Sofa schlafend vorgefunden (Schindler 3/1860 Bd. II, S. 71).

Den letzten Teil der Darstellung hat bereits Thayer in Zweifel gezogen. Ich würde die Situation anders erklären. Die Anstrengung des Konzerts – gleichgültig, ob man Beethovens nicht wirklich echtes Dirigat eher für zweckmäßig oder doch nur für einen rein gymnastischen Beitrag hielt – diese Anstrengung war jedenfalls so groß, dass die Mitteilung des finanziellen Ergebnisses so schnell wohl nicht in Beethovens Bewusstsein gedrungen sein kann – nach solch einer Leistung ist man zunächst wie betäubt. Sein Einschlafen – das dafür spricht, dass es sich noch um den Konzertabend und nicht um den Tag darauf handelt –

war einfach Zeichen der schlagartig nachlassenden nervlichen Anspannung. Wäre er sich der finanziellen Misere sofort bewusst geworden, hätte ihn nicht der Schlaf, sondern eher einer seiner spektakulären Wutanfälle übermannt.

Beethoven hat das Budget-Desaster wohl erst später im vollen Umfang begriffen und reagiert dann auch entsprechend heftig, wie Schindler *später* berichtet. Bald nach der Akademie habe er die treuesten Helfer, darunter Schindler, Umlauf (den eigentlichen Dirigenten) sowie Schuppanzigh (den Konzertmeister) zu einem Essen im Prater eingeladen. »Mit einer von düstern Wolken umhangenen Stirn« sei der Komponist zusammen mit dem Neffen Karl erschienen, »benahm sich kalt, bissig und krittlich in allen seinen Worten [...]. Kaum hatten wir an der Tafel Platz genommen, als er auch schon das Gespräch auf den pecuniären Erfolg der ersten Aufführung im Theater lenkte, ohne Umschweife herausfahrend, daß er hiebei vom Administrator Duport in Gemeinschaft mit mir«, Schindler, »betrogen worden« sei. Umlauf und Schuppanzigh hätten sich bemüht, ihm die Unmöglichkeit irgendeiner Manipulation dadurch zu beweisen, dass die Abrechnungen beider Theaterkassierer genau übereinstimmten und der Neffe sie auf Wunsch des Onkels, entgegen aller Sitte, überwacht habe. Beethoven sei jedoch bei seiner Beschuldigung geblieben, worauf Umlauf und Schindler unter Protest das Lokal verlassen hätten. Schuppanzigh habe dann auch noch von Beethovens Seite »einige Salven auf seine umfangreiche Person« aushalten müssen und sei ebenfalls wütend aufgestanden und den zwei Freunden nachgeeilt, während »der furiose Meister« seinen Zorn »an den Kellnern und Bäumen austoben« und das Festmahl mit dem Neffen allein einnehmen musste (Schindler 3/1860 Bd. II, S. 88). Beethoven sah die Haltlosigkeit seiner Vorwürfe bald ein, sie schienen auf einer Verleumdung vonseiten seines Bruders zu basieren, der es auf diese Weise dem unsympathischen Schindler heimzuzahlen gedachte. Beethoven schickte etwas später eine halbherzige Entschuldigung an Schindler, womit er jedoch alles noch verschlimmerte:

> »Ich beschuldige sie nichts schlechtem bey der Akademie, aber Unklugheit u. eigenmächtiges Handel[n] hat manches verdorben, überhaupt aber habe ich eine gewiße Furcht vor ihnen, daß mir einmal ein Großes Unglück durch Sie bevorsteht. – verstopte [sic] Schleusen öfnen sich öfter plözlich, u. den Tag im Prat[er] glaubte ich mich in manchen Stücken sehr empfindlich angegriffen von ihnen; – überhaupt würde ich eher ihre Dienste, die sie mir erweisen, gern öfter mit einem kleinen Geschenke zu vergüten suchen, als mit dem Tische, denn ich gesteht [=gestehe] es[.]

Es stört mich zu sehr in so vielem, sehn sie kein heiteres Gesicht so heißt es ›heut war wieder übles wetter‹ denn bey ihrer gewöhnlichkeit, wie wäre es ihnen mögl. das ungewöhliche nicht zu verkennen?! Kurzum ich liebe meine Freyheit zu sehr, Es wird nicht fehlen, sie manchmal einzuladen für Beständig ist dies aber unmögl., da meine Ganze ordnung hiedurch gestört wird. –

[…] – was Freundschaft betrift so ist dies eine schwierige Aufgabe mit ihnen, mein wohl mögte ich ihnen auf keinen Fall anvertrauen, da es ihnen an überlegung fehlt u. sie eigenmächtig handeln u. ich sie selbst früher schon auf eine Nachtheilige weise für sie kennenlernte, so wie andere auch; – ich gestehe es die Reinigkeit meines Karakters läßt es nicht zu, bloß ihre Gefälligkeiten für mich durch Freundschaft zu vergelten, ob ich schon bereit bin, ihnen gern zu dienen, was ihr wohl betrift. –

B[eethoven].« (BGA Nr. 1833, 13. Mai 1824)

Herrn Schindler war der »furiose Meister« für die kommenden zwei Jahre erst einmal los. Danach hielt jener es allerdings für angezeigt, sich erneut einzuschmeicheln und sich bald wieder unersetzlich zu machen, was sich für ihn später ja in großem Stil auszahlen sollte. Thayer kommentierte Beethovens Situation treffend: »So tief auch in seinem Innern das Gefühl für das Gute und Edle lebte, in seinem alltäglichen Leben hatten Bedrängnisse und körperliche Leiden jenes Mißtrauen erzeugt, jene Zügellosigkeit im Verfolgen unmutiger und verdrießlicher Stimmungen hervorgerufen, die er nicht zu beherrschen verstand« (TDR Bd. V, S. 95). Derartige Streitigkeiten waren zwar nicht neu; bis dahin sah Beethoven jedoch meist sein Unrecht bald ein und war »alsbald immer wieder reumütig über seine zu Tag getretene mißtrauische Gereitzheit sich zu versöhnen bemüht«, wie Gerhard von Breuning berichtet (BSZ, S. 115). Doch ab etwa 1821 schwindet die Bereitschaft zu solchen Friedensschlüssen, wie obiger Brief zeigt; und selbst nur einigermaßen aufrechte Zeitgenossen konnten kaum noch eine Basis für wirkliches Einvernehmen finden, ältere Kriecher (Schindler) und relativ Unerfahrene (Karl Holz) waren nun die dem Meister Nächsten.

Der Neffe Karl hatte unter Beethovens seelischer Verhärtung besonders zu leiden. Sein Verhältnis zum Onkel war schon zuvor starken Belastungen ausgesetzt gewesen, die nun jedoch dramatisch zunahmen. Oft vergriff Beethoven sich im Ton, wie es einem Vormund, der sich pädagogisch zumindest indirekt an Pestalozzi orientierte, nicht hätte passieren dürfen. So setzte er ans Ende einer seiner zahlreichen Jammerreden, die den Unterton totalen Kontrollwillens haben: »Gott erhöre meine Wünsche, denn trauen kann ich dir nie mehr«; und statt der Unterschrift folgt: »leider dein Vater oder beßer nicht dein Vater« (BGA Nr. 1980, 31. Mai 1825).

Zum bewährten Mittel wurde nun eine Art Erpressung mit seinem Gesundheitszustand, wie im Brief vom 9. Juni 1825: »O kränke [mich] nicht mehr, der Sensenmann wird ohnehin kein[e] so lange Frist mehr geben« – dem vorausgegangen waren persönliche Beleidigungen, wie »wenn ich auch mit Dir schmolle, so ist es nicht ohne Grund, und nichts so vieles mögte ich aufgewendet haben, um der Welt einen gewöhnlichen Menschen gegeben zu haben« (BGA Nr. 1988) – er bereute, so viel Unterrichtsgeld für jemanden ausgegeben zu haben, der letztlich doch nur ein Durchschnittsmensch sei, unfähig, die Höhen des Onkels zu erklimmen. Dabei war es nicht Karls Schuld, wenn der Onkel in seiner völligen Selbstbezogenheit verkannte, dass nicht jedermann den extrem hohen Idealen eines Beethoven zu entsprechen vermag, dass ein 19-Jähriger ganz andere Glücksvorstellungen hat und vielleicht einem anderen Lebensentwurf folgen möchte.

Einer der Gründe für Beethovens Aggressivität geht klar aus dem obigen Brief hervor: »das beständige Alleinsein schwächt mich nur noch mehr«. Der Neffe verteidigt sich verzweifelt, so gut er kann, noch immer im Bemühen, den Affront zu vermeiden: »Ich sehe wohl, daß du entflammt bist […] Und dennoch habe ich noch Hoffnung, daß du in einer ruhigeren Stunde anders denken, und mich noch nicht ganz aufgeben wirst. Raube mir diese Hoffnung nicht, und drücke mich nicht ganz nieder; ich bin es ohnehin genug […], denn ärger kann es nicht mehr werden, als es heute ist« Bd. VI, S. 339)

Doch solche Schreie um Hilfe und wenigstens ein bisschen Liebe verhallen ungehört, obwohl sein Bruder Johann immer wieder versucht, den Meister zu bremsen.

Orientierungswandel gegenüber Frauen? Androzentrische Ideologisierung beim späten Beethoven

Bevor wir die Auseinandersetzung mit seinem Neffen weiterverfolgen, erhebt sich die Frage, was der Grund für Beethovens um 1821 deutlich werdenden Wesenswandel gewesen sein mag. Taubheit, zunehmender Weinkonsum und die dadurch verursachten Krankheitssymptome an Augen, Leber, Nieren und

Bauchspeicheldrüse,[415] Kontaktmangel und ein daraus resultierendes Unsicherheitsgefühl sind sicher wichtige Faktoren, vermögen aber für sich genommen nicht, die Veränderung vollständig zu erklären.

Auf der Suche nach hilfreichen Informationen stößt man auf Fanny Giannattasio del Rios Beobachtung, Beethoven »habe während der [letzten] Zeit eine große Scheu vor weiblichen Besuchern gehabt, sodass er, als er einmal glaubte, es käme eine Dame, sich sehr ängstlich und abwehrend äußerte« (BSZ, S. 344f.). Das überrascht, wenn man bedenkt, wie gut er früher in Damengesellschaft den Charmeur zu geben wusste und wie herzlich er mit den Sängerinnen Sontag und Unger zu den Zeiten der Aufführungen der *Missa solemnis* und *der Neunten Symphonie* immer noch umging. Sein Erfolg beim weiblichen Geschlecht hielt bis in die letzten Jahre an, das zeigt nicht nur der Fall Fanny Giannattasios (1816) und ihres völlig unerhörten Liebesverlangens, sondern auch die Begegnung mit der berühmten Münchner Hofsängerin Katharina Sigl-Vespermann, die zwanzigjährig als gefeierter Gaststar nach Wien kam und Beethoven »anbetete« und geradezu in ihn verliebt war. Sie wagte aber nicht, ihm direkt zu schreiben und wandte sich deshalb zweimal an Anton Schindler (BGA Nr. 1506 und 1514):

> [Oktober 1822] »Lieber Herr Schindler, wollen Sie wohl die Güte haben, Herr von Bethoven zu bitten, ob, wen[n] er die Güte hat, mir eine Arie zu schreiben, vielleicht mit Violoncell obligat, weil mein Bruder selbst spielt – wen[n] Sie glauben so werde ich an Bethoven selbst schreiben Ich bette Ihn an; und bin auch ein wenig verliebt – Wer könnte es nicht seyn, wie beneide ich Sie, immer um den Gott seyn zu können [...]«
>
> [4. Dezember 1822, nach einem Treffen mit Beethoven] »Lieber Freund [wieder Anton Schindler], schon längst wollte ich mir die Freyheit nehmen, Ihnen auf Ihren so sehr lieben [nicht überlieferten] Brief zu antworten. Wie vielen Dank bin Ich Ihnen schuldig – Sie waren der gute Engel, der mich bey den Göttlichen Himmlischen Bethoven aufhörte [einführte], dieselbe Stunde wo wir da waren ist eine meiner Glüklichsten Merkwürdigsten in meinen ganzen Leben – Auch bin Ich sehr stolz darauf, einen Solchen Meister zu kennen, und wie werde ich hier beneidet von seine[n] Anbeter[n] – Hätte Ich nicht das Glük gehabt, meinen Lieben Göttlichen Bethoven kennen zu lernen – Ich hätte mich wirklich Unglüklich gefühlt – Und jetzt erst die Ehre, von Ihm eine Arie zu bekomen, bin ich 3mal stolz darauf. Und ich weis[,] alles nur Ihnen habe ich zu verdanken[...]«

Die Arie hat Katharina Sigl nicht bekommen, nicht einmal einen persönlichen Brief Beethovens, der sich wenige Jahre früher das Vergnügen, mit einer so großartigen und attraktiven Sängerin direkt zu korrespondieren, gewiss nicht hätte nehmen lassen. Katharina Sigl hatte jedoch das Pech, mit ihrem Wunsch nach einer Arie nicht in Beethovens innerstes Interessenfeld zu gelangen, während die Sängerinnen Sontag[416] und Unger zu den Hauptkünstlern der zwei 1824 aufgeführten Großwerke *Missa solemnis* und *Neunte Sinfonie* gehörten.

* * *

Diese vertrackte Situation legt nahe, Beethovens Verhältnis zu Frauen etwas genauer zu betrachten: Was komponierte er für sie, was schrieb er an sie? Dabei macht man die überraschende Entdeckung, dass er zwischen 1816 und 1819 in beiden Kategorien auffallend weniger tätig ist. 1816 ist das letzte Jahr, in dem es nochmals eine ganze Reihe von Gesängen für Singstimme und Klavier gibt, jenes Genre, mit dem Beethoven in damaliger Zeit vorzugsweise das weibliche Geschlecht anspricht und das mit seinem op. 98, dem Liederkreis »An die ferne Geliebte« (1816), eines der der zentralen Werke dieser Gattung besitzt. Bezeichnenderweise enthält dieser Zyklus »einen letzten musikalischen Gruß«, konkret erkennbar an dem musikalischen Zitat aus dem *Andante favori* (WoO 57) von 1802, dessen Beginn viele Forscher als Geheimtext »Jo-se-phine« lesen wollen: »Eine Erinnerung an eine versunkene, bessere Zeit«, kommentiert Eleonore Büning.[417] Also ein letzter Gruß an die inzwischen *ferne* Josephine, doch folgt an Liedkompositionen nichts mehr von Gewicht,[418] sodass es also ein Abschied ist vom ganzen weiblichen Geschlecht.

Im Korpus der Briefe kommt es erst im Jahr 1819 zur Abnahme der Empfängerinnen.[419] Bis dahin waren drei Korrespondenzen besonders wichtig und umfangreich: mit Josephine Brunsvik (26 Briefe)[420], Anna Marie von Erdödy (22)[421] und Nannette Streicher (63), die in Beethovens Leben sehr unterschiedliche Rollen spielen.

Nannette Streicher (1769–1833) war von ganz anderer Art als Josephine und Anna Marie von Erdödy. Sie war eine patente Frau, eine ausgewiesene Klavierbauerin, die die Firma ihres Vaters Johann Andreas Stein erfolgreich weiterbetrieb und ihren später in diesem Fach ebenfalls berühmten Ehemann Johann Andreas Streicher, ein ebenso enger Freund Beethovens, ab 1800 in den Klavierbau einführte und ihn anlernte. Mit diesem energischen Doppelgespann an der Spitze wurde die

Firma Streicher eines der Musikzentren Wiens. Sie veranstalteten Matineen, in deren Rahmen, wie Reichardt berichtet, viele Klavier- und kammermusikalische Werke Beethovens zur Aufführung kamen. 1812 wurde der neue Konzertsaal der Streichers in der Ungargasse 34 im Wiener Vorort »Landstraße« vollendet, wo unter anderem Beethovens *Coriolan*-Ouvertüre unter Schuppanzighs Leitung erklang.[422]

Nannette war auch wie eine Ersatzmutter für den nur ein Jahr jüngeren Beethoven, vor allem in dessen Krisenzeiten wie den schrecklichen Jahren 1813 und 1817. Sie überwachte zeitweilig den Haushalt und das Hauspersonal des Komponisten; wenn dessen Garderobe zu abgerissen war, kaufte sie ihm einfach mal ein halbes Dutzend Hemden, ohne dass der große Meister davon auch nur Notiz genommen hätte. In den Jahren des Kampfes um seinen Neffen Karl ist ihr Kontakt zu dem Komponisten besonders intensiv, aus dem Jahr 1817 sind 45 Briefe Beethovens an sie erhalten, aus dem Jahr 1818 sind es 16, anno 1824 folgen zwei Briefe geschäftlichen Inhalts. Dazwischen könnte es durchaus eine mündliche Kommunikation gegeben haben – das entzieht sich unserer Kenntnis. Vielleicht aber trat Nannette einfach still zurück in den Hintergrund: Der Meister scheint ihre Unterstützung nach 1818 einfach nicht mehr gebraucht zu haben. Doch Hinweise auf eine Verstimmung finden sich weder in den Briefen noch in den Konversationsheften.

Gräfin Erdödy musste Wien wegen eines nicht vollständig geklärten Unglücksfalls verlassen, was ihre Freundschaft mit Beethoven beendete. Ihr an ihren neuen Wohnort München zu schreiben war ihm offenbar zu mühselig. Dass auch der Kontakt zu Nannette Streicher, die sich noch viel intensiver für ihn ins Zeug gelegt hatte, nahezu vollständig abbricht, wirkt ungerecht und problematisch. War die von Harry Goldschmidt diagnostizierte »unentbehrliche, zentrale Rolle der Frau in Beethovens innerer Lebensgeschichte« dabei, für das restliche Leben des Meisters ihre Bedeutung zu verlieren?[423] Verblasste nach 1821 selbst die *Erinnerung* an die »Ferne Geliebte« allmählich?[424]

Frauenfeindliche Elemente in der Erziehung des Neffen

In diesem Kontext muss man Beethovens letztlich erfolgreiche Versuche, Johanna van Beethoven zu verteufeln und so von der Erziehung ihres Sohnes Karl auszuschließen, besonders kritisch sehen. Dass er bei seinen moralischen Vorwürfen gegen sie maßlos übertrieb, bemerkten und kritisierten bereits einige Zeitgenossen, doch nicht alle. Der sonst so maßvolle Gerhard von Breuning stößt ganz in Beethovens Horn und verdammt die »liederliche Mutter« und den Sohn Karl, der sich »mit verächtlichstem Undanke« gegen den sich »um seine Zukunft besorgenden Oheim« auflehnte (BSZ, S. 115). Damit nimmt er die Rezeption des Neffenkonflikts für das ganze 19. Jahrhundert vorweg, wo es nur selten differenzierende Stimmen gab. Insofern liegen Beethoven wie Freund Breuning ganz auf der Linie des Zeitgeists. Dies ist freilich sehr bedauerlich: Gerade hinsichtlich der Haltung zur Frau stand Beethoven bis gegen 1816, bis zum mutmaßlich letzten Treffen mit Josephine, den gängigen Vorurteilen eher entgegen und schätzte, was bei vielen anderen bereits pure Verachtung hervorrief. Wie der Zeitgeist tönt, liest man ab 1818 mit Befremden auch in den Konversationsheften, beispielweise in den Auslassungen eines Franz Janschickh, seines Zeichens »Oberamtskontrollor beim Hauptzollamt« und zum erweiterten Beethoven-Freundeskreis um den Literaten Bernard und den Hofrat Peter gehörig. Frimmel bezeichnet die Clique als »vergnügungssüchtig« Bd. I, S. 239), und so wundert es nicht, Herrn Janschickh, bei dem Beethoven gelegentlich zu übernachten pflegte, mit der ›Weisheit‹ zu vernehmen: »Der Mann ist der Herr der Schöpfung« (BKh Bd. I, S. 217, Januar 1820). Vor 1816 hätte der musikalische Schöpfer der Leonoren-Figur das vielleicht nicht unwidersprochen stehen lassen. Auch Franz Grillparzer äußert im Hause Beethoven Sottisen wie die folgende: »Die Geister unter den Weibern haben keine Leiber, und die Leiber keine Geister« (BKh Bd. III, S. 400; Herr Grillparzer war ganz offensichtlich einer Josephine Brunsvik nie begegnet!). Ein weiterer Geistesriese namens Waniek, Privatlehrer der Familie von Breuning, meint über »die Weiber« tatsächlich: »das Philosophieren steht ihnen nicht so gut, wie ein Kochlöffel« (BKh Bd. X, S. 221).[425]

Über das frauenfeindliche Schwadronieren hält nun das Problem des Antifeminismus Einzug in die tägliche Lebenswelt Beethovens – und dieses Gift wird auch dem Neffen Karl eingeträufelt. In manchen Briefen des Meisters an seinen »lieben Sohn« schreibt der »treue vater« über das weibliche Hauspersonal Dinge, bei denen einem die Haare zu Berge stehen: »das Mensch [die Küchenmagd] ist gestern fort […] der alten bestie [die Haushälterin Barbara Holzmann] war daran gelegen, daß sie fort soll, da sie wie ein wildes thier ohne Zweck und verstand keine ruhe hat, Gott erbarme sich meiner […]« (BGA Nr. 1995, 14. Juni 1825). Schon davor traktierte er die Damen schriftlich als »Erzschwein« und »vieh« (BGA Nr. 1731) oder als »Satanas«; Frau Holzmanns

»kochende Wuth u. ihr wahnsinn« hätten zum Glück »etwas nachgelaßen« (BGA Nr. 2034), welch gnädige Relativierung! In Brief Nr. 2024 beschimpft er sie als die »alte Hexe, die vor 200 [Jahren] verbrannt wäre geworden [...] Hauptsächlich ist die Böse Natur dieses weiblichen Scheusals die Hauptursache, wodurch sie öfter sich selbst außer Stande setzt, das mindeste Gute zum Vorschein zu bringen [...]«[426]

Diese Barbara Holzmann, in der Beethoven-Literatur bekannter unter den Spitznamen »die Alte« oder »Frau Schnaps«, bekommt die meisten Verwünschungen ab; sie ist 15 Jahre älter als Beethoven, im Alter von siebzig Jahren hätte sie Besseres verdient. Sie ist die Einzige, die es bei dem alternden Wüterich immer noch aushält, und so schlecht, wie sie von Ludwig und Karl hingestellt wird, konnte sie nicht sein. Sie steht immerhin von Juni 1822 bis kurz vor Beethovens Tod im März 1827 nachweislich in dessen Dienst, und wenn sie gar so unbrauchbar gewesen wäre, wie es die Beschimpfungen nahelegen, hätte Beethoven ihr längst vorher gekündigt. Zwischenzeitlich beschäftigt er anderes Personal, das nicht besser behandelt wird und schnell davonläuft, sodass Frau Holzmann immer wieder hermuss. Andererseits verkracht sich Beethoven immer öfter mit seinem Bruder Nikolaus Johann, dessen Frau und Stieftochter er mit den schlimmsten Schimpfworten belegt (z. B. BGA Nr. 1731).

Auf dem Weg in die Katastrophe

Noch verheerender als bezüglich der Hausangestellten war Beethovens Einfluss auf Karl im Hinblick auf dessen Mutter Johanna van Beethoven. In der 1819 endenden Gerichtsverhandlung um den Neffen Karl beim Niederösterreichischen Landgericht spielte die Aussage eines Pfarrers namens Johann Baptist Frölich eine bedeutende Rolle. Dieser Geistliche unterrichtete den Knaben und kritisierte die übertriebene Abneigung Beethovens gegen Karls Mutter Johanna, weil der ›Vater‹ den ›Sohn‹ dabei anhalte, schlecht über seine Mutter zu reden: »um sich seinem Herrn Onkel recht beliebt zu machen, seine Frau Mutter mit den niedrigsten Ausdrücken in seiner Gegenwart, theils schriftlich, theils ins Ohr schreyend benahmet, worüber Herr Ludwig v. Beethoven die größte Freude äußerte, und dem jungen Uebertreter des vierten göttlichen Gebotes noch darüber ein Bravo zurufet.« Karl habe sich dies in hohem Maße angewöhnt, sodass das Lügen ihm zur Gewohnheit geworden sei, um daraus Nutzen zu ziehen. Frölich fügte schwere Vorwürfe an Beethovens Adresse an: »Diese mir wider alle moralische Grundsätze verachtungswürdige Art, einen jungen Menschen von 13 Jahren so zu leiten [...] zwang mich nach fruchtlosen Ermahnungen und Vorstellungen an dessen Herrn Onkel, um meine übrigen 12 Schüler [...] nicht zu ärgern, ihn [Karl] von mir ganz zu entlassen« (BSZ, S. 284). Das Lügen, der Umgang mit Realität und ›Wahrheit‹ wird Karls Entwicklungsproblem, und der ›Vater‹ Ludwig wird ihn deswegen jahrelang drangsalieren, ohne dabei zu bedenken, dass *er selbst*, der die Mutter wie die Pest verabscheuende Onkel, dieses Problem in die Welt des Kindes hineingetragen hatte.

Ein weiteres Dilemma kam bald hinzu. Ohne Zweifel waren Beethovens Erziehungsversuche von den allerbesten Absichten geleitet, von der Idee, dass auch ein ›Familienprojekt‹ einem gemeinsamen geistigen Voranschreiten zu dienen habe, wie er dies in seinen bevorzugten Freundschaften mit Josephine, der Gräfin Erdödy und dem Erzherzog erlebt hatte. Diesem geistigen Ziel sollte nun auch die Erziehung seines ihm anvertrauten Neffen Karl, der »jungen Menschenpflanze«,[427] dienen. Doch in seiner Lebensfremdheit überforderte er den Jungen mit seinen eigentlich sehr guten Anlagen vollkommen. Josephine und Rudolph teilten seinen missionarischen Eifer, das Kind ist davon tief beeindruckt, beginnt als Heranwachsender auch, es zu begreifen. Als Zwanzigjähriger hat er das Wesen, die Funktionsweise des ›Lebensmotors‹ in seinem berühmten Onkel eigentlich in bewunderungswürdiger Weise erfasst; Karl charakterisiert Beethoven nämlich 1826 wie folgt: »Die Leute wundern sich nicht so sehr, daß du so schreibst, sondern daß du trotz dieses Unglücks so schreibst. Ich glaube, daß sogar das [dieses Unglück] zu der Originalität, die in allen deinen Werken herrscht, viel beyträgt« (BKh Bd. IX, S. 290).

Doch dieses ungewöhnliche künstlerisch-psychologische Sensorium bewirkte noch längst nicht, dass Karl solche Ansprüche auch an sich selbst stellte. Indem Beethoven seine Erwartungen an sich selbst dem Neffen als Maßstab setzte, überforderte er ihn und machte ihn unglücklich. Nachdem er ihn als Kind bereits der Erfahrung von Mutterliebe beraubt hatte, behinderte er langfristig den Heranwachsenden auch durch übertriebene Erwartungen an seine schulischen Leistungen, obwohl der Neffe diese als Klassenbester sogar über mehrere Jahre erfüllte und die Grundlage für monatelange Friedenszeiten, manchmal gar für Harmonie mit dem ›Vater‹ schuf.Dann sehnte dieser sich nach dem ›Sohn‹, er brauchte ihn, um »in meiner Einöde ein Menschenherz um mich zu haben« (BGA Nr. 1998, Juni 1825). In diesen Perioden des Gedeihens fiel Karl als perfekter Briefschreiber auf, sowohl in gutem Englisch wie auch auf Französisch, er äußerte sich differenziert, geistreich, mal ironisch, mal scharf urteilend, war sprachwissenschaftlich und operngeschichtlich erstaunlich bewandert, er drückte sogar Interesse an Transzendentem aus. Er war erstaunlich verständig für seine 17 Jahre und gutwillig – kurz: 1823, als Karl seinen Unterricht bei Blöchlinger beendet hatte und im Begriff war, auf das Polytechnikum in Wien zu wechseln, kam Beethoven nicht umhin, ihn als »ausgezeichneten Jüngling« zu bezeichnen.

Auch in der Gesellschaft war er beliebt und wurde als attraktiv wahrgenommen.[428] Aber schon im Herbst 1823 brach wieder ein Streit aus: Karl hatte sich, vermutlich zum ersten Mal in seinem Leben, haltlos betrunken. Sein Onkel stauchte ihn zusammen. Karls Gnadengesuch zeigt deutlich, unter welchem emotionalen Druck er stand: »… ich sehe, was ich getan habe … Wenn Du mir verzeihen kannst, verspreche ich Dir, dass ich sicher keinen Tropfen Wein mehr trinken werde … Verzeih mir nur noch dieses eine Mal! … Noch einmal bitte ich dich, verzeihe mir!« (BKh Bd. IV, S. 183).

Karls Eifer, es dem strengen Onkel recht zu machen, geriet manchmal ins Wanken, wenn er außerhalb des Beethovenschen Kokons andere ihn anziehende Menschen kennen lernte, insbesondere, wenn er mit dem ihm anscheinend seelenverwandten Mitschüler Joseph Niemetz Kontakt hatte. Er stellte ihn dem Onkel vor, dem er allerdings auf die Nerven ging: In dessen Augen war Joseph nicht der richtige Umgang für Karl. Doch der Neffe zeigte Charakterstärke und Beharrlichkeit: Er verteidigte seinen Freund. Der Hauptgrund für Beethovens Ablehnung trat jedoch erst allmählich zutage: Er wurde eifersüchtig, sobald jemand – wie zuvor dessen Mutter Johanna – eine emotionale Bindung zu seinem ›Besitzobjekt‹ Karl aufbaute.

Der Neffe war verbittert über die verschärfte Bevormundung und begann, einige Täuschungsmanöver zu ersinnen, um wenigstens manchmal das tun zu können, was er wollte. Da der Onkel sehr knauserig war, versuchte Karl, kleine Geldbeträge von den laufenden Kosten abzuzweigen, um gelegentlich Billard zu spielen. So gab er das Unterrichtsgeld einfach höher an, als es war, und behielt ein paar Gulden für sich. Alles andere als korrekt, aber vielleicht auch verständlich bei einem Zwanzigjährigen, der keinen Heller Taschengeld bekam. In gewisser Weise provozierte Beethoven die charakterlich problematischen Verhaltensweisen Karls, die dieser aus purer Notwehr entwickelte. Billard zu spielen, sich mit Mädchen zu treffen, untersagte ihm Beethoven, auf Maskenbälle durfte er nur in Begleitung gehen. Schließlich zog er den neuen Adlatus Karl Holz zu

Rate, sie bauten ein Überwachungsnetz auf. Karl fühlte sich mehr und mehr bedrängt, es kam zu immer heftigeren Auseinandersetzungen mit dem Onkel, dem »Vater«, der sich in »stundenlangen« Vorwürfen erging.[429]

»Unter uns – er ist doch ein Jude« – Beethoven stellt seine Bedürfnisse über die des Neffen

Ende August 1825 kam Maurice Schlesinger nach Wien. Drei Jahre zuvor hatte er in Paris bereits die drei Klaviersonaten op. 109 bis 111 verlegt und wollte den Meister nun persönlich treffen, um weitere Verträge abzuschließen. Schlesinger reiste in Beethovens Sommerfrische nach Baden, wurde dort zunächst aber nicht vorgelassen. Erst am 4. September kam es zu einem Treffen, man vereinbarte ein weiteres in Schlesingers Unterkunft, dem Hotel »Zum wilden Mann«, wo am 9. September die erste Aufführung des Streichquartetts op. 132 vor geladenen Gästen stattfand. Nach langem Hin und Her einigte man sich darauf, dass Schlesinger die Quartette opp. 130, 132 und 135 für jeweils 80 Dukaten herausbringen durfte – das waren bis dahin die bei Weitem höchsten jemals für Quartette bezahlten Honorare;[430] die *Große Fuge* op. 133 bekam der Verleger auch. In einem Gespräch berichtete Karl dem Meister, dass Schlesinger ihn eingeladen hatte, nach Paris zu kommen, um dort eine Ausbildung zum Musikverleger zu machen (BKh, Bd. VIII, S. 166). Ob Karl dafür sogleich eine Abreibung kassierte, wie Caeyers meint, ist nicht eindeutig festzustellen. Beethoven scheint subtiler vorgegangen zu sein, um den Neffen von seinen Paris-Plänen abzubringen – und ihn für sich zu behalten: Er versucht, Karl gegen den Verleger aufzuhetzen, und schreibt ihm am 6. September einen Brief, in dem er Schlesinger als »Juden« denunziert: *entre nous il est pourtant juif.* Es wurde bereits darauf verwiesen, dass man Beethoven nicht als Antisemiten sui generis betrachten kann,[431] aber er scheut hier nicht davor zurück, sich eines antisemitischen Klischees zu bedienen, um den Neffen abzuschrecken. Das gelingt letztlich nur halb, denn Karl hält vorerst an seinem Paris-Plan fest. Doch schließlich wird mit Beethovens Einwilligung über Karls Kopf hinweg gegen Paris entschieden.

Das ist ein Jammer. Denn Schlesinger war ein Verlagsgenie und hätte Karl das Nötige beigebracht, um *in die Crème de la Crème* des Pariser Musikbetriebs aufzusteigen. Es waren wohl die insgesamt sieben Beethoven-Erstausgaben, deren Rechte Schlesinger zu erwerben vermochte und die der jungen Pariser Firma internationales Renommee bescherten. Denn bald sollten auch die Werke von Giacomo Meyerbeer und Frédéric Chopin zu den Säulen des Verlagsprogramms zählen und Schlesinger sehr viel Geld einbringen. Karl war musikalisch, philologisch und diplomatisch genügend geschult, um dort eine Lehre beginnen zu können. Wer weiß, vielleicht hätte er statt Schlesingers keineswegs gut beleumundetem Angestellten Louis Brandus (1816–1887) die Firma übernehmen und fortführen können.[432] So aber wird der Neffe letztlich ›nur‹ Soldat. Indem Beethoven aus Eigennutz Schlesingers Angebot ausschlug, schmälerte er zweifellos Karls Berufschancen.

Man liest in vielen Biografien von Personen jener Zeit, dass so gut wie kein Selbstbestimmungsrecht existierte für einen jungen Herrn aus höherem Hause. Es war üblich, dass über die Berufsausbildung von den Eltern bestimmt wurde.

Dass Beethoven Karl daran hindern wollte, seine Sexualität auszuleben, ist angesichts der labilen Familienverhältnisse nicht allzu erstaunlich. Doch Beethoven beging allzu viele Fehler, und so sollte alles noch schlimmer werden. Die Bevormundung des Neffen ging bald so weit, dass Karl fast nichts mehr allein einkaufen durfte, Geld bekam er abgezählt auf die Hand und nur für die unentbehrlichen Dinge, sodass man sich nicht über Zwischenrufe wundern darf, wie »Ich bin kein kleines Kind, daß du mich durch solche sogenannte Nothlüge täuschen könntest«.[433] Und da der ›Vater‹ ständig Karls Tagesablauf kontrollieren wollte, um ihm nicht genehme Kontakte zu unterbinden, gab der Kritisierte immer heftiger Kontra. Gegenüber seinen Freunden rühmte Karl sich, er könne seinen Onkel, so schreibt es zumindest Schindler ins Konversationsheft, schnell gnädig stimmen: »Mein Onkel! Mit ihm kann ich machen, was ich will, einige Schmeicheleien und freundliche Mienen machen ihn gleich wieder gut!« (BKh Bd. X, S. 139).

Im Mai 1826 kam es zu Handgreiflichkeiten, und die Streitigkeiten eskalierten so sehr, dass Beethoven mit der schwersten Keule der Erpressung drohte: Er »lege die v[ormundschaf]t nieder, Es geht so nicht an« (BKh Bd. IX, S. 17 u. 244) – was Karl freilich vermeiden wollte. Denn er hatte sehr wohl begriffen, was es bedeutet, »van Beethoven« zu heißen. Aber den persönlichen Preis für den Erhalt dieses Privilegs konnte er nicht mehr lange begleichen. Karl fühlte sich wie im Gefängnis, in die äußerste Enge getrieben. Dass er Selbstmordabsichten hegte, kam Beethoven und seinen als Spitzeln fungierenden Freunden zu Ohren. Der Zimmerwirt des Neffen, Schlemmer, durchsuchte Karls Kammer und fand eine Pistole, nahm sie an sich und erstattete Beethoven Bericht. Karl Holz wurde sofort angewiesen, den Neffen herzuschaffen, er fand Karl im Polytechnischen Institut, wo er studierte. Aber der junge Mann entkam seinem Aufpasser, veräußerte seine Taschenuhr und kaufte sich zwei neue Pistolen.

* * *

Am 6. August 1826 nimmt Karl seinen letzten Mut zusammen, mischt ihn mit reichlich Theatralik auf und wandert ins Helenental bei Baden, jenem Ort, wo der Onkel bevorzugt Natur pur einzuatmen pflegt. Karl schreibt einige Abschiedsbriefe, besteigt die Ruine Rauhenstein und feuert zwei Kugeln auf seinen Kopf ab. Die erste geht daneben, die zweite reißt ihn bis zur Knochenhaut auf, hinterlässt eine grauenhafte, aber nicht tödliche Wunde. Ein Fuhrmann findet den blutüberströmten jungen Mann und bringt ihn auf seine Bitte hin zu seiner Mutter, was Beethovens aufgescheuchte Helfershelfer erst nach heftigem Suchen herausfinden. »Quäle mich jetzt nicht mit Vorwürfen und Klagen; es ist vorbey. In der Folge läßt sich alles machen« (Bd. X, S. 87) – dies ist das Erste, was Karl dem Vormund sagt und sendet. *In der Folge läßt sich alles machen* ist keine Aussage, sondern eine Botschaft. Die erste Unterredung *danach* ist nur sieben Zeilen lang. Der Onkel ist wie versteinert, er ist am Boden zerstört, der Sprache nicht mächtig, sondern *schreibt.* Aber das Einzige, was ihm durch den Kopf geht, sind nur vier Wörter: »Wann ist es geschehen?« – Johanna, die *wirkliche* Mutter, ist pragmatischer: »der Fuhrmann hat ihn in Baaden von einem Felsen herunter getragen«, und Karl Holz präsentiert die Unkosten, der Kutscher wolle 15 Gulden für die Badner Fahrt (Bd. X, S. 88). Anton Schindler beschreibt den Meister: »Dahin war das immer noch Feste, Stramme in allen seinen Körperbewegungen, ein Greis von nahezu siebenzig Jahren stand vor uns, willenlos, fügsam, jedem Luftzuge gehorchend« (Schindler 3/1860, Bd. II, S. 127).

Karl erholte sich innerhalb von etwa sechs Wochen. Beethoven stellte sich im Krankenhaus vor und wurde wie auch der Neffe mit größtem Entgegenkommen behandelt: »Täglich kommen 4 der geschicktesten Ärzte 4mal.« (TDR Bd. V, S. 360). Doch damit ist es längst nicht erledigt. Selbstmord galt damals als ein *Verbrechen*, das der Polizei gemeldet werden musste. Um den Ärzten dies zu ersparen, erledigte Beethoven den schweren Gang selbst, was einem Eingeständnis seines völligen Scheiterns als Vormund gleichkam. Als solcher war er eigentlich nicht mehr tragbar. Denn es kam noch schlimmer: Der Selbstmord-

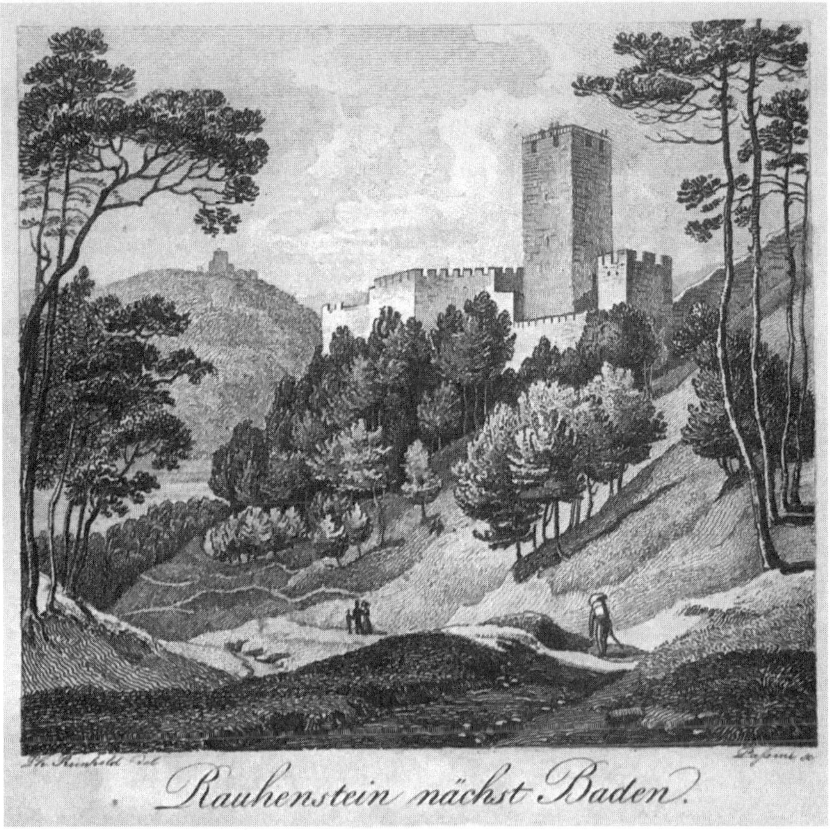

Abb. 59 Hilfeschrei des Neffen Karl van Beethoven: der Selbstmordversuch, inszeniert auf der Ruine Rauhenstein am Eingang des Helenentals bei Baden, einem der Lieblingsorte seines berühmten Onkels.

versuch wurde zwangsläufig bekannt, bald war er »Stadtgespräch« und machte »erstaunliche Sensation« (BKh Bd. X, S. 99, 104, 109).

Nachdem die Verletzung ausgeheilt war, folgten die polizeilichen Vernehmungen des Täters und des Vormunds. Für Beethoven war dies furchtbar, doch er geriet an den relativ verständigen Magistratsrat Ignaz Czapka, der ihm allerdings vorhielt, man könne es dem »Sohn« nicht verargen, dass er den »natürlichen Trieb [zur Mutter] nicht verläugnet; es ist also schwer, hier zu entscheiden« (BKh Bd. X, S. 153). Czapka legte den Finger in die Wunde: Was in den bisher zitierten Äußerungen zumeist als banaler Antifeminismus durchgehen mag, wird sehr viel problematischer, wenn es das Denken so weit infiziert, dass ein

Erziehungs-›Konzept‹ darauf aufbaut. Beethoven erwies sich hier als Opfer und Täter zugleich innerhalb eines sich im frühen 19. Jahrhundert rapide verstärkenden Androzentrismus, welcher der im damaligen Österreich fast hysterisch zu nennenden Restauration die Errungenschaften der Aufklärung austrieb, männliches Denken zur Norm erhob und Weibliches abwertete.[434] Czapka muss ein älterer Herr gewesen sein, dem das mütterliche Prinzip noch nicht ganz fremd geworden war. Beethoven und viele seiner Freunde wie etwa Breuning bedachten solche Naturgesetzlichkeiten zu keinem Zeitpunkt.

Der Magistratsrat zitierte noch mehr von Karls Aussage: »Er gibt keine andere Ursache an, als die Gefangenschaft bey Ihnen. Die Gefangenschaft nennt er das Hinderniß zu thun, was ihm beliebt« (BKh Bd. X, S. 153ff.). Karl selbst sprach lange fast gar nicht; etwas später resümierte er lakonisch, aber doch nachvollziehbar und konzise: »Ich bin schlechter geworden, weil mich mein Onkel besser haben wollte« (BKh Bd. X, S. 169). Der Magistratsrat stufte die Tat »als einen Ausfluß mangelnder Religiosität« ein und verordnete eine Art geistliche Umerziehung, für die er einen geeigneten Theologen bestimmte. Erst nach dessen Testierung durfte Karl entlassen werden, was am 25. September geschah.

Endlich sprach man über Karls Zukunft. Der bewährte und doch nicht wirklich ideale Freund Stephan von Breuning übernahm nun die Regie; er hatte sich nach langem Überlegen bereit erklärt, Karls Vormundschaft zu übernehmen. »Der Gedanke, ihn in ein Handelshaus (Musikhandlung) zu tun, wird wieder erwogen. Karl war sehr einverstanden gewesen, nach Paris zu kommen« (TDR Bd. V, S. 377). Karl war folglich immer noch interessiert, zu Schlesinger zu gehen, des ›Vaters‹ Gift hatte nur vorübergehend gewirkt, aber Breuning entschied anders. Angesichts der früheren Äußerungen des Neffen, zum Militär zu wollen (zuletzt: Bd. X, S. 193), wandte Breuning sich an den ihm vom Hofkriegsrat her persönlich bekannten Baron Josef Freiherr von Stutterheim, um Karls Aufnahme in dessen im böhmischen Iglau stationiertes Regiment »Erzherzog Ludwig« zu erreichen. Beethoven war von Karls Selbstmordversuch zutiefst getroffen, doch mehreren Zeugnissen zu Folge schien er auch erleichtert zu sein, nach zehn Jahren die Verantwortung für seinen Neffen nicht länger tragen zu müssen. Er unterstützte die Pläne, indem er dem *Lieutenant-Maréchal de Camp Impérial et Royal d'Autriche* das noch ganz frische Streichquartett op. 131 widmete, auf dessen Titelblatt der pompöse Titel Stutterheims mit allen Auszeichnungen prangte.

Karl reiste am 2. Januar 1827 nach Iglau ab. Er sollte seinen Onkel nicht wiedersehen.

27

Wege des Heils

Die späten Streichquartette als Vollendung

Freiherr von Stutterheim konnte nicht ahnen, dass die von Schott in Mainz publizierte Erstausgabe des op. 131, dessen auf feinstes Velin gedrucktes Widmungsexemplar er im Mai 1827 erhalten haben dürfte, das größte und wichtigste Streichquartett des kurz zuvor verschiedenen Komponisten enthielt. Dieses mit sieben Sätzen strukturell umfangreichste Werk stellt in den Augen vieler Kenner den absoluten Höhepunkt der Gattung Streichquartett dar. Doch für Beethoven bedeutete es weder Schluss- noch Endpunkt.

Es entstanden schließlich sechs Werke, die zur *Krone seines Quartettschaffens* wurden. Diese Relativierung ist üblich – doch ich empfinde die späten Quartette als die sechs Schlusssteine seines gesamten fast fünfzigjährigen Komponierens. Eine solche Meinung muss allerdings durch eine genauere Betrachtung begründet werden, weil durchaus Gegenteiliges zu lesen ist: »Müdigkeit« und »Resignation« hätten Beethovens Kreativität nach Karls Selbstmordversuch in Mitleidenschaft gezogen und ihn gegen Ende mit einem »scheinbaren Mangel an Ideen« belastet – es sei gar »altersbedingte schöpferische Insuffizienz« zum Schluss des Zyklus aufgetreten.[435] Das sehe ich völlig anders.

* * *

Die Arbeit an dem letzten Quartettzyklus erstreckte sich über zweieinhalb Jahre, beginnend im Mai 1824 – die *Neunte Symphonie* hatte gerade das Licht der Welt erblickt. Im November 1826 war die Serie vollendet. Wie so oft bei Beethoven spiegelt die Zuordnung der Opuszahlen die Chronologie der Entstehung nicht genau wider, er arbeitete wie früher oft an mehreren Sätzen aus verschiedenen

Werken gleichzeitig. Deshalb ordnet man in der allgemein akzeptierten Reihenfolge die Quartette an wie folgt: opp. 127, 132, 133, 130, 131 sowie 135.[436]

Beim Arbeitsbeginn im Frühling 1824 lag das bis dahin letzte Streichquartett, op. 95, 1810 komponiert, aber erst 1816 publiziert, bereits etwa 14 Jahre zurück, doch Beethoven hatte immer wieder Anfragen nach neuen Werken dieser Spezies erhalten, und er fixierte dafür schon seit einiger Zeit Ideen in seinen Skizzenbüchern. Konkret wurden die Pläne erst, als er im November 1822 eine Bestellung des Fürsten Nikolaij Galitzin aus St. Petersburg erhielt; dieser wünschte, »un, deux ou trois Nouveaux Quatuors«, also ein, zwei oder drei neue Streichquartette zu bekommen (BGA Nr. 1508). Er war lange Jahre russischer Gesandter in Wien gewesen, so auch am Hof Josephs II., und er war ein guter Cellist, vor allem aber ein fanatischer Verehrer Beethovens (man erinnere sich: Er schaffte es, die allererste Aufführung der *Missa solemnis* zu organisieren – lange vor Wien – im fernen St. Petersburg, und er hatte auch Klaviersonaten des Meisters für Streichquartett bearbeitete. Doch Beethoven saß zum Zeitpunkt der Bestellung noch an den vorangehenden Projekten; erst nach den Akademien vom 7. und 23. Mai 1824 konnte er sich um Galitzins Wünsche kümmern. Für den Fürsten entstanden von Mai 1824 bis Dezember 1825 die Quartette opp. 127, 130 und 132.

Wie so oft kamen Beethoven zu viele gute Ideen; es war unmöglich, alles in den drei Quartetten unterzubringen. Wie falsch ist die immer wieder anzutreffende Behauptung, Beethoven habe zuletzt unter einem Mangel an Inspiration gelitten, weshalb das Quartett op. 135 so kurz ausgefallen sei! Das hat jedoch ganz andere Gründe. Karl Holz bezeugte das Gegenteil: »Während des Komponierens der drei vom Fürsten Golizyn gewünschten Quartette opp. 127, 130, 132 strömte aus der unerschöpflichen Fantasie Beethovens ein solcher Reichthum neuer Quartett-Ideen, daß er beinahe unwillkürlich noch das Cis-Moll- und F-Dur-Quartett schreiben mußte. ›Bester, mir ist schon wieder was eingefallen!‹ pflegte er scherzend und mit glänzenden Augen zu sagen, wenn wir spazieren gingen: dabei schrieb er einige Noten in sein Skizzenbüchlein (…) ›und an Fantasie fehlt's, Gottlob, weniger als je zuvor!‹«[437] Oder: »Das muss ich aber im nächsten Quartett verwenden, denn das jetzige hat schon zu viele Sätze.«[438]

Von diesem Überfluss profitierte auch, wie erwähnt, Maurice Schlesinger, der eigens aus Paris gekommen war, um an der neuen Quartett-Ernte teilzuhaben: Er durfte opp. 132, 133 und 135 erwerben, Ersteres gehört, wie gesagt, zur Galitzin-Reihe, Letzteres war dem Beethoven-Verehrer Johann Nepomuk Wolfmayer zugeeignet. Weiterer Widmungsempfänger war Erzherzog Rudolph: Ihm galt die *Große Fuge* op. 133, sie war ursprünglich als Finale von op. 130 geplant, doch hätte das Werk durch diese riesige Fuge das Gleichgewicht der Satzproportionen eingebüßt, das Finale hätte die vorher empfangenen Eindrücke ›gelöscht‹, es wäre fast so lang wie die übrigen Sätze zusammen. Die Gesamtdauer betrüge eine Dreiviertelstunde, dreimal so viel wie ein frühes Haydn-Quartett, doppelt so viel wie eines von Mozart. Es sollte alles ganz anders kommen.

Opus 127 und 132

Das erste Quartett (in Es-Dur) ist viersätzig wie die früheren Streichquartette, erfüllt aber, wie fast alle Spätwerke, deutlich größere Dimensionen des Denkens und Empfindens. Genügten den meisten früheren Quartetten rund 20 Minuten, so brauchen die späten etwa das Doppelte, meist 37 bis knapp 42 Minuten. Der erste Satz von op. 127 beginnt mit einem sechstaktigen Maestoso, was man als sinnvoll und geradezu bezeichnend für die Eröffnung des Gesamtzyklus halten kann: Wirklich Großes steht an! Wenn man davon jedoch große Dramatik erwartet wie bei früheren Quartetten, wird man enttäuscht. Das ganze Werk ist gesanglich und lyrisch; Harry Goldschmidt beschrieb 1975 insbesondere den langsamen Satz als »Zustand vollkommener elysischer Ruhe«.[439] Dieser sehr ausgedehnte Mittelsatz dauert 16 ½ Minuten, eine Länge, die alles Vorangehende übertrifft, die man aber dank der liedhaften Eingängigkeit, der qualitätsvollen Melodik und der geschickten Anordnung gegensätzlicher Ausdrucksformen gar nicht als ›Länge‹ wahrnimmt. Auch die übrigen Sätze sind formal von größter Perfektion, und als ›Inhalt‹ ist schlicht und einfach größtmögliche Schönheit angesagt.

Als Nächstes entstand das a-Moll-Quartett op. 132. Wie im Fall der drei Rasumowsky-Quartette op. 59 von 1806 bildet wieder ein Moll-Quartett die Mitte des neuen Zyklus, umrahmt von zwei Werken in einer Dur-Tonart. Op. 132 hat sechs Sätze, verlässt demnach erstmals die klassische viersätzige Quartettstruktur und nähert sich dem Muster einer Suite. Wiederum bildet ein gewaltiger langsamer Satz das Zentrum, umrahmt von zwei Tanzsätzen. Am Anfang steht ein großenteils am Sonatensatzmodell orientierter Einleitungssatz. Ihm geht ein danach noch zweimal auftauchendes sechstaktiges Maestoso voraus, das mit seinem schleierartigen Pianissimo-Beginn keineswegs majestätisch wirkt, sondern eher ein Mysterium anzukündigen scheint. Als solches kann man sehr wohl den zentralen dritten Satz betrachten. Er dauert 15 Minuten und ist eine Herausforderung, schon allein durch den lediglich in der Satzüberschrift explizit angegebenen Anlass und durch die Art, wie der Komponist diesen verarbeitet. Die Überschrift ist die wohl längste, die man bei Beethoven findet. Nach einem wirklich allem Plakativen abholden vorangehenden Quartettgeschehen vermeint man, einen jähen Wechsel in das Reich der Programmmusik zu erleben, denn der Titel lautet: *Heiliger Dankgesang eines Genesenden an die Gottheit, in der lidischen Tonart.* Doch versagt sich die Musik allem wirklich Expliziten, zumindest in jener Deutlichkeit, die Beethoven erreicht, wenn er sie will. Durch die Verwendung der die Melodik leicht verfremdenden lydischen Tonart[440] hat dieser Satz einen Kirchenlied-Gestus und eine religiöse Gestimmtheit, der jedoch keine sakrale Zweckhaftigkeit eignet. Drei sehr langsame, teils choralartig, teils kanonisch, teils mit statisch-orgelhaften Klängen aufwartende Abschnitte werden durch zwei ›schreitende‹, etwa als *Andante* zu verstehende Passagen getrennt. Diese verdichten sich rhythmisch und modulatorisch jedoch derart, dass sie zu äußerst wirkungsvollen Spannungserzeugern werden. Sie strukturieren das weitgehend vokal gedachte Kontinuum, das bei der Länge des Satzes ohne dieses Wechselgeschehen unüberschaubar würde. Dieser bemerkenswerte Bauplan lässt einen komplexen musikalischen ›Bericht‹ entstehen, der durch alle Höhen und Tiefen der Emotionen führt, ohne durch die geringste Motivcharakteristik auch nur einen inhaltlichen Hinweis zur Interpretation des extravaganten Titels zu geben. Diese melodische ›Neutralität‹ rührt von der Verwendung zahlreicher Tonleiterfragmente, die, für sich genommen, ›nichts‹ besagen. Ein ›Inhalt‹ entsteht erst durch die *Verarbeitung*, durch das, was Beethoven *daraus macht.* Die Musik ist außerordentlich *erfüllt*, entwickelt sich aber nicht zu irgendetwas Sagbarem.

Der Titel bleibt ein Rätsel. Wenn man nach einem konkreteren Hinweis auf den Inhalt sucht, nach etwas, was die Maßlosigkeit des Titels rechtfertigt, muss man die Dokumente der Entstehungszeit befragen, was freilich bereits in den Jahrzehnten nach Beethovens Tod geschah.

Dabei erweist es sich, dass der Komponist am 13. Mai 1825 seinem Arzt Dr. Anton Georg Braunhofer einen Brief schrieb, um sich für die Heilung eines schweren Katarrhs zu bedanken. Nun ja, das ist fabelhaft, aber der dauerkranke Beethoven lag doch so oft darnieder! Diesmal aber dankt er dem Arzt musikalisch mit einem Kanon, der eigentlich eher ein Scherz ähnlich einem Wortspiel ist, denn er verwendet fast nur Tonleiter-Fragmente, unter die er den Text schreibt:

Doktor sperrt das Thor dem Todt, Note hilft auch aus der Noth. Doktor sperrt das Thor dem Todt, Note hilft auch aus der Noth. Das ist zwar geistreich, musikalisch aber eher dürftig: Es sind eben nur Tonleiter-Bruchstücke! Warum hat Beethoven dem Arzt nicht sein ganzes Opus 132 zugeeignet, so, wie der nicht gerade enge Freund Wolfmayer zu jener Zeit ein ausgewachsenes Quartett gewidmet bekam? Braunhofer hätte nicht mit einem etwas läppischen Kanon abgespeist werden dürfen.

Wenn ein Kompositionsschüler seinem Lehrer erzählte, er wolle einen 15-minütigen Satz aus Versatzstücken von Tonleitern bauen, würde der Herr Professor den jungen Mann vor die Türe setzen. Aber Beethoven kann das. Wieder begegnet man dem Phänomen, dass die Strukturelemente seiner Arbeit von entwaffnender Einfachheit sein können, sich von da aus zu schier undenkbarer Komplexität entwickeln und das Wunderbarste hervorbringen! Denn was in den Noten *verborgen* ist, schreibt Beethoven, wie angekündigt, *über den Satzbeginn* und *über die Abschnitte*: *Heiliger Dankgesang eines Genesenden an die Gottheit* etc. Und über den bewegteren Abschnitten steht: *Neue Kraft fühlend.*

Richard Strauss, Programmmusiker par excellence, hätte den Versuch vermieden, solche abstrakten Gedanken zu ›vertonen‹ – Gedanken, die aus vier sehr sperrigen, a priori außermusikalischen Begriffen bestehen und von denen jeder zur Verdeutlichung einer ausgewachsenen Kantate bedürfte. Richard Strauss, der den eigentlich gleichen *Inhalt* gut 60 Jahre später ebenfalls vertont, macht das in seiner Tondichtung *Tod und Verklärung* op. 24 (1888/89) ganz anders. Er wählt dazu Titelbegriffe, die geradezu nach Musik rufen; er nutzt dazu explizite programmmusikalische Mittel größter Sinnfälligkeit, und er setzt klangmalerische Techniken von unermesslicher Komplexität der Instrumentation ein. Wer ist nun der größere Virtuose: Beethoven? Oder Richard Strauss?

Statt eine Antwort zu geben, wage ich hier eine Hypothese. Nachdem Beethoven mit der *Missa solemnis* und der *Neunten Symphonie* das ›Größte‹ eigentlich bereits vollbracht hatte, will er mit seinen späten Streichquartetten demonstrieren, dass er zu *noch Größerem* fähig ist. Ist das Unsinn, oder wird das von den folgenden Quartetten bestätigt?

Opus 130 und die »Thränen der Wehmuth«

Während die Komposition von op. 132 mit einem als Sonatenrondo angelegten Finale ihrer Vollendung zueilte, arbeitete Beethoven schon an seinem B-Dur-Quartett op. 130. Im ursprünglichen Plan musste es geradezu gigantomanisch wirken und schien, entsprechend der gerade aufgestellten1 These, mit einer gewaltigen Final-Fuge den höchsten Olymp der Kompositionskunst zu erklimmen – endete allerdings vorerst in einem Desaster. Nach der ersten Probe am 3. Januar 1826 zeigte sich bei der Uraufführung, dass der über 15 Minuten dauernde Fugen-Schlusssatz alle Grenzen der Form sprengte. Das Werk mit einer Gesamtdauer von über 45 Minuten und bei nicht zu überbietenden Anforderungen an die Hörer war dem damaligen Publikum nicht vermittelbar. Die *Allgemeine musikalische Zeitung* schrieb nach der Uraufführung am 21. März 1826 klipp und klar: Beethoven begibt sich in die babylonische Verwirrung, gar ins Chinesische.

> »Der erste, dritte und fünfte Satz sind ernst, düster, mystisch, wohl auch mitunter bizarr schroff und capriciös; der zweyte und vierte voll von Muthwillen, Frohsinn und Schalkhaftigkeit [...] Mit stürmischem Beifall wurde die Wiederholung beyder Sätze verlangt. Aber den Sinn des fugirten Finale wagt Ref. nicht zu deuten: Für ihn war es unverständlich, wie Chinesisch. Wenn die Instrumente in den Regionen des Süd- und Nordpols mit ungeheuern Schwierigkeiten zu kämpfen haben, wenn jedes derselben anders figurirt und sie sich [...] unter einer Unzahl von Dissonanzen durchkreuzen, wenn die Spieler, gegen sich selbst misstrauisch, wohl auch nicht ganz rein greifen, freylich, dann ist die babylonische Verwirrung fertig [...] vielleicht kommt noch die Zeit, wo das, was uns beym ersten Blick trüb und verworren erschien klar und in wohlgefälligen Formen erkannt wird.«

Insbesondere Karl Holz, der bewährte zweite Geiger des Schuppanzigh-Quartetts, hatte als inzwischen unverzichtbarer Helfer und wahrer Freund des Meisters dessen Zuneigung gewonnen und sich dafür stark gemacht, die Fuge abzutrennen, sie gegen ein Extra-Honorar separat zu publizieren und durch ein ›gefälligeres‹ Finale zu ersetzen. Beethoven ließ sich letztlich überzeugen – das Argument eines zusätzlichen Honorars hatte ja Gewicht! – und komponierte von September bis November 1826 – als letztes vollendetes Werk – ein neues Finale, welches das ganze Werk aufwertete und in dieser neuen Form zu einem Publikumsliebling werden ließ. Die Kritik war des Lobes voll: »Wir zeichnen sein neuestes Quartett in B op. 130 aus, mit dem, statt der an Schwierigkeit alles überbietenden Fuge, dazu geschriebenen neuen Finale; dieses [...] ist ein schöner, fliessender Satz, der auch von einem minder Eingeweihten genossen werden kann.«[441]

Igor Strawinsky hätte über diese Kritik die Nase gerümpft, er fand die Fuge genau richtig: »Dieses absolut zeitgenössische Musikstück wird in alle Ewigkeit zeitgenössisch bleiben [...] diese Fuge ist Musik reiner Intervalle [d. h. ohne Rücksicht auf harmonische Schärfen], ich liebe sie über alles.«[442]

Beethoven aber liebte an op. 130 besonders den fünften Satz, die Cavatina, die der ursprünglichen Fuge direkt vorausging und von ihr – Strawinsky hin oder her – buchstäblich erdrückt und aus der Erinnerung des Hörers gelöscht worden wäre. Dank des neuen, eher leichtfüßig tänzerischen Finales behält die Cavatina ihre unergründliche Tiefe jedoch für alle Zeiten. Karl Holz berichtete, dass dieser Satz für Beethoven die »Krone aller Quartettsätze und sein Lieblingsstück« war: »Er hat sie wirklich unter Thränen der Wehmuth komponirt, und gestand mir, daß noch nie seine eigene Musik einen solchen Eindruck auf ihn hervorgebracht habe, und daß selbst das Zurückempfinden dieses Stückes, ihm immer neue Thränen koste.«[443]

Auch dieses Quartett hat sechs Sätze, was den Eindruck verstärkt, dass Beethoven durch die Sprengung des klassischen Modells der Viersätzigkeit einen neuen Standard zu etablieren dachte, den absoluter dispositioneller Freiheit. Vor allem im ersten Satz wird Bindungsverzicht geradezu auskomponiert: Es gibt keinerlei stabiles Tempo, bei nicht weniger als 16 Tempowechseln ist eine thematische Strukturierung fast nicht mehr nachzuvollziehen, und das wohl mit voller Absicht, weil das Wogende, die *Gewissheit absoluter Unsicherheit* vielleicht als eigentliche Aussage bezweckt ist. Der Satz gleicht einem Zackengebirge, in dem sich einige Täler der Zurücknahme finden, wo das Geschehen – als extremer Kontrast – fast zum Stillstand kommt, das motivische Material im Pianissimo derart dekonstruiert wird, dass es in den Nebenstimmen zur bloßen Tonwiederholung versteinert, bis urplötzlich – statt eigentlich erwartbarer Rekonstruktion – ein Fortissimo-Presto das musikalische Geschehen voranpeitscht: ein Satz von überschäumender Vitalität und nicht zu bremsender Kraft!

Es folgen zwei Tanzsätze, die ein inniges Andante umrahmen, um dann zu der ominösen Großen Fuge, in der intensiv überdachten Form schließlich aber zum nachkomponierten Allegro-Finale zu führen.

Ein Moloch der Kammermusik, sperriger als jede Symphonie; die »Grosse Fuge« op. 133

Das Werk ist eines von Beethovens berühmtesten – aber auch eines seiner berüchtigten. Dass man auch heute noch seine liebe Not damit hat, zeigt ein relativ junges Fachbuch: Diese Fuge sei »auch aus der analystischen Perspektive des 21. Jahrhunderts kaum angemessen zu durchdringen«,[444] weshalb die zitierte »babylonische Verwirrung«, die sie in den 1820er-Jahren hervorrufen musste, besonders leicht nachzuvollziehen ist.

Seinem Freund Karl Holz soll Beethoven gesagt haben: *Eine Fuge zu machen, ist keine Kunst, ich habe deren zu Dutzenden in meiner Studienzeit gemacht. Aber die Phantasie will auch ihr Recht behaupten, und heut' zu Tage muß in die alt hergebrachte Form ein anderes, ein wirklich poetisches Element kommen.*[445] Dass das Ergebnis »poetisch« zu nennen sei, meinen eher wenige Fachleute, denn die Strukturanalyse ist derartig komplex, dass alleine das dazu nötige Fachvokabular nicht wirklich poetische Stimmungen aufkommen lässt. Das Ganze hat den kaum oder nur sehr schwer übersetzbaren Untertitel *tantôt libre tantôt recherchée,* d. h., dass Verständnishilfen in Gegensatzpaaren zu suchen sind, beispielsweise als »mal frei, mal erlesen« oder »ungebunden – artifiziell« oder auch »natürlich – künstlich«, »überschaubar – hochkomplex«. Vielleicht kommen alle jene Eigenschaften zusammen, wobei man dann deskriptiv immer noch weit entfernt ist von dem, was sich einem beim Blick in die Partitur an kompositorischen Kunststücken offenbart.

Immerhin sind sich die meisten Musikwissenschaftler darin einig, dass – genau genommen – der eigentliche Fugenteil nur 40 % der Partitur ausmacht, doch die »freien« Zwischenspiele behalten den abstrakten Duktus über weite Strecken bei, weil das thematische Material stets aufeinander bezogen bleibt.

›Vereinfacht‹ kann man sich das so vorstellen: Die Fugenthemen, die sich in jeder Exposition zunächst wie in einem Kanon verfolgen, werden auch in den Zwischenspielen verwendet, sind dort aber im Sinne eines Sonatenhauptsatzes oder eines Variationssatzes verarbeitet. Das heißt, dass die drei hauptsächlichen, aber auch maximal gegensätzlichen Konstruktionsmethoden musikalischer Komposition *in einem einzigen Werk vereint werden:* Fuge, Variation und Sonatensatz. Dies aber ist als eine Quadratur des Kreises zu sehen – *doch Beethoven schafft auch das*! Das Ergebnis wirkt, als habe er den Kölner Dom aus lauter Klängen nachbauen wollen – ein Bild, das Igor Strawinsky vielleicht akzeptiert hätte.

Die andere Fuge – die der Schmerzen. Beethovens »Kunst der Fuge«

In die *Große Fuge* verwob Beethoven ein Thema, das auch in den Quartetten op. 130, 131 und 132 vorkommt. War das als konstruktives Element gemeint, das die späten Quartettkompositionen zusammenhalten soll wie eine Klammer? Das könnte man meinen, denn direkt nach Vollendung der *Großen Fuge* werden die erwähnten vier Noten, transponiert nach his-cis-a-gis und um einen Auftakt (gis) bereichert, im folgenden Werk sofort weiterverarbeitet: In gleichmäßigem Piano eröffnen sie das berühmte cis-Moll-Quartett op. 131. Dieser Einleitungssatz weist zweierlei Besonderheiten auf: *Er ist ebenfalls eine Fuge* – das ist in Beethovens Kammermusik für einen ersten Satz neu. Zweitens: Obwohl die Fuge vom Modell her das strengste aller kompositorischen Strukturierungsmittel ist, wird der Satz nicht durch seine Fugen-Form, sondern durch freie Melodik und Dynamik bestimmt, also durch Themenwandel sowie Veränderung in Tonstärke und Akzentsetzung.

Die Form ist wiederum sehr offen. Klangbrüche prägen den Satz in einer bei Beethoven sonst nirgends vorkommenden Dichte der Vortrags- und Lautstärke-Bezeichnungen: In der Grundstruktur des Textes gibt es 82 *piano-*, *più-piano-* und *pianissimo*-Vorschriften. Bei einer Aufführungsdauer von etwa sieben Minuten können gerade mal zwei Forte-Tuttistellen nicht diesen weitläufigen Klangteppich gliedern. Dieser verschmölze zu einem strukturlosen Einerlei, wären da nicht die sage und schreibe 39 *Sforzato-* bzw. *Rinforzato*-›Peitschenhiebe‹, die das musikalische Geschehen vorantreiben.[446]

Dabei gibt es nur zwei vierstimmige Fugeneinsätze, deren Themen dennoch die Melodik des *ganzen* Satzes prägen. Vollständig ausgearbeitet sind sie nur am Anfang und gegen Ende, wobei die zweite Ausgestaltung gleichzeitig als Variation bzw. als Reprise der ersten zu verstehen ist.[447] Demnach sind auch hier Sonatensatz- und Variationstechniken in die Fuge verwoben. Nach der für eine Fuge typischen thematischen Trennung der Zwischenspiele von den Expositionen sucht man vergebens; es gibt deren nur zwei, und beide bringen kein eigenes Material, sondern leben aus Abspaltungen von Partikeln des Hauptthemas, halten demnach lediglich den in Vierteln und Achteln schreitenden *Gestus der Fuge* melodisch aufrecht. Diese *Als-ob*-Taktik verdeckt, dass das erste Zwischenspiel eigentlich eine Sonaten-»Durchführung« und das zweite eine entsprechende »Coda« ist. Man findet sich in einer Situation wieder, als wolle der Komponist den Hörer in die Irre führen, als solle er vollständig den Boden verlieren unter der Last der ›Mitteilungen‹, die der Autor herüberzubringen gedenkt. Die Aussage aber wird, wie gesagt, von der Dynamik bestimmt, von den ›Schmerzen‹, die den *Sforzato*-Stichen und *Rinforzato*-Schlägen innewohnen, unter deren Wucht alle Formaspekte sekundär werden und den Emotionen die Vorherrschaft überantwortet ist.

Am treffendsten hat dies Richard Wagner in seiner berühmten Jubiläumsschrift zu Beethovens 100. Geburtstag im Jahr 1870 formuliert, wobei er Goethes *Faust* zitiert: »Das einleitende längere Adagio, wohl das Schwermüthigste, was je in Tönen ausgesagt worden ist, möchte ich mit dem Erwachen am Morgen des Tages bezeichnen, ›der in seinem langen Lauf nicht einen Wunsch erfüllen soll, nicht einen!‹« Wagner fügt noch an: »Doch zugleich ist es ein Bußgebet, eine Berathung mit Gott im Glauben an das ewige Gute.«[448] Ob dieser Nachsatz, dieser Bezug auf das »ewige Gute«, ebenfalls zutrifft, wage ich zu bezweifeln. Mobilisiert Wagner hier nicht doch zu viel idealistischen Optimismus, der Beethoven im wirklichen Leben längst abhandengekommen war? In früheren Jahren besaß er ihn im Übermaß, 1823, in der *Neunten Symphonie* wird dieser Optimismus wie retrospektiv noch einmal reaktiviert – aber nur noch in der Kunst: »als ob«. Diese Einschränkung scheint das Drama um den Neffen Karl nun doch nahezulegen.

Auf diese Frage aber ist aus der Gesamtperspektive der späten Quartette noch einmal zurückzukommen. Zuvor bedarf es einer Bemerkung zu Beethovens generellem Umgang mit der Kunstform Fuge. Denn wenn wir die direkt nacheinander geschaffenen Werke, die *Große Fuge* op. 133 und die op. 131 eröffnende cis-Moll-Fuge zusammen in den Blick nehmen, springt uns der extreme Kontrast zwischen diesen beiden Fugen förmlich an, obwohl sie doch so sehr aufeinander bezogen sind: hier, in op. 133, das Grandiose, Monumentale, in seinen wilden Dezimsprüngen klanglich gar Gewalttätige – in der Form aber das, was Beethovens höchste *Wissenschaft‹ der Töne* verkörpert. Und andererseits verewigt sich in der Fuge aus op. 131 die stärkste *Emotion der Töne*, die dem Hörer nicht unterbreitet, sondern *eingestochen* wird, wenn einer der vier Quartettspieler einzeln hervortritt, die ihm aber geradezu *eingebläut* wird, wenn die *Sforzati* in allen vier Instrumenten zugleich ausbrechen und den Zuhörer erschüttern.

In späten Quartetten scheint Beethoven über die *Neunte* zurückzugehen und an die *Missa solemnis* und ihre großen Chorfugen anzuschließen. Dies suggerierte bereits Maurice Schlesinger in einem sehr langen Gespräch mit Beethoven Anfang September 1825, worin es um die späten Streichquartette geht: »Solch ein Werk sollte ein *Beethoven* schreiben, die wahre *Kunst der Fuge* kennt nur er jetzt« (BKh Bd. VIII, S. 108).[449] Beethoven habe versucht, so Schlesinger, Bachs Geist aufzugreifen, um 1825 und 1826 in der Gattung Streichquartett *seine eigene »Kunst der Fuge«* zu vollenden! Das ist denkbar. Man kann darin jedoch auch noch etwas anderes sehen: ein Bemühen, seine Welten des Wollens und des Fühlens in seiner ureigensten Weise zu verschmelzen.

Schwanengesang op. 135

Bei den Fragen nach Vollendung, letzten Dingen und ultimativen Kompositionen spielt das Streichquartett op. 135 eine wichtige Rolle, ist es doch die letzte größere abgeschlossene Komposition Beethovens. Danach folgen nur noch einige Kanons sowie das Ersatz-Finale zu op. 130, das Strawinsky und Schönberg am liebsten aus der Welt geschafft hätten; sie und andere betrachteten es als Resignation vor dem Zeitgeschmack und forderten, man möge die *Große Fuge* gefälligst an ihren ursprünglichen Platz zurückversetzen.[450] Heutzutage aber hat auch das letzte Quartett, op. 135, keine besonders gute Presse. Dass der Komponist diesmal von der sechs- bis siebensätzigen Großform seiner berühmtesten späten Quartette abwich und zur Viersätzigkeit zurückkehrte, haben etliche Autoren als den Anfang »einer neuen Serie« gesehen.[451] Andere diagnostizierten einen »historisierenden Rückschritt«, Ideenmangel und Müdigkeit.[452] Dies alles mag man aus der Perspektive der löblichen Aufbruchsstimmung sehen – nach zwei Weltkriegen, Nationalismus und Faschismus, deren Strategie es war, Rationales unter falscher Emotion zu beerdigen. Doch geht dies an den Realitäten der Rezeptionsgeschichte vorbei. Die definitive Fassung von op. 130 (ohne die Fuge) wurde ein Publikumsliebling und bis etwa 1875 weit über 200 Mal öffentlich und tausendfach privat aufgeführt, während die *Große Fuge* im selben Zeitraum nur 14 Mal auf Plakaten prangte.[453] Diese Ungleichheit in der Rezeption ist weniger der ›Unbedarftheit‹ des Publikums geschuldet; vielmehr gehen eine ganze Reihe von Kritikern des 19. und 20. Jahrhunderts an der persönlichen Realität des romantischen Künstlers Beethoven vorbei, der keineswegs als Fanatiker abstrakter hehrer Formen im Elfenbeinturm darbte, sondern nach Erfolgen gierte und auch nach Gulden – wenn auch nicht um jeden Preis. Vielmehr überwachte er seinen Erfolg genauestens und setzte seine höchsten Honorarforderungen mit eiserner Energie dort durch, wo er das Geld vermutete.

Es ist nötig, noch eine weitere Unklarheit um das späteste Quartett auszuräumen. Dabei spielt der berühmte, dem vierten Satz in der Erstausgabe von op. 135 vorangestellte Titel eine gewisse Rolle: »Der schwer gefasste Entschluß« ist dort zu lesen, gefolgt von zwei textierten Notenzitaten »Muß es sein?« und »Es muß sein!« Diese kleinen Themen werden im Finale verarbeitet. Dazu kursieren zwei ›Erklärungen‹, wovon die erste von Anton Schindler stammt und bekanntermaßen eine Fälschung ist.[454] Die zweite betrifft eine Quartettabschrift, für die Beethoven eine Unkostenerstattung forderte und dies mit der Bemerkung »es muß sein« unterstrichen haben soll (BGA Nr. 2174/2175).

Selbst wenn das stimmt, kann das nur ein Spaß gewesen sein. Im Ernst hat Beethoven *kein einziges* seiner bedeutenden Werke mit einer Lappalie dieser Art in Zusammenhang gebracht.[455] Deshalb sollte man diese ›Erklärung‹ lieber gleich fallen lassen und den Grund anderswo suchen. Dabei ist Beethovens Brief vom 30. Oktober 1826 an Adolph Martin Schlesinger hilfreich, als er dem Verleger das Manuskript von op. 135 sandte:

> »Sehen Sie, was ich für ein unglücklicher Mensch bin, nicht nur, dass es was schweres gewesen es zu schreiben, weil ich an etwas anderes viel grösseres dachte, und es nur schrieb, weil ich es Ihnen versprochen und Geld brauchte und dass es mir hart ankam können Sie aus dem es muss sein. ... entziffern [...] (BGA Nr. 2224).

Dies lässt vermuten, dass op. 135 ursprünglich »etwas anderes« und vor allem etwas »viel Größeres« werden sollte – offensichtlich wieder ein Quartett mit sechs oder sieben Sätzen. Dafür spricht, dass das Scherzo an zweiter Stelle steht; hätte das Werk von Anfang an einen viersätzigen Plan gehabt, wäre das Scherzo wie in op. 127 und der weit überwiegenden Mehrheit aller vorangehenden Quartette wahrscheinlich an die ›kanonische‹ dritte Stelle gekommen. Da Beethoven es aber weiter vorn platzierte, hätte er nach den drei ersten Sätzen ohne Weiteres drei weitere an die sechs- oder siebensätzige Architektur anknüpfen können, insbesondere auch angesichts der hohen Gewichtigkeit des langsamen Satzes *Assai lento, cantante e tranquillo*, der ebenso eine großartige Opernarie abgeben könnte.

Der »schwer gefasste Entschluß« scheint deshalb eher auf die Endgestalt des Quartetts Bezug zu nehmen. Man entsinne sich: Karl Holz war der Vermittler, der im Auftrag des Verlegers Mathias Artaria versuchte, Beethoven für die Idee zu gewinnen, die *Große Fuge* aus dem Quartett op. 130 herauszunehmen, separat zu publizieren und durch ein ›leichteres‹ Finale zu ersetzen. Dazu berichtete Holz später: »Beethoven wollte Bedenkzeit, doch schon am folgenden Tage erhielt ich einen Brief, worin er sich bereit erklärte, den Wünschen zu entsprechen[...]«[456] Diese Eile ist überraschend. Sollte ihm aufgefallen sein, dass die Abtrennung der *Großen Fuge* von op. 130 nicht nur finanzielle Vorteile hatte? Würde sie separat publiziert, erhöhte dies die geplante Anzahl der späten Quartettarbeiten auf *sechs*, die quasi ›heilige Zahl‹ der Quartettkomposition im 18. Jahrhundert. Üblicherweise fügte man jeweils sechs Quartette in einer Sammlung zusammen – aber damals waren das viertelstündige Werkchen, in der in Frankreich verbreiteten Zweisätzigkeit hatten sie oft nur 10 bis 12 Minuten Aufführungsdauer. Immerhin, Haydn und Mozart haben oft in Sechser-Zyklen gearbeitet, und schließlich ist ja Beethovens erste Quartettsammlung, op. 18, auch ein sechsteiliges Werk – das war anno 1798 bis 1800. Dem jetzt die Krone aufzusetzen mit der unendlich schweren Geburt eines ähnlichen, diesmal aber riesigen Quartettzyklus, bestehend aus opp. 127, 130 bis 133 und 135, musste schon einen großen Reiz ausüben. Dies mag erklären, warum das Zögern bei der Entscheidung Karl Holz gegenüber bereits nach 24 Stunden beendet war: Nach der *Missa solemnis* und der *Neunten Symphonie* musste ein weiteres Großereignis her. Nur solch ein absolutes Unikat, eine Sammlung der ausgefallensten schwierigsten, längsten und zutiefst ergreifenden Quartettkompositionen konnte des damals berühmtesten, bereits seit etlichen Jahren von Superlativ zu Superlativ eilenden Komponisten würdig sein!

Unter diesem Gesichtspunkt musste es Beethoven vordringlich erscheinen, auf einen harmonischen Gesamtaspekt des Quartettzyklus zu achten. Er begann mit op. 127 mit einem viersätzigen Werk; nichts musste natürlicher erscheinen, als das Projekt mit einem ebenfalls viersätzigen Quartett ausklingen zu lassen. Doch zu diesem Zeitpunkt des Endkonzepts war op. 135 bereits in einem fortgeschrittenen Planungsstadium und auf dem Weg zu einem »viel größeren« Quartett, wie Beethoven es Schlesinger erklärte. Wenn ein Komponist wie Beethoven in einer solchen Situation bereits tausend Ideen für die Fortsetzung im Kopf hat, ist eine plötzlich notwendig werdende Selbstbeschränkung und Reduktion auf nur vier Sätze nicht nur ein »schwerer«, sondern für ihn gar ein »grausamer« Entschluss!

Genau dies bekommt man zu hören. Im Finale von op. 135 erscheint keineswegs nur das »Barocke«, »gesunder Humor«, das »Leichte« und »Problemfreie« – so die Fehlurteile einiger Historiker von 1829, 1839, 1885 und 1930.[457] Es gibt viel mehr Abgründiges, in der »Grave, ma non troppo tratto«-Episode ist ein Wutausbruch auskomponiert, in dem die zwei Geigen das in Viola und Cello erklingende »Muß es sein?«-Motiv mit wildem Fortissimo-Tremolo attackieren, worauf alle vier Streicher sich bemühen, in der Dissonanz des verminderten Septakkords auf den Saiten herumzuscharren – aber immerhin im Diminuendo. Im Piano angekommen, wiederholen die tiefen Instrumente im Kanon das »Muß es sein?«, teils aber schon in Sechzehntel zersplittert, worauf die Geigen immer vernehmlicher mit »Es muß sein!« antworten, bis das erlösende Motiv im Forte glänzt und alle vier Musiker in fröhlichem C-Dur davoneilen, als wäre nichts geschehen.

Aber doch, geschehen ist etwas, der musikalische Geschichtenerzähler Beethoven hat ja gerade eine Wende beschrieben. Ist die große Entscheidung über die Quartettgestalt in dieser Weise gefallen? Leicht ist sie nicht gewesen, denn die beiden Themen werden ja schon anfangs in ähnlicher Weise vorgestellt, dramatisch wie in einem Opernrezitativ aber umgekehrt vom Piano zum Fortissimo reichend und mit dem Fragezeichen desselben verminderten Septakkords versehen. Aber in der Coda kurz vor Satzschluss kommt dann doch endlich der Possenreißer Beethoven zu Wort: Nur noch im Pianissimo-Adagio hört man wie aus der Ferne »Es muß sein!«, bevor die vier Instrumentisten in witzigem Pizzicato dem Satzende entgegenschwirren. *Finita est comoedia? Plaudite amici, comedia finita est!*[458] Aber er sagt dies mit gewaltigem Zähneknirschen! Die Selbstbeschränkung fällt schwer, der große Beethoven braucht doch jetzt immer dringender das sechssätzige Breitwandformat, in dem er seine ganze Kunst mit Glanz, Glitzer, kontrapunktischen Tricks – aber auch mit tränenreichen Tiefen darstellen kann! Man sollte also das op. 135 als den – zugegebenermaßen etwas hastig zu Ende geführten – Schlusspunkt eines besonders bewunderungswürdigen Kammermusikzyklus betrachten.[459]

Hier ist der Ort, um auf Richard Wagners Aussage über den Einleitungssatz des cis-Moll-Quartetts op. 131 zurückzukommen: Er verweist auf die Schopenhauersche Ruhe und Stille nach allen Lebensstürmen. Denn auch beim spätesten Beethoven bedeutet die merkwürdige Verbindung von Schwermut und Wunschlosigkeit nichts anderes als Desillusion, vollständige Resignation und Entsagung. So klingt dieser Satz nach dem Bekenntnis eines Unglücklichen, der trotz größter Erfolge auch alle nur denkbaren Enttäuschungen und Entbehrungen durchlebt hat. Beethovens Glaube an das ewige Gute loderte in der *Missa solemnis* und der *Neunten* noch einmal auf, aber ab dem Quartett op. 127 scheint dieser Glaube zu erlöschen. Nur so erklärt sich der Stilbruch innerhalb des Mediums Streichquartett, der zwischen op. 95, dem f-Moll-Quartett von 1810 und den späten Quartetten so sehr überrascht. Op. 95 ist von großer Dramatik, es wird gekämpft, vielleicht auch um das ›Gute‹. Nach 1821 fällt dem Komponisten das Glauben immer schwerer, es erlischt, auch wegen der furchtbaren Scherben, in die das Privatleben zerspringt und dadurch letzte Hoffnungen ins Nichts laufen lässt.

Aber es bleibt die Kunst. Kompositorisch sind die späten Quartette ein Vademecum musikalisch großartiger Einfälle, wie sie in dieser Dichte und Vollendung selten sind. Die Kunst scheint oft zum Selbstzweck zu werden, vor allem in op. 127, wo eine gewisse l'art-pour-l'art-Stimmung vorherrscht, um nach den zwei vorangehenden großangelegten Bekenntniswerken eine Gegenlinie aufzubauen.

Am Ende zählt der hörbare Selbstanspruch der Perfektion: Man spürt Beethovens Willen, auch auf dem von ihm lange vernachlässigten Gebiet der Kammermusik der Größte zu sein.

Schwindet die Mission?

Schwindet die Mission? – Diesen Eindruck kann man gewinnen, wenn man die letzte Kunstproduktion in Bezug setzt zu dem, was sich damals in Beethovens Familienleben abspielt. Dass unglückliche, vor allem kranke Menschen egoistisch werden können, erscheint nachvollziehbar, das könnte man Beethoven nicht verargen. Und Künstler wie er müssen ohnehin einen starken Ichbezug entwickeln, sonst können sie das Maximum an Selbstbeobachtung und Selbstkontrolle nicht aufbieten, ohne die große Kunst nicht zustande kommt. Doch gerade darin hatte Beethoven sich in früheren Jahren von vielen anderen Künstlern unterschieden: Er besaß trotz seiner starken Egozentrik ein gewisses Maß an Altruismus oder gar Menschenliebe. Er bewahrt diese ja dem Neffen gegenüber bis zuletzt, beschädigt sie aber durch seine Manien derart, dass das Verhältnis destruktiv wird und zur Katastrophe von Karls Selbstmordversuch führt. Insofern bildet sich in Beethoven während seiner letzten Jahre eine innere Kluft aus zwischen seinem eigentlich tief verwurzelten moralischen Imperativ und einer Handlungsweise, die in ein ausgewogenes Schema nicht mehr passt. Man sollte das wahrscheinlich als Folge der Taubheit verstehen. Die seelischen Belastungen dadurch hatten augenscheinlich ein Ausmaß erreicht, das wir nicht einmal annäherungsweise erahnen, geschweige denn verstehen können.

Wenn man diese komplexe psychologische Entwicklung einfach unter dem für den späten Beethoven unendlich oft verwendeten Begriff der *Misanthropie* einordnet, macht man es sich zu leicht und tut Beethoven unrecht. Noch ungerechter aber wäre es, wenn man, wie fast alle Zeitgenossen des Komponisten, die Schuld einzig dem Neffen zuschiebt und Beethovens Verhalten beschönigt. Um der Schwierigkeiten Herr zu werden, muss etwas tiefer angesetzt werden, muss der Grund der Spaltung zwischen Denken und Handeln gefunden werden. Das soll im zweiten Teil des Schlusskapitels, dem Nachspiel, versucht werden.

28

Das Ende vom Lied

Letzte Reise, Krankheit, Tod und Begräbnis

Im Verlauf des Jahres 1826 hatte Beethovens Bruder Johann den Komponisten immer wieder auf sein Landgut in Gneixendorf bei Krems an der Donau eingeladen, zunächst jedoch ohne Erfolg. Beethoven fing jedes Mal an, auf Johanns Frau Therese zu schimpfen. Er forderte seinen Bruder sogar auf, sie zu verstoßen. Noch am 26. August schickte er Johann einen Brieffetzen, der aus sechs Wörtern und zehn Satzzeichen besteht: »Ich komme nicht – Dein Bruder??????!!!! Ludwig« (BGA Nr. 2189) – der wohl kürzeste und auch unverschämteste Brief seines Lebens. Denn wieder ist da der Fundamentalhass, den der späte Beethoven manchen Frauen gegenüber entwickelt; die Schwägerin war gewiss kein Tugendmodell, musste aber Qualitäten besitzen, sonst hätte der Bruder die Trennung längst selbst betrieben. Dass es in so einer Situation nicht ratsam war, Urteile zu fällen – vor allem nicht derart grobschlächtige –, wollte Beethoven einfach nicht wahrhaben. Jedenfalls biss der Komponist auf Granit: Weder über eine Trennung noch über eine Enterbung Thereses zugunsten Karls – seine neueste Schnapsidee – ließ Nikolaus Johann mit sich reden.

Dennoch war es am 28. September 1826 so weit. Ludwig hatte die Einladung endlich doch angenommen und war mit dem Neffen Karl aufgebrochen. Nach allem, was vorgefallen war, insbesondere nach dem Selbstmordversuch, konnte solch eine Reise eigentlich nur guttun, in Wien konnte der junge Mann sowieso nicht bleiben. Doch die Reise geriet zum Fiasko. Beethoven genoss zwar zeitweilig die frische Landluft, er arbeitete auch, vollendete in dieser Zeit das beeindruckende Quartett op. 135 und das neue Finale zu op. 130, aber er war so übler Laune, dass er sehr oft allein auf seinem Zimmer speiste. Karl bekam in der gedrückten Atmosphäre kaum Luft – er verharrte meist in Untätigkeit und fand nicht den Weg ins Leben zurück. Über Schwägerin und Neffen gab es immer wieder Streit mit Johann, der Ludwig Ende November zu verstehen gab, dass der Aufenthalt für Karl keinen Sinn mehr mache: »Es ist ewig Schade, daß dieser Talentvolle junge Mensch, so seine Zeit vergeudet, und wem wird man es einst zu Last legen, uns beiden nur« (BGA Nr. 2232) – das ist eigentlich vollkommen richtig, und doch hackte die Nachwelt nur auf Karl herum. Selbst Anton Schindler, der Begründer des Beethovenschen Helden- und Vergötterungsmythos, erkannte, dass Johann recht hatte, und versah das Blatt, auf dem dessen Äußerungen stehen, mit einem erstaunlich hellsichtigen Kommentar.[460] Darin analysiert er das Hauptproblem des Meisters, das heißt, seine Beziehungen zu Therese und zu Karl:

> »Vorstehendes Schriftstück zeigt, daß Johann van Beethoven doch eine oder die andere gute Seite gehabt [haben] dürfte [und] es geeignet seyn sich mit ihm in etwas zu versöhnen. [...] Der tödtende Haß Beethoven's auch gegen diese seine Schwägerin, die ebenso moralisch nichtswürdig gewesen wie die andere, verfolgte ihn fortan wie ein böser Dæmon. Er verlangte daher von seinem Bruder Johann seine Frau zu verstoßen u zu enterben, wozu sich dieser nicht verstehen wollte. Dies die Hauptquelle dieses Bruderzwistes in den letzten 5–6 Jahren von Ludwigs Leben. Frägt man, auf weßen Seite die Hauptschuld gelegen, so muß der Wahrheit gemäß geantwortet werden: auf Ludwigs Seite. Im steten Widerspruche mit sich u der Welt mußte Ludwig van Beethoven fortan Personen mit Haß und Liebe in meist unvernünftigem Grade verfolgen. Diese fand er allein schon in seiner durch u durch unwürdigen Familie. Jedoch vergrößerte er selbst diese Uebel zunächst zu seinem Nachtheile. A. Schindler«. (Anhang zu BGA Nr. 2232)

Dass bei Schindler der Neffe Karl im doppelten Sinne als *mit Haß und Liebe in meist unvernünftigem Grade* bedacht erscheint, ist sehr interessant. Meist sieht man das Verhältnis des Komponisten zu seinem Neffen als Komplex einer Liebe mit übertriebenem Besitzanspruch. Auch wenn ich selbst es eher als Egoismus Beethovens betrachte, würde ich die Option, diese konfliktreiche Beziehung als »Hassliebe« zu sehen, hier als Diskussionsbeitrag des vielgeschmähten Anton Schindler ernst nehmen.

Jedenfalls kehrten Beethoven und Karl Ende November nach Wien zurück. Johann brachte es nicht über sich, ihnen seine Kutsche zu leihen, sodass die Reise in einem offenen Gefährt vor sich ging, mit Übernachtung in einer ungeheizten Herberge, wobei sich Beethoven stark erkältete. Die mühselige Fahrt dauerte zwei Tage.

In Wien kam er schwer krank an, und zu allem Unglück war es schwierig, gleich einen Arzt zu finden. Die angestammten Ärzte Dr. Braunhofer, Dr. von Staudenheim und von Vivenot waren nicht abkömmlich bzw. selbst erkrankt, erst ein vierter, glücklicherweise in der Nähe wohnender Arzt, der Beethoven allerdings unbekannte Professor Dr. Wawruch, konnte herbeigeholt werden. In den Konversationsheften stellt er sich als »großer Verehrer ihres Namens« vor und versprach, »alles Mögliche an[zu]wenden« und »bald Erleichterung zu verschaffen« (BKhBd. X, S. 298).

Wawruch berichtete später:

> »Ich traf Beethoven mit den bedenklichen Symptomen einer Lungenentzündung behaftet an, sein Gesicht glühte, er spuckte Blut, die Respiration drohte mit Erstickungsgefahr und der schmerzhafte Seitenstich gestattete nur eine quälende Rückenlage. Ein streng entzündungswidriges Heilverfahren schaffte bald die erwünschte Linderung, seine Natur siegte und befreite ihn durch eine glückliche Krise von der augenscheinlichen Todesgefahr, so daß er am fünften Tage sitzend im Stande war, mir sein bisher erlittenes Ungemach mit tiefer Rührung zu schildern. Am siebenten Tage fühlte er sich erträglich wohl, daß er aufstehen, herumgehen, lesen und schreiben konnte« (TDR Bd. V, S. 418f.).

Doch am achten Tag erkannte Wawruch die Wirkungen der eigentlichen, seit Langem fortschreitenden Erkrankung Beethovens, denn die nun auftretende Gelbsucht und die geschwollenen Füße deuteten auf eine Leberzirrhose in weit fortgeschrittenem Stadium, die sich bald zur Bauchwassersucht entwickeln sollte. Die Behandlungsmöglichkeiten waren äußerst beschränkt, man empfahl eine spezielle Diät und Mittel zur Linderung der Schmerzen. Wawruch schildert den Fortgang der Krankheit:

> »Von diesem Zeitpunkte an entwickelte sich die Wassersucht, die Urinaussonderung wurde sparsamer, die Leber bot deutliche Spuren von harten Knoten, die Gelbsucht stieg. Ein liebevolles Zureden seiner Freunde besänftigte bald den drohenden Aufruhr und der Versöhnliche vergaß jede ihm angethane Schmach. Doch rückte die Krankheit mit Riesenschritten vorwärts. Schon in der 3ten Woche stellten sich nächtliche Erstickungszufälle ein; das enorme Volum der Wasseransammlung forderte

schnelle Hülfe, und ich fand mich bemüßigt den Bauchstich vorzuschlagen, um dadurch der plötzlichen Berstungsgefahr vorzubeugen […]« (TDR Bd. V, S. 423f.)

»Bauchstich« meint eine Punktion, die nötig wird, wenn die Niere dem Versagen nahe ist und sich deshalb große und sehr schmerzhafte Flüssigkeitsansammlungen im Unterleib bilden.

Inzwischen hatten sich auch Beethovens frühere Ärzte eingefunden und hielten mit Wawruch Besprechungen ab, um sich bei der Behandlung abzustimmen. Auf Wawruchs Empfehlung hin wurde die Punktion vom Primärwundarzt des allgemeinen Krankenhauses, Seibert, am 20. Dezember durchgeführt. Der anwesende Dr. Wawruch bestätigte Beethoven: »Sie haben sich ritterlich gehalten.«

Der Druck in seinem Bauch muss unerträglich gewesen sein, doch trotz der heftigen Schmerzen hatte Beethoven seinen Humor nicht verloren und soll zu Seibert gesagt haben, als dieser die schmerzhafte Punktion vornahm und Flüssigkeit austrat: »Herr Professor, Sie kommen mir vor wie Moses, der mit seinem Stab an den Felsen schlägt« (TDR Bd. V, S. 430).

Bruder Nikolaus Johann und Neffe Karl waren anwesend; Stephan von Breuning und dessen Sohn Gerhard kamen regelmäßig, auch der frühere Hausherr Johann von Pasqualati schaute immer wieder vorbei und brachte Obst und Champagner. Der Verleger Schott wurde um Rheinwein gebeten, einer der wenigen ›Tropfen‹, welche die Ärzte erlaubten, und dem der Komponist freudig zusprach. Auch Punschgefrornes verordneten die Ärzte wegen der schmerzlindernden Wirkung.

Doch bereits am 8. Januar wurde die zweite Punktion nötig und am 2. Februar eine dritte. Einmal löste sich nachts der Verband, die Wunde infizierte sich und zeigte erste Anzeichen von Nekrose. Wawruch intervenierte sofort, hielt die Wunde trocken, bis die Unheilszeichen verschwunden waren. Er war ein guter und gewissenhafter Arzt, der seinen Schwerkranken täglich, teils sogar mehrfach, aufsuchte. Die zeitgenössische Kritik, vor allem Schindlers, wird von heutigen Medizinern nicht mehr geteilt: Wawruch tat, was damals möglich war, Beethoven befand sich in guten Händen.

Dennoch hatten die Ärzte kaum noch Hoffnung, sie fühlten sich machtlos und ließen ihn jetzt trinken, was er wollte. Das war fraglos die beste Medizin: Beethoven lockerte sich, da er die Schmerzen nun weniger spürte, schlief besser und war gelegentlich zu Späßen und Wortspielen aufgelegt.

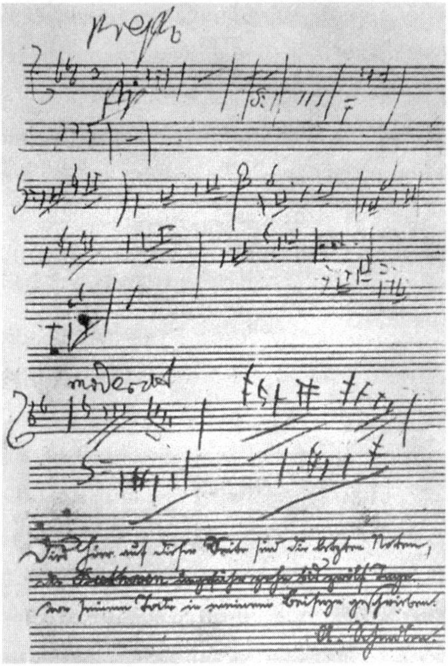

Abb. 60 Beethovens letzte Skizze.

* * *

Bereits bei der zweiten Punktion war Neffe Karl nicht mehr anwesend, da er am 2. Januar nach Iglau abgereist war. Er schrieb zweimal an Beethoven, erstmals am 13. Januar, dann am 4. März (BGA Nr. 2250 und 2269), beide Male lautete die Anrede »Mein theurer Vater!« Der erste Brief ist eher geschäftsmäßig, erst im zweiten sorgt er sich um den ›Vater‹:

»Eben heute kehrte auch ein Kadet zum Bataillon zurück, der einige Zeit in Wien auf Urlaub war; er berichtete, gehört zu haben, daß du durch ein Gefrornes gerettet worden seyst, u. dich recht gut befindest; [ich w]ünsche nur, daß das Letztere wahr sey, welches auch immer das Mittel [dazu] gewesen sey.

[Von] mir ist wenig Neues zu sagen, der Dienst geht seinen gewöhnlichen Gang fort, nur mit dem Unterschied, daß das Wetter weit milder, also auch die Wachen leichter zu bestreiten.

Schreibe mir recht bald, wie es mit deiner Gesundheit geht [...] Ich küße dich.
Dein dich liebender Karl.«

Das klingt so, als begännen die Wunden zu verheilen. Dabei hatte es ihm der Onkel seit dem Selbstmordversuch keineswegs besonders leicht gemacht, doch beharrte Karl stärker als je zuvor nun auf seinem Willen – durch den Pistolenschuss hatte er sich vom Onkel *emanzipiert.* Er verbat sich jegliche Kritik, auch an seiner Mutter: »Ich wünsche über sie nichts zu hören, was ihr nachtheilig ist, es kommt mir auch gar nicht zu, über sie zu urtheilen. Wenn ich die wenige Zeit, die ich noch hier bin, bey ihr zubrächte, so würde es nicht mehr als ein kleiner Ersatz für Alles seyn, was sie um meinetwillen gelitten hat« (BKh Bd. X, S. 205). Im Rahmen der Höflichkeit konnte er kaum deutlicher werden. Trotzdem fuhr der Onkel fort, Karl mit haltlosen Vorwürfen zu überschütten. Im November 1826 schreibt er: »Nur bitte ich dich nochmahl, mich nicht so zu quälen, wie du es thust. Du könntest es doch am Ende bereuen; denn ich ertrage viel, aber was zu viel ist, kann ich nicht ertragen« (BKh Bd. X, S. 286).

Die schlecht vernarbte Wunde am Wesen des jungen Mannes wird unheilbar bleiben. Karl blieb bis 1832 in Iglau und schaffte es bis zum Unterleutnant. Er heiratete Karoline Naske, mit der er bereits eine Tochter hatte und die ihm vier weitere Kinder schenkte. Seine späteren beruflichen Bemühungen scheiterten wegen seines schlechten Rufs, für den Anton Schindler, leider aber auch Gerhard von Breuning, seit Beethovens Tod unermüdlich sorgten. Letzterer schrieb: »Ich will nicht von den zahllosen Kümmernissen sprechen, welche Ludwig von dem leichtsinnigen, sich nicht zurechtfindenden, die maßlose Liebe seines um seine Zukunft besorgten Oheims niemals verstehenden, sondern diese mit verächtlichstem Undanke entgeltenden Neffen Carl bis an sein Lebensende erlitt, durch welches Betragen Ludwigs Todeskrankheit geradezu vorbereitet worden.«[461] Welche Maßlosigkeit, welche Ungerechtigkeit! Breuning ist bei Weitem nicht der Einzige, viele Biografen folgten bis gegen Ende des 20. Jahrhunderts seinen Spuren.

Mit einem solchen Leumund musste jeder Versuch, in Wien beruflich Fuß zu fassen, mit einer Enttäuschung enden. Karl resignierte und lebte vom ererbten Vermögen, er starb 1858 an Leberkrebs – eine ungenutzte Begabung, ein vergeudetes Leben, woran er bei Weitem nicht die Alleinschuld trug.

Beethovens Mitverantwortung sollte man zukünftig im Gedächtnis behalten. Andererseits aber ist hervorzuheben, dass er dem Neffen finanzielle Mittel hinterlassen hatte, um berufliche Unbill auszugleichen. Am 3. Januar 1827 schickte er an Dr. Bach seinen letzten Willen, worin er Karl zum Universalerben einsetzt:

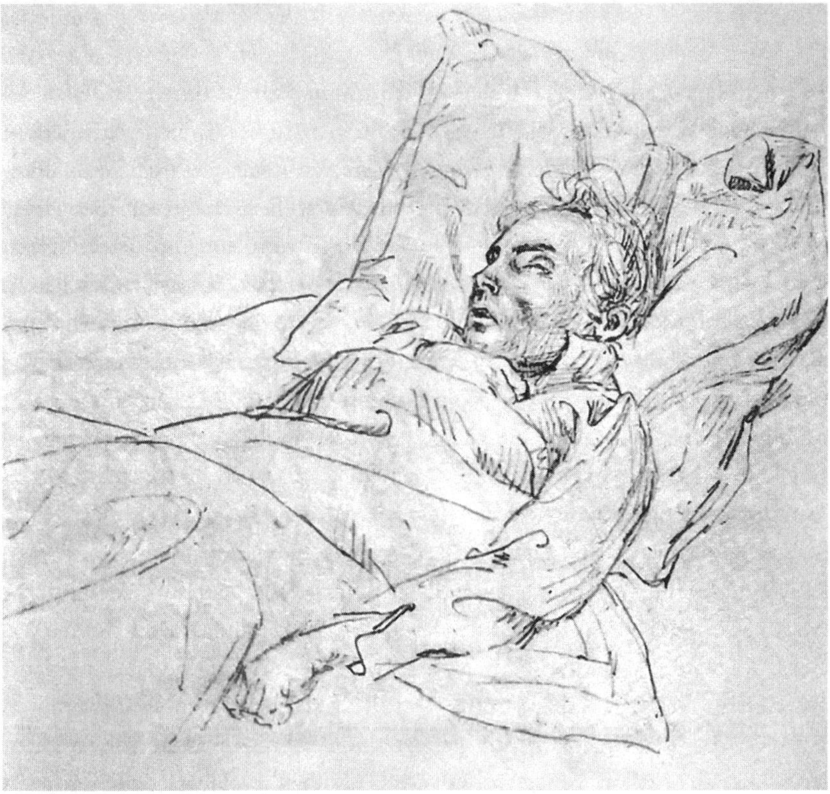

Abb. 61 Beethoven auf dem Sterbebett. Bleistiftzeichnung von Joseph Teltscher, 1827.

»Ich erkläre vor meinem Tode Karl van Beethoven meinen geliebten Neffen als meinen einzigen Universalerben von allem meinem Hab u. Gut worunter Hauptsächlich 7 Bankactien und was sich an baarem vorfinden wird – Sollten die Geseze hier Modifikationen vorschreiben, so suchen sie selbe so sehr als möglich zu seinem vortheile zu verwenden – Sie ernenne ich zu seinem Kurator, u. bitte sie mit Hofrath Breuning seinem Vormund vaterstelle bey ihm zu vertreten – Gott erhalte Sie – Tausend Dank für ihre mir bewiesene Liebe u. Freundschaft« (BGA Nr. 2246).

Letzte Geschenke

In jenen Tagen erhielt Beethoven von dem Londoner Instrumentenbauer Johann Andreas Stumpff, der ihn 1824 besucht hatte, die prächtig gebundene 40-bändige Ausgabe der Werke Georg Friedrich Händels zum Geschenk. Diese um 1790 von Samuel Arnold herausgegebene Sammlung ist absolut einzigartig, sie ist die erste Werk-Gesamtausgabe in der Musikgeschichte, die diesen Namen verdient. Beethoven freute sich ungemein über dieses »königliche Geschenk«, denn für ihn war Händel der König aller Komponisten: »Schon lange hab ich sie mir gewünscht; denn Händel ist der größte, der tüchtigste Compositeur; von dem kann ich noch lernen«. Er habe dann auf seinem Krankenlager die Bände durchgeblättert, bei einzelnen Stellen länger verweilt, und sich weiter in lebhaften Lobeserhebungen Händels ergangen, den er als den »klassischsten und gründlichsten aller Tondichter« bezeichnete (TDR Bd. V, S. 431).

Stumpff war auch – zusammen mit dem Pianisten Ignaz Moscheles und dem Dirigenten George Smart – maßgeblich daran beteiligt, dass Beethoven Anfang März ein Geldgeschenk von hundert Pfund Sterling (etwa tausend Gulden) erhielt. Wegen der krankheitsbedingt seit Langem mangelnden Einnahmen war der Kassenstand auf gefährlich niedrige 300 Gulden gesunken, und Beethoven hatte die drei Londoner Freunde gebeten, bei der Philharmonic Society einen Vorschuss auf ein seit Längerem zu seinen Gunsten geplantes Benefizkonzert anzuregen. Riesengroß war die Freude, als das Geld ankam, und der Kranke machte gleich große Pläne, welche Delikatessen er sich ans Krankenlager bestellen würde. An Moscheles schrieb er am 18. März:

»Mein lieber guter Moscheles

Mit welchen Gefühlen ich Ihren Brief vom 1. März 1 durchlesen, kann ich gar nicht mit Worten schildern. Der Edelmuth der philharmonischen Gesellschaft, mit welchen man meiner Bitte beynahe zu vor kam, hat mich in das Innerste meiner Seele gerührt. – Ich ersuche Sie daher lieber Moscheles, das Organ zu seyn, durch welches ich meinen innigsten, herzlichsten Dank für die besondere Theilnahme und Unterstützung an die philh. Gesellschaft gelangen lasse« (BGA Nr. 2284).

Der Geldsegen aus England wurde freilich in Wien bekannt und erregte viel böses Blut, denn der kranke Komponist hätte dort selbstverständlich auch auf finanzielle Hilfe bauen dürfen – nur war außer dem engsten Freundeskreis niemandem bekannt, in welcher Situation der Meister war, da er sich weiter in verstockter Absonderung hielt. Ignaz Moscheles wusste durch seine Wiener Freunde genau, was falsch gelaufen war und fasste das zusammen: »Ich habe jedoch viele Beweise welche Theilnahme Beethovens gefahrvoller Zustand damals in Wien erregt hat, und daß viele seiner Verehrer ihm mit Hilfe und Trost entgegen geeilt wären, wenn seine Zurückgezogenheit den Zutritt zu ihm oder seinen nächsten Umgebungen nicht zu sehr erschwert hätte.«[462] Der Klavierbauer Johann Baptist Streicher äußerte: »Nicht Hunderte, Tausende wären zur Erfüllung dieses Wunsches bereit gewesen« (BSZ, S. 955) – das ist nicht unrealistisch, wenn man an die unglaublich große Anteilnahme denkt, die sein Tod dann auslöste.

Nachdem Beethovens Krankheit wie auch die Spende aus England einem größeren Kreis bekannt geworden waren, häuften sich die Besuche: der Freund und Berater Karl Bernard, Johann Nepomuk Hummel, der mehrmals kam, mindestens einmal mit seinem Schüler Ferdinand Hiller, vielleicht auch Franz Schubert. Es erschienen auch der Geiger Franz Clement, der Beethovens Violinkonzert uraufgeführt hatte, der Klavierbauer Streicher sowie die Verleger Haslinger und Diabelli. Letzterer brachte als Geschenk den von ihm gedruckten, noch heute berühmten Stich von Joseph Haydns Geburtshaus mit, worauf Beethoven zu Gerhard von Breuning gesagt haben soll: »Sieh, das habe ich heute bekommen. Sieh mal dies kleine Haus, und darin ward ein so großer Mann geboren« (TDR Bd. V, S. 466). Haslingers Besuch muss Beethoven besonders erfreut haben, Beethoven schrieb in jenen Tagen noch einige Kanons auf seinen klangvollen Vornamen *Tobias*. Ferner kam der beleibte Herr »Falstaff« – bürgerlich: Ignaz Schuppanzigh – dann auch Ignaz von Gleichenstein, Moritz von Lichnowsky, Johann Baptist Bach (wegen des Testaments). Der treue Johann Wolfmayer, Widmungsträger des Quartetts op. 135, war zu Tränen gerührt – er war einer all jener Getreuen, denen der Todkranke viele Hilfestellungen zu verdanken hatte. Nikolaus von Zmeskall fehlte unter den Besuchern, er war so gichtkrank, dass er das Haus nicht mehr verlassen konnte, aber es gab nach langem Schweigen nochmals einen herzlichen Briefkontakt. Auswärtigen Briefwechsel gab es mit dem Jugendfreund Franz Gerhard Wegeler in Koblenz.

Am 27. Februar wurde die vierte und letzte Punktion durchgeführt – die angestaute Flüssigkeit stand unter einem derartigen Druck, dass sie bis an die gegenüberliegende Wand spritzte. Die Wunde hatte sich entzündet und sonderte Eiter ab, Beethoven verließen nicht nur die Kräfte, sondern auch die Hoffnung. Dr. Wawruch hat ein Gespräch mit dem Todkranken überliefert: »Kein Trost vermochte ihn mehr aufzurichten, und als ich ihm mit der herannahenden belebenden Frühlingswitterung Linderung seiner Leiden tröstend verhieß, entgegnete er mir lächelnd: ›Mein Tagewerk ist vollendet, wenn hier noch ein Arzt helfen könnte, *his name shall be called wonderfull!*‹ Diese betrübende Anspielung auf Händels ›Messias‹ ergriff mich so mächtig, daß ich in meinem Innern die Wahrheit des Ausspruches mit tiefer Rührung bestätigen mußte« (TDR Bd. V, S. 468).

Beethovens Freunde besorgten ihm auch Lektüre; er las den historischen Roman *Kenilworth* von Walter Scott, ein Autor, den er früher geschätzt hatte, und warf ihn mit jener legendär gewordenen Äußerung weg: »Der Kerl schreibt doch bloß für ›Geld‹!«[463] Lieber versenkte er sich in die antiken Klassiker, der Geist der Gelassenheit war die beste Medizin, um das nicht enden wollende Leiden zu ertragen. Schindler brachte auch einen ganzen Stapel Schubert-Lieder mit, die dem Kranken viel Freude bereiteten.

Am 1. März hatte Beethoven nochmals an Bernhard Schott wegen des Weines geschrieben:

> »Weßhalb ich Sie schon gebethen habe, wiederhole ich hier noch einmahl, nämlich meine Bitte wegen alten weißen Rhein- oder Moselwein. Es fällt unendlich schwer, hier dergleichen ächt und unverfälscht selbst für das theuerste Geld zu erhalten. Vor einigen Tägen, den 27. Febr. hatte ich meine 4te Operation, und doch kann ich noch nicht einer gänzlichen Besserung und Heilung entgegen sehn. Bedauern Sie Ihren, Ihnen mit Hochachtung ergebensten Freund Beethoven.« (BGA Nr. 2266)

Die Sendung traf am 24. März ein – Beethoven hatte gerade die Sterbesakramente erhalten und konnte nur noch sagen: »Schade! – Schade! – zu spät!« Schindler, der dies an Schott berichtete, behauptete, es seien Beethovens letzte Worte gewesen.[464] Schindler fährt in jenem Brief fort:

> »Gleich darauf verfiel er in solche Agonie, daß er keinen Laut mehr hervorbringen konnte. Gegen Abend verlohr er das Bewußtsein und fing an zu phantasiren. Dieß dauerte fort bis den 25.ten Abends, wo schon sichtbare Spuren des Todes sich zeigten, und dennoch endete er erst den 26.ten um 3/4 auf 6 Uhr Abends. – Dieser Todeskampf war furchtbar anzusehen, denn seine Natur überhaupt, vorzüglich seine Brust war riesenhaft. Von Ihrem Rüdesheimer Weine genoß er noch Löffelweise bis zu seinem Verscheiden"(BGA Nr. 2291).

Eine weit ausführlichere Schilderung der letzten Tage Beethovens gab Johann Nepomuk Hummels 15-jähriger Schüler Ferdinand Hiller, der von seinen mehreren Besuchen beim Meister einen ungewöhnlich detailreichen und charakteristischen Bericht hinterlassen hat. Am 8. März war das erste Treffen:

»Durch ein geräumiges Vorzimmer, in welchem hohe Schränke dicke, zusammengeschnürte Packen von Musikalien trugen, kamen wir (wie pochte mir das Herz!) in Beethovens Wohnzimmer und waren nicht wenig erstaunt, den Meister, dem Anscheine nach ganz behaglich am Fenster sitzend zu finden. [...] Abgemagert von der bösen Krankheit, erschien er mir, als er aufstand, von hoher Statur, er war nicht rasirt, sein volles, halb graues Haar fiel ungeordnet über die Schläfen. Der Ausdruck seiner Züge wurde sehr freundlich und hell, als er Hummels ansichtig wurde, und er schien sich außerordentlich auf ihn zu freuen. Die beiden Männer umarmten einander aufs Herzlichste; Hummel stellte mich vor. [...] Wie peinvoll mag es für den lebhaften, sogar leicht ungeduldigen Mann gewesen sein, jegliche Antwort abwarten zu müssen, in jeder Minute des Gesprächs eine Pause eintreten zu lassen, während welcher die Denkthätigkeit gleichsam zum Stillstand verdammt war! Auch verfolgte er die Hand des Schreibenden mit begierigem Auge und übersah das Geschriebene mehr mit einem Blick, als daß er es las. Der Lebhaftigkeit des Gespräches that die fortwährende schriftliche Arbeit des Besuchenden natürlich großen Eintrag. – [...] Ueber sein Befinden klagte der arme Beethoven gar sehr. ›Da liege ich nun schon vier Monat‹, rief er aus ›man verliert zuletzt die Geduld!‹ [...] mir wurde unterdessen die Ehre zu Theil, das Gespräch mit Beethoven fortsetzen zu dürfen. [...]

Am 13. März nahm mich Hummel zum zweiten Male mit zu Beethoven. Wir fanden seinen Zustand wesentlich verschlimmert. Er lag zu Bette, schien starke Schmerzen zu haben und stöhnte zuweilen tief auf, trotzdem sprach er viel und lebhaft. [...] Als wir am 20sten wieder an seinem Bette standen, ging zwar aus seinen Aeußerungen hervor, wie sehr jene Aufmerksamkeit ihn erfreut, aber er war überaus schwach und sprach nur leise und in abgebrochenen Sätzen. ›Ich werde mich wohl bald nach oben machen,‹ flüsterte er nach unserer Begrüßung. Aehnliche Ausrufungen kamen öfters wieder; – dazwischen aber sprach er von Entwürfen und Hoffnungen, die sich freilich leider nicht realisiren sollten. [...] Sein Auge, welches das letzte Mal, als wir ihn gesehen, noch ziemlich lebendig gewesen, fiel heute zusammen und es wurde ihm schwer, sich von Zeit zu Zeit aufzurichten. Man konnte sich keiner Täuschung mehr hingeben – das Schlimmste stand zu befürchten.

> Trostlos war der Anblick des außerordentlichen Mannes, als wir ihn am 23. März wieder aufsuchten – es sollte das letzte Mal sein. Matt und elend lag er da, zuweilen tief seufzend. Kein Wort mehr entfiel seinen Lippen, – der Schweiß stand ihm auf der Stirn. Als er zufällig sein Schnupftuch nicht gleich zur Hand hatte, nahm Hummels Gattin ihr seidenes Batistläppchen und trocknete ihm mehrmals das Antlitz damit. Nie werde ich den dankbaren Blick vergessen, mit welchem sein gebrochenes Auge dann zu ihr hinansah. – Während wir am 26. März [...] in heiterer Gesellschaft weilten, wurden wir zwischen 5 und 6 Uhr durch ein starkes Gewitter überrascht. Ein dickes Schneegestöber wurde von heftigen Donnerschlägen und den Saal durchleuchtenden Blitzen begleitet. Wenige Stunden später kamen Gäste an mit der Nachricht, Ludwig van Beethoven sei nicht mehr – er war um 5¾ Uhr verschieden.«[465]

Über die zwei letzten Lebenstage des Komponisten berichtet Gerhard von Breuning etwas ausführlicher:

> »Am folgenden und zweitfolgenden Tag lag der gewaltige Mann unter weit hörbarem Röcheln bewußtlos in voller Auflösung begriffen. Sein kräftiger Körper, seine ungeschwächten Lungen kämpften riesenhaft mit dem hereinbrechenden Tode. Der Anblick war ein schrecklicher. Wußte man gleichwohl, daß der Arme nun nicht mehr leide, so war die Erscheinung doch grauenhaft, zu sehen, daß der Edle nunmehr den zersetzenden Mächten unwiderruflich verfallen, aller geistige Verkehr mit ihm aufgehoben war. Bereits am 25. März war zu erwarten, daß er während der folgenden Nacht enden würde; dennoch fanden wir ihn am 26. noch am Leben, – wo möglich noch heftiger röchelnd als Tags zuvor.«[466]

Diese Version wirkt authentischer als die folgende Schilderung von Anselm Hüttenbrenner: Diese ist nicht mehr Biografie und Schlusspunkt, sondern ein Gründungsdokument, eine Geburtsstunde: die des *Mythos Beethoven.*

> »In den letzten Lebensaugenblicken Beethovens war außer der Frau v. Beethoven und mir Niemand im Sterbezimmer anwesend. Nachdem Beethoven von 3 Uhr Nachmittag an, da ich zu ihm kam, bis nach 5 Uhr röchelnd im Todeskampf bewußtlos dagelegen war, fuhr ein von einem heftigen Donnerschlag begleiteter Blitz hernieder, und erleuchtete grell das Sterbezimmer. (Vor Beethovens Wohnhause lag Schnee.) – Nach diesem unerwarteten Naturereigniße, das mich gewaltig frappirte, öffnete Beethoven die Augen, erhob die rechte Hand, und blickte

starr mit geballter Faust mehrere Secunden lang in die Höhe mit sehr ernster drohender Miene, als wollte er sagen: ›Ich trotze euch feindlichen Mächten! Weichet von mir! Gott ist mit mir!‹ – Auch hatte es den Anschein, als wolle er wie ein kühner Feldherr seinen zagenden Truppen zurufen: ›Muth, Soldaten! Vorwärts! Vertraut auf mich! Der Sieg ist uns gewiß!‹ Als er die erhobene Hand wieder aufs Bett niedersinken ließ, schlossen sich seine Augen zur Hälfte. Meine rechte Hand lag unter seinem Haupte, meine Linke ruhte auf seiner Brust. Kein Athemzug, kein Herzschlag mehr! Des großen Tonmeisters Genius entfloh aus dieser Trugwelt ins Reich der Wahrheit! Ich drückte dem Entschlafenen die halbgeöffneten Augen zu, küßte dieselben, dann auch Stirn, Mund und Hände. – Frau v. Beethoven schnitt auf mein Ersuchen eine Haarlocke vom Haupt des Dahingeschiedenen, und übergab sie mir zum heiligen Angedenken an Beethovens letzte Stunde. Darauf eilte ich tief bewegt in die Stadt, theilte dem Hr Tobias Haslinger die Nachricht von Beethovens Tode mit, und kehrte nach einigen Stunden in meine Heimath Steiermark zurück [...]«.[467]

Im Bericht von Beethovens Bruder Nikolaus Johann ist die die Sterbeszene in wesentlichen Punkten anders dargestellt:

»[Beethoven] kam nur selten wieder zur Besinnung, rang noch 2 Tage und Nächte mit dem Todt bis er Montags Nachmittags 3/4 auf 6 Uhr zwischen Donner und Blitz sich auf 1mal sichtbar anstrengte zu erheben, stemmte den rechten Arm in die Seite öfnete seine geschlossenen Augen groß, sah mich 2 Minuten lang star[r] an, und starb wie *Caesar* in meinen Armen« (BSZ, S. 51).

Die Abweichungen in den Berichten von Johann und Hüttenbrenner sind besonders interessant, denn jeder verschweigt die Anwesenheit des anderen, jeder will den Sterbenden im Arme gehabt haben, vor der »Geschichte« reklamiert jeder für sich die Schlüsselstellung des Charon. Beide verfolgten die Absicht, den Mythos des *letzten Augenblicks* zu begründen, vor allem aber den Beginn der Rezeptionsgeschichte. Denn am wichtigsten für die folgenden Jahrhunderte sind die Metaphern Donner, Blitz und Gewitter, die geballte Faust, der *Caesar* der Musik – die symbolische Wiederauferstehung nach dem 48-stündigen ›Todesschlaf‹ des Komas. Vielleicht war es ja so, wenn nicht, ist es geschickt erfunden! Die beiden letzten Gäste haben es geahnt: *Dies ist der Beethoven, den die Geschichte braucht.*

Etwas komplizierter wird die Szene dadurch, dass in der Sterbestunde auch eine Frau anwesend war, was dem zweiten Berichterstatter sekundär zu sein scheint, er erwähnt sie nicht. Hüttenbrenner jedoch nennt eine »Frau v. Beethoven«, wobei es sich um die »Gutsbesitzerin Frau v. Beethoven«, also um Therese, handelt. Dies aber verneint Gerhard von Breuning und behauptet, bei der Anwesenden handele es sich um die Haushälterin Sali (BSZ, S. 486). Hüttenbrenners Bericht ist viel ausführlicher, vielleicht auch glaubhafter. Könnte es sein, dass Breuning Johann van Beethoven dazu anregte, die Tat des letzten Augenblicks für sich zu reklamieren, um zu vermeiden, dass das, was nicht sein darf, Geschichte wird: dass die vom Verstorbenen zuletzt am meisten gehasste Person bei seinem Tod anwesend war?

Aber ist dies so wichtig? Zumindest ist es *typisch* für Beethovens Haltung gegenüber seiner Schwägerin während seiner letzten Jahre. Hüttenbrenner oder der Bruder: Wer hat dem Meister wirklich die Augen geschlossen? Für die Musikgeschichte ist es irrelevant.

»Kein Kaiser von Österreich hätte eine solch grossartige Beerdigung bekommen«

»Il est probable que jamais empereur d'Autriche n'eut de funérailles aussi magnifiques que Beethoven«, schreibt am 7. April 1827 Nikolaus Zmeskall, seit 35 Jahren Beethovens Freund, an Therese Brunsvik, die ihm mit ihrer 28-jährigen Freundschaft nur wenig nachsteht. Er fährt fort: »La mort de Beethoven a causé à Vienne une rumeur tel qu'on en a pas connu jusqu'ici [...] Vingt à trente mille hommes l'accompagnaient à sa tombe« (BSZ, S. 1118); der Tod habe ein Aufsehen bisher unbekannten Ausmaßes erregt, zwanzig- bis dreißigtausend Menschen hätten ihn zu Grabe geleitet! Die Zahl 30 000 bestätigt Baron Trenck von Tonder in einem an Antonie Brentano gerichteten Brief vom 7. April 1827. Er war Mitarbeiter des Bankhauses Arnstein & Eskeles und deshalb mit Beethovens England-Geschäften befasst, ansonsten aber ein neutraler Beobachter. Er fügt hinzu, dass man in dieser Menschenmasse jedoch »keinen der sogenannten Großen«, d. h. niemanden vom kaiserlichen Hofe und aus dem Hochadel, angetroffen habe (BSZ, S. 1024). Gewiss waren viele Gaffer dabei, aber die große Trauergemeinde spricht doch dafür, dass der vom Kaiser zutiefst missbilligte Beethoven im breitesten Bürgertum angekommen war und dort innig verehrt wurde.

Den besten Detailbericht der Trauerfeierlichkeiten gibt Thayer, der die meisten zeitgenössischen Berichte eingearbeitet hat.

»Schon Stunden vorher hatte sich eine große Menschenmenge vor dem Schwarzspanierhause versammelt«, das ist Beethovens letzte Adresse; »immer strömten neue hinzu; an 20 000 Menschen sollen auf dem Platze vor dem Hause gewesen sein. – Alle Kunstnotabilitäten hatten sich eingefunden. Die Schulen waren geschlossen; zur Aufrechterhaltung der Ordnung hatte Breuning Militär erbeten. Der Andrang war so groß, daß, als endlich selbst der geräumige Hof des Wohnhauses Beethovens die Menge nicht mehr fassen konnte, das Hausthor verschlossen werden mußte, bis der Zug begann. Der Sarg mit dem Leichnam des großen Tonsetzers war im Hofe aufgestellt. Nachdem die Geistlichkeit sich eingefunden hatte, um ihr heiliges Amt zu verrichten, reihten sich die zu dieser Feyerlichkeit geladenen Gäste, Tonkünstler, Sänger, Dichter, Schauspieler, sämmtlich in vollständigem Traueranzuge, mit beflorten Fackeln und Blumensträußen am Arm um die Bahre, und die Sänger stimmten das von dem Verewigten componirte *Miserere* an. Ernst und hehr schwollen die frommen Töne dieser herrlichen Composition in die stillen Lüfte; der Anblick des Ganzen war imposant, der Sarg mit dem reichgestickten Bahrtuche, die Geistlichkeit, die ausgezeichneten Männer, welche das letzte Geleit ihres Kunstverwandten bildeten, und die Menschenmenge ringsum; alles dies zeigte ein höchst großartiges Ganzes.

Nach Beendigung des Gesanges wurde der Sarg gehoben und das Tor wieder geöffnet; die Sänger nahmen den Sarg auf ihre Schultern, und trugen ihn bis zur Kirche. Es wurde schwer, den Zug zu ordnen, da die Menge ungestüm nachdrängte; auch die nächsten Leidtragenden – Bruder Johann, Breuning Vater und Sohn, Schindler – konnten nur mit Mühe geeignete Plätze einnehmen. Acht Kapellmeister – Eybler, Weigl, Hummel, Seyfried, Kreutzer, Gyrowetz, Würfel und Gänsbacher – hielten die Zipfel des Bahrtuches. Auf beiden Seiten gingen Fackelträger, unter denen Schubert, Castelli, Bernard, Böhm, Czerny, Grillparzer, Haslinger, Holz, Linke, Mayseder, Piringer, Schuppanzigh, Streicher, Steiner, Wolfmayer und noch andere genannt werden. Auch Mosel und die Zöglinge des Konservatoriums [...] sah man im Zuge. Beim Vorübergehen beim Rothen Hause ertönte Beethovens Trauermarsch aus *Op.* 26. Durch die zahllose Menschenmenge ging der feierliche Zug nach der Pfarrkirche in der Alserstraße. Hier wurde während der kirchlichen Funktion das *Libera nos domine* von den Sängern 16stimmig *a capella* gesungen und die Feier geschlossen.« Das oben erwähnte *Misere* [...] hatte Ignaz Seyfried nach den 1812 von Beethoven für den Allerseelentag in Linz geschriebenen 3 Equalen für 4 Posaunen [WoO 30] mit Worten versehen und durch Männerchor erweitert. Das *Libera me* hatte Seyfried komponiert.

Der Sarg wurde nun in den mit vier Pferden bespannten Leichenwagen gebracht und nach dem Währinger Kirchhof geführt. Auch dort hatte sich eine große Volksmenge versammelt, um dem Hingeschiedenen die letzte Ehre zu erweisen. Da auf dem Friedhof nicht gesprochen werden durfte, hielt der Hofschauspieler H. Anschütz am Eingang vor dem Tore, am Sarge die Grabrede, welche Franz Grillparzer verfasst hatte; die Zuhörer waren tief ergriffen. Hier darf noch angeführt werden, daß schon im Trauerhause Castelli ein Gedicht hatte verteilen lassen, ebenso Freiherr von Schlechta am Kirchhofe [...] Die Exequien waren am 3. April in der Hofpfarrkirche der Augustiner, bei denselben wurde Mozarts Requiem unter Mitwirkung Lablaches gesungen. Bei einer weiteren Feier in der Karlskirche am 5. April wurde Cherubinis Requiem aufgeführt. Das Grab wurde durch einen einfachen pyramidenförmigen Stein mit der Aufschrift »*Beethoven*« bezeichnet.« (TDR Bd. V, S. 494ff.)

Grillparzers Grabrede kann man wegen des dem Anlass kaum angemessenen National-Pathos nur als Zeitdokument damaliger Kriegstraumata zur Kenntnis nehmen, aber der erste Abschnitt soll hier nicht fehlen:

»Indem wir hier am Grabe dieses Verblichenen stehen, sind wir gleichsam die Repräsentanten einer ganzen Nation, des deutschen gesammten Volkes, trauernd über den Fall der einen hochgefeierten Hälfte dessen, was uns übrig blieb von dem dahingeschwundenen Glanz heimischer Kunst, vaterländischer Geistesblüte. Noch lebt zwar – und möge er lange leben! – der Held des Sanges in deutscher Sprache und Zunge; aber der letzte Meister des tönenden Liedes, der Tonkunst holder Mund, der Erbe und Erweiterer von Händel's und Bach's, von Haydns und Mozarts unsterblichem Ruhme, hat ausgelebt, und wir stehen weinend an der zerrissenen Saite des verklungenen Spiels.«

Nachspiel

»Von der Qual eines solchen Lebens befreyt«

Das Rätsel des »negativen Glücks«

Es ist nicht zu fassen! Es ist einfach nicht zu fassen, dass Beethoven vor seiner Erlösung durch den Tod solche körperlichen und seelischen Qualen ertragen musste, nachdem ihm das Gehörleiden und zahllose Krankheiten bereits einen Großteil seiner zweiten Lebenshälfte vergällt hatten! – *Als ob die Elemente sich gegen den Tod des Großen Geistes empörten* – so interpretiert der bereits erwähnte Baron Trenck von Tonder das tosende Gewitter und den Schneesturm am 26. März 1827, dem Todestag des Meisters (BSZ S. 1023). Trenck von Tonder fährt in seinem ebenfalls an Antonie Brentano gerichteten Brief vom 28. März, dem Vorabend der Beerdigung, fort: »Die Leiden Beethoven's im Laufe seines letzten Lebensjahres waren wirklich mehr als schmerzlich und machten seinen Tod wünschenswerth [...] sein zerstörtes Aussehen, Folgen seiner Schmerzen, seine völlige Taubheit, berührten mich immer [...] Jeder der ihn in der letzten Zeit seines thatenreichen Lebens sah und ihn liebte mus freyer athmen, ihn von der Qual eines solchen Lebens befreyt zu wißen.«

Der Nekrolog der *Wiener Zeitung* erscheint am selben Tag. Erzherzog Rudolph erhält ihn einige Tage später und schreibt ihn zusammen mit weiteren Berichten *eigenhändig* ab – wohl um den großen Toten, dem er so viele Jahre engstens verbunden war, ein für alle Mal geistig bei sich zu behalten, wie er dies mit manchen seiner Lieblingskompositionen auch getan hatte. Erzherzog Rudolph, der ja nicht nur Kunstfreund, sondern als Epileptiker und Gichtkranker auch ein zutiefst verständnisvoller Leidensgenosse gewesen war, ist der Empfänger des einzigen Briefs von Beethoven, worin dieser Krankheit als den Preis für große Kunstleistung sieht, wie es zitiert wurde (BGA Nr. 2021). Er muss sich öfter in diesem Sinne geäußert haben, weil der Neffe Karl 1825, wie ebenfalls zitiert, etwas ganz Ähnliches sagt, was er nur schwerlich selbst erfunden haben konnte.[468]

Es ist allerdings kein Trost, wenn das Furchtbare solche Ausmaße annimmt wie im Leben dieser beiden Menschen, in Beethovens und dem seines Schülers Rudolph. Konnte Beethoven angesichts seiner außergewöhnlichen Erfolge sein Leben ›glücklich‹ nennen, oder machte »die Qual eines solchen Lebens« doch alles unerträglich? Durfte er Gedanken nachhängen, wie dem oft zitierten »O Gott, Gott, sieh' auf den unglücklichen B.[eethoven] herab, laß es nicht länger so dauern« (BTB, S. 40f.), die nicht erst seit 1812, sondern bereits seit 1802 in ähnlichen Variationen immer wieder auftauchen? Denn eine Besserung gab es wohl tageweise, aber insgesamt sieht er sich auch noch 1825 als einen, der zu den »in der Schule des Unglücks erzogenen Menschen« gehört (BGA Nr. 1926). Es ist ein Dauerzustand.

Ist Beethoven ein Meister des Jammerns? Es ist schwer, Genaues über sein Lebensgefühl in Erfahrung bringen, denn er ist schweigsam von Natur. »Ich schreibe lieber 10 000 Noten als einen Buchstaben«, bekennt er, wie erwähnt, im November 1820 (BGA Nr. 1418) – man muss schon zusätzliche, über die Briefe hinausgehende Mittel heranziehen, um ihn zu verstehen.

In diesem Sinne wurde erwähnt, dass sich sein Wesen seit Josephine Brunsviks Tod im Jahr 1821 zu wandeln begann, dass er seine humanistische Mission zwar bis zur *Missa solemnis* und zur *Neunten Symphonie* künstlerisch weiterverfolgte, zu dieser Mission jedoch, was sein Familienleben anbelangt, in immer größeren Widerspruch geriet. Sein Verhalten seinem Neffen gegenüber ist kritikwürdig, an dessen Selbstmordversuch ist Beethoven mitschuldig, weil er seine ursprünglich recht löblichen Erziehungsideale aus Eigennutz pervertierte. Hätte der Kontakt mit einer Vertrauten ihn davon abgehalten? Denn diese Ideale degenerierten zu einer Ideologie, wobei er, dem Zeitgeist nachgebend, die Notwendigkeit des Gleichgewichts ›väterlicher‹ und ›mütterlicher‹ Erziehungselemente leugnete, und dem Neffen immer seltener als liebevoll umhegender Vater und immer öfter als das inquisitorisch strafende, oft ungerechte Familienoberhaupt begegnete. Beethoven machte den gleichen Fehler, wie er einige Jahre zuvor in seinem engsten Kreis, bei seiner »Unsterblichen Geliebten«, vorgekommen war: Josephine Brunsviks zweiter Ehemann, Baron Stackelberg, wandte Pestalozzis Lehren viel zu starr und dogmatisch an, »ohne Rücksicht auf die Welt«, wie er sich brüstete, wodurch er das Leben seiner Töchter zu sehr einschränkte – und dasjenige seiner Frau zerstörte.[469]

Josephine, die hier wie von fast allen deutschen und französischen sowie auch einigen, aber nicht allen englischsprachigen Forschern für die »Unsterbliche« gehalten wird, ist eine Hauptfigur in Beethovens Kunst und Leben. Sie besitzt eine überragende Bedeutung auch für das Schaffen des Meisters. Sie war nicht nur eine bezaubernde Frau, sondern auch eine faszinierende Musikerin mit weit gestecktem kulturellem Horizont, die überraschend modern auftritt, emanzipiert und gleichzeitig zu geistigem Austausch bereit ist. Sie hat Beethoven in entscheidender Weise befähigt, seine furchtbare, 1802 in Heiligenstadt ausgebrochene Lebens- und Schaffenskrise zu meistern. In jenem Dorf bei Wien war es dem Künstler klar geworden, dass er ertauben und seinen Bezug zu den Klängen der Natur, den Geräuschen in Feld, Wald und Wiese verlieren würde, aus denen er bis dahin einen Großteil seiner Inspiration bezogen hatte. Metaphorisch geht sein ›erstes Leben‹ mit dem Todeswunsch von Heiligenstadt zu Ende: Er will sich umbringen! Doch glücklicherweise hatte er, ohne sich dessen sofort bewusst zu werden, seit etwa 1800 ein alternatives Schöpfungsmodell entwickelt, das ihm mit weniger ganzheitlicher, dafür aber viel variabler arbeitender Motivik und Sub-Thematik größere Entwicklungsmöglichkeiten und freieres Material bot, um in seiner Musik komplexe Ideenbezüge herzustellen.

Damit hatte das ›zweite Leben‹ zwar begonnen, aber mit diesem hatte Beethoven seine liebe Not, denn künstlerisch verarbeitungsfähige Ideen fand er nicht in Büchern, sondern vor allem in emotional intensiven Kontakten. Beethoven ist demnach nicht der Kunstheros, der niemanden braucht und alles ganz allein aus sich heraus zu schaffen vermag, wie man ihn seit fast zweihundert Jahren so gern dargestellt hat. Vielmehr *bedurfte er immer der anderen.*

Dabei spielte seine erste *wirkliche* und *einzige* Liebesbeziehung eine zentrale Rolle; die »Unsterbliche Geliebte« ist eines der großen ›Geheimnisse‹ der Kulturgeschichte. Aus meiner Sicht ist der Schlüssel dazu die Frage der künstlerischen Wirkung dieser Frau auf Beethoven – alle diesbezüglichen Geschehnisse, Dramen und Enttäuschungen ordnen sich fugenlos in das Muster dieses zentralen Kunstaspekts ein. Allein die erhaltenen Briefe von und an Gräfin Josephine Brunsvik beweisen – im Abgleich mit bisher unbekannten oder ungenügend beachteten Fakten –, dass nur sie und keine andere die »Unsterbliche« sein kann. Allein sie vermochte, dass der 1802 in Heiligenstadt zutiefst geschockte Beethoven sich für eine mehrere Jahre währende Phase regenerierte; zwischen

1804 und 1809 fühlte er sich auf dem Weg zu seelischer und künstlerischer Vervollkommnung durch sie derart emporgehoben, dass er eine Fülle von Meisterwerken schaffen konnte, wie dies in der Musikgeschichte in dieser Häufung selten der Fall war. Dieser primär geistige Prozess wurde 1812 in identischer, aber dramatisch zugespitzter Form wiederbelebt, woraus sich die Identität der Person ergibt, die Beethoven stets als »die Einzige« in seinem Leben beschwört.

Nach den dramatischen Ereignissen des Jahres 1813, die mit der Geburt Minonas, des wahrscheinlich gemeinsamen Kindes aus der Beziehung Josephines mit Beethoven zusammenhängen, entfernen sich die zwei Liebenden voneinander, haben jedoch bis wenigstens 1816 gelegentlichen Kontakt. Die »Unsterbliche« wird zur »fernen Geliebten«, doch deren Tod in Isolation, Armut und Krankheit, eine furchtbare soziale Tragödie, stürzt Beethoven 1821 nochmals in eine tiefe, von schwerer Krankheit begleitete Krise.

Der zweite Stichwortgeber: Erzherzog Rudolph

Spätestens seit 1808 ist Beethoven nicht nur Lehrer, sondern auch Freund und geschätzter Gesprächspartner des hoch musikalischen Erzherzogs, der den Meister nach bestem Vermögen fördert und nicht nur finanziell, sondern auch gesellschaftlich absichert.[470] Die beiden verstehen und verehren einander; über das Künstlerische hinaus verbindet sie das gemeinsame Streben nach geistiger Sublimierung, aus der Beethoven lange nachwirkende Anregung gewinnt: Der Weg vom 4. Klavierkonzert, seinem wohl großartigsten, bis zur *Missa solemnis* verdankt sich dieser tiefen Freundschaft. Man kann deshalb sagen, dass die inspirierende Rolle, die Josephine im Symphonischen und Vokalen zufiel, allmählich auf den Erzherzog übergeht, sich dabei aber etwas verlagert: das Klavierrepertoire rückt verstärkt ins Zentrum und letztlich auch wieder die geistliche Musik. Beethovens Beschäftigung damit geht zwar auf einen kirchlichen Anlass, die Ernennung des Erzherzogs zum Erzbischof von Olmütz zurück, nähert sich jedoch der ›Institution Kirche‹ nur rituell und nicht wirklich inhaltlich, so, wie er auch gegenüber dem Staat trotz kurzfristiger Annäherungen insgesamt Distanz wahrt. Wie so manches Problematische respektiert der Erzherzog auch diese Ausformung des Freiheitsbedürfnisses seines Meisters, dessen Deismus autonom und dessen Denken streng rechtlich, doch jeglichem Absolutismus feindlich blieben.

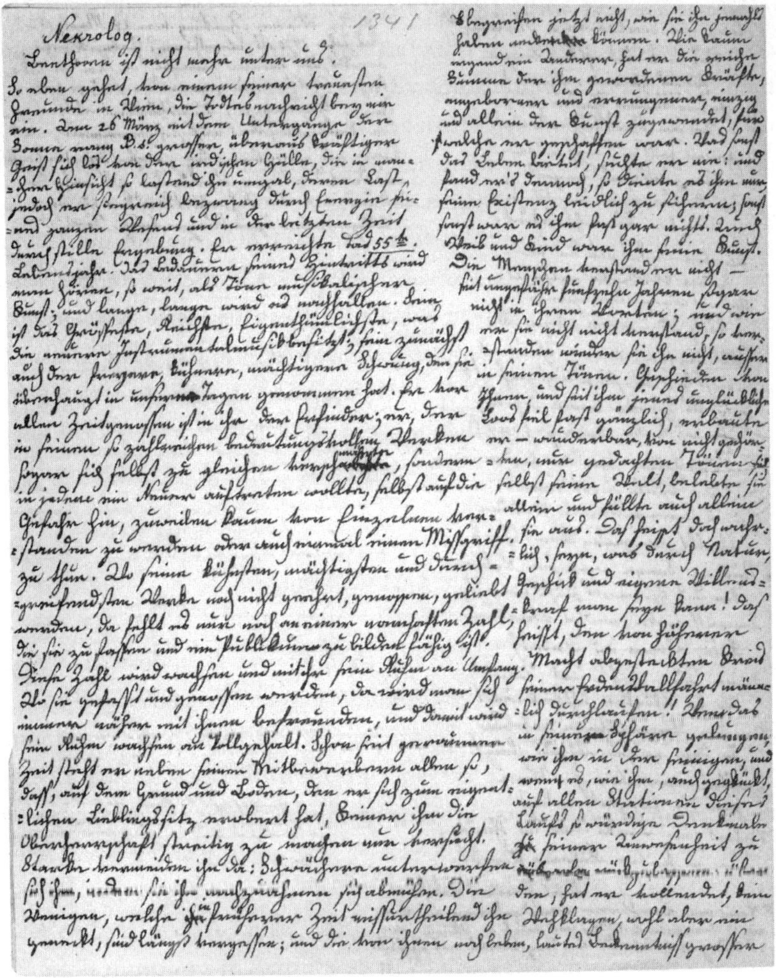

Abb. 62 Erzherzog Rudolfs schrieb eigenhändig Beethovens Nekrolog ab. Auf diese Weise wollte er sich den verehrten Lehrer und Freund für alle Zeiten präsent erhalten.

Die beiden Männer bleiben sich gewogen – trotz der geografischen Distanz, die seit 1819 zwischen ihnen liegt, trotz der repertoirebedingten Wende, denn nach dem letzten großen Klavierzyklus, den *Diabelli-Variationen* op. 120, verabschiedet sich Beethoven nach und nach von dem Instrument, das ihn so lange mit Rudolph verbunden hatte. Die letzten drei Jahre seines Lebens widmet sich der Komponist fast ausschließlich der Kammermusik. Rein formal übertrumpft er damit die kompositorisch-ästhetischen Höhenflüge der *Missa solemnis* und der

Neunten Symphonie nähert sich jedoch streckenweise, vor allem in op. 127 und 135, dem im Kern zweckfreien Raum des l'art pour l'art. Dort verleihen ihm seine kontrapunktische und kombinatorische Virtuosität sowie die Suche nach der absoluten Schönheit des Klanglichen die Sicherheit, *alles* zu können. Vollkommenheit der Formen und Perfektion des Details mögen der Kunstwelt mitteilen dass er, Beethoven, trotz Taubheit und häufiger Krankheit, der bedeutendste Komponist seines Zeitalters sei. Als solcher wurde er zumindest während der letzten zwölf Jahre seines Lebens in zahllosen Äußerungen bezeichnet, selbst Cherubini und Rossini erkannten dies an, Schubert sowieso, und viele Aufträge, auch solche aus Paris, London und sogar aus Boston, konnte er nicht mehr erfüllen.

* * *

Das »negative Glück«

Die ab 1824 spürbare, seelisch wohl aber schon 1821 mit Josephines Tod beginnende Neigung, sich von alten Denkmustern zu lösen, ist Beethoven ein Trost, vielleicht sein einziger in einer Welt, aus der er sich willentlich zurückzieht und an deren Rand er nur noch in extremer Isolation überwintern und arbeiten kann. Außer einigen Zitaten antiker Schriftsteller, die oft Enttäuschung, Verneinung und Selbstverleugnung zum Thema haben, äußert sich Beethoven selten über seinen durchaus kritischen Zustand.

Dabei wird einiges immer deutlicher: Fremder Hilfe bedarf er zum physischen Überleben immer mehr, geistig jedoch ist er selbstständiger denn je – zwangsläufig: Josephine lebt nicht mehr, der Erzherzog ist in allzu weiter Ferne. Der idealistische Elan, den Beethoven im gemeinsamen Denken mit diesen zwei Hauptfiguren entwickelt hatte, war bis in die *Missa solemnis* und die *Neunte Symphonie* aktiv. Die späten Quartette erwecken den Eindruck, dass er sich davon löst und noch einmal einen neuen Weg einschlägt. Den eines radikalen Alterspessimismus, für den er keiner Hilfe bedarf. Doch hat dieser im künstlerischen Ausdruck jener Quartette so viel Apollinisches an sich, dass man doch gerne mehr darüber erführe.

Schon früher wurde angemerkt, dass Beethoven kein Philosoph sei, ab 1800 jedoch seine Musik philosophischen Gedankengängen sehr intensiv öffnet. In dieser Richtung wurde er über Jahrzehnte hinweg vor allem durch den Umgang mit Josephine und Erzherzog Rudolph bestärkt, wobei auffällt, dass gerade die Arbeit an der *Missa solemnis*, zu der Letzterer ihn besonders motivierte, eines sehr langen Entstehungsprozesses bedurfte und nicht rechtzeitig zu Ende zu bringen war. Lief bei diesem Werk etwas ins Leere? Wohl kaum, von wenigen Werken sind so viele Skizzen überliefert, bei wenigen anderen gibt es so intensive Zeichen des Planens und Überlegens. Man kann den Eindruck gewinnen, dass der selbst gestellte Anspruch, dieses Werk zum Größten seines Œuvres zu machen, eher bremsend als förderlich wirkte. Die Interaktion von Überlegung und Einfall bildet eines der größten Probleme in der Kunst, viele Künstler litten darunter. Vielleicht darf man hier eine Parallele bemühen: Leonardo da Vinci, der größte Intellektuelle unter den Künstlern und der größte Künstler unter den Intellektuellen seines Jahrhunderts – er arbeitete zumindest ebenso behutsam und zeitaufwendig wie Beethoven im Falle der *Missa solemnis*.

Letzte Grüsse von Josephine?

Vielleicht ist es auch hier hilfreich, wieder fremde Hilfe zu beanspruchen, in der Hoffnung, Auskunft über den schwierigen und fast unnahbar gewordenen Jupiter unter den Komponisten zu erhalten. Denn innige Übereinstimmung im Denken hatte er – vor Beginn der Freundschaft mit dem Erzherzog – vor allem im Umgang mit der über alles geliebten Josephine Brunsvik. Marie-Elisabeth Tellenbach entdeckte im Nachlass Josephines einen Briefentwurf, den sie auf 1818 datiert. Der Text darf hier nicht fehlen, denn ich vermeine, *bei ihr*, der Seelenverwandten, zu vernehmen, was der alternde, restlos desillusionierte Beethoven während seiner letzten Jahre der späten Quartette empfunden haben könnte. Es handelt sich um Gedanken, die an das anknüpfen, was Beethoven schon lange vorher in seinem Brief vom 19. September 1815 an die Gräfin Erdödy ausgedrückt hatte – Ideen, die so sehr denen Josephines ähneln, dass er sie auch an sie geschrieben haben könnte, voller Entsagung, Resignation, Enttäuschung und der nur zunächst verquer anmutenden Hoffnung, darin eine geistige Höherentwicklung, gar eine Lebenserfüllung zu finden:

»Wir endliche mit dem unendlichen Geist sind nur zu leiden und Freuden gebohren, und beynah könnte man sagen die ausgezeichneten erhalten durch Leiden Freude.« (BGA Nr. 827)

Beethoven fasst sich hier sehr kurz – aber bemerkenswert prägnant, und er bietet damit ein Kabinettstück paradoxer Dialektik: *durch Leiden Freude zu erhalten.*

Über Briefen zu brüten, ist seine Sache gewiss nicht, das strengt ihn furchtbar an. Josephines Notat aus dem Jahre 1818 ist dagegen viel ausladender, sie drückt sich ja gerne und meist sehr gut aus – und sie beherrscht die Kunst der Paradoxie. Das Briefkonzept stammt von einem 8. April, dem Geburtstag von Josephines siebtem, 1813 geborenem Kind Minona, die, wie gesagt, vielleicht Beethovens Tochter war. Der Adressat ist nicht genannt, doch meint Tellenbach, dass der Brief »in Inhalt und Form nur an Beethoven gerichtet gewesen sein kann und eindeutig den berühmten Briefen aus der Frühzeit entspricht« (Tellenbach 1983, S. 194). Die Erwähnung »unsere Freundschaft« im zweiten Satz spricht entschieden dafür – geistiger Intensivkontakt ist für sie nur in Richtung Beethoven und Therese belegt, und diese wäre nicht im Rahmen von »Freundschaft«, sondern deutlich als Schwester angesprochen worden. In diesem Text schreibt Josephine dem Empfänger:

»am 8t April. Ich kann nur mit wenig Worten von dem sprechen was der Geist zu mir spricht in den Augenblicken der Ruhe, welche [...] ich als jene der höchsten Abgezogenheit alles irdischen zähle. – Unsre Freundschaft kann auch nur in solchen Augenblicken als existierend angenommen werden [...]

Ich hätte diese Bruchstücke nicht geschrieben, glaubte ich nicht hierdurch einem Wunsch von dir zu begegnen, der mir nach deinen letzten Worten theuer seyn muß – Was deine Erscheinung in mein[en] Empfindungen weckt – kann ich nicht schildern – – – Wir wissen keines, was wir thun, sprechen, sind – das Weltall in der Brust jeglichen Menschens u. folglich in den unsern ist der Sternenhimmel an dem es eben dieselben unermesslichen Entfernung[en] sind – wie in den Gestirnen – – – Sie scheint zu brechen in uns [,] die Axe [recte: Achse] aufgelöst, aus den Angeln gerissen, zerstört stehen wir da – uns gegenüber – – – den[n] was wir an uns gegenseitig, was wir in uns selbst zu Grunde richteten – – – es steht von unsrem inneren Auge. – – –

glücklich bist du nicht – – – aber betäubt – – – mit einem ernsten blick hinaus beschäftigt – u. so ruhig – gelassen – fortschreitend zum theil – in einem zustande von negativen Glück – das Buch der Erinnerung zeigt mancherlei Farben – du hast es durchgeblättert oft – durchgesehen – gerichtet – auch dich – selbst – u. vor dem Antlize des Höchsten geprüft, dieß ist d. Juwel den du gefunden, alles übrige zerstreuung edlerer Art – – –

In eins zusammen schmelzen kann nur dann geschehen, wenn [wir] zuerst in eins geschmolzen sind mit dem Ewigen, mit wahrer innigkeit dieses reine Verlangen, je mehr es sich reinigt – ist allein Vereinigung – für ewig – alles andre Schaale; Form; Gehäuse [...]

Könte der Geist sich dir ganz offenbaren [,] seine Mängl sind es, das[s] er es nicht kann – – – –« (Tellenbach 1983, S. 131, S. 195).

Dieser erstaunliche Text vermittelt den Eindruck, dass Josephine auf ihrem Krankenlager fast vollends zur Philosophin geworden ist. Ähnliches hatte sie bereits früher geäußert, doch was sie hier zuletzt schreibt, scheint in die Zukunft zu weisen. Zwar kommt der Terminus »negatives Glück« bereits 1816 bei einem gewissen Carl Nicolai (1779–1819) vor, [471] hat dort aber eine opportunistisch gesellschaftliche Bedeutung, die für Josephine keinerlei Relevanz haben konnte.[472] Erst 1819 erscheint Ähnliches, doch nun im Olymp des Denkens, erstaunlich nahe und doch anders als das, was Josephine zu meinen scheint: in Schopenhauers Hauptwerk *Die Welt als Wille und Vorstellung*, publiziert 1819. Für Josephine mochte es vielleicht doch auch ein ›positives‹ Glück gegeben haben – vor vielen Jahren, vor allem, wenn sie mit Graf Deym, ihrem ersten Mann, zusammen war, oder wenn Beethoven mit ihr musizierte. Für Schopenhauer gibt es nichts davon, er spricht generell von einem »Glück«, das »nur negativer, nicht positiver Natur« sein kann.[473] So weit wollte Josephine nicht gehen, sie konnte Schopenhauer auch gar nicht kennen, er blieb ja bis etwa 1844 weitgehend unbekannt und der preußischen Staatsdoktrin Hegelscher Prägung allzu sehr entgegengesetzt.[474] Aber es ist bedeutsam, wie dicht Josephine sich zeit ihres Lebens am Puls des philosophischen Denkens ihrer Generation befand.

Dies ändert jedoch nichts an ihrem tragischen Schicksal. Sie unterschied sich dabei unverschuldet von Beethoven, der durch Unglück und geistige Sublimation in seinem Künstlertum wuchs und wuchs. Sie dagegen rieb sich mit der hingebungsvollen Erziehung ihrer Kinder auf und geriet dabei – vor allem *als Frau in der damaligen Gesellschaft* – gnadenlos unter die Räder. Ihre Philosophie ist die der Verzweiflung, »negatives Glück« ist für sie das, was jenseits des Abgrundes lockt, wenn man nur mehr den Tod zu erwarten hat und diesen nicht als Strafe betrachtet, sondern als Erlösung erahnt. Man könnte meinen, sie hätte das Einleitungs-Adagio des cis-Moll-Quartetts op. 131 vorausgehört, das Richard Wagner »mit dem Erwachen am Morgen des Tages« vergleicht, »der in seinem langen Lauf nicht einen Wunsch erfüllen soll, nicht einen!«

Man meint aber auch, dass sie sich auf den Geist des berühmten Briefs an die »Unsterbliche Geliebte« bezieht, den Beethoven ja ebenso für sich wie für sie geschrieben hatte. Man beachte Josephines Formulierung im zuletzt zitierten Briefentwurf: *»das Weltall in der Brust jeglichen Menschens und folglich in den unsern ist der Sternenhimmel«* – dies scheint eben doch aus demselben ideellen Boden zu erwachsen wie der zentrale Gedanke in jenem Brief Beethovens von 1812: *»wenn ich mich im Zusammenhang des Universums betrachte, was bin ich und was ist der – den man den Größten nennt – und doch – ist wieder hierin das Göttliche des Menschen.«* Was er damals als Diskurs zwischen Sinnlichkeit und Entsagung abhandelte, wird in Josephines letztem Text zur Gleichsetzung von Vergeistigung und Tod, ist *»vor dem Antlize des Höchsten geprüft«*. Damit wendet sie sich an ihrem Lebensabend an denjenigen, den auch ihr »Ferner Geliebter«, Ludwig, *»den Größten nennt«*.

Wenn man bei manchen schmerzlichen Stellen der *Missa solemnis* und der *Neunten Symphonie* genau zuhört, kann man auf die Idee kommen, dass die Lieder des Glaubens wie der Freude der Sphäre des Wirklichen enthoben werden und manchmal wie ein *als ob* klingen: Vielleicht existiert solche »Freude« lediglich in sublimierter Form, so wie sie beide, Josephine und Beethoven, es anstrebten. Vielleicht bleibt eine solche »Freude« fragwürdig, vielleicht ist diese Freude gerade deshalb die Hymne Europas geworden, jenes Kontinents, der durch seine Fragwürdigkeiten ebenso begeistert wie erschreckt.

Was Beethoven nach dieser Hymne schuf, seine letzten Streichquartette, klingt so, als habe er versucht, Josephines schriftliches Vermächtnis in Töne zu setzen. Hat er beim Schreiben des cis-Moll-Adagios an sie gedacht? So würde sich der Kreis schließen von der Zeit allerhöchsten Schaffens der Jahre 1804 bis 1809 hin zu den allerletzten Klängen der sechs Quartettkompositionen zwischen op. 127 und 135, zu jenen Tönen absoluter Einsamkeit, die *»vor dem Antlize des Höchsten«* erklingen, wie Josephine es beschworen hatte – vor jenem Höchsten, dem auch Ludwig trotz aller abgründigsten Zweifel die Treue halten wollte. Er hat sie auch gehalten.

Dank

An erster Stelle möchte ich meiner Tochter Annie-Laure Drüner M. A. danken. Ich durfte sie bereits in einem frühen Planungsstadium konsultieren und bald dazu verleiten, in dieses Projekt einzusteigen. In vielen Kapiteln brachte sie ihre Mitgestaltung ein, vor allem auch dank ihrer theaterwissenschaftlichen und gesangstechnischen Spezialkenntnisse. An entscheidenden Stellen prägte sie die Texte zu *Fidelio,* zur *Missa solemnis* und zur Neunten Symphonie, insbesondere wenn es um Kriterien von Rollenverständnis und Stimmbehandlung ging. Für die Werkinterpretation und die Sicht auf Beethovens ästhetische Entwicklung haben ihre Beiträge prägenden Charakter. Vielen Dank, Annie-Laure!

Einem Freund bin ich hier besonders verbunden: Herrn Dr. Michael Ladenburger, einem der profundesten Beethovenkenner. So manche Woche seiner seltenen Freizeit widmete er meinem Buchmanuskript und ließ mir viele wichtige Hinweise zukommen. Über ihn lief auch die Verbindung zu Sir András Schiff, der sehr früh von meinem Beethoven-Projekt erfuhr und mir freundlicherweise seine CD-Aufnahmen sämtlicher Klaviersonaten Beethovens und sein dazu gehöriges Buch das von ihm darüber publizierte Buch schickte und auf diese Weise meine Überlegungen stark mitprägte. Weiteren Rat und wertvolle Hilfe erfuhr ich vom Beethoven-Haus Bonn; ich danke insbesondere Herrn Direktor Malte Boecker, Frau Prof. Dr. Christine Siegert, Frau Dr. Julia Ronge und Frau Friederike Grigat M. A.

Ferner danke ich Frau Prof. Dr. Eva Rieger, die ich wiederum zu vielen Fragen, vor allem zum Thema *Beethoven und die Frauen,* konsultieren durfte; wie immer stand sie mir mit wertvollem Rat bei. – Mit Dank erwähne ich ein langes und sehr fruchtbares Gespräch mit Herrn Professor Dr. Otto Biba zum Thema Beethoven und Erzherzog Rudolph, dessen hauptsächlichen

Nachlass er als Bibliotheksdirektor des Archivs der Musikfreunde in Wien seit so vielen Jahren hütet und das er wie kein Zweiter kennt. Meinen Musiker-Kollegen Constanze Schöne, Albert Boesen und Rudolf Gleissner danke ich von Herzen, dass ich mit ihnen die Wunderwelt der späten Streichquartette Beethovens erkunden durfte – es war ein wichtiger Schritt auf dem Weg zu diesem Buch. Schließlich gilt es, voller Dank Frau Dr. Rita Steblin zu gedenken, von deren Hilfe und Wissen ich bis kurz vor ihrem Tod profitieren durfte.

Höchste Professionalität und Unterstützung erfuhr ich im Vorfeld der Buchentstehung bereits von meinem Agenten Dr. Ernst Piper und alsbald von meinem Verlagsleiter Sascha Mamczak vom Karl Blessing Verlag in der Verlagsgruppe Random House. Auf Schritt und Tritt und quasi vom ersten Federstrich an begleitete und unterstützte mich mein Lektor Dr. Edgar Bracht mit seinen literarischen Kenntnissen sowie seinem weiten kulturhistorischen und insbesondere auch musikalischen Erfahrungsschatz. Ihnen allen zolle ich großen Dank für eine Verlagsarbeit, die nach wie vor eine selten gewordene Qualität hat.

Für meine Angehörigen war dieses Buch fast eine Zumutung, weil es nahezu ohne Unterbrechung an mein Wagner-Projekt anschloss und meine im Familienleben oft sehr störende geistige Abwesenheit von einer fünf- zu einer achtjährigen ›Krankheit‹ verlängerte. Ich danke euch zutiefst, liebe Elyane, lieber Raphaël, liebe Annie-Laure, dass ihr mir trotzdem in liebevoller Hilfe stets treu geblieben seid!

Anmerkungen

Einleitung

1 BSZ, S. 1076; s. auch BGA Nr. 258

2 Schindler, Anton, *Biographie von Ludwig van Beethoven.* Münster 1840; idem, *Zweite, mit zwei Nachträgen vermehrte Ausgabe.* Münster 1845; idem, *Dritte, neu bearbeitete und vermehrte Auflage*, Münster 1860.

3 Thayer, Alexander Wheelock, *Ludwig van Beethovens Leben.* Bearbeitet von Hermann Deiters und Hugo Riemann. 5 Bände. Leipzig 1917–1922. Dies ist die erste historisch stichhaltige Beethoven-Biografie. Alexander Wheelock Thayer (1817–1897), amerikanischer Bibliothekar, Journalist, Musikschriftsteller und Diplomat, kam 1849 nach Europa, um seine Beethoven-Forschung zu beginnen, die er zunächst durch journalistische Arbeiten finanzierte. 1862 trat er in den diplomatischen Dienst der USA ein. 1865–1882 war er amerikanischer Konsul in Triest, reiste aber oft, um die damals noch lebenden Zeitgenossen Beethovens nach ihren Erinnerungen an ihn zu befragen. Er vollendete die Bände 1 bis 3, welche 1866–1879 in der Übersetzung von Hermann Deiters erschienen. Die folgenden Bände wurden von Hermann Deiters und Hugo Riemann auf Basis der von Thayer hinterlassenen Papiere und Vorarbeiten 1901–1917 vollendet. Thayers Arbeit gilt als Meilenstein der Biografik und Muster für moderne Standards in der biografischen Forschung.

4 Klein, Rudolf, *Beethoven-Stätten in Österreich*, Wien 1970, S. 39. Pasqualati unterstützte Beethoven auch bei anderer Gelegenheit, etwa als er 1813–17 mit Johann Nepomuk Mälzel in Streit geriet, weil dieser sich die Behauptung anmaßte, er hätte musikalisch und konzeptionell an Beethovens Orchesterstück *Wellingtons Sieg oder Die Schlacht bei Vittoria* mitgewirkt; und auch bei Beethovens aufflammenden Streitigkeiten um seinen Neffen Karl stärkte Pasqualati dem Komponisten den Rücken.

5 Aus der Zwischenzeit der Gehörverschlechterung gibt es ein wichtiges Zeugnis von Johann Evangelist Fuss in einem Brief an Breitkopf & Härtel vom 8. Dezember 1812: »Seine Gehörwerkzeuge sind zwar schon seit einigen Jahren nicht im besten Zustande: allein in einem so bedeutenden Grade verschlimmerte sich dieses Uebel doch keineswegs, dass wir besorgen dürften, es mache ihn für die Musik unbrauchbar.« (BSZ, S. 290) Da Fuss, wie die Herausgeber von BSZ vermuten, im Auftrag des Verlags berichtet, kann man vielleicht eine geringfügige Beschönigung annehmen, keinesfalls aber eine gravierende (eine grobe Verfälschung hätte den Verlag ja zu Fehlentscheidungen veranlassen können).

6 In diesem Sinne schreibt auch der Musikjournalist Ludwig Rellstab (1799–1860), ein außerordentlich sensibler und nachdenklicher Berichterstatter, der 1825 intensiv mit Beethoven verkehrte: »Es wurde früher und später öfter behauptet, daß Beethoven's Gehör nicht so völlig zerstört sei; daß er zwar den Zuruf nicht verstehe, und selbst heftiges Geräusch nicht vernehme, aber doch musikalische Töne sehr wohl zu unterscheiden wisse. Auch sollten seine Zustände einem sehr merklichen Wechsel unterworfen sein, und er zu Zeiten überraschend gut hören, was die Hoffnung einer dereinstigen völligen Heilung immer neu in ihm erwecke. [...] Hatte seine Krankheit, hatten Verstimmung, Zerstreuung die Hörfähigkeit noch vermindert, [...] ich weiß es nicht.« Etwas weiter wird Rellstab genauer und schließt die früheren Beobachter mit ein: »Wenn aber damals schon, in einzelnen übeln Perioden seines Zustandes, Beethoven helle kräftige musikalische Töne nicht hörte, so mag die Behauptung, daß er später noch die Fähigkeit gehabt habe, Musik mit dem äußern Ohr zu verfolgen, wol sehr bedingt gewesen, und ebenso nur in günstigen Momenten eingetreten sein, wie sie ihm damals in ungünstigen schon versagte.« (BSZ, S. 692 und 694) So genau weist m. W. niemand auf die rein psychologische Teilkomponente seiner Schwerhörigkeit hin, und diese sollte man auch heute ins Kalkül ziehen.

7 So von Klaus Kropfinger in dem ansonsten ausgezeichneten und grundlegenden Artikel zu Beethoven in MGG/2, Bd. 2, Sp. 667–944, hier Sp. 887.

8 Dabei ging es um die Rechtfertigung einer ungewohnten Stimmführung im Streichquartett op. 127, die der Komponist Karl Traugott Zeuner (1775–1841) moniert hatte. Aber Kunst und Natur ist schon 1798 Beethovens Thema, wenn er der Sängerin Christine Gerhardi »Ermahnungen« gibt, »dem unerreichbaren Ziele, das unß Kunst und Natur darbeut, näher zu kommen, so schwer es auch ist« [BGA, Nr. 33, ca. 20. August 1798]. Und 1812 erklärt er seinem damaligen Verleger Breitkopf & Härtel in Leipzig: »Wenn mir alles Versagt ist, so finde ich mich wieder in der Natur und auch sogleich wieder in meiner Himlischen Kunst [,] einziges wahres Göttergeschenk des Himmels [BGA, Nr. 555, 28. Februar 1812.

9 »Und spür' ich nicht linde, sanft säuselnde Luft ...«

10

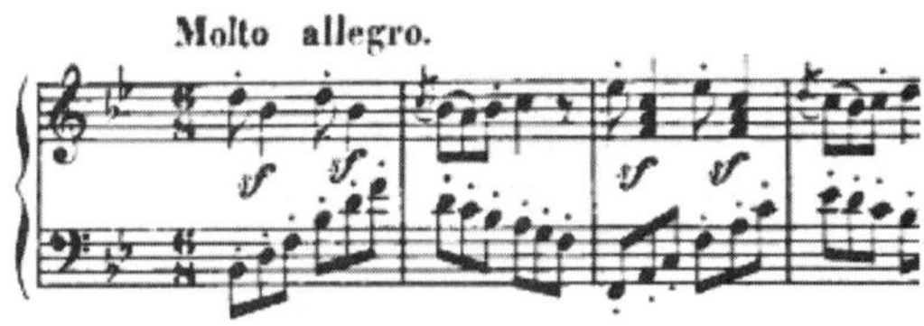

11

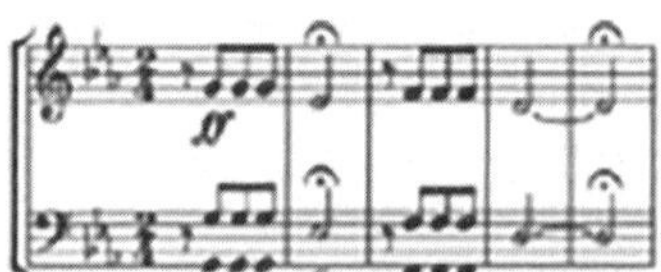

12 Carl Czerny hört in der Weiterentwicklung des Motivs den Ruf eines Ammerlings (Goldammer), s. Carl Czerny, *Über den richtigen Vortrag der sämtlichen Beethoven'schen Klavierwerke nebst Czerny's »Erinnerungen an Beethoven«, hrsg. v. Paul Badura-Skoda.* Wien 1963, S. 18. Eine Zwischenform der Fassungen in op. 19 und op. 67 findet man im Hauptthema des ersten Satzes im 3. Klavierkonzert op. 37. Im dritten Takt folgen nach der ersten Note quasi zwei Bestätigungsrufe (g-c, g-c), die zur Familie der Kuckucksruf-Motive gehören, allerdings gespiegelt

(erste Note tief, zweite Note hoch). Der Intervall ist geweitet zur Quarte (Kuckucksrufe reichen von der Sekunde bis zur Quinte), die Kuckucks-Figur ist verdoppelt wie in op. 19 und 67; die Zwischenform liegt in der Betonungsänderung; der natürliche Kuckucksruf hat die Betonung auf der ersten Note, in op. 37 ist die Betonung wie in op. 67 auf die Endnote verschoben. Dadurch bekommt das Motiv bereits in op. 37 den klopfenden Charakter, der in op. 67 zum Hauptmerkmal wird:

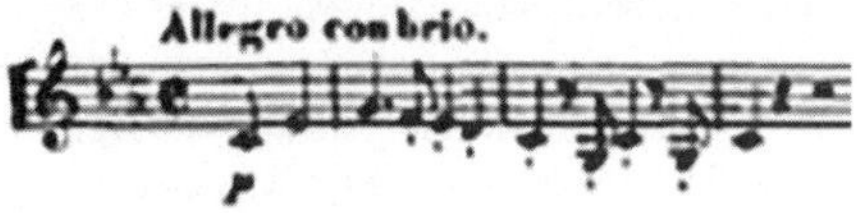

3. Klavierkonzert op. 37

13 Seit der 3. Auflage von Schindlers Biografie (1860) wird die Interpretation zitiert, die Schindler von Beethoven selbst gehört haben will, was jedoch als nicht glaubwürdig gilt: »Den Schlüssel zu diesen Tiefen gab dessen Schöpfer selber, als er eines Tages mit dem Verfasser über die demselben zu Grunde liegende Idee sprach, mit den Worten: *So pocht das Schicksal an die Pforte*, indem er auf den Anfang des ersten Satzes hinwies.« (Schindler 3/1860, S. 158)

14 Klaus Kropfinger a. a. o., Sp. 707.

15 Die Klagen im »Testament« über gesellschaftlichen Rückzug sind wohl eher als literarische Reaktionen von Furcht und Schrecken zu verstehen; aus der persönlichen Umgebung gibt es dafür keine Belege.

16 Zum Modus operandi von Beethovens Kreativität siehe Kapitel 16, soweit man dies aus den vorhandenen Texten rekonstruieren kann.

17 Ein Beispiel unter vielen, überliefert von Carl Czerny: »Ich bin nur wenig zufrieden mit meinen bisherigen Arbeiten« (BSZ, S. 228).

18 Was dazu führt, dass er nicht nur in freier Natur Musik skizziert, sondern auch im engen Getümmel der Stadt (siehe Kapitel 16).

19 Johann Sporschil zitiert Beethoven 1827; »[…] jedem derselben [seiner Werke] liegt, ›wie er selbst sich ausdrückte‹, ›eine psychische Idee zum Grunde‹«(BSZ, S. 940). Beethoven (oder sein Interpret Sporschil) benützen das Adjektiv »psychisch«; heute müsste man das übersetzen mit »emotional vermittelte Idee«, eine Idee, die durch musikalisch erregte Gefühle repräsentiert wird.

20 Siehe hierzu die Diskussion vergleichbarer kreativitätspsychologischer Fragen in Ulrich Drüner, *Richard Wagner. Die Inszenierung eines Lebens. Biografie.* München 2016, Kapitel 17, S. 305ff

21 Dem oft chaotischen Beethoven war das einerlei, er dachte nicht an heutige Forscher.

22 Im Nachgang der 1968er-Bewegung hat die Negativhaltung gegenüber Erzherzog Rudolph eine gewisse Tradition erlangt, weil die gute Beziehung zwischen ihm und Beethoven den Biografen im Bemühen beeinträchtigen kann, den Komponisten als Demokraten (z. B. Lewis Lockwood) oder zumindest als Republikaner darzustellen, was im Beethovenbild erst seit 1945 nötig wurde, um die Verbrämungen des Beethovenbildes der Nazizeit zu überwinden. Beethoven ist ein lupenreiner Anhänger der Aufklärung, doch bleibt er ein zwischen alter Ordnung und Republik oft Wankender, der auch mal ernsthaft plant, für seinen ansonsten verhassten Kaiser eine Messe zu komponieren (was er letztlich jedoch sein lässt). Die Einschätzung der Beziehungen Beethovens zum Hause Habsburg muss ideologiefrei bleiben, sonst kann man den Beteiligten nicht gerecht werden.

23 Dieser Brief wird erst im Nachtragsband der BGA erscheinen (Bd. VIII); bisher liegt er lediglich als Nr. 1414 vor in der vorangehenden Ausgabe: *Ludwig van Beethovens sämtliche Briefe*, hrsg. v. Emmerich Kastner, völlig umgearbeitete und wesentlich vermehrte Neuausgabe von Julius Kapp, Leipzig 1923.

24 Besonders typisch ist ein Brief vom Sommer 1823 an den Verleger Anton Diabelli, in dem Beethoven schreibt: »weder meinem H.[errn] Bruder noch Hr. Schindler vertrauen sie nichts« (BGA Nr. 1661). Noch kruder und direkter drückt Beethoven sich in einem Brief an Schindler aus: »was Freundschaft betrift so ist dies eine schwierige Aufgabe mit ihnen, mein wohl mögte ich ihnen auf keinen Fall anvertrauen, da es ihnen an überlegung fehlt u. sie eigenmächtig handeln u. ich sie selbst früher schon auf eine Nachtheilige weise für sie kennenlernte« (BGA Nr. 1833, 13. Mai 1824).

Anmerkungen zu Kapitel 1

25 *Familie Beethoven im kurfürstlichen Bonn. Neuauflage nach den Aufzeichnungen des Bonner Bäckermeisters Gottfried Fischer*, hrsg. von Margot Wetzstein, Bonn 2006, S. 41.

26 *Variations pour le Clavecin sur une Marche de Mr. Dressler Composées* […] *par un jeune amateur Louis van Betthoven* [!] *agé de dix ans* WoO 63 [=Werk ohne Opuszahl], wobei die falsche Altersangabe auf dem damals kursierenden Geburtsjahr 1772 beruhte.

27 WoO 47. Siehe dazu auch weitere Angaben in BtW Bd. II, S. 121ff.

28 *Schilderung eines Mädchens* WoO 107 (*von Hrn: Ludwig van Beethoven alt eilf Jahr*, Speier, Bossler 1783). Die übrigen Publikationen aus Beethovens Kindheit (1783: WoO 48; 1784: WoO 49 und 108) verzichten bereits auf die Altersangabe.

29 *Familie Beethoven im kurfürstlichen Bonn* …, S. 76.

30 Unter vielen möglichen Belegen hier der kürzeste: »Von seinen Eltern sprach er mit vieler Liebe und Achtung« (aus Fanny Giannattasio del Rios Erinnerungen an Beethoven, s. BSZ, S. 341. Diese Quelle gilt als sehr zuverlässig).

31 Sie erscheint erstmals in dem 1810 in Paris veröffentlichten Musiker-Lexikon von Choron / Fayolle.

32 Solomon, S. 33–42. Als einzigen Beleg führt Solomon S. 41 das von Beethoven 1782 vertonte Gedicht *An einen Säugling* WoO 108 an, in dem sich nur »die Mutter offenbare«, während »der Geber«, der Vater, sich lediglich »auf gleich verborgne Weise« offenbare, »wenn ich fromm und gläubig bin«. Damit ist aus dem Kontext ganz eindeutig der Himmlische Vater, Gott, erkennbar. Es ist schon ein Zeichen von Unkenntnis der deutschsprachigen Volkslyrik des späten 18. Jahrhunderts, solch ein Gedicht heranzuziehen als Beleg für die angebliche Neigung Beethovens, an seine illegitime königliche Abstammung zu glauben.

33 Siehe Solomons Behandlung der Frage der »Unsterblichen Geliebten« und des Neffenkonflikts, siehe u. a. auch Stefan Wolf, *Beethovens Neffenkonflikt. Eine psychologisch-biographische Studie*, München, 1995, sowie Klaus Kropfinger und K. M. Kopitz (s. Literaturverzeichnis).

34 In meiner letzten Arbeit *Richard Wagner. Die Inszenierung eines Lebens* (München 2016) habe ich im 17. Kapitel (»Wie funktioniert das Genie?«) versucht, Beobachtungen über Kreativität von bekannten Komponisten zu sammeln. Beethoven kommt dabei kaum vor, weshalb es mir ganz und gar nicht opportun erscheint, an die Ergebnisse aus dem Umgang mit Wagner anzuschließen. Jeder Komponist musste und muss sich seine eigenen ›Rezepte‹ zum Schöpferischen erobern.

35 Sieghard Brandenburg, *Beethovens politische Erfahrung in Bonn*, in: H. Lühning u. S. Brandenburg (Hrsg.): *Beethoven: Zwischen Revolution und Restauration.* Bonn 1989, S. 3–50, hier: S. 5

36 *Allgemeine Deutsche Biographie* (ADB). Band 21, Leipzig 1885, S. 56–70.

37 Zitiert nach: Sieghard Brandenburg (wie oben), S. 7

38 Wurzbach, C. v., *Biographisches Lexikon des Kaiserthums Oesterreich*, Bd. 7, Wien 1861, S. 109f.

39 Ibidem S. 11

40 Schiedermair, Ludwig, *Der junge Beethoven*, Leipzig 1925, S. 57

41 Angaben von Eduard Panzerbieter (1927) und Dieter Haberl (2006), u. a. auf Basis des »Regensburgischen Diariums«. Siehe E. Panzerbieter, *Beethovens erste Reise nach Wien im Jahre 1787*, in: Zeitschrift für Musikwissenschaft, Bd. 10 (1927/28). S. 153–161, sowie Dieter Haberl, *Beethovens erste Reise nach Wien*, in: *Neues musikwissenschaftliches Jahrbuch*, Bd. 14 (2006), S. 215–255.

42 Clive, Peter, *Mozart and his circle: a biographical dictionary.* New Haven 1993, S. 22.

Anmerkungen zu Kapitel 2

43 In Bd. I, S. 235, FN 15 wird die Vermutung geäußert, Beethoven habe in Köln einträgliche Solistenauftritte gehabt, wie dies von den Bonner Hofkapell-Kollegen Romberg überliefert sei.

44 *Boßlers Musicalische Correspondenz* (13. Juli 1791): »Klavierconzerte spielt Hr. Ludwig van Bethoven.« Zur Bratsche: siehe H. A. O. Reichards Theaterkalender (1791), beide Stellen abgedruckt in TDR, Bd. I, S. 261 und 238.

45 *»Pour la musique il joue du violon* [recte : viola] *et aime d'en jouer avec de musiciens ordinaires et non fameux avec lesquels il peut être à son aise.«* Leopold, *Historisches Taschenbuch* (II, Wien 1800 – Thayer gibt keine Seitenzahl an).

46 Dazu ein anderes Zitat, das Thayer nach *Cramers Magazin* von 1786 abdruckt: »Den 5ten April [1786] war zu Bonn ein merkwürdiges Concert bei Hofe. Se. Churfürstliche Durchlaucht zu Cöln spielte dabey die Bratsche, der Herzog Albrecht die Violin, und die reizende Frau Gräfin von Belderbusch das Clavier recht bezaubernd.« [TDR, Bd. I, S. 186] Allerdings scheint sich die »Churfürstliche Durchlaucht« zumindest mit Herzog Albrecht, dem Ehemann seiner Lieblingsschwester Christine, gut verstanden zu haben (freundlicher Hinweis von Frau Dr. Julia Ronge, Beethoven-Haus Bonn).

47 Für die Hypothese des gemeinsamen Musizierens spricht eine Notiz aus *Boßlers Musicalischer Correspondenz* vom 13. Juli 1791: »Se. Kurs. Durchlaucht zu Köln spielen jetzt sehr selten Bratsche. Wohl aber amüsiren sie sich mit Opern am Clavier« (zit. nach TDR, Bd. I, S. 261). Auf eventuelle gemeinsame Kammermusikausübung könnte die Existenz eines Skizzenblattes verweisen, das zu dem bedeutendsten der für die Tafelmusik des Kurfürsten komponierten Werke erhalten ist, dem Bläseroktett op. 103 von 1792. In der Skizze befand sich der Vermerk »8tett – oder 5tett?« (Hinweis in Kinsky-Halm, S. 12, der jedoch nicht in die NA 2014 übernommen wurde); sollte dieser Vermerk autograph gewesen sein, würde er dafür sprechen, dass die erst 1795 niedergeschriebene Umarbeitung des Oktetts zum Streichquintett op. 4 von Anfang an geplant war und vielleicht in einer ersten Fassung auch existierte.

48 Wie genau der Kurfürst sein Personal kennen zu lernen wünschte, belegt ein »Unterthänigstes *Pro-Memoria* die Kurfürstliche Hof *Musique* betrefend«, das er in seiner ersten Bonner Zeit

1784–85 erstellen ließ. Es enthält Angaben zu allen Sängern und jedem Musiker und sollte als Unterlage zur künftigen Personalführung bzw. Einsparungen herangezogen werden. Nachfolgend einige Beispiele, soweit sie für Beethovens Umgebung von Interesse sind (anfangend mit seinem Vater Jean): »8. *Johan Betthoven* hat eine ganz abständige stimm, ist lang in Diensten, sehr Arm, von zimlicher Aufführung und geheirathet. [...]

13. *Christian Neffe* der *Organist* meines ohnzielsezlichen Dafürhaltens könnte dieser wohl abgedanckt werden, weilen nicht besonders auf der Orgel *versiret*, ist übrigens ein frembder, von gar keinen *meritten* und *Calvinischer Religion.*

14. *Ludwig Betthoven*, ein sohn des Betthoven *sub* Nr. 8, hat zwar Kein gehalt, hat aber wehrent der abweßenheit des Kappellen Meister Luchesy die Orgel versehen; ist von guter fähigkeit, noch jung, von guter stiller Aufführung und arm.

15. *Johan Ries*, der ältere [Vater des Nachfolgenden]; ist alt und schwachsinnig, hat ein Gnadengehalt von 150 Rthlr. ist Verheirathet und ist auf Befehl Sr. Kurfürstl. Gnad. nacher Köllen zu denen *Alexianer* hingebracht worden. [...]

19. *Frantz Ries*, ist der beste *Violonist* (vor *Solo*), Von treflicher Aufführung, noch jung und Verheirathet. [...]

26. *Nicol. Simrock* zweiter und guter Waldhornist, sehr guter Aufführung und geheirathet. [...]

28. *Johan Walter*, mittelmäßiger *Braccist*, ist von guter Aufführung, geheirathet und sehr arm.« Den etwa 40 Kurz-Charakteristiken folgt eine Liste von Veränderungsvorschlägen, die vier Kündigungen enthalten, darunter Christian Gottlieb Neefe, der, wie oben zu sehen, sehr schlecht beurteilt worden war. Der Kurfürst folgte diesen Vorschlägen nur teilweise und änderte einige Kündigungen in Gehaltskürzungen um.

49 Dass WoO 87 ein so ausladendes Werk würde, konnte die Lesegesellschaft nicht absehen. Da Maximilian Franz letztlich offenbar eine stille Trauerfeier bevorzugte, mussten sich die Auftraggeber gegen das Projekt entscheiden (freundlicher Hinweis von Frau Dr. Julia Ronge, Beethoven-Haus Bonn). Für WoO 88 liegen keine Aufführungsangaben vor.

50 Beide Kantaten gerieten in Vergessenheit und wurden erst 1884 wiederentdeckt. Brahms notierte dazu: »Es ist Alles und durchaus Beethoven!« (Zitiert nach Solomon, S. 69)

51 Neefes damals publizierte Bemerkungen sind offensichtlich etwas gefärbt von der Selbstpromotion des stolzen Lehrers.

52 Georg Joseph Vogler (oft Abbé Vogler oder Abt Vogler genannt, 1749–1814), berühmter Komponist und Theoretiker, begehrter Lehrer, a. von C. M. v. Weber und G. Meyerbeer.

53 TDR Bd. I, S. 233 zitiert den Bericht Franz Gerhard Wegelers: »Der erste und in jeder Hinsicht der wichtigste Mäcen Beethovens war Graf Waldstein, Deutsch-Ordens-Ritter und, was hier Hauptsache, Liebling und beständiger Gefährte des jungen Kurfürsten, nachheriger Deutsch-Ordens-Commandeur zu Virnsberg und Kämmerer des Kaisers von Oesterreich. Er war nicht nur Kenner, sondern selbst Praktiker der Musik. Dieser war es, welcher unsern Beethoven, dessen Anlagen er zuerst richtig würdigte, auf jede Art unterstützte.«

54 So auch angekündigt im *Theater-Kalender auf das Jahr 1792.*

55 Während der junge Beethoven es aus purer Freundschaft und anscheinend gratis tat, hatte Mozart für seinen letzten Mäzen Graf Franz von Walsegg als Ghostwriter – allerdings gegen ein Höchst-Honorar hell klingender Dukaten – in den letzten Monaten des Jahres 1791 große Teile seines Requiems zu Papier gebracht. Haben die zwei so nahe beieinander liegenden Fälle etwas miteinander zu tun? Denkbar ist's, die Verbindungen zwischen Wien und der vom

Bruder des Kaisers regierten Residenz Bonn waren gut organisiert. Mozarts Requiem wurde allerdings erst 1793 unter Walseggs Autornamen zum Jahrestag des Todes seiner Gattin in Wiener Neustadt aufgeführt – das berühmteste Ghostwriting der Musikgeschichte überhaupt.

56 Lux, Joseph August, *Ludwig van Beethoven. Sein Leben und Schaffen.* Berlin 1927, S. 35

Anmerkungen zu Kapitel 3

57 Joseph August Lux, a. a. o., S. 39.

58 Caeyers, Jan, *Beethoven. Der einsame Revolutionär.* München 2012, S. 123.

59 Fl. (Florin oder Florentinger) ist die Abkürzung für Gulden, der aus 60 Kreuzern (kr.) bestand. Zwei Gulden waren ein Taler, wie sie in vielen anderen deutschen Staaten in Umlauf waren. Als Goldmünze verwendete man den Dukaten (#), der 4 Gulden 30 Kreuzer wert war. Siehe Nicole Kämpken und Michael Ladenburger, *»Alle Noten bringen mich nicht aus den Nöthen!!« Beethoven und das Geld.* Bonn 2005.

60 Wenn man Zahlen aus Beethovens erster Wiener Zeit mit denen um 1820 vergleicht, muss man Erstere mit etwa 2,5 multiplizieren, weil während der Napoleonischen Zeit zwei Staatsbankrotte und weitere Geldabwertungen stattgefunden hatten.

61 Die Zahlungseingänge für die »Nebenwerke«, die bibliografisch unter WoO laufen, sind nur sporadisch bekannt.

62 Auch mancher Professor an der Ingenieur-Akademie wurde mit lediglich 850 fl. abgespeist, ein »Correspondent« (Sekretär für deutschsprachige Korrespondenz) bei Bankier Eskeles bekam dagegen 1 500 fl., ein Buchhalter 1 000 fl., ein »Physicus« der Apotheke Johann van Beethovens in Linz: 1 800 fl.; ein gehobener Erzieher 2 000 fl.; der Kammerdiener des Freiherrn Steigentesch 600 fl. (plus Kost und Logis); die Lehrer im Blöchlinger'schen Institut, in dem Beethovens Neffe untergebracht wird: 1 200 fl., ein dortiger Korrepetitor 600 fl.

63 Widmaier, Tobias, *Der deutsche Musikalienleihhandel. Funktion, Bedeutung und Topographie einer Form gewerblicher Musikaliendistribution vom späten 18. bis zum frühen 20. Jahrhundert.* Saarbrücken 1998, passim.

64 Im Gegensatz zum Leihhandel (s. vorangehende Anmerkung) ist das gesamteuropäische Musik-Kopistensystem noch wenig erforscht, und wenn nur auf lokaler Basis oder im Umfeld eines der berühmten Komponisten. Insgesamt aber bleibt dieser Berufsstand das undurchsichtige Völkchen, das oft wegen armutshalber begangener Urheberrechtsverletzungen (soweit man puren Diebstahl für damalige Zeiten juristisch bereits so benennen darf) recht verrufen war und von Haydn, Mozart und Beethoven regelmäßig gegeißelt wird. Die Kopisten Haydns, Mozarts und Beethovens sind in der Fachliteratur inzwischen weitgehend gewürdigt worden; die Einzigen jedoch, die es m. W. zu lexikalischen Ehren gebracht haben, sind Joseph sen., Joseph jun. und Johann Florian Elßler, die drei Hauptkopisten von Joseph Haydn; doch vielleicht rührt diese Art von Kopisten-Ruhm nur daher, dass Johann Florian Elßler der Vater Fanny Elßlers war, einer der berühmtesten Ballerinen des 19. Jahrhunderts.

65 Dessen Autor, Beethovens Librettist und Hauptredakteur der »Wiener Zeitung«, Josef Karl Bernard, findet sich mit 3 000 fl. nicht sehr gut gestellt (ist allerdings anspruchsvoll aus Eitelkeit, BKh Bd. II, S. 185).

66 Schafzucht und Tabakanbau in der Landwirtschaft, Wiederbesiedlung aufgegebener Dörfer, Gründungen einer Zuckerfabrik, von Betrieben zur Leinen- und Papierherstellung, Spinnereien und Webereien sowie einer Werkstatt zur Waffenfabrikation.

67 Siehe Anna Schirlbauer, *»Vor 3 oder 4 Tagen begegnete mir Beethoven …« Beethoven, Keglevich, Zmeskall, »Adelaide« und Pressburg 1796 in unbekannten Briefen von Johann Daniel Ribini.* 2019/2020; Download von www.academia.edu/41585010 am 20.2.2020.

68 Czerny, Carl, *Über den richtigen Vortrag …* (s. o.), S. 11.

69 1798 erschienen »VII Variations pour le Pf. sur l'air: nel cor più etc.« [*Gerber* (Ernst Ludw.), *Neues historisch-biographisches Lexikon der Tonkünstler* (Leipzig 1813, A. Kühnel, gr. 8°.) Bd. III, Sp. 232

70 Czerny, Carl, *Über den richtigen Vortrag …* (s. o.), S. 14.

71 Brauneis, Walther, *»… wegen schuldigen 1435 f 32 xr« – Neuer Archivfund zur Finanzmisere Mozarts im November 1791*, in: *Mitteilungen der Internationalen Stiftung Mozarteum*, Jg. 39, Heft 1–4, Juli 1991, S. 159ff.

72 BSZ, S. 120. Der Geiger Andreas Romberg (1767–1821) und sein Vetter, der Cellist Bernhard Romberg (1767–1841), waren 1790–1793 Mitglieder der Bonner Hofkapelle. 1795–1797 lebten sie in Wien.

73 Op. 15 oder 19 – beide wurden wohl relativ kurz nacheinander, am 29./30. März und am 18. Dezember 1795, aufgeführt, die Reihenfolge jedoch ist nicht sicher.

74 Ronge, Julia, *Was Beethoven bei Haydn wirklich gelernt hat.* In: Haydn-Studien: Veröffentlichungen des Joseph-Haydn-Instituts Köln. – 10 (2010/2013). – S. 492–503; Dies., *Beethovens Kompositionsstudien bei Haydn, Albrechtsberger und Salieri,* In: Bonner Beethoven-Studien, Bd. 10 (2012), S. 111–119.

75 Ferdinand Ries berichtet: »Haydn hatte gewünscht, daß Beethoven auf den Titel seiner ersten Werke setzen möchte ›Schüler von Haydn‹. Beethoven wollte dieses nicht, weil er zwar, wie er sagte, einigen Unterricht bei Haydn genommen, aber nie etwas von ihm gelernt habe« (TDR Bd. I, S. 351). Auch der Diplomat Georg August Griesinger berichtet, Haydn habe Beethoven der Arroganz beschuldigt (»eines großen Stolzes gegen ihn«, BSZ, S. 381).

76 Ignaz Pleyel (1757–1831), bis dahin der berühmteste Schüler Haydns, war viel geschickter und ließ auf seine frühen Publikationen in Riesenlettern drucken »Elève de Haydn«, worin er zu Recht die effektivste Selbstreklame sah – und gleichzeitig Haydns Stolz schmeichelte.

77 Schirlbauer, Anna, *Nikolaus Zmeskall (1759–1833) – zwischen Musik und Bürokratie, Österreich und Ungarn.* In: Appel, Bernhard R. (Hrsg.), *Widmungen bei Haydn und Beethoven* (siehe Bibliografie), S. 249, Anmerkung 16: Zmeskall erwähnt in seinem Testament seine »in Wien geschriebenen Übungsstudien bey dem von Mozart […] genommenen Unterricht im Tonsatze«.

78 Gesetzlich galt dies in den meisten europäischen Ländern bis 1870.

79 Schirlbauer, Anna, *»Vor 3 oder 4 Tagen begegnete mir Beethoven …«* (Hervorhebung von U. D.). Download von www.academia.edu/41585010 am 20. 2. 2020. Briefzitat aus einem Brief Ribinis an Anna von Paszthory (1765–1800). Johann Daniel Ribini (1760–1820), k. k. Hofsekretär in der Hofkommission für Kanal- und Bergbauangelegenheiten, Naturforscher und Schriftsteller, Kontakte mit Beethoven, Lichnowsky, Zmeskall und vielen anderen aus Beethovens Umfeld.

80 Darauf verweist Brief Nr. 35 von 1798 an Nikolaus Zmeskall: »[…] je vous suis bien obligè pour votre faiblesse de vos yeux […] Dazu merkt der Herausgeber an: »[…] der Satz [wird] als

eine Anspielung auf das Duett mit zwei obligaten Augengläsern WoO 32 verstanden, das 1796/97 entstanden und allem Anschein nach für Beethoven selbst (Viola) und Zmeskall (Violoncello) geschrieben ist.«

81 Es ist ein etwas weniger populäres Quartett, würde aber doch mehr Aufmerksamkeit verdienen, wie dies Eleonore Büning exemplarisch tut. Siehe Eleonore Büning, *Sprechen wir über Beethoven. Ein Musikverführer.* Salzburg-München 2018, S. 125ff.

82 Thayer zitiert die Beschreibung von Aloys Fuchs (1799–1853), Violinist in der k. k. Hofkapelle (und neben Goethe, Erzherzog Rudolph von Österreich und Mendelssohn Bartholdy einer der Begründer des Handschriftensammelns): »Ludwig van Beethoven besaß ein vollständiges Streichquartett, welches ihm von seinem fürstlichen Gönner und Freunde Lichnowsky zum Geschenke gemacht wurde [...]: 1. Eine Violine von Jos. Guarnerius in Cremona im Jahre 1718 verfertigt, ist gegenwärtig im Besitze des Herrn Karl Holz, Direktors der *Concerts spirituels* in Wien. 2. Die zweite Violine [...] ist von Nikolaus Amati im Jahre 1667 verfertigt [...]. 3. Die Viola von Vincenzo Ruger[i] im Jahre 1690 gemacht, ist ebenfalls Eigentum des Herrn Karl Holz. 4. Das Violoncello, ein Andreas Guarnerius vom Jahre 1712, ist dermal im Besitz des Herrn P. Wertheimber in Wien. An sämtlichen Instrumenten ist unter dem Halse das Siegel Beethovens aufgedrückt, und auf dem sogenannten Boden derselben ein großes *B* von Beethovens eigener Hand hineingekratzt; wahrscheinlich beabsichtigte der große Meister damit sich vor einem Austausche zu schützen. [...] Beethoven erhielt die Instrumente von Lichnowsky jedenfalls vor 1802, aber in welchem Jahre, ist unbekannt.« (TDR Bd. II, S. 200f.) Allerdings werden die Werkstattzuschreibungen heute nicht mehr aufrechterhalten.

Anmerkungen zu Kapitel 5

83 Riemanns Standardwerk *Die Beethoven'schen Clavier-Sonaten – Briefe an eine Freundin* stammt von 1895, einer Zeit, da Thayer die Feder bereits seinen Palladinen überlassen hatte.

84 Publiziert in *Caecilia* X, S. 238ff. und AMZ XXXI, S. 467ff. (1829). Zitiert nach Hermann Abert, *W. A. Mozart*, Leipzig 1927, Bd. I, S. 883ff.

85 Siehe auch Ulrich Drüner, *Mozarts Große Reise. Sein Durchbruch zum Genie 1777–1779*. Köln Weimar-Wien 2006, S. 213ff. Die Version, die Mozart seinem Vater Leopold am 16. Januar 1782 schickte, muss man *cum grano salis* nehmen, denn des Kaisers Klaviere waren gewiss nicht so kaputt, dass er sich vor dem Zar schämen müsste: »Der kayser that / nach dem wir uns genug Complimente machten / den ausspruch, daß Er zu spiellen anfangen sollte. La santa chiesa Catholica sagte er, weil Clementi ein Römer ist. Er praeludirte, und spiellte eine Sonate; dann sagte der kayser zu mir: allons, drauf los. Ich praeludirte auch und spiellte variazionen. Dann gab die Grosfürstin Sonaten von Paesello her / Miserable von seiner hand geschrieben / daraus muste ich die allegro und er die Andante und Rondò spiellen. Dann nammen wir ein thema daraus, und führten es auf 2 Pianoforte aus. Merkwürdig ist dabey, daß ich für mich das Piano forte der gräfin Thun gelehnt, und aber nur / als ich allein gespiellt / darauf gespiellt habe, weil es der kayser also gewollt. Und Nota bene das andere war verstimmt und 3 Tasten blieben stecken. Es thut nichts, sagte der kayser. Ich nemme es so, und zwar auf der besten Seite, daß der kayser Meine kunst und Wissenschaft in der Musick schon kennt, und nur den fremden recht hat verkosten wollen. Übrigens weis ich von sehr guter hand, daß er recht zufrieden war; der kayser war sehr gnädig gegen mich [...]« Siehe *Mozart. Briefe und Aufzeichnungen. Gesamtausgabe. Hrsg. von der Internationalen Stiftung Mozarteum Salzburg, gesammelt*

und erläutert von Wilhelm A. Bauer und Otto Erich Deutsch. Kassel etc. 1962–75. Hier: Brief vom 12. Januar 1782.

86 Als Clementi diese Sonate 1804 in seinen *Œuvres complettes* wiederveröffentlichte, fand er es nötig, auf seine Priorität der Erfindung mit einem Zusatz hinzuweisen: »*Cette sonate, avec la Toccata qui suit, a été jouée par l'auteur devant Sa M. J. Joseph II. en 1781; Mozart étant présent.*«

87 Ganz ähnliche »Sturm-und-Drang«-Töne finden sich in anderen Clementi-Sonaten, wie der in f-Moll op. 13 Nr. 6, die ebenfalls lange vor dessen Wiener Aufenthalt entstanden ist.

88 Siehe *Caecilia* X, S. 238ff. und AMZ XXXI, S. 467ff. (wie oben).

89 *Mozart. Briefe und Aufzeichnungen* (wie oben), Leopolds Brief vom 15. Februar 1786.

90 Übersetzung U. D.; in TDR Bd. III, S. 25 ist lediglich der englische Originaltext zitiert: »*By a little management and without committing myself, I have at last made a compleat conquest of that haughty beauty, Beethoven, who first began at public places to grin and coquet with me, which of course I took care not to discourage; then slid into familiar chat, till meeting him by chance one day in the street – ›Where do you lodge?‹ says he; ›I have not seen you this long while!‹ – upon which I gave him my address. Two days after I found on my table his card, brought by himself, from the maid's description of his lovely form. This will do, thought I. Three days after that he calls again, and finds me at home. Conceive then the mutual ecstasy of such a meeting! I took pretty good care to improve it to our house's advantage, therefore as soon as decency would allow, after praising very handsomely some of his compositions: ›Are you engaged with any publisher in London?‹ – ›No‹, says he. ›Suppose, then, that you prefer me?‹ – ›With all my heart.‹ ›Done. What have you ready?‹ – ›I'll bring you a list.‹*«

91 *Caecilia* X, S. 238ff. (siehe oben).

92 Abert, Hermann, *W. A. Mozart*, Leipzig 1927, Bd. I, S. 883ff. In der auf die frühen 1780er-Jahre zu datierenden Klaviersonate F-Dur KV 332 weist der dritte Satz eine für Mozart ungewöhnliche Virtuosität auf; schon sie alleine erlaubt, diesen Satz auf frühestens 1782 anzusetzen. Ähnlich steht es um die Variationen KV 500, deren »neue pianistische Effekte« bereits laut Abert auf den »nicht lange zuvor noch über die Achsel angesehenen Clementi zurückgehen«. Im mittleren und späten Klavierwerk der Wiener Jahre hat Mozart in der Gattung der Sonate, noch viel deutlicher aber im Klavierkonzert, erhöhte technische Ansprüche im Geiste Clementis mit tiefstem musikalischem Ausdruck zu verbinden verstanden. Dadurch gelang ihm die Schöpfung eines neuen Typus des Solistenkonzerts, während er auf dem Gebiet der Sonate nicht die gleiche Innovationskraft hatte.

93 In *MGG/1*, Bd. II, Sp. 1492 (1952) werden die Einflüsse Clementis auf Beethoven in aller Breite dargestellt, indem Stellen des einen dem Entsprechenden des anderen gegenübergestellt werden. Siehe auch die neueren Beethoven-Darstellungen in MGG/2 (1999) und New Grove/2 (2001).

94 Siehe dazu ausführlich TDR, Bd. III, S. 256.

Anmerkungen zu Kapitel 6

95 Siehe einen etwas ironischen Brief Erzherzog Rudolphs an Lobkowitz, 11. Januar 1814: »Sie können versichert seyn, daß die Freude Sie wiederzusehen, die vielleicht nicht ganz richtigen Töne der Violine […] wird überhören machen« (zitiert nach TDR Bd. III, S. 492).

96 Eine genaue Darstellung bietet Jaroslav Macek, *Franz Joseph Maximilian Lobkowitz, Musikfreund und Kunstmäzen,* in: S. Brandenburg u. M. Gutiérrez-Denhoff, *Beethoven und Böhmen. Beiträge zu Biographie und Wirkungsgeschichte Beethovens.* Bonn, 1988, S. 147–201.

97 Wurzbach, C. v., *Biographisches Lexikon des Kaiserthums Oesterreich*, Wien 1866, Bd. XV, S. 345f.

98 »In den Befreiungskriegen ergriff auch der Fürst, um ein edles Beispiel zu geben, die Waffen für Fürst und Vaterland; trat im Jahre 1808 selbst in das neu errichtete Saazer Landwehr-Bataillon und errichtete im folgenden Jahre ein eigenes Jäger-Bataillon, welches er auf eigene Kosten ausgerüstet ins Feld stellte.« (ebd. S. 346)

99 Durch frühere günstige Landverkäufe muss sein Vermögen mindestens 1,7 Millionen Gulden [ca. 43 Millionen Euro] betragen haben.

100 Das Ansehen des Fürsten Lobkowitz in der Beethoven-Literatur ist zwiespältig; seine historische Leistung wird anerkannt, oft aber nicht er selbst als Persönlichkeit. Bereits Thayer hat bedauert, dass Biografen und Forscher Beethovens Grobheiten und Ausfälle gegen Lobkowitz als bare Münze und nicht mit genügender Distanz aufgefasst haben: »Es liegen hinlängliche Beweise vor, daß Beethoven schon damals die vollständige Überzeugung gewonnen hatte, daß sowohl die Fürstin Kinsky als Lobkowitz von jedem Wunsche, irgendwelchen gerechten Anforderungen sich zu entziehen, vollständig frei waren. Dennoch wird wahrscheinlich so lange, bis der größere Teil unserer gegenwärtigen Beethoven-Literatur der Vergessenheit anheimgefallen sein wird, die Erinnerung an diese edlen und hochherzigen Persönlichkeiten unter der Autorität von Beethovens voreiligen Auslassungen zu leiden haben. Daß Beethovens beste Freunde und Berater sehr ihre Not gehabt haben, ihn zur Anerkennung der effektiven Sachlage und zum Aufgeben seines unberechtigten Ingrimms und seiner oft maßlosen Invektiven zu bewegen, ist [...] hinlänglich zu ersehen. Es war das besonders das Verdienst Pasqualatis, des Erzherzogs Rudolf und schließlich Kankas, die alle drei hinlänglich Beethovens Charakter kannten, um heftige Äußerungen desselben nicht auf die Goldwaage zu legen.« (TDR Bd. III, S. 493f.)

101 Ibid. S. 166

102 BGA, Nr. 236; BHh Bd. I, S. 139. Die drei letzten Wörter sind im Original zwar durchgestrichen, aber gewiss nicht von Beethoven, sondern von dessen spätem Faktotum Anton Schindler im Zuge der posthumen Nivellierungen.

103 Krummacher, Friedhelm, *Geschichte des Streichquartetts*, 3 Bände, Laaber 2005, Bd. I, S. 229.

104 Rolland, Romain, *Beethovens Meisterjahre*, Leipzig 1930, S. 108.

105 Wiedemann, F. J., *Musikalische Effektmittel und Tonmalerei*, Dorpat 1856, S. 21, siehe auch BSZ, S. 9.

106 Skizzenbuch Grasnick 2, S. 8–9

107 BSZ, S. 9; siehe auch TDR Bd. II, S. 186 und Friedhelm Krummacher, a. a. O., S. 235.

108 Alle Zahlen nach Brandenburg-Gutiérrez-Denhoff, a. a. O., S. 147ff. Um eine (äußerst approximative) Vorstellung in Euro zu haben, sollte man die Zahlen mit etwa 25 multiplizieren.

Anmerkungen zu Kapitel 7

109 Es wurde in TDR Bd. II, S. 117–119 erstmals publiziert und m. W. lediglich in BSZ, S. 10f. nachgedruckt, fließt in die meisten Biografien jedoch kaum ein.

110 Solomon S. 105ff.; K. Kropfinger, *Beethoven* (MGG Prisma), Kassel 2001, S. 75; K. M. Kopitz: *Beethovens Wesen – Gedanken zu einer »Borderline-Persönlichkeit«*, in: *Der »männliche« und der »weibliche« Beethoven. Bericht über den Internationalen musikwissenschaftlichen Kongress vom 31. Oktober bis 4. November 2001 an der Universität der Künste Berlin*, hrsg. von Cornelia Bartsch, Beatrix Borchard und Rainer Cadenbach. Bonn 2003, S. 157.

111 Steblin, Rita, *»A dear, enchanting girl who loves me and whom I love«: New Facts about Beethoven's Beloved Piano Pupil Julie Guicciardi*, in: Bonner Beethoven-Studien 8, Bonn, 2009, S. 89–152.

112 Ibidem, S. 122

113 Dies schreibt Beethoven eigenhändig in einem seiner Konversationshefte in einem Gespräch mit Anton Schindler, und zwar auf Französisch: *»arrivé à Vienne elle cherchoit moi pleurant, mais je la méprisois«*, siehe BKh Bd. II, S. 365ff.

114 Französischer Originaltext: *»J'étois bien aimé d'elle et plus que jamais son époux. Il étoit pourtant plutôt son amant que moi, mais par elle j'apprenois de son misère et je trouvais un homme de bien, qui me donnait la somme de 500 fl. pour le soulager. Il étoit toujours mon ennemi, c'étoit justement la raison, que je fusse tout le bien que possible.* Siehe BKh, Bd. II, S. 365ff.

115 Klein, Rudolf, *Beethoven-Stätten in* Österreich. Wien 1970, S. 20

116 Pichler, Ernst, *Mythos und Wirklichkeit.* Wien-München 1994, S. 162f.

117 BGA, Nr. 265. Undatierter Brief, der aus dem Winter 1806/07 stammt, da Graf Deym bereits gestorben war und die Beziehung Beethoven-Josephine wieder aufflammte (siehe Kapitel 11).

118 BGA, Nr. 43 (Kursivsetzung von mir)

Anmerkungen zu Kapitel 8

119 Büning, Eleonore, *Sprechen wir über Beethoven. Ein Musikverführer.* Salzburg-München 2018, S. 336

120 Steblin, Rita, *Auf diese Art mit A geht alles zu Grunde* (s. o.), S. 155

121 Beispiele aus Beethovens Umkreis: Muzio Clementi, Joseph von Eybler, Johann Nepomuk Hummel, Ignaz Moscheles, Ignaz Pleyel, Anton und Joseph Reicha, Ignaz von Seyfried, Louis Spohr, Johann Wenzel Tomaschek, Joseph Weigl, Anton und Paul Wranitzky …

Anmerkungen zu Kapitel 9

122 *Das Beethoven-Bildnis des Isidor Neugaß und die Familie Lichnowsky*, Hrsg. von Ulrike von Hase-Schmundt, Rudolf H. Wackernagel und Leonore Gräfin Lichnowsky, Bonn 1983, S. 20.

123 Op. cit., S. 28

124 Letzter Brief an Erzherzog Rudolph, siehe Seite 365f.

125 Die Anrede (die bereits zitiert worden ist) basiert auf einem etwas grobschlächtigen Scherz und deformiert auf komisch-groteske Weise die tschechische Bedeutung des Empfängernamens.

126 Der französische Textbeginn (ich bin Ihnen sehr verbunden wegen der Schwäche Ihrer Augen) dürfte sich auf das Besorgen oder Leihen einer Brille beziehen. Möglicherweise hatten sie eine sehr ähnliche Seh-Unschärfe, worauf auch das für sie beide gedachte »Duett mit zwei obligaten Augengläsern« WoO 32 verweist. – Zmeskall bedeutet im Tschechischen lt. BGA »versäumt«, »verpasst«, und smetek = »Herumlungerer«, »Zeitvertrödler« – wie ein »Drecksfahrer«?

127 Noch 1810 schreibt er an Franz Gerhard Wegeler: »Doch ich wäre glüklich, vieleicht einer der Glüklichsten Menschen, wenn nicht der Dämon in meinen Ohren seinen Aufenthalt aufgeschlagen – hätte ich nicht irgendwo gelesen, der Mensch dörfe nicht freywillig schei-

den von seinem Leben, so lange er noch eine gute That verrichten kann, längst wär ich nicht mehr – und zwar durch mich selbst – o so schön ist das Leben, aber bey mir ist es für immer vergiftet.« (2. Mai 1810; BGA Nr. 439)

128 In einem Skizzenblatt von 1806 schreibt Beethoven: »Ebenso wie du dich hier in den Strudel der Gesellschaft stürzest, eben so möglich ist's Opern trotz allen gesellschaftlichen Hindernissen zu schreiben. *Kein Geheimnis sei dein Nichthören mehr – auch bei der Kunst.*« (Hervorhebung von mir. Zitiert nach: Wolfram Klinger, *Das Rätsel von Beethovens Gehörleiden. Eine Krankengeschichte.* In: Bonner Beethoven-Studien 5, Bonn 2006)

129 Klinger, Wolfram, *Das Rätsel von Beethovens Gehörleiden* (s. o.), S. 127.

130 So der Arzt Dr. Aloys Weißenbach, der 1814 regelmäßig Umgang mit Beethoven hatte und die Fleckfieber-Erkrankung von 1796 als Ursache des Gehörschadens vermutete, s. BSZ, S. 1078ff.

131 Außer der erwähnten Studie von Wolfram Klinger ist auf die ältere von F. H. Franken hinzuweisen: *Die Krankheiten großer Komponisten*, Wilhelmshaven 1999, Bd. I, S. 76f.

132 Die meisten Äußerungen zu Beethovens Gehörleiden stammen von Musikforschern, welche die Auswirkung der Krankheit auf das Komponieren zu erkennen versuchen, oder von Medizinern, die die Entwicklung solcher Krankheiten genauestens kennen, aber Schwierigkeiten haben, deren musikalische Implikationen abzuschätzen. Zusätzlich zu diesen zwei Wegen habe ich einen dritten eingeschlagen und mich stundenlang mit dem Gehörakustiker einer Stuttgarter Firma unterhalten. Dieser relativ junge Berufszweig ist sehr technisch, andererseits aber auch sehr stark auf die psychologische Effizienz der Arbeit ausgerichtet. Aus dieser letzteren, bisher noch nicht für den Fall Beethoven genutzten Perspektive habe ich das Wesentliche meiner Einschätzungen herausgefiltert.

133 Quelle lt. Homepage Beethovenhaus Bonn: Abschrift Beethovens vom Text der fünf Gedichte von Johann Gottfried Herders »Morgenländische Blumenlese«, vielleicht 1815. Zitiert nach Ludwig Nohl, *Beethoven's Leben*, 2. Bd.: *Das Mannesalter: 1793–1814*, Leipzig, E. J. Günther, 1867, S. 573

134 In den Konversationsheften ist das Hörproblem ein Dauerthema. Im Februar 1823 bespricht Beethoven mit Schindler das Zu- und Abnehmen des Gehörs, wozu als Beispiel der Sänger Klingmann erwähnt wird, bei dem ähnliche Variationen auftauchten, s. Bd. III, S. 62.

135 Karl August Varnhagen von Ense in einem Brief an Johann Wolfgang von Goethe, Prag, 5. Juli 1812: »[…] für musikalische Töne behält er nichtsdestoweniger die leiseste Empfänglichkeit, und von jedem Gespräch vernimmt er, wenn auch nicht die Worte, doch die Melodie […]« (BGA Nr. 581).

136 Brief vom 9. Juli 1810 an Alois Biehler, abgedruckt in BSZ, S. 19.

137 So z. B. Johann Evangelist Fuss in einem Brief an Breitkopf & Härtel vom 8. Dezember 1812: »Seine Gehörwerkzeuge sind zwar schon seit einigen Jahren nicht im besten Zustande: allein in einem so bedeutenden Grade verschlimmerte sich dieses Uebel doch keineswegs, dass wir besorgen dürften, es mache ihn für die Musik unbrauchbar.« (BSZ, S. 290) Da Fuss, wie die Herausgeber von BSZ vermuten, im Auftrag des Verlags berichtet, kann man vielleicht eine geringfügige Beschönigung annehmen, keinesfalls aber eine gravierende (eine grobe Verfälschung hätte den Verlag ja zu Fehlentscheidungen veranlassen können).

138 Diese »Störung« umfasst ja sehr breit gestreute Symptome und gibt eine Etikettierung ab für Verhaltensweisen, die auch in heutiger Zeit schwer zu klassifizieren sind. Bei dieser Störung sind Fühlen, Denken und Handeln beeinträchtigt, was zu problematischen und

paradoxen Reaktionen und zu erheblichen kommunikativen Belastungen führen kann – zu Symptomen, die ebenso die Folge einer sehr fortgeschrittenen Ertaubung, also einer Organerkrankung, sein können. In anderen Situationen mögen die gleichen Verhaltensweisen auch aus den oben angesprochenen Besonderheiten der kreativen Persönlichkeit herrühren, scheinen also zu einer hochgradigen schöpferischen Veranlagung einfach dazugehören. Dass Psychoanalyse und Psychotherapie für Patienten wie Beethoven zuständig sein können, ist zwar denkbar, aber es dürfte kaum ratsam sein, darauf zu bauen, da in der zeitlichen Distanz eine Differenzialdiagnose heute nicht zu leisten ist bei Symptomen, die nicht nur psychologische, sondern ebenso rein organbedingte oder schaffensrelevante Ursachen haben können. Es ist wohl besser, sich auf die von Zeitgenossen wirklich verbürgten Organkrankheiten zu beschränken und zu versuchen, die Hauptlinien aus diesen Berichten herauszufiltern.
Siehe Klaus Martin Kopitz, *Beethovens Wesen – Gedanken zu einer »Borderline-Persönlichkeit«*, In: *Der »männliche« und der »weibliche« Beethoven.* (s. unter Bartsch in den Literaturangaben)«, (s. o.), S. 137–162.

Anmerkungen zu Kapitel 10

139 Ferdinand Ries schreibt, dass »B.s Bruder Carl allerhand Mauschel mit den Verlegern trieb« (Fußnote 4 zu BGA Nr. 96).

140 Rudolf Klein, *Beethoven-Stätten in Österreich*, (s. o.), S. 31f.

141 Salieri unterrichtete in aller Regel unentgeltlich. Beethoven dankte ihm jedoch mit zwei prominenten Ehrungen, einerseits mit der Widmung der Violinsonaten op. 12, und andererseits, indem er die Variationen WoO 73 über die Arie »La stessa, la stessima« aus Salieris Erfolgsoper *Falstaff* schrieb.

142 *Aus den Briefen Griesingers an Breitkopf und Härtel*, hrsg. v. W. Hitzig, in: *Der Bär*, Jahrbuch von Breitkopf und Härtel für das Jahr 1927, S. 32.

143 »Der Freimüthige«, 26. April 1805; zitiert nach: H. C. Robbins Landon, *Beethoven. Sein Leben und seine Welt in zeitgenössischen Bildern und Texten.* Zürich 1974, S. 92.

144 Steblin, Rita, *Who Died? The Funeral March in Beethoven's Eroica Symphony.* In: Musical Quarterly, vol. 89 (2006), S. 89–152.

145 Siehe Martin Geck / Peter Schleuning, *»Geschrieben auf Bonaparte«* (s. o.), S. 161–171.

146 So Walter Brauneis, *»composta per festeggiare il sovvenire di un grand Uomo«. Beethovens »Eroica« als Hommage des Fürsten Franz Joseph Maximilian von Lobkowitz für Prinz Louis Ferdinand von Preußen.* In: *Studien zur Wiener Geschichte* 52/53 (1996/97) S. 53–88. – Die Zuschreibung an Lord Nelson geht auf Carl Czerny zurück, siehe BSZ, S. 64.

147 Die Anzeige erschien *mit dem Kaufpreis*, was bedeutet, dass die Ausgabe zu jenem Zeitpunkt nicht nur als projektiert, sondern als tatsächlich erschienen zu gelten hat.

148 In dem ansonsten ausgezeichneten oben erwähnten Eroica-Buch von Geck / Schleunig wird S. 169 die These formuliert, Beethoven habe den Widmungstext kurzfristig im Hinblick auf Prinz Louis Ferdinand umformuliert. Erstens existieren Briefe in diesem Sinne nicht, und zweitens hätte dies wegen des extrem kurzen Zeitraums auf den fertig gestochenen Druckplatten stattfinden müssen, was man auf den frühesten Druckexemplaren als solche Änderungen identifizieren könnte. Dergleichen ist jedoch nicht bekannt.

149 Für Beethovens Aufenthalt in Grätz geben die dort entstandenen Briefe BGA Nr. 256 und

258 die zeitlichen Eckdaten mit »3ten Heumonath« [= 3. Juli] und »[Ende Oktober]«, d. h., dass Beethoven inklusive der Hin- und Rückreise ab Ende Juni bis Anfang November nicht in Wien war. Korrespondenz mit Verlegern hat er in diesem Zeitraum nicht geführt.

150 Er wurde von dem französischen Unteroffizier Jean-Baptiste Guindey durch einen Klingenhieb auf den Hinterkopf tödlich verletzt, woraus Militärhistoriker geschlossen haben, dass der Prinz bereits auf der Flucht war und erst wegen des Strauchelns seines Pferdes von Guindey eingeholt und angegriffen werden konnte. Siehe C. Helmuth: *Preussische Kriegschronik: Kurzgefaßte Darstellung der Feldzüge von 1640–1850.* Leipzig 1864, S. 327.

151 Für Napoleon war die Angelegenheit äußerst unangenehm, er soll den Totschläger abgekanzelt haben: Er brauche einen gefangenen, keinen toten Preußenprinzen!

152 Diesen brauchte man im ersten Abschnitt der Napoleonischen Kriege dringend, angesichts des Umstandes, dass Preußen-Österreich in der Auseinandersetzung mit dem Kaiser bis 1809 keinen einzigen Sieg zu verzeichnen hatte.

153 Alleine *WorldCat.org*, die weltgrößte Datenbank für Bibliotheksbestände, liefert zum Stichwort ›Prinz Louis Ferdinand‹ Hunderte von Nachweisen, denen man aus der Zeit bis 1806 nur die 13 bis dahin erschienenen musikalischen Erstausgaben des Prinzen zuordnen kann. Dagegen aber gibt es an die zweihundert posthume, vielfach durch Nachdruck multiplizierte Publikationen über ihn – Biografien, Romane, Dramen, Briefausgaben sowie Musikdrucke und -Aufzeichnungen in Hülle und Fülle! Allein die Liste der Titelformulierungen legt nahe, dass es sich bei den meisten Publikationen um eine Anhäufung von wertlosem Nationalkitsch handelt. Einzig eine neuere polnische Ausgabe verspricht etwas Differenzierteres: Jóskowiak, Przemysław, *Prinz Louis Ferdinand von Preußen (1772–1806) – eine kontroverse Gestalt in der Einschätzung Karl August Varnhagen von Enses.* In: Studia Niemcoznawcze. T. 32 (2006), S. 417–439.

154 Seine musikalischen Werke sind heute (2019) sowohl im Druck als auch auf Tonträgern immer noch komplett erhältlich.

155 Das hat den Vorteil, dass wenigstens einer der damaligen »Kleinmeister« noch heute gewürdigt wird, was man vielen seiner höchst gediegenen und begabten Kollegen ebenfalls wünschen möchte.

156 »So verlebte er dreizehn Jahre eigentlich im Nichtstun und stürzte sich in Zerstreuungen«, schreibt der bekanntermaßen gefürchtete Zeitgenosse General von der Marwitz über ihn. Siehe Friedrich August Ludwig von der Marwitz, *Nachrichten aus meinem Leben 1777–1808.* (Hrsg.: Günter de Bruyn), Berlin 1989. Dieser preußisch-erzkonservative Generalleutnant, »Urbild des brandenburgischen Junkers« (Heinrich von Treitschke), mochte im Militär staat Preußen größte Vorurteile gegenüber einem dem Klavier statt den alltäglichen Kanonen ergebenen Prinzen gehegt haben, und bei seiner Charakterisierung Louis Ferdinands sind gewiss Abstriche angebracht. Marwitz schreibt: »Er [Louis Ferdinand] strengte sich an bei den ermüdendsten und gefährlichsten Jagden, bei den angreifendsten Ritten, und vergnügte sich dann mit Freunden, die zahlreich zuströmten – wie in solchen Fällen immer – an der Tafel und mit den Mädchen. […] Dies alles möchte noch hingehen, aber bei dieser allseitigen Anspannung seiner Kräfte ergab er sich dem Trunk. Im Jahr 1806 trank er nichts anderes als Champagner und fing damit an, sowie er aufstand, so daß er vormittag gewiß schon mit sechs Bouteillen fertig war und den Tag über ein Dutzend nicht hinreichte. Dabei war aber auch nicht die leiseste Spur von Trunkenheit jemals an ihm zu merken, noch war seine Körperschönheit und sein blühendes Aussehen im mindesten gewichen.« Was v. d. Mar-

witz nobel übergeht, ist, dass der Prinz es immerhin auf fünf illegitime Kinder gebracht hatte, die er mit mindestens vier verschiedenen, jeweils hochansehnlichen Adelsdamen in die Welt gesetzt hatte (auch mit einer ›feindlichen‹, einer französischen Gräfin). Immerhin ist v. d. Marwitz neben dem oben von P. Jóskowiak zitierten Karl August Varnhagen von Ense der einzige Autor, der, soweit ich sehen kann, bei der Einschätzung Louis Ferdinands etwas differenzierter zu Werke geht.

157 Der Antiquar muss sich hier melden: »Kleinmeister«, die das Werturteil ›gut‹ verdienen, gab es in jeder Generation der Musikgeschichte in jedem kulturell aktiven Land mindestens ein Dutzend.

158 Wegeler-Ries S. 109. Dieses unendlich oft zitierte Lob ist höchst erfreulich – doch nur *für einen Adligen*, der damals aus Standesdünkel keinen praktischen Beruf ausüben durfte. *Für einen Berufsmusiker* bedeutet es lediglich den Minimalnachweis professioneller Kompetenz, nicht mehr.

Anmerkungen zu Kapitel 11

159 Schmidt-Görg, Joseph, *Neue Briefe und Schriftstücke aus der Familie Brunsvik*, in: BJb 2 (1956), S. 10

160 Steblin, Rita, *Josephine Gräfin Brunswick-Deyms Geheimnis enthüllt*, in: Österreichische Musikzeitschrift 57/6 (2002), S. 29.

161 Nohl, Ludwig, Beethoven. Nach den Schilderungen seiner Zeitgenossen. Stuttgart 1877. S. 41.

162 Nohl, Ludwig, s. o., S. 167

163 Siehe dazu u. a. Döhring, Sieghart, *Die Rettungsoper. Musiktheater im Wechselspiel politischer und ästhetischer Prozesse.* In: Helga Lühning, Sieghard Brandenburg (Hrsg.): *Beethoven. Zwischen Revolution und Restauration.* Bonn 1989, S. 109–136

164 Dieckmann, Friedrich, *Die Freiheit ein Augenblick. Fidelio-Aspekte*, Programmbuch zur Premiere *Fidelio* am 29. Oktober 1999 im Nationaltheater München, S. 15).

165 *Musikalische Studienköpfe. Band IV: Ludwig van Beethoven Biografie,* Leipzig 1880, S. 25

166 Rolland, Romain, *Beethoven, Les grandes époques créatrices* [1937], Edition définitive, Paris 1966, S. 251.

167 Massin, Jean et Brigitte, *Recherche de Beethoven*. Paris 1970, S. 104; Harry Goldschmidt 1977; Tellenbach 1983, S. 65f.

168 La Mara, *Beethoven und die Brunsviks. Nach Familienpapieren aus Therese Brunsviks Nachlaß hrsg.*, Leipzig 1920; TbW Bd. I, S. 191f.

169 Es handelt sich um die Briefe BGA Nr. 201–203 (1804), 214–217, 219–221, 225 (1805), 250, 265 (1806), 279, 280, 294–297 und 307 (1807), sowie als Nachzügler 403 und 404 (1809). Die meisten wurden erstmals von Joseph Schmidt-Görg publiziert: *Neue Briefe und Schriftstücke aus der Familie Brunsvik*, (s. o.); *Neue Schriftstücke zu Beethoven und Josephine Gräfin Deym*, in: BJb 6 (1969).

170 Condrau, G., *Imagination, Kunst und Kreativität* (= Psychologie der Kultur, Bd. 2). Weinheim/Basel 1982, S. 297

171 Wagner fährt fort: »Ich begreife gar nicht, wie ein wahrhaft glücklicher Mensch auf den Gedanken kommen soll, ›Kunst‹ zu machen: nur im Leben ›kann‹ man ja, – ist unsere ›Kunst‹ somit nicht nur ein Geständnis unsrer Impotenz?« (Richard Wagner, *Sämtliche Briefe*. Hrsg.

von G. Strobel u. W. Wolf etc. Leipzig-Mainz 1979ff., Bd. IV, S. 249, an Theodor Uhlig, 12. Januar 1852.) Erfahrungen Richard Wagners und Erkenntnisse Sigmund Freuds auf Beethoven zurückzuprojizieren, mag etwas gefährlich erscheinen; die konstruktive Frustration ist jedoch ein kulturelles Langzeit-Phänomen, das seit der Kunst der Minnesänger und Troubadours immer wieder erkennbar ist. Deshalb kann es für das Verständnis von Beethovens unter dem Einfluss Josephines entstehender Kunstblüte sehr hilfreich sein.

172 Ein Ansteigen der Produktivität war bereits 1800–1802 zu verzeichnen, möglicherweise im Zusammenhang mit Julie Guicciardi, was ebenfalls den positiven Einfluss von Liebesgefühlen auf Beethovens Schaffen zeigt.

173 Viele weitere Dokumente Josephine betreffend wurden von Marie-Elisabeth Tellenbach und Rita Steblin bekannt gemacht, deren Einzelnachweise bei den entsprechenden Zitaten angegeben werden.

174 Beethoven unterschlägt die Vokale seines Namens oft teilweise oder ganz, und zwar so hartnäckig, dass das Beethoven-Haus Bonn als Sigel des Jubiläumsjahres 2020 die Zusammenziehung »BTHVN« verwendet.

175 Geck, Martin, *Beethoven. Der Schöpfer und sein Universum.* München, 2017, S. 73f.

176 Siehe die Bemerkung in Kapitel 1, dass philosophische Texte für Beethoven zu abstrakt bleiben und die emotionale Ebene, in der Musik entsteht, ohne persönliche Vermittlung nicht erreichen. Dazu auch Ulrich Drüner, *Richard Wagner. Die Inszenierung eines Lebens. Biografie.* München 2016, S. 305ff.

177 Der Verständlichkeit halber umgestellt; original: »ich werde groß, ohne daß ein Denkmal von ihr dazu beyträgt, werden müßen […]«

178 Wie lange diese gute Laune angehalten haben mag, ist schwer zu ermitteln. Im Frühjahr 1807 und 1810 ist Franz Graf Brunsvik de Korompa Widmungsempfänger der *Appassionata* op. 57, einer der wichtigsten Klaviersonaten, sowie der Fantasie op. 77 (1810), woran man Beethovens Hochschätzung des ausgezeichneten Musikenthusiasten ermessen kann. Allerdings scheint dieser nach 1807 mit Übernahme der Verwaltung der Familiengüter einen Sinneswandel durchgemacht zu haben, wobei in den schwierigen Napoleonischen Zeiten Leutseligkeit weniger zum Überlebenserfolg beitrug als das Pochen auf Adelsprivilegien. Mit Billigung seiner Mutter benachteiligte er seine Schwestern bis zu einem Punkte, dass sie in finanzielle Schwierigkeiten gerieten (s. Tellenbach 1983); er erhielt den Spitznamen »Comte Ego« [Graf Ego] (Frimmel I, S. 82). Die Korrespondenz reicht bis 1814, wobei spätere Briefe aber verloren gegangen oder, wie Thayer vermutet, vernichtet worden sein könnten.

Anmerkungen zu Kapitel 12

179 Ries, Ferdinand, *Notizen*, S. 76, zitiert nach TDR, Bd. II, S. 385. Ein heute undenkbares Mammutprogramm mit der zweiten Symphonie, dem Klavierkonzert in c-Moll und *Christus am Ölberge*. Auch die Belastung der Ausführenden mit zwei Proben plus Aufführung am selben Tag wäre heute nicht durchführbar (und bei den heute üblichen Erwartungen an den Qualitätsstandard auch nicht sinnvoll).

180 Magerle war Lichnowskys Oberförster in Hirschdorf bei Troppau, ist demnach ein ziemlich glaubwürdiger Chronist. Hier sei erwähnt, dass dies eine der äußerst seltenen Quellen ist, in der die Worte »republikanisch« und »demokratisch« in Verbindung mit Beethoven

fallen. Dass diese Begriffe in dessen frühen Jahren gelegentlich anwendbar sind, wird anderweitig m. W. nur noch einmal für 1794 verbürgt, s. BGA Nr. 17 an Nikolaus Simrock. Jenem gegenüber erwähnt er die 1794 im französisch besetzten Bonn herrschenden »demokratischen Zeiten« in humorigem Ton, wobei unklar bleibt, wie Beethoven dazu steht.

181 Graf Moritz Lichnowsky (1771–1837), jüngerer Bruder des Fürsten Carl Lichnowsky, der offensichtlich bei dieser Gesellschaft ebenfalls anwesend war.

182 An Paul Bigot, s. BGA, Bd. I, S. 301f. Der Brief ist undatiert und enthält keine inhaltlichen Anhaltspunkte für eine genauere Datierung. Die Herausgeber der BGA schreiben »möglicherweise Februar 1807«.

Anmerkungen zu Kapitel 13

183 Ausführliche Werkbesprechungen halte ich nur für nötig, wenn sie eine erhebliche biografische Relevanz haben, wie das z. B. bei der Klaviersonate op. 31 Nr. 3, dem 4. Klavierkonzert, der *Fidelio*-Fassung von 1814 und den späten Streichquartetten m. E. der Fall ist.

184 Dieses ist bis auf den heutigen Tag in der Lobkowitz-Sammlung erhalten, TbW, S. 336.

185 1808 gelang dies Beethoven noch leichthin, es war ihm ja ein persönlicher Verkehr trotz seiner akustischen Einschränkungen noch möglich. Über das Ausmaß dieser Bemühungen gibt es eine exzellente Spezialstudie im Internet unter http://raptusassociation.org/22dec1808.html (Aufruf am 14. 11. 2018).

186 Cooper, Barry, *Beethoven.* (Master Musician Series, edited by Stanley Sadie). Oxford 2000, S. 180.

187 Hoffmann, E. T. A., Rezension der 5. Symphonie von Ludwig van Beethoven. In *Allgemeine musikalische Zeitung* 12 (1810), Nr. 40, Sp. 630–642 u. Nr. 41, Sp. 652–659. Text siehe https://web.archive.org/web/20140223002959/http://85.214.96.74:8080/zbk/zbk-html/A1094.html (Aufruf am 14. 11. 2018).

188 Harry Goldschmidt war ein exzellenter Forscher, musste jedoch in seiner nicht ständig gesicherten Lage in Ost-Berlin Kompromisse mit dem DDR-Regime eingehen.

189 Adorno, Theodor W., *Gesammelte Schriften, Band 14: Dissonanzen. Einleitung in die Musiksoziologie.* Suhrkamp, Frankfurt am Main 1973, S. 281

Anmerkungen zu Kapitel 14

190 Auch Maynard Solomon stellt fest, dass Beethoven sich in Bonn als »vorbildlicher junger Hofmusiker und gehorsamer Diener des Kurfürsten« verhielt (a. a. O., S. 54).

191 Marie Therese (1772–1807), die Gattin Franz' I., war eine große Musikfreundin und begabte Sängerin; sie förderte auch Michael und Joseph Haydn, der ihr 1799 seine »Theresienmesse« zueignete. Für den Kaiser hingegen hatte die Musik keine Priorität, und es gibt keine Anhaltspunkte dafür, dass Beethoven vor 1822 auch nur eine indirekte Verbindung zu ihm gehabt hätte.

192 Die Gräfin lebte seit 1805 getrennt von ihrem Ehemann. TbW wendet S. 390 allerdings ein, dass man diese »pikante Anspielung« auch als rein pflegerische Hilfeleistung angesichts der Körperbehinderung der Gräfin interpretieren kann.

193 Gutiérrez-Denhoff, Martella, *»o Unseeliges Dekret«. Beethovens Rente von Fürst Lobkowitz,*

Fürst Kinsky und Erzherzog Rudolph. In: S. Brandenburg u. M. Gutiérrez-Denhoff, *Beethoven und Böhmen. Beiträge zu Biographie und Wirkungsgeschichte Beethovens.* Bonn, 1988, S. 91–201, hier S. 91. Es gibt viele Darstellungen zum »Rentenvertrag«; die von Martella Gutiérrez-Denhoff ist mit Abstand die umfassendste und genaueste.

194 Drüner, Ulrich, *Mozart über das Konzept des »freien Künstlers«*. In: Musikantiquariat Dr. Ulrich Drüner, Katalog 44: »Musikerbriefe zum Thema Musik und Geld«, Stuttgart 1997, Nr. 28.

195 Mozarts Briefe an Michael Puchberg sind 200 Jahre lang als »Bettelbriefe« missverstanden worden. Erst Volkmar Braunbehrens hat nachgewiesen, dass dies falsch ist: In dem wichtigsten dieser Briefe, dem vom 17. Juni 1788, schreibt Mozart *»da ich versehen bin«*, was auf der Basis einer vergleichenden Betrachtung des Sprachgebrauchs der Zeit zu deuten sei als »da ich ja für's Tägliche versorgt bin«. Außerdem überstieg sein Wunsch nach *»1 oder 2 tausend gulden gegen die gebührenden Intereßen«* [= Zinsen] auf *»1 oder 2 Jahre«* jegliche Dimension eines »Bettelbriefes«, denn das entspricht grob einem heutigen Geldwert von etwa 25000 bis 50000 Euro. Mozart will sich dadurch wirtschaftliche Freiheit sichern, um so *»mit sorgenlosern gemüth und freyern herzen arbeiten«* zu können. Er plante hiermit »eine neue Schaffensstrategie« (Peter Gülke) und skizzierte als Erster in der Musikgeschichte das Konzept des »freien Künstlers«. Doch ist er ab 1790 wieder veranlasst, mit *Cosi fan tutte*, der *Zauberflöte*, *Titus* und dem *Requiem* Aufträge zu übernehmen, die allerdings ganz überwiegend auf der Linie seiner Vorlieben gelegen zu haben scheinen.

196 AMZ Jahrgang 11 [1809], Sp. 395f. Es folgen die Bedingungen des Vertrages, von dem der Verleger der AMZ, Breitkopf & Härtel, von Beethoven eine Abschrift erhalten hatte, was zeigt, wie stolz er auf diesen beispiellosen Vorgang war. Die Fortsetzung des Artikels lautet: »und zwar soll Beethoven diese Rente beziehen, bis er zu einer Anstellung gelangt, welche ihm wenigstens eben so viel einträgt, und im Fall, dass er durch Umstände irgend einer Art solch eine Anstellung zu finden verhindert würde, auf Lebenszeit. Der Künstler hingegen hat sich dafür zu nichts verbindlich zu machen, als dass er Wien oder einen andern Ort der österreichischen Erbstaaten zu seinem Aufenthalt wähle, und wenn er diese Staaten ja auf gewisse Zeit, etwa zum Vortheile seiner Kunst und andern Angelegenheiten zu verlassen geneigt sey, dies nur auf Fristen und im Einverständnis mit diesen seinen Gönnern geschehe.« Den Irrtum, Reichardt hätte ihm das Kasseler Angebot überbracht, ließ Beethoven in einer Folgenummer der AMZ korrigieren.

197 Angesichts von Fürst Kinskys Tod am 3. November 1812 und der Kuratelverfügung gegen Lobkowitz wurden die Prozesse ausschließlich von Anwälten geführt und somit zu einer unzumutbaren Belastung für Beethoven. Die Lobkowitz-Seite, auf der der Fürst selbst nicht mehr viel zu melden hatte, ging so weit zu behaupten, der taube Komponist könne angebliche mündliche Zusagen des Fürsten nicht gehört haben, weshalb seine Aussage juristisch nicht zu berücksichtigen sei.

198 Wurzbach, Constantin v., *Biographisches Lexikon des Kaiserthums Oesterreich*. 7. Theil. Kaiserlich-königliche Hof- und Staatsdruckerei, Wien 1861, S. 145.

199 Die bisher einzige selbstständige Untersuchung erschien erst 1988 – in den USA: Kagan, Susan, *Archduke Rudolph, Beethoven's Patron, Pupil, and Friend. His Life and Music*. Stuyvesant 1988.

200 Kagan 1988, S. XIV (»relegated to the footnotes«). Die wenigen über Rudolphs Umgang mit Beethoven bekannt gewordenen Nachrichten sind zunächst der Arbeit Alexander W. Thayers zu verdanken. Über die dort publizierte Korrespondenz hinaus wurden sonst nur in

entlegenen Zeitschriften einige weitere Briefe und Lebensumstände mitgeteilt, siehe Kagan 1988, S. XV; sie nennt Artikel von Alexander Novotny (1961), Donald W. MacArdle (1962) und Jan Racek (1977). – Susan Kagan konnte auf umfangreiches, zuvor kaum bekanntes Archivmaterial zugreifen und dadurch viel Wertvolles ans Tageslicht fördern. Auch das Internet erlaubt (über Google books) Zugang zu Druckschriften des frühen 19. Jahrhunderts, die das Bild, das sich aus bisher greifbaren Dokumenten ergibt, deutlich erweitern, siehe BGA. Ferner gibt es diverse Separatausgaben jener Briefe. 14 der 53 bekannten Briefe wurden bereits 1845 in der Wiener Zeitschrift *Sonntagsblätter* gedruckt (Hefte 17 und 18). Einige weitere publizierte Briefe weist Kagan nach (s. a. a. O., S. XVI), diese beziehen sich jedoch ausschließlich auf Rudolphs Kompositionsstudien bei Beethoven.

201 Diese Missachtung ist so gravierend, dass beispielsweise Maynard Solomon in seiner Beethoven-Biografie diesen Fürsten nicht einmal eines eigenen Abschnitts, geschweige denn eines ganzen Kapitels für würdig hielt.

Anmerkungen zu Kapitel 15

202 Thayer erwähnt in diesem Zusammenhang den öfter unzuverlässigen Anton Schindler, Beethovens spätes Faktotum; dieser behauptete, Beethoven habe sein Tripelkonzert für den (damals fünfzehnjährigen) Erzherzog geschrieben, wofür es keinerlei Beleg gibt.

203 Thayer argumentiert überzeugend, dass Beethoven sich derlei in der Berichtszeit, 1816–18, nicht hätte leisten dürfen – wegen der damals bereits fortgeschrittenen Arthritis des Erzherzogs wäre das sowieso kein Thema gewesen. Dieses etwas merkwürdige Verhalten Beethovens lässt sich vielleicht aus dem Wunsch erklären, trotz des Standesunterschieds für klare Verhältnisse hinsichtlich seiner Autorität als Lehrer zu sorgen.

204 Thayer berichtet dazu: »In der Musik war Rudolf mit anderen Kindern der kaiserlichen Familie von dem K. K. Hofkomponisten A n t o n T a y b e r unterrichtet worden und machte so gute Fortschritte, daß er, wofern die Überlieferung zuverlässig ist, schon als Knabe in den Salons von Lobkowitz und anderen zu allgemeiner Befriedigung spielte; freilich hatte ein Erzherzog eine übelwollende Beurteilung nicht eben sehr zu fürchten. Einen besseren Beweis dafür, daß er in der Tat Talent und Verständnis für Musik besaß, lieferte er dadurch, daß er, sobald er sich von Tayber emanzipieren konnte und in der Wahl seines Lehrers selbst mitzusprechen hatte, Schüler Beethovens wurde. Es ist immerhin nicht unmöglich, daß die alten Beziehungen des Komponisten zu Max Franz einen gewissen Einfluß auf den Entschluß des Neffen gehabt haben; den Hauptgrund für Rudolfs Entscheidung bildete aber sehr wahrscheinlich der große Ruf Beethovens und die Achtung, welche ihm in Familien wie S c h w a r z e n b e r g, L i e c h t e n s t e i n, K i n s k y und deren Standesgenossen gezollt wurde. Welchen Wert man aber auch diesen und ähnlichen Betrachtungen zugestehen mag, jedenfalls muß es mehr als das eigensinnige Verlangen, den großen Klavierspieler seinen Meister zu nennen, gewesen sein, was den Erzherzog zum Schüler, Freunde und Beschützer Beethovens machte, bis der Tod sie trennte. Man wird gerade aus diesem Umstande eine höhere Meinung von seinem musikalischen Talente gewinnen, ähnlich wie auch der musikalische Geschmack und die Einsicht von Max Franz darum so hoch in unserer Schätzung stehen, weil er Mozarts Genius schon so früh erkannte.« (TDR Bd. II, S. 542f.)

205 In diesem Kontext sind auch die auf 1809 datierten Kadenzen zu sehen, die Beethoven so-

wohl für eigene Klavierkonzerte als auch für einige Konzerte Mozarts zum Gebrauche des Erzherzogs komponierte.

206 Viele Dokumente zu Rudolphs Schaffen liegen in den Archiven von Olmütz – das ist etwas abseits der musikhistorischen Ereignisse, aber gerade dort und in Kremsier, den beiden bischöflichen Residenzen, lebte Rudolph seit 1819 ganz überwiegend. In Kremsier befand sich Rudolphs famose Musiksammlung, denn dort scheint er sich am intensivsten mit eigenen Komponisten beschäftigt zu haben. Die meisten seiner Handschriften wurden in der dortigen Schlossbibliothek erst 1919 wiederentdeckt und 1921 von Paul Nettl erstmals in Kürze und 1926–27 von Karl Vetterl ausführlicher bekannt gemacht, mit dem besonderen Hinweis auf Beethovens (sehr schwer zu lesende) autographe Korrekturen in jenen Manuskripten. Vetterl wies auch besonders auf Rudolphs Sammelleidenschaft hin, die sich in einem Katalog niederschlug, in dem der Erzherzog von seinem 13. bis 22. Lebensjahr (1801–1810) die Handschriften, Notendrucke und Musikbücher in seinem Besitz selbst beschrieben hatte. Vetterl wies auch als Erster darauf hin, dass die Kompositionen des Erzherzogs ein echtes musikalisches Talent verrieten und deshalb dringend einer wissenschaftlichen Untersuchung bedürften – worauf ein halbes Jahrhundert lang jedoch nichts geschah.

207 »Ich hätte schon früher geschrieben, wenn ich nicht, nach vollendeten 40 Tägen, denn 27 October, in der früh, von meinen Nervenzuständen angefallen worden wäre; doch muss ich dem Allerhöchsten meinen Dank abstatten, weil er mich dieses mahl, fiel leichter befreyte. Denn nach zwey Anfälle, welche ja sich schon schwächer als sonst waren, schlief ich recht viel, der Kopf war nicht so betäubt, die Krämpfe viel schwächer, und heute erschien ich schon wieder bei der Tafel. Ich hoffe also, mit der Hülfe Gottes, wenigstens wieder auf 40 Täge befreyt zu seyn.« Zitiert nach Kagan 1988, S. 298.

208 Die Episode ist es wert, zitiert zu werden: »Etiquette und was dazu gehört hatte Beethoven nie gekannt und wollte sie auch nie kennen. So brachte er durch sein Betragen die Umgebung des Erzherzogs Rudolph, als Beethoven anfänglich zu diesem kam, gar oft in große Verlegenheit. Man wollte ihn nun mit Gewalt belehren, welche Rücksichten er zu beobachten habe. Dieses war ihm jedoch unerträglich. Er versprach zwar sich zu bessern, aber – dabei blieb's. Endlich drängte er sich eines Tages, als man ihn, wie er es nannte, wieder hofmeisterte, höchst ärgerlich zum Erzherzoge, erklärte gerade heraus, er habe gewiß alle mögliche Ehrfurcht für seine Person, allein die strenge Beobachtung aller Vorschriften, die man ihm täglich gäbe, sei nicht seine Sache. Der Erzherzog lachte gutmütig über den Vorfall und befahl, man solle Beethoven nur seinen Weg ungestört gehen lassen: er sei nun einmal so.« (Wegeler-Ries S. 111f.; siehe dort auch S. 133)

209 Kaiser Ferdinand III. und Leopold I., Erzherzog Johann Nepomuk Salvator u. a.; Carlo Gesualdo Principe di Venosa, Kurfürstin Maria Antonia Walpurgis von Sachsen, Markgräfin Friederike Sophie Wilhelmine von Brandenburg-Bayreuth, König Friedrich der Große, Prinz Louis Ferdinand von Preußen, Graf Auguste Talleyrand u. a.

210 Kagan 1988, S. 182. Es handelt sich um die unter Nr. 16 und 17 beschriebenen Kompositionen in Kagans Verzeichnis der vollendeten Werke des Erzherzogs (ibidem S. 167ff. und 175ff.). »Rudolph's inventive use of figuration and rhythm, his instrumental knowledge and his command of formal structures suggest that he had already experienced a fair amount of technical instruction in composition« (ibidem S. 325).

211 Schindler ist zwar ein oft problematischer Gewährsmann; im vorliegenden Fall aber handelt

es sich um eine sehr ungewöhnliche Situation; da Schindler darin nicht involviert ist, kann man keinen Anhaltspunkt für eine Fälschung erkennen. Schindlers Bericht erschien in der Niederrheinischen Musikzeitung 1854 (Nr. 28) und lautet: »Für mündliche Konversation war Beethovens Gehör schon im Laufe von 1818, selbst mit Hülfe der Sprachrohre, zu schwach, und musste von da an zur Schrift Zuflucht genommen werden. Nur allein im Verkehr mit dem Erzherzog Rudolph, und zwar seines weichen Sprachtons wegen, vermochte das kleinste seiner Sprachrohre noch mehrere Jahre hindurch gute Dienste zu leisten.« (Zitiert nach TDR, Bd. IV, S. 151)

212 Auf die psychologische Dimension von Beethovens Schwerhörigkeit wurde bereits eingegangen.

213 Die Erzherzog Rudolph gewidmeten Werke Beethovens sind lauter Hauptwerke:
4. Klavierkonzert G-Dur op. 58
5. Klavierkonzert Es-Dur op. 73
Klaviersonate Es-Dur op. 81a (*Les adieux*)
Violinsonate G-Dur op. 96 (1812)
Klaviertrio B-Dur op. 97
Klaviersonate B-Dur op. 106 (*Hammerklavier-Sonate*)
Klaviersonate c-Moll op. 111
Große Fuge B-Dur für Streichquartett op. 133
Bearbeitung der *Großen Fuge* für Klavier zu vier Händen (1826), op. 134
Darüber hinaus entstand die *Missa solemnis op. 123* anlässlich von Rudolphs Inthronisation als Erzbischof von Olmütz.

214 Ein Vergleichsbeispiel kam 2016 in den Handel, siehe Katalog Sotheby's, 29. November 2016, S. 12f. ›Böse‹ Absichten (Fälschung) sind zu jener Zeit noch nicht relevant, weil Manuskripte erst gegen 1840–50 allmählich auch als Wertobjekte betrachtet wurden.

215 BGA Nr. 1901.

216 Marx, Adolph Bernhard, *Ludwig van Beethoven. Leben und Schaffen.* Berlin 1859, Bd. II, S. 92.

217 Riethmüller, A., Dahlhaus, C., Ringer, A. L. [Hrsg.], *Beethoven. Interpretationen seiner Werke.* 2 Bände. Laaber 1994, S. 422ff. – Hiemke, S. [Hrsg.], *Beethoven Handbuch.* Kassel/ Stuttgart 2009, S. 167.

218 Zum Beispiel W. A. Mozart in KV 309 (284b) worin er lt. eigener Briefaussage vom 7. Dezember 1777 Rose Cannabich, die Tochter des Mannheimer Konzertmeisters Cannabich zu ›porträtieren‹ suchte. Siehe Drüner, Ulrich, *Mozarts Große Reise* (s. o.)., S. 51ff.

219 Somerau-Beeckh, Maximilian Joseph Gottfried Freiherr von, *Trauerrede auf den Tod Seiner kaiserlich königlichen Hoheit und Eminenz … Rudolph Johann … Erzherzog von Österreich … Cardinalpriester und Fürst-Erzbischof von Olmütz … am 16. August 1831.* Olmütz [1831], S. 19.

220 BGA 761. Ähnlich klingt es in einem ebenso besorgten Brief vom 27. Mai 1813: »Würde nur auch mein Wunsch, Sie bald in volkommenen Gesundheit-Zustande zu wissen, erfüllt, Es ist in der That mein heisester wunsch, und wie sehr betrübt es mich, daß ich eben jetzt nichts zu Ihrer Besserung zu Ihrem Wohlbefinden vermittelst meiner Kunst beytragen darf und kann …« (s. BGA Nr. 656).

221 BGA, Bd. VI, S. 202f., Nr. 1717 und 1718.

222 BGA, Bd. IV, S. 446 und 444, Nr. 1438 und 1436

223 Zur Vertiefung kann man nachlesen in Ulrich Drüner, *Richard Wagner. Die Inszenierung eines Lebens* (s. o.), S. 305–319 (Kapitel 17: »Wie funktioniert das Genie?«) Dort finden sich auch weitere Literaturhinweise.

224 Massin, Jean undBrigitte, *Beethoven. Materialbiographie*, München 1970, S. 60

225 BSZ, S. 896, entnommen aus: Seyfried, Ignaz von, *Ludwig van Beethoven's Studien im Generalbass* ... Wien 1832, Anhang [mit biografischen Materialien], S. 3–27. Hervorhebung von mir.

226 BSZ, S. 1077–1091, hier S. 1089. Weißenbach (1766–1821) war Chirurg, Tierarzt und Dichter – zumindest als Letzteres war er ein großer Schwafler, von dem man seitenlangen Unsinn liest, dann aber auf Essenzielles stößt, das er nicht erfinden, sondern nur aus berufenem Mund gehört haben konnte.

227 Thayer bringt diese Begebenheit mit Beethovens Vorbereitung zu *Wellington's Sieg* in Verbindung, was auf 1813 verweisen würde. Das kann nicht stimmen, weil Blasius Höfel mit Beethoven erst ein Jahr später, im Herbst 1814, in Kontakt kam. Höfel wartet mit der ziemlich genauen Zeitangabe »A year or two after [1820]« auf, demnach müssen die Jahre 1821–22 für die Wiener-Neustadt-Episode angenommen werden.

228 Siehe dazu Mihály Csíkszentmihályi, *Flow. Das Geheimnis des Glücks.* 4. Auflage. Klett-Cotta, Stuttgart 1995.

229 Siehe U. Drüner, *Richard Wagner. Die Inszenierung eines Lebens* (s. o.), S. 305ff. – Eine ähnliche Situation wird in BSZ, S. 232 beschrieben. Ignaz von Seyfried beschreibt solche Verhaltensweisen auch vor Beginn des Improvisierens, siehe BSZ, S. 897.

230 Ein Hauptproblem an der Geschichte ist, dass sie in relativ später Zeit vorgefallen sein muss, vor Ende der Napoleonischen Zeit ist sie eher nicht anzusetzen. In dieser Spätzeit hegte Beethoven jedoch eine abgrundtiefe, hasserfüllte Verachtung gegenüber dem k. u. k. Metternich-System, sodass die brüskierende äußere Form des Nicht-Spielen-Wollens auch ein Nicht-Spielen-Können wegen der psychologischen Abneigung gewesen sein kann. Das ändert nichts an der Tatsache, dass das Improvisieren bei Beethoven nicht auf Befehl zur Verfügung stand. Der Erzherzog wird das verstanden haben, nicht aber Franz I., dem man eine künstlerische Begabung nicht nachsagen kann und dessen Haltung gegenüber Beethoven lt. Baron Trémont spätestens seit seinem Wienbesuch 1809 äußerst kritisch gewesen zu sein scheint, obwohl der Komponist schon zu jener Zeit ein kultureller Exportartikel der Sonderklasse war.

231 (1788–1855), Sohn des österreichischen Komponisten Ignaz Pleyel.

232 Am nächsten Tag soll Beethoven Pleyel gesagt haben, er könne keine Improvisationen wie ein Schuster seine Schuhe machen, die Eingebung sei einfach nicht gekommen. Während dieses Gesprächs am Folgetag habe Beethoven ärgerlich auf dem Klavier herumgeklimpert, »machinalement«, wie Pleyel betont, und siehe da, »peu à peu, sans qu'il s'en aperçoive, sans qu'il interompe la conversation [...] un vague contour de mélodie se dessine, puis [...] sa parole devient intermittente [...] ne sachant plus s'il y avait quelqu'un là, le visage en feu, penché sur le clavier, en faisant jaillir à flots pressés [...] montrant à Camille le spectacle inoubliable d'un grand homme saisi à l'improviste par son génie, en lutte avec son inspiration«: Ohne es selbst wahrzunehmen und ohne sein Reden zu unterbrechen, hätten sich Melodien geformt, das Reden sei ins Stocken geraten, und schließlich schweigend, die Anwesenden völlig vergessend, habe Camille Pleyel das unvergessliche Schauspiel

miterlebt, wie der großartige Künstler von seinem Genius unvermittelt erfasst wurde (BSZ, S. 645).

233 An dieser Stelle bemerken die Mit-Autoren von TDR: »Es ist nicht wahrscheinlich, daß sich Beethoven hierüber weitläufig ausgesprochen hätte.« Ich teile diese Vermutung, auch wenn ich im Prinzip die Logik der Passage für höchst wahrscheinlich halte.

234 2 Mal Sechzehntel-Triole + Achtel, g-a-g-fis / f-g-f-e. Jedes Motiv für sich ›besagt‹ fast nichts, zusammen aber erzeugen sie durch die chromatische Verknüpfung fis-f eine gewisse Spannung.

235 TDR, Bd. V, S. 243; englischer Originaltext siehe BSZ, S. 919.

236 Die hierher gehörende sich wiederholende Notenfigur besteht aus zwei Sechzehnteln, gefolgt von zwei Achteln, ohne Tonlinien, das heißt, dass der Tonhöhenverlauf gegenüber dem Rhythmus zweitrangig ist.

237 In BSZ, S. 243 geht Carl Czerny nicht nur auf die 5. Symphonie ein, sondern auch auf die Chorphantasie op. 80 und auf das Scherzo der 9. Symphonie. »Certainly this can only be understood by those who had the good fortune frequently to hear him *extemporize*.« In BSZ, S. 226 gibt Czerny viele weitere Beispiele ›äußerlicher‹ Einflüsse auf Beethovens Themengestaltung an, sodass man den Vorstellungen von »absoluter Musik« bei Beethoven Grenzen setzen muss.

238 *Über den richtigen Vortrag* … (s. o.), S. 48.

239 Solche Minimalnotate sind m. W., im Gegensatz zu den in großen Mengen erhaltenen Skizzen, nur selten aufbewahrt worden, werden aber zumindest von Schnyder von Wartensee klar definiert und erwähnt (BSZ, S. 846). Er bezeichnet sie als »Krikelkrakel«, bevor Beethoven ihm schmunzelnd erläutert, dass dies fertige Themen seien.

240 BSZ, S. 615: »I have always a picture in my mind, when I am composing, and work up to it«. »Picture« ist hier im heutigen Wortgebrauch natürlich nicht als fotoähnliches Gemälde zu verstehen, sondern als »mental picture«, als geistige Vorstellung.

241 Johann Sporschil zitiert Beethoven 1827: »[…] jedem derselben [seiner Werke] liegt, ›wie er selbst sich ausdrückte‹, ›eine psychische Idee zum Grunde‹« (BSZ, S. 940). Beethoven (oder sein Interpret Sporschil) benützen das Adjektiv »psychisch«; heute müsste man das übersetzen mit »emotional vermittelte Idee«, eine Idee, die durch musikalisch erregte Gefühle repräsentiert wird. – Auch Anton Schindler verweist auf die »poetische Idee« und den »manichfachen idealen Inhalt«, die, wie Beethoven ihm gegenüber beteuerte, seinen Werken zugrunde liege (s. Schindler 3/1860, Bd. 2, S. 212.

242 Jahn, Otto, *Gesammelte Aufsätze.* Leipzig 1866, S. 243.

243 Schiff, András/Meyer, Martin, *Beethovens Klaviersonaten und ihre Deutung »Für jeden Ton die Sprache finden …« András Schiff im Gespräch mit Martin Meyer*, 2. Auflage, Bonn 2012, S. 41.

Anmerkungen zu Kapitel 17

244 La Mara S. 88ff.; Tellenbach 1983, S. 85ff.

245 Die Datierung 1807 findet sich in der Erstveröffentlichung (*Ludwig van Beethoven. Dreizehn unbekannte Briefe an Josephine Gräfin Deym geb. v. Brunsvik, Faksimile mit Einführung und Übertragung von Joseph Schmidt-Görg*, Bonn 1957, Reprint 1986, S. 29f.), wofür der Herausgeber keine Begründung abgab. Schmidt-Görg selbst schien jedoch einen Grund dafür zu haben, trotz der Erwähnung der *Sonate* einen frühen Termin anzunehmen: Er erklärte

das Verhältnis Josephine-Beethoven mit diesen Briefen für beendet und lehnte es kategorisch ab, einen Zusammenhang mit dem Brief an die »Unsterbliche Geliebte« (1812) zu sehen.

246 Am 30. November 1810 bringt sie in Wien ihre zweite Tochter mit Stackelberg, Theophile, zur Welt.

Zu Brigitte Massin, siehe *Recherche de Beethoven,* Paris 1970 (mit Jean Massin).

247 Die Formulierung »Schon längst« schließt 1809 eigentlich auch technisch aus, denn ihr Wunsch nach Nachricht war während der Reise in Kriegszeiten sowieso illusorisch.

248 So Joseph Schmidt-Görg, 1945 bis 1972 Direktor des Beethoven-Archivs Bonn, s. R. Steblin 2009, S. 2.

249 Die weiteren Kandidatinnen sind Bettina von Arnim, Anna Marie von Erdödy, Dorothea von Ertmann, Almeria Esterházy (wobei es nicht einmal einen Beleg gibt, dass sie Beethoven auch nur ein einziges Mal getroffen hätte!), Maria-Anna Fürstin Liechtenstein, Julie (»Giulietta«) Guicciardi, Amalie Sebald und Barbara Edle von Tschoffen. Wer keine der vielen Spezialstudien zu diesem Thema zur Hand hat, kann sich in Wikipedia Grundinformationen besorgen: https://de.wikipedia.org/wiki/Unsterbliche_Geliebte. Detailliert dazu siehe auch H. Goldschmidt 1977.

250 Klaus Kropfinger in MGG/2, Artikel Beethoven (Bd. II, S. 125), Kassel/Stuttgart 2001.

251 Klapproth, John E., *Handbuch: Unsterbliche Geliebte. Umfassende Neubearbeitung. Alles über die einzige Frau, die Beethoven je geliebt hat.* CreateSpace (=Amazon), North Charleston 2018), S. 107. Dieses 2012 in schmalerer Form auf Englisch erschienene Buch hat zwar ein unmögliches Layout, ist oft unübersichtlich gegliedert und schlecht formuliert, aber es ist in jüngster Zeit in dieser erweiterten Fassung die einzige wirklich umfassende Materialsammlung zum fraglichen Spezialgebiet.

252 BSZ, S. 346. Über diese Stelle ist viel diskutiert worden, weil die Angabe »vor fünf Jahren« auf das Jahr 1811 deuten würde. Dazu ist zu sagen, dass das Original des Tagebuches verloren ist und es nur in zwei Ausgaben von 1857 und 1861 eines Edouard Duboc (=Robert Waldmüller) existiert, der es mit späteren Aussagen Fanny Giannattasios erweitert und dabei redaktionell verändert hat. Bei einer solchen Überlieferung ist mit chronologischer Genauigkeit nicht zu rechnen. Harry Goldschmidt, *Um die Unsterbliche Geliebte. Eine Bestandsaufnahme*, Leipzig 1977, S. 111, bezieht Beethovens Aussage auf die Liedkompositionen des Jahres 1811, deren innere Programme meist mit Josephine in Zusammenhang gebracht werden (insbesondere »An die Geliebte«, WoO 140), weshalb die Zeitangabe korrekt sei.

253 Zöllner, S. Erich, *Geschichte Österreichs.* Wien 1990, S. 338–340.

254 Rita Steblin hat im Blog der *American Musicological Society chat list* drei Beethoven-Briefe an die Fürstin Kinsky erwähnt, aus denen Klatschartiges hervorgeht (ein Ausdruck vom 28. 12. 2018 liegt mir vor). Obwohl die Existenz dieser Briefe auch dem ehemaligen Kustos des Beethoven-Hauses Bonn, Michael Ladenburger, vom Hörensagen her bekannt war, reicht das nur zu vagen Vermutungen.

255 Eine dementsprechende Notiz: »Ich will [den Advokaten] Liebert in Prague sprechen. ich will die Kinder nie von mir lassen« entdeckte Rita Steblin; das Tagebuch wird im Nachlass Deym im Archiv der südböhmischen Stadt Jindřichův Hradec aufbewahrt.

256 H. Goldschmidt, a. a. O., S. 405. Zusätzlich erwähnt wird der Karlsbad-Plan bereits im Februar in Thereses Notizheft, s. R. Steblin 2007, S. 12.

257 Selbst in der Plagiatsverfolgung (bei Verdacht auf Autorenrechtsverletzungen) wird überwiegend mit Textvergleich in der Technik des Indizienprozesses (heute inkl. automatisierter Texterkennung) gearbeitet. Und in der Rechtsprechung gibt es Verurteilungen wegen Mordes auf der Basis reiner Indizienprozesse. Über solche Verurteilungen ohne Leiche und ohne Tatwaffe etc. berichtet beispielsweise der Artikel »Ein Mord – wirklich?« in: DIE ZEIT No. 44/2018.

258 Massin, Jean et Brigitte, *Recherche de Beethoven*. Paris 1970, S. 72f. Der Text ist freilich auf Französisch weshalb hier die Zusammenstellung der Originalzitate herangezogen wird.

259 Den Gesamttext kann man sich inklusive Kommentaren mit wenigen Mausklicks herunterladen. Der beste Text und die besten Kommentare dürften die des Beethoven-Archivs in Bonn sein: https://www.beethoven.de/hallo-beethoven/extern/ug-orginaltext.pdf

260 Ein biografischer Rückbezug Wagners auf Beethoven ist dabei sehr unwahrscheinlich, zumindest ist er nicht einmal andeutungsweise nachweisbar. Ich sehe das eher als einen Trieb der Großkünstler Beethoven und Wagner, bei der Formulierung wichtiger Gedanken intuitiven Gestaltungsgesetzen zu folgen, was verhindert, ufer- und formlos zu werden.

261 Weshalb die Zurückhaltung Beethovens hinsichtlich des Umgangs mit verheirateten Frauen, die er 1807 im Fall des Ehepaares Bigot ausgedrückt hatte, jetzt für die von Stackelberg getrennt lebende Josephine nicht mehr gültig ist.

262 Fanny Giannattasio überliefert den folgenden Ausspruch: »Was ihn beträfe, so habe er noch keine Ehe gekannt, von welcher nach einiger Zeit nicht das Eine oder Andere den Schritt bereut hätte; – und von einigen Mädchen, welche er in früheren Zeiten zu besitzen als das größte Glück erachtet hätte, habe er in der Folge eingesehen, daß er sehr glücklich sei, daß keine derselben seine Frau geworden sei, und wie gut es sei, daß die Wünsche oft nicht erfüllt werden.« (BSZ, S. 325) – Etwas weiter berichtet dieselbe Chronistin: »Meine Schwester machte auch die Bemerkung, daß er seine Kunst immer mehr lieben würde als seine Frau: das, meinte er, wäre auch in der Ordnung; auch daß er eine Frau nicht lieben könnte, welche seine Kunst nicht zu würdigen verstände.« (BSZ, S. 325)

263 Die Zeitzeugen dagegen deuten Derartiges an, aber dort stellt sich oft die Authentizitätsfrage, weil Beethoven nicht der Typ ist, mit jedermann solche Themen zu besprechen.

Anmerkungen zu Kapitel 18

264 Solomon S. 253.

265 Zum Jahr 1813 vgl. Joseph Aug. Lux: Ludwig van Beethoven. Berlin 1927, S. 199f.

266 Tellenbach 1983, S. 16

267 Details dazu bei Tellenbach 1983, S. 16f.

268 Tellenbach 1983, S. 20

269 Selbst Thayer hat von 1813 kaum etwas zu berichten; er geht intensiv auf Fürst Kinskys Tod und die Schwierigkeiten ein, die sich daraus ergaben, dass die Testamentsvollstrecker die nur mündliche Zusage des Fürsten zur positiven Gehaltsanpassung nach dem desaströsen »Finanzpatent« ohne gerichtlichen Beschluss nicht ausführen durften. Zum Privaten kommt Thayer erst mit der Vormundschaftsvereinbarung vom 12. April 1813, um dann ziemlich bald auf Mälzel und die ersten Pläne zu *Wellingtons Sieg* zu sprechen zu kommen. – In Jan Caeyers Biografie – um wenigstens ein weiteres Beispiel anzuführen – findet das Jahr 1813 großenteils in der europäischen Politik statt; die psychischen Probleme Beethovens erwähnt

er, sucht ihre Begründung allerdings eher in jahrelangem Arbeitsstress und geht dann bald auf die Vorbereitungen zu den Dezember-Konzerten ein.

270 Das Urteil »Monument der Trivialität« sei hier zitiert, weil es durch Solomon ein rezeptionsgeschichtliches Gewicht bekommen hat. Ob die Schärfe dieses Urteils angemessen ist, sei angesichts der politischen Situation im Wien des Jahres 1813 dahingestellt.

271 Der 8. April 1813 ist der Geburtstag von Josephines Tochter Minona, die auf den folgenden Seiten behandelt wird.

272 Schindler 3/1860, Teil I, S. 94. Beethoven habe sich, so der lt. Schindler glaubhafte, doch lang verschwiegene Vorfall, »in einem entlegenen Theil des Schloßgartens« versteckt gehalten, um »sich durch Erhungern den Tod zu geben«, sei dort aber von Erdödys Musiklehrer Brauchle entdeckt und gerettet worden. Schindler datiert das Geschehen nach 1803 und bringt es mit seiner Kandidatin der »Unsterblichen Geliebten«, der Gräfin Giulietta Guicciardi, in Verbindung, was Thayer für abwegig erklärt, weil Brauchle damals noch nicht im Dienst der Grafen Erdödy gestanden habe (TDR, Bd. II, S. 312ff). Thayers Misstrauen gegenüber Schindler ist meistens berechtigt, in diesem Fall jedoch wohl nicht gänzlich. Denn bei seiner Neigung zur Heroisierung hätte Schindler die Episode gut übergehen können.

273 Solomon S. 252. Grund für die zeitliche Verschiebung mögen Andeutungen in dem auch von Solomon edierten Tagebuch Beethovens sein, die in die Zeit 1812–14 gehören und seit Romain Rolland (1966) als Suizidgedanken gedeutet werden (Btb S. 49, Zeilen 25–27, dazu Kommentar 20 S. 131).

274 Schindler 3/1860, Teil I, S. 187.

275 Siehe Kommentar zu BGA Nr. 652. Beethoven litt damals stark unter dem Ausbleiben der Gehaltszahlungen von Kinsky und Lobkowitz.

276 Steblin, *»Auf diese Art mit A geht alles zugrunde«. A New Look at Beethoven's Diary Entry and the »Immortal Beloved«*. In: *Bonner Beethoven-Studien*, Band 6 (2007), S. 147–180, S. 12.

277 Ebda. S. 14.

278 Ergänzend wertet Tellenbach den Umstand, dass Beethoven sehr viel später, noch auf dem Totenbett, eine Änderung in seinem Testament vornahm und »eheliche Nachkommen« durch »natürliche Erben« ersetzte. Die alte Fassung konnte nur auf den Neffen Karl, die neue jedoch auch im Fall von Karls vorzeitigem Ableben auf Minona angewandt werden. »Es war das Letzte, was er in seinem Leben schrieb«, fügt Tellenbach hinzu (S. 129). Mit deutlicheren Worten hätte Beethoven zwar den Schleier, den er zu Josephines Schutz auch um das Kind Minona zu belassen hatte, definitiv zerrissen, er hätte aber eine wirtschaftliche Unterstützung für Minona sichergestellt.

279 In jenen in Teil 2 erwähnten Briefen Beethovens an die Fürstin Kinsky soll dieser die Absicht äußern, Minona zu besuchen (siehe die in Teil 2, Anmerkung 254 erwähnte *American Musicological Society chat list*).

280 Der Liederkreis *An die ferne Geliebte* op. 98 trägt zwar eine Widmung an Fürst Lobkowitz, dessen Frau am 24. Januar 1816, kurz vor der Drucklegung von op. 98, gestorben und für den Fürsten zu einer ›offiziellen‹ fernen Geliebten geworden war. In Kapitel 26 wird erklärt, wie die gedruckte Widmung von der privaten abweichen kann, weshalb Josephine Brunsvik von etlichen Forschern – m. E. zurecht – auch für op. 98 als die heimliche Widmungsträgerin betrachtet wird.

281 S. Leitzmann Bd. I, S. 114: »Man weiß nicht, wer jene Giulietta gewesen ist, an die er leidenschaftliche Briefe geschrieben hat [...] Eine starke Neigung hatte er dann für die Gräfin

Erdödy [...]. Ich kenne auch den Gegenstand seiner dritten Leidenschaft, *aber ich darf ihn nicht nennen.*« Da Trémont keine persönlichen Verbindungen nach Wien hatte, kann das Geheimhaltungsgebot nur auf Beethoven selbst zurückgehen.

282 Beethovens Tagebucheintrag vom 13. Mai 1813, geschrieben fünf Wochen nach Minonas Geburt (8. April 1813). Wegen der Bedeutung des Gesamttexts soll dieser hier im Zusammenhang erscheinen (die Schrägstriche [/] geben den Zeilenfall in der Standardausgabe BTB wieder):
»Ergebenheit, innigste Ergebenheit in dein Schicksal, nur / diese kann dir die Opfer – – – zu dem Dienstgeschäft / geben. – O harter Kampf! – Alles anwenden [,] was noch / zu thun ist [,] um das Nöthige zu der weiten Reise zu / entwerfen – alles mußt du – – finden [,] was dein / seligster Wunsch gewährt, so mußt du es doch ab= / trotzen – absolut die stette Gesinnung beobachten. / Du darfst nicht Mensch seyn, für dich nicht, nur für andre; für dich gibts kein Glück mehr / als in dir selbst in deiner Kunst – o Gott! gib / mir Kraft, mich zu besiegen, mich darf ja nichts / an das Leben fesseln. – Auf diese Art mit St [A oder H] / geht alles zu Grunde – – – – – – – – – – / Die genaue Zusammenhaltung mehrerer Stimmen / hindert im Großen das Fortschreiten einer zur / andern – – – – –
Den 13 May 1813
Eine große Handlung, welche seyn kann zu / unterlassen und so bleiben – o welcher Unterschied / gegen ein unbeflissenes Leben, welches sich in mir / so oft abbildete – o schreckliche Umstände, die mein Gefühl für Häuslichkeit nicht unterdrücken, / aber deren Ausübung [,] o Gott, Gott [,] sieh' auf / den unglücklichen B.[eethoven] herab, laß es nicht länger / so dauern –« (BTb, S. 39–41).
Nach dieser dramatischen Eröffnung folgen seitenlange literarische Zitate und Merksätze, die Beethovens weit gespannte literarische Interessen dokumentieren. Biografische Informationen sind erst viel später wieder eingestreut, doch hält sich deren Aussagekraft in Grenzen.

283 Im Mai 1814 war Stackelberg nach längerer Abwesenheit wieder in Wien aufgetaucht und verlangte die Herausgabe seiner Kinder, um sie nach Estland zu bringen – einschließlich Minona, was wohl bedeutet, dass er sie tatsächlich als sein eigenes Kind betrachtete. Josephine widersetzte sich, worauf Stackelberg die Polizei einschaltete und Josephine beschuldigte, die drei Kleinkinder der Verwahrlosung ausgesetzt zu haben. Es gab ein längeres Hin und Her durch verschiedene Instanzen, Stackelberg gewann schließlich, brachte die Kinder aber nicht ins Baltikum, sondern zu einem Dechanten namens Franz Leyer in Trautenau (Trutnov) in Nordböhmen. Dieser schrieb nach eineinhalb Jahren am 29. Dezember 1815 an Josephine, Stackelberg habe seit Langem keine Unterhaltszahlungen mehr geschickt. Josephine und ihre Schwester Therese trieben die ausstehenden Gelder auf und schickten sie dem Dechanten, der dringend wünschte, die Kinder zurückzugeben. Doch kam Stackelberg ihr Ende September 1816 zuvor und ließ die Kinder nach Estland verbringen.

284 La Mara 1909, S. 105. Dass sich »Genie« auf die Musik bezieht, ergibt sich aus weiteren Äußerungen Thereses, siehe La Mara, a. a. O.

285 BKh Bd. I, S. 149

286 Diese Fragen bewegen zu Recht.

Anmerkungen zu Kapitel 19

287 Bereits nach Napoleons Niederlage in der Schlacht bei Paris (31. März 1814), bei seiner Absetzung am 2. April 1814 und der nachfolgenden Verbannung nach Elba war klargeworden, dass Europa neu geordnet werden musste. Mit der Rücknahme der Veränderungen des revolutionären und napoleonischen Frankreich hatte der Wiener Kongress sein Hauptziel erreicht: Frankreich trat einige Gebiete ab, Polen wurde erneut geteilt, was die Großmächte Preußen, Österreich und Russland stärkte. Zusammen mit Großbritannien und dem besiegten, aber wieder befriedeten Frankreich entstand nun das auf ein Gleichgewicht ausgerichtete wegweisende Beziehungssystem der europäischen Mächte. Ziel dabei war, eine neue Ordnung zu etablieren, in der zwischenstaatliche Gewalt vermieden und Konflikte diplomatisch gelöst würden, was für mehrere Jahrzehnte auch gelang.

288 »Ihr jeziges politisches Daseyn will mir auch nicht recht gefallen, allein – allein – allein – die noch nicht erwachsenen Kinder brauchen nun einmal Puppen – so ist nichts mehr zu sagen.« (Das bezieht sich auf den Umstand, dass selbst Leipzig von Preußen annektiert werden sollte.)

289 Das Programm wurde am 2. Dezember wiederholt, und sodann am 25. Dezember nochmals als Wohltätigkeitsveranstaltung für das Bürgerspital St. Marx, wofür Beethoven vom Magistrat der Stadt Wien die Ehrenbürgerschaft verliehen wurde.

Anmerkungen zu Kapitel 20

290 Ludwig van Beethoven, *Fidelio. Textbuch. Einführung und Kommentar von Kurt Pahlen unter Mitarbeit von Rosmarie König.* Mainz 1978, S. 167.

291 Zum Prinzip Hoffnung und den sozialen Strukturen des Fidelio siehe D. Holland, *Rettung der Kolportage durch die Musik. Zu Beethovens »Fidelio«.* In: A. Csampai, D. Holland (Hrsg.). *Ludwig van Beethoven. Fidelio. Texte, Materialien, Kommentare.* Reinbek bei Hamburg 1981, S. 9–31.

292 Womöglich aufgrund der Beschwerden der Darstellerin der Leonore, Anna Milder-Hauptmann, die »harte Kämpfe mit dem Meister zu bestehen gehabt« habe. Siehe Alfred Christlieb Kalischer, (Hrsg.), *Anton Schindlers Beethoven-Biographie.* Neudruck der 3., neu bearb. und vermehr. Aufl., 1860. Berlin [u. a.] 1909, S. 179.

293 Im Vergleich zur Fassung von 1805 gewinnt die Partie eine kleine Terz in der Höhe (es-b' statt des gemäßigten es-g'), und die durchschnittliche Tonhöhe steigt ebenfalls um eine unglaubliche kleine Terz von cis' auf e' – und entspricht damit der Durchschnittshöhe einer gerade dafür Rossini-Arie, Arnolds »*Asile héréditaire*« mit ihren 6 hohen Cs!

294 Außerdem liegt jenes »G« an der Übergangsstelle von der Brust- zur Kopfstimme, die ohnehin nicht ganz leicht zu bewältigen ist.

295 Eva Rieger in Schlussdiskussion, round-table unter der Leitung von Manfred Wagner, in: Ottner, Carmen (Hrsg.), *Frauengestalten in der Oper des 19. und 20. Jahrhunderts (mit besonderer Berücksichtigung der deutschsprachigen, italienischen und französischen Oper).* Symposion 2001. Wien 2003, S. 288–300, hier S. 288.

296 Hervorhebung von den Autoren.

297 Zitiert nach Csampai a. a. O., S. 138.

298 Siehe *Ludwig van Beethoven. Die Werke im Spiegel seiner Zeit. Gesammelte Konzertberichte und Rezensionen bis 1830. Hrg. v. Stefan Kunze* u. a., Laaber 1987, S. 153, 156, 158 und 169.

299 1814 hat dies Giulio Radicchi (1763–1846) hat dies 1814 wohl komplett im Falsett gesungen; der Weg »zur Freiheit, in's himmlische Reich« klang also losgelöst von den Klangfarben der tieferen Lagen, weicher, zarter und luftiger, was von der Kritik jedoch als der Rolle weniger angemessen empfunden wurde. Erst durch Anton Haitzinger (1796–1869), der ein jugendlich-dramatischer oder sogar ein Helden-Tenor gewesen sein wird bei der Wiederaufnahme des Fidelio 1822 am Kärntnertortheater die Rolle Florestans in gleicher Weise hervorgehoben wie die der Leonore.

300 Und das man bei Beethoven, vielleicht schon bei Bach, lieber außen vor lassen sollte.

301 Siehe Rudolf Klein, *Beethoven-Stätten in Österreich.* Wien 1970, S. 85.

302 Ludwig van Beethoven, *Fidelio. Textbuch. Einführung und Kommentar von Kurt Pahlen …*, S. 166.

Anmerkungen zu Kapitel 21

303 Siehe dazu ausführlich: Sieghard Brandenburg, *Johanna van Beethoven's embezzlement.* In: Tyson, Alan, Brandenburg, Sieghard [Hrsg.], *Haydn, Mozart, & Beethoven: studies in the music of the classical period: essays in honour of Alan Tyson.* Oxford 1998.

304 Friedrich Kerst, *Die Erinnerungen an* Beethoven. Stuttgart 1913, Bd. I, S. 200.

305 Joseph Schmidt-Görg (Hrsg.), *Entwurf einer Denkschrift an das Appellationsgericht in Wien vom 18. Februar 1820*, Übertragung und Anmerkungen von Dagmar Weise. Bonn 1953, S. 15f.

306 So in der gerichtlichen Vereinbarung, s. Joseph Schmidth-Görg (Hrsg.), *Beethoven: Entwurf einer Denkschrift …*, S. 17.

307 BGA Nr. 1311, Anmerkung 4. Es gibt die Vermutung, Beethoven habe ihn zum Aufgeben gedrängt, siehe Jan Caeyers, *Beethoven, Der einsame Revolutionär.* München 2012, S. 563.

308 Vielleicht war das letztlich unvermeidbare Unterliegen Johannas gegenüber ihrem Schwager Beethoven und der damit absehbare Verlust ihres Sohnes der Grund dafür, dass sie in zwei Liebesbeziehungen eintrat, zum einen mit dem k. k. Glockengießer Johann Caspar Hofbauer, zum anderen mit dem ungarischen Medizinstudenten Samuel Raisz de Nagy; wer von beiden der Vater Ludovicas ist, blieb ungeklärt; Alimente zahlte allerdings der Erstere.

309 Editha Sterba und Richard Sterba, *Ludwig van Beethoven und sein Neffe. Tragödie eines Genies. Eine psychoanalytische Studie.* München 1964

310 Martin Cooper, *Beethoven. The last Decade.* London 1970; Luigi Magnani, *Beethovens Neffe.* Reinbek 1978.

311 Harry Goldschmidt, *Um die Unsterbliche Geliebte* (s. o.), S. 242ff.

312 In den letzten Jahren findet bei Beethoven eine bedenkliche Wendung zu einem andronormativen Denken und Verhalten statt, das uns noch beschäftigen wird.

313 Worin Solomon irrt – aus der Kenntnis der zwei potenziellen Väter von Johannas Tochter musste Beethoven wissen, dass er dem Männertyp Johannas nicht entsprach.

314 Stefan Wolf, *Beethovens Neffenkonflikt. Eine psychologisch-biographische Studie.* München 1995, S. 48

315 Wie erwähnt, brach Sigmund Freud die Analyse Gustav Mahlers ab. In Kapitel 2 dieser Arbeit wurde bereits erwähnt, dass Reaktionen auf psychologische Probleme bei Beethoven – und offensichtlich auch bei Gustav Mahler – gelegentlich nicht in der Form erfolgen, sie bei ›Normalbürgern‹ in analogen Situationen zu erwarten wären. In diesem Zusammenhang wurde vermutet, dass Beethovens Konzentration auf die Entstehung von Musik ihn

derart beanspruchte, dass manche emotionale Störfaktoren ihn einfach nicht erreichten und deshalb wirkungslos blieben. Psychologische Regeln müssen ja im Vergleich zur Normalität aufgestellt werden, wobei man die Großen der Kunst kaum einordnen und bewerten kann.

316 Joseph Schmidt-Görg (Hrsg.), *Entwurf einer Denkschrift* (s. o.), S. 7

Anmerkungen zu Kapitel 22

317 Zu den zwei in eckige Klammern gesetzten Umdeutungen des Adjektivs »gemein« siehe die etymologische Bemerkung zum Begriff »Gemeinheit« nach dem Stackelberg-Briefzitat S. 326f.

318 BGA Nr. 900 und 902 (10. und 12. Februar 1816). Das Konzert ist in der Wiener Zeitung Nr. 39 vom 8. 2. 1816 und Nr. 41 vom 10. 2. 1816 angezeigt. Der zweite Brief wurde einen Tag nach dem Abschiedskonzert vom 11. 2. 1816 geschrieben und bezieht sich auf den Umstand, dass Carl Czerny im Klavierpart des Klavierquintetts op. 16 »im jugendlichen Leichtsinn manche Aenderungen, – Erschwerung der Passagen, Benützung der höheren Octave« vorgenommen hatte, was Beethoven zu einer Rüge vor allen Musikern veranlasste (wofür er sich tags darauf jedoch brieflich entschuldigte). Siehe auch TDR Bd. III, S. 548f.

319 Tellenbach 1983, S. 151–161 sowie S. 177f.

320 Bd. VI, S. 325. Angaben zu den Fremdenbüchern: Tellenbach 1983, S. 148.

321 Die beiden Söhne Fritz und Carl aus der Ehe mit Deym waren inzwischen beim Militär. Die zweite Tochter Sephine ging später zu den Englischen Fräulein nach St. Pölten, die drei Töchter aus der Ehe mit Stackelberg blieben in Estland. Therese Brunsvik schränkte deprimiert und entmutigt ihren Umgang mit Josephine ein, da sie mangels eigener Mittel nichts weiter zu einer Besserung bewirken konnte. Bruder Franz weigerte sich, weiteres Geld in den Haushalt der Schwester zu pumpen; ihre Mutter Anna war überzeugt, diese sei an ihrem Unglück selbst schuld.

322 An Franz Brentano schrieb Beethoven am 28. November 1820: »Meine Lage ist dermalen hart und bedrängt; […] schuld bin ich selbst, Gott sei Dank, nicht daran. Meine zu große Hingabe für andere ist es […]« (BGA Nr. 1419). – Am 17. Dezember 1820 dankt er dem Verleger Artaria für 750 Gulden Vorschuss und erbittet 150 weitere; am 20. Dezember beauftragt er Carlo Boldrini, Artarias Gehilfen: »Ich bitte Sie recht sehr, die Ihnen übertragene Angelegenheit nicht aufzuschieben, der Mann ist krank, wohnt in der Adlergasse, 1-ten Stock bey den 12 Aposteln + gegenüber dem gräfl. deymischen Hause« (BGA Nr. 1421). Tellenbach kommentiert: »Diesen ungenannten und unbekannten Kranken erwähnt er [Beethoven] sonst nirgends. Ob es sich um eine Deckadresse handelt, einen Menschen, der Josephine eine Summe überbringen sollte? Das wäre ganz Beethovens Stil. […] Als 1823 seine [ihm ansonsten verhasste] Schwägerin Johanna krank daniederlag, ließ er ihr durch einen Dritten Geld zukommen.« (Tellenbach 1983, S. 194)

323 1820 macht Beethoven lediglich zwei Verlagsgeschäfte – und nur für kleinere Werke, WoO 150 und op. 107.

324 Mit der »Hingabe an andere« kann der Neffe Karl gemeint sein; der Auftrag an Boldrini kann mit einem Beleihungsgeschäft einer seiner Bankaktien zu tun haben.

325 Moritz Lichnowsky (1771–1837) war in erste Ehe mit Gräfin Maria Anna Caramelli di Castiglione-Faleta (1774–1817) verheiratet; mit Josefa Stummer (1790–1849/Wien) lebte er schon seit spätestens 1813 zusammen und heiratete sie am 20. Mai 1820. Ihre gemeinsame

Tochter Josefa Maria (1814–1878), wurde erst 1832 legitimiert (BSZ S. 489). Der Fall ist freilich nicht genau übertragbar auf Josephine/Beethoven, weil bei Lichnowskys zweiter Ehe *der Mann* adlig und *die Frau* bürgerlich war, ein doppeltes Sozialgefälle. Eine beginnende Durchlässigkeit zwischen Adel und Bürgertum war vorerst die Ausnahme und wohl nur angängig, wenn *der Mann* der Adelspartner war. Für die umgekehrte Konstellation adlige Frau / bürgerlicher Mann legt der Fall Franz Liszt / Comtesse d'Agoult nahe, dass dazu eine weitere Generation ins Land ziehen musste.

326 Dagmar Skwara und Rita Steblin, *Ein Brief Christoph Freiherr von Stackelbergs an Josephine Brunsvik-Deym-Stackelberg*, in: Bonner Beethoven-Studien, Band 6, Hrsg. v. Bernhard R. Appel. Bonn 2007, S. 181–187.

327 Ein frühneuhochdeutsches Wörterbuch bietet die Akademie der Wissenschaften in Göttingen online an: https://www.fwb-online.de/ – Ebenfalls zurate gezogen: Friedrich Kluge, *Etymologisches Wörterbuch der deutschen Sprache.* Straßburg 1883, 25. Auflage 2011; hier verwendet: 7. Auflage 1910.

328 Dann spielt er eventuell auf die Episode mit Andrehan an: »Du wirfst dich so weg daß du vorgibst du habest mich nie geliebt, mich nie heurathen wollen, ich habe durch alle Künste der Verführung dich gezwungen dich mir hinzugeben, du gibst mir zu verstehen es sey mir nur um den sinnlichen Besitz deiner, auch wider deinen Willen, zu thun gewesen [...] Du stellts das was in meinen Handlungen schlecht ausgelegt werden kann [damit spielt er wohl auf die Kindesentführung an] ganz flach zusammen und der beßere Theil meines Inneren bleibt dir ganz verborgen. [...] Du hast vergeßen was uns beide so glücklich machte und was der Glaube an ein schöneres Leben in uns begründete. Du vergißt daß du in deinen Urtheilen über mich oft wanktest, bald mit Seeligkeit dich mir hingabst, bald dich zurückzogst; daß ich lange sehr sittsam war, nicht im mindesten dich berührte, daß ich dir frühe meine Überzeugung äußerte daß eine nähere Verbindung auf ewig sey, man dann sich nie mehr trennen könne, daß du schon in Genf dich so schön mir hingabst, ich schwöre zu Gott ohne daß ich im geringsten dich zwang, du sagst aus Mitleiden, aus Aufopferung, ich mußte aber glauben aus Liebe. Erst später auf der Reise hast du nicht mehr mit mir vereinigt seyn wollen und hast mir gesagt du könntest mich nicht lieben, daß ich dieses als eine Ehescheidung ansah u. dawider arbeiten mußte wie ich jezt dawider gearbeitet habe.«

329 »Wir sind gewis geboren zum Ungewöhnlichen, in diesem nur ist unsere Welt, und wäre bei dir das Ideal eigenthümlich genug und lebendig genug gewesen um auch im Unglück in dieser Stimmung zu bleiben, wir wären gewis am Ende doch durchgedrungen, und wir hätten die Welt überwunden. [...] Wir thaten alles für das Gute, für unser höheres Streben, ohne schlechtes zu thun, aber auch ohne Rücksicht auf die Welt.« Möglicherweise hat eben dieser Text den estnischen Komponisten und Librettisten Jüri Reinvere zu seiner am 25. Januar 2020 im Theater Regensburg mit großem Erfolg und breitem Presse-Echo uraufgeführten Oper *Minona, Ein Leben im Schatten Beethovens* inspiriert, in welcher das Schicksal der möglichen Beethoven-Tochter Minona zu einem spannenden Drama über ideologisch-religiösen Wahn und dessen Instrumentalisierung zu gesellschaftlicher Machtausübung gestaltet worden ist. Damit verleiht Reinvere den Figuren Minona als Opfer und ihres (Zieh-) Vaters Stackelberg als Täter eine künstlerisch entwickelte Historizität, die mir sehr großen Eindruck gemacht hat.

330 Im letzten Briefteil wütet er dann gegen seinen Nebenbuhler Andrehan, der ein öffentliches Ärgernis sei.

331 Dass er darin Kompetenz und Erfolg hatte, steht auf einem anderen Blatt; 1819 bis 1834 war er als Gouvernement-Schuldirektor für ganz Estland dafür zuständig, während die drei Töchter weiter in einem evangelischen Internat untergebracht waren. Auf Stackelbergs Verdienste verweist auch Jüri Reinvere, der vorbereitend zu der erwähnten Oper *Minona, Ein Leben im Schatten Beethovens* Studien in estnischen Archiven unternahm und zusammenfasst: »Er [Stackelberg] hat dort die ersten Schulen für die estnischen Bauernkinder gegründet. Für die Esten ist er sehr wichtig, er bildet die Vorgeschichte zu dem nationalen Erwachen sechzig, siebzig Jahre später. Stackelberg war gewissermaßen der erste Beweger. Durch ihn kamen die analphabetischen Bauern plötzlich in die Schulen. Den Anstoß dazu gaben die Pietisten und die Herrnhuter, die fanden, dass alle Menschen gleich sind, dass Bauern und Adlige in der Schule zusammensitzen und lernen können.« (FAZ.NET, 7. 1. 2020)

332 In diesem wie ein Abschluss wirkenden Brief will Stackelberg Josephine zusätzlich mit »Verachtung« maßregeln, sollte sie nicht einlenken. Er bringt viele Qualitäten Josephines und vor allem ihrer ›Fehler‹ vor und stellt sie in größter Beredsamkeit seinem guten Willen gegenüber.

333 So Breunings Worte, wie sie Ludwig Nohl zitiert: Beethoven's Leben. Wien/Leipzig 1864–1874, Bd. III, S. 791.

Anmerkungen zu Kapitel 23

334 BKh Bd. I, S. 318, Bd. V, S. 154, Bd. III, S. 148 u. S. 59, BGA Nr. 2207a, BKh Bd. VII, S. 70.

335 So vor allem auch in TDR, Bd. III, S. 327f. und noch oft danach, meist als Nacherzählung, wie bei Caeyers 2012, S. 471.

336 Zitiert nach Martin Geck: *Von Beethoven bis Mahler.* Reinbek bei Hamburg 2000, S. 11

337 Bettinas Erzählung ist eine wunderschöne Fabel für mein republikanisches Herz, aber m. E. *leider* eine schlechte Geschichte.

338 Schiller kritisierte an Egmont weiter, er habe einfach zu wenig »Größe und Ernst«, um echtes Interesse für seine menschlichen »Schwachheiten« zu erregen (»Allgemeine Literatur-Zeitung«, Jena, 20. September 1788).

339 Siehe Norbert Miller, *Die ungeheure Gewalt der Musik. Goethe und seine Komponisten.* München 2009, S. 165ff.

340 Briefwechsel Goethe-Zelter, hrsg. von Werner Pfister. Zürich/München 1987, S. 95

341 Um eine prinzipielle Verweigerungshaltung Beethovens gegenüber Rossini zu konstruieren, stützte man sich auf folgenden Eintrag in den Konversationsheften: »Nicht wahr, Rossini wollte Sie besuchen, Sie aber haben es abgeschlagen?« (BKh, Bd. X, S. 178), siehe auch Friedrich Kerst, *Die Erinnerungen an Beethoven.* Stuttgart 1913, Bd. I, S. 200 und 288. Letztere Stelle kann sich nur auf Beethovens Krankheit beziehen, eine andere Deutung gibt der Kontext nicht zu erkennen.

342 Robert Schumann, *Gesammelte Schriften.* Leipzig 1854, Bd. I, S. 212.

343 Ferdinand Hiller, *Aus dem Tonleben unserer Zeit,* Bd. II, S. 49; s. auch BSZ S. 742.

344 *»dans un reduit des plus exigus, des plus sales, des plus miserables«.* BSZ S. 751, s. auch die Zeitschrift *Salon* Bd. III S. 484f. (1869), ferner Alfred von Wurzbach, *Zeitgenossen* 1870–71 (Heft 5) und George Grove in seinem *Dictionary of Music and Musicians.*

345 *Neue Freie Presse* 1867, 21. Juli. Der Bericht (Brief vom 18. Juli 1867) ist wieder abgedruckt in Hanslicks Buch *Aus dem Concert-Saal,* Wien/Leipzig 2. Aufl. 1897, S. 594.

346 S. TDR, Bd. IV, S. 291 FN 148 Das dort erwähnte Blatt aus Thayers Nachlass scheint verloren gegangen zu sein, da sich in BSZ keine Erwähnung findet.

347 Edmond Michotte, *Souvenirs personnels. La visite de Richard Wagner à Rossini (Paris 1860).* Paris 1906. Existiert als Neuausgabe: Paris, Actes Sud 2013, ferner in englischer, italienischer und deutscher Übersetzung, als Hörbuch sowie als Digitalisat der Erstausgabe: https://archive.org/search.php?query=Michotte%20Edmond%20Wagner.

348 Französische Textvorlage nach BSZ S. 743–751 sowie nach dem vollständigeren Text des in der vorhergehenden Anmerkung genannten Digitalisats, Übersetzung: U.D.

349 Julius Max Schottky, *Paganini's Leben und Treiben als Künstler und als Mensch, mit unpartheiischer Berücksichtigung der Meinungen seiner Anhänger und Gegner.* Prag 1830, Reprint Vaduz/Liechtenstein 1990, S. 5 und 55.

350 Laut BSZ müsste es sich um op. 97, das *Erzherzog-Trio* handeln. Das ist plausibel, es erschien 1816 und ist das letzte der Gattung außer op. 121a, das zeitlich nicht infrage kommt. Möglicherweise hat Erzherzog Rudolph selbst für diese Platzierung gesorgt; Metternich selbst kann man keinerlei Interesse an Beethoven nachsagen.

351 Neben den direkten Formulierungen des Gesprächs dürfte Rossini zumindest anfangs eine gewisse stille Abwehrhaltung seitens des Meisters gespürt haben, die weniger in dessen eigenen Aussagen, als vielmehr im Ambiente des direkten Beethovenkreises messbar sind, anhand zahlreicher Rossini-kritischer Sprüche von Karl und Johann van Beethoven sowie von den Gehilfen Oliva und Schindler. Ohne ein bestätigendes Echo von Beethoven sind sie in den Konversationsheften nicht so recht vorstellbar.

352 Paganini soll Berlioz um ein Konzert für Viola gebeten haben; als er das Ergebnis, *Harold en Italie*, sah, lehnte er ab, es zu spielen, weil die Solistenpartie zu kurz und nicht virtuos genug sei. Inwieweit das stimmt, kann man nicht sagen, weil Paganini im Prinzip nur eigene Werke spielte. Das Geldgeschenk jedoch ist historisch.

353 Max Maria von Weber, *Carl Maria von Weber, Ein Lebensbild.* Leipzig 1864, Bd. II, S. 509. Diese Aussage wurde separat bereits von Friedrich Rochlitz in der AMZ Jahrgang 30, Nr. 30 (23. 7. 1828) Sp. 492 abgedruckt.

354 Weber, a. a. O. S. 510ff. sowie TDR, Bd. IV, S. 460ff.

355 Weber, a. a. O. S. 507f., Hervorhebung von mir.

356 Siehe Peter Gülke, Franz *Schubert und seine* Zeit. Lilienthal bei Bremen 1991, S. 180

357 Vgl. Walther Vetter, *Der Klassiker Schubert.* Band I, S. 7

358 Zitiert nach O. E. Deutsch, *Schubert: Die Erinnerungen seiner* Freunde. Leipzig 1957, S. 109

359 Walther Vetter, *Der Klassiker Schubert* – Band I, S. 38, 39

360 Erstveröffentlichung: *Deutsche Revue*, hrsg. v. Richard Fleischer. Berlin Juli 1898, S. 83. Diese Berichterstattung ist umstritten. Insbesondere der »Weihekuss« gilt als Legende. Siehe Axel Schröder in: Katalog der Ausstellung *Liszt und* Beethoven. Weimar 2002, S. 7.

361 Es handelt sich um Grillparzers Gedicht *Die Ruinen des Campo Vaccino in Rom*, dessen Inhalt der Schreiber, Anton Schindler, wie folgt zusammenfasst: »dort wo einst der stolze Römer seine Triumphe feyerte *etc.* dort steht heute das Kreuz gestützt auf 10 000 Pfaffen«, siehe BKh, Bd. III, S. 241 und Anm. 617. Ein paar Tage später hat Schindler wieder einen Botendienst bei Grillparzer zu erledigen und erfährt die Fortsetzung: Der Kaiser habe schriftlich Maßregelung durch die Polizei angeordnet; da gerade eine besser bezahlte Stelle frei werde, wird sie, so fürchtet Grillparzer, an einen anderen gehen, obwohl er schon seit zehn Jahren auf der subalternsten Gehaltsstufe von jährlichen 400 Gulden schmachte

(BKh, Bd. III, S. 245). Die höher dotierte Stelle bekam Grillparzer zwar im Juli 1823, verlor aber seinen Theatervertrag von 1 000 Gulden jährlich, weil die Zensurbehörde sein neuestes Werk, das Trauerspiel *König Ottokars Glück und Ende,* verboten hatte. Erst sechs Monate später erfolgte die Aufhebung des Verbots durch die Initiative einflussreicher Fürsprecher. Grillparzer hatte begonnen, seine Stücke im Ausland zu publizieren, was aber seine Stellung in Wien nur noch schwieriger gestaltete.

Anmerkungen zu Kapitel 24

362 BGA Nr. 435, BKh, Bd. I, S. 105, BGA Nr. 1327.

363 Constantin von Wurzbach, *Biographisches Lexikon des Kaiserthums Oesterreich.* Band 7, Wien 1861, S. 145f.

364 Schindler walzt die Situation genüsslich im Sinne des auch von ihm propagierten Heroenkults seiner Zeit weiter aus: »Dort war der Meister Gegenstand allgemeiner Aufmerksamkeit von Seiten aller Fremden; denn es ist Eigenschaft des schöpferischen, mit einem gewissen Heroismus verbundenen Genies, die Aufmerksamkeit aller Edlen auf sich zu ziehen. Oder, ist es nicht Heroismus zu nennen, wenn wir den Tondichter mit Vorurtheilen jeglicher Art [...], mit Neid, Scheelsucht und Böswilligkeit der Musiker in Masse [...], in stetem Kampfe gewahren, und dennoch die erhabene Stellung [bedenken], die er sich erstritten? Kein Wunder, daß ein Jeder sich bemühte, ihm seine Huldigung darzubringen. [...] Nicht ohne Rührung gedachte der große Meister jener Tage in der kaiserlichen Burg und im Palaste des russischen Fürsten, und sagte einstmals mit einem gewissen Stolze, er habe sich von den hohen Häuptern die Cour machen lassen und sich dabei stets vornehm benommen.«

365 Als wichtigste kann man die folgenden betrachten:
– Serenade B-Dur für Klarinette, Viola, Fagott und Gitarre (ca. 1812)
– Sonate für Klavier und Violine f-Moll (ca. 1812)
– Trio Es-Dur für Klarinette, Violoncello und Klavier (1814)
– 40 Variationen op. 1 über ein Thema von Ludwig van Beethoven für Klavier (1818/19)
– Fuga über ein Thema von Diabelli für Klavier (1819/20)
– Sonate A-Dur op. 2 für Klarinette und Klavier (1822)
– Septett e-Moll für Klarinette, Fagott, Horn, Violine, Viola, Violoncello, Kontrabass (1830)
– Cavatina von Rossini aus der Oper *Zelmira* mit 8 Veränderungen für das Piano Forte und Clarinette (1822)

366 In einem anderen Brief findet sich ebenfalls Interessantes: »Die Fortschritte in den ausarbeitungen [von] I.K.H. habe ich wohl bemerkt, nur aber auch leider, daß mißverständniße hiebey obwalten, das Beste ist vor der Hand bezifferte Bäße von guten Komponisten in 4 Stimmen auszuziehen, u. manchmal einen 4 Stimmigen Gesang zu komponiren, bis ich wieder das Glück habe, in der Nähe von I.Kl.H. zu seyn, auch 4 Stimmig für das Klawier schreiben, kann guten Erfolg haben, obschon es gerade hiefür schwerer, da man das übersteigen oder herabsteigen der Stimmen nicht so natürlich als beym gesang oder sonstigen 4 SaitenInstrumenten bewerkstelligen kann« [...]« (BGA Nr. 1756; Dezember 1823).

367 Bd. II, S. 527; BKh, Bd. I, S. 173.

368 BGA Nr. 1282, 1296 und 1726.

369 Die doppelte Rezeption in der *AMZ,* dem wichtigsten Sprachrohr der damaligen deutschsprachigen Musikwelt, hat mein Interesse an diesen Variationen gestärkt. Ich musste aber

feststellen, dass es weder eine Druckausgabe noch eine CD-Einspielung auf dem Markt gibt. Als einzige erschien 1978 eine Aufnahme des Pianisten Hans Kann auf Vinyl bei Musical Heritage Society (MHS 3856), von der mir Dr. David Day von der Brigham Young University in Provo, Utah, freundlicherweise ein Digitalisat anfertigte. Nach meinem Gefühl braucht der erste Werkteil etwas Zeit, um in die Gänge zu kommen, dann aber werden die Variationen richtig spannend. Diesen Eindruck scheint wohl auch Friedrich Starke 1819 gehabt zu haben, als er in seine *Wiener Pianoforte-Schule* eine gekürzte Fassung des Werkes aufnahm. Vielleicht lohnt es sich, dieses Variationswerk des Erzherzogs zu prüfen; sie könnte ein bedeutendes Zeugnis für Beethovens pädagogische Tätigkeit und eine interessante Bereicherung des musikhistorischen Repertoires sein.

370 Das Metropolitanbistum Olmütz mit den zwei Suffraganbistümern Brünn und Ostrau-Troppau bildet bis heute das geistliche Zentrum für ganz Mähren, obwohl das politische Machtzentrum Mährens, das seit dem 11. Jahrhundert in Olmütz seinen Sitz hatte, bereits im 17. Jahrhundert nach Brünn verlagert wurde.

371 C. v. Wurzbach, ebd., S. 145f.

372 Besitzer wurde 1843 Salomon Rothschild, dessen Erben 1873 eine Beteiligung von 49 Prozent an den Wiener Industriellen Ritter von Gutmann verkauften. Im Zuge der nationalsozialistischen »Arisierung« wurde die Firma um 1940 den »Reichswerken Hermann Göring« einverleibt und für den Munitions- und Raketenbau eingesetzt! Die Firma existiert noch heute, allerdings eher im Maschinenbau. 2008 wurden die historischen Teile des Industriekomplexes zum Europäischen Kulturerbe erklärt.

373 Judenfeindschaft klingt beim Bruder Johann, dem Neffen Karl, bei Karl Holz, C. F. Peters, Anton Schindler und Ignaz Schuppanzigh an, siehe BKh Bd. II, S. 167, 352; BKh Bd. III, S. 112, 135f., 225, 235, 277, 335, 397; BKh Bd. IV, S. 25, 160, 189, 196, 222, 268, 525; BKh Bd. V, S. 83, 102, 187, 236; 125, 159, 239, 249, 257; BKh Bd. VI, S. 112, 129, 131f., 151; BKh Bd. VIII, S. 23, 32, 66, 109, 112, 116, 143f., 148, 244, 254; BKh Bd. IX, S. 108; BKh Bd. X, S. 49, 74, 166, 184f., 191, 199ff.

374 Der Leipziger Verleger C. F. Peters schreibt, ganz im Ton seines dezidiert antisemitischen Zeitgenossen Clemens Brentano, wie ein ausgekochter Judenfeind: Er gönnt »dem Juden Schlesinger« keine Beethoven-Ausgaben, und über die *Missa solemnis* schreibt Peters weiter: »in die Hände eines Juden, zumal eines solchen Juden, kann doch eine geistliche, von einem Beethoven komponirte Messe nicht kommen«! (BGA Nr. 1469.) – In der Regel lässt sich Beethoven von derlei Vorurteilen nur oberflächlich anstiften, verbirgt und verspaßt dies jedoch wie hinter vorgehaltener Hand und auf Französisch, damit es niemand mitbekommt, und bemerkt über den Berliner Verleger Schlesinger gegenüber dem Neffen Karl lediglich: *»entre nous« – »il est pourtant juif«*, er sei ja schließlich Jude, in diesem Fall freilich wegen des Geldes, hinter dem Beethoven genauso her ist (BGA Bd. VI, S. 159). Als einen solchen hinter dem Geld herjagenden Juden aber bezeichnet Beethoven sich selbst in leutseligem Ton gegenüber Ferdinand Ries in London im Juli 1823: »Ich schreibe ebenfalls ein neues Violin-Quartett. Könnte man dieses den Londonern musikalischen oder unmusikalischen Juden wohl anbieten? – *en vrai* juif !« (»als richtiger Jude«, was im Französischen eine eindeutige Selbstidentifikation ist; s. BGA Nr. 1703). – Nur einmal wird Beethoven etwas patzig und schreibt von einem »jüdischen Streich« Schlesingers, jedoch ohne den Vorwurf zu begründen (BGA Nr. 1473); dies hatte aber offensichtlich etwas mit der Fehlerhaftigkeit der Pariser Ausgabe und nicht mit der Religion des Verlegers zu tun.

375 Maximilian Joseph Gottfried Freiherr von Somerau-Beeckh, *Trauerrede auf den Tod Seiner kaiserlich königlichen Hoheit und Eminenz … Rudolph Johann … Erzherzog von Österreich … Cardinalpriester und Fürst-Erzbischof von Olmütz … am 16. August 1831,* Olmütz [1831] Digitalisat des Exemplars Österreichische Nationalbibliothek (B 219160-B [Alt]), abrufbar unter https://books.google.de/books?id=I99gAAAAcAAJ&pg=PA8&dq=Erzherzog+Rudolph&hl=de&sa=X&ved=0ahUKEwjowdPLst7XAhVMKuwKHVOgBMYQ6AEIVzAI#v=onepage&q=Leiden&f=false.

376 *Trauerrede* (s. o.), S. 11. Zu den weiteren Schritten stand ihm das pastorale Mittel der 1824 verstärkt einsetzenden Visitationen zur Verfügung. Er besuchte sämtliche Dekanatsbezirke, Kirchen und geistliche Anstalten, wobei er die »Würdigkeit« mit »heilsamer Strenge sichtete«. Die Visitationen seien jedoch zeitweise, wie zu erwarten, aus gesundheitlichen Gründen (stark eingeschränkt gewesen, doch die Pflichtabgabe sämtlicher Sitzungsprotokolle des Konsistoriums verlangte der Erzherzog regelmäßig, auch nach Wien, wenn er dort weilte.

377 Ebd., S. 14. Trotz dieser intellektuellen Ausrichtung vernachlässigte er keineswegs die irdischen Probleme seiner Gemeinden und machte wenige Wochen vor dem Tod, als »letztes Lebewohl« und »herrliche Vollendung« seiner selbst, »eine reichliche Spende an arme Kranke und im Stillen Darbende« (S. 15), nachdem er bereits jahrelang die Armenanstalt in Olmütz mit regelmäßigen und auch mit zusätzlichen »bedeutenden« Zuwendungen unterstützt hatte.

378 Ebd., S. 15. Das ist deutlich intensiver als das, was ein Amts-Trauerredner zu sagen hat, und man spürt überall seine persönliche Erschütterung über den Verlust. Bis mindestens 1825 scheint Rudolph sein geistliches Amt trotz seiner Krankheit weitgehend uneingeschränkt ausgeübt zu haben, denn Somerau-Beeckh berichtet bis dahin bewegt von besonderen Ereignissen, wie etwa von 1821, da Rudolph während eines »schweren nächtlichen Gewitters unter Donner und Blitz« die aufgeschreckten Firmlinge in den Bischofspalast hereinholte und bis Mitternacht tröstete.

379 Ebd., S. 6, 13, 19, 22, 23.

380 Der Freiherr von Somerau-Beeckh machte eine steile Karriere und wurde 1831 zwar nicht der direkte Nachfolger in Rudolphs Amt, aber 1836 der zweite, als Erzbischof von Olmütz. Die Abfolge der Sukzession vom Erzherzog zum Grafen (Ferdinand Maria Graf Chotek, Erzbischof 1831–1836) und dann zum Freiherrn kann man vielleicht als Zeichen der langsamen, aber doch progressiven Verbürgerlichung der hohen Chargen des k. k. Staates sehen.

381 Möglicherweise muss man das als Good-Will-Erklärung gegenüber dem Verleger Schott betrachten, an den diese Bemerkung gerichtet ist und dessen Geld Beethoven mit größter Ungeduld erwartet. Dem Verlag gegenüber muss er die verspätete Ablieferung der *Missa solemnis* zum Druck plausibel machen, auch um den Preis einer wohl etwas verzerrten Schilderung des Verhältnisses zum Widmungsträger der Messe.

382 Und nicht »in der heutigen geistig-sittlichen Bedeutung« die sich erst »seit Campe 1807« eingebürgert hat (s. Friedrich Kluge, *Etymologisches Wörterbuch der deutschen Sprache,* Straßburg 1883, 25. Auflage 2011; hier verwendet: 7. Auflage 1910, Online-Ausgabe).

383 Braun von Braunthal studierte bis 1826 in Wien und kommentiert aus damaligem Erleben Beethovens Situation.

384 Diese grundsätzliche Frage zur Bedeutung von Beethovens Schwerhörigkeit bzw. Taubheit ist hier zu stellen, obwohl der amerikanische Beethoven-Forscher Theodore Albrecht aktuell (Februar 2020) viel Aufsehen erregt hat mit der Behauptung, dass Beethoven »could still

hear something in 1824 – three years before his death« (*Deaf by 44? Actually, Beethoven ›was able to hear out of left ear‹;* Daily Mail, London, 3. Februar 2020, S. 31). Spektakulär an Albrechts »Entdeckung« (›uncovered evidence‹) ist höchstens die Falschbehauptung, die Forschung hätte bisher geglaubt, Beethoven sei bereits ab 1814 »almost totally deaf« gewesen. Seit 1827 hat das schlicht *niemand* behauptet, 1813 fängt Beethoven gerade erst einmal an, Hörrohre auszuprobieren, ernst wird es 1818 mit Beginn der Konversationshefte. Überall, wo Forscher diese Hefte nicht erst 2020 – wie Albrecht in den fernen USA – beachtet haben, liest man, dass ein Rest-Hörvermögen bis weit in die 1820er-Jahre vorhanden war, eigentlich bis 1826 (BKh, Bd. 10, S. 14), und nicht nur bis 1824, wie Albrecht schreibt. Dessen Sensationsmache (seine ›Entdeckung‹ »sei geeignet, einen jeden hastig zur Überarbeitung biografischer Konzepte« zu bringen) ist fatal, weil sie nur längst Bekanntes hochpeitscht und auf die falschen Fragen abzielt: ausschließlich auf das *Wann* anstatt *auf das viel wichtigere Wie.* Denn von Bedeutung ist für Beethoven nicht nicht, wann und wie er das letzte Lärmen und Brüllen vernehmen konnte, sondern das Letzte, was noch zusammenhängenden kommunikativen Wert hatte. Und davon ist nach 1818 – außer in den bekannten Schwankungsphasen – kaum noch etwas übrig.

385 Modelltext s. bei BGA Nr. 1550 an den Großherzog Ludwig I. von Hessen-Darmstadt vom 5. Februar 1823, geschrieben von Anton Schindler mit der Unterschrift Beethovens.

386 So das Angebot des Tuchhändlers Johann Wolfmayer, der 1818 vergeblich versuchte, bei Beethoven ein Requiem zu bestellen. Für das (nie geschriebene) Oratorium *Sieg des Kreuzes* hatte er allerdings schon 1350 Gulden verlangt und auch genehmigt bekommen.

387 Caeyers, S. 628.

388 Es wird in TbW im Rahmen des Eintrags zur *Missa solemnis* auf S. 791 erwähnt.

389 Erste Erwähnungen 1823 (vielleicht jedoch schon 1822 angedacht), letzte Quelle 1826 (s. BKh Bd. IX, S. 122).

390 S. TDR Bd. IV, S. 392ff.; s. auch Bd. IV, Nr. 1512, 1578, 1609 und 1610; BKh Bd. III, S. 91, 127f., 197 und 351, Bd. IX, S. 122

391 Die Herausgeber von BGA kommentieren hierzu: »Georg Reutter d. J. (1708–1772), seit 1736/38 Kapellmeister am Stephansdom und seit 1769 Erster Hofkapellmeister. Seine Messen waren, wie die erhaltenen Aufführungsmaterialien belegen, bei Kaiser Franz I. sehr beliebt. Auf den Umschlägen sind Aufführungsdaten und Anlaß (›auf Wunsch des Kaisers‹) vermerkt.«

392 TDR führt dazu aus: »auch seine [in BGA Nr. 1609 zu findende] Bleistiftbemerkung zeigt die Absicht, eine neue Messe mit einigen zuzufügenden Sätzen, einem *Graduale* und *Offertorium,* zu schreiben, wobei er vielleicht einer Anregung Dietrichsteins folgte. Jedenfalls sieht man, welchen Wert er auf die in Aussicht genommenen Beziehungen zum Hofe legte. Auch Skizzen und briefliche Bemerkungen deuten auf beabsichtigte neue Messekompositionen hin; […] über Skizzen zu einem sanft gehaltenen *Dona nobis* steht die Überschrift: ›Messe aus Cis moll‹; diese stehen zusammen mit Skizzen zum Bundesliede und Opferliede, welche dieser Zeit angehören dürften. Daß Beethoven in jener Zeit neben der *Missa solemnis* eine zweite oder gar noch eine dritte Messe schreiben wollte, entnehmen wir den Briefen. Simrock gegenüber spricht er es geradezu aus, […] ›indem ich wenigstens 3 gesonnen bin zu schreiben; die 1te ist längst ganz vollendet, die 2te noch nicht, die 3te noch gar nicht angefangen‹. […] Für uns bleibt nur der traurige Umstand, daß wir diese Messe aus *Cis-Moll* nicht besitzen. Beethoven kam schließlich zu dem Entschlusse, die Kompositionen für den Kaiser auf spätere Tage zu verschieben; er dankte den beiden Grafen schriftlich für ihre Bemühungen

und gab als Grund seiner Verzögerung seine anderweitig eingegangenen Verpflichtungen an. Darüber mußte er von Lichnowsky Vorwürfe hören; auch der Erzherzog soll ihm solche haben zukommen lassen« (TDR Bd. IV, S. 394).

393 *Ludwig van Beethoven. Das Werk im Spiegel seiner Zeit. Gesammelte Konzertberichte und Rezensionen bis 1830,* hrsg. und eingeleitet von Stefan Kunze (s. o.), S. 429.

394 *Caecilia,* Jg. 8 (1828), Heft 29, S. 37.

Anmerkungen zu Kapitel 25

395 Beethoven und Großbritannien. »Wo man Ihre Compositionen allen andern vorzieht …«: https://www.beethoven.de/de/museum#internetausstellungen, abgerufen am 20.1.2020.

396 »je quitterois peut-être ces pays içi, et je me rendrai en Angleterre et puis à Edimbourg en Ecosse, ou je me réjouirois de faire votre connoissance en personne« (BGA Nr. 556).

397 Siehe Beethoven und Großbritannien (wie oben).

398 Zitiert nach Frimmel Bd. I, S. 447; nicht in BGA.

399 Schillers Ode »An die Freude« wurde erstmals 1786 in der von ihm herausgegebenen Zeitschrift *Thalia,* Bd. 1, 2. Heft, S. 1ff. abgedruckt.

400 Weber, Max Maria v., *Carl Maria von Weber. Ein Lebensbild.* 3 Bde., Leipzig 1864–1866, Bd. 2, S. 658f.

401 Franz Liszt, *De la situation des artistes,* in: *Gazette musicale de Paris* 1835, zitiert nach Ernest Newman, *The life of Richard Wagner,* 4 Bände, London 1976, Bd. I, S. 165.

402 Der württembergische König lehnte es selbst noch 1861 ab, Hans von Bülow zu einem Klavierabend einzuladen, weil er es unangemessen fand, einen gebürtigen Aristokraten wie Bülow als Künstler auf einer Bühne zu sehen. Siehe *Newman, Ernest,* a. a. O., Bd. I, S. 171.

403 Das sagten die Zeitgenossen, wie die weiter unten zitierte »Adresse« von 1824 zeigt, und das wird in der Rezeption von TDR Bd. V, S. 206, bis Caeyers (S. 657) wiederholt.

404 Dort hatte die Zensur weniger Zugriff auf die improvisatorischen Elemente, die für das Wiener Singspiel typisch sind und dieses je nach Fähigkeit der Interpreten sozialpolitisch aufwerten konnten.

405 Eine Besserung der Libretto-Verhältnisse tritt erst mit Ferdinand Raimund ein, der ab 1824 acht Bühnentexte (meist »mit Gesang und Tanz«) vorlegt, und dann vor allem mit Johann Nestroy, der 1831 sein erstes Wiener Engagement antritt – demnach gibt es keine Überschneidung mit Beethoven, der sich mit dem Verzicht, Grillparzers *Melusine* (1823) zu vertonen, von der Opernbühne verabschiedet.

406 Siehe dazu auch die Fälschungen Schindlers in den Konversationsheften, s. BKh Bd. V, S. 217f.

407 Schindler 3/1860 Bd. II, S. 76f.

408 Schindlers nachfolgende Aufstellung der Einnahmen und Ausgaben dagegen halte ich nicht für zitierwürdig, weil Schindler sich diesbezüglich einem Betrugsvorwurf von Beethovens Seite ausgesetzt sah, der zur zeitweisen Entzweiung führte.

409 Das klingt sehr theoretisch, aber man kann den Sachverhalt illustrieren und verständlich machen anhand einer Anekdote aus der Zeit, als Richard Strauss um 1912 häufiger Gast an der Stuttgarter Oper war und viele seiner Werke eigenhändig dirigierte. In seinen frühen Werken kam es vor, dass er in der Violastimme Figuren schrieb, in der einzelne Noten unterhalb der tiefsten Saite notiert und deshalb nicht spielbar waren. Die damaligen Kollegen sollen den

Komponisten gefragt haben, wie das auszuführen sei, und sollen die Antwort erhalten haben: »Bitte spielen Sie das so ähnlich!« Das heißt, dass Strauss nicht bereit war, die Stellen abzuändern. Dies ist strukturell durchaus gerechtfertigt, handelte es sich doch offensichtlich um Figuren, die in anderen Instrumenten in höherer (oder tieferer) Lage vorgekommen waren und dann um eines spezifischen Ausdrucks willen in der Klangfarbe eines Mittellageninstruments erklingen sollten. Wenn solch ein Thema schon vorher erklungen war, funktioniert der Erinnerungseffekt: Selbst bei Abänderung einzelner Noten wird es psychologisch als quasi identisch wahrgenommen. Wie für Beethoven, so war auch für Strauss das Schwierige oder gar Unmögliche kein Hinderungsgrund, um eine gewollte ästhetische Aussage zu realisieren. (Diese Anekdote wurde in den 1970er-Jahren von älteren Orchesterkollegen noch mündlich überliefert.)

410 Joseph Böhm in der *Brünner Zeitung* vom 18. und 20. Juni 1863, zitiert nach TDR Bd. V, S. 92. Böhms Darstellung wird bestätigt in BSZ, S. 983: Umlauf habe Chor und Orchester aufgefordert, Beethovens Bewegungen nicht zu beachten und nur auf ihn zu schauen. Es geht gar nicht anders, muss ich als Orchestermusiker sagen, zwei Dirigenten vor einem Orchester ist ein absolutes Unding, und ich bewundere meine Kollegen von 1824 dafür, dass sie das Theater mit zwei Dirigenten mitmachten, um das Selbstwertgefühl des großen Komponisten zu schonen.

411 Schindler 3/1860 Bd. II, S. 71f.

412 http://www.acwposer.de/index.php/2014-carmina-burana

413 Louis Spohr, *Lebenserinnerungen,* in 2 Bänden (1860), Tutzing 1968, Band I, S. 180.

414 *Brünner Zeitung* (wie oben), zitiert nach TDR Bd. V, S. 92.

Anmerkungen zu Kapitel 26

415 Siehe dazu detailliert: Caeyers 2012, S. 695–699.

416 Henriette Sontag kam zudem auch aus Koblenz, war also quasi eine Landsfrau, was für Beethoven zählte.

417 Eleonore Brüning *Sprechen wir über Beethoven* (s. o.), S. 189.

418 Für 1817 gibt es nur einen Nachzügler: WoO 148; 1820 folgt noch eine Auftragskomposition für ein Wiener Journal (WoO 150) und 1822 die Ariette op. 128, mit der Beethoven eine Skizze von 1798 zum Zweck der Schuldenrückzahlung an seinen Bruder Johann überarbeitet und druckfertig macht.

419 Die Jahre 1817/18 erbringen mit 66 Briefen an und von Frauen die Höchstzahl, die Jahre 1819–1822 die niedrigste Quote mit nur je 4 Briefen. Aus den Jahren 1823/24 existieren ebenfalls 4 Briefe, 1815–1827 sind es 8; in den Jahren vor 1817 sind die Zahlen relativ stabil: 1802–1807: 26; 1808–1813: 31; 1814–1816: 21.

420 Inklusive der zwei nur bei Tellenbach mitgeteilten Schreiben.

421 Inklusive der 8 an Erdödys Lebensgefährten Joseph Xaver Brauchle gerichteten Schreiben, die jedoch eher ihr gelten.

422 Rudolf Klein, *Beethoven-Stätten in Österreich,* S. 75.

423 Harry Goldschmidt, *Um die Unsterbliche Geliebte* (s. o.), S. 242ff.

424 Die meisten späten Lieder tragen keine Widmung. Op. 98, der Liederkreis *An die ferne Geliebte,* trägt jedoch eine Widmung an Fürst Lobkowitz, der allerdings kurz vor der Drucklegung starb. Hintergrund ist der Tod Fürstin Maria Karolinas von Lobkowitz

am 24. Januar 1816, der für den Fürsten traumatische Folgen hatte. Doch wichtiger als dies sind für das Entstehen von Beethovens Hauptwerken seine eigenen Lebensumstände, die für op. 98 bekannt sind: 1816 ist das Jahr, in dem ein letztes Sich-Annähern und gleichzeitiges Sich-Entfernen Beethovens und Josephines dokumentarisch nachvollziehbar ist. Es liegt demnach ein teilweise Erlebensparallelität zwischen Komponist und Widmungsträger vor, was möglicherweise die künstlerische Intensität des Liederzyklus geprägt hat.

425 Weitere antifeministische Äußerungen in Beethovens Gegenwart fallen in den Konversationsheften beispielsweise in Bd. IV, S. 25, 49, 118, 314; Bd. V, S. 170; Bd. VI, S. 20 u. 55; Bd. VII, S. 17, 32f., 61, 129, 144, 245, 285, 326; Bd. VIII, .S. 90, 292; Bd. IX, S. 32, 88, 189, 208.

426 Weitere Tiraden gegen Frau Holzmann in BGA Nr. 2023, 2024, 2039, 2041, 2057, 2070, 2072 etc.

427 Joseph Schmidt-Görg (Hrsg.), *Entwurf einer Denkschrift an das Appellationsgericht* (s. o.), S. 7.

428 BKh Bd. III, S. 199, 307, 322, 348; Bd. IV, S. 91, 103, 107, 115, 207; Bd. V, S. 175; Bd. VI, S. 110, 120, 351.

429 BKh Bd. IV, S. 82–88 (erste große Auseinandersetzung, 7 Seiten, Sept. 1823); eine zweite Auseinandersetzung wegen Niemetz folgt 14 Tage später, s. BKh Bd. IV, S. 137.

430 Damals gängig waren bis maximal 50 Dukaten pro Quartett.

431 Siehe Kapitel 23.

432 Brandus galt als »geizig und brutal«, wie es der Pianist Stephen Heller ausdrückte (s. Devries, A./Lesure, F., *Dictionnaire des éditeurs de musique français,* Genf 1988, S. 72). Sein Geschäftsgebaren wurde kritisiert und führte mehrfach zur Zahlungsunfähigkeit.

433 BKh Bd. VIII, S. 167; fast wörtlich auch Bd. IX, S. 287.

434 In einem androzentrischen (oder andronormativen) Weltbild ist der Mann die Norm, die Frau aber nur eine Abweichung davon. Im Denken der Romantik bedeutet dies, dass das Allgemein-Menschliche männlich gedacht und konstruiert ist, während die Wahrnehmungen und Erfahrungen von Frauen ausgeblendet und entwertet werden.

Anmerkungen zu Kapitel 27

435 Caeyers 2012, S. 741; J. Heidrich, in: S. Hiemke (Hrsg.), *Beethoven Handbuch,* s. o., S. 215.

436 Die Reihenfolge im Einzelnen: Quartett Es-Dur op. 127 (Mai 1824 bis Februar 1825); Quartett a-Moll op. 132 (Januar bis Juli 1825); *Große Fuge* op. 133 (Mai bis Dezember 1825); Quartett B-Dur op. 130 (Mai bis Dezember 1825, Finale September bis November 1826); Quartett cis-Moll op. 131 (Dezember 1825 bis August 1826); Quartett F-Dur op. 135 (Juli bis Oktober 1826).

437 Wilhelm von Lenz, *Beethoven. Eine Kunststudie,* 5 Bände. Kassel 1855 (Bd. 1–2), Hamburg (Bd. 3–5), hier Band 5, S. 216f.

438 Friedrich Kerst, *Die Erinnerungen an Beethoven.* Stuttgart 1913, Bd. II, S. 187.

439 Harry Goldschmidt, *Beethoven. Werkeinführungen,* Leipzig 1975, S. 157.

440 Der lydische Modus ist die fünfte der mittelalterlichen Kirchentonarten. Sie beginnt auf F, unterscheidet sich vom heutigen F-Dur dadurch, dass der erste Halbton nicht zwischen der

dritten und vierten Note (a und b) ist, sondern zwischen der vierten und fünften (h und c). Der zweite Halbton (e-f) bleibt gleich.

441 Beide Kritiken zitiert nach TbW Bd. I, S. 854f.

442 Zitiert nach Joseph Kerman, *The Beethoven* Quartets. London 1967, S. 192.

443 Wilhelm von Lenz, a. a. O., Band 5, S. 217.

444 S. Hiemke (Hrsg.), *Beethoven Handbuch.* Kassel/Stuttgart 2009, S. 209.

445 Wilhelm von Lenz, a. a. O., Band 5, S. 219.

446 In schlechter, aber deutlicher Übersetzung kann man Sforzato und Rinforzato als «Super- und Ultraakzente« bezeichnen.

447 Die Veränderungen sind als thematische »Engführung« (d. h. mit vorgezogenem Einsatzpunkt der Zweitstimme) bzw. als »Augmentation« zu verstehen, d. h.das heißt als choralartige Vergrößerung der Notenwerte.

448 Richard Wagner, *Beethoven* (1870), in: *Gesammelte Schriften und Dichtungen,* 10 Bände, Leipzig 1873–1888, Bd. 9, S. 118.

449 Hervorhebung von mir. Beethoven besaß zwei Quellen von Bachs *»Kunst der Fuge«,* erstens ein vor 1800 entstandenes Manuskript, und zweitens eine der beiden damals erschienenen Druckausgaben (freundliche Mitteilung von Herrn Dr. Michael Ladenburger, ehemaliger Leiter des Museums und Kustos der Sammlung Beethoven-Haus Bonn). Diese Drucke erschienen 1802 bzw. 1803 und zeigen, wie wichtig dieses Werk Beethoven war: Offensichtlich traute er dem alten Manuskript nicht und schaffte sich den teuren Druck an, um eine größere Textsicherheit zu bekommen.

450 Beethoven-Handbuch, a.a.O.

451 Erwin Ratz, *Für die Originalfassung des B-Dur-Streichquartetts op. 130/133,* in: *Österreichische Musikzeitschrift* 7 (1952), S. 83f. TbW Bd. I, S. 888. Die für den »Neuanfang« herangezogenen Stellen aus BKh sind vieldeutig und bestätigen diese Sicht nicht; sie stammen aus den allerersten Kompositionstagen von op. 135 und können sich genauso auf die zu fixierende Tonart des neuen Werks beziehen und nicht auf weitere Pläne.

452 J. Heidrich, in: S. Hiemke (Hrsg.), *Beethoven Handbuch,* s. o., S. 215, siehe auch den Kapitelanfang.

453 Ivan Mahaim, Naissance et Renaissance des Derniers Quatuors. Paris 1964, Bd. I, S. 206.

454 Er behauptete in seiner Beethoven-Biografie, die Zusätze »Muß es sein?« und »Es muß sein!« stammten aus einer Wochengeldforderung von Beethovens Haushälterin. Um seiner Behauptung Glaubwürdigkeit zu verleihen, fälschte Schindler sogar eine Seite eines Konversationsheftes, die auf den 11. oder 12. Dezember 1826 datiert ist: »Die Alte braucht wieder ihr Wochengeld.«

455 Auch der Konversationseintrag von Karl Holz hilft hier nicht weiter: »Dem Dembscher habe ich das Billet gegeben; er lachte recht, und fragte, ob es seyn muß?« Bd. X, S. 63.) Beethovens Antwortbrief ist jedoch nicht erhalten, und das Konzept BGA Nr. 2174 klärt die Sache keineswegs.

456 Wilhelm von Lenz, a. a. O., Band 5, S. 219.

457 S. Hiemke (Hrsg.), *Beethoven Handbuch,* S. 215 (Zitate früherer Autoren, darunter A. B. Marx, H. Hirschbach, T. Helm, H. Mersmann und andere).

458 Das soll Beethoven an anderer Stelle, nämlich auf dem Sterbebett, gesagt haben, was ich für eher unwahrscheinlich halte.

Anmerkungen zu Kapitel 28

459 Als Zwanzigjährigen brachte meine Laufbahn mich erstmals mit der *Großen Fuge,* op. 133 in Berührung. Es war als erster professioneller Quartettkontakt ein Schreckschuss, in dem die vier Musiker ums Überleben kämpfen mussten, damit ein jeder mit seiner Einzelstimme ins Reine kam. Fünfundvierzig Jahre später beendete ich meine Laufbahn als aktiver Musiker mit Beethovens op. 131, um mich fortan einer ebenso schönen und anstrengenden Betätigung, dem Bücherschreiben, zu widmen. Das cis-Moll-Quartett wurde so zu einem der markantesten Erlebnisse einer jahrzehntelangen glücklichen Musikertätigkeit.

460 Während Schindler vor dem Selbstmordversuch des Neffen öfter gegen Karl intrigierte, sah er danach dafür keinen Anlass mehr, da er ihn für die Nachwelt als diskreditiert ansah und seine Konkurrenz nicht mehr zu fürchten brauchte.

461 Rudolf Klein, *Gerhard von Breuning über Beethovens Beziehungen zu seinen Verwandten,* in: *Österreichische Musikzeitschrift* Jg. 29 (1974), S. 71.

462 Fußnote 3 zu BGA Nr.2283

463 Zitiert nach Jean und Brigitte Massin, *Beethoven. Materialbiographie,* S. 400

464 BGA Nr. 2291. Andere Berichterstatter wollen wissen, einer der letzten Aussprüche Beethovens sei gewesen »Plaudite amici, comoedia finita est!«, die letzten Worte Kaiser Augustus'.

465 Ferdinand Hiller, *Aus dem Tonleben unserer Zeit,* Neue Folge (1871), S. 169ff.

466 Gerhard v. Breuning, *Aus dem Schwarzspanierhause* (s. o.), S. 108.

467 Teils brieflicher, teils mündlicher Bericht an W. Thayer, siehe BSZ, S. 483, und TDR Bd. V, S. 490. In ähnlicher, jedoch kürzerer Fassung auch bei J. B. Streicher, siehe BSZ, S. 954. Englische Fassung in Thayers Manuskript, BSZ S. 481f.

Anmerkungen zum Nachspiel

468 »Die Leute wundern sich nicht so sehr, daß du so schreibst, sondern daß du trotz dieses Unglücks so schreibst. Ich glaube, daß sogar das [dieses Unglück] zu der Originalität, die in allen deinen Werken herrscht, viel beyträgt« (BKh Bd. IX, S. 290).

469 Siehe dazu den in Kapitel 22 zitierten Brief Stackelbergs S. 326f. und Anm. 326

470 Als eine wichtige Bezugsperson des Erzherzogs war Beethoven quasi *unantastbar* und trotz öffentlich bekannter politischer Unzuverlässigkeit dem Machtapparat Metternichs entzogen.

471 In Nicolais bis heute nachgedrucktem Anstandsbrevier *Ueber Selbstkunde, Menschenkenntniß und den Umgang mit* Menschen. Quedlinburg/Leipzig 1815 oder 1816 (es gibt unterschiedliche bibliografische Angaben), Band 1, S. 231

472 Es geht um den Ehrbegriff und die Frage, wann dieser als Ehrsucht oder Ehrgeiz gesellschaftlichen Schaden anrichtet und deshalb ein »negatives Glück« beinhaltet.

473 »Daß *alles Glück nur negativer, nicht positiver Natur ist,* daß es eben deshalb nicht dauernde Befriedigung und Beglückung seyn kann, sondern immer nur von einem Schmerz oder Mangel erlöst, auf welchen entweder ein neuer Schmerz, oder auch *languor,* leeres Sehnen und Langeweile folgen muß; dies findet einen Beleg auch in jenem treuen Spiegel des Wesens der Welt und des Lebens, in der Kunst, besonders in der Poesie« (Erstausgabe Leipzig 1819, S. 461, siehe http://www.zbk-online.de/texte/A0411.htm). – In der überarbeiteten zweiten Ausgabe gibt es weitere Belegstellen (Hervorhebung wiederum von mir): »Da aber keine Befriedigung dauernd, sondern nur der Anfangspunkt eines neuen Strebens ist, so zeigt sich schon in dieser Ziellosigkeit … die *Negativität alles Glückes.*« – »Alle Befreiung,

oder was man gemeinhin Glück nennt, ist eigentlich und wesentlich *immer nur negativ und durchaus nie positiv.*« – »*Das Glück ist negativer Natur,* d. h. es ist nur die Befriedigung eines Wunsches, die Aufhebung einer Entbehrung, die Stillung eines Schmerzes« (*Die Welt als Wille und Vorstellung,* Bd. I, S. 378f., 231 und 376f., *in: Arthur Schopenhauer's sämmtliche Werke.* Hrsg. von Julius Frauenstädt. 2. Auflage. Neue Ausg. Leipzig 1919).

474 Auch er ist bei Tellenbach nicht genannt. Dies ist nicht verwunderlich, Schopenhauer fand zunächst kaum Resonanz, sie nahm erst um 1850 große Ausmaße an – erst 1844 erschien eine zweite Ausgabe von *Die Welt als Wille und Vorstellung.*

Bildnachweise

Im Farbbildteil

1 akg-images/Historisches Museum, Wien
2 Beethoven-Haus Bonn
3 Sammlung Ulrich Drüner
4 Beethoven-Haus Bonn
5 Beethoven-Haus Bonn
6 Sammlung Ulrich Drüner
7 Rollettmuseum Baden, Städtische Sammlungen UB KSP 803
8 Beethoven-Haus Bonn, Sammlung H. C. Bodmer
9 Sammlung Ulrich Drüner

Im Text

1 Beethoven-Haus Bonn, Sammlung H. C. Bodmer
2 Sammlung Ulrich Drüner
3 Sammlung Ulrich Drüner
4 Robert Bory, *Ludwig van Beethoven. Sein Leben und sein Werk in Bildern.* Zürich 1960, S. 53
5 Sammlung Ulrich Drüner
6 Sammlung Ulrich Drüner
7 Robert Bory, *Ludwig van Beethoven. Sein Leben und sein Werk in Bildern.* Zürich 1960, S. 37
8 Ludwig Schiedermair, *Der junge Beethoven*, Leipzig 1925
9 Ludwig Schiedermair, *Der junge Beethoven,* Leipzig 1925
10 Beethoven-Haus Bonn, Sammlung H. C. Bodmer
11 Sammlung Ulrich Drüner
12 *Österreichische Nationalbibliothek Wien*, PORT_00048145_01
13 *Österreichische Nationalbibliothek Wien, Cod. 15.259, fol.12r (Beethoven Digital/Österreichische Nationalbibliothek* – http://data.onb.ac.at/rep/100490A3)
14 Beethoven-Haus Bonn
15 Sammlung Ulrich Drüner
16 Sammlung Ulrich Drüner
17 Sammlung Ulrich Drüner

18 Sammlung Ulrich Drüner
19 Sammlung Ulrich Drüner
20 Stephan Ley, *Beethovens Leben in authentischen Bildern und Texten*, Berlin 1925, S. 36
21 Alamy Stock Photo/The History Collection
22 Beethoven-Haus Bonn
23 Beethoven-Haus Bonn
24 Robert Bory, *Ludwig van Beethoven. Sein Leben und sein Werk in Bildern.* Zürich 1960, S. 96
25 Ludwig Schiedermair, *Der junge Beethoven*, Leipzig 1925
26 Ludwig Schiedermair, *Der junge Beethoven*, Leipzig 1925
27 Beethoven-Haus Bonn
28 Faksimile aus: Hedwig Müller von Asow (Hg), *Ludwig van Beethoven. Heiligenstädter Testament*, Hamburg 1952. Public Domain, via Wikimedia Commons
29 Tobias Raulino (1785–1839), Heiligenstadt, 1821, Aquarell. Public Domain, via Wikimedia Commons
30 Sammlung Ulrich Drüner
31 Gesellschaft der Musikfreunde Wien
32 Privatbesitz Wien. Reproduktion nach Harry Goldschmidt, *Um die Unsterbliche Geliebte.* Leipzig, 1977, Abb. 18
33 Beethoven-Haus Bonn
34 Sammlung Ulrich Drüner
35 Beethoven-Haus Bonn, Sammlung H. C. Bodmer
36 Wienbibliothek im Rathaus Wien, H.I.N.-25437
37 Beethoven-Haus Bonn
38 Susan Kagan, *Archduke Rudolph, Beethoven's Patron, Pupil and Friend*, Stuyvesant 1988, S. XII
39 akg-images/Erich Lessing/Historisches Museum, Wien
40 Sammlung Ulrich Drüner
41 Beethoven-Haus Bonn
42 Staatsbibliothek zu Berlin – Preußischer Kulturbesitz (Beethoven Digital/ Staatsbibliothek zu Berlin – Preußischer Kulturbesitz – http://resolver.staatsbibliothek-berlin.de/SBB0000998100000000)
43 La Mara, *Beethoven und die Brunswiks*. Leipzig 1920 (Orig. seither verschollen)
44 Sammlung Ulrich Drüner
45 Sammlung Ulrich Drüner
46 Sammlung Ulrich Drüner
47 akg-images/Erich Lessing/Sammlung Wolfgang von Karajan, Salzburg
48 Robert Bory, *Ludwig van Beethoven. Sein Leben und sein Werk in Bildern.* Zürich 1960, S. 112
49 Beethoven-Haus Bonn
50 Sammlung Ulrich Drüner
51 Sammlung Ulrich Drüner
52 Beethoven-Haus Bonn
53 Sammlung Ulrich Drüner
54 Sammlung Ulrich Drüner
55 Beethoven-Haus Bonn
56 *Österreichische Nationalbibliothek Wien*, 140.661 – B
57 Sammlung Ulrich Drüner

58 Stephan Ley, *Beethovens Leben in authentischen Bildern und Texten*, Berlin 1925, S. 114
59 Sammlung Ulrich Drüner
60 Staatsbibliothek zu Berlin – Preußischer Kulturbesitz (Beethoven Digital/Staatsbibliothek zu Berlin – Preußischer Kulturbesitz – http://resolver.staatsbibliothek-berlin.de/SBB0002787D00000000)
61 Robert Bory, *Ludwig van Beethoven. Sein Leben und sein Werk in Bildern*. Zürich 1960, S. 214
62 Gesellschaft der Musikfreunde Wien

Ausgewählte Literatur

Zumeist begrenzt auf L. v. Beethoven. Zahlreiche weitere verwendete Literatur sowie sehr seltene frühe Publikationen sind in den Anmerkungen nachgewiesen und können über das Register recherchiert werden.

Ludwig van Beethoven. Briefwechsel Gesamtausgabe. Im Auftrag des Beethoven-Hauses Bonn hrsg. v. Sieghard Brandenburg. 7 Bde. München 1996–1998

Ludwig van Beethovens sämtliche Briefe, hrsg. v. Emmerich Kastner, völlig umgearbeitete und wesentlich vermehrte Neuausgabe von Julius Kapp. Leipzig 1923

The Letters of Beethoven Collected, Translated and Edited with an Introduction, Appendixes, Notes and Indexes by Emily Anderson. London 1961

Letters to Beethoven & Other Correspondence, Translated and Edited by Th. Albrecht, 3 Bde. Lincoln 1996

Ludwig van Beethovens Konversationshefte, hrsg. im Auftrag der Deutschen Staatsbibliothek Berlin v. K.-H. Köhler u. G. Herre (Bd. 10: D. Beck, Bd. 11: G. Herre), 11 Bde. Leipzig 1970–2001

Ludwig van Beethoven, Thematisch-bibliographisches Werkverzeichnis, bearbeitet von K. Dorfmüller, N. Gertsch und J. Ronge. Revidierte und wesentlich erweiterte Neuausgabe des Verzeichnisses von G. Kinsky u. H. Halm. 2 Bde. München 2014

Kinsky, G., u. Halm, H., *Das Werk Beethovens. Thematisch-Bibliographisches Verzeichnis seiner sämtlichen vollendeten Kompositionen.* Henle, München/Duisburg 1955

Beethoven aus der Sicht seiner Zeitgenossen in Tagebüchern, Briefen, Gedichten und Erinnerungen. Hrsg. v. K. M. Kopitz u. R. Cadenbach. München 2009

Bory, Robert, *Ludwig van Beethoven. Sein Leben und sein Werk in Bildern.* Zürich 1960

Allgemeine Deutsche Biographie. Auf Veranlassung und mit Unterstützung Seiner Majestät des Königs von Bayern Maximilian II. hrsg. durch die Historische Commission bei der Königlichen Akademie der Wissenschaften [München]. 56 Bde. Duncker & Humblot, Leipzig 1875–1912; Neudruck Berlin 1967–1971

Albrecht, Theodore, *Ludwig Van Beethoven: A Guide to Research* (Composer Resource Manuals). New York 1997

Appel, Bernhard R. (Hrsg.), *Widmungen bei Haydn und Beethoven. Personen – Strategien – Praktiken. Bericht über den Internationalen musikwissenschaftlichen Kongress Bonn, 2011*, Hrsg. von Bernhard R. Appel u. Armin Raab. Bonn 2015

Bartsch, C., Borchard, B. u. Cadenbach, R. (Hrsg.), *Der »männliche« und der »weibliche« Beethoven. Bericht über den Internationalen musikwissenschaftlichen Kongress vom 31. Oktober bis 4. November 2001 an der Universität der Künste Berlin.* Bonn 2003.

Bekker, Paul, *Beethoven.* Stuttgart 1922

Bellofatto, Luigi, *Beethovens letzte Lebensstunden und das Schwarzspanierhaus. Einige neue Erkenntnisse aus dem Nachlass von Alexander Wheelock Thayer.* In: *Bonner Beethoven-Studien*, Band 6 (2007)

Bonner Beethoven-Studien 2. Mit Beiträgen von Joanna Cobb Biermann, Sieghard Brandenburg, Walther Brauneis, Norbert Gertsch, William Kinderman, Klaus Martin Kopitz, Hans-Werner Küthen, Helga Lühning und Jos van der Zanden. Bonn 2001

Bonner Beethoven-Studien 5. Mit Beiträgen von Luigi Bellofatto, Sieghard Brandenburg, Andrea Gottdang, Grita Herre, Wolfram Klinger, Klaus Martin Kopitz, Emil Platen, Katherine R. Syer, Franz Wirth. Bonn, 2006

Bonner Beethoven-Studien 6. Mit Beiträgen von Luigi Bellofatto, Helmut Hell, Hans-Joachim Hinrichsen, Klaus Martin Kopitz, Arnold Pistiak, Rita Steblin, Dagmar Skwara, Ludwig Finscher. Bonn, 2007

Bonner Beethoven-Studien 8. Mit Beiträgen von Luigi Bellofatto, Martella Gutiérrez-Denhoff, Nors S. Josephson, Heinz von Loesch, Rita Steblin. Bonn 2009

Brandenburg, Sieghard, *Beethovens politische Erfahrung in Bonn*, in: H. Lühning u. S. Brandenburg (Hrsg.): *Beethoven: Zwischen Revolution und Restauration.* Bonn 1989

Brandenburg, Sieghard (Hrsg.), *Haydn, Mozart, & Beethoven: studies in the music of the classical period: essays in honour of Alan Tyson.* Oxford 1998

Brauneis, Walter, *»composta per festeggiare il sovvenire di un grand Uomo«. Beethovens »Eroica« als Hommage des Fürsten Franz Joseph Maximilian von Lobkowitz für Prinz Louis Ferdinand von Preußen.* In: Studien zur Wiener Geschichte 52/53 (1996/97)

Breuning, Gerhard v., *Aus dem Schwarzspanierhause. Erinnerungen an Ludwig van Beethoven.* Wien 1874. ONLINE: https://archive.org/stream/ausdemschwarzspa00breu#page/86/mode/2up

Büning, Eleonore, *Sprechen wir über Beethoven. Ein Musikverführer.* Salzburg/München 2018

Busch-Weise, Dagmar von, *Beethovens* Jugend-Tagebuch. Studien zur Musikwissenschaft 25. Graz 1962

Caeyers, Jan, *Beethoven. Der einsame Revolutionär.* München 2012, revidierte Ausgabe 2020

Cooper, Barry, *Beethoven.* (Master Musician Series, edited by Stanley Sadie). Oxford 2000

Cooper, Martin, *Beethoven. The last Decade.* London 1970

Corbineau-Hoffmann, Angelika, *Testament und Totenmaske. Der literarische Mythos des Ludwig van Beethoven.* Hildesheim 2000

Csampai, A., Holland, D. (Hrsg.), *Ludwig van Beethoven. Fidelio. Texte, Materialien, Kommentare.* Reinbek bei Hamburg 1981

Czerny, Carl, *Über den richtigen Vortrag der sämtlichen Beethoven'schen Klavierwerke nebst Czerny's »Erinnerungen an Beethoven«, hrsg. v. Paul Badura-Skoda.* Wien 1963

Dahlhaus, Carl, *Ludwig van Beethoven. Approaches to his Music.* Oxford 1991

Dahlhaus, Carl, *Beethoven und seine Zeit.* 4. Auflage. Laaber 2002

Döhring, Sieghart, *Die Rettungsoper. Musiktheater im Wechselspiel politischer und ästhetischer Prozesse.* In: Lühning, H. u. Brandenburg, S. (Hrsg.), *Beethoven: Zwischen Revolution und Restauration.* Bonn 1989

Franken, F. H., *Die Krankheiten großer Komponisten.* Wilhelmshaven 1999

Frimmel, Theodor, *Beethoven-Handbuch.* Leipzig 1926

Geck, Martin, *Ludwig van Beethoven.* Reinbek bei Hamburg 2001

Geck, Martin, *Beethoven. Der Schöpfer und sein Universum.* München 2017

Geck, Martin und Schleuning, Peter, *»Geschrieben auf Bonaparte«: Beethovens »Eroica«: Revolution, Reaktion, Rezeption.* Reinbek bei Hamburg 1989

Goldschmidt, Harry, *Beethoven. Werkeinführungen.* Leipzig 1975

Goldschmidt, Harry, *Um die Unsterbliche Geliebte.* Bestandsaufnahme. Leipzig 1977

Goldschmidt, Harry (Hrsg.), *Zu Beethoven,* Bd. 2. Aufsätze und Dokumente, Berlin 1984

Goldschmidt, Harry (Hrsg.), *Zu Beethoven,* Bd. 3. Aufsätze und Dokumente, Berlin 1988

Gutiérrez-Denhoff, Martella, *»o Unseeliges Dekret«. Beethovens Rente von Fürst Lobkowitz, Fürst Kinsky und Erzherzog Rudolph.* In: S. Brandenburg u. M. Gutiérrez-Denhoff, *Beethoven und Böhmen. Beiträge zu Biographie und Wirkungsgeschichte Beethovens.* Bonn 1988

Haberl, Dieter, *Beethovens erste Reise nach Wien: Die Datierung seiner Schülerreise zu W. A.* Mozart. In: Neues musikwissenschaftliches Jahrbuch, 14. Jg. (2006), hrsg. v. M. Danckwardt u. J. Hoyer. Augsburg 2006

Hanson, Alice M., *Incomes and Outgoings in the Vienna of Beethoven and Schubert.* In: Music and Letters. Oxford, 64 (1983), S. 173–182

Hase-Schmundt, U. v., Wackernagel, R. H. und Lichnowsky, L. Gräfin (Hrsg.), *Das Beethoven-Bildnis des Isidor Neugaß und die Familie Lichnowsky.* Bonn 1983

Hermand, Jost, *Beethoven. Werk und Wirkung.* Köln/Wien 2003

Hiemke, S. (Hrsg.), *Beethoven Handbuch.* Kassel/Stuttgart 2009

Irmen, Hans-Josef, *Beethoven in seiner Zeit.* Zülpich 1998

Jóskowiak, Przemysław, *Prinz Louis Ferdinand von Preußen (1772–1806) – eine kontroverse Gestalt in der Einschätzung Karl August Varnhagen von Enses.* In: Studia Niemcoznawcze T. 32 (2006)

Kagan, Susan, *Archduke Rudolph, Beethoven's Patron, Pupil, and Friend. His Life and Music.* Stuyvesant 1988

Kämpken, N., u. Ladenburger, M. (Hrsg.), *»Alle Noten bringen mich nicht aus den Nöthen!!« Beethoven und das Geld.* Bonn 2005

Kaznelson, Siegmund, *Beethovens Ferne und Unsterbliche Geliebte.* Zürich 1954

Kerman, Joseph, *The Beethoven Quartets.* London 1967

Kerst, Friedrich, *Die Erinnerungen an Beethoven.* Stuttgart 1913

Kinderman, William, *Beethoven.* Oxford 2009. (Deutsche Übersetzung mit demselben Titel: Molden, Wien 2020 (angekündigt)

Klapproth, John E., *The Immortal Beloved Compendium. Everything About The Only Woman Beethoven Ever Loved – And Many He Didn't.* Charleston, SC, 2016

Klein, Rudolf, *Beethovenstätten in Österreich.* Österreich. Wien 1970

Klein, Rudolf, *Gerhard von Breuning über Beethovens Beziehungen zu seinen Verwandten.* In: Österreichische Musikzeitschrift Jg. 29 (1974)

Klinger, Wolfram, *Das Rätsel von Beethovens Gehörleiden. Eine Krankengeschichte.* In: Bonner Beethoven-Studien Bd. 5. Bonn 2006

Kopitz, Klaus Martin, *Ein unbekanntes Gesuch Beethovens an Kaiser Franz I.* In: Bonner Beethoven-Studien Bd. 6. Bonn 2007, S. 101–113

Kopitz, K. M., *Beethovens Wesen – Gedanken zu einer »Borderline-*Persönlichkeit. In: *Der »männliche« und der »weibliche« Beethoven,* s. o. unter Bartsch, Cornelia (Hrsg.)

Kopitz, Klaus Martin, und Cadenbach, Rainer (Hrsg.), *Beethoven aus der Sicht seiner Zeitgenossen in Tagebüchern, Briefen, Gedichten und Erinnerungen.* München 2009

Krummacher, Friedhelm, *Geschichte des Streichquartetts,* 3 Bde. Laaber 2005

Kunze, Stefan (Hrsg.), *Ludwig van Beethoven. Die Werke im Spiegel seiner Zeit. Gesammelte Konzertberichte und Rezensionen bis 1830.* Laaber 1996

Lenz, Wilhelm von, *Beethoven. Eine Kunststudie,* 5 Bde. Kassel 1855

La Mara (= Marie Lipsius), *Musikalische Studienköpfe. Band IV: Ludwig van Beethoven Biografie.* Leipzig 1880

La Mara, *Beethovens Unsterbliche Geliebte. Das Geheimnis der Gräfin Brunsvik und ihre Memoiren.* Leipzig 1909

La Mara, *Beethoven und die Brunsviks. Nach Familienpapieren aus Therese Brunsviks Nachlaß herausgegeben.* Leipzig 1920

Ladenburger, Michael, *Beethoven auf Reisen.* Bonn 2016

Ley, Stephan, *Beethovens Leben in authentischen Bildern und Texten.* Berlin 1925.

Ley, Stephan, Beethoven. *Sein Leben in Selbstzeugnissen, Briefen und Berichten.* Berlin 1939

Lockwood, Lewis, *Beethoven. Seine Musik – sein Leben.* Stuttgart/Weimar 2009

Loesch, Heinz von, Raab, Claus (Hrsg.), *Das Beethoven-Lexikon.* Laaber 2008

Lux, Joseph August, *Ludwig van Beethoven. Sein Leben und Schaffen.* Berlin 1927

Macek, Jaroslav, *Franz Joseph Maximilian Lobkowitz, Musikfreund und*Kunstmäzen. In: S. Brandenburg u. M. Gutiérrez-Denhoff, *Beethoven und Böhmen.* (s. oben unter Gutiérrez)

Magnani, Luigi, *Beethovens Neffe.* Reinbek bei Hamburg 1978

Mahaim, Ivan, *Naissance et Renaissance des Derniers* Quatuors. Paris 1964

Marek, G. M., *Ludwig van Beethoven. Das Leben eines Genies.* München 1970

Marx, Adolf Bernhard, *Ludwig van Beethoven. Leben und Schaffen.* Berlin 1859

Massin, Jean und Brigitte, *Ludwig van Beethoven.* Paris 1955 (als Deutsche Übersetzung mit dem Titel: *Beethoven. Materialbiographie, Daten zum Werk und Essay.* München 1970)

Massin, Jean und Brigitte, *Recherche de Beethoven.* Paris 1970

Nohl, Ludwig, *Beethoven's Leben.* Leipzig 1867

Nohl, Ludwig, *Beethoven. Nach den Schilderungen seiner Zeitgenossen.* Stuttgart 1877

Ott, Karl-Heinz, *Rausch und Stille. Beethovens Sinfonien.* Hamburg 2019

Pichler, Ernst, *Beethoven. Mythos und Wirklichkeit.* Wien/München 1994

Ratz, Erwin, *Für die Originalfassung des B-Dur-Streichquartetts op.* 130/133. In: Österreichische Musikzeitschrift Bd. 7. Wien 1952

Riethmüller, Albrecht, Dahlhaus, Carl, Ringer, Alexander L. (Hrsg.), *Ludwig van Beethoven. Interpretationen seiner Werke.* Laaber 2008

Riezler, Walter, *Beethoven.* Zürich 1962

Robbins Landon, H. C., *Beethoven. Sein Leben und seine Welt in zeitgenössischen Bildern und Texten.* Zürich 1974

Rolland, Romain, *Beethovens Meisterjahre.* Leipzig 1930

Rolland, Romain, *Beethoven. Les grandes époques créatrices* [1937], Edition définitive. Paris 1966

Ronge, Julia, *Beethovens Kompositionsstudien bei Haydn, Albrechtsberger und Salieri.* In: Bonner Beethoven-Studien Bd. 10. Bonn 2012

Ronge, Julia, *Was Beethoven bei Haydn wirklich gelernt hat.* In: Haydn-Studien: Veröffentlichungen des Joseph-Haydn-Instituts Köln (2010/2013)

Rücker, Andreas, *Beethovens Klaviersatz – Technik und Stilistik.* In: Europäische Hochschulschriften, Reihe Band 219. Frankfurt am Main u. a. 2002

Schiedermair, Ludwig, *Der junge Beethoven.* Leipzig 1925

Schiff, András, *Beethovens Klaviersonaten und ihre Deutung. »Für jeden Ton die Sprache finden ...« András Schiff im Gespräch mit Martin Meyer.* Bonn, 2. Auflage 2012

Schindler, Anton, *Biographie von Ludwig van Beethoven.* Münster 1840, 2/1845, 3/1860

Schirlbauer, Anna, *Nikolaus Zmeskall (1759–1833) – zwischen Musik und Bürokratie, Österreich und Ungarn.* In: Appel, Bernhard R. (Hrsg.), *Widmungen bei Haydn und Beethoven* (siehe unter Appel), S. 245–60

Schirlbauer, Anna, *»Vor 3 oder 4 Tagen begegnete mir Beethoven ...« Beethoven, Keglevich, Zmeskall, »Adelaide« und Pressburg 1796 in unbekannten Briefen von Johann Daniel Ribini.* 2019/2020; Download von www.academia.edu/41585010 am 20.2.2020

Schmidt-Görg, Joseph, *Ludwig van Beethoven. Dreizehn unbekannte Briefe an Josephine Gräfin Deym geb. v. Brunsvik.* Faksimile mit Einführung und Übertragung. Übertragung. Bonn 1957, Reprint 1986

Schmidt-Görg, Joseph, *Neue Briefe und Schriftstücke aus der Familie Brunsvik.* In: BJb 2 (1956)

Schmidt-Görg, Joseph, *Neue Schriftstücke zu Beethoven und Josephine Gräfin Deym.* In BJb 6 (1969)

Seyfried, Ignaz von, *Ludwig van Beethoven's Studien im Generalbass ...* Wien 1832

Smolle, Kurt, *Wohnstätten Ludwig van Beethovens von 1792 bis zu seinem Tod.* Bonn 1970

Solomon, Maynard, *Beethoven. Biographie.* Frankfurt am Main 1987 (Erstausgabe 1977)

Solomon, Maynard, *Beethovens Tagebuch 1812–1818,* hrsg. von S. Brandenburg. Bonn 2005

Steblin, Rita, *Josephine Gräfin Brunswick-Deyms Geheimnis enthüllt.* In: Österreichische Musikzeitschrift Bd. 57/6. Wien 2002

Steblin, Rita, *Who Died? The Funeral March in Beethoven's Eroica Symphony.* In: *Musical Quarterly,* vol. 89. Oxford University Press, New York 2006

Steblin, Rita, *»Auf diese Art mit A geht alles zugrunde«. A New Look at Beethoven's Diary Entry and the »Immortal Beloved«.* In: *Bonner Beethoven-Studien,* Bd. 6. Bonn 2007, S. 147–180

Steblin, Rita, *»A dear, enchanting girl who loves me and whom I love«: New Facts about Beethoven's Beloved Piano Pupil Julie Guicciardi.* In: Bonner Beethoven-Studien 8. Bonn 2009

Sterba, Editha und Richard, *Beethoven and his nephew. A Psychoanalytic Study of their Relationship,* 1954, (Deutsche Übersetzung: *L. v. Beethoven und sein Neffe. Tragödie eines Genies. Eine psychoanalytische Studie.* München 1964)

Swafford, Jan, *Beethoven: Anguish and Triumph; A Biography.* Boston 2014

Tellenbach, Marie-Elisabeth, *Beethoven und seine »Unsterbliche Geliebte« Josephine Brunswick. Ihr Schicksal und der Einfluß auf Beethovens Werk.* Zürich 1983

Thayer, Alexander Wheelock, *Ludwig van Beethovens Leben.* Bearbeitet von Hermann Deiters und Hugo Riemann. 5 Bde. Leipzig 1917–1922

Wagner, Richard, *Beethoven* (1870). In: *Gesammelte Schriften und Dichtungen.* Leipzig 1873–1888, Bd. 9

Wegeler, Franz Gerhard, und Ries, Ferdinand, *Biographische Notizen über Ludwig van Beethoven.* Koblenz 1838

Wegeler, Franz Gerhard, *Nachtrag zu den biographischen Notizen über Ludwig van Beethoven.* Bädeker, Koblenz 1845

Wetzstein, Margot (Hrsg.), *Familie Beethoven im kurfürstlichen Bonn. Neuauflage nach den Aufzeichnungen des Bonner Bäckermeisters Gottfried Fischer.* Bonn 2006

Widmaier, Tobias, *Der deutsche Musikalienleihhandel. Funktion, Bedeutung und Topographie einer Form gewerblicher Musikaliendistribution vom späten 18. bis zum frühen 20. Jahrhundert.* Saarbrücken 1998

Wolf, Stefan, *Beethovens Neffenkonflikt. Eine psychologisch-biographische Studie.* München 1995

Wurzbach, Constantin von, *Biographisches Lexikon des Kaiserthums Oesterreich.* 60 Bde. Wien 1856–1891

Online-Hilfsmittel:

Neue Deutsche Biographie, hrsg. von der Historischen Kommission bei der Bayerischen Akademie der Wissenschaften und der Bayerischen Staatsbibliothek, Version Juni 2017: http://www.ndb.badw.de/ndb_baende.htm

Digitales Archiv Beethoven-Haus Bonn

https://www.beethoven.de/sixcms/detail.php?id=1505&template=einstieg_digitales_archiv_de&_mid=Texte

Digitales Archiv Beethoven Center San José

http://digitalcollections.sjlibrary.org/cdm/ourcollections?t=2

Wikisource Sammlung Digitalisate zu Beethoven

https://de.wikisource.org/wiki/Ludwig_van_Beethoven

Beethovens Briefe, alte Ausgabe: http://www1.search-results.com/web?l=dis&q=beethoven+briefe&o=APN10645&apn_dtid=^BND406^YY^DE&shad=s_0042&gct=ds&apn_ptnrs=^AG6&d=406-101&lang=de&atb=sysid%3D406%3Aappid%3D101%3Auid%3Dc1703a148f3ff7ec%3Asrc%3Dffb%3Ao%3DAPN10645%3Atg%3D&p2=^AG6^BND406^YY^DE

Josephine Brunsvik:

https://austria-forum.org/web-books/docbeethovensunsterbloodeiicm/000001

Thayer-Biografie online

http://www.zeno.org/Musik/M/Thayer,+Alexander+Wheelock/Ludwig+van+Beethovens+Leben

Werkregister

Chorwerke

Kammermusik

Klaviermusik

Violinsonaten

Solokonzerte

Lieder

Orchestermusik

Oper und Bühnenmusiken

Personenregister

C

D

E

F

T

U

V

W

Z

ULRICH DRÜNER

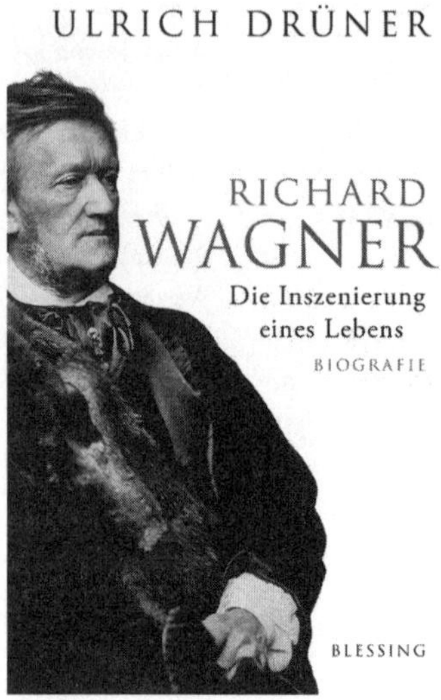

Richard Wagner, *Die Inszenierung eines Lebens.*

ISBN 978-3-89667-563-7

Der Musikexperte Ulrich Drüner untersucht das abenteuerreiche Leben des Komponisten in all seinen dramatischen Umschwüngen und zeigt, dass Wagner zur Entfaltung seiner Kreativität nicht nur tiefe Freundschaften und weibliche Zuneigung, sondern sehr lange auch einen furchterregenden antisemitischen Impuls brauchte.

»Der Meister als Produkt fortwährender Selbstinszenierung – dieses großartige Buch macht selbst Kenner klüger.«,

Wolfram Goertz, Die Zeit

»Kann man denn über Richard Wagners Leben und Werk noch Neues sagen? Ulrich Drüners großartige Biographie führt vor, wie das geht, und räumt dabei mit einigen Traditionen auf.«,

Eleonore Büning, Frankfurter Allgemeine Zeitung

»Neues Standardwerk: Ulrich Drüners Wagner-Biografie. … Das alles präsentiert Drüner mit Akribie, immensem Wissen, gesundem Menschenverstand und bisweilen trockenem Witz.«,

Manuel Brug, Die Welt

"Von der Selbstinszenierung eines Genies bis zum erschreckenden Antisemitismus eines Verblendeten: Ulrich Drüner gelingt das schier Unmögliche – eine gerechte Biografie Richard Wagners.«,

Robert Jungwirth, Neue Zürcher Zeitung

Blessing